UTB

UTB 2421

W0370665

Eine Arbeitsgemeinschaft der Verlage

Beltz Verlag Weinheim und Basel
Böhlau Verlag Köln · Weimar · Wien
Wilhelm Fink Verlag München
A. Francke Verlag Tübingen und Basel
Paul Haupt Verlag Bern · Stuttgart · Wien
Verlag Leske + Budrich Opladen
Lucius & Lucius Verlagsgesellschaft Stuttgart
Mohr Siebeck Tübingen
C. F. Müller Verlag Heidelberg
Ernst Reinhardt Verlag München und Basel
Ferdinand Schöningh Verlag Paderborn · München · Wien · Zürich
Eugen Ulmer Verlag Stuttgart
UVK Verlagsgesellschaft Konstanz
Vandenhoeck & Ruprecht Göttingen
WUV Facultas · Wien

BERNWARD HOFFMANN

Medienpädagogik

Eine Einführung in Theorie und Praxis

FERDINAND SCHÖNINGH
PADERBORN · MÜNCHEN · WIEN · ZÜRICH

Der Autor: Prof. Dr. Bernward Hoffmann, Jg. 1955, lehrt Medienpädagogik an der Fachhochschuke Münster, Fachbereich Sozialwesen.

Bibliografische Information der Deutschen Bibliothek

Die Deutsche Bibliothek verzeichnet diese Publikation in der Deutschen Nationalbibliografie; detaillierte bibliografische Daten sind im Internet über http://dnb.ddb.de abrufbar.

Gedruckt auf umweltfreundlichem, chlorfrei gebleichtem Papier (mit 50 % Altpapieranteil)

(Verlag Ferdinand Schöningh GmbH, Jühenplatz 1, D-33098 Paderborn)
ISBN 3-506-99522-7

Internet: www.schoeningh.de

Printed in Germany.
Herstellung: Ferdinand Schöningh, Paderborn
Einbandgestaltung: Atelier Reichert, Stuttgart

UTB-Bestellnummer: ISBN 3-8252-2421-X

Inhaltsverzeichnis

Einleitung

Was sollten künftige Pädagoginnen und Pädagogen über Kommunikation und Medien wissen? Diese Leitfrage grenzt ein weites Themenfeld pragmatisch ein. Das vorliegende Buch ist aus einer Einführungsveranstaltung entstanden, die ich über viele Jahre an der Fachhochschule im Fachbereich Sozialwesen entwickelt und durchgeführt habe. Grundwissen aus den Bereichen Kommunikationswissenschaften, Publizistik, Medienwissenschaft gehört ebenso zum Stoff einer Einführung in die Medienpädagogik wie Diskussionen über Medienkompetenz, Leitlinien der Medienerziehung und praktische Anregungen zu Mediendidaktik und Öffentlichkeitsarbeit. Maßgebend waren immer pädagogische Aspekte: Wie hat sich die Relation des Menschen, spezieller des heranwachsenden, zu seiner Mitwelt durch technische Medien verändert? Welcher Sozialisationsfaktor ist welchen Medien zuzuweisen? Welche Lernchancen stecken darin? Welche Möglichkeiten hat der Einzelne, haben soziale Gruppen, mediale Kommunikationsprozesse selbst kritisch zu gestalten? Welche Medienkompetenz, kommunikative und technische, brauchen Menschen heute und in Zukunft?

Das Buch ist als Arbeitsbuch angelegt. Die einzelnen Kapitel stehen weitgehend für sich und können einzeln oder in veränderter Reihenfolge gelesen werden. In den Text unregelmäßig eingestreut sind Querverweise, Arbeits- und Übungsanregungen, die zur Konkretisierung und praktischen Umsetzung anregen sollen.

Abschnittsweise gibt es thematische Literaturtipps und in den grau unterlegten Kästen im Text auch immer wieder Einzelempfehlungen und Verweise auf Arbeitshilfen, Materialien, Internet- und sonstige Adressen. Bei der Angabe von Internet-Links habe ich mich auf solche Seiten beschränkt, bei denen ein dauerhafter Bestand und regelmäßige Aktualisierungen zu erwarten sind. Das Literaturverzeichnis am Ende belegt die unmittelbar als Quellen verwandte Literatur.

Die zwölf Einzelkapitel des Buches sind zugleich der Versuch einer Systematisierung des medienpädagogischen Feldes; die Trennung kann jedoch nur eine theoretische zum Zwecke der Übersicht sein, denn wechselseitige Abhängigkeiten und Querverbindungen sind ständig präsent; in der weniger linearen Linkstruktur einer Online-Angebotes wäre dies sicher adäquater umzusetzen. Die zwölf Kapitel lassen sich in vier große Teile einteilen. Grundlagen behandelt der erste Teil in den Kapiteln 1 bis 3. Zunächst wird das Feld der Medienpädagogik umrissen und der Medienbegriff diskutiert. Bezüge zur Gestaltungspädagogik bzw. zum Lernbereich „Ästhetik und Kommunikation“ und zur sozialen Kulturarbeit werden geknüpft. Unsere Wahrnehmung ist in allen Bereichen untrennbar durch Medien mitbestimmt. Warum sollte eine Sensibilisierung der Wahrnehmung und kreative Erweiterung unserer Gestaltungsfähigkeit willkürlich vor irgendwelchen Technikschranken Halt machen? Kapitel 2 behandelt die theoretische Basis für jede Art sozialer Kommunikation. Konzepte und Modelle direkt-personaler Kommunikationsprozesse werden vorgestellt und mit Varianten medialer Kommunikation verglichen. Es gibt keinen Inhalt unabhängig von einer konkreten historischen Form und die Wahl des Mediums verändert den Kommunikationsprozess. Deshalb behandelt Kapitel 3 sozialgeschichtliche Aspekte der Medienkommunikation. Die skizzierte Medienentwicklung reicht von der Erfindung des Buchdrucks bis zum Computerzeitalter.

Ein zweiter Buchteil widmet sich ausgewählten Themen der Medienforschung und -analyse. Kapitel 4 greift die Frage der Mediensysteme auf, die eine Voraussetzung medienpädagogischen Handelns darstellen. Das duale Rundfunksystem und Chancen der Bürgerbeteiligung werden diskutiert. Die Frage der Konvergenz der unterschiedlichen Medien in einem globalen Netz wird aufgegriffen und dazu werden auch die Grundlagen des Mediums der Jahrtausendwende, des Internets, knapp zusammengefaßt. Kapitel 5 widmet sich dem großen Bereich der Medienforschung und diskutiert am Beispiel des Fernsehens Erkenntnisse und Probleme der Nutzungs- und Wirkungsforschung. Exemplarisch für Medienwirkung steht dabei die Debatte um die Wirkung medialer Gewaltdarstellungen. Kapitel 6 ist mit dem weiten Begriff Medienanalysen überschrieben. Die Grundelemente der Film- und Fernsehanalyse werden vorgestellt und als ein Genre wird exemplarisch der Bereich der Musik-Videoclips analytisch angegangen.

Der dritte Teil des Buches fragt inhaltlich nach Chancen und Problempunkten alltäglicher Medienerziehung. Exemplarisch werden im Kapitel 7 Theorien populärer Fernsehkritik skizziert und Grundlinien für einen positiven Umgang von Kindern mit dem Medium Fernsehen aufgezeigt. An den Beispielen Videokassetten und Bildschirmspiele wird im Kapitel 8 die Frage nach sogenannten kommunikativen Problemlagen „zwischen Lust und Last“ aufgegriffen. Ein Abschnitt beschreibt dabei Institutionen und gesetzliche Grundlagen des Jugendmedienschutzes. Kapitel 9 befragt die Medienbereiche Computer, Multimedia und Internet unter medienpädagogischen Aspekten. Ein Teilaspekt ist dabei die Frage veränderter Lernprozesse durch Multimedia und e-learning.

Der vierte relativ umfangreichste Buchteil widmet sich praktischen Handlungsfeldern unter drei Aspekten. Mediendidaktik, also die

Mediennutzung in konkreten pädagogischen Kontexten, ist Thema des 10. Kapitels. Neben Grundfragen werden konkrete Übungen zum Umgang mit verschiedenen einfachen Medien ebenso angeregt wie Bezüge zu Moderationsmethoden, zur Arbeit mit Filmen und Medienverbundprojekten. Öffentlichkeitsarbeit, also Mediennutzung zur eigenen öffentlichen Kommunikation in Praxisfelder der Kultur- und Sozialarbeit, ist Thema des 11. Kapitels; die konkreten Anregungen in diesem Kapitel sollten bei Bedarf mit weiterer Literatur vertieft werden. Kapitel 12 schließlich stellt Beispielbereiche praktischer „kreativer" Medienarbeit vor; es beginnt mit Anregungen zur Spielfilmarbeit und stellt dann mit Video, Audio und Fotografie verschiedene Schwerpunkte aktiv produzierender Medienarbeit vor; all diese Medien können in Multimedia-Projekte integriert werden.

Dicht gedrängt, aber in Visualisierungen gut veranschaulicht und in Beispielen und Anregungen konkretisiert behandelt das Buch auf relativ wenigen Seiten ein umfangreiches Gebiet. Die Bereiche Kommunikation, Information und Medien-Systeme sind einem sehr schnellen Veränderungsprozess unterworfen. Medienpädagogik muss mit der Spannung zwischen Einhalten und Reflexion einerseits und Mithalten mit dem technologischen Fortschritt andererseits leben. Dieses Buch setzt in einem mehrjährigen Erarbeitungs- und Diskussionsprozess durch Fertigstellung des Manuskripts einen Schnitt. Materialien zur Einführung in die Medienpädagogik habe ich zuerst unter dem Titel „Kommunikation und Medien. Einführung und Praxis aus (sozial-)pädagogischer Perspektive" im Waxmann-Verlag veröffentlicht (Münster 2000). Für das vorliegende Buch wurden die Texte völlig neu strukturiert, aktualisiert, überarbeitet und wesentlich erweitert. So ist ein ganz neues Buch entstanden.

Ich bin für jede Form der Rückmeldung, Kritik, Anregung, Ergänzung dankbar. Aktualisierungen und Ergänzungen sollen künftig dem Thema gemäß auf speziellen Internetseiten abgerufen werden können; dieses Projekt ist begonnen und wird nach und nach erweitert (www.media-musica.de).

www.media-musica.de

Bedanken möchte ich mich bei den Studierenden der Fachhochschule, deren Auseinandersetzung mit dem Stoff und mit mir über viele Jahre dieses Buchprojekt vorangetrieben hat. Bedanken möchte ich mich auch bei meinen beiden Kindern, die mir für medienpädagogische Ideen und Normen immer wieder ein konkretes praktisches Korrektiv boten, und bei meiner Frau, die diese Ausarbeitung mit vielfältigster Unterstützung mit ermöglicht hat.

Münster, im August 2003, Prof. Dr. Bernward Hoffmann

1. Medien und Pädagogik: Begriffe, Konzepte, Ziele, Aufgaben

1.1 Medium, Medien, Pädagogik

Begriffsgeschichte

Was ist ein Medium, was sind Medien, was ist Medienpädagogik? Mit diesen Einstiegsfragen beschäftigt sich das Anfangskapitel. Einige Stichproben in Lexika der letzten Jahrzehnte stehen exemplarisch für die Begriffsgeschichte. In Herders Universallexikon von 1905, in „Der neue Brockhaus" 1937 und in „Der neue Herder" von 1949 findet sich neben der reinen Wortbedeutung „Mitte, Mittel" eine grammatikalische Wortbedeutung (Medium als Art des Zeitwortes), eine physikalische (Umgebung, in der sich ein Vorgang abspielt) und eine spiritistische Bedeutung (empfindlicher Mensch, durch den bzw. in dessen Nähe außergewöhnliche okkulte Erscheinungen geschehen). Im Plural „Medien", so klärt Dudens Fremdwörterbuch (1974) auf, findet sich die Bedeutung: „jedes Mittel, das der Kommunikation und Publikation dient, bes. Presse, Funk und Fernsehen"; dort gibt es einen Verweis auf „Medienpädagogik" als „Wissenschaft vom pädagogischen Einfluß der Massenmedien". Und bei „Massenmedien" heißt es: „auf große Massen ausgerichteter Vermittler von Information und Kulturgut". Im „Handbuch pädagogischer Grundbegriffe" von 1970 kommt „Medienpädagogik" o.ä. nicht eigens vor. Das Verweisregister zielt auf Kapitel, in denen der Medieneinsatz in Schule und Bildungsarbeit thematisiert wird. In Knaurs Lexikon (1972) kommt „Medienpädagogik" auch nicht vor; unter „Medienerziehung" steht nur ein Verweis auf „programmierten Unterricht".

Auch in Herders „Wörterbuch der Pädagogik" von 1977 kommt „Medien" in Verbindung mit „-pädagogik" nicht vor. Ein kurzer Artikel zum Begriff „Mediendidaktik" beginnt: „Beim Wort genommen, bezeichnen Medien im Feld des Unterrichts alle verwendeten Hilfsmittel, die als Mittler zwischen dem jungen Menschen und den für ihn aufgestellten Zielen auftreten. Hierzu gehören das traditionelle Lehrbuch ebenso wie der Lehrer selbst." Dann folgt die Erweiterung auf „moderne Medien", die „nicht eigens für pädagogische Zwecke entwickelt wurden", aber: „Vom Bildungssystem wurden sie z.T. mit erheblicher Verspätung für die Erfüllung der dort anstehenden Aufgaben übernommen.“ Die Spurensuche in Lexika und Wörterbüchern kann beliebig fortgesetzt werden. Sie macht deutlich, dass Begriffe wie Medien und Medienpädagogik erst ab etwa 1970 sich heutigem Alltagsverständnis annähern.

Das Wort „Medium“ ist ein substantiviertes Neutrum des lateinischen Adjektivs „medius“: in der Mitte befindlich, mittlerer; im Lateinlexikon wird neben den Wortbedeutungen „Mitte“ und „Vermittlung“ bereits im übertragenen Sinn „Öffentlichkeit“ und „Gemeinwohl“ benannt („Der kleine Stowasser“, München 1966).

Auch in den Wissenschaften, die sich mit den „Medien“ befassen, ist der Wortgebrauch als Grundlage einer Theorie unterschiedlich: „Einmal heißt Medium ‚Zeichenvorrat‘ (Informationstheorie und Kybernetik), dann ‚technischer Kanal‘ (Kommunikationssoziologie und Massenkommunikationsforschung/Publizistik), dann wiederum ‚ästhetisches Kommunikationsmittel‘ (Einzelmedientheorie und Medienwissenschaft) oder schließlich ‚gesellschaftliche Interaktion‘ (Soziologie, speziell die Systemtheorie).“ (*Faulstich* 1998, 21)

Medienbegriff

Es lassen sich beim Medienbegriff folgende Bereiche grob unterscheiden:

- Ein kulturphänomenologischer Medienbegriff versteht *Medium als materiellen Zeichenträger*. Danach kann jedes Zeichen, also auch ein Denkmal, ein Verkehrszeichen, ja die Sprache selbst als Medium angesehen werden. Theoretische Bezüge finden sich in der Semiotik und diversen Zeichen- und Symboltheorien.
- Ein kommunikationswissenschaftlicher Medienbegriff konzentriert sich auf die sogenannten *Massenmedien* also: Buch, Presse, Film, Rundfunk, Fernsehen ...; dann auch: Schallplatte, Foto, Dia, Tonkassette, Video bis zum Computer. Bezugswissenschaft für diesen Medienbegriff ist die Publizistik- und Kommunikationswissenschaft. Medienpädagogik fragt nicht nur nach geplanten, intentionalen Lernprozessen per Medien, sondern auch allgemein nach Medieneinflüssen auf Lern- und Erziehungsprozesse; sie braucht dazu die Wechselbeziehung zur Kommunikationswissenschaft.
- Ein pädagogisch-didaktischer Medienbegriff fasst alle die Objekte, die Lehr- und Lernzwecken dienen, als Medien: Tafel, Schreibstifte, Werk- und Gestaltungsmaterialien, Person des Lehrers. Der Begriff *AV-Medien* grenzt den Bereich der technischen Medien, der audio-visuellen Medien ein. Medien werden didaktisch eingeordnet, gezielt und geplant pädagogischen Zielen und Inhalten zu- oder sogar untergeordnet. Man will mit ihnen Lehr- und Lernprozesse optimieren, von der kompensatorischen Erziehung durch die „Sesamstraße“ bis zu Sprachlaboren, programmiertem

Mediendidaktik, vgl. Kap. 10

Unterricht und e-learning. Bezugsdisziplin ist die Didaktik, spezieller die Mediendidaktik.

- Im kultur- und sozialpädagogischen Feld werden auch *kreative Ausdrucksformen* wie Musik, Tanz, Theater, Spiel, künstlerisches Gestalten u.ä. als „Medien" bezeichnet. Parallel zu Medienpädagogik werden dann Begriffsgebilde wie „Gestaltungspädagogik" (vgl. *Hoffmann* u.a. 2003) oder „Kulturpädagogik" gebraucht. Im „sozialpädagogischen" Medienbegriff der Gestaltungspädagogik sind die drei vorher genannten Aspekte integriert. Bezugsdisziplinen sind hier auch Fachdisziplinen wie Musik-, Kunst-, Theaterpädagogik (vgl. Entwurf Ästhetik und Kommunikation in der Fachrichtung Sozialwesen (SP/SA) an den Fachhochschulen und Gesamthochschulen in NRW, in: *Wrisch* 1978)

Gestaltungspädagogik

Medienbegriff

Kulturphänomenologisch	Publizistisch / kommunikationswissenschaftlich	Pädagogisch / didaktisch
Medium = materieller Zeichenträger	Massenmedien / techn. Medien / Telekommunikation	Hilfsmittel
Wahrnehmungserziehung / Kreativitätsförderung; Praktische Medienarbeit	Aufklärung; Medienerziehung; Öffentlichkeitsarbeit; prakt. Medienarbeit	Intentionale Medienverwendung; prakt. Medienarbeit
Ästhetik & Kommunikation	Medienpädagogik im engeren Sinn	Medien-Didaktik

(sozial-)pädagogischer Medienbegriff
Ziel: Förderung kommunikativer Kompetenz und Kreativität mit und gegenüber Medien

Abb. 1.1: Dimensionen des Medienbegriffs

Begriff Medienpädagogik ab 1970

Medienpädagogik als Begriff gibt es seit etwa 1970, als eigenständige Disziplin etablierte sich diese Bindestrich-Pädagogik im Laufe der 70er Jahre des 20. Jahrhunderts. Sie arbeitet von ihren Anfängen her mit dem engeren Begriff, also dem klaren Bezug auf Massenmedien bzw. AV-Medien (audiovisuelle Medien); unter diesem Sammelbegriff sind neben Film und Fernsehen auch rein auditive (Hörfunk, Toncassette, CD) und rein visuelle (Dia, Foto) Medien mit gemeint. Aber diese Eingrenzung ist zeitbedingt und entsprechend relativ. Ein weiter Medienbegriff ist im pädagogischen Interesse sinnvoll und erforderlich. Die Überschneidung und Wechselwirkung von Mediendidaktik und kommunikationswissenschaftlichen Erkenntnissen zu Medien ist im Medienbegriff zu berücksichtigen. Und die Bezüge zu ästhetischen Medien und zur Kultur- bzw. Gestaltungspädagogik sind zumindest für praktische Medienarbeit relevant.

In diesem Buch wird aus pädagogischer Perspektive für einen entsprechend weiten Medienbegriff plädiert. Im menschlichen Miteinander sind Medien Instrumente und Räume sozialer Kommunikation. Das Adjektiv „sozial“ kennzeichnet einerseits beschreibend, dass Medien in zwischenmenschlicher Interaktion vermittelnd funktionieren, andererseits wertend, dass sie dem menschlichen, positiv sozialen Miteinander dienlich sind oder sein sollten. In einem zentralen kirchlichen Dokument (Pastoralinstruktion „Communio et progressio“ 1972) werden Medien als „soziale Kommunikationsmittel“ bezeichnet (vgl. *Hoffmann* 1993).

Ein Medium dient als Mittel, Instrument oder Werkzeug zur Darstellung und Verbreitung von Informationen. In diesem Sinn sind Texte, Bilder, aber auch Luft, Licht, Leitungen usw. Medien; letztlich ist alles ein Medium, was Kommunikationsinhalte präsentiert, fixiert, vermittelt. Man kann ohne Medien weder denken noch wahrnehmen oder handeln. Kommunikation kann ohne ein Medium nicht stattfinden. Der Begriff mediale Kommunikation kann deshalb sinnvoll nur den instrumentell materialen Aspekt des Mediums bezeichnen.

> ✓ Ein *Medium* ist ein materieller Zeichenträger und hat entsprechend einen materialen und einen symbolischen Aspekt. Auch Gegenstände des alltäglichen Gebrauchs übermitteln Botschaften; sie sind Medien des Alltags, Symbole ihrer Besitzer.

Materieller Zeichenträger

Im Kommunikationsprozess ist ein Medium ein *materieller Zeichenträger;* der Begriff umfasst immer zwei Aspekte: einen *materialen* und einen *symbolischen.* Als Medium wird also einerseits der materielle Träger bzw. Kanal bezeichnet (z.B. Zeitung, CD, Buch, Telephon ...); dies ist oft mit Technik und Apparaten verbunden. Andererseits wird auch das Zeichensystem, der Code als Medium bezeichnet (also z.B. Sprache, Gestik, Musik, bildliche Darstellung ...); dieser Aspekt bezeichnet die symbolische Darstellung des Inhalts einer Kommunikation. Darüber hinaus bezeichnet der Begriff Medium im Kontext technischer Massenkommunikation teilweise auch ein ganzes System in einer bestimmten Funktion (z.B. Unterrichtsmedien) oder als gesellschaftliche Organisation (z.B. das Fernsehen, die Tageszeitung); dabei tritt der funktionale Aspekt in den Vordergrund. Mit kritischer Sicht auf den Begriff „Kommunikation" müsste für die meisten Bereiche statt von Massen*kommunikation* von Massen*nachricht* gesprochen werden (vgl. *Faßler* 1997, 101); denn überwiegend sind die Nachrichtenwege einseitig.

Massenkommunikation

Zusammengesetzte Worte wie Massenmedien oder Massenkommunikation sind problematisch, weil der Begriff „Masse" unspezifisch ist. Dieser Begriff hat seine Wurzeln Ende des 19. Jahrhunderts. In den Jahren der ersten öffentlichen Kinovorführungen erschien 1895 das Buch „Psychologie der Massen" des Franzosen *Gustave Le Bon*. „Mit dieser Bezeichnung sollte das Phänomen großer Menschenansammlungen bei Demonstrationen, Volksfesten, Lynchjustiz, Streiks usw. beschrieben werden, die sich aus vielen, gleichartigen und extrem vom Willen einer Führerpersönlichkeit abhängigen Einzelnen zusammensetzen. Der vordem noch individuelle Einzelmensch wird hier anonym, hat keine persönliche Verantwortung mehr, läßt seinen Trieben und Gefühlen die Herrschaft über die Vernunft, verzichtet auf Teile seiner eigenständigen Intelligenz und unterwirft sich dem Führer der Masse – wie es etwa in Panikzuständen deutlich werden soll." (*Winterhoff-Spurk* 1986, 30 f.)

📖 *Le Bon, Gustave,* Psychologie der Massen, Stuttgart 1973 (Erstdruck des französischen Originals 1895); dieses Buch ist auch heute noch sehr erhellend und lesenswert, wenn man kritisch den Zeitkontext und den damaligen Wissensstand berücksichtigt.

Diese Merkmale der Anonymität, Gefühlsbestimmtheit, des Schwindens von Intelligenz und persönlicher Verantwortung hängen dem Begriff der Masse an. Heutige Erkenntnisse zur Medienwirkung zeigen aber, das der Begriff Massenmedien für die Erforschung von Mediennutzung und -wirkung unzureichende und falsche Vorannahmen impliziert. Immer wieder zitiert wird die Definition von *Gerhard Maletzke*. Er versteht unter Massenkommunikation jene Form der Kommunikation, bei der Aussagen

- *öffentlich*,

- durch *technische Verbreitungsmittel* (dahinter steht eine professionalisierte, strukturell und funktional ausdifferenzierte Organisation),
- *indirekt* (also bei räumlicher oder zeitlicher oder raumzeitlicher Distanz zwischen den Kommunikationspartnern)
- und *einseitig* (also ohne Rollenwechsel zwischen Aussagendem und Aufnehmendem)
- an ein *disperses Publikum* vermittelt werden. (vgl. *Maletzke* 1963, 32)

Definition Massenkommunikation

Der Begriff Masse wird also durch die Formulierung „disperses Publikum“ kommunikationstheoretisch spezifiziert. In ähnlicher Weise wird auf dem Hintergrund der Systemtheorie definiert: „Medien sollen heißen: gesellschaftliche Einrichtungen zur Organisation von Kommunikation mit Hilfe spezifischer Kommunikationsmittel.“ (Funkkolleg 1, 55) Beide Definitionen heben sehr stark auf indirekte Kommunikation, auf technische Verbreitungsmittel und auf die Ansprache vieler Menschen ab.

✓*Organmetapher*: Medien als Erweiterung der körperlichen Möglichkeiten des Menschen.

Seit *Marshall McLuhans* wegweisender Medientheorie wird auch häufiger eine „*Organmetapher*“ verwandt (vgl. *McLuhan* 1969). Sie

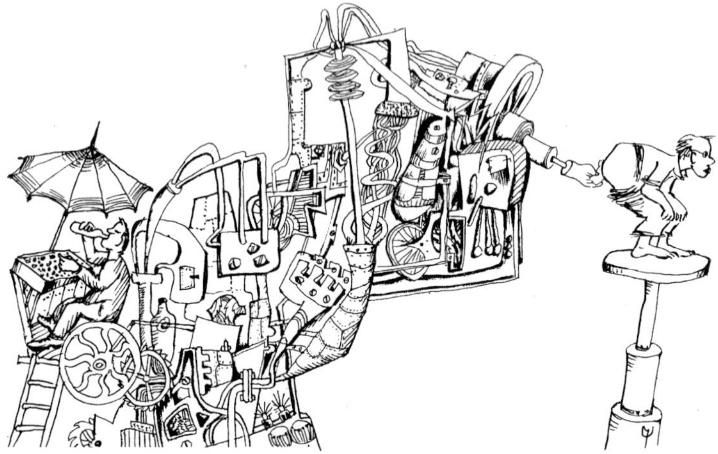

(Karikatur von Ulrich Martini, c 2002)

sieht Medien als Erweiterung der körperlichen Möglichkeiten des Menschen, als Organ-Ergänzung; diese Metapher steckt auch in einem Begriff wie „fernsehen". Zugleich sind Medien als Zeichensysteme aber auch quasi der *soziale Raum*, in dem Gemeinsamkeit überhaupt geschehen kann.

Medien als sozialer Raum

Die technischen und die System-Bedingungen, unter denen Informationen gespeichert, dargestellt, übertragen und rezipiert werden, haben einen wesentlichen Einfluss auf die Inhalte und auf die Funktionen und Wirkungen von Information und Kommunikation. In sehr komplexer Weise umfasst der Medienbegriff den Zusammenhang zwischen Inhalt, Code, Technik und funktionalem Kontext. In und mit Medien werden Informationen („Daten") verarbeitet, gespeichert, ubertragen. Aber Medien vermitteln nicht neutral; sie beeinflussen die Inhalte und ihre symbolischen Repräsentationen, sie bestimmen die Kommunikationssituation mit und prägen Kommunikationskultur.

Medien-Merkmale

Als wichtigste *Merkmale*, die Unterscheidungen verschiedener Medien begründen können, sind zu nennen:

- *Benötigte Hardware* zur Produktion, Verbreitung, Rezeption: Kommen nur körpereigene „Medien" zum Einsatz oder wird Technik benötigt? Ist die Technik nur für die Produktion oder die Verbreitung oder die Rezeption erforderlich oder für alle drei Bereiche? Ist die benötigte Technik unterschiedlich? Häufig verwandt wird folgende Dreiteilung: (1) Primärmedien: ohne notwendigen Einsatz von Technik, z.B. Theater; (2) Sekundärmedien: mit Technikeinsatz auf der Produktionsseite, z.B. Zeitung; (3) Tertiärmedien: mit Technik auf Produktions- und Empfängerseite, z.B. Fernsehen.
- *Sinnesmodalitäten*: Welcher bzw. welche unserer Sinne (auditiv, visuell, haptisch, olfaktorisch, gustatorisch) werden angesprochen bzw. benötigt?
- *Codierungsarten*: Werden Mimik und Gestik oder Bewegungen, werden gesprochene Worte oder Schrift, Bild oder Text oder andere Zeichensysteme eingesetzt? Werden mehrere kombiniert (multicodal)?
- *Darstellungsformen* (z.B. Genres, Stile) und *Gestaltungstechniken* (bei Audiomedien z.B. Lautstärke, Klang, Effekte; beim Film Einstellungsgrößen und -perspektiven, Farben, Schnitt, Montage).
- *Ablaufstrukturen*: ein Foto und ein Kunstwerk sind z.B. statisch, eine Filmsequenz oder ein Tanz sind dagegen dynamisch; Ablaufstrukturen von Medien können eine lineare Rezeption vorgeben (z.B. ein gehörtes Musikstück, ein Hörspiel, ein Theaterstück) oder non-linear nutzbar sein, wie z.B. Internet- oder viele CD-Rom-Angebote; sie können auf Rezeption hin orientiert sein oder Inter-

aktion ermöglichen; diese Ablaufstrukturen können festgelegt oder anpassbar sein.

- *Gestaltungskategorien* und *-formen*: in der Gestaltungs-Form von Medien schlagen sich Ziel und Absicht nieder. Die Intention eines Mediums kann informierend, kommentierend, unterhaltend, belehrend, werbend o.ä. sein, wobei die Rezeption davon abweichen kann. Abbildungen (visuell, akustisch) können z.B. realgetreu oder schematisch sein.
- *Produktions-, Rezeptions- und Verbreitungsbedingungen*: beim Theaterstück müssen die Rezipienten anwesend sein; ein Film kann ggf. Jahre später und weit vom Produktionsort entfernt rezipiert werden. (vgl. u.a. *Tulodziecki* 1997)

Medienmerkmale und Bezugsdisziplinen

Welcher Aspekt des Medienbegriffs im Vordergrund steht, das hat auch mit der Bezugsdisziplin zu tun. Professionelle Medien-Pädagogen kommen aus ganz verschiedenen Wissenschaftsbereichen: Pädagogen, Soziologen und Psychologen, Theater- und Kulturwissenschaftler, Kommunikationswissenschaftler, Publizisten, Germanisten, Sozialpädagogen, Theologen u.a. Gemeinsam ist diesen Experten oft nur ein gewisses kritisches Medienengagement. Erste Bezugswissenschaft ist für Medienpädagogik die Allgemeine Päda-

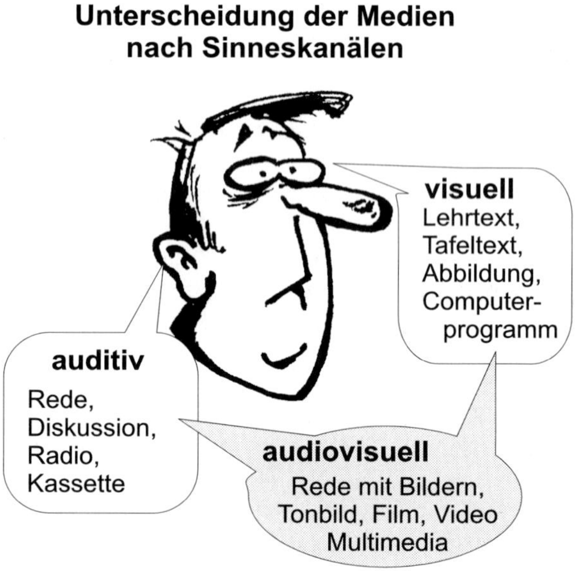

Abb. 1.2: Medien und Sinnesmodalitäten

gogik bzw. Erziehungswissenschaft; sie ist jedoch auf vielfältige interdisziplinäre Zugänge angewiesen. Wichtigster Partner neben der Erziehungswissenschaft, gelegentlich auch Konkurrent der Medienpädagogik, ist die Publizistik- und Kommunikationswissenschaft, die sich von einer engen Zeitungswissenschaft in den letzten 40 Jahren zu einer Wissenschaft entwickelt hat, die die gesamte menschliche Wirklichkeit unter dem Aspekt Kommunikation befragt (vgl. dazu *Noelle-Neumann* 1994). Hier sind viele Projekte der „Medienforschung" angesiedelt. Manche Autoren plädieren für eine eigene Medienwissenschaft (vgl. *Faulstich* 1998). Neben dieser Disziplin, die den Gegenstand Medien betrifft, sind Psychologie und Soziologie die wichtigsten Bezugsdisziplinen; auch sie haben speziellere Bereiche der Medienpsychologie und Medien- bzw. Kommunikationssoziologie ausgebildet.

Medienwissenschaft

Aktuelle Grundlagenwerke zur Medienwissenschaft, zu Medienpsychologie und Mediensoziologie:
Rusch, Gerhard (Hg.), Einführung in die Medienwissenschaft. Konzeptionen, Theorien, Methoden, Anwendungen, Opladen 2002
Winterhoff-Spurk, Peter, Medienpsychologie. Eine Einführung, Stuttgart 1999
Schorr, Angela/Groebel, Jo/Six, Ulrike (Hg.), Medienpsychologie. Ein Lehrbuch, Weinheim 2002
Neumann-Braun, Klaus/Müller-Dohm, Stefan (Hg.), Medien- und Kommunikationssoziologie. Eine Einführung in zentrale Begriffe und Theorien, Weinheim 2000

Die Basis der Medienpädagogik muss eine pädagogische sein. In Begriffen gesprochen: es geht um Erziehung und Bildung des Menschen, allgemeiner um Lernprozesse der Menschen, insofern sie mit Medien, mit medialer Kommunikation zu tun haben. Erziehung und Bildung befassen sich mit dem Verhältnis des (heranwachsenden) Menschen zur Wirklichkeit, seiner Befähigung, in ihr verantwortlich zu handeln. Die Wirklichkeit aber, also Natur, Kultur, Gesellschaft, ist vielfältig durch Medien vermittelt. Die Medien als Institutionen und Programmpakete vermitteln nicht nur, sie definieren zugleich Wirklichkeit. Zur pädagogischen Grundbeziehung von Ich und Wirklichkeit gehören die Medien unabdingbar hinzu. Ihre quantitative Bedeutung zeigen pauschale Einblicke in Statistiken zur zeitlichen Ausdehnung der dominanten Freizeitbetätigung Medienkonsum. Immer mehr Menschen verbringen immer mehr Zeit damit, Medienaussagen zu empfangen und zu verarbeiten; „die Medien fressen sich flächendeckend in alle Handlungsräume der Menschen und hinterlassen immer weniger nichtmediale Wirklichkeiten" (*Schorb* 1996, 199).

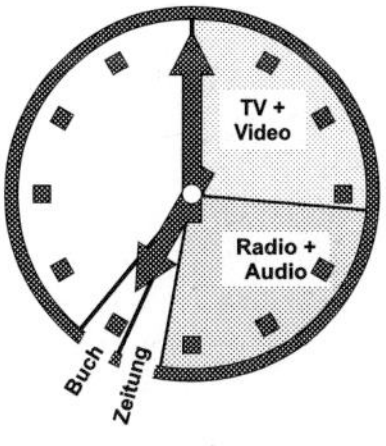

1.2 Mediale Kommunikation als Gegenstand der Medienpädagogik

Ein zentraler Begriff für Medienpädagogik ist „mediale Kommunikation". Ausgehend von der Idealsituation: direkte, interpersonelle, mit allen Sinnen ganzheitliche Kommunikation ist „mediale" eben eine solche, in der ein technisches Mittel in den Kommunikationsprozess eingeschoben ist und diesen entscheidend verändert.

- *Direkt-personale Kommunikation* bedient sich (nur) der körpereigenen Gestaltungsmittel; als ganzheitliche, alle Sinne umfassende Kommunikation erfordert sie die Anwesenheit aller Kommunikationspartner an einem Ort zur gleichen Zeit.
- *Mediale Kommunikation* benutzt weitere materielle Hilfsmittel; sie ermöglicht die Speicherung und den Transfer von Kommunikationsinhalten und somit die Trennung von Raum und Zeit im Kommunikationsprozess.

Mediale Kommunikationsprozesse

Medienpädagogik untersucht die Wirklichkeitsbereiche, die bzw. insofern sie durch Medien produziert oder von ihnen beeinflusst werden, unter pädagogischen Gesichtspunkten: als Lern- und Bildungsgeschichten der Menschen, als Faktoren im Sozialisationsprozess, als Ermöglichung oder Verhinderung von Subjektwerdung. Wie können Menschen etwas über die mit ihnen veranstalteten medialen Kommunikationsprozesse lernen, um ihnen gegenüber mündiger zu werden, das wäre die spezifisch Fragestellung der Medienpädagogik. „Von der Verwendung eines bestimmten Mediums in einer pädagogischen Situation über die öffentlichen Medien und den von ihnen beeinflussten Kommunikationsprozessen als Thema pädagogischer Praxis bis zu selbstgestaltetem medialen Handeln reicht die Bandbreite kritisch-konstruktiver Aufgaben." (*Austermann* 1989, 1036). Die medialen Kommunikationserfahrungen liegen vor, die hat jeder; und mit ihnen sind Lernen, Erziehung und Bildung, Prägung und Sozialisation verbunden. Die medialen Lernprozesse sind mindestens ebenso bedeutsam, wie die von Schule und Bildungsarbeit veranstalteten. Medienpädagogische Projekte können dazu beitragen, mediale Kommunikation ihren Adressaten bewusster und damit wieder verfügbar zu machen.

Pädagogik muss Medienpädagogik einschließen, es fragt sich nur, in welcher Weise sie aufklären und wirken will. Zur Klärung dieser Frage ist ein kleiner Blick zurück in die Entwicklungsgeschichte der Medienpädagogik hilfreich (vgl. *Hüther* 1990, *Hoffmann* 1993, *Schorb* 1995).

Anfänge der Medienpädagogik

Von einer Medienpädagogik, auch wenn es den Begriff noch nicht gab, kann man etwa seit der Wende zum 20. Jahrhundert mit dem Aufkommen des Films sprechen. Medienpädagogisches Handeln hat eigentlich immer auf wirtschaftliche und politische Entwicklungen reagiert. Zunächst verstand sie sich als ausschließlich bewahrende Instanz, die Kinder, Jugendliche und Erwachsene von den vermeintlichen Gefahren dieser medialen Genüsse fernhalten sollte. Man kann heute kaum noch nachvollziehen, was damals alles für Gefahren vermutet wurden, von Augen- und Haltungsschäden bis zur sittlichen Verrohung: „Ehe noch hermeneutisch oder empirisch begründete Analysen zu medialen Lernprozessen von Adressaten der Massenkommunikation vorlagen, machte sich eine normfixierte Medienerziehung bereits Sorgen um die Qualität ihrer Verbotsschilder." (*Austermann* 1989, 1036)

Bewahren

Ein bewahrpädagogisches Interesse verbunden mit aufklärerischen Bemühungen stand auch beim Neuanfang der Medienpädagogik nach 1945 im Vordergrund; zunächst war sie, wie in den Vorkriegsjahrzehnten, vorrangig Filmpädagogik im außerschulischen Bereich: Um Kinder und Jugendliche vom Ungeeigneten fernzuhalten und um ihnen aus pädagogischer Sicht geeignete, d.h. verständliche, vorbildhafte und bildende Alternativen zu bieten, gründeten Pädagogen vielerorts Kinder- und Jugendfilmeinrichtungen. Die Einführung der „Freiwilligen Selbstkontrolle der Filmwirtschaft" 1949 und das Jugendschutzgesetz vom Dezember 1951 waren u.a. Ergebnisse medienpädagogischer Bemühungen.

Kritische Nutzung

Mit der wachsenden Popularität der Massenschriften und des Kinos wurde die Erfolglosigkeit der dominanten Bewahrpädagogik sichtbar. Statt Bewahren hieß es nun: Hinführen zu einer kritischen Nutzung. In diesen Kontext gehören auch Versuche der späten 60er Jahre des 20. Jahrhunderts, Medienpädagogik von marxistischen Positionen her zu begründen; Schwerpunkt war jetzt die ideologiekritische Aufklärung über Produktionsmechanismen in ihrer Abhängigkeit vom bürgerlich-kapitalistischen System. „Ideologiekritische wie moralisierende Ansätze der Medienpädagogik neigen gemäß ihres bewahrpädagogischen Charakters dazu, Gegencurricula, geschlossene Lehrprogramme im Kontrast zum öffentlichen Medienprogramm zu entwickeln – meist unter Vernachlässigung der alltäglich ablaufenden, medialen Kommunikations- und Lernprozesse ihrer Adressaten." (*Austermann* 1989, 1038).

In einer frühen Systematisierung hat *Hülsewede* (1974) vier Positionen der Medienpädagogik unterschieden:

1. Eine „kulturkritisch-geisteswissenschaftliche" umfasst eine Erzie-

hung durch die Massenmedien, die als starker konkurrierender Erziehungsfaktor anzuerkennen sind, und eine Erziehung zu den Massenmedien. „Medienpädagogik soll darauf angelegt sein, das Individuum als Rezipienten zum Verstehen, Beurteilen und Einordnen des Medienangebotes zu führen." (ebd. 14)

2. Eine „technologisch-funktionale" Position rückt eine sachgerechte Qualifizierung in den Forderung. „Die Medien kommen genau unter dem Aspekt effizienteren Lehrens und Lernens in den Blick, wobei das wirtschaftliche Wachstum den normierenden Grund bildet." (ebd. 16) Dabei kann durchaus die Lehrfunktion durch apersonale Medien ersetzt werden.

Positionen der Medienpädagogik

3. Einer „ideologiekritischen" Medienpädagogik, die sich an die Frankfurter Schule anlehnt, geht es darum, „den Warencharakter der verschiedenen Medien zu entlarven, um das Individuum vor der totalen Verdinglichung seiner Natur zu bewahren. Medienpädagogik ist damit substantiell Medienkritik." (ebd. 18)
4. Eine „gesellschaftskritische" Position „setzt an den divergierenden Interessen von Arbeit und Kapital ein. (...) Medienpädagogik läßt sich dann begreifen als Qualifikation der Produzierenden zur Inanspruchnahme der Medien und zur kritischen Reflexion des Vermittelten unter dem Aspekt ihrer objektiven Interessen." (ebd. 20) Der Begriff Massenkommunikation sollte beim Wort genommen werden, die Unterscheidung zwischen Autor und Publikum wird aufgehoben und die Menschen sind zur politischen Einflußnahme mit allen zur Verfügung stehenden Medien aufgerufen.

Die so differenzierten Positionen waren weder damals, noch sind sie heute in Reinkultur anzutreffen. Pragmatischer lassen sich drei Grundhaltungen des pädagogischen Zugangs auf Medien und Umgangs mit ihnen unterscheiden: Mediendidaktik, kritische Medienerziehung und praktische Medienarbeit.

Mediendidaktik

Medien als Erziehungsmittel zu benutzen, ist die positive Wende der bewahrpädagogischen Aufmerksamkeit für Massenmedien. Sie lässt sich fast zeitgleich, wenn auch zaghafter, mit den erzieherischen Abwehrhaltungen nachweisen. Mit der Einsicht in die Erfolglosigkeit ausschließlich bewahrender Medienpädagogik versuchte man verstärkt, Medien in pädagogische Dienste zu stellen, vor allem in Unterricht und Ausbildung: Anschauungsmittel, weil die komplexe Wirklichkeit nicht hinreichend unmittelbar zu erfahren war. Euphorisch wurden in den 70er Jahren des 20sten Jahrhunderts Bildungstechnologien propagiert, die an die Machbarkeit von Bildung, vor allem von Chancengleichheit durch mediales Lernen glaubten. Der „Programmierte Unterricht" ist eine Frucht dieser Entwicklung. Ebenso glaubte man nicht nur in den USA, mit Fernsehprogrammen wie „Sesamstraße" Bildungsunterschiede bei Vorschulkindern kompensieren zu können. Ein drittes Beispiel der Medien-Gläubigkeit sind die in vielen Schulen seinerzeit eingerichtete Sprachlabors. Last not least gibt es bis heute das sogenannte Telekolleg, d.h. die Möglichkeit, eine Fachhochschulreife per medienvermitteltem Fernlehrgang erreichen zu können; und mit den neuen Möglichkeiten durch CD-ROM und Computernetze kommen neue Phantasien auf, wie man pädagogische Prozesse durch e-learning rationalisieren bzw. effektiver gestalten kann. Zweifellos: Medien sind sinnvolle Instrumente im unmittelbaren pädagogischen Geschehen, in Unterricht und Erziehung; zumindest können sie es sein. Diesen Bereich möchte ich mit dem Begriff Mediendidaktik versehen (vgl. das Kap. 10). Mediendidaktik ist ein Teilbereich von Medienpädagogik, aber nicht mit ihr identisch, wie manche Pädagogen glauben..

Mediendidaktik, vgl. Kap. 10

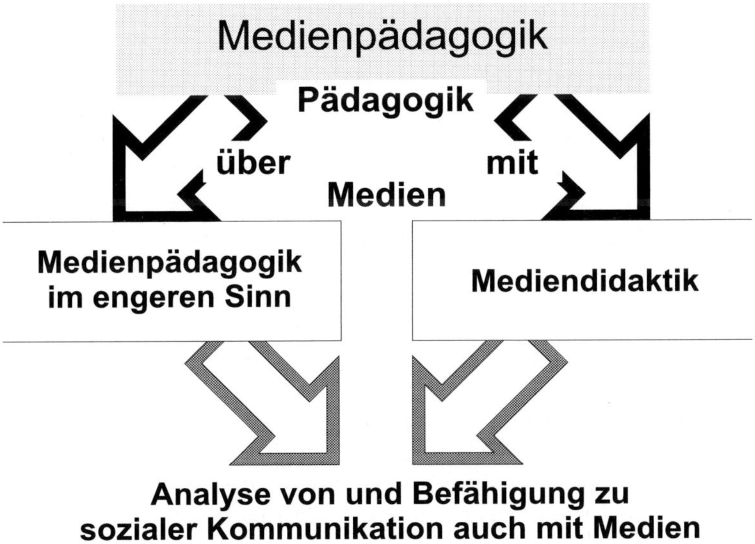

Abb. 1.3: Mediendidaktik als Teil der Medienpädagogik

Der Unterschied ist relevant nicht nur für schulische Lernprozesse. Beispielsweise lässt sich bei der Medienverwendung im Feld außerschulischer Jugendarbeit unterscheiden: Jugendbildungsarbeit mit (der Methode) Medien = Mediendidaktik; medienpädagogische Jugendarbeit (Medien als Ausdrucksmittel; Medienkunde und -analyse) = Medienpädagogik im engeren Sinn.

Kritische Medienerziehung

Mit dem technischen Fortschritt gingen und gehen auch die Herausforderungen an die Medienpädagogik weiter. Ideologie- und gesellschaftskritische Medienpädagogik sollten keine vergessenen Ansätze sein, aber sie sind schwierig in Praxis zu übertragen. Schnell erhält da die Pädagogik den faden Beigeschmack, sie wolle den Menschen ihren Spaß am TV mit Talk- und Gerichtsshows, Daily Soaps und Tatort verderben.

Mündigkeit gegenüber und aktive Nutzung von Medien

Pädagogen müssten sich in die Medienpolitik einmischen, um manipulative Tendenzen zu entlarven, aber auch um Kommunikationsstrukturen zu demokratisieren, die Einweg-Kommunikation aufzuheben, Rezipienten zu Subjekten, teilweise auch zu Produzenten zu machen. Die Aufklärungsfrage hieß: Was machen die Medien mit den Bürgern?, aber auch: Was können die Bürger mit den Medien machen? Foto-, Video- und Filmklubs, Piratensender und später „Offene Kanäle" im Rundfunkbereich bis hin zu Kursen der Homepage-Gestaltung sind solche Versuche. Das Globalziel hieß fortan: die eigenen Handlungsmöglichkeiten, die Selbstständigkeit, die Subjekthaftigkeit erweitern durch kritische Aufklärung und durch aktiven eigenen Umgang mit Medien.

Ein entsprechendes Verständnis von Medienpädagogik hat sich in Fachkreisen weitgehend durchgesetzt. Nur in der allgemeinen und im besonderen der politischen Öffentlichkeit scheinen noch sehr viel diffusere Vorstellungen zu herrschen. Da wird politisch Medienpädagogik immer wieder als Allheilmittel gegen die unkalkulierbaren Wirkungen der jeweils „Neuen Medien", heute der quantitativen Ausdehnung im Bereich der Computernetze, allgemeiner der Informations- und Kommunikationstechnologien, empfohlen und zitiert. Aber kann sie gegen diese Wirtschaftsinteressen und technologischen Entwicklungszwänge an? Wollen denn eigentlich diejenigen, die als Mächtige hinter diesen Medien-Entwicklungen stehen, mündige Subjekte als Rezipienten, die ihre Werbung durchschauen, die vielleicht der Unterhaltung den Rücken kehren, die auf den Ausschaltknopf drücken?

In der Zeitschrift „medien + erziehung“ (merz) wurden in den letzten Jahrzehnten mehrfach entsprechende Diskussionen dokumentiert:
„Medienpädagogik“ – was ist das?, in: merz 20 (1976) H 2 und 3.
Neue Medien und die Pädagogik, in: merz 25 (1981) H 2, 3 und 4.
Hat die Medienpädagogik eine Chance, die „Neuen Medien“ in den Griff zu bekommen?, Teil 1: merz 28 (1984) H 6; Teil 2: merz 29 (1985) H 1.
40 Jahre Medienpädagogik, in: merz 33 (1989) H 5 und 6. (Zusammenfassung in: *Hoffmann* 1993)
Diskussion Multimedia und Pädagogik, in: merz 40 (1996) Nr. 4, 198-221
Medienpädagogik heute. Eine Diskussionsrunde, in: merz 46 (2002) Nr. 4, 211-221

Diskussionen in der Zeitschrift „medien + erziehung“

Die Diskussionen in der Zeitschrift „medien + erziehung“ wurden 1989 zusammengefasst in einigen prägnanten Thesen (vgl. auch die Dokumentation JFF 1999). Als Datum des Beginns einer Medienpädagogik im engen Sinn nach 1945 wurde die Gründung des Münchener Instituts „Jugend Film Fernsehen“ 1949 angenommen. „Vierzig Jahre Medienpädagogik bedeuten vierzig Jahre

- Konfrontation mit immer neuen technischen Möglichkeiten in festgefügten gesellschaftlichen Strukturen ...
- Auseinandersetzung mit einem Phänomen, auf dessen Verfaßtheit und Inhalte die Pädagogik keinen Einfluß hat ...
- Jugendmedienschutz unter dem Verdacht der Bevormundung und Zensur ...
- legitimatorische Inanspruchnahme durch die Politiker, die die öffentliche Empörung über Gewalt in den Medien anheizen ...
- Forschung über das, was die Medien mit den Menschen und das was die Menschen mit den Medien machen ...
- Versuche zu verstehen, wie eine jeweils neue heranwachsende Generation Medien in ihr Leben integriert bzw. von diesen vereinnahmt wird ...
- Bemühungen, medienpädagogische Fragen in die Aus- und Fortbildung zu integrieren ...
- Bemühungen, die Medien in den Lehr-Lern-Prozeß zu integrieren ...
- Bemühungen, den Lehr-Lern-Prozeß medial zu gestalten ...
- Originelle und weniger originelle Versuche, die Menschen zu einem reflektierten Umgang mit den Medien zu bewegen ...
- Entwicklung von Modellen der aktiven und selbstbestimmten Nutzung von Medien ...
- Versuche, eine demokratische Kommunikationskultur zu etablieren, von der jugendeigenen Zeitschrift bis hin zum offenen Kanal ...“ (*Schorb* 1989)

Praktische Medienarbeit, Kreativitätsförderung

Die Wege und Methoden, wie Menschen etwas über mediale Kommunikationsprozesse lernen, sind ganz unterschiedlich. Der Weg einer kognitiv kritisch aufklärenden Medienpädagogik ist vermutlich der den Menschen unliebsamste. Aber es gibt viele indirekte Wege.

Einer und vielleicht der wichtigste Weg ist es, (junge) Menschen selbst zu aktivieren, Medien kreativ-schöpferisch für ihre Zwecke zu verwenden; dabei sollten die Ziele sozialer Gruppenerfahrung und politischer Partizipation immer mit im Blick sein. Ein zweiter, noch indirekterer Weg liegt darin, die Möglichkeiten unmittelbarer Wirklichkeitserfahrung offen zu halten, kreative Gestaltungserfahrungen alternativ zum so bequem erscheinenden Konsum zu ermöglichen. Ich möchte das als indirekte Medienpädagogik bezeichnen. Dabei können kreative Ausdrucksformen (Musik, Theater, Kabarett, Tanz, künstlerisches Gestalten ...) zum Ausdrucks- und Erfahrungsmedium werden. Natürlich ist dies eine Form kompensatorischer Erziehung, die eine Feststellung von Mängeln und falschen Wegen voraussetzt und nicht darauf verzichten darf, solche z.T. eben durch Medien mitbedingte Mängel und Irrwege anzuklagen und auf deren Veränderung zu drängen. (vgl. *Hoffmann* u.a. 2003)

Kreative Gestaltungserfahrungen

1.3 Ziele und Aufgaben von Medienpädagogik

Bewahrpädagogische Abwehrhaltungen gegenüber Medien sind zwar nicht grundsätzlich aufgegeben, aber doch aus dem Zentrum gerückt. „Medienpädagogik hat vielmehr darauf hinzuwirken, daß ein Prozeß der ‚Medienalphabetisierung' eingeleitet wird, wie ihn die UNESCO in ihrer Erklärung von Grünwald vom 22.1.1982 gefordert hat: ‚Die Schule und die Familie teilen sich in die Verantwortung, Kinder und Jugendliche auf eine Welt vorzubereiten, die durch Bild, Ton und Wort geprägt ist. Kinder und Jugendliche müssen fähig sein, diese drei Zeichensysteme, auch in ihren gegenseitigen Verschränkungen, zu entziffern. Das macht eine Anpassung der Bildungsprioritäten nötig, die man unter dem Stichwort ‚Medienalphabetisierung' zusammenfassen kann.' Medienpädagogik hätte demnach in Ergänzung zum traditionellen Leseunterricht auch das ‚Lesen' von ‚audiovisuellen Texten' zu üben. Sie könnte damit konsequent wahrnehmen, was ihr in einer demokratischen Gesellschaft besonders eindringlich aufgetragen ist: Wenn die freie Zugänglichkeit zu den Quellen gewährleistet ist, muß durch entsprechende

Ausbildung des Bürgers auch dafür gesorgt werden, daß er diese Informationen und Botschaften zu nutzen vermag." (Fachlexikon der sozialen Arbeit 1986, Art. Medienpädagogik, 570).

Die *Gesellschaft für Medienpädagogik und Kommunikationskultur* (GMK) hat in den Jahren zwischen 1984 und 1991 grundlegende Positionen formuliert; Ende 1991 liest sich das so (vgl. GMK-Rundbrief 2/1991):

Frühe Positionen der GMK

Der GMK „gelten als wichtige Zielwerte die Vermittlung ‚kommunikativer Kompetenz', die Partizipation an gesellschaftlicher Mitverantwortung und Teilhabe an kommunikationskulturellen Entscheidungen, die Betonung von Kreativität und Selbstverwirklichung und die Bearbeitung bestehender und/oder neu entstehender kommunikationstheoretischer Problemlagen, die einer möglichen ‚kommunikativen Kompetenz' entgegenstehen.

Dabei vertritt die GMK eine differenzierte Position gegenüber den Medien und lehnt Technikfeindlichkeit, Medienverteufelung und kulturkritischen Fundamentalismus ab. Ausgangspunkt der Analyse und möglicher pädagogischer Strategien ist die Betonung des Zusammenhangs zwischen Medienkonsum und Alltagskultur der Medien-Nutzer. Der Mensch ist kein von den Medien ‚manipuliertes' Wesen, das zwischen tatsächlicher Realität und von Medien dargestellter Realität hin- und hergerissen wird. Medien als soziale Einrichtungen sind vielmehr in den Alltag und das soziale Handeln der gesellschaftlichen Subjekte verwoben. ...

Medienpädagogische Handlungsweisen sind mit bestimmten Zielvorstellungen verbunden. Keine medienpädagogische Strategie ist für jede Situation realisierbar und zweckmäßig. Die folgende Beschreibung, die über Verben die besonderen Tätigkeitsmerkmale medienpädagogischen Handelns herausstellt, bezieht auch medienpädagogische Traditionen mit ein. Die Reichweite und Bedeutung medienpädagogischer Handlungen steigt dabei an: Bewahren über Aufklären und Wahrnehmen bis zu Handeln.

Bewahrpädagogik

- *Bewahren*: Eine bewahrpädagogische Grundhaltung geht davon aus, daß kommunikative Problemlagen dadurch zu verringern sind, daß der Zugang zu ‚kommunikationsgefährlichen' Orten, Apparaten, Inhalten eingeschränkt oder überwacht wird; daß ‚kommunikationsgefährliche' Aussagen nur begrenzt zugänglich gemacht werden; daß an kulturell akzeptierten Werten orientierte kommunikationspositive Aussagen gefördert und besonders zugänglich gemacht werden. Eine solche bewahrpädagogische Grundhaltung stößt allerdings schnell an ihre Grenzen. Sie läuft insbesondere Gefahr, es an der notwendigen Sensibilität gegenüber Zensur fehlen zu lassen und den Zielwert ‚Partizipation' durch Absprechen von Mündigkeit einzuschränken oder schwer erreichbar zu machen.

Aufklärung

- *Aufklären*: Diese Strategie wendet sich an die Erkenntnisfähigkeit des Menschen. Ihr Ziel ist der ‚mündige Bürger', der durch Aufklärung über und Einsicht in Gefahren, aber auch positive Möglichkeiten und unterschiedliche Umgangsweisen mit den Medien in der Lage ist, angemessenes Handeln zu entwickeln. Aufklärung ist also nicht nur prohibitiv (Warnung) sondern vor allem unterstützend als Befähigung zu selbständigem Denken und Handeln gemeint. ...

Wahrnehmungserziehung

- *Wahrnehmen*: Eine besondere Form von Handeln ist die Wahrnehmung, das heißt die Art und Weise, wie wir die Vielfalt der Wahrnehmungsangebote in unseren Alltag, in unsere Lebenswelt integrieren. Über Wahrnehmung steuern wir unsere sozialen Rol-

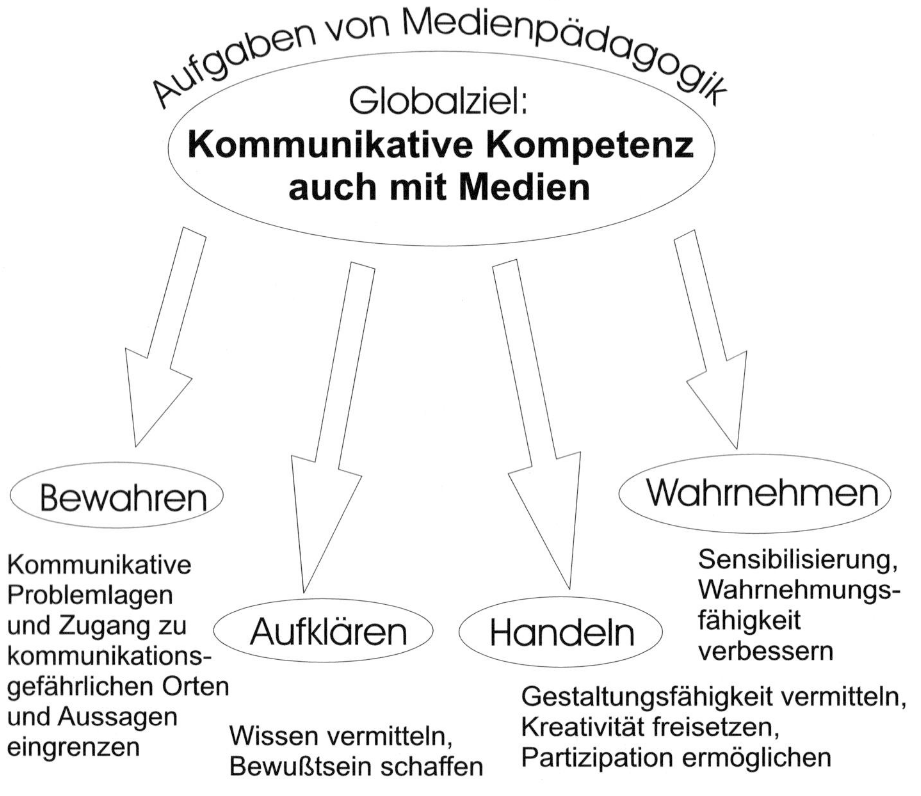

Abb. 1.4: Ziele und Aufgaben der Medienpädagogik

len, unser Selbstverständnis. Alles, was wir wahrnehmen, hat Zeichencharakter. ... Damit wird Wahrnehmungsbildung zu einer medienpädagogischen Aufgabe. ... Wahrnehmung ist die Brücke, die Produzenten und Rezipienten verbindet – in gemeinsamem Schaffen eines ästhetischen Kanons, in dem sich die politische Kultur eines Landes abbildet.

- *Handeln*: Eine handlungsorientierte Medienpädagogik sieht Medien- und Kommunikationssituationen nicht nur als zu kontrollierende Instanzen an (bewahren), aber auch nicht nur als Gegenstand kognitiv orientierter Unterweisung (aufklären). Medien sind für sie, in leichter Variation der Formulierung von Brechts Radiotheorie, nicht nur Rezeptions-, sondern auch Produktionsinstrumente. Über Bewahren und ideologiekritische Aufklärung hinaus müssen alternative Handlungsmöglichkeiten mit Medien ausgewiesen werden, weil nur auf diese Weise kommunikative Kompetenz zur Entfaltung kommt."

Alternative Handlungsmöglichkeiten mit Medien

1.4 Medienkompetenz

Seit einigen Jahren bestimmt Medienkompetenz als neues Schlagwort die medienpädagogischen Diskussionen. Dieser Begriff lässt sich politisch gut vermarkten. Er integriert vor allem beim Thema Computer die Bereiche Medienkritik, also kritische Aufklärung über Medien und ihre Wirkung, und die sogenannte informationstechnische Grundbildung, also die Einführung in Nutzung der Computertechnik. Es geht also bei „Kompetenz" um mehr als nur darum, eine neue Technik handhaben zu können. Folgende Kompetenzen lassen sich unterscheiden:

- die alltäglich Medienkompetenz der Nutzer, eine technische und eine inhaltliche Kompetenz;
- die Kompetenz der Medienmacher;
- die Kompetenz der Medienpädagogen.

Dieter Baacke bestimmt Medienkompetenz als „die Fähigkeit, in die Welt aktiv aneignender Weise auch alle Arten von Medien für das Kommunikations- und Handlungsrepertoire von Menschen einzusetzen." (*Baacke* 1996, 4) Das klingt sehr medienorientiert, zu wenig die besagten Medien sortierend und differenzierend unter der Frage „menschendienlich". Ich halte gern am Begriff „kommunikative Kompetenz" fest. Ziel von Medienpädagogik ist: kommunikative Kompetenz als Analyse und Befähigung zu sozialer Kommunikation unter anderem mit Medien.

Kommunikative Kompetenz mit Medien

Baackes Unterscheidung ist historisch vorübergehend zu akzeptieren: „Während ‚kommunikative Kompetenz' an die Alltäglichkeit gebunden ist, betont ‚Medienkompetenz' in verstärkter Weise die Veränderung der Kommunikationsstrukturen durch technisch-industrielle Vorkehrungen und Erweiterungen" (ebd.). Aber, wie *Baacke* selbst feststellt: der Begriff „Medienkompetenz" ist weit und empirisch leer (wie Erziehung und Bildung); immerhin umfasse er beide Anteile der Begriffe Medienerziehung und Medienbildung, aber keiner der Begriffe gibt letztlich an, wie eine entsprechende Fähigkeit, ein Endzustand praktisch, didaktisch oder methodisch zu organisieren und damit zu vermitteln ist.

Medien-Erziehung

- Medien-Erziehung: Pädagogisch kundige (verantwortliche professionalisierte) Personen streben mit ihren Educanden in methodisch geordneten Schritten ein bestimmtes, überprüfbares Ziel an. Welche Inhalte und welche Ziele sagt auch Erziehung nicht; der Erziehungsbegriff ist eng, weil er im wesentlichen intentional ausgerichtete Prozesse umfasst.

Medien-Bildung

- Medien-Bildung: Letztlich ist der Personwerdungsprozess jedes einzelnen unverfügbar; das Subjekt entfaltet sich nach seinen eigenen generativen Ausdrucksmustern, ohne ständige pädagogische Anleitung; diese Dimension umfasst der Bildungsbegriff (vgl. *Baacke* 1996).

Warum der Begriff Medienkompetenz derzeit so attraktiv ist, hat *Friedrich Hagedorn* kompakt beantwortet:

- „*Erstens* ist der Begriff – trotz seiner Herleitung aus der kommunikativen Kompetenz – normativ weitgehend unbelastet und auch realpolitisch wenig okkupiert (keine gesellschaftliche Institution kann da bisher Besitzstände anmelden). Diese Offenheit macht Medienkompetenz zu einem kategorialen Gefäß, das mit nahezu beliebigen Inhalten, Ansprüchen und Projektionen gefüllt werden kann – ob diese nun durch technologische Anpassungsqualifikationen geprägt werden oder durch eine Renaissance reformpädagogischer Ideale. Der Begriff eignet sich als ubiquitäre Metapher für eine Situation der Orientierung und Suche nach einem neuen mentalen Leitbild der Mediengesellschaft.
- *Zweitens* suggeriert der Kompetenzbegriff bereits semantisch ein Ergebnis, eine Fähigkeit oder Qualifikation, dem – im Unterschied etwa zu Erziehung oder Bildung – die Mühen eines Aneignungsprozesses nicht mehr anzuhaften scheinen.
- Und *drittens* verweist Kompetenz ja nicht nur auf Fähigkeiten, sondern auch auf Zuständigkeiten. Die Konjunktur des Begriffs hat mithin auch zu tun mit einer Verlagerung der Qualitäts-

verantwortung von der Produktion zur Rezeption. Überspitzt formuliert: Während es früher um gute Medienprodukte ging, selbst bei schlechter Rezeption, geht es nun um gute Medienrezeption, selbst bei schlechten Produkten. In deregulierten Verhältnissen heißt das im Zweifelsfall: Jeder ist für die Qualität seiner Medien(-nutzung) selbst verantwortlich." (*Hagedorn,* Zur Attraktivität des Begriffs Medienkompetenz, in: Landesinstitut 1998, 19)

Je nach Autor oder Ansatz wird Medienkompetenz aufgespalten in weitere Anteile. Folgende Teilaspekte sind relevant:

Erleben und Wissen

1. **Personaler Bezug:** *Sinnlich und affektiv – Wahrnehmung und Erleben:* Mündigkeit gegenüber Medien heißt, Medienprodukte in ihrer Machart und Bedingtheit zu durchschauen; auch ihre Funktion in gesellschaftlichen Kommunikationsprozessen gehört dazu. Diese Kompetenz muss das Individuum auch auf sein eigenes Handeln und auf soziale Normen beziehen können. *Kognitiv – Wissen* über Medien: Medientechniken, -entwicklungen und -systeme verstehen. Nur auf dieser Basis sind fundierte und differenzierte *Urteile* und aktive Partizipation möglich.

Soziale Dimension

2. **Sozialer Bezug:** Im personalen Bezug und im Mikrokosmos einer Gruppe sind das Du, das Wir und das Miteinander zu berücksichtigen. Und auch im gesellschaftlichen Rahmen darf Medienkompetenz nicht subjektiv-individualistisch verkürzt werden. Auch der (ethische) Diskurs der Informationsgesellschaft über wirtschaftliche, technische, soziale, kulturelle und ästhetische Aspekte gehört zu dieser Schlüsselkompetenz.

Kritische Rezeption

3. **Nutzungsaspekt – rezeptiv:** angemessene und kritische Rezeptionsfähigkeit und interaktive Kompetenz: Medien sind für Menschen ein wichtiges soziales Referenzsystem und Hilfe für das Erfassen und Verstehen der Welt. Ein eigenständiger Zugang auf die Medienangebote auf der Basis von Orientierungs- und Wertungswissen sind notwendig, um sich in der Vielfalt der Angebote zurechtzufinden. Dazu gehört auch die Fähigkeit, mit den Kommunikationsangeboten der Medien emotional und sozial verantwortlich umgehen zu können.

Aktive Gestaltung

4. **Handlungsaspekt – gestalterisch aktiv**: Das Subjekt soll über eine passive Konsumentenrolle hinausgehen können, soll handelnd eingreifen und Medien als Werkzeuge für die eigenen und soziale Interessen nutzen können. Kompetenz schließt Begreifen durch eigenes Tun, Kreativität zu ästhetischer Gestaltung und zur Herstellung von „Gegen"-Öffentlichkeit ein.

Abb. 1.5: Dimensionen der Medienkompetenz

Medienkompetenz setzt kommunikative Kompetenz voraus: *Kompetent ist, wer gesprächs- und handlungsfähig ist und beides reflexiv aufeinander beziehen kann. Medienkompetenz ist kommunikative Kompetenz auch mit und gegenüber Medien,* Selbstbestimmung und soziale Verantwortung im Umgang mit Medien.

> 🕮 Zur Debatte um Medienkompetenz:
> Themenhefte „Medien praktisch" 2/96, „merz" 1/99; Sammelbände: *Schell, Fred/Stolzenburg, Elke/Theunert, Helga* (Hg.), Medienkompetenz. Grundlagen und pädagogisches Handeln, München 1999; *Baacke, Dieter* u.a. (Hg.), Handbuch Medien: Medienkompetenz. Modelle und Projekte, Bonn (Bundeszentrale für Politische Bildung) 1999.

✉🖱
Zentrale Dach- und Fachverbände der Medienpädagogik:
GMK. Gesellschaft für Medienpädagogik und Kommunikationskultur, Körnerstraße 3, 33602 Bielefeld, www.medienpaed.de, www.gmk-net.de
Konferenz der Landesfilmdienste, www.landesfilmdienste.de
Bundesarbeitskreis der Leiterinnen und Leiter kommunaler Bildstellen / Medienzentren in Deutschland, www.bakmedien.de.
FWU Institut für Film und Bild in Wissenschaft und Unterricht gemeinnützige GmbH, Bavariafilmplatz 3, 82031 Grünwald, www.fwu.de
JFF – Institut für Medienpädagogik in Forschung und Praxis, Pfälzer-Wald-Str. 64, 81539 München, www.jff.de
Kommission Medienpädagogik in der Deutschen Gesellschaft für Erziehungswissenschaft (DgfE), www.dgfe.de/medpaed.html
Fachgruppe Medienpädagogik in der Deutschen Gesellschaft für Publizistik und Kommunikationswissenschaft (DG PuK), www.dgpuk.de

Literaturtipps: Überblicke zur Medienpädagogik

Baacke, Dieter, Medienpädagogik, Tübingen 1997

Barsch, Achim/Erlinger, Hans Dieter, Medienpädagogik. Eine Einführung, Stuttgart 2002

Böcher, Hartmut/Koch, Roland, Medienerziehung. Theorie und Praxis, Köln 1998

Brinkmöller-Becker, Heinrich (Hg.), Die Fundgrube für Medienerziehung in der Sekundarstufe I und II, Berlin 1997

Dennig, Thomas, Medien erleben und gestalten. Medienerziehung für sozialpädagogische Berufe, Berlin 1999

Hiegemann, Susanne/Swoboda, Wolfgang H., Handbuch der Medienpädagogik, Opladen 1994

Hoffmann, Bernward, Medienpädagogik im kirchlichen Feld. Entwicklungen, Konturen, Probleme, Perspektiven, München 1993

Hoffmann, Bernward, Kommunikation und Medien. Einführung und Praxis aus (sozial-)pädagogischer Perspektive, Münster 2000

Hüther, Jürgen/Schorb, Bernd/Brehm-Klotz, Christiane (Hg.), Grundbegriffe Medienpädagogik (Neuausgabe), München 1997

Kübler, Hans-Dieter, Kommunikation und Massenkommunikation. Ein Studienbuch, Hamburg 1994

Maier, Wolfgang, Grundkurs Medienpädagogik / Mediendidaktik. Ein Studien- und Arbeitsbuch, Weinheim 1998

Merkert, Rainald, Medien und Erziehung. Einführung in pädagogische Fragen des Medienzeitalters, Darmstadt 1992

Moser, Heinz, Einführung in die Medienpädagogik. Aufwachsen im Medienzeitalter, Opladen 2000 (3. überarbeitete und aktualisierte Aufl.)

Paus-Haase, Ingrid/Lampert, Claudia/Süss, Daniel, Medienpädagogik in der Kommunikationswissenschaft. Positionen, Perspektiven, Potenziale, Opladen 2002

Schäfer, Dina/Hille, Astrid (Hg.), Medienpädagogik. Ein Lehr- und Arbeitsbuch für sozialpädagogische Berufe, Freiburg 2000

Tulodziecki, Gerhard, Medien in Erziehung und Bildung. Grundlagen und Beispiele einer handlungs- und entwicklungsorientierten Medienpädagogik, Bad Heilbrunn 1997 (3. überarbeitete Aufl.)
Vollbrecht, Ralf, Einführung in die Medienpädagogik, Weinheim 2001

1.5 Medien im Kontext von Gestaltungspädagogik bzw. „Ästhetik & Kommunikation"

Weiter Medienbegriff

Ein (sozial-)pädagogisch weiter Medienbegriff sieht Medien als Zeichen- und Informationsträger bzw. Zeichensystem, das die Kommunikation zwischen mindestens zwei Partnern unterstützt und/oder ermöglicht. In den Vordergrund gerückt wird gegen einen Vorrang kognitiver Aspekte eine ganzheitliche Sicht und eine Aneignung durch praktisches Tun. Damit erhält die Ebene des sinnlich Wahrnehmbaren und Gestaltbaren besonderes Gewicht. So erklärt sich, dass im Bereich der Sozialpädagogik fast gleichbedeutend neben dem Bereich Medienpädagogik die Begriffe „Ästhetik und Kommunikation" oder „Gestaltungspädagogik" stehen (vgl. *Hoffmann* u.a. 2003).

„Studierende ihrerseits haben oft Mühe, die Konturen von Ästhetik und Kommunikation zu überschauen: was können heutzutage Begriffe wie ‚Ästhetisches Phänomen', ‚Ästhetische Aneignung', Förderung von ‚Kreativität' oder ‚Kritikfähigkeit' bedeuten? Welche Anteile sollen einschlägige Methoden und Praxiserfahrungen einerseits und theoretisches Grundlagenwissen andererseits haben? Und: wie lassen sich eigene sozialarbeiterische bzw. sozialpädagogische Kompetenzen jenseits von Notenlesen-Können oder Leistungssport, professioneller Videoproduktion oder Literaturkritik heranbilden, um sie dann beruflich in der Arbeit mit Klienten, in der Gruppe oder in der Öffentlichkeit anzuwenden? Wie auch lassen sich diese Lerninhalte sinnvoll mit Fächern wie ‚Methoden' oder ‚Erziehungswissenschaft' verbinden, wie mit den Handlungsfeldern, in denen man erstmals im Studium Praxis kennenlernt und an sich angeleitet erprobt?" (*Marchall* 1998, 1)

> 🕮 Den Ansatz einer entsprechend integrativen Medienpädagogik vertritt auch *Werner Wolf* in einem leider vergriffenen, aber immer noch lesenswerten Buch: Die Medien, das sind wir selbst. Handbuch für die Medienarbeit in der Schule. Praktische Beispiele und theoretische Ansätze integrativer Medienpädagogik, Reinbek 1989.

Aisthesis = sinnliche Wahrnehmung

„Ästhetik“ kommt vom griechischen Wort „aisthesis“ = sinnliche Wahrnehmung. Vom Ursprung her war sie nicht Kunstlehre, Lehre des Schönen, sondern Wahrnehmungs- und Erkenntnislehre. Sie ist in gewissem Sinn ein Gegenpol zur rationalistischen Philosophie der Aufklärung: menschliche Erkenntnis geschieht eben nicht nur rational, vernunftgeleitet, sondern beruht zu einem großen Teil auf sinnlicher Anschauung, Wahrnehmung. Schon bald setzte eine Entwicklung ein: wie die Philosophie nach der Erkenntnis der Wahrheit strebt, so strebt die Ästhetik nach dem Schönen. Als wissenschaftliche Disziplin wurde Ästhetik in der 1.Hälfte des 18. Jahrhunderts durch den Philosophen *Alexander Gottlieb Baumgarten* (1714-1762) grundgelegt; erst danach wird eigentlich die Einengung des Ästhetischen auf das Künstlerische bzw. das Schöne gebräuchlich.

Ästhetik heute ist bescheidener und empirischer geworden. Schönheit ist etwas Relatives, dem individuellen Geschmack unterworfen, und der wandelt sich. Trotzdem schwankt das Begriffspaar ästhetische Bildung bzw. Erziehung „zwischen einem weitesten Verwendungssinn als Bildung der Sinnestätigkeit überhaupt samt deren Bewußtsein auf der einen und einem engsten als didaktische Veranstaltung in bezug auf die Medien der visuellen Künste auf der anderen Seite“ (*Mollenhauer* 1989, 222). Im Kern geht die Auseinandersetzung um folgende Frage: gibt es eine ästhetische Wahrnehmung und Gestaltung, die nicht primär durch das wahrnehmende bzw. gestaltende Subjekt und sein Handeln bestimmt ist, sondern durch die Form des wahrgenommenen bzw. gestalteten Objektes? Legt also die Form des Objektes bestimmte Rezeptions- und Wirkungs- und Wertungsweisen nahe oder gar fest?

Form und Rezeptionsweisen

Mollenhauer bestimmt ästhetische Bildung als dritte gleichberechtigte Komponente neben der theoretischen und praktischen Bildungsdimension: „Wird in der theoretischen Dimension die Erkenntnisfähigkeit, in der praktischen die Handlungsfähigkeit des in Bildung begriffenen Individuums zum Thema, so in der ästhetischen Dimension die Reflexion des Verhältnisses seiner subjektiven Befindlichkeit als Leib-Seele-Wesen zum kulturell oder gesellschaftlich Allgemeinen“ (ebd. 223).

Heute lassen sich folgende Aufgabenfelder unterscheiden:

- Ästhetik befasst sich mit allen sinnlich in Erscheinung tretenden Gebilden und Vorgängen; sie ist empirisch und phänomenologisch ausgerichtet und zunächst wertneutral.
- Nach wie vor gibt es einen Trend zur normativen Ästhetik; die aber begreift ihre Urteilskriterien nicht mehr absolut, sondern als historisch, als ständiger Kritik unterworfen.

- Produktions- und Rezeptionsästhetik fragt nach den Entstehungs- und Wirkungsformen und -bedingungen ästhetischer Gebilde.
- Funktionalistische Ästhetik fragt nach den Funktionen für die Psyche des Menschen und das gesellschaftliche Zusammenleben.
- Warenästhetik bezeichnet den Überschneidungsbereich von Kunst und Gebrauchswertgegenständen (Werbung, Design, Verpackung). (vgl. *Vondung* 1989)

Das Nachdenken über den Bildungssinn ästhetischer Ereignisse hat in den letzten Jahren neue Belebung etwa von Seiten der Kunst- und Musiktherapie erfahren: „Was kann die ästhetische Tätigkeit, produktiv oder rezeptiv, zur Bewältigung kritischer Lebenssituationen beitragen; kann sie, im Sinne eines ‚Heilungs'-Vorgangs, dabei helfen, das Selbst in einen besser erträglichen, weil besser bewußten und deutlicher konturierten Zustand zu transformieren?" (*Mollenhauer* 1996, 13)

Die allgemeine Rede vom Ästhetischen vernachlässigt die jeweiligen Besonderheiten der verschiedenen Sinne. Auditive und visuelle Wahrnehmungen und Gestaltungen etwa folgen unterschiedlichen Gesetzen. Der Verschiedenheit der Sinne entspricht die unterschiedliche Symbolisierungsfähigkeit der verschiedenen Medien bzw. Künste. Grundlegend bleibt die Aufgabe einer „ästhetischen Alphabetisierung"; es muss gelernt werden, die ästhetischen Sprachen zu lesen (vgl. *Mollenhauer* 1989, 227).

Ästhetische Bildung

Eine Kernfrage der Didaktik ästhetischer Bildung dürfte sein: „Wie verhält sich die ästhetische Bildung, wie verhalten sich besonders ihre non-verbalen Varianten – in den Schulen vorwiegend als Kunst- und Musikunterricht, außerhalb der Schule einerseits als Freizeitangebot, andererseits in den verschiedenen Praktiken der Kunst- und Musiktherapie repräsentiert – zu den Lebenskontexten gesellschaftlicher Praxis, auf die sie doch hinführen sollten?" (*Mollenhauer* 1996, 20) Zweifellos – es bleibt eine, unterschiedlich große, Lücke zwischen dem ästhetischen Objekt und seiner pragmatischen Bedeutung; aber diese ist bildungstheoretisch bedeutsam. Und ein ästhetisches Urteil, das auf ästhetischer Erfahrung ruht, lässt sich keinem Lernzielbegriff unterordnen. Es lässt sich zwar in Worten abbilden, aber ästhetische Erfahrung ist nicht in die Diskursivität der Sprache gleichrangig übertragbar. Der ästhetische Gegenstand drückt sich nur selber aus.

Ästhetische Phänomene sind Gegebenheiten unserer Umwelt; sie bedeuten etwas (z.B. die Selbstdarstellung von Punks, die verschiedenen Jugend-Musikszenen, Graffiti, die Büroeinrichtung des Bewährungshelfers ...). „Ästhetik & Kommunikation" fragt nach dem Signalcharakter, nach der psychischen und sozialen Funktion. Sie will:

- Wahrnehmung für ästhetische Phänomene sensibilisieren;
- Bedeutung und Funktion analysieren;
- Urteilskriterien und -fähigkeit ermöglichen.

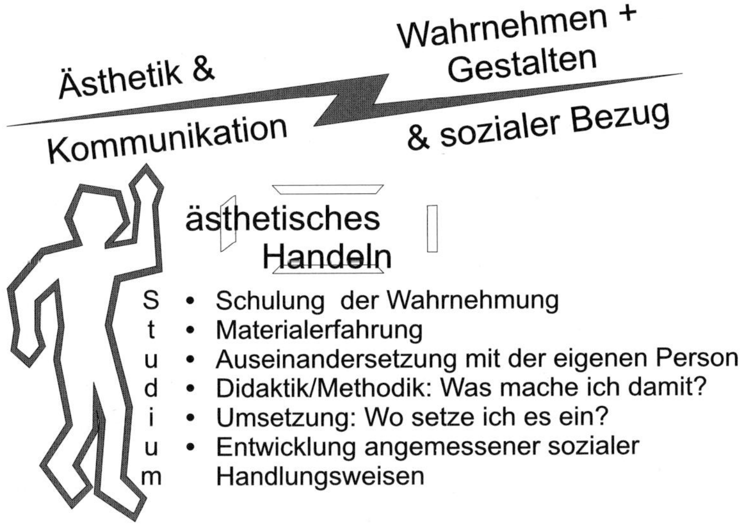

Abb. 1.6: Ästhetische Erziehung

Die Fähigkeit zum Ästhetischen ist eine Qualität des Menschen; sie erhöht und erweitert seine Menschlichkeit – über das sinnlich Wahrnehmbare und Gestaltbare miteinander zu kommunizieren. Die aktive Komponente gehört zur ästhetischen Erziehung notwendig dazu: statt Musik konsumieren, selbst musizieren; statt Heftchen lesen, selbst schreiben; statt Fernseh- oder Videokonsum selbst Video produzieren. Man muss bei sich selbst anfangen, bevor man anderen etwas beibringen kann; d.h. man muss die eigene ästhetische Kompetenz zur Wahrnehmung und Produktion erproben.

Aktive Komponente ästhetischer Erziehung

1.6 Wahrnehmungserziehung: Pädagogik der Sinne

Erziehung und Bildung als Grundelemente der Pädagogik haben es im Bereich der Ästhetik primär mit der Entwicklung, Förderung, Schulung der Sinne des Menschen zu tun. Menschen sollen und wollen sich entwickeln und brauchen dazu vielfältige Sinneserfahrungen. Das Spiel des kleinen Kindes hilft diesem, sich neue Fähigkeiten und Fertigkeiten anzueignen, die Welt zu be-greifen. Anforderungen und Entwicklung steigern sich zunehmend, idealiter in einem guten Verhältnis zueinander. Ein solcher quasi natürlicher Mechanismus kann und sollte in pädagogische Förderungs- und Anforderungsschritte umgesetzt werden; denn es gelingt nicht allen Kindern gleich gut, ihre eigenen Entwicklungsschritte zu steuern.

Wahrnehmung

Die Wahrnehmung, Grundvoraussetzung von Medienpädagogik und Gestaltungspädagogik, ist unsere Verbindung zur Wirklichkeit, genauer die Koppelung zwischen menschlichem Organismus und funktional relevanten Aspekten der physikalischen Umwelt. Dabei beschreibt der Begriff Wahrnehmung gleichermaßen den Prozess wie das Ergebnis des Wahrnehmens. Beides ist notwendig selektiv, wählt aus, was für uns bedeutungsvoll ist. Wahrnehmung bezeichnet über die Anregung der Sinne hinaus den aktiven Verarbeitungsvorgang der Selektion und Deutung von Reizen, ihrer Abwehr oder Integration in bestehende Schemata der Weltwahrnehmung und -deutung. „Nicht das Auge sieht, der Mensch sieht, und nicht das Ohr hört, sondern der Mensch hört" (*Hugo Kückelhaus*). Die eigentliche Wahrnehmung findet im Gehirn statt.

Aktive Verarbeitung

Unsere Sinne:			Lateinisch	Griechisch
Gesichtssinn	sehen	Augen	visuell, video	optisch
Gehörsinn	hören	Ohren	auditiv, audio	akustisch
Geruchssinn	riechen	Nase	odorativ, odoro	osphrantisch
Geschmacks-sinn	schmecken	Mund, Zunge, Gaumen	gustativ, gusto	geustisch
Tastsinn	tasten	Hände, Haut	taktiv, tango	haptisch

Abb. 1.7: Schema wichtiger Sinne

Das traditionelle Schema der fünf Sinne ist zu ergänzen. Eng mit dem Hörsinn, mit Bewegung und Tasten verbunden, aber doch eigenständig ist der Gleichgewichtssinn. Der Tastsinn beschränkt sich nicht auf die Hand, sondern die Haut hat am ganzen Körper Tastzellen, die Impulse ans Gehirn liefern. Der haptisch taktile Sinn ist entsprechend weiter zu fassen als Sinnessystem der Oberflächen- und Tiefensensibilität. Dabei wird zwischen Vibrations-, Druck-, Schmerz- und Temperaturempfinden unterschieden. Berührung steht in engem Zusammenhang zu Gefühlen und Kommunikation mit anderen Menschen. Es gibt eine enge Verbindung zum Bewegungssinn (Grob- und Feinmotorik), zur kinästhetischen Wahrnehmung. Wichtig ist nicht nur eine Schulung der einzelnen Sinne, sondern auch der Integration der Sinne und der Relation zur Entwicklung der Sprache.

Ich kann nur begreifen, was ich begriffen habe.

was nicht zuvor in den Sinnen war.“ (John Locke)

“Die Hand ist das äußere Gehirn des Menschen.“ (Imanuel Kant)

“Erzähle mir und ich vergesse. Zeige mir und ich erinnere. Laß es mich tun und ich verstehe.” (Konfuzius)

📖 *Zimmer, Renate,* Handbuch der Sinneswahrnehmung. Grundlagen einer ganzheitlichen Erziehung, Freiburg 1995.
Eine Erfahrungs- und Wahrnehmungsschule für alle Sinne bietet der Ansatz von *Hugo Kückelhaus* (1900-1984). „Großtechnische Entwicklung beschränkt menschliche Wahrnehmung auf bloße ‚Kopfarbeit‘. Nur Entfaltung unserer Sinne wie Riechen, Fühlen, Schmecken, Hören und Sehen sowie stetes Einüben in das Gleichgewicht des Körpers vermögen diese Zerstörung des Menschen aufzuhalten.“ (Buchrückseite)
Kückelhaus, Hugo/zur Lippe, Rudolf, Entfaltung der Sinne. Ein „Erfahrungsfeld“ zur Bewegung und Besinnung, Frankfurt 1982.
Kückelhaus, Hugo, Hören und Sehen in Tätigkeit, Zug 1978

Pädagogik beschäftigt sich mit der ästhetischen Sinnestätigkeit, weil die Sinne den Menschen mit der Außenwelt verbinden. Was wir wahrnehmen und wie wir wahrnehmen ist gelernt. Die pädagogischen Intentionen und Ziele von Wahrnehmungserziehung und Sinnesschulung sind historisch. Eine wichtige Tradition liegt in der Bewegung zur Musischen Bildung in den 20er Jahren des 20. Jahrhunderts, wiederaufgenommen nach 1945. Kulturpessimistisches und reformpädagogisches Gedankengut wurden miteinander vermischt. Wesentliche Elemente waren Sprache, Musik, Bewegung, Tanz und bildende Kunst. Die möglichst ursprüngliche Entfaltung schöpferischer Kräfte, die Selbstverwirklichung im eigenen Tun, sei es noch so bescheiden, waren zentrale Anliegen. Aber diese Bewegung war weitgehend auf den außerschulischen Freizeitbereich beschränkt. In der Schule lief die fortschreitende Fächerdifferenzierung einer ganzheitlich musischen Bildung entgegen; diese wurde im wesentlichen den Fächern Kunst und Musik zugeschrieben. Im sozialpädagogischen Feld floss das Gedankengut in die Konzeptionen zu „Ästhetik und Kommunikation“ ein. Ende der 60er Jahre wurde dort verstärkt der kritische Bezug zur gesellschaftlichen Realität

Musische Bildung

betont. In diesen Auseinandersetzungen hat die Bewegung viel Relevanz eingebüßt. Heute gewinnt aus einer neuen Sinnsuche und einer Antihaltung gegen reine Verkopfung und Technisierung eine ganzheitliche musische Bildung wieder an Interesse.

Der Zusammenhang zwischen Medienpädagogik und dem Fachkomplex Ästhetik und Kommunikation bzw. Gestaltungspädagogik ist auch in anderer Hinsicht evident. Die Grafik der ineinander greifenden Kreise zeigt sehr deutlich, dass technische Medien einerseits ein Teilbereich sind. Andererseits spiegeln sich alle anderen Bereiche in ihren Prozessen und Produkten wiederum in den Massenmedien. Sie spiegeln die einzelnen Kulturbereiche (Kunst, Theater, Musik ...), aber beeinflussen sie gleichzeitig. (Zur folgenden Grafik vgl. *Marchal* 1989, 89; *Hoffmann* u.a. 2003)

Ein pädagogisches Studium zielt auf Berufe, die mit Menschen arbeiten; sie alle haben, egal in welchem konkreten Arbeitsbereich,

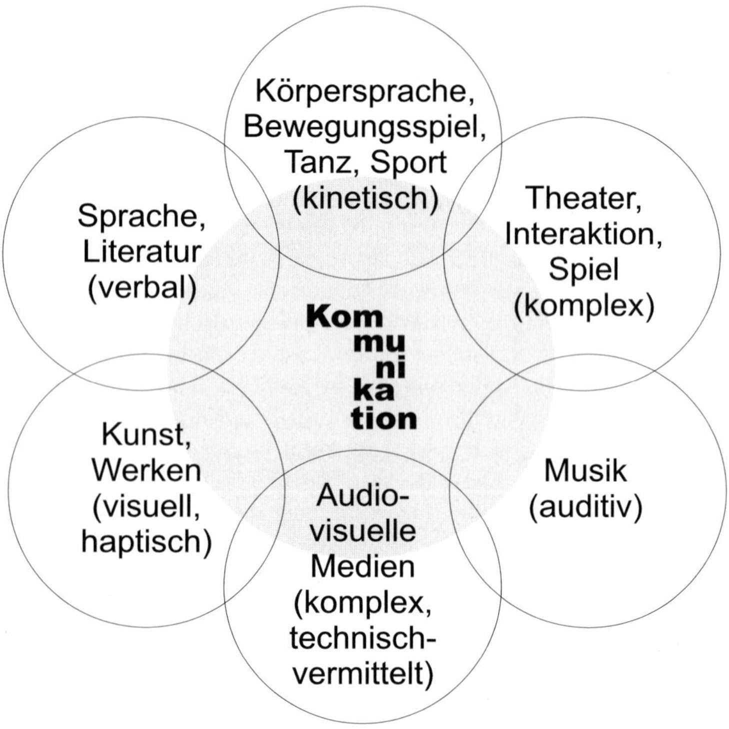

Abb. 1.8: Teilbereiche der Gestaltungspädagogik

als Kernelement Kommunikation. Sozialpädagogik zielt allgemein darauf ab, Menschen untereinander in Verbindung zu bringen; sie hat es dabei oft mit Störungen, mit nicht funktionierender Kommunikation zu tun. Ein wechselseitiger Kommunikationsprozess setzt bei den beteiligten Partnern einerseits Wahrnehmungsfähigkeit, andererseits Gestaltungsfähigkeit voraus und ist untrennbar mit der eigenen Person, mit eigenen Sichtweisen, Handlungsmustern, Wertvorstellungen, Kenntnissen und Können verbunden. Der Bereich „Ästhetik und Kommunikation" bietet dafür seine je speziellen Medien an, mit denen „Selbsterfahrung" und Materialerfahrung gleichermaßen praktiziert werden kann, ohne ein konstruiertes Laboratorium dafür aufsuchen zu müssen.

1.7 Kulturpädagogik, soziale Kulturarbeit

Der hierbei zugrundeliegende Kulturbegriff versteht „Kultur" nicht (mehr) als Summe künstlerischen Schaffens und auch nicht als ideellen Wert, sondern als sozial-kulturelle Ausformung konkreter Lebenszusammenhänge: *wie* der Mensch lebt. Kultur markiert damit nicht gesellschaftliche Organisation oder Zwecksetzung, sondern eher persönliche Verwirklichung in Interaktionen und ästhetischer Praxis.

Kultur: *wie* der Mensch lebt

Der Bereich, die sich in einer sozialpädagogischen Praxis der Sinnespädagogik und der Aisthesis besonders widmet, ist die soziale Kulturarbeit, vor allem auch die Kinder- und Jugendkulturarbeit. „Kulturarbeit" ist dabei ein Handlungsbegriff für soziokulturelle Methoden und hat seine Wurzeln in der geisteswissenschaftlichen Pädagogik um die Jahrhundertwende und pragmatisch vor allem in der Jugendbewegung Anfang des 20. Jahrhunderts, die die Bedeutung des Musischen (Musik, Tanz, Theater, Malerei, Literatur ...) für die außerschulische (und schulische) Pädagogik betonte. In den 70er Jahren wurde solches Gedankengut wieder aufgegriffen und mit gesellschaftskritischen Akzenten versehen. Der Gestaltungs*prozess* wird gleichberechtigtes Kriterium neben dem *Produkt.*

Mit der Medienlandschaft hat sich der Kulturbegriff gewandelt. Die (Re-) Präsentationen der Medienwelten sind so etwas wie eine ständige Hintergrundfolie, auf der Wahrnehmungs- und Gestaltungsprozesse ablaufen und die nicht mehr wegzudenken ist. Im Wirkungskreis von „Ästhetik & Kommunikation": wahrnehmen – in Beziehung treten – gestalten (vgl. Abbildung), sind technische Medien (Foto, Video) ebenso ein Ausdrucks- und Gestaltungsmittel, wie Musik, Tanz, Theater, Kunst. Unsere technischen Massen-Medien sind kulturgeprägt und sie spiegeln und prägen ihrerseits Kultur; die ästhetischen Medien ebenfalls.

Abb. 1.9: Wirkungskreis von „Ästhetik und Kommunikation"

Kulturarbeit will das quantitative Mehr an Freizeit zu einem qualitativen und selbstbestimmten machen. Als „soziale" hat Kulturarbeit ein besonderes Augenmerk auf Problem-/Randgruppen derer, die keine Lobby haben. Diese Zielgruppen sind oft schwierig zu erreichen, weil sie von der etablierten „Kultur" ausgegrenzt sind oder sich selbst ausgrenzen; vielfach bilden sie eigene Teil- oder Subkulturen. Deshalb wird soziale Kulturarbeit aufsuchende Arbeit sein müssen (aber keine nachlaufende Sozialarbeit, die ihre Adressaten entmündigt). Es muss darum gehen, Orte zu schaffen, Räume zu öffnen für gruppenorientiertes soziales Lernen, Erleben und Gestalten.

Dabei ist ein zentrales Problem das einer originären Bedürfnisorientierung: was wollen bestimmte Zielgruppen (z.B. Jugendliche) wirklich? Ein sensibles Berufsproblem vieler Sozialpädagogen ist: zu sehen, zu spüren, zu wissen, welche Probleme ihre Klienten haben und was sie „wirklich" wollen; auch das ist ein Kommunikationsproblem. Deshalb ist es oft einfühlsamer, den Jugendlichen z.B. nicht etwas anzubieten, sondern mit ihnen etwas zu entwickeln.

Soziale Kulturarbeit befindet sich ständig „in der Balance zwischen sozialpädagogischem Auftrag und Professionswissen und den Standards der Kulturarbeit" (Fachlexikon der sozialen Arbeit 1997, Art. Jugendkulturarbeit, 525).

- Bundesvereinigung Kulturelle Jugendbildung e.V., Küppelstein 34, 42857 Remscheid, www.bkj.de (u.a. Positionspapiere, Adressenlisten und Projektdatenbank mit über 500 Beispielen).
- Akademie Remscheid für Musische Bildung und Medienerziehung, Küppelstein 34, 42857 Remscheid, www.akademieremscheid.de (jedes Jahr umfangreiches Fortbildungsprogramm zu allen Ä&K-Bereichen).
- Bundesverband Studentische Kulturarbeit e.V. (BSK), www.studentische-kultur.de

Literaturtipps: ästhetische Erziehung und Kulturpädagogik

„Ästhetische Bildung", Themenschwerpunkt in: ZfP 36, H 4, Juli 1990, 465 ff.

Fuchs, Max, Kultur lernen. Eine Einführung in die Allgemeine Kulturpädagogik (Schriftenreihe der Bundesvereinigung Kulturelle Jugendbildung e.V., Bd. 27) Remscheid 1994

Hentig, Hartmut von, Ergötzen, Belehren, Befreien. Schriften zur ästhetischen Erziehung, Frankfurt 1987

Hoffmann, Bernward/Martini, Heidrun/Martini, Ulrich/Rebel, Günther/Wickel, Hans Hermann/Wilhelm, Edgar, Ästhetik und Kommunikation. Grundlagen und Praxis der Gestaltungspädagogik für soziale und pädagogische Berufe, Paderborn 2003

Hoffmann, Hilmar, Kultur für alle. Perspektiven und Modelle, Frankfurt 1981

Kossolapow, Line, Musische Erziehung zwischen Kunst und Kreativität, Frankfurt 1975

Mayrhofer, Hans/Zacharias, Wolfgang, Ästhetische Erziehung. Lernorte für aktive Wahrnehmung und soziale Kreativität, Reinbek 1976

Marchal, Peter (Hg.), Einführung in das Fach „Ästhetik und Kommunikation" (= Veröffentlichungen des Forschungsschwerpunkts ‚Massenmedien und Kommunikation' an der Universität Gesamthochschule Siegen 59/60), Siegen 1989

Ders. (Hg.), Ästhetik und Kommunikation heute (= Veröffentlichungen zum Forschungsschwerpunkt ‚Massenmedien und Kommunikation' an der Universität Gesamthochschule Siegen 123/124), Siegen 1998

Mollenhauer, Klaus, Ist ästhetische Bildung möglich?, in: ZfP 34 (1988), 443 ff.

Ders., Grundfragen ästhetischer Bildung. Theoretische und empirische Befunde zur ästhetischen Erfahrung von Kindern, München 1996

Koch, Gerd (Hg.), Kultursozialarbeit. Eine Blume ohne Vase?, Frankfurt 1989

Wolf, Werner, Die Medien, das sind wir selbst. Handbuch für die Medienarbeit in der Schule. Praktische Beispiele und theoretische Ansätze integrativer Medienpädagogik, Reinbek 1989

Wrisch, Wolf (Hg.), Der Lernbereich Ästhetik und Kommunikation im Rahmen der Ausbildung von Sozialarbeitern und Sozialpädagogen, Seevetal 1978

Zacharias, Wolfgang (Hg.), Interaktiv. Im Labyrinth der Wirklichkeit, Essen 1996

Ders. (Hg.), Sinnenreich. Vom Sinn einer Bildung der Sinne als kulturell-ästhetisches Projekt, Essen 1994

Ders., Kulturpädagogik. Kulturelle Jugendbildung. Eine Einführung, Opladen 2001

2. Kommunikation

Medienpädagogik als Kommunikationspädagogik

Medien sind Kommunikationsinstrumente, Medienpädagogik ist Kommunikationspädagogik. Im ersten Kapitel wurden die Aufgabengebiete von Medienpädagogik beschrieben, vor allem die Unterscheidung von Mediendidaktik (Pädagogik *mit* Medien) und Medienpädagogik als kritische Auseinandersetzung mit Massenmedien (Pädagogik *über* Medien). Im Bereich praktischer Medienarbeit fließen beide Stränge zusammen: den Umgang mit Medien praktisch probieren und dadurch auf der reflexiven Ebene lernen, wie Medienkommunikation funktioniert. Es ist nicht einzusehen – außer aus historischen Gründen – wieso das auf technische Medien eingegrenzt werden soll. Deshalb wurde im Anfangskapitel ein weiter Medienbegriff genannt, der alle Wahrnehmungs- und Gestaltungsformen einbezieht. Immer wieder tauchte dabei der Begriff *Kommunikation* auf, unter anderem in der globalen Zielsetzung von Medienpädagogik: *Erwerb kommunikativer Kompetenz auch mit Medien.*

Was meint mediale Kommunikation? Was unterscheidet sie von direkt personaler Kommunikation? Gibt es überhaupt „unvermittelte“ Kommunikation? Zur Beantwortung dieser und ähnlicher Fragen wird im Folgenden auf Ansätze der Kommunikationsforschung und -theorie zurückgegriffen, wobei vor allem Erhellendes für „mediale Kommunikation“ interessiert.

> 🕮 Grundlagenliteratur zum Thema Kommunikation:
> *Watzlawick, Paul/Beavin, Janet H./Jackson, Don D.*, Menschliche Kommunikation, Bern 1969
> *Schulz von Thun, Friedeman,* Miteinander reden 1 und 2, Reinbek 1981 und 1989
> *Delhees, Karl H.*, Soziale Kommunikation, Opladen 1994
> *Faßler, Manfred,* Was ist Kommunikation?, München 1997

Freizeit ist Medienzeit

Die Zeit der täglichen Mediennutzung ist erheblich. Die Langzeitstudie Massenkommunikation von ARD und ZDF (vgl. *von Eimeren/Ridder* 2001) stellt fest, dass 470 Minuten täglicher Freizeit eine Gesamt-Mediennutzung in der Freizeit von 276 Minuten gegenüberstehen. Freizeit ist Medienzeit; auch im Vergleich mit anderen Freizeittätigkeiten (Sport, handwerkliche Hobbys, Treffen mit Freunden ...) hat die Mediennutzung eine hohe Dominanz. Quantitativ spielt somit Medienkommunikation neben der direkt-personalen eine bedeutende Rolle.(Daten aus: Media Perpektiven. Basisdaten 2002)

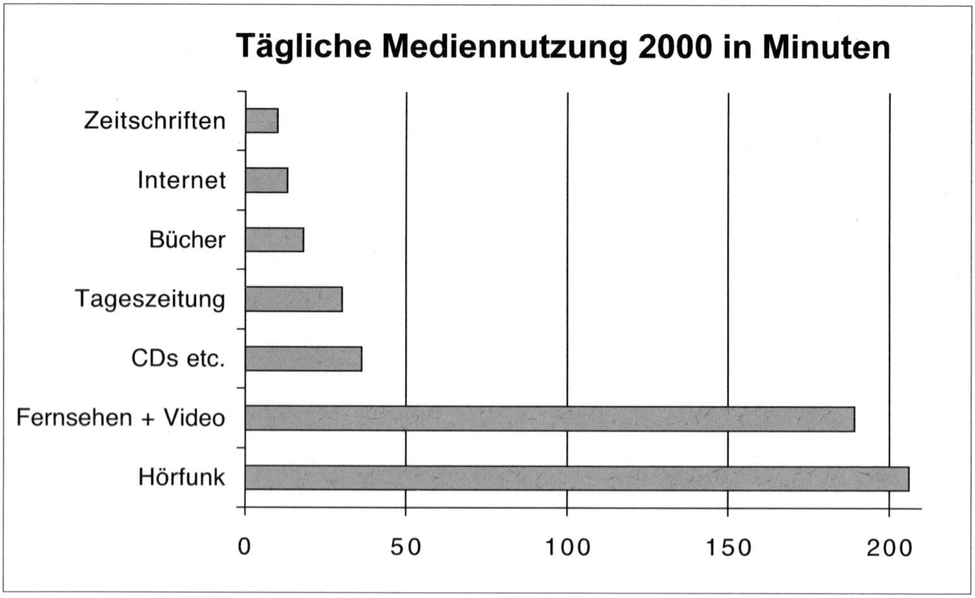

Sprache ist unser primäres Zeichensystem, mit dem wir uns verständigen – und damit erstes Kommunikationsmittel; die Fähigkeit zu Sprachsymbolen als Mittel der Verständigung unterscheidet den Menschen von anderen Lebewesen. Aber auch ohne Verbalsprache oder Schrift geschieht Kommunikation: durch Zeichen, Gesten, Mimik, Kleidung. Nur haben diese nonverbalen Kommunikationsformen gegenüber Sprache einen entscheidenden Nachteil: bei Nicht-Verstehen oder Missverstehen brauchen nicht-sprachliche Handlungen eine sprachliche Erläuterung; Sprache aber erklärt sich selbst, ist ihre eigene Metasprache.

Metakommunikation

Um das Gelingen einer Kommunikation zu beurteilen, muss es einen Austausch von Sender und Empfänger über die Kommunikation geben: Metakommunikation als „soziales Urteil". Wenn wir über Kommunikation reden, betreiben wir Metakommunikation; diese vollzieht sich aber in denselben Formen, wie Kommunikation selbst, also vorrangig in verbaler Sprache. Das Reden über Kommunikation ist also bereits in unsere Vorannahmen und sprachlichen Konstrukte über Kommunikation verstrickt. Unsere Sprachzeichen enthalten bereits Metaphern und Modelle für Kommunikation. Der Vorteil zweier Ebenen, dass wir mit Worten kommunizieren und über unsere Kommunikation reflektieren können, bringt Probleme, wenn Kommunikationspartner diese Ebenen nicht in gleicher Weise miteinander wechseln.

Abb. 2.1: Kommunikation ist ...

2.1 Was ist Kommunikation

Es gibt keine allgemein gültige bzw. akzeptierte Definition von Kommunikation. Das Verzeichnis lieferbarer Bücher (VLB) bietet zum Stichwort „Kommunikation“ 1785 Nennungen. *Klaus Merten* zählt in seinem Buch „Kommunikation. Eine Begriffs- und Prozeßanalyse“ (Opladen 1977) mehr als 160 verschiedene Bestimmungen des Begriffs auf.

Definitionen

Eine plausibel erscheinende Alltagsdefinition von Kommunikation könnte folgendermaßen lauten: „Kommunikation findet ohne einen Partner nicht statt. Kommunikation ist der Austausch sprachlicher und nicht-sprachlicher, visueller (Gestik und Mimik) Zeichen zwischen zwei oder mehr Menschen, ist Verhalten jeder Art in einer bestimmten Situation. Durch Kommunikation stellt sich Gemeinsamkeit her. ‚Communicatio‘ (lat.) ist die Gemeinschaft, die durch den Austausch von Mitteilungen entsteht, nicht nur die Mitteilung selbst.

Es ist eine ewige Kreisbewegung: Durch kommunikativen Austausch, der zu gegenseitigem Verstehen führt, wird Gemeinschaft erst möglich, und umgekehrt schafft jede Gemeinschaft zu jeder Zeit eigene, neue Standards des Ausdrucks. Kommunikation ist das Lebens- und Überlebenselixier des Menschen." (*Steinmetz* u.a. 1987, 10)

„Kommunikation ist unwahrscheinlich"

Eine fast gegenteilig scheinende Erklärung geht auf den Soziologen *Niklas Luhmann* zurück: „‚Kommunikation ist unwahrscheinlich. Sie ist unwahrscheinlich, obwohl wir sie jeden Tag erleben, praktizieren und ohne sie nicht leben würden.' Zur Erläuterung führt er unter anderem an: Es ist unwahrscheinlich, daß einer überhaupt versteht, was der andere meint, wo doch beide ein voneinander getrenntes Bewußtsein und Gedächtnis haben. Es ist unwahrscheinlich, daß eine Kommunikation mehr Empfänger erreicht, als in einer Kommunikationssituation anwesend sind. ‚Selbst wenn die Kommunikation bewegliche und zeitbeständige Träger findet, wird es ... unwahrscheinlich, daß sie Aufmerksamkeit voraussetzen kann. In anderen Situationen haben die Leute etwas anderes zu tun.' Unwahrscheinlich ist auch der Erfolg einer Kommunikation. Selbst wenn die Information verstanden wird, ist damit noch nicht gesichert, daß die Kommunikation auch als eine bestimmende Größe in das eigene Verhalten übernommen wird und das Erleben, Denken und Handeln von Adressaten bestimmt." (Funkkolleg 1, 58; vgl. *Luhmann* 1981, 26).

Für die Diskrepanz zwischen Alltagsverständnis und wissenschaftlicher Analyse von Kommunikation gibt es eine Reihe von Erklärungen:

- Kommunikation ist so alltäglich und so allgegenwärtig, dass sie als Problem selten bewusst wird.
- Schon vom Beginn des Lebens an lernt der Mensch die Regeln der Kommunikation, ohne dass ihm dies bewusst wird.
- Kommunikationsprozesse sind wegen ihrer Komplexität und Flüchtigkeit schwer zu fixieren und zu analysieren. Nur eine interdisziplinäre Forschung lässt sinnvolle Ergebnisse erwarten. (vgl. Fachlexikon 1997, 563).

Der Begriff „Kommunikation" stammt aus dem Lateinischen, von *communis = gemeinsam.* Wir benutzen im Folgenden den engeren Kommunikationsbegriff: Kommunikation als sozialer Prozess zwischen Menschen. Soziale Kommunikation kann man wiederum sinnvoll unterscheiden in:

- direkt personale Kommunikation (face to face);
- mediale, oft technisch vermittelte Kommunikation (Massen-, Telekommunikation).

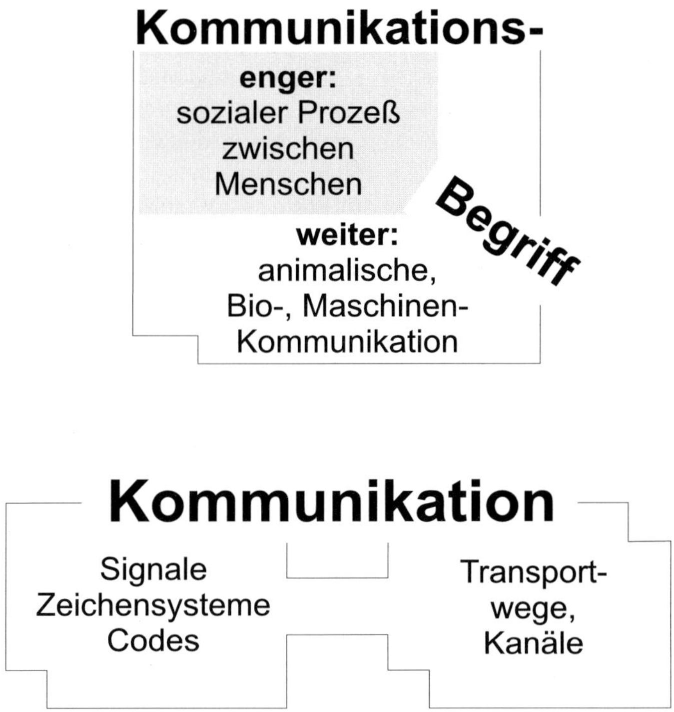

Abb. 2.2: Aspekte des Kommunikationsbegriffs

Massenkommunikation, Telekommunikation

Die Unterscheidung von Massenkommunikation und Telekommunikation ist wiederum wesentlich. Massenkommunikation ist immer öffentlich, d.h. prinzipiell jedermann zugänglich, in der Regel an ein großes uneinheitliches Publikum gerichtet. Telekommunikation ist eine technisch vermittelte Kommunikation zwischen einzelnen oder wenigen Partnern (Punkt-zu-Punkt-Kommunikation) und in der Regel nicht öffentlich. (vgl. dazu Art. „Kommunikationsprozeß" in: *Noelle-Neumann* 1994)

Es gehört zum Alltagswissen, dass der Mensch auf Kommunikation angewiesen ist; sie ist für ihn lebensnotwendig, für seine Entwicklung und sein Überleben, das haben diverse Forschungen aus dem Bereich der Entwicklungspsychologie gezeigt. Kommunikation meint dabei nicht nur verbale Verständigung, sondern jede Form des Verhaltens zueinander, bewusst oder unbewusst, absichtlich oder unabsichtlich, redend oder schweigend, ab- oder zugewandt ... (auch Tonfall, Schnelligkeit oder Langsamkeit der Sprache, Pausen, Lachen, Seufzen, Gestik, Mimik ...) – Verhalten aber hat kein Gegenteil.

Man hat immer wieder versucht, Kommunikation als Informationsübertragung zu verstehen und dies in Modelle zu fassen, um sie damit anschaulicher zu machen, den komplexen Vorgang „Kommunikation“ verstehbar zu machen. Diese Modelle stammen ursprünglich aus der Kybernetik, der Erforschung von zunächst technischen Steuerungs- und Regelungsvorgängen. Ein Kernmodell mathematischer Kommunikationstheorie geht auf die Theorie technischer Signalübertragung von *Claude E. Shannon* und *Warren Weaver* 1949 zurück. Sie wurde in reduzierter Form auf den Bereich der menschlichen, auch der massenmedialen Kommunikation übertragen:

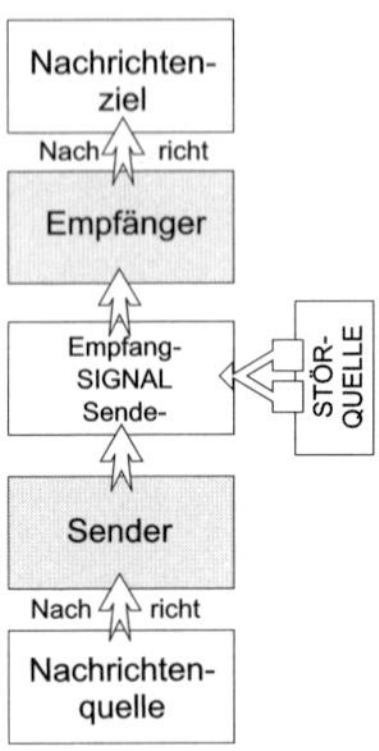

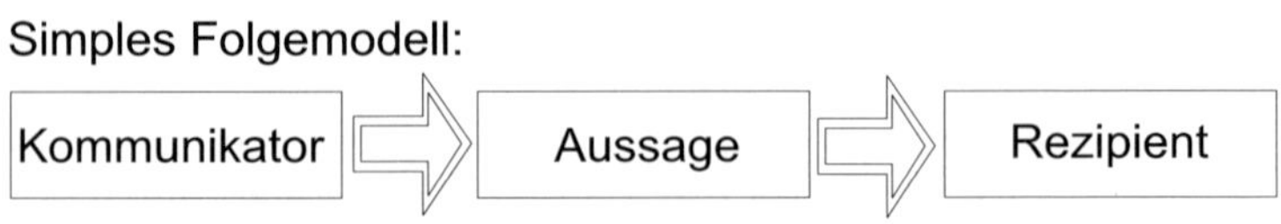

Abb. 2.3: Einfache Kommunikationsmodelle

Vorsicht, wegen seiner Einfachheit prägt sich eine solche Modellvorstellung leicht ein und setzt sich als „Tatsache“ fest, die es aber so einfach nicht ist. Dieses einfache Modell wurde dann auch als Modell von Medienwirkung angenommen: Der Sender wirkt über das Medium auf den Empfänger ein. Durch die Medienaussage erzielt der Sender beim Empfänger eine bestimmte Wirkung. Aber kann dieser geschriebene Text hier bei seinen Lesern eine vorher bestimmbare, bei allen gleiche Wirkung hervorrufen? Vielleicht kann sich durch Informationen der Wissensstand des Lesers ändern. Aber ist nicht auch das bereits abhängig davon, wie der jeweilige Leser liest und versteht und was er als Vorwissen mitbringt? Wo setzt in diesem Modell überhaupt Kommunikation ein? Wenn in Richtung eines Empfängers ein beliebigen Satz in einer beliebigen Sprache gesprochen, vielleicht sogar geflüstert wird? Wenn der Empfänger gar nicht hören kann oder will oder das Gesprochene nicht versteht?

Kommunikation ist viel-dimensional

Sender und Empfänger sind keine Apparate. Sie denken und fühlen „subjektiv“; sie haben unterschiedliche Bedürfnisse und Fähigkeiten; kommunizieren miteinander in einem je spezifischen Kontext (historisch, politisch, sozial), die Sprachsignale und auch die nonverbalen Signale sind nicht exakt eindeutig; Kommunikation ist immer wechselseitig und vieldimensional – all dies sind Aspekte, die das Phänomen „Kommunikation" vielschichtiger machen, als ein so einfaches Modell es nahe legt.

Dass Kommunikation nicht Informationstransport ist, hat in den letzten Jahren eine Renaissance des sogenannten *konstruktivistischen* Denkens deutlich gemacht (vgl. Grundansatz des Funkkollegs). Kommunikation ist *aktive Konstruktion*. Das heißt, im simplen Kommunikationsmodell ist schon die Perspektive entscheidend. Nehme ich vorrangig den Sender, die Nachricht oder den Empfänger in den Blick? Am Beispiel des Wirkungsbegriffs: woran entscheidet sich das, was wir neutral „Wirkung", positiv „Erfolg" (das ist bereits Senderperspektive!) nennen? Ein kreisförmiges Prozessmodell der Informationsverarbeitung ohne Anfang und Ende erfasst dies (vgl. Grafik).

Kommunikation als aktive Konstruktion

Begriffliche Unterscheidungen sind hilfreich:

- Ganzheitliche direkte interpersonale Kommunikation ist zunächst an die Anwesenheit von mindestens zwei Menschen gebunden. Sie wird unmittelbar vollzogen und schließt die Möglichkeit zu

Direkte interpersonale Kommunikation

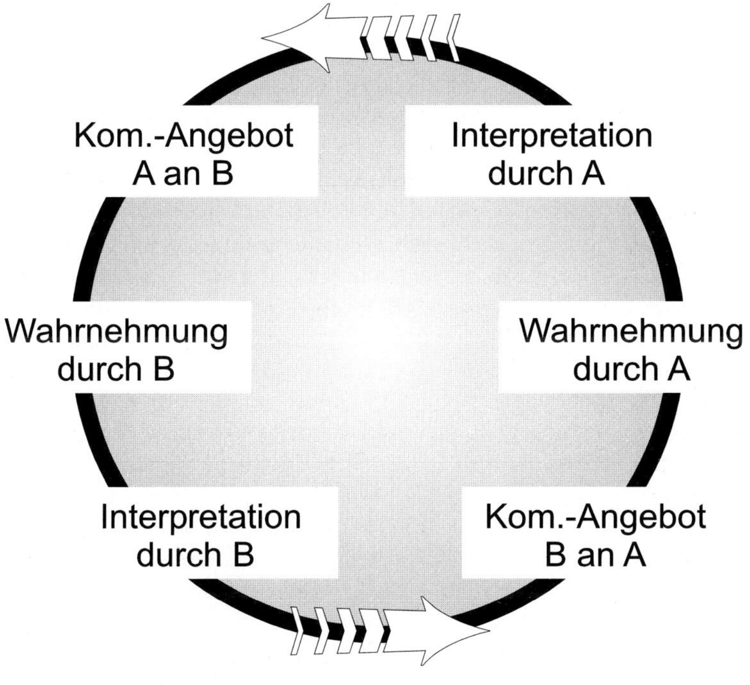

Abb. 2.4: Kreisförmiges Prozessmodell der Informationsverarbeitung

(ständigem) Rollenwechsel und zur steten Rückmeldung ein. Sie ist ganzheitlich, wenn alle Sinnes-/Wahrnehmungsorgane eingesetzt werden können.

Mediale Kommunikation

- Bei medialer (gelegentlich auch als apersonal bezeichneter) Kommunikation wird ein Medium als Zeichenträger eingeschaltet; räumliche und zeitliche Trennung wird möglich. Sie wird damit indirekt, oft auch einseitig. Aber auch das Telephon ist in diesem Sinn mediale Kommunikation, die zwar wechselseitig verläuft, aber doch Anteile der oben benannten prinzipiellen Ganzheitlichkeit ausschließt.

Massenkommunikation

- Über diese Formen eher privater Kommunikation hinaus findet Massenkommunikation öffentlich statt (vgl. Definition im Kap.1) Bereits Höhlenwände in vorschriftlichen Zeitaltern weisen erste Charakteristika solcher Kommunikation auf. Sie erlauben zeitliche und räumliche Trennung und sind u.U. öffentliche Kommunikation für viele. Wir werden später sehen, dass die Massenkommunikation über die Erfindung der Schrift (in verschiedenen Stufen und Kulturen 2000 bis 1000 v.Chr.) und dann des Buchdrucks mit beweglichen, wiederverwendbaren Buchstaben („Gutenberg", um 1450) sich in den letzten 150 Jahren in rasantem Tempo zu dem entwickelt hat, was für uns heute alltäglich ist. Durch diese Alltäglichkeit vergessen wir zu oft, dass diese (wie jede) Kommunikationsform eigene Wirklichkeiten schafft.

„Was heißt individuelle, apersonale Kommunikation, was Massenkommunikation, wenn das Wohnzimmer in ein elektronisches Kommunikationszentrum verwandelt wird, von dem aus die verschiedensten Mitteilungen in den unterschiedlichsten Aggregatzuständen sowohl passiv konsumiert als auch aktiv gestaltet werden können, adressiert an einzelne oder an ein großes, verstreutes Publikum? Was heißt Arbeit, was Freizeit, wenn beides ohne dieses Kommunikationszentrum nicht geht? Was heißt private, was öffentliche Kommunikation, wenn – wie es täglich geschieht – ein kommerzieller Fernsehsender ‚willkürlich' irgendeinen Zeitgenossen anruft und ihn live, vor Millionen Zuschauern, in ein Gewinn-Quiz verwickelt?" (*Steinmetz* 1987, 11).

Einweg- und Mehrweg-Kommunikation

Für die Struktur eines Kommunikationsprozesses ist die Unterscheidung zwischen Einwegkommunikation und Mehrwegkommunikation hilfreich, die nicht nur für mediale Kommunikationsprozesse gilt:

- Einwegkommunikation (z.B.: Vortrag, Predigt, Fernsehkommunikation), d.h. Kommunikationsimpuls geht von einem Punkt aus. Man kommt rasch zu „Produkten", die Kommunikation ist klar steuerbar, die Rollen sind festgelegt.

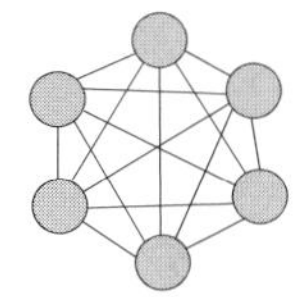

- Mehrwegkommunikation, d.h. der wechselseitige Prozess ist entscheidend; der Verlauf ist weit weniger planbar; der Prozess wird aufgrund aktiver Beteiligungsmöglichkeit intensiver erlebt, kann chaotisch verlaufen; die Rollen zwischen Kommunikator und Rezipient wechseln ständig.

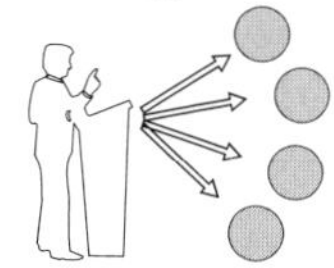

Ein Misslingen von Kommunikation kann im wesentlichen folgende Ursachen haben:

- ein Übertragungskanal ist gestört;
- die Zeichenvorräte der Kommunikationspartner haben zu wenig Übereinstimmung;
- ein Kommunikationspartner ist „böswillig“;
- die Kommunikationspartner machen Fehler.

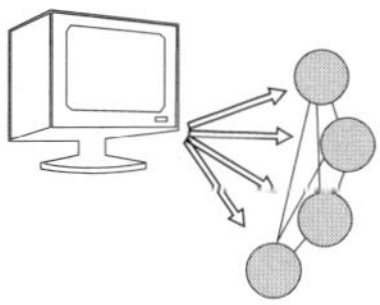

2.2 Zeichentheorie

Zeichensysteme

Eine Nachricht besteht aus Zeichen; sie sind Verständigungsmittel, beziehen sich stets auf etwas Bezeichnetes. Der Zeichencharakter besteht durch Vereinbarung. Kommunikative Zeichen sind immer in Systeme eingebunden und sinnlich wahrnehmbar (hörbar, sichtbar, tastbar). Zeichensysteme (Codes) können ineinander übersetzt werden, allerdings häufig nicht eindeutig, nicht verlustfrei oder nur mit großem Aufwand: z.B. sind Noten Übersetzungen von auditiven Zeichen in visuelle; Blindenschrift überträgt sprachliche Zeichen in taktile. Verständigung kann nur stattfinden, wenn Zeichensysteme zwischen den Kommunikationspartnern zumindest teilweise übereinstimmen.

Zeichensysteme sind kulturell gebunden und historisch, d.h. sie können ihre Bedeutung verändern. Folgende Bereiche werden in der Zeichentheorie unterschieden:

Syntaktik

- *Syntaktik*: Bestimmung der einzelnen Elemente und ihre formale Beziehung zueinander.

Semantik

- *Semantik*: Bedeutung eines Zeichens, also der Zusammenhang zwischen dem Zeichen und seinem Objekt. Zeichen sind zumeist vieldeutig und können nur aus dem jeweiligen Bedeutungszusammenhang heraus verstanden werden.

Sigmatik

- Die *Sigmatik* untersucht die allgemeine Beziehung zwischen Zeichen und Objekt und unterscheidet Zeichen-Objekt-Bezüge. Ikonische Zeichen bilden das Objekt ab; Zeichen und Objekt haben mindestens ein Merkmal gemeinsam. Ein Index weist auf das Objekt hin, hat ein direkt ursächliches Verhältnis zum Objekt, ist orts- und zeitgebunden wie das Objekt. Symbole beruhen auf Vereinbarung, haben keine direkte Beziehung zum Objekt; Symbo-

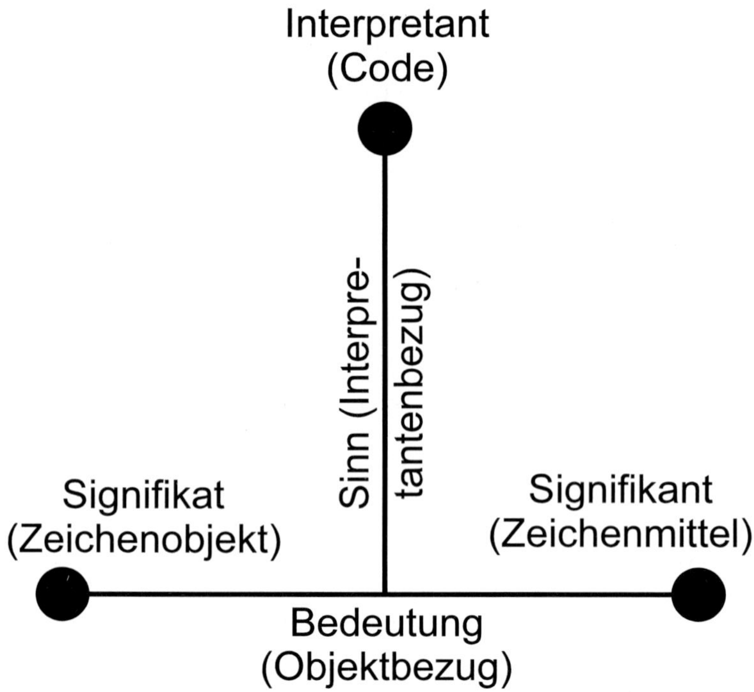

Abb. 2.5: Semiotik des Zeichens

le beziehen sich auch auf abstrakte Begriffe, sie repräsentieren das Allgemeine. Die Ausdrucksqualität von Zeichen bezieht sich auf den Gefühlsbereich des Menschen; sie sind teils objektivierbar, vielfach aber subjektiv-individuell (z.B. Geschmack).

Pragmatik

- *Pragmatik*: ist die Beziehung des Zeichens zum Adressaten bzw. Betrachter. Zeichen sind funktional zweckorientiert, sie beabsichtigen als Kommunikationssignale eine bestimmte Wirkung und sie haben eine möglicherweise von der Intention abweichende Wirkung.

✓ Der Zusammenhang zwischen Zeichen (z.B. einem fiktiven Wort) und dem Bezeichneten ist nicht beliebig, sondern wiederum kulturell und historisch vorgeprägt. Ein Beispiel kann das verdeutlichen: Wie würden sie die Begriffe „Stackette“ und „Mulamo“ den beiden Figuren zuordnen?

2.3 Aspekte einer Nachricht

F. Schulz von Thun benennt das alltägliche Problem des Redens über zwischenmenschliche Kommunikation: Sie werden „kaum etwas wirklich ‚Neues' erfahren. Vielmehr werden Sie dem ‚Alten', dem Altbekannten, dem tagtäglich Erlebten neue Seiten abgewinnen; Dinge in einem Licht sehen, die bisher im Halbdunkel verborgen waren." (*Schulz von Thun* 1981, 11). „Kommunikationsfähigkeit" lernt man häufig dergestalt, „in einer raffinierten, gelehrsamen Sprache über Sachverhalte zu reden, zu denen (mir) jede Erlebnisgrundlage fehlte. Statt das Erlebte zu verstehen und auszudrücken, lernten wir, das Nicht-Erlebte altklug zu kommentieren" (ebd.) – das dürfte auch ein Zentralproblem von Medienpädagogik bzw. -pädagogen sein.

Kriterien für Verständlichkeit

Schulz von Thun benennt vier Kriterien für Verständlichkeit von Information:
- Einfachheit (in der sprachlichen Formulierung);
- Gliederung, Ordnung (im Aufbau des Textes);
- Kürze, Prägnanz (statt weitschweifiger Ausführlichkeit);
- Zusätzliche Stimulanz (anregende Stilmittel – auch didaktisch eingesetzte Medien)

2.3.1 Das Nachrichtenquadrat

Schulz von Thun hat mit besonderem Blick auf die „Botschaft" der Kommunikation ein bedenkenswertes Modell zwischenmenschlicher Kommunikation aufgestellt. Darin beleuchtet er vier wesentliche Anteile einer „Nachricht", die nicht nur als Inhalt einer Gesamtbotschaft verstanden wird, sondern „das ganze vielseitige Paket mit seinen sprachlichen und nicht-sprachlichen Anteilen" (33) meint.
- *Sachaspekt*: Worüber ich informiere (Klarheit/Verständlichkeit).

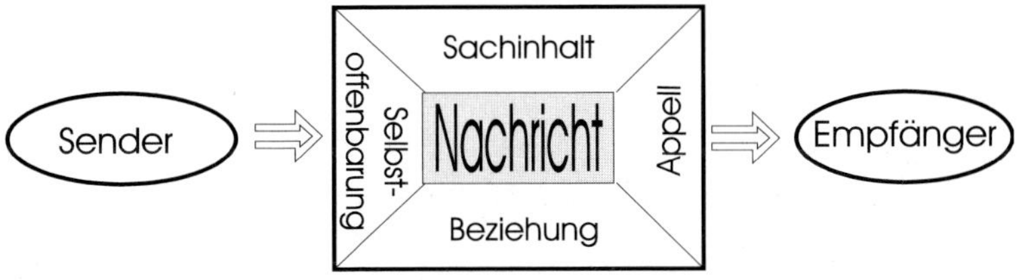

Abb. 2.6: Vier Aspekte einer Nachricht

- *Beziehungsaspekt*: Was ich von dir halte und wie wir zueinander stehen (strenggenommen ein Teil der Selbstoffenbarung: Wie sieht der Sender den Empfänger bzw. was hält er von der Beziehung ...).
- *Selbstoffenbarungsaspekt*: Was ich von mir selbst kundgebe. Ich-Botschaften, vom Sender aus betrachtet.
- *Appellaspekt*: Wozu ich dich veranlassen möchte (Wirkung).

„Wenn Sach-, Selbstoffenbarungs- und Beziehungsseite auf die Wirkungsverbesserung der Appellseite ausgerichtet sind, werden sie *funktionalisiert*, d.h. spiegeln nicht wieder, was ist, sondern werden zum Mittel der Zielerreichung." (ebd. 29) – Auf alle Teilbotschaften einer Nachricht muss der Empfänger reagieren; wenn er seine inneren Reaktionen auf die Teile nicht wahrnimmt, wird er auch nicht adäquat reagieren können.

Beispiele:
Der Vater sagt zu seinem Sohn: „Du meinst, Du weißt alles besser!?" Sachinhalt: *Du hältst Dich für sehr klug*. Selbstmitteilung: *Ich bin verärgert*. Beziehung: *Ich möchte von Dir nicht belehrt werden*. Appell: *Spiel Dich nicht so auf*.
Dozent zum Studierenden: „Sie benehmen sich wie ein Erstklässler, nicht wie ein Student." Sachinhalt: *Ihr Verhalten ist nicht Ihrem Alter entsprechend*. Selbstmitteilung: *Ich bin enttäuscht von Ihnen*. Beziehung: *Ich erwarte ein anderes Benehmen von Ihnen*. Appell: *Benehmen Sie sich gefälligst Ihrem Alter entsprechend*.

2.3.2 Nonverbales, Körpersprache, Implizite Botschaften

In direkter Kommunikation werden Botschaften stets auf drei Kanälen gesendet, allerdings in unterschiedlicher Gewichtung:

verbal
- Der *verbale* Kanal (eher digitale Informationsanteile), der in der Regel dem Sender bewusst und von ihm kontrolliert ist.

paraverbal
- Der *paraverbale* Kanal, der eng mit dem verbalen verbunden ist; hier ist die Art des Sprechens erfasst: Lautstärke, Sprechmelodie, Tonhöhen, Pausen, Akzente ... „Während der verbale Bereich hauptsächlich den *Inhalt* des Gesprochenen transportiert, vermittelt der paraverbale Kanal dem Zuhörer, wie dieser Inhalt zu verstehen ist und welche Gefühle und Beziehungsangebote damit verbunden sind. Außerdem kann man über den paraverbalen Kanal das Sprechen miteinander organisieren, z.B. dem anderen signalisieren, wann der eigene Wortbeitrag zu Ende ist und der andere einsetzen kann." (*Fritz* 1991, 51)

nonverbal
- Der *nonverbale* Kanal umfasst die Möglichkeiten der Körpersprache: Gestik, Mimik, Körperhaltung, Kleidung ... Auf diesem Kanal

werden vorab aller Worte und sie stets begleitend Beziehungsangebote an den Gesprächspartner gemacht (alle Schattierungen zwischen Sympathie und Ablehnung).

Alle drei Kanäle sind stets aufeinander bezogen, ergänzen und interpretieren sich wechselseitig. Diese Wechselseitigkeit enthält Chancen, aber auch Probleme.

Explizite und implizite Botschaften

Explizites ist ausdrücklich formuliert, implizit heißt: Ohne dass etwas direkt gesagt wird, steckt es doch drin oder kann hineingelegt werden. Die eigentliche Hauptbotschaft wird oft implizit gesendet. – Beispiel: Ich kann jemandem direkt sagen, dass ich ihn nicht mag und nicht mit ihm reden will; ich kann das aber auch „durch die Blume" in Körperhaltungen, Gestik, Mimik ... ausdrücken. – Problem: Oft werden solche impliziten Botschaften nicht deutlich verstanden bzw. wird aus Angst, Scham o.ä. nicht klar gesagt, was man will und denkt. – Für implizite Botschaften dient vorrangig der para- bzw. der nonverbale Kanal. Auch nicht-sprachliche Botschaften sind hier einzuordnen (vgl. die Grafik bei *Schulz von Thun* 1981, 34 f.):

Implizite Nachrichten

Weinen als implizite Botschaft kann bedeuten: • Selbstoffenbarung: *Ich bin traurig.* • Appell: *Bitte schone mich, tröste mich.* • Beziehung: *So weit hast du mich gebracht.*

Schweigen als implizite Botschaft kann bedeuten: • Selbstoffenbarung: *Ich will meine Ruhe haben.* • Appell: *Fangen Sie bloß kein Gespräch mit mir an.* • Beziehung: *Sie sind kein interessanter Gesprächspartner.*

Kongruente und inkongruente Nachrichten

Wenn alle Signale (auf den drei Kanälen) in die gleiche Richtung weisen, ist eine Nachricht als ganze stimmig = kongruent. Wenn die Botschaft auf den drei Kanälen auseinander läuft, ist die Nachricht inkongruent. Für den Sender haben solche Nachrichten den Vorteil, dass er sich nicht festlegen muss; oder dass er nicht gegen Standesunterschiede oder Höflichkeitsformen verstoßen muss.

> Beispiel: Jemand sagt mit trauriger Miene, heruntergezogenen Mundwinkeln (= implizite Botschaft) explizit „Es ist alles in Ordnung". Oder das Gegenteil – jemand sagt mit lachendem Gesicht „Mein Leben ist im Eimer".

Der Empfänger muss entscheiden, welchem Anteil er das größere Gewicht beimisst. „Inkongruente Nachrichten enthalten widersprüchliche Handlungsaufforderungen und schaffen dadurch eine verrücktmachende Doppelbindung." (*Schulz von Thun* 1981, 38)

2.3.3 Verhalten des Empfängers

Das Nachrichtenquadrat kann auch aus der Sicht des Empfängers betrachtet werden. Zwischenmenschliche Kommunikation ist so kompliziert, weil der Empfänger prinzipiell frei ist: darin, welchem Kommunikationsanteil er das größere Gewicht beimisst und auf welchen er reagiert.

„Er hört auf diesem Ohr schlecht", diese Redensart macht deutlich, dass man auf unterschiedlichen „Ohren" hören kann.

Vier Aspekte der empfangenen Nachricht

- Das Inhaltsohr – *Wie ist der Sachverhalt zu verstehen?* – ist zuständig für die Inhalte, die Sachverhalte, die in einem Gespräch mitgeteilt werden. Dieses Ohr ist in der Regel „gut geputzt"; wir sind gewohnt, unsere Aufmerksamkeit auf die mitgeteilten Inhalte zu richten. Kommunikation und Verstehen wären einfach, wenn es nur dieses Ohr gäbe.
- Das Appellohr – *Was soll ich tun, denken, fühlen aufgrund seiner Mitteilung?* – dient der Wahrnehmung von Handlungsaufforderungen. Auf der verbalen Ebene kann ich das Gegenteil behaupten zu jedem verdeckten Appell, zu dem, was auf der Ebene der Körpersprache vom Kommunikationspartner verstanden wurde. Körpersprachliche Appelle sind aber auch dezenter als direkt ausgesprochene.
  Beispiel: „Ein Satz wie ‚Nun regnet es schon wieder' dürfte bei oberflächlicher Betrachtung im wesentlichen auf der Inhaltsebene zu ‚hören' sein: daß es im Moment regnet und schon vorher geregnet hat. Nur: Warum sagt man so einen Satz? Man könnte sich z.B. vorstellen, daß dies ein Freund seiner Freundin sagt, die beabsichtigt, einen Stadtbummel zu machen. In diesem Kontext könnte man hinter diesem Satz den Appell vermuten: Die Freundin möge wegen des Regens auf den beabsichtigten Stadtbummel verzichten. Ob diese Deutung richtig oder auf einen ‚Hörfehler' zurückzuführen ist, läßt sich mit letzter Klarheit aus dem Satz allein nicht entnehmen. Hier ist es vor allem die Körpersprache, die Aufschluß darüber geben kann, *wie* dieser Satz auf der Appellebene zu verstehen ist. Möglicherweise rekelt sich der Freund genüßlich auf der Couch, macht es sich einladend bequem und drückt durch seine Mimik aus, wie schön er es fände, wenn sie zu Hause blieben." (*Fritz* 1991, 53)
- Das Beziehungsohr – *Wie redet der eigentlich mit mir? Wen glaubt er vor sich zu haben?* – empfängt das in jeder Äußerung enthaltene Angebot über die Art der Beziehung. Ist ein Partner überlegen,

der andere unterlegen (komplementäre Beziehung) oder sind beide gleichberechtigt (symmetrische Beziehung)?
„Der Satz ‚Du siehst ja: es regnet. Also bleib zu Haus!‘ läßt es zunächst offen, ob die Beziehung freundlich oder feindselig, sachlich oder ‚gefühlig‘ ‚definiert‘ wird. Es kommt entscheidend auf den Klang der Stimme, auf Mimik und Gestik an, wie der Partner den Satz versteht, genauer: welches ‚Beziehungsangebot‘ er wahrnimmt.“ (ebd.)

- Das Selbstoffenbarungsohr – *Was ist das für einer? Was ist mit ihm?* – empfängt die Elemente einer Mitteilung, die Befindlichkeiten, Gefühle und Wertungen betreffen. Das kann explizit auf der verbalen Ebene geschehen. Aber die Glaubwürdigkeit entscheidet sich eher auf der para- und nonverbalen Ebene, ob Mimik, Gestik, Tonfall rüberbringen, wie die Befindlichkeit tatsächlich ist. Sensibilität im Kommunikationsgeschehen meint vor allem: Training dieses Selbstoffenbarungsohres. (vgl. ebd. 52-54)

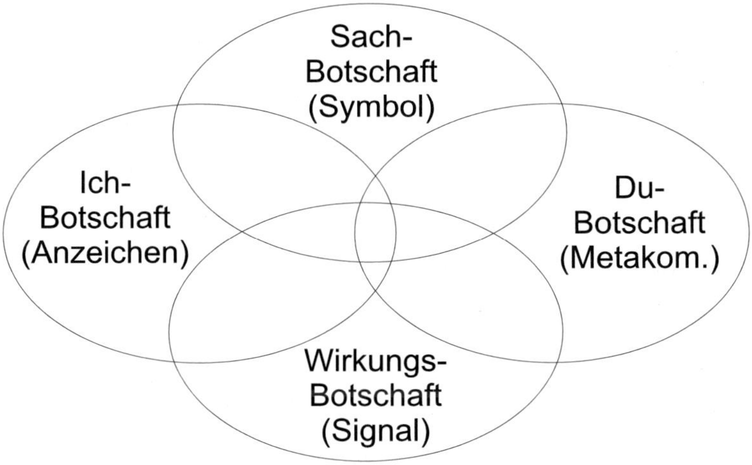

Abb. 2.7: Funktionen der Kommunikation

Die Grafik zeigt die Funktionen der Kommunikation:

- Sach-Botschaft: Sprachsymbolische Darstellung eines Inhalts/ Sachverhaltes
- Ich-Botschaft: Ausdruck des Senders
- Du-Botschaft: Metakommunikative Beschreibung der Beziehung
- Wirkungs-Botschaft: Appell an Rezipienten.

2.4 Kommunikationsmodelle und Axiome

Als eine der zentralen Figuren der psychologischen Kommunikationsforschung gilt *Paul Watzlawick* nebst Mitarbeitern und Schülern. Sein Buch „Menschliche Kommunikation“ von 1969 ist zum Standardwerk geworden; darin beschreibt er fünf Kommunikationsaxiome, die im folgenden kurz erläutert werden (vgl. dazu auch den Artikel „Kommunikation“ im Fachlexikon 1997, 563 ff.):

Kommunikations-axiome von P. Watzlawick

1. „Man kann nicht nicht kommunizieren“, sich verhalten (*Watzlawick* 1969, 53).
Zur Kommunikation gehören nicht nur Inhalt der Sprache, sondern auch deren Qualität (Schnelligkeit, Lautstärke, Tonfall ... = paraverbal) sowie Körpersprache (Gestik, Mimik = nonverbal) ... Auf Kommunikationsimpulse muss man reagieren: mit Annahme (jemand geht auf das Kommunikationsangebot ein), mit Abwehr (jemand macht unmissverständlich klar, dass er eine Kommunikation nicht will), mit Entwertung (z.B. Ironie, absichtliches Missverstehen, Themawechsel), mit Vorschützung von Symptomen (Müdigkeit, Nicht-Verstehen).

2. „Jede Kommunikation hat einen Inhalts- und einen Beziehungsaspekt, derart, daß letzterer den ersteren bestimmt und daher eine Metakommunikation ist.“ (ebd. 56)
Der Inhaltsaspekt vermittelt die Information, der Beziehungsaspekt weist an, wie diese aufzufassen ist, bewertet also (z.B. „Nehmen Sie doch bitte Platz“ gegenüber „Hinsetzen!“). Uneinigkeit auf der Inhalts-, aber Einigkeit auf der Beziehungsebene funktioniert, Einigkeit auf der Inhalts-, aber Uneinigkeit auf der Beziehungsebene wird problematisch („Konfusion“). Der Beziehungsaspekt verhält sich zum Inhaltsaspekt metakommunikativ, d.h. er liefert dem Empfänger einen Hinweis, wie der Inhalt aufzufassen ist (durch Stimmlage, Mimik, Gestik ...). Metakommunikation versucht u.a., die Beziehungsebene auf der Inhaltsebene zu transportieren und dadurch Missverständnisse auszuräumen.

3. „Die Natur einer Beziehung ist durch die Interpunktion der Kommunikationsabläufe seitens der Partner bedingt.“ (ebd. 61)
Damit ist die Frage nach Ursache und Wirkung angesprochen. Was wir als Wirklichkeit annehmen, ist nur das Ergebnis unserer subjektiven Interpunktionen, eine Art selbsterfüllende Prophezeiung. Wir müssen in jeder Sekunde Tausende von Sinneseindrücken verarbeiten; das geht nur durch Unterteilung nach

Wesentlichem und Unwesentlichem. Ergebnis solcher je subjektiver Interpunktion ist „meine“ Wirklichkeit. – Kommunikation ist eigentlich immer Interaktion, d.h. ein einseitiger Reiz-Reaktions-Mechanismus greift zu kurz. Immer ist bereits etwas vorausgegangen, bestimmen die Vorerfahrungen und Voreinstellungen (= „Wissenszusammenhang“) der Kommunikationspartner das Kommunikationsgeschehen mit. Das betrifft vor allem auch die Beziehungsebene, die vorgängigen Beziehungsdefinitionen.

Dieter Baacke (1973) hat dieses Axiom weiter aufgefächert; einige seiner Erkenntnisse möchte ich erläutern.

Schemata

Axiom: „Jede Kommunikation stellt eine *Beziehung* dar, die Bedingung ist für den Aufbau wie die Veränderung von erworbenen, in der Kommunikation ständiger Überprüfung ausgesetzten Schemata.“ (*Baacke* 1980, 108) Das heißt: Sie haben eine bestimmte Voreinstellung von sich selbst, Ihrem Kommunikationspartner und vom Gegenstand; Ihr Gegenüber ebenfalls von sich, von Ihnen und vom Gegenstand. Beider Schemata beeinflussen die Kommunikationssituation und werden wiederum durch sie beeinflusst, verändert.

Was könnte dieses Axiom auf „mediale Kommunikation“ allgemein bezogen bringen? Z.B. ist Medienrezeption in der Regel mit einer gewissen Erwartungshaltung auf Seiten des Empfängers verbunden. Außerdem hat er eine Lerngeschichte mit dem Medium, die ihm ermöglicht, bestimmte Signale zu verstehen. – Auf der Senderseite wiederum wird ebenfalls aus der Lerngeschichte ein bestimmtes Verstehenspotential beim Empfänger angenommen. Was Sender heute an visueller Komplexität Zuschauern in Film und Fernsehspiel zumuten, wäre vor 2o Jahren undenkbar gewesen.

Fixierung

Axiom: „Jede Kommunikation bedeutet eine Festlegung der an ihr Beteiligten sowohl in Hinblick auf den Gegenstand wie ihre Beziehung. Je länger die Kommunikation dauert, desto größer ist die Festlegung. Eine Festlegung, über die die Interaktionspartner nicht mehr verfügen, soll *Fixierung* heißen; diese ist die problematische Form der Festlegung. (*Baacke* 1980, 109) – Sie reden jetzt über dies, grenzen eine unendliche Zahl anderer Kommunikationsmöglichkeiten aus; Sie sehen jetzt fern, tun nichts anderes ... Beispiel: Jeder Spielzug verändert den Stand, beschränkt die Möglichkeiten, beeinflusst den weiteren Spielverlauf.

Ökonomisches Verhalten

Axiom: „Risiko und Aufwand, die Kommunikationen erfordern, entspricht ein *ökonomisches Verhalten* der Kommunikationspartner. Es besteht vor allem in der Bevorzugung solcher Kommunikationen, die geringen Aufwand und geringes Risiko fordern, und in der Vermeidung derjenigen, die dies nicht tun. Die gewählten Kommunikationen schalten die nicht gewählten aus und reduzieren so die

Mannigfaltigkeit möglicher Kommunikationen, entlasten also von unzumutbaren oder unnötigen Anstrengungen." (*Baacke* 1980, 110)

Wir vermeiden frustrierende Kommunikationssituationen oder versuchen es wenigstens (vgl. auch Vermeidung kognitiver Dissonanzen); wir versuchen, Aufwand und Nutzen vorher gegeneinander abzuwägen; wir fühlen uns sicherer in Kommunikationssituationen, in denen die Rollen klar sind ... Es liegt auf der Hand, dass in Anbetracht dieses Axioms die mediale Kommunikationssituation, zumindest das tägliche Fernsehprogramm angehend, eine sehr einfache, verlässliche, zwar uns gelegentlich frustrierende, aber selten in unserer Identität berührende Kommunikationssituation ist.

„Weil jedes Verhalten eines Kommunikationspartners sowohl Ursache als auch Wirkung für das Verhalten des anderen ist, führt die Auseinandersetzung in einen Teufelskreis, wenn es den Beteiligten nicht gelingt, über die individuellen Definitionen ihrer Beziehung in eine Metakommunikation einzutreten." (Fachlexikon 1997, 565) – Gilt das auch für mediale Kommunikation?

4. „Menschliche Kommunikation bedient sich digitaler und analoger Modalitäten. Digitale Kommunikationen haben eine komplexe und vielseitige logische Syntax, aber eine auf dem Gebiet der Beziehungen unzulängliche Semantik. Analoge Kommunikationen dagegen besitzen dieses semantische Potential, ermangeln aber die für eindeutige Kommunikationen erforderliche logische Syntax." *(Watzlawick* 1969, 68)

Digitale und analoge Kommunikationsanteile

Das hört sich kompliziert an. Bekannt ist das Prinzip von Digitalrechnern, die alles in Zahlenfolgen von 0 und 1 darstellen, also von Strom fließt oder Strom ist unterbrochen. Diese Darstellungsweise hat nichts mehr mit dem Dargestellten gemein, außer per Definitionem. Dagegen wäre eine Kugel- oder Handrechenmaschine eine analoge Darstellung von Zahlenmengen. In der menschliche Sprache wäre etwa ein Beispiel: die unterschiedliche Darstellung durch eine Zeichnung (analog) und durch einen Begriff (digital). Bei Namen gibt es in der Regel lediglich ein semantisches Übereinkommen für die Beziehung zwischen Wort und Objekt. Die Analogie dagegen hat eine grundsätzliche Ähnlichkeitsbeziehung zum Gegenstand.

„Digitale K. ist das, was wir unter geschriebener Sprache verstehen, während analoge K. alle anderen Ausdrucksmöglichkeiten des Menschen (also: Stimmqualität, Tonfall, Sprechweise, Blickaustausch, Mimik, Gestik, Körperbewegungen, Körperkontakt, Verwendung des Raumes zur Regulierung von Distanz und Nähe usw.) umfaßt. Die beiden ‚Sprachen' haben unterschiedliche Eigenschaften: digitale K. macht eindeutige und präzise Mitteilungen möglich,

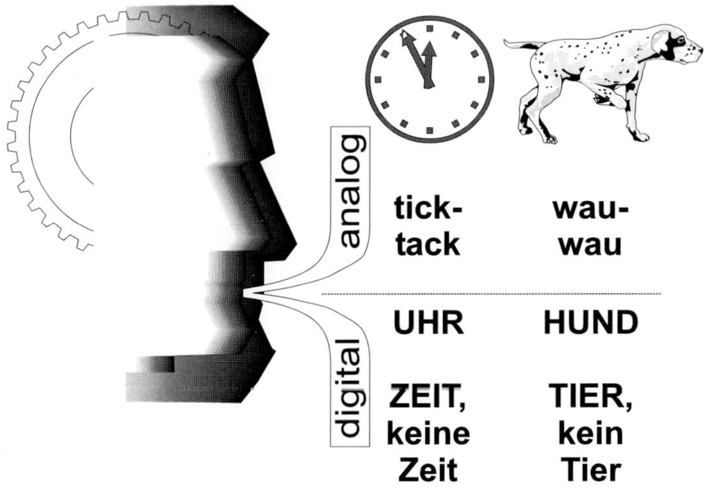

Abb. 2.8: Digitale und analoge Kommunikationsanteile

analoge K. ist prinzipiell mehrdeutig und muß unter Berücksichtigung des Gesamtzusammenhanges der Situation ‚entschlüsselt' werden. Digitale K. ermöglicht es, logische Beziehungen auszudrücken (wenn – dann; entweder – oder; nicht); in analoger K. ist weder der Ausdruck logischer Relationen, noch von Verneinungen, noch einer Untersuchung für Vergangenheit, Gegenwart oder Zukunft möglich." (Fachlexikon 1997, 565)

„Der Unterschied zwischen digitaler und analoger Kommunikation wird vielleicht etwas klarer, wenn man sich vor Augen hält, daß bloßes Hören einer unbekannten Sprache, z.B. im Radio, niemals zum Verstehen dieser Sprache führen kann, während sich oft recht weitgehende Informationen relativ leicht aus der Beobachtung von Zeichensprachen und allgemeinen Ausdrucksgebärden ableiten lassen, selbst wenn die sie verwendende Person einer fremden Kultur angehört." (*Watzlawick* 1969, 62) Fernseh-Kommunikation mit ihrer dominanten Bildersprache ist vorrangig analoge Kommunikation, die nach *Neil Postman* (1983) jedes Kind versteht. Auf dem Gebiet der Beziehungen bedienen wir uns fast ausschließlich analoger Kommunikationsformen (u.a. Körpersprache). Auch was ein Tier versteht, ist nicht die Bedeutung von Worten, sondern die zahlreichen Analogiekommunikationen, die im Ton der Sprache und der sie begleitenden Gestik enthalten sind. Wo die Beziehung zum zentralen Gegenstand einer Kommunikation wird, wird digitale Kommunikation fast bedeutungslos. Der Inhaltsaspekt wird vorwiegend digital, der Beziehungsaspekt vorwiegend analog übermittelt.

Fernsehen ist vorrangig analoge Kommunikation

Analoge Kommunikationen enthalten keinen Hinweis darauf, welche von zwei widersprüchlichen Bedeutungen gemeint ist. Übersetzungen vom Analogen ins Digitale, die der Mensch ständig leisten muss, sind stets problematisch und mit Verlusten verbunden, erlebbar am Problem eines inhaltlich-sachlichen Austausches über Beziehungen.

5. „Zwischenmenschliche Kommunikationsabläufe sind entweder symmetrisch oder komplementär, je nachdem, ob die Beziehung zwischen den Partnern auf Gleichheit oder Unterschiedlichkeit beruht.“ (*Watzlawick* 1969, 70)

Symmetrische Beziehungen beruhen auf Gleichheit; in komplementären Beziehungen übernimmt einer die Rolle des Führenden, der andere die des Geführten. Hier sind keine gesellschaftlichen Bewertungen intendiert, sondern Beschreibung eines Ist-Standes: der eine verhält sich so, dass dies ein bestimmtes Verhalten des anderen voraussetzt und bedingt bzw. erwartet (vgl. dazu die Kommunikationstypen bei *Virginia Satir* 1990).

Gelingende Kommunikation

Solche Axiome sollen Kommunikationsabläufe beobachtbar machen. Sie sind Hilfen, um Konflikte bzw. Konfliktpotentiale aufzuspüren. Demgegenüber gibt es Ansätze, positiv „normativ“ Kommunikationsregeln zu formulieren als Vereinbarungen innerhalb pädagogischer Gruppenprozesse. So könnten beispielsweise in Anlehnung an die TZI (= Themen zentrierte Interaktion, vgl. *Cohn* 1992) folgende Kommunikationsregeln formuliert werden:

TZI-Kommunikationsregeln

- Äußere deine Interessen!
- Experimentiere mit dir, indem du z.B. Verhalten änderst oder alternative Verhaltensweisen ausprobierst!
- Störungen haben im Kommunikationsprozess Vorrang.
- Bitte bei defensiver Kommunikation, wenn eine Seite in eine reine Verteidigungsposition kommt, um eine Pause!
- Formuliere eigene Meinungen anstelle von Fragen!
- Benutze „ich“, statt „man“ oder „wir“!
- Vermeide Vorwürfe an andere (ihnen ein schlechtes Gewissen machen)!
- Bleib in der Gegenwart, wärm keine alten Hüte auf. Formuliere allenfalls Wünsche für die Zukunft!
- Versuche partnerzentriert zu reagieren! Dabei hilft es manchmal, Gesagtes zu wiederholen, um bewussteres Zuhören zu erlernen.
- Gib „feed back“, wenn du das Bedürfnis danach hast! Aber beschreibe deine Gefühle und klage dein Gegenüber nicht an. Als

Angesprochener höre dem feed-back ruhig und genau zu und geh nicht gleich in Verteidigungsstellung. Es geht nicht um vermeintliche Tatsachen auf der Inhaltsebene, sondern um Wahrnehmungen auf der Beziehungsebene.

Der Mensch ist, was er ist, und wird, was er sein kann, in und durch Kommunikationssituationen. Bei Kommunikation ist das Grundproblem das der Selbstannahme (Balance): balancierende Ich-Identität; den anderen lieben wie sich selbst; sich die Möglichkeit geben/nehmen, positive Grunderfahrungen zu machen: vor du musst/sollst kommt du kannst/darfst. Ein Spezial- oder Zentralproblem ist dabei die Ausgewogenheit von Distanz und Nähe, von *D. Tannen* mit einem Beispiel von *Woody Allen* treffend dargestellt: Beispiel

„(...) wo der Mann zum Psychiater rennt und sagt: ‚Doktor, mein Bruder ist meschugge. Er denkt, er ist ein Huhn.' Und der Doktor sagt: ‚Und warum bringen Sie ihn nicht ins Irrenhaus?' Und der Mann sagt: ‚Würd ich schon, aber ich brauch ja die Eier!' Naja, und ich schätze, daß das so ziemlich meinem Gefühl entspricht, was Beziehungen betrifft." (Woody Allen, Der Stadtneurotiker)

„Obwohl unsere Hoffnung auf eine perfekte Kommunikation sich weder in vertraulichen noch in flüchtigen Gesprächen erfüllt – und unsere Erfahrungen und diese Untersuchung bestätigen, daß diese Hoffnung in der Tat illusorisch ist -, geben wir die Hoffnung und den Versuch nicht auf, weil wir die Eier – Verbundenheit und Unabhängigkeit – brauchen. Das Kommunikationshuhn kann diese goldenen Eier nicht legen, weil es in der Beziehungsfalle sitzt: Nähe bedroht unsere Individualität, und das, was uns tatsächlich von anderen Menschen unterscheidet, bedroht unser Bedürfnis nach menschlicher Verbundenheit." (*Tannen* 1992, 51 f.)

Dieses Verhältnis von Distanz und Nähe in Kommunikationsbeziehungen zu regeln, darum geht es in allen pädagogischen und therapeutischen Prozessen.

Abb. 2.9: Wie verhalten sich Kommunikation und Gemeinschaft zueinander?

Voraussetzungen gelingender Kommunikation:

Gelingende Kommunikation

- Ideale Kommunikationspartner müssen biologisch ähnlich sein;
- gemeinsame Sprache sprechen bzw. gemeinsame Zeichensysteme benutzen;
- in vergleichbaren sozialen und kulturellen Umständen aufgewachsen sein;
- über vergleichbares Wissen verfügen;
- ähnliche Werte vertreten;
- sich gegenseitig Kommunikationsbereitschaft und -interesse zubilligen;
- den Kontext einer Kommunikation und die Erwartungen der Anwesenden wahrnehmen;
- sich in Umgangsstile einfügen können;
- Rede- und Stilformen kennen und beherrschen;
- sich ein treffendes Bild vom Kommunikationspartner machen.

Unterm Strich hat *Niklas Luhmann* vermutlich recht: Kommunikation ist „unwahrscheinlich".

Kommunikation & Systemtheorie

Effektive Kommunikation

Der Mensch ist kein Einzelwesen, sondern konstituiert sich in Gemeinschaft, in geregelten oder sich einregulierenden Situationen („Systemen"). Kommunikation ist für den Menschen fundamentales Mittel zur Selbst- und Weltvergewisserung, aber auch natürliche Eigenschaft des Menschen: „der Mensch ist, was er ist, und wird, was er sein kann, in Kommunikations- Situationen" (*Baacke* 1980, 193). Eine Kommunikation kann dann „effektiv" genannt werden, „wenn beide Partner einander verstehen, Missverständnisse beseitigen können und emotionalen oder sachlichen Gewinn in der Kommunikation haben" (ebd. 192). Erziehung, Sozialisation, also Einführung des heranwachsenden Menschen in die soziale Welt durch Lernen, kann man als Vorgang betrachten, „in dem die Komplexität von kontingenter (zufälliger) Welt allmählich soweit reduziert wird, daß der Mensch sich in seiner näheren und weiteren Umwelt orientieren und anderen Orientierungshilfe geben kann" (ebd. 195). Damit dies möglich ist, bedarf er der Kommunikation.

Kommunikationsprozesse lassen sich aber niemals in einer zweiwertigen Ursache-Wirkungs-Logik erfassen. Sie haben eine ständig reflexive Struktur: A hat eine Wahrnehmung von B und gleichzeitig eine Wahrnehmung, dass B ihn, A, wahrnimmt ...; und B reagiert in gleicher Weise (vgl. „Interpunktion von Kommunikationsabläufen" bei *Watzlawick*). Deshalb ist es sinnvoll, Kommunikation als System zu beschreiben. Die reflexive Struktur nennt man dann Selbstreferenz.

System

Der Begriff „System" entstammt der sogenannten „Systemtheorie". „Stehen Elemente miteinander in Beziehung, können wir ihre Gesamtheit ‚System' nennen" (*Henningsen* 1980, 75), z.B. ein Fahrrad und seine Einzelteile, Kommunikationspartner im Gruppenprozess ... Systeme sind Konstrukte, Wirklichkeitsausschnitte zwecks besserer analytischer Beschreibbarkeit. Systemzusammenhänge entstehen je nach Blickwinkel: Fahrrad im Fünf-Uhr-Verkehr; Kommunikation im Hörsaal ... Soziale Systeme dienen der für den Einzelnen lebensnotwendigen Erzeugung „gemeinsamer" Wirklichkeiten. Die Gesellschaft kann als Netzwerk sozialer Systeme begriffen werden. Systeme stellen nichts anderes her, sondern reproduzieren sich nur selbst; sie sind konservativ an ihrer Selbsterhaltung interessiert. Das systemische Denken richtet sich gegen jede Form individualpsychologischer Verkürzung. Systemtheorie erklärt Kommunikationsprozesse als selbstreferentielle und selbsterzeugende, vielfach rückgekoppelte Systeme.

Hilfreich ist es, „(soziale) Systeme in ihrer ‚normalen' Umwelt anzuleuchten und ihren Zweck gerade aus ihren Austauschbeziehungen mit dieser Umwelt zu bestimmen. Ganz allgemein gesagt, wäre der Zweck eines Systems dann – sehen wir vom System aus nach außen – die Erhaltung seiner selbst: Das System benutzt und verbraucht seine Umwelt, um bleiben zu können, wie es ist. Anders herum gesehen, das heißt von der Umwelt aus, hat ein System den Zweck, Vorgänge zu erleichtern – mit einer berühmt gewordenen Vokabel gesagt: Sein Zweck ist ‚Reduktion von Komplexität' (*Luhmann*)." (*Henningsen* 1980, 76 f.)

„Reduktion von Komplexität"

Kommunikation als System dient der „Reduktion von Komplexität". Massenkommunikation ist in diesem Blickwinkel ein Subsystem, das die Kommunikation der Gesellschaft ermöglichen soll. Aus der Fülle möglicher Nachrichten und Informationen wird ausgewählt; ebenso aus der Fülle von Weltzugängen: Komplexität wird reduziert.

Der Mensch hat die Fähigkeit, zwischen Kommunikationsfeldern -„Systemen" – zu wechseln, sie zu verbinden ... Er kann bis zu einem gewissen Grad die für ihn notwendige Reduktion von Komplexität selbst steuern (hat aber oft auch die Tendenz, dem Schwierigen auszuweichen, beim Bekannten zu bleiben ...). „Aufklärung", „Mündigkeit" bekommen in diesem Zusammenhang einen neuen Sinn: „Erweiterung des menschlichen Vermögens, die Komplexität der Welt zu erfassen und zu reduzieren" (*Luhmann*, zit. n. *Baacke* 1980, 199).

Systeme lösen nicht nur Probleme, sie schaffen auch welche. Man muss z.B. aus der Fülle möglicher Kommunikationspartner auswählen, also andere vernachlässigen, vermeiden. Gleiches gilt für Themen der Kommunikation und Rollen im Kommunikationssystem. Jeder kommunikative Prozess bedeutet Entscheidung, Auswahl und Verzicht.

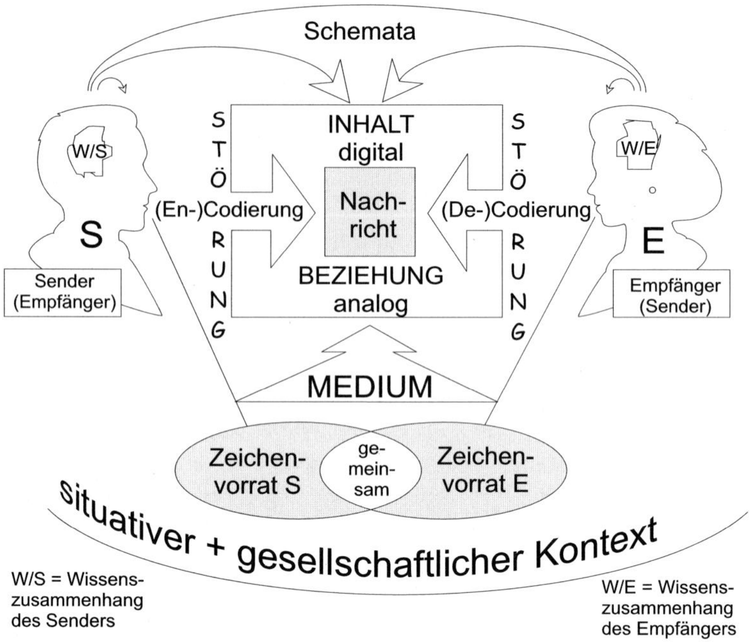

Abb. 2.10: Kommunikation als System

2.5 Vom Wahrnehmen zum Lernen

Im ersten Kapitel war vom Lernziel „sinnliche Wahrnehmungsfähigkeit" die Rede. Unsere Sinne sind offensichtlich die Türen zur Außenwelt. Aber unser Wahrnehmungsprozess ist weit mehr als ein einfacher phono- oder photographischer Abbildungsprozess. Das kann hier nicht erkenntnistheoretisch oder entwicklungspsychologisch im einzelnen ausgeführt werden. Aber in einigen groben Strichen soll der Prozess vom Wahrnehmen zum Kommunizieren und Lernen nachgezeichnet werden.

Wahrnehmen

Unsere Wahrnehmung geschieht mit den Sinnen (sehen, hören, tasten, riechen, schmecken). Aber sie ist niemals objektive Spiegelung von Realität, sondern immer aktive subjektive Aneignung und Interpretation nach den Vorgaben unseres kognitiven Apparates. Die Farbe rot, den Geruch von Flieder, die Kälte oder Glattheit von Eis etc. gibt es nicht, jedenfalls nicht in unserer unvermittelten Wahrnehmung, allenfalls über die Definition technischer Messinstrumente. Wahrnehmung ist stets selektiv, auswählend; die Fülle des Wahrnehmbaren könnten wir gar nicht verkraften. Die Reflexivität von Wahrnehmungen setzt Kommunikation in Gang. Kommunikation ist die Basis sozialen Handelns. Soziales Handeln aber wiederum ist notwendig für das Abgleichen von Wahrnehmungen, und diese bestimmen Wirklichkeit. Insofern gilt, dass wir selbst über Kommunikation Wirklichkeit schaffen. Wirklichkeitswahrnehmungen sind niemals rein subjektiv, sondern mittels Kommunikation „sozial"; d.h. unsere Wahrnehmungen verfestigen oder verringern sich durch den kommunikativen Abgleich mit Wahrnehmungen anderer. Ohne die anderen kommt keine stabile Wirklichkeitswahrnehmung zustande. Auch Medienangebote nehmen wir von vornherein unterschiedlich, aber auch sozial wahr. Beispiel: Wenn Sie zu zweit ins Kino gehen, werden beide ähnlicher auf den Film reagieren, als wenn jeder für sich denselben Film zu unterschiedlichen Zeiten sieht. – Eine Auswirkung ist im sogenannten „Thomas-Theorem" (1928) festgehalten: Wenn Menschen Situationen als real wahrnehmen und erleben, dann sind sie auch in ihren Konsequenzen für diese Menschen real.

Wahrnehmung: aktive Aneignung und subjektive Interpretation

Vorsicht auch beim Begriff: „wahr – nehmen", dabei wird vorschnell „für wahr nehmen", „Wahrheit" assoziiert. Aber was ist diese Wahrheit? Eben das, was wir wahrnehmen; „falsch- nehmen" gibt es nicht. Für unseren Zusammenhang gilt: „Es gibt in kommunikativen Prozessen keine ‚Wahrheiten an sich', sondern nur Wahrheiten für Adressaten." (*Henningsen* 1980)

Erkennen

Erkenntnis kann nicht aus dem Nichts kommen. Sie schließt immer Vergleiche zu schon Erkanntem, Bekanntem ein, ist somit ein kommunikativer Akt des Abgleichs mit anderer Menschen Wahrnehmung oder mit unserem eigenen Speicher. Ohne Kommunikation kein Erkennen; beides setzt Denkprozesse voraus, ist aktive Bedeutungszuweisung des Gehirns. Deshalb ist Erkennen für uns auch kaum mehr von Sprache, von sprachlicher Verarbeitung zu lösen (ohne dass damit so etwas wie Intuition bestritten wird). Er-kennen, d.h. immer zu Gekanntem hinzufügen oder Gekanntes umstrukturieren; hier gilt auch der hermeneutische Zirkel, dass ohne Bekanntes eigentlich kein Erkennen möglich ist. Wahrneh-

Ohne Kommunikation keine Erkenntnis

men und Erkennen sind demnach aktive Handlungen des Subjekts, die zwar in Bezug zu einem Reiz stehen, aber nicht davon monokausal abhängig sind.

Verstehen

Verstehen als aktive Ordnungsbildung

Auch Verstehen ist ein Prozess aktiver Ordnungsbildung etwa gegenüber Sprache als digitalen Zeichen, aber ebenso gegenüber Bildern als analogen Zeichen. Auch Gefühle werden teilweise als „aktive Bedeutungszuweisungen für sonst nicht erklärbare körperliche Veränderungen" bestimmt (Funkkolleg 2, 37). Eine Vielzahl von Inhaltsmerkmalen, Hörermerkmalen und Situationsmerkmalen beeinflusst das Ergebnis des Verstehensprozessen; *wie* das aber im einzelnen geschieht, ist weitgehend unklar. Soll man Verstehen eher als Resultat oder als Prozess auffassen? Verfügt man vollständig über den Prozess des Verstehens, oder gilt nicht eher: „Nicht ich verstehe, sondern es versteht mich". (vgl. Funkkolleg 1, 72 ff.; Funkkolleg 8). Verstehen muss wohl als ein Prozess innerpsychischer Kommunikation aufgefasst werden: wir vergleichen mit bereits Bekanntem, wählen aus, ordnen ein. Und Verstehen ist in der Kommunikation zwischen Menschen auch eine Kategorie des Beobachters: der Kommunikationspartner weist Verstehen zu.

Kommunikation ist demnach negativ formuliert: kein einfacher Reflex auf einen ursächlichen Reiz; kein (Aus-) Tausch von Inhalten; keine Übermittlung fertiger Informationen; kein Transport von eindeutigen Bedeutungen.

Kommunikation als Reiz zur Eigenaktivität

Kommunikation ist ein Reiz für den Empfänger, aufgrund des Angebots, der Botschaft selbst aktiv zu werden – auch Auswahl, Verweigerung, Desinteresse ... sind Aktivitäten -, seine Erfahrungen, sein Gedächtnis, sein emotionales Repertoire... – kurz: seinen „Wissenszusammenhang" zu aktivieren. Kommunikation, so hieß es oben, ist ein sich selbst organisierendes System, das Wahrnehmungen und Handlungen mindestens zweier Personen aufeinander bezieht.

Daraus folgt auch, dass Kommunikationsanlässe und -angebote nicht in klar voraussagbarer Weise Ergebnisse erzwingen. Die „Wirkung" von Kommunikation ist abhängig von Inhalt und Form des Angebots, aber ebenso vom Subjekt des Adressaten. Wir reagieren auf „gleiche" Kommunikationsangebote oft sehr ähnlich nicht durch den Zwang des Angebots, sondern weil durch eine Fülle sehr ähnlicher Erfahrungen unser Wissenszusammenhang hohe Ähnlichkeiten aufweist. Wäre Kommunikation Informationsaustausch bzw. -transport, dann wäre sie ein exzellentes Kontrollinstrument und würde zur Nivellierung des Individuums führen; gegen ihre Wirkungen könnte man sich nicht wehren.

Ein kleines Beispiel zeigt, wie Werte unsere Wahrnehmung steuern: „*Jerome S. Bruner* legte Kindern aus unterschiedlichen sozialen Schichten jeweils die gleichen Münzen vor und ließ die Kinder den Durchmesser dieser Münzen schätzen. Ergebnis: Kinder aus der Unterschicht schätzten die Größe dieser Münzen jeweils deutlich größer ein als Kinder aus höheren sozialen Schichten – weil sie für die Kinder aus der Unterschicht einen höheren Wert darstellten." (Funkkolleg 1, 92)

Lernen

Lernen als aktive Tätigkeit

Lernen ist ein hoch komplexer Prozess, eine aktive, konstruktive, kumulative, zielorientierte, selbstorganisierte, kontextgebundene Tätigkeit des Subjekts. Es setzt einen kommunikativen Prozess voraus, ohne dass beides identisch wäre. Lernen als Aneignung von Wissen bedeutet immer eine Umstrukturierung des vorhandenen Wissenszusammenhangs und bringt ggf. Verhaltensänderung (kognitiv, emotional, psychomotorisch) mit sich. Was ich lerne, ist in sehr hohem Maße nicht nur vom angebotenen Material, dessen Inhalt und Form, abhängig, sondern auch von der Person des Anbieters („Beziehungsebene") und vor allem davon, wie mein eigener Wissenszusammenhang strukturiert ist.

Die oben zitierten Kommunikationsaxiome erfassen nicht einfach Realität im Sinn von „das ist so". Es lassen sich am Phänomen direkt

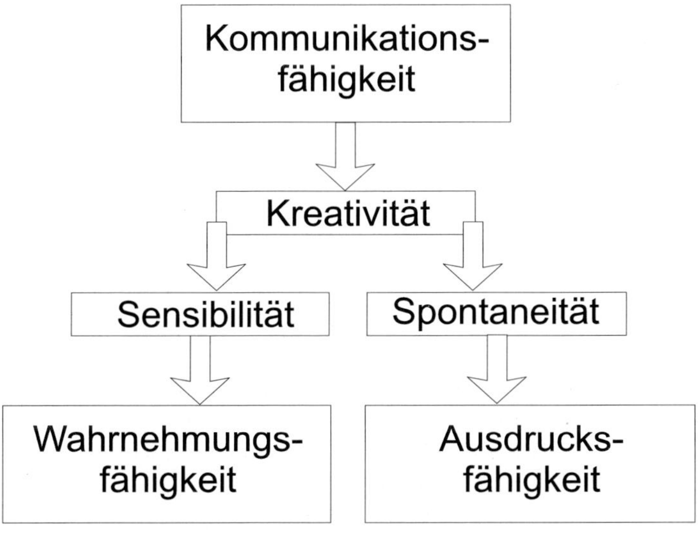

Abb. 2.11: Ziele der Kommunikationspädagogik

personaler Kommunikation Aspekte unterscheiden – nicht weil es diese „real“ differenziert „gibt“, sondern weil sie als „Theorie“ uns zunächst einsichtig und praktikabel Kommunikation erklären helfen. Sie sind nicht „wahr“, sondern viabel, d.h. sie haben einen hohen Erklärungswert.

Die Ziele einer Kommunikationspädagogik könnte man allgemein so umschreiben (vgl. Abb. S. 73): Steigerung der Kommunikationsfähigkeit und Kreativität, der kommunikativen Kompetenz. Dazu gehören:

- Soziale Kreativität als Fähigkeit, Beziehungen zwischen Dingen herzustellen, die scheinbar nichts miteinander zu tun haben.
- Balance zwischen Sensibilität und Spontaneität.
- Steigerung der Wahrnehmungs- und Ausdrucksfähigkeit.

2.6 Direkt-personale Kommunikation – mediale Kommunikation – Massen-Medien-Kommunikation

Kommunikation über Grenzen von Raum und Zeit hinweg

Was sind die Besonderheiten „medialer Kommunikation“? Worin unterscheidet sie sich von unmittelbarer interpersoneller Kommunikation? Mediale Kommunikation zielt darauf ab, kommunikative Prozesse trotz vorhandener raum-zeitlicher Distanzen in Gang zu bringen und aufrechtzuerhalten. Das war geschichtlich erstmals mit dem Entstehen der Schrift möglich. Mit der Telekommunikation, zunächst dem Telegraph wurde Kommunikation von der Bewegung des Menschen, dem materiellen Transport losgelöst. Es ist nicht nur das technisch Machbare und wirtschaftlich Profitbringende, das die Etablierung „neuer“ Medien vorantreibt. Es lässt sich historisch zeigen, dass z.B. das neue und erste Massenmedium Zeitung auf eine bestimmte gesellschaftliche Situation reagierte, d.h. eine bestimmte Bedürfnislage nach anderen Formen öffentlichen Austausches vorlag. Zumindest in den Anfängen massenmedialer Kommunikation gab es auch entsprechende gesellschaftliche Bedürfnisse (s. Kap. 3). Mit der Zeit wurde Massenkommunikation aber selbst zu einem äußerst komplexen System, dessen Komplexität es zu reduzieren gilt; deshalb gibt es Medienpädagogik.

Auch im Bereich indirekter Kommunikation wird versucht, die Prinzipien interpersonaler Interaktionsabläufe bei der Gestaltung medialer Aussagen zu berücksichtigen (vgl. *Kolb* 1974, 59):

Der Kommunikator bzw. die Gruppe der Kommunikatoren hat ein bestimmtes Kommunikationsziel.

- Um dieses Ziel zu erreichen, wird die Aussage gemäß einem Code bzw. mehreren Codes (z.B. Bilder und Sprache) in eine Zeichenfolge verschlüsselt;
- sie werden in einem Medium gespeichert und/oder über ein Medium transportiert.
- Die Mitteilungen werden vom Empfänger entschlüsselt und interpretiert.

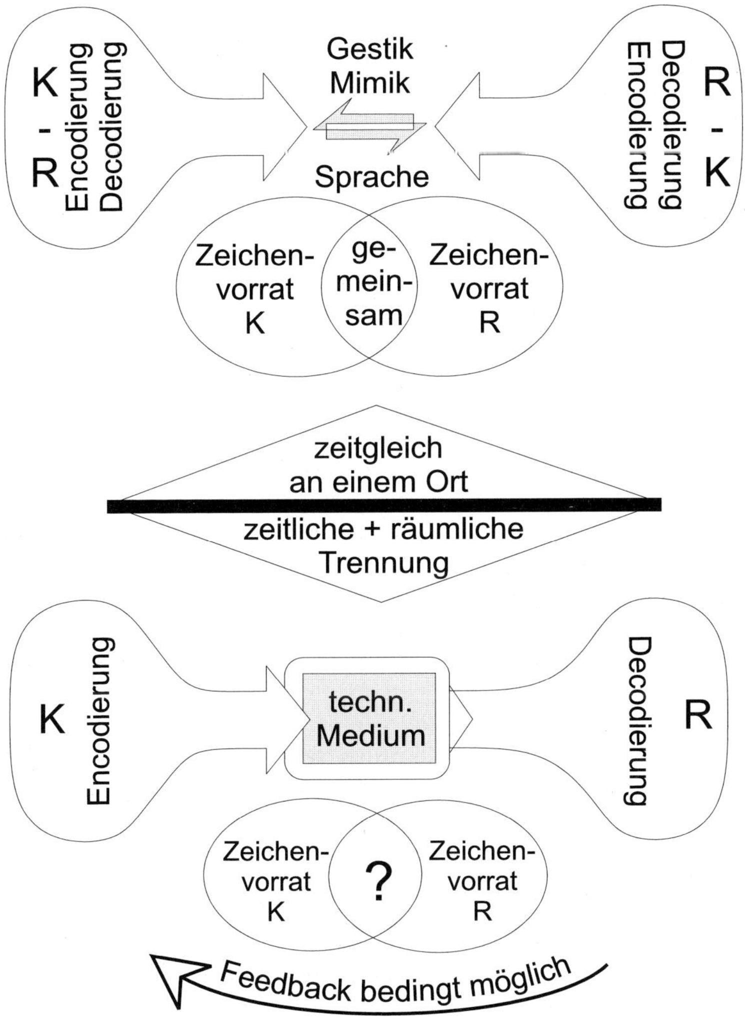

Abb. 2.12: Unterschiede zwischen direkt-personaler und medialer Kommunikation

- Letzteres wird um so besser gelingen, je mehr der vermutete mit dem realen Zeichenvorrat des Empfängers übereinstimmt.
- Die Reaktionen des Empfängers bleiben dem Kommunikator unbekannt oder werden nur vereinzelt und zeitlich verzögert mitgeteilt.

Einige Folgerungen

1. Indirekte Kommunikationsprozesse lassen einen unmittelbaren und permanenten Rollenwechsel von Sender und Empfänger nicht zu. Die intendierten Beziehungen sind relativ einseitig, häufig sogar monologische bzw. Einwegkommunikation.
2. Die Reaktionen des Empfängers bleiben dem Sender weitgehend unbekannt. Trotzdem muss dieser, um intendierte Wirkungen erzielen zu können, von seinen Empfängern eine Vorstellung (Interpunktion!) haben, muss mögliche Reaktionen auf seine Aussagen also bereits vorweg berücksichtigen. Bei Massenkommunikation ist allerdings nicht der einzelnen, sondern der Durchschnitt einer Masse im Blick.
3. Sind die Aussagen gespeichert oder gesendet, ist eine Einflussnahme auf die Kommunikation von Seiten des Kommunikators nicht mehr möglich. Der Empfänger kann nicht durch Rückfragen sein „Verständnis“ überprüfen. Er muss die Botschaft subjektiv (bzw. im sozialen Kontext) interpretieren.
4. Der Empfänger ist nicht hilfloser, unselbstständiger Adressat des Senders; er kann Kommunikation verweigern, kann Teile filtern (selektives Verhalten), kann in seinem Bezugsrahmen korrigierende Gespräche führen.

Raum-zeitliche Trennung

5. Die raum-zeitliche Distanz des Kommunikationsprozesses bedingt Unsicherheiten und Störanfälligkeiten. Bleibt das Thema aktuell? Die Aussage des Kommunikators hat sich im Medium in gewisser Weise verselbstständigt.
6. Im Gegensatz zur direkten Interaktion kann mediale Kommunikation je nach Medium eine relativ unbegrenzte Anzahl von Empfängern erreichen. Technische Medien nehmen die Funktion des Kommunikators in sich auf, fixieren sie; so können Kommunikationsinhalte unbegrenzt multipliziert werden. Damit verliert diese Form der Kommunikation in einem gewissen Sinn den Charakter der Einmaligkeit, die für interpersonale Kommunikationsabläufe charakteristisch ist. Und doch ist für den jeweiligen Einzel-Empfänger eine relative Einmaligkeit der Wirkungen gegeben.
7. Die Wahl des Mediums legt die kommunikativen Möglichkeiten fest. Es lässt sich nicht mit jedem Medium alles machen, jede mögliche Aussage anzielen. In diesen Kontext gehört beispiels-

weise die Frage nach dem Bild-Wort-Zusammenhang; die Differenzierung zwischen digitaler und analoger Kommunikation findet hier ebenfalls eine Entsprechung. Interesse und Verstehen sind vom Medium und vom Rezipienten abhängig.

8. Auch das potentielle Verhalten des Empfängers ist durch die Wahl des Mediums mit beeinflusst; folgende Merkmale helfen bei der Differenzierung: Wahl des Mediums
   - Wahrnehmung: optisch oder akustisch oder optisch-akustisch;
   - Freiheit (bei nur akustischen Medien) oder Bindung (bei Medien mit optischer Komponente) im Verhalten;
   - Freiheit (beim gedruckten Wort, dem Ton- und Bildträger) oder Bindung (bei Film, Hörfunk und Fernsehen) in der Zeit;
   - räumliche Situation (gewohnte häusliche Umgebung oder Saal oder Unabhängigkeit von einer bestimmten Umgebung);
   - soziale Situation (allein oder Intimgruppe oder Präsenzpublikum);
   - Gleichzeitigkeit der Vermittlung, „Live" (beim Hörfunk und Fernsehen) oder zeitliche Distanz, „Konserve" (beim gedruckten Wort, bei Film und Schallplatte) (vgl. *Kolb* 1974, 64).
9. Die Differenzierung von „Inhalts- und Beziehungsaspekt" gilt auch für mediale Kommunikation. Es ist unmittelbar einleuchtend, dass der Sender Informationen überbringen will. Aber die Differenz zwischen unbeabsichtigten und beabsichtigten Wirkungen ist größer. Wenn der Empfänger erfahren soll, welcher Beziehungsaspekt bewusst intendiert ist, dann muss der Kommunikator diesen ständig explizit machen. Und der Sender erfährt in der Regel nicht oder nur sehr allgemein, ob er die intendierte Beziehung auch knüpfen konnte. Beziehungsaspekte wie „Betroffenheit", „Unterhaltung", „Sachinformation", „Satire/Ironie", „Imitation", „Identifikation" fallen darunter.
10. Der situative Kontext medialer Kommunikation: räumliche Faktoren; zeitliche Faktoren; institutionelle Faktoren; personale/soziale Faktoren. In der medialen Kommunikation entstehen durch die raum-zeitliche Trennung der Kommunikationspartner zwei Systeme, die je für sich das Handeln der einzelnen Partner bestimmen. Der Empfänger rezipiert mediale Kommunikation in einem speziellen sozialen Kontext, der seine Rezeptionswilligkeit und -interessen und Reaktionen mitbeeinflusst. Situativer Kontext

Kommunikation: direkt-personal vs. medial

Um Kommunikationsprozesse genauer zu beschreiben und vor allem Unterschiede zwischen direkt-personaler und je spezifischer medialer Kommunikation herauszuarbeiten, kann man in Anleh-

W-Fragen

nung an die sogenannten *Lasswell*-Formel („Who says what in which channel to whom with what effect") einige erweiterte W-Fragen benutzen:

- *Warum?* Fragt nach Intentionen und Absichten der Kommunikationspartner, dem Kommunikationszweck.
- *Wann, wo, unter welchen Umständen?* Damit wird nach der Soziostruktur und dem räumlichen, zeitlichen, situativen Kontext einer Kommunikation gefragt. – Ein Medium vermag einen Kommunikationsprozess in zwei Situationen zu teilen: Produktion und Rezeption. Dazwischen liegt, oft mit großer zeitlicher und räumlicher Distanz, das fixierte Medienprodukt.
- *Wer?* Rolle und Typ des Senders, Kommunikators, Produzenten. – Bei Medienproduktionen ist der Kommunikator häufig ein Team. Der Rezipient wird durch seine eigene Interpretation des Medienproduktes in eine unreale Partnersituation versetzt. Die eigentlich ablaufende Kommunikation ist eine intrapersonale beim Rezipienten.
- *Worüber?* Objekt, Gegenstand der Kommunikation.
- *Was?* Inhalt, Botschaft, Kommunikat. Inhaltsvermittlung geschieht nicht nur sprachlich, sondern auch nonverbal oder durch Musik, Geräusche, Atmosphäre ...
- *Wodurch, mit welchen Mitteln?* Fragt nach Zeichen-System, Kanal, Medium. Dabei sind natürlichen Mittel und künstliche Hilfsmittel, nicht-technische und technische Medien, Zeichensystem und Kanal zu unterscheiden.
- *Wie, auf welche Weise?* Mit dieser Frage sind Form, Dramaturgie, Methode angesprochen.
- *Zu wem?* Psychostruktur des Empfängers, Kommunikanten, Rezipienten. – Auch in Massenkommunikation ist der Rezipient nicht hilfloser Empfänger. Aber er kann nicht durch spontane Rückmeldung den Sender/Kommunikator beeinflussen, sondern kann nur sein Rezeptionsverhalten ändern, z.B. durch selektive Wahrnehmung.
- *Mit welcher Wirkung?* Die Frage nach Wirkung, Effekt, Reaktion gleicht die Ziele des Kommunikators und Erwartungen des Rezipienten ab. Wirkung umfasst alles Verhalten, das aus der Zuwendung zu Aussagen direkt resultiert, aber auch spätere Folgeprozesse der Kommunikation.

Exemplarische Vergleiche: direkt personal – medial

Zur Differenzierung und zum Vergleich von direkt-personalen und spezifischen medialen Kommunikationssituationen kann folgendes Frageraster benutzt werden:

- Rolle: Beziehung der Kommunikationspartner?
- Richtung: monologisch, dialogisch
- Zeit: Gleichzeitigkeit der Kommunikationssituation?
- Raum: Räumliche Nähe oder Distanz der Kommunikationspartner?
- Sinne: Welche Sinneskanäle des Empfängers sind beteiligt?
- Kanal: Welche Übertragungs-Kanäle benutzt der Sender?
- Code: Welche Zeichenvorräte/Codes werden genutzt bzw. erwartet?
- Störung: Wo können Störungen auftreten?

Fragen zur Beschreibung medialer Kommunikation

Als Beispiel für einen solchen Vergleich soll eine kurze Skizze zu Beratung via Internet dienen. Beratung kann man definieren als problemzentrierte Interaktion zwischen Ratsuchendem und Berater mit dem Ziel der Klärung. Sie geschieht in der Regel in direkt-personaler Kommunikation. Als Basiskompetenzen des Beraters werden Empathie, Akzeptanz und Authentizität erwartet. Beratung sollte sich an der Lebenswelt des Ratsuchenden orientieren.

Beratung via Internet

Aus verschiedensten Gründen scheint in unserer Gesellschaft der Beratungsbedarf zu steigen, es fehlt aber an Geldern für entsprechende personale Angebote. Da erscheint das Internet mit seinen kommunikativen Möglichkeiten als eine Alternative; mancher sieht dort bereits neue soziale Räume entstehen.

Aber mediale Kommunikation über die Computernetze ist derzeit eingeschränkt. Als markante Unterschiede sind zu benennen:

Einschränkungen

- Computer basierte Kommunikation geschieht derzeit praktisch nur schriftlich (E-Mail, Mailinglisten, Newsgroups, Chat);
- sie geschieht fast ausschließlich verbal, Nonverbales und Paraverbales fallen weg oder müssen bewusst durch Schriftzeichen (Akronyme, Emoticons, Soundwörter, Disclaimer) ersetzt werden.
- Bis auf das Sehen sind alle anderen Sinne unbeteiligt.
- Synchrone (Chat) und asynchrone (Mail) Kommunikation sind möglich. Aber die einzelnen Kommunikationsakte vollziehen sich kaum so zeitnah wie bei direkt-personaler Kommunikation. Eine spontane Reaktion ist nur bewusst gesteuert und im synchronen Austausch möglich
- Die Kopräsenz von Sender und Empfänger ist aufgehoben. Der situative Kontext beider Seiten ist unterschiedlich.
- Anonymität und Pseudonymität sind möglich.

Was sich wie eine Liste von Nachteilen liest, hat aus anderer Perspektive auch Vorteile.

Der Ratsuchende findet mit der Internet-Beratung ein sehr niedrigschwelliges Angebot vor (vergleichbar einer Telephonberatung), wenn man einmal von Kosten und Nutzungskompetenzen absieht. Er braucht seine äußere Erscheinung und sein Gesicht nicht zu zei-

Vorteile

gen; beides kann die Ausgangssituation einer Kommunikation negativ (aber auch positiv) beeinflussen. Der Ratsuchende kann vorbereitet und durchdacht seine Fragen und Probleme vorbringen; allerdings muss er entsprechend der Schriftsprache mächtig sein. Der Berater hat in asynchroner Kommunikation ggf. Zeit, erfragte Sachinformationen einzuholen. Für Beratung ist es häufig von Vorteil, wenn die Gesprächspartner auch ihre Gefühle und tieferen Intentionen explizit versprachlichen müssen. Der Ratsuchende muss dem Berater deutlich machen, wie es ihm geht. Andererseits ist Empathie ausschließlich durch Schriftsprache schwer zu übermitteln. Internet-Kommunikation löst ggf. die Erwartung aus, dass Berater immer erreichbar sind und sofort reagieren. Das ist natürlich utopisch. Andererseits könnten spezielle Fachberatungen bundesweit vermutlich effizienter und kostengünstiger angeboten werden. Die zeitversetzte Antwort per Mail trifft u.U. den Ratsuchenden in einer ganz anderen Situation an. Der Berater muss seine Aussagen und Antworten entsprechend kontrollieren. Berater brauchen eine spezifische Kompetenz für Internetkommunikation, ähnlich wie sie ja auch bei der Telephonberatung erforderlich ist. Die mögliche Anonymität oder gar die Möglichkeit eines Pseudonyms geben dem Ratsuchenden viele Möglichkeiten (auch des Missbrauchs); andererseits muss er auch darauf vertrauen, dass beispielsweise bei einer längeren Beratung immer der gleiche Gesprächspartner antwortet.

Diese wenigen Gedanken sollten deutlich machen, dass ein differenzierter Vergleich der Kommunikationswege erst ein sinnvolles Abwägen von Vor- und Nachteilen ermöglicht.

Döring, Nicola, Sozialpsychologie des Internet. Die Bedeutung des Internet für Kommunikationsprozesse, Identitäten, soziale Beziehungen und Gruppen, Göttingen 1999

Janssen, Ludwig (Hg.), Auf der virtuellen Couch. Selbsthilfe, Beratung und Therapie im Internet, Bonn 1998

Well, Frank von, Psychologische Beratung im Internet. Vergleichende psychologische Untersuchung traditioneller Beratungsangebote mit der Internet-Beratung – unter ergänzender Berücksichtigung der „Internet-Sucht“, Bergisch-Gladbach 2000

2.7 Funktionen von Medienkommunikation und ethische Bewertung

Die Funktion und Wirkungsweise der Medien wurde für die frühe bürgerliche Gesellschaft mit einer *Kaffee-Haus-Szenerie* beschrieben. Mit diesem Modell wurde die Verbindung von politischen Entscheidungsträgern, Presse/Medien, diskutierendem Publikum und Öffentlicher Meinung dargestellt. Politiker unterbreiten Vorschläge, Parlamente diskutieren darüber, Presse/Medien vermitteln das an die breite Masse, die Bürger diskutieren darüber in Cafes, Bars und Salons, die sich aus solchen Diskussionen ergebende öffentliche Meinung soll in einem (nicht näher beschriebenen) Rückkoppelungsprozess die politischen Entscheidungsträger wieder erreichen und im Sinne eines Allgemeininteresses beeinflussen. Solche Funktionsmodelle sind im Zeitalter der Unterhaltungsdominanz jeglicher Medienangebote in den Hintergrund gerückt. Dennoch ist die Frage nach den Funktionen publizistischer Medienangebote ein wichtiger Aspekt der Medienbewertung. Folgende Funktionen, die Medien aus Sicht der Macher einnehmen sollten oder aus Sicht der Rezipienten einnehmen können, sind zu unterscheiden:

Kaffee-Haus-Modell

- Öffentlichkeit herstellen,
- politische Kritik und Kontrolle ausüben,
- Sozialisationsfunktion,
- Kultur- und Bildungsfunktion,
- Unterhaltungsfunktion,
- wirtschaftliche Funktion.

Funktionen der Medien

Die Diskussion darum, welche dieser Funktion Medien bzw. Mediensysteme eigentlich in unserer Gesellschaft und im sozialen Miteinander haben sollten bzw. real haben, gehört zu einer ethischen Bewertung. Eine wichtige aktuelle ethische Frage wäre z.B.: Wie lässt sich durch eine demokratische Medienordnung die politische Informiertheit als Basis von demokratischer Mitbestimmung gewährleisten? Medienethik fragt nach der Verantwortung aller im Medienbereich Handelnden. Sie ist eine Bereichsethik, die Normfragen ebenso wie empirische Sachverhalte des Sachbereichs berücksichtigen muss. Es geht um freiwillige Zustimmung zu Normen, Regeln, Werten, andere Mittel hat die Ethik nicht. Regulative Ideen sind etwa Wahrheit, Autonomie, Objektivität, Menschenwürde ... Aber was bedeuten sie in einem jeweils konkreten historischen und gesellschaftlichen Kontext?

Medienethik

Literatur zum Thema Medienethik

Funiok, Rüdiger/Schmälzle, Udo F./Werth, Christoph H. (Hg.), Medienethik – die Frage der Verantwortung, Bonn (Bundeszentrale für politische Bildung) 1999

Leschke, Rainer, Einführung in die Medienethik, München 2001

Zeitschrift „Forum Medienethik“, KoPäd-Verlag München

Eine Idealvorstellung sieht Medien als Instrumente sozialer Kommunikation. Sie ermöglichen bzw. erleichtern das Zeitgespräch von Individuen und Gruppen in der Gesellschaft. In einer Art „Modell“ hat das ein kirchliches Mediendokument („Communio et progressio“ 1972) dargestellt und entsprechende ethische Folgerungen benannt.

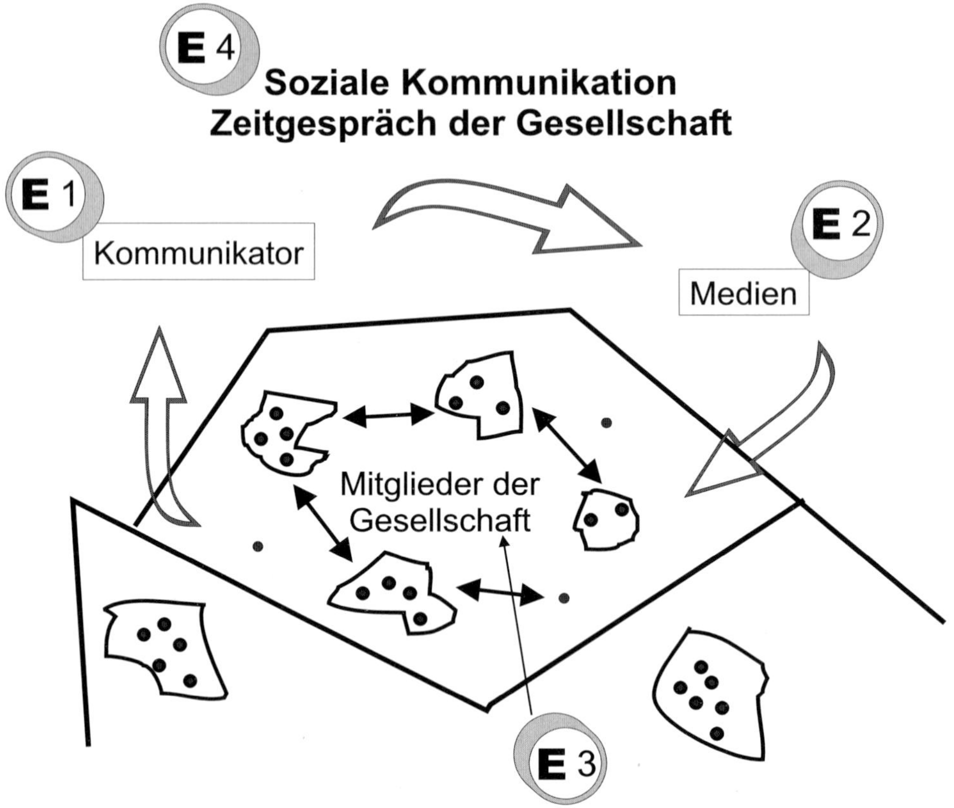

Abb. 2.13: Ethische Aspekte sozialer Kommunikation mit Medien

In medialen Kommunikationsprozessen sind diesem Funktionsmodell entsprechend vier ethische Ebenen zu unterscheiden:

E 1: Eine ethische Verantwortung der Kommunikatoren und (pädagogischen) Vermittler, die sich grundsätzlich darin ausdrückt, ob sie ihre Kommunikationspartner als Subjekte oder als anonyme Objekte betrachten.

E 2: Eine ethische Dimension von Inhalt und Form eines Medienproduktes.

E 3: Eine Ethik der Rezipienten, was sie mit ihrem Kommunikationsverhalten sich selbst und anderen gegenüber bewirken.

E 4: Eine ethische Dimension des jeweiligen Kommunikationsprozesses inclusive der ermöglichenden bzw. verhindernden Kommunikations- und Medienstrukturen (vgl. *Hoffmann* 1993).

Literaturtipps zum Thema Kommunikation

Baacke, Dieter, Kommunikation und Kompetenz. Grundlegung einer Didaktik der Kommunikation und ihrer Medien, München 3. Aufl. 1980 (1973)

Delhees, Karl H., Soziale Kommunikation. Psychologische Grundlagen für das Miteinander in der modernen Gesellschaft, Opladen 1994

Faßler, Manfred, Was ist Kommunikation?, München 1997

Flusser, Vilém, Kommunikologie, Frankfurt 1998

Satir, Virginia, Kommunikation, Selbstwert, Kongruenz, Paderborn 1990 (Kap. 6-8)

Schulz von Thun, Friedemann, Miteinander reden: Störungen und Klärungen. Psychologie der zwischenmenschlichen Kommunikation, Reinbek 1981. – Miteinander reden 2. Stile, Werte und Persönlichkeitsentwicklung, Reinbek 1989

Tannen, Deborah, Das hab' ich nicht gesagt! Kommunikationsprobleme im Alltag, Hamburg 1992

Watzlawick, Paul / Beavin, Janet H. / Jackson, Don D., Menschliche Kommunikation. Formen, Störungen, Paradoxien, Bern/Stuttgart 1969

3. Sozialgeschichtliche Aspekte von Medienkommunikation

Ob jemand etwas mit starker Gestik oder bayerischem Akzent sagt, ob er die Botschaft in Musik verpackt oder in ein Bild umsetzt, die Form verändert die Wirkung und die Botschaft an sich. Es gibt keinen Inhalt unabhängig von einer konkreten historischen Form. Die Wahl des Mediums verändert den Kommunikationsprozess. Das gilt für Individualkommunikation, aber auch für eine Sozialgeschichte der Medien, die sich vom Bild und gesprochenen Wort über die Schrift zu den vielfältigsten Formen technischer AV-Medium (visuell – auditiv – audiovisuell) entwickelt hat.

3.1 Medientheorien

Medientheorien sind Versuche, die Funktion und Entwicklung von Medien im Interaktionssystem zwischen Menschen bzw. innerhalb von Gesellschaften zu erklären. Es sind zumeist globale Erklärungen, wie Medien die Welt verändert haben und verändern. Auch *George Orwells* 1984, „big brother is watching you", ist eine in Romanform gegossene Medientheorie. Die Urform einer Medientheorie ist vielleicht Platons Höhlengleichnis. In Übertragung findet es sich in folgendem Zitat: „Die Menschen sitzen von Kindheit an in einer Wohnung. Sie blicken starr nach vorne auf eine Wand und folgen gebannt einem dort ablaufenden Schauspiel. Sie ergötzen sich an den dorthin projizierten Bildern, also an bloßen Schatten, flüchtig in ihrer Erscheinung wie ihrer Essenz nach. Und das gleiche, sagt Platon, gilt von den Tönen, die von dorther kommen. Auch sie sind Töne nur aus zweiter Hand, bloßes Echo. Die Menschen aber sind von all diesem Schein fasziniert, sie nehmen ihn für Wirklichkeit." (*Welsch* 1988, 32)

Höhlengleichnis

> 🕮 In den letzten Jahren sind einige Sammelbände über Medientheorien erschienen, die vielfach auch Quellentexte bieten:
> *Kloock, Daniela/Spahr, Angela,* Medientheorien. Eine Einführung, München 1997.
> *Pias, Claus* u.a. (Hg.), Kursbuch Medienkultur. Die maßgeblichen Theorien von Brecht bis Baudrillard, Stuttgart 1999.
> *Schöttker, Detlev* (Hg.), Von der Stimme zum Internet. Texte aus der Geschichte der Medienanalyse, Göttingen 1999.

Kategorien

Werner Faulstich (1991) hat vier Kategorien zur Systematisierung vorgeschlagen: Einzelmedientheorien; kommunikationstheoretische Medientheorien; gesellschaftskritische Medientheorien; systemtheoretische Medientheorien. Es ist nicht möglich, die Vielfalt diverser Medientheorien hier adäquat wiederzugeben. Aber einige herausragende Namen und zugehörige Stichworte sollen benannt werden.

> 🕮 *Walter Benjamin*, Das Kunstwerk im Zeitalter seiner technischen Reproduzierbarkeit, 1936 im französischen Original, 1955 deutsch; leicht gekürzt abgedruckt in: Kursbuch Medienkultur, Stuttgart 1999.

Walter Benjamin

Walter Benjamin „Das Kunstwerk im Zeitalter seiner technischen Reproduzierbarkeit" (1936) spricht vom Verlust der Aura des Einmaligen, den vor allem Kunstwerke durch die Möglichkeiten der technischen Reproduktion erleiden. „Die Reproduktionstechnik, so ließe sich allgemein formulieren, löst das Reproduzierte aus dem Bereich der Tradition ab. Indem sie die Reproduktion vervielfältigt, setzt sie an die Stelle seines einmaligen Vorkommens sein massenweises. Und indem sie der Reproduktion erlaubt, dem Aufnehmenden in seiner jeweiligen Situation entgegenzukommen, aktualisiert sie das Reproduzierte. Diese beiden Prozesse führen zu einer gewaltigen Erschütterung des Tradierten – einer Erschütterung der Tradition, die die Kehrseite der gegenwärtigen Krise und Erneuerung der Menschheit ist." (*Benjamin* 1966, 13 f.)

> 🕮 *Bertolt Brecht*, Der Rundfunk als Kommunikationsapparat, 1932; abgedruckt in: Kursbuch Medienkultur, Stuttgart 1999.

Bertolt Brecht

Bertolt Brecht hielt im Jahr 1932, ein Jahr bevor Hitlers Nationalsozialisten die Macht und den Rundfunk als Sprachrohr an sich rissen, eine Rede über die Funktion des Rundfunks: „Der Rundfunk als Kommunikationsapparat". Brecht malt die Utopie aus, den Rundfunk von einem monologischen Medium in ein dialogisches zu wandeln, das den Austausch der Menschen und gesellschaftlichen Gruppen fördert. „Der Rundfunk ist aus einem Distributionsapparat in einen Kommunikationsapparat zu verwandeln. Der Rundfunk wäre der denkbar großartigste Kommunikationsapparat des öffentlichen Lebens, ein ungeheures Kanalsystem, das heißt, er wäre es, wenn er es verstünde, nicht nur auszusenden, sondern auch zu empfangen, also den Zuhörer nicht nur zu hören, sondern auch sprechen zu machen und ihn nicht zu isolieren, sondern ihn in Beziehung zu setzen. Der Rundfunk müßte demnach aus dem Lieferantentum herausgehen und den Hörer als Lieferanten organisieren. Deshalb sind alle Bestrebungen des Rundfunks, öffentlichen Angelegenheiten auch wirklich den Charakter der Öffentlichkeit zu verleihen, absolut positiv." (*Brecht*, zit. n. Kursbuch Medienkultur 1999)

> 🕮 *Hans Magnus Enzensberger*, Baukasten zu einer Theorie der Medien, 1970; abgedruckt in: Kursbuch Medienkultur, Stuttgart 1999.

Hans Magnus Enzensberger

1970 in Zeiten des gesellschaftlichen Umbruchs veröffentlichte *Hans Magnus Enzensberger* im Kursbuch 20 seine Theorie der Medien (Zitate nach: Kursbuch Medienkultur 1999). Aus der Perspektive der „Neuen Linken" kritisiert er die Mediensysteme als „Bewußtseinsindustrie". „Eine marxistische Theorie der Medien gibt es bisher nicht. Daher fehlt es an einer brauchbaren Strategie für diesen Bereich." Die Gesellschaft hat die Aufgabe zur Medienkritik und -gestaltung und darf sie nicht ökonomischen Interessen überlassen. Den generellen Manipulationsvorwurf der „Neuen Linken" gegen die Medien übernimmt Enzensberger, aber nicht deren moralische Empörung und Resignation; ebenso verwirft er Schreckensbilder wie „Orwells 1984" als unrealistisch.. „Ein revolutionärer Entwurf muss nicht die Manipulateure zum Verschwinden bringen, er hat im Gegenteil einen jeden zum Manipulateur zu machen." Ähnlich wie *Brecht* will *Enzensberger* die Einseitigkeit der Medienkommunikation aufheben. „Zum ersten Mal in der Geschichte machen die Medien die massenhafte Teilnahme an einem gesellschaftlichen und vergesellschafteten produktiven Prozeß möglich, dessen praktische Mittel sich in der Hand der Massen selbst befinden. Ein solcher Gebrauch brächte die Kommunikationsmedien, die diesen Namen bisher zu Unrecht tragen, zu sich selbst. (...) die elektronische Technik kennt keinen prinzipiellen Gegensatz von Sender und Empfänger. Jedes Transistorradio ist, von seinem Bauprinzip her, zugleich auch ein potentieller Sender; es kann durch Rückkopplung auf andere Empfänger einwirken. Die Entwicklung vom bloßen Distributions- zum Kommunikationsmedium ist kein technisches Problem. Sie wird bewußt verhindert, aus guten, schlechten politischen Gründen. Die technische Differenzierung von Sender und Empfänger spiegelt die gesellschaftliche Arbeitsteilung zwischen Konsumenten und Produzenten wider, die in der Bewusstseins-Industrie eine besondere politische Zuspitzung erfährt. Sie beruht letzten Endes auf dem Grundwiderspruch zwischen herrschenden und beherrschten Klassen." Konsequenterweise kann eine entsprechende Medienordnung, die allen den Zugang zu den Massenmedien ermöglicht, nur eine sozialistische Gesellschaftsordnung sein.

Enzensberger fasst abschließend seinen „Baukasten“ in gegensätzlichen Schlagworten zusammen:

„Repressiver Mediengebrauch	**Emanzipatorischer Mediengebrauch**
Zentral gesteuertes Programm	Dezentralisierte Programme
Ein Sender, viele Empfänger	Jeder Empfänger ein potentieller Sender
Immobilisierung isolierter Individuen	Mobilisierung der Massen
Passive Konsumentenhaltung	Interaktion der Teilnehmer, *feedback*
Entpolitisierungsprozeß	Politischer Lernprozeß
Produktion durch Spezialisten	Kollektive Produktion
Kontrolle durch Eigentümer oder Bürokraten	Gesellschaftliche Kontrolle durch Selbstorganisation“

📖 *Marshall McLuhan*, The Gutenberg Galaxis, 1962, deutsch 1968; Understanding Media, 1964, deutsch „Die magischen Kanäle“ 1968; „the Medium ist the Massage“ 1967, deutsch „Das Medium ist Massage“ 1969

Marshall McLuhan

Marshall McLuhan, kanadischer Medientheoretiker (1911-1980), verfasste zahlreiche Bücher, die sich mit den Medien beschäftigten. Seine Theorie ist unter dem Buchtitel „the medium is the message“ (massage) populär geworden. Das Medium ist für ihn nicht nur Transportmittel, Instrument, sondern die Botschaft selbst bzw. die Matrix aller Botschaften, die durch das Medium überhaupt transportiert werden können. Medien sind Erweiterungen des menschlichen Körpers (seiner Sinne), Werkzeuge, die die Möglichkeiten des einzelnen Menschen erweitern und seine sozialen Bezüge bestimmen. Der einzelne Mensch wird durch die verfügbaren Medien in seiner Art zu denken und zu handeln geprägt. Gesellschaftsformen werden durch die verfügbaren Kommunikationsmedien bestimmt. In einer rein mündlichen Kultur reicht der Horizont des einzelnen Menschen nur soweit, wie seine kommunikativen Kontakte. Die Welt ist ein für den einzelnen sehr begrenztes System. Die Erfindung des phonetischen Alphabets beförderte uns aus der unmittelbaren, durch das Gehör geprägten Welt der Stammeskulturen in eine visuell-distanzierte, wissenschaftliche Abstraktionswelt. Etwa zweitausend Jahre später schuf Johannes Gutenberg mit dem Buchdruck ein erstes Massenmedium. Schrift, Druck und weitere Kommunikationsmedien haben die Welt auseinandergerückt. Wiederum 500 Jahre später wird Elektrizität mit nahezu Lichtgeschwindigkeit zur Informationsübertragung eingesetzt. Die Weltzivilisation ist wieder zusammengerückt, befindet sich wieder im „Weltdorf", wo jeder prinzipiell alles erfahren und sich überallhin mitteilen kann, wo alle mit allen zusammenhängen.

McLuhan beendet sein Buch „Das Medium ist Massage" mit folgendem ironischen Zitat: „Sieh mal, Vati, Professor McLuhan sagt, daß die Umwelt, die der Mensch sich schafft, zu seinem Medium wird, in dem er seine Rolle definiert. Die Erfindung des Buchdrucks schuf das lineare oder folgernde Denken, wobei das Denken sich vom Handeln löste. Heute, mit dem Fernsehen und Folk-Singing, kommen sich Denken und Handeln wieder näher, und das gesellschaftliche Engagement wird größer. Wir leben wieder in einem Dorf. Klar?" *(McLuhan/Fiore* 1969, 157)

Paul Virilio, Geschwindigkeit und Politik. Ein Essay zur Dromologie, Berlin 1980; Ästhetik des Verschwindens, Berlin 1986; Der Medienkomplex. In: Die Eroberung des Körpers, Frankfurt 1997

Paul Virilio

Eine knapp umrissene Medientheorie hat Paul Virilio, 1932 in Paris geboren, nicht verfasst. Vielmehr finden sich seine Positionen zu Medien durchgängig in verschiedenen Werken. Ein Kernproblem benennt er mit dem Stichwort „Geschwindigkeit", deren rasante Zunahme er als Motor der Entwicklung von Transport- und Nachrichtenmedien sieht. Seine Theorie bezeichnet Virilio selbst als „Dromologie". Auch politische und geschichtliche Ereignisse interpretiert er als Erscheinungsformen der Geschwindigkeit. Nicht der einfache Unterschied von Ruhe und Bewegung, von Langsamkeit und Geschwindigkeit, ist das „Wesen" der Entwicklung, sondern die blinde Beschleunigung der Beschleunigung, die ihren Wettlauf (Dromos) mit sich selbst nicht beherrsche und bedenke. Dieser Wettlauf hat als immanentes absolutes und gewalttätiges Ziel die Lichtgeschwindigkeit elektronischer Bild- und Waffensysteme. Die Zeit des Menschen ist nicht mehr die einzig relevante. Die mit den digitalen Medien entstandene menschenunmögliche Zeitauflösung von Nanosekunden ist eine im strategischen Sinne „entscheidende" Zeit. Mit dem „Krieg der Sterne", also den lichtschnellen und zugleich virtuellen Waffensystemen, sei der Mensch mit seiner Leiblichkeit in ein Abseits geraten. „Dromologie ist wesentlich Theorie der Medien, weil jedem Medium eine bestimmte Geschwindigkeit immanent ist, bzw. weil jedes Medium eine bestimmte Wahrnehmung von Geschwindigkeit produziert." (*Kloock/Spahr* 1997, 134)

Wahrnehmung ist kulturspezifisch gelernt. Durch Beschleunigung der Wahrnehmung verändert sich diese, im Prozess der „Ästhetik des Verschwindens“ verlieren wir Bewusstsein. Durch das Tempo der übertragenen Daten wird unser Raum-Zeit-Gefühl außer Kraft gesetzt. Als ein Beispiel nennt *Virilio* die Fotografie; mit ihr hat „Die Wahrnehmung der Erscheinung aufgehört eine geistige Annäherung und ein körperlicher Ausdruck zu sein“ (*Kloock/Spahr* 1997, 140). Fotografie ermöglicht durch ihre Geschwindigkeit, Bewegungen detailgetreu und genau festzuhalten, und ist damit dem menschlichen Auge überlegen. Das Drücken des Auslöser friert die Zeit auf einen Fixpunkt ein und löst zugleich den fotografierten Gegenstand von seiner Existenz in Raum und Zeit. Zur richtigen Wahrnehmung eines Gegenstands oder Phänomens durch den Menschen bedarf es aber eines Bewegungsimpulses eines Objektes auf das Auge. *Virilio* führt seine Argumentation weiter über die Veränderung der Wahrnehmung durch den Film, die Perfektion der technischen Wahrnehmungsapparate in der Kriegtechnik bis hin zum Begriff der „Echtzeit“ in den aktuellen Medienentwicklungen.

Der Mensch braucht Prothesen, um sich den immer höheren Geschwindigkeiten anzupassen. Die Revolution des Transportwesens im 19. Jahrhundert zielt über die lichtgeschwinden Übertragungsmedien des 20. Jahrhunderts auf die Transplantationstechniken der Zukunft; Einpflanzungen von Mikrochips in den menschlichen Körper werden unser Bewusstsein revolutionieren.

Die Medientheorie von *Paul Virilio* ist sehr differenziert; sie kreist in vielen Detailargumenten um seine Kerngedanken. Wer sie genauer bedenken und diskutieren will, kommt um die Lektüre der Originaltexte nicht herum.

> 🕮 *Neil Postman,* Das Verschwinden der Kindheit, englisch 1982, deutsch Frankfurt 1983; Wir amüsieren uns zu Tode, Frankfurt 1985.

Neil Postman

In den letzten Jahrzehnten sind in medienpädagogischen Kreisen die Medientheorien von *Neil Postman* populär geworden. Er bezeichnet seinen Ansatz selbst als „Medienökologie“, weil Medien die öffentliche Kommunikation und die sie umgebenden Landschaften bestimmen. Will man eine Kultur untersuchen, muss man sich mit den Werkzeugen ihres kommunikativen Austausches beschäftigen. Medien sind für *Postman* sowohl *Vermittler*, Behälter, Vehikel, Werkzeug, Verpackung (= physikalischer Medienbegriff; Transport) wie auch *(Ersatz-)Sprachen,* die einen Inhalt auf bestimmte Art und Weise übersetzen und somit bestimmte Möglichkeiten des Denkens und Fühlens zulassen oder eben nicht (= grammatikalischer Medienbegriff; Übersetzung/Code).

Medien prägen Kultur und soziale Milieus. Der Mensch ist nicht denkbar ohne Medien, mit denen er seine Erfahrungen macht und ihnen Ausdruck verleiht. Erstes Medium ist in diesem Sinn die Sprache: Spezifische Sprachen bringen jeweils einmalige Arten der Wahrnehmung von Realität hervor. Mit Hilfe einer Sprache werden Dinge kulturell sichtbar gemacht oder verborgen (vgl. als Beispiel die Diskussion um männliche/weibliche Sprachformen). „Unsere Sprachen sind unsere Medien. Unsere Medien sind unsere Metaphern. Unsere Metaphern schaffen den Inhalt unserer Kultur." (*Postman* 1985, 25)

„Medien sind also niemals neutral, in ihrer materiellen *Form* sind ganz bestimmte Nutzungs- und Deutungsmöglichkeiten angelegt. Das bedeutet jedoch nicht, daß die Art ihrer Nutzung ein für allemal feststünde oder daß es keine Mitsprache gäbe, stets werden sie auch durch das soziale, politische und ökonomische System bestimmt, in das man sie einführt (...). Dieser Aspekt bleibt allerdings in den Ausführungen Postmans marginal." (*Kloock/Spahr* 1997, 102)

Wollte *McLuhan* den Einfluss einzelner Medien auf die Sinnesorganisation verdeutlichen, wie Medien über die Sinne das Bewusstsein verändern, wie die Einzelsinne dabei zusammenspielen, so interessiert *Postman* sich mehr für den Einfluss der Medien auf bestimmte Bereiche des sozialen Lebens. In ähnliche Richtung geht sein Doktorand *Joshua Meyrowitz*: das Fernsehen schaffe eine „bühnenartige" Informationsumwelt, bewirkt so eine Veränderung des „Orts-Sinns" bzw. letztlich dessen Auslöschung. Für eine Gesellschaftsanalyse sind soziologische Kategorien wie Sozialisation, Gruppenzugehörigkeit, Geschlechterverhältnis, Wissenshierarchien unzureichend, wenn sie nicht die kulturbestimmenden Medien mit berücksichtigen.

Joshua Meyrowitz

📖 *Joshua Meyrowitz,* Die Fernsehgesellschaft. Wirklichkeit und Identität im Medienzeitalter, englisch 1985, deutsch Weinheim 1987

Postmans Medientheorie wird an anderen Stellen dieses Buches genauer aufgegriffen, bei der Erläuterung der Folgen des Buchdrucks und bei den Diskussionen um die Wirkung des Fernsehens (vgl. Kapitel 3.3 und 7.1).

Alle Medientheorien machen deutlich, dass Medien ein (mit-) bestimmender Faktor für gesellschaftliche Strukturen und für die

Personalisation und Sozialisation des Einzelnen sind. Die Art der Medien und die Strukturen der Mediensysteme bilden einen Rahmen für unsere Freiheiten und Handlungsmöglichkeiten. Wenn das Grundgesetz der Bundesrepublik Deutschland im Art. 5 als Grundrecht die Freiheit zur Kommunikation festschreibt, dann ist dies nicht nur für direkt-personale, sondern auch für jede Art medialer Kommunikation zu reklamieren. Und Medienstrukturen müssen so gestaltet werden, dass sie dieses Grundrecht ermöglichen und sichern.

Medienstrukturen als Rahmen von Freiheit

Gesellschaften werden nicht nur durch Kommunikation zusammengehalten, sie bestehen in gewissem Sinn aus Kommunikation. Medien entfalten soziale Kommunikation. Der Zustand einer Gesellschaft muss in enger Abhängigkeit von den zur Verfügung stehenden Medien der Kommunikation gesehen werden. Der Zugang zu und die Leistungsfähigkeit von Medien der Kommunikation bestimmen den Status einer Gesellschaft und deren Machtverhältnisse entscheidend mit. Neuere Medien entwerten ältere in der Regel nicht; sie differenzieren und steigern Kommunikation, verändern ihre Formen und weisen älteren Medien andere funktionale Gewichtungen zu. Veränderungen innerhalb der Kommunikationstechnik haben verschiedene Wirkungsbereiche. *Neil Postman* (1983) unterscheidet drei Wirkungsbereiche, wie sie die folgende Grafik darstellt:

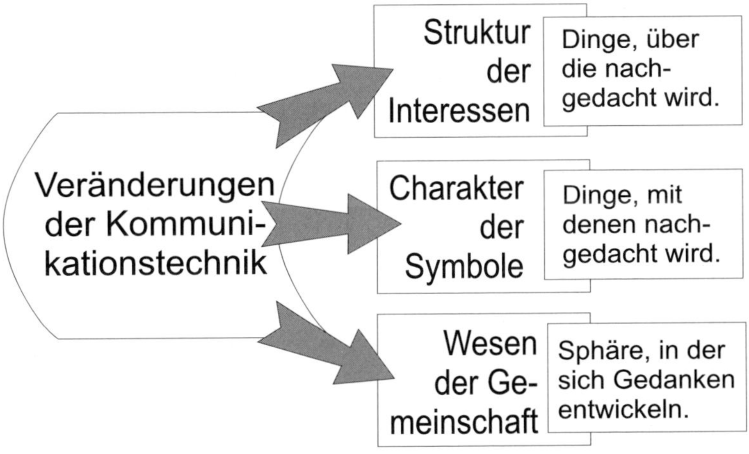

Abb. 3.1: Wirkungsbereiche von Kommunikationstechnik

Sozialgeschichte der Medien, das ist nicht einfach Mediengeschichte, sondern eine bestimmte Fragestellung: Was bedeutete solche Innovation? Welche sozialen Folgen hatte sie? Das Verhältnis von Technik und ihrer Nutzung, ihren Auswirkungen ist also von Interesse, nicht Faktengeschichte von Personen oder Sachen, sondern Entwicklung bzw. Erfindung von Medien in ihrer Bedeutung für gesellschaftlichen Wandel, in ihrer sozialen Bedeutung für menschliches Miteinander. Historische Reflexion kann und sollte aktuelle Auswirkungen haben. Wir befinden uns beispielsweise mitten in der Phase der Computerisierung; Entwicklungsprognosen und Folgenabschätzung sind schwer, trotzdem wichtig; deshalb muss man versuchen, Modelle und Parallelen aus der historischen Entwicklung zu gewinnen.

Medien und Menschheitsgeschichte

Die Geschichte der Massenmedien ist in der Menschheitsgeschichte eine relativ kurze Zeit. Vom Entstehen der Sprache bis zur Erfindung der Schrift vergingen 50 Millionen Jahre, bis zum Buchdruck dauerte es weitere 5000 Jahre. Vom Druck bis zum Rundfunk vergingen etwa 500 Jahre und nur 15 Jahre später wurde das Fernsehen erfunden.

Zeittafel Kommunikationstechnik

ca. 3000 v. Chr. Papyrus als Schreibstoff (Ägypten); Tontafel und Rohrgriffel (Sumer); 255 v.Chr. Erfindung des Pergaments

105	Erfindung des Papiers
1450	Druck mit beweglichen Lettern (Gutenberg)
1663	Laterna magica (Bildwerfer)
1714	Schreibmaschine (Mill/Saunderson)
1725	Typengießmaschine (Johnson)
1809	Telegraph
1822	Photographie (Niepce/Daguerre)
1837	Schreibtelegraph (S. Morse)
1846	Rotationsmaschine
1861	Erfindung des Telephons (J. Ph. Reis)
1876	Telephon als Patent (A. G. Bell)
1877	Phonograph (Th. A. Edison)
1895	Kinofilm (Lumiere)
1897	Drahtlose Telegraphie (Marconi)
1920	Einführung des Fernschreibers
1922	Anfänge des Tonfilms
1923	Beginn des Hörfunks
1928	Tonband
1933	Volksempfänger
1935	S/W-Fernsehen
1936	Erste Farbfilme in der Fotografie
1941	Digitalrechner (Zuse)

1949	Einführung des UKW-Rundfunks
1957	Satellitenkommunikation (Sputnik)
1967	Farbfernsehen (PAL)
1977	Video-/Bildschirmtext
1978	Videorekorder
1980	CD – Compact-Disc; ARD und ZDF starten Videotext Ausstrahlung
1983	Bildschirmtext
1984	Privatwirtschaftlicher Rundfunk in Deutschland; Kabel-, Satelliten-TV
1987	Einführung der Glasfasernetze
1989	ISDN – diensteintegrierendes digitales Vermittlungsnetz
1990	Siegeszug des Heim-PC beginnt (Dos/Windows 90% Marktanteil)
1991	Sendestart des Bezahlfernsehens Premiere in Deutschland
1992	Der Virus „Michelangelo" verunsichert PC-Besitzer in aller Welt Digitales Mobilfunknetz D-Netz Mini-Disc (Sony)
1993	Start des Internet
1994	Foto-CD. – Mehrfach bespielbare CD (Philips)
1995	Erste Präsentation von digitalem Fernsehen und Decodern auf der Funkausstellung DVD (Digital Video Disc, Digital Versatile Disc)
1996	Digitale Fotoapparate und Videokameras. – „Toy Story" als erster voll digitaler Spielfilm
1999	DSL als schneller Internetzugang

3.2 Von der Sprache über die Schrift zum Buchdruck

Sprache als Medium

Der Mensch kann sich mit Hilfe von Symbolsystemen über das, was er gelernt hat, verständigen, kann Erfahrungen speichern und weitergeben. Als materielle Zeichenträger dienen Medien. Das wichtigste dieser Medien ist die Sprache. Sie ist für uns so selbstverständlich, dass wir sie eigentlich nicht mehr als „Medium" von Kommunikation wahrnehmen. Ihr medialer Charakter wird deutlich, wenn Sprache als Mittel der Kommunikation wegfällt, etwa im Ausland oder bei stummen bzw. sprachgestörten Menschen. In der Evolution differenzierte die Sprache den Menschen vom Tier: analoge Kommunikationsformen wurden digitalisiert, abstrahiert, werden zu Zeichen mit beliebig wählbarer Bedeutung. Ein Beispiel: nicht mehr Schwanzwedeln, nicht mehr Kreischen, wildes Gestikulieren o.ä., sondern die Worte: „Ich bin wahnsinnig aufgeregt."

Sprache als Kommunikationsmedium ohne weitere technische Hilfsmittel setzt räumliche und zeitliche Nähe voraus. Sprache ist mit Lebenszusammenhängen fast unlösbar verwoben; sie ist kaum künstlich konstruierbar, das belegen die sehr wenig erfolgreichen Versuche mit der „Weltsprache" Esperanto. Wir haben keine Schwierigkeiten, Sprache als positive evolutionäre Errungenschaft zu werten. Lange Zeit kamen Menschen in ihren Sozialbeziehungen mit dem gesprochenen Wort aus. In einer solchen oralen Kultur hatten die Alten eine Sonderstellung als Bewahrer des Wissens; wo man Wissen speichern kann, ist das nicht mehr nötig. Alle weiteren Medien beruhen auf dieser Grundlage, weil unser Denken sprachlich überformt ist. Alle diese Medien sind „unnatürlich", Produkte einer zweiten, der kulturellen Evolution: Bilder-, Knoten-, Keil- und Buchstabenschriften, abstrakte Codes wie Noten, Ziffern und andere Symbole und visuelle Medien aller Art.

Geschichte der Schrift

Die Geschichte der Schrift begann mit Bildern. Durch Höhlenbilder und Felsmalereien drückte der Mensch seine Hoffnungen, Wünsche und Ängste aus, lange bevor er schreiben konnte. Aus bildhaften Zeichnungen entwickelten sich die ältesten bekannten Schriftsysteme in Mesopotamien, Ägypten und China. Die Anfänge der Schrift sind um 3100 v. Chr. in Mesopotamien zu datieren: die Keilschrift als ältestes bekanntes Schriftsystem der Welt. Parallel dazu entwickelten sich die ersten größeren Städte der frühen Hochkulturen. Im kulturellen Umfeld solcher Städte für die Verwaltung benutzt war die Schrift zunächst eine reine Buchhalterschrift und keine Darstellung der gesprochenen Sprache. Im Verlauf des 3. Jahrtausends v. Chr. wird die Schrift zu einer Darstellung der gesprochenen Sprache. Eine vom Verwaltungswesen unabhängige Schreiberkultur entsteht. Erstmals treten neben alltäglichen Texten wie Briefen und Verträgen rein literarische Texte auf. Auch 1000 Jahre nach Erfindung der Schrift blieb aber die Buchhaltung deren Hauptanwendung.

Entgrenzung von Raum und Zeit

Flüchtige, informelle Kommunikation lässt sich durch Verschriftlichung formalisieren, festhalten, quasi verobjektivieren. Schrift ermöglicht die Fixierung verbürgter Informationsangebote für viele, einander unbekannte Kommunikanten, unabhängig von übertragenden oder übermittelnden Personen. Die Kommunikation wird potentiell vom raum-zeitlichen Kontext gelöst, wird unabhängig von Zeit, Ort und Person. Geschichtsschreibung ist in wesentlichen Teilen an schriftliche Aufzeichnungen gebunden. Gesellschaften über den Rahmen personaler Erreichbarkeit hinaus wurden möglich, zumindest vereinfacht. Schrift stabilisiert Gesellschaften bzw. deren Macht- und Einflussstrukturen, weil sie z.B. quasi verobjektivierte

Information ermöglicht (Normen, Gesetze ...). Durch Verschriftlichung wird gesprochene Sprache standardisiert. Schrift verstärkt kulturelle Identität, hat aber auch sozial differenzierende Wirkung: nicht Schriftkundige werden deklassiert.

Im Mittelalter war die Schriftkultur hoch entwickelt. Lese- und Schreibkenntnisse aber waren wenig verbreitet und oft Priestern und Mönchen vorbehalten. Erst seit dem 13. Jhd. verbreiteten sich Lese- und Schreibkenntnisse auch unter der einfachen Bevölkerung.

Auch die Erfindung der Schrift wurde – wie später andere Medien, heute gelegentlich der Computer – pädagogisch verurteilt. Platon erzählt im „Phaidros" den „Mythos von Theuth". Der Gott Theuth preist dem ägyptischen König Thamus die von ihm erfundenen Buchstaben an. Aber es werden Bedenken erhoben: Die Schrift werde dem Erinnerungsvermögen schaden (bloßes Erinnern) und eine falsche Art von Weisheit hervorbringen (nur den Schein davon, bloßes Bescheidwissen). Aber ist die Schrift für die Gesellschaft nur eine Bürde, sonst nichts? Thamus konnte sich die Vorteile der Schrift nicht vorstellen.

Pädagogische Skepsis gegenüber der Schrift

Jede Technik bringt Vor- und Nachteile. *Neil Postman* behauptet, Technik (auch die Schrift) sei niemals neutral in dem Sinn, dass Nutzen und Nachteil allein davon abhingen, wie man sie gebraucht. Die Art und Weise des Gebrauchs sei durch die Strukturen der Technik bestimmt, die Funktion ergebe sich aus der Form. „Sobald man einer Technik den Zugang gewährt, spielt sie alles aus, was sie bei sich hat; sie tut, wozu sie bestimmt ist. (...) Nutzen und Nachteile einer neuen Technologie sind nicht gleichmäßig verteilt." (*Postman* 1992, 15/17). Diese Position *Postmans* ist eine fatalistische Sicht gegenüber der Technik und zeigt wenig Zutrauen in die Mündigkeit des Menschen (vgl. dazu auch die Gegenposition von *Merkert* 1992, 8 f.)

Technik ist niemals neutral

> 🕮 *Salberg-Steinhardt, Barbara,* Die Schrift: Geschichte, Gestaltung, Anwendung, Köln 5. Aufl. 1991 (1983)
> *Kickenburg, Martin,* Die Entstehung von Sprache und Schrift. Ein kulturgeschichtlicher Überblick, Köln 1989

Buch- und Zeitungsdruck

Um die Mitte des 15. Jahrhunderts geschah eine Revolution der Informationstechnik. Die Erfindung des Buchdrucks mit beweglichen Lettern durch *Johannes Gutenberg* (um 1397-1468) kennzeichnet den Beginn der Massenkommunikation im Sinn der Definition: Massenmedien als Form der Kommunikation, bei der Aussage öffentlich durch technische Verbreitungsmittel indirekt und einseitig an ein disperses Publikum vermittelt werden (vgl. Kap. 1). Natürlich ging das nicht von heute auf morgen. *Gutenbergs* Erfindung lag quasi in der Luft; sie wurde zeitgleich an verschiedenen Stellen der Welt entwickelt. Die revolutionäre Erfindung bestand vor allem darin, dass eine Möglichkeit gefunden war, in einer vorgefertigten Gießform beliebig viele Einzelbuchstaben zu gießen. Diese Einzellettern konnten dann in Zeilen zu einer ganzen Druckseite zusammengesetzt werden und waren nach dem Druck der Seite wiederverwendbar. Vorher war zwar auch der Druck einer Textseite möglich, aber man musste sie beispielsweise mühsam als ganze in einen Holzblock schnitzen; und mit diesem geschnitzten Block konnte man dann nur diese Seite drucken, Weiterverwendung war nicht möglich. Erstmals konnten Texte nun unverändert und in großen Mengen vervielfältigt werden.

Buchdruck mit beweglichen Lettern

„Was hat die Erfindung des Johannes Gutenberg mit der heutigen Computertechnologie zu tun?" Diese und andere Fragen beantwortet eine vielfältige und bilderreiche CD-Rom: Schnittstelle Gutenberg. Der Mann des Millenniums – Eine interaktive Entdeckungsreise durch 1000 Jahre Medienkommunikation, hg. v. Gutenberg-Museum, Mainz 2000.

Die Drucktechnik verbreitete sich für die damalige Zeit rasch. Sie hatte bereits rund 50 Jahre nach ihrer Erfindung die Buchherstellung von Hand fast völlig verdrängt. Von der Erfindung des Buchdrucks 1452 bis zum Beginn des Industriezeitalters änderten sich die Techniken des Schreibens und Druckens kaum. In starkem Maße änderten sich jedoch die sozialen Bedingungen des Lesens und Schreibens. Längst war Schreiben außerhalb der Klöster verbreitet. Bürgerliche Schreibmeister lehrten das Abfassen inhaltlich und optisch ansprechender Schriftstücke. Überall in Europa gründete man Druckereien und langsam wurden Bücher auch für Bürger erschwinglich. Eine bürgerliche Lese- und Schreibkultur entstand. Mit der zunehmenden Verbreitung der Schreibfähigkeit entwickelten sich neue Schreib- und Druckschriften. Schreiben und Lesen aber wollen gelernt sein. In Deutschland wurde im frühen 18. Jahrhundert die allgemeine Schulpflicht eingeführt. Seitdem konnte ein großer Teil der Bevölkerung Schrift in einem breiten Umfang nutzen, d.h. Bildung erwerben, behördliche Verordnungen und Anweisungen lesen, qualifiziertere Tätigkeiten verrichten, ideologisch indoktriniert werden, sich aber auch politisch informieren.

Soziale Bedingungen des Lesens und Schreibens

✓ Einen hervorragenden anschaulichen Einblick in Vorgeschichte und die Geschichte des Buchdrucks bietet das Gutenberg-Museum in Mainz, direkt am Markt- und Domplatz gelegen. Angegliedert ist diesem Museum eine museumspädagogische Werkstatt, in der verschiedene Formen alter Drucktechniken probiert werden können. Informationen: www.gutenberg.de
Einen Abriss der frühen Mediengeschichte bietet anschaulich auch das Heinz-Nixdorf-Museumsforum in Paderborn. Informationen: www.hnf.de

Mit dem Beginn des Industriezeitalters wurden Lesen und Schreiben immer wichtiger. Bürokratie, Handel und Produktion erforderten einen ständig wachsenden Schriftverkehr. Immer mehr Menschen nutzten Schrift im Beruf und im Privatleben. Lesezirkel, Leihbüchereien, Zeitungen, Zeitschriften, preiswerte Bücher ermöglichten weiten Teilen der Bevölkerung Bildung, Unterhaltung und politische Betätigung. Voraussetzung dafür war aber auch die Beschleunigung der Arbeitsvorgänge in der Papier-, Buch- und Zeitungsherstellung. Bis zum Ende des 19. Jahrhunderts ist auch für große Textmengen der Handsatz das übliche Verfahren geblieben. Die große Wende gelang 1883/84 *Ottmar Mergenthaler:* seine „Linotype"- Zeilensetz- und Gießmaschine vereinigte Setz- und Gießvorgang in einer Maschine und revolutionierte den Druckvorgang. Erst in der zweiten Hälfte des 20. Jahrhunderts geschahen neue dramatische Veränderungen: der Fotosatz, bei dem Buchstaben optisch auf lichtempfindliches Material gesetzt werden. Dieses neue Verfahren veränderte das Berufsfeld der Setzer. Heute hat sich auch im Druckwesen weitgehend die Computertechnik durchgesetzt.

Entwicklung der Drucktechnik

Für uns sind Druckmedien heute selbstverständlich; wir können eine Vielzahl angebotener Bücher frei kaufen, ebenso Zeitungen, Zeitschriften, Illustrierten. Wir machen uns inzwischen unsern Buchdruck sogar selber: durch immer perfektere Schreibmaschinen bis hin zum Computer-Textverarbeitungsprogramm und Desktop-Publishing, d.h. der Möglichkeit, kompliziertes Seiten-Layout einschließlich Bildern selbst am Heimcomputer herzustellen, perfekteste Fotokopiermöglichkeiten eingeschlossen. Das papierlose Büro wäre technisch möglich, ebenso die elektronische Morgenzeitung auf dem Bildschirm am Frühstückstisch; aber beides wird derzeit von den meisten Menschen nicht akzeptiert.

Zeitung

Eine interessantes Produkt des Drucks ist die Zeitung. Das Wort taucht im 14. Jahrhundert auf und meint „Zeitneuigkeit". Anfang des 17. Jahrhunderts, also gut 150 Jahre nach *Gutenberg*, gab es erste regelmäßige Zeitungen; sie hatten sich bald in allen größeren Städten Europas etabliert (Kaufmannsbriefe; Fugger-Zeitung). Anfang des 18. Jahrhunderts betrug ihre Auflage aber erst 300-400 Stück, in der 2. Hälfte des 18. Jahrhunderts wird sie auf 500-700 Stück geschätzt, war also noch keine Massenpresse in unserem Sinn; die Bildzeitung hat heute etwa 4,2 Millionen Tagesauflage, die FAZ etwa 400.000. Von kommunikationspolitischer Bedeutung war auch die Schaffung einer kaiserlichen Reichspost im 16. Jahrhundert. Die staatliche Kontrolle des Postwesens machte dieses seitdem zu einem Einfallstor für kommunikationspolitisches Handeln der jeweiligen politischen Machthaber.

Postwesen

> Der Geschichte der Post und der damit verbundenen Kommunikationstransporte werden von vier Museen in Deutschland präsentiert. „Die Museumsstiftung Post und Telekommunikation wurde 1995 im Zuge der bundesdeutschen Postreform gegründet. Sie führt je ein Museum für Kommunikation in Berlin, Frankfurt, Hamburg und Nürnberg sowie das Archiv für Philatelie in Bonn. (...) Zweck der Stiftung ist die Sammlung, Erschließung und Darstellung der gesamten Entwicklung der Nachrichtenübermittlung in den Bereichen Post und Telekommunikation." (www.museumsstiftung.de)

Es ist eine neue Ära, die mit *Gutenberg* begann; die Zeit war reif für die Erfindung des Buchdrucks, Ähnliches wurde an verschiedenen Stellen der Welt entdeckt. Buchdruck und Zeitung förderten in Deutschland die Ausprägung einer einheitlichen Sprache, Hochdeutsch ist eine Folge der Schriftsprache. Lesen und Schreiben wurden bald flächendeckend gelernt; dadurch entstand eine Nachfrage nach gedruckten Medienangeboten. Die Entstehung des Massenmediums Druck dürfte als „soziale Wirkung" einen nicht unbedeutenden Einfluss darauf gehabt hat, dass sich die Gesellschaft im darauffolgenden Jahrhundert von einer ständisch geordneten zu einer funktional differenzierten gewandelt hat.

Soziale Folgen des Buchdrucks

Der Buchdruck mit beweglichen Lettern ist wohl das markanteste Signal zum Ende des Mittelalters. Einige soziale Folgen seien wenigstens angedeutet: das Privileg des Lesens und Schreibens, bislang wenigen Menschen eher aus der herrschenden Schicht vorbehalten, wird nach und nach aufgebrochen. Bücher werden bezahlbar. Der Mensch kann sich selbst schriftlich ausdrücken. Zeitliche und räumliche Distanzen können überwunden werden. Man ist nicht mehr angewiesen auf das subjektive Transportmittel „Mensch", sondern es kommt die scheinbar objektive Dimension des schriftlich Fixierten hinzu; die schriftlich fixierten Äußerungen werden kontrollierbar. Zugleich erhöht sich auch die Verbreitung bis hin zur Massenwirksamkeit. Ein bestehendes Bildungs- und Informationsmonopol wurde aufgebrochen.

Natürlich vollzog sich das alles nicht in wenigen Jahren oder Jahrzehnten nach *Gutenberg*. Aber der Anfangsimpuls war gesetzt. Die Technologie, für die es ein offensichtliches gesellschaftliches Bedürfnis gab (Aufleben der Wissenschaften, Wiederentdeckungen antiker Weisheiten, Zunahme des Handels, der über Grenzen hinweggehenden wirtschaftlichen und kulturellen Verflechtungen, Bedürfnis nach Informationen ...), ermöglicht den gesellschaftlichen und den sozialen Aufbruch.

Die mit dem Buchdruck geschaffene Möglichkeit einer schnellen und massenhaften Vervielfältigung von Druckwerken brachte neue Formen und Mittel obrigkeitlicher Kontrolle von Kommunikation mit sich, insbesondere die Zensur als Maßnahme zur Prüfung von Schriften schon *vor* der Drucklegung (Vorzensur) oder *nachträglich* bei bereits gedruckten und im Handel zugänglichen Schriften (Nachzensur).

Zensur

> 🕮 *Faßler, Manfred/Halbach, Wulf* (Hg.), Geschichte der Medien, München 1998.
> *Hiebel, Hans H.*, Kleine Medienchronik. Von den ersten Schriftzeichen zum Mikrochip, München 1997.

3.3 Folgen des Buchdrucks

„Ein neues Medium beeinträchtigt wertvolle Fähigkeiten des Menschen. Weil der Mensch, nachdem es die Buchstaben gibt, nicht mehr sein Gedächtnis fordert und übt, verkümmert dieses. Mit dem Aufschreiben von Gedachtem und Gesagtem wurde Sprache objektiviert, der Mensch machte sie zu einem Gegenstand, den man nicht nur schwarz auf weiß nach Hause tragen, sondern auch in der Zeit konservieren und damit tradieren kann – und den man nun nicht mehr im Gedächtnis zu speichern brauchte. Er steht ja jederzeit als Objekt zur Verfügung, sozusagen abrufbereit. Das Gedächtnis wird dann tatsächlich weniger gefordert.“ (*Maletzke* 1988, 16)

Was bedeuten Bücher und Zeitung, was bedeutet das Lesen für uns heute? Sind wir noch eine lesende Kultur oder wieder eine Bilderkultur geworden? Worin unterscheidet sich Lesen vom Hören, vom Sehen? Der populäre Medienkritiker *Neil Postman* deutet die sozialgeschichtlichen Konsequenzen des Buchdrucks mit beweglichen Lettern in einem größeren pädagogischen Kontext.

Sozialgeschichtliche Folgen

„Der Buchdruck verknüpft die Gegenwart mit dem ‚Immer‘. Er trägt die Identität eines Menschen in unbekannte Gefilde. Mit der

Druckerpresse kann sich die Stimme eines Individuums, nicht die einer gesellschaftlichen Gruppe, an das ‚Immer' wenden." (*Postman* 1983, 32) „... die Druckerpresse (hat) unser Selbst – unsere Persönlichkeit als unverwechselbares Individuum – für uns zu einem Gegenstand des Nachdenkens und Sprechens gemacht" (ebd. 39). *Postman* führt das weiter zu seiner Kernthese: „...dieses verstärkte Selbstgefühl war der Keim, aus dem schließlich die Kindheit aufblühte" (ebd.). Die Kindheit war „eine Folge der Ausbreitung von Lesen und Schreiben. Und sie entstand, weil sich die europäische Kultur nach der Erfindung des Buchdrucks in weniger als hundert Jahren in eine Lesekultur verwandelte und damit auch den Begriff der Erwachsenheit neu definierte. Erwachsen konnte nur werden, wer lesen konnte. (...) Vor der Erfindung der Druckerpresse wurden Kinder zu Erwachsenen, indem sie *sprechen* lernten, wozu jeder Mensch biologisch programmiert ist. Nach der Erfindung der Druckerpresse mußten sich die Kinder die Erwachsenheit *erwerben,* indem sie sich die Fähigkeit zu lesen und zu schreiben aneigneten, wozu die Menschen nicht biologisch programmiert sind. Deshalb mußten Schulen geschaffen werden" (*Postman* 1988, 176 f.).

Kindheit als Folge des Buchdrucks

✓ Die Position *Postmans* ist interessant, aber in ihrer Überzeichnung umstritten (vgl. etwa die Besprechung *J. Bockows* in: merz 28 (1984) H 4, 237-239).

🕮 Seine beiden grundlegenden Bücher hat *Postman* selbst in zwei prägnanten Kapiteln in dem Sammelband „Die Verweigerung der Hörigkeit" (Frankfurt 1988) zusammengefasst. Der Beitrag „Das Verschwinden der Kindheit" bringt die Kerngedanken des gleichnamigen Buches, der Beitrag „Zukunftsschrott" komprimiert die Thesen des Buches „Wir amüsieren uns zu Tode". Die Medientheorie findet sich komprimiert dargestellt in: *Kloock, Daniela/Spahr, Angela,* Medientheorien. Eine Einführung, München 1997.

Innerhalb von 200 Jahren nach Erfindung des Buchdrucks – so *Postman* – etablierte sich die Kindheit. Vorher war eine Abgrenzung zwischen Kind und Erwachsenem rein biologisch definiert: durch das Erlernen der Sprache und durch körperliche Leistungsfähigkeit. Durch den Buchdruck wurden Lesen und Schreiben zu einem allgemeinen Kulturgut. Diese Kulturtechniken mußten erlernt werden; dazu bedurfte es einer bestimmten Absonderungsphase und entsprechender Institutionen: Schulen. „Wo die Lese- und Schreibfähigkeit allgemein hoch im Kurs stand, gab es Schulen, und wo es Schulen gab, da entfaltete sich die Vorstellung von der Kindheit sehr rasch“ (*Postman* 1983, 51) – übrigens in protestantischen Regionen mehr als in katholischen; um die Mitte des 16. Jahrhunderts kehrte sich der Katholizismus von einer sozialen Literalität ab (Verbot volkssprachlicher Bibeln, Index ...); er blieb eine Religion des Bildes, der Protestantismus entwickelte sich eher als Religion des Buches.

„Weil die Schule dazu bestimmt war, einen des Lesens und Schreibens kundigen Erwachsenen heranzubilden, wurden Kinder nicht mehr als kleine Erwachsene wahrgenommen, sondern als etwas völlig anderes – als ungeformte Erwachsene. Im schulischen Lernen erkannte man ein Wesensmerkmal der Kindheit. (...) Was zunächst nur wie eine Gruppe von Menschen aussieht, denen man das Lesen beibringen muß, wird schließlich zu einem Komplex, an dem man auch viele andere Eigentümlichkeiten wahrnimmt.“ (ebd. 53, 55) Kindheit wird zur Bezeichnung für eine bestimmte Stufe symbolischer Leistungen. Neben der Schule wurde nun der Familie, wurden den Eltern neue Erziehungsaufgaben zugewiesen; sie wurden Wächter und Verwahrer, Beschützer und Ernährer, Bestrafer und Schiedsrichter in Geschmacks- und Sittenfragen. „Die Familie als Erziehungsinstitution beginnt mit dem Buchdruck, nicht nur weil die Familie gewährleisten mußte, daß die Kinder eine Schulerziehung erhielten, sondern auch, weil sie daheim ergänzende Erziehungsaufgaben übernehmen mußte.“ (ebd. 56)

Schule als Folge des Buchdrucks

Durch die Schule als Folge des Buchdrucks kamen Erwachsene in die Lage, die symbolische Umwelt der Kinder in einem bisher ungekannten Maß zu kontrollieren; sie konnten die Bedingungen, unter denen das Kind zum Erwachsenen wurde, gestalten und taten dies auch. Sie häuften einen Vorrat an Geheimnissen auf, der den Kindern vorenthalten wurde, z.B. über sexuelle Beziehungen, Geld, Gewalt, Krankheit, Tod. Die Erwachsenen konstruierten eine Hierarchie des Wissens und der Fertigkeiten und *erfanden* damit die Struktur der kindlichen Entwicklung. Zwischen 1850 und 1950 erlebte die Kindheit ihre Blütezeit.

Telegraphie

1837 entdeckte *Samuel Morse* die Möglichkeiten der Telegraphie. Der elektrische Telegraph konnte den Raum überwinden, ermöglichte aber keine unmittelbare Kommunikation; der Text war im Morsealphabet verschlüsselt oder musste in einzelnen Buchstaben vom Zeigertelegraphen abgelesen und notiert werden. 1861 erfand *Philipp Reis* das Telephon. Damit konnte Sprache erstmals unmittelbar übertragen werden. 1876 entwickelte *Alexander Graham Bell* in den USA das erste praktisch brauchbare Telephon und baute mit Geldgebern kommerzielle Telephonnetze auf. 1877 baute der Amerikaner *Thomas Alva Edison* den ersten Apparat zur Aufzeichnung von

Schall. *Edisons* Phonograph speicherte Schall auf Staniol- oder Wachswalzen. Seither ersetzt die gesprochene Nachricht mehr und mehr die schriftliche Information.

✓ Einen hervorragenden und sehr informativen Eindruck in die Geschichte der Kommunikationstechnik bietet das „Heinz Nixdorf Museumsforum" in Paderborn (Fürstenallee 7, 33102 Paderborn; Tel. 05251 / 3066-00; www.hnf.de). Informativ in Text und Bild ist auch der dort herausgegebene Museumsführer.

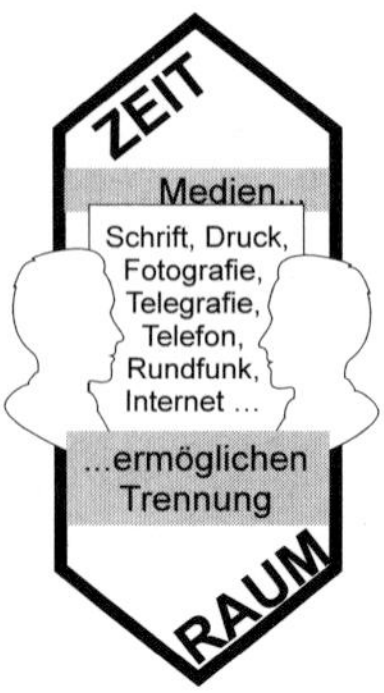

Abb. 3.2

Für *Postman* beginnt in der zweiten Hälfte des 19. Jahrhunderts die Auflösung der Kindheit. Die Erfindung der Kommunikationsmöglichkeiten der Elektrizität (~ 1837) war folgenreicher als die Theorien *Darwins* über den Ursprung der Arten (1831). „Der Telegraph ... beseitigte mit einem Schlag Zeit und Raum als Dimension menschlicher Kommunikation und entkörperlichte damit die Mitteilung in einem Maße, das weit über die Körperlosigkeit des geschriebenen und gedruckten Wortes hinausging. Er versetzte uns in eine Welt der Gleichzeitigkeit und Augenblicklichkeit, die den menschlichen Erfahrungsraum sprengte. Damit schaffte er auch Stil und Individualität als Bestandteile der Kommunikation ab." (ebd. 84) Die Information wird wichtiger als die Quelle; für die Nachricht war niemand mehr verantwortlich. Nachrichten kamen aus dem Nirgendwo, von überall und über alles ohne bestimmte Ordnung. Eine veränderte Definition von Intelligenz war die Folge: es gewann „die Frage, wieviel man weiß, immer mehr Gewicht gegenüber der anderen Frage, welchen Nutzen man aus seinem Wissen zieht." (ebd. 86) Das war gegenläufig gegen das Prinzip der Kindheit, in der Information kontrolliert nach und nach vermittelt wurden. Elternhaus und Schule wurden zunehmend die Kontrolle über die Informationen entrissen, die Kindern zugänglich waren.

Optische Revolution

Zwischen 1850 und 1950 datieren eine Menge technischer Entwicklungen. Parallel zum Aufbau der elektronischen Kommunikation vollzog sich ein Prozess „optischer Revolution", die Entstehung einer Symbolwelt aus Bildern, Karikaturen, Plakaten und Reklame. „Zusammengenommen stellten die elektronische und die optische Revolution eine zwar unkoordinierte, aber mächtige Bedrohung von Sprache und Literalität dar, eine Umschmelzung der Welt der Ideen in eine Welt ‚lichtgeschwinder' Symbole und Bilder. Die Reichweite dieser Entwicklung läßt sich kaum überschätzen. Denn während die Übermittlungsgeschwindigkeit die kontrollierte Handhabung von Informationen unmöglich machte, veränderte das in Massenproduktion gefertigte Bild die Form dieser Information selbst – vom

Diskursiven zum Nicht-Diskursiven, von der Satzform zur Bildform, vom Intellektuellen zum Emotionalen." (ebd. 87)

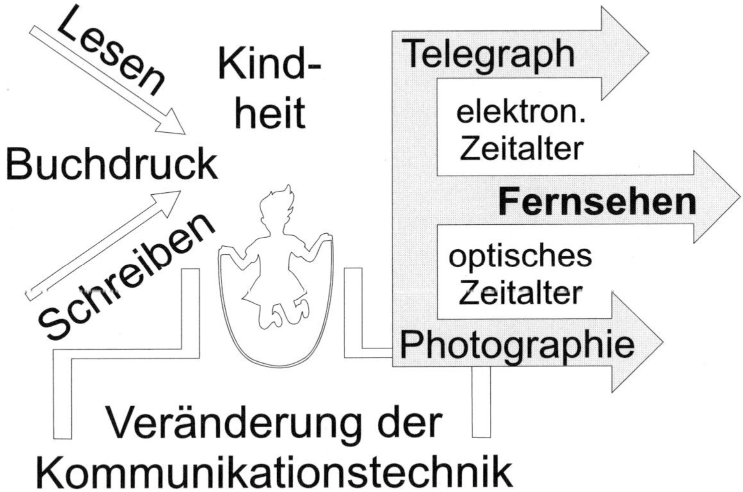

Abb. 3.3: Medientechnik und Definition von Kindheit

Das Fernsehen, so *Postman,* verwischt die Trennungslinie zwischen Kindheit und Erwachsenenalter aus drei Gründen, die mit seiner freien Zugänglichkeit zusammenhängen: „erstens, weil es keiner Unterweisung bedarf, um seine Form zu begreifen; zweitens, weil es weder an das Denken noch an das Verhalten komplexe Anforderungen stellt; drittens, weil es sein Publikum nicht gliedert. Unterstützt von anderen elektronischen, nicht auf dem gedruckten Wort beruhenden Medien, bringt das Fernsehen erneut Kommunikationsverhältnisse hervor, wie sie im 14. und 15. Jahrhundert bestanden haben. Biologisch sind wir alle so ausgestattet, daß wir Bilder sehen und deuten und so viel Sprache hören können, wie erforderlich ist, um diese Bilder in einen Zusammenhang zu stellen. Die neue, im Entstehen begriffene Medienumwelt beliefert jeden gleichzeitig mit derselben Information. Unter den von mir beschriebenen Bedingungen ist es für die elektronischen Medien unmöglich, irgendwelche Geheimnisse zu bewahren. Ohne Geheimnisse aber kann es so etwas wie Kindheit nicht geben." (*Postman* 1983, 94)

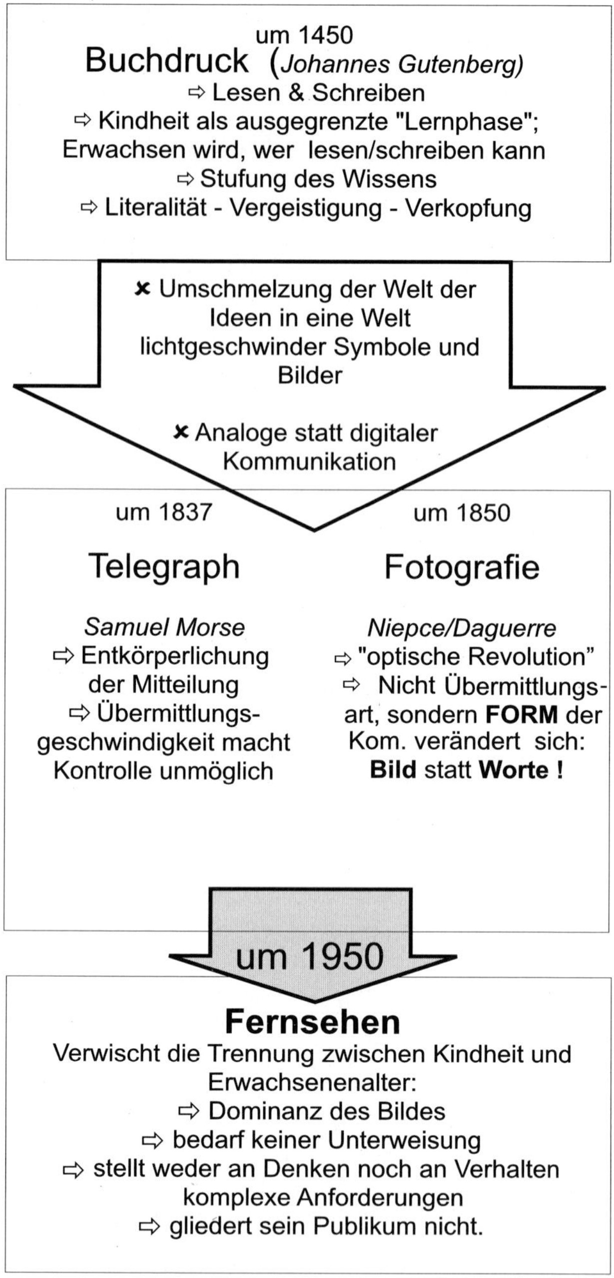

Abb. 3.4: Folgen der Medientechnik in der Sicht Neil Postmans

3.4 Vom Buchdruck zum Computer

Medienentwicklung bezieht sich in Selbstreferenz auch auf vorhandene Medien selbst:

Selbstreferenz der Medienentwicklung

- *Zeitlich* – als ständig wachsende Beschleunigung der Medienentwicklung: „In immer kürzerer Zeit entstehen immer mehr Medien und umgekehrt: Je mehr Medien entstehen, um so schneller entstehen noch mehr Medien." (Funkkolleg 10, 28).
- *Sachlich* – als Stabilisierung schon bestehender Medien durch neue Medien: die direkt-personelle, informelle Kommunikation wird beispielsweise nicht verdrängt, sondern erhält andere Funktionen und Inhalte; es entwickeln sich eigene Medien der informellen Kommunikation wie Telegraf und Telefon, oder Genres wie etwa Talkshows im Fernsehen. Medien werden zum Gesprächsgegenstand: „Die informelle Kommunikation erbringt damit eine ganz neue Leistung: Sie erlaubt die vor- und nachbereitende Einbindung anonymer, unspezifischer massenmedialer Angebote in gruppenspezifische, situationsgerechte Kontexte" (ebd. 33).
- *Sozial* – als integrierende und stabilisierende Funktion von Medien für Gesellschaften insgesamt.

Medien decken und wecken Kommunikationsbedarf, sie bringen selbst „Meta-Medien" hervor, z.B.: Computer-Datenbanken gegen die Flut der Druckschriften, Programmzeitschriften und elektronische Programmführer gegen die Flut von Hörfunk- und Fernsehprogrammen.

Meta-Medien

Die Erfindung des Buchdrucks hat den Menschen auch Angst gemacht. Gedruckte Bücher wurden als Teufelswerk betrachtet, das die bisherigen Strukturen des Miteinanders, die hierarchischen Ordnungen zerstöre. Das „Wort Gottes" etwa war nicht mehr wenigen vorbehalten, die es mit der Weitergabe und Verkündigung gleich auswählten und recht interpretierten, sondern die Bibel wurde vielen unmittelbar zugänglich; ohne die Erfindung des Buchdrucks wäre die Reformation kaum denkbar gewesen.

Computer und Internet als „neue" Medien unserer Tage provozieren weniger, die Einführung und Durchdringung aller Lebensbereiche geht schleichend. Ihre die Strukturen des Miteinanders umwälzenden Wirkungen werden vermutlich erst spätere Jahrhunderte überblicken. Der Computer ist Schaltstelle der sogenannten „neuen Medien". Neu sind nicht die Inhalte, sondern die Verteilungswege der Kommunikation, also etwa Kabelnetze für Rundfunk, Fernsehen, Telephon; Satellitentechnik; Internet. Neu ist auch die Digitalisierung, d.h. die Übersetzung von Sprache, Musik, Bildern, Video in eine gemeinsame Maschinensprache. Neu ist vor allem die durch Digitalisierung und Vernetzung mögliche Konvergenz der Medien. Auch beim Buchdruck waren neu zunächst nicht die Inhalte, sondern die beweglichen Lettern, die Verteilwege und die Quantität der Verteilung und damit eine Veränderung sozialer Vernetzung.

Einige soziale Auswirkungen im Vergleich

Buchdruck und Computer im Vergleich

„Die Erfindung des Buchdrucks mit beweglichen Lettern brachte die radikalste Umwandlung des geistigen Lebens in der Geschichte des Abendlandes mit sich (...) Ihre Auswirkungen wurden früher oder später in jedem Bereich menschlicher Tätigkeiten spürbar" (*Postman* 1983, 33); auf dieser Folie kann auch die Frage nach den Wirkungen der Computerisierung gestellt werden; im Folgenden finden sich dazu einige Stichpunkte, die weitergedacht werden sollten (Computer heute = <*kursiv*>):

- Neue Berufsfelder entstanden, alte Berufe (etwa der Schreiber) starben aus. Der Begriff des Autors wurde erstmals relevant. • *Neu ist u.a. der Beruf des Programmierers; bedroht sind z.B. Setzer, Schreibkräfte ...*
- Neue Kulturtechniken des Lesens und Schreibens verbreiteten sich und mußten gelernt werden. Sprache veränderte, vereinheitlichte sich. • *Informatikunterricht wird an Schulen eingeführt; Computerkompetenz wird in vielen Berufssparten vorausgesetzt. Nutzerkompetenz und Gestaltungskompetenz (Textverarbeitung, Layout, Gestaltung von Internetseiten ...) ist gefragt. Verstehen und durchschauen kann jedermann die Maschinen und Programme schon lang nicht mehr.*
- Begriffe und Institutionen von Bildung und Erziehung änderten sich. „Die Form des gedruckten Buches erzeugte eine neue Methode, Inhalte zu organisieren, und förderte damit eine neue Methode zur Organisierung des Denkens" (*Postman* 1983, 41). • *„Was soll gelernt werden, wenn die Informationstechnik wichtige Teile des traditionellen menschlichen Handelns und Denkens übernimmt und wenn jeder einzelne in den Industrienationen einen immer leichteren und billigeren Zugriff zu technisch verfügbarer Information und Informationsverarbeitungsleistung hat?" (Haefner* 1985, 13)
- Kommunikationsmöglichkeiten änderten, erweiterten sich, die raum-/zeitliche Anwesenheit, die Mühe des Transports betreffend. Das bedeutete Änderung im sozialen Miteinander. Der isolierte Leser mit dem privaten Blick ergänzte bzw. ersetzte manche Kommunikation im festen sozialen Kontext, eine Stärkung des Indivi-

dualismus. • *Vernetzung ändert wiederum das soziale Miteinander; Telekonferenzen werden möglich, Datenabgleich zwischen staatlichen Institutionen erleichtert die Arbeit, aber macht den Datenschutz schwierig; das Internet macht die Welt zum Dorf.*

- Die Druckerpresse löste eine Entwicklung aus, die wir heute als Wissensexplosion bezeichnen würden. • *Computer gestützte Datenbanken ermöglichen prinzipiell den Zugriff auf immer umfassendere Informationen, die kein Mensch mehr bewältigen kann. Das bedingt eine hohe Abhängigkeit vom Computer. Damit verbundene Gefahren heißen: Informationsüberflutung, Oberflächlichkeit (vieles oberflächlich statt weniges exemplarisch vertiefend).*
- Ein Demokratisierungsprozess entstand, weil Privilegien breiten Schichten zugänglich wurden, beispielsweise wurde die Volkssprache übliches Kommunikationsmittel. Dagegen stand und steht die Frage nach Chancengleichheit: Wer nutzt(e) die neuen Techniken und Medienmöglichkeiten wirklich? • *Der Computer vereinfacht Dinge, die vorher Spezialisten vorbehalten waren, und macht sie prinzipiell jedem zugänglich (Layout-Gestaltung, Fotobearbeitung ...). Aber die Bildungsschere geht auch in Sachen Computernutzung auseinander: neue Techniken benutzen vor allem die, die auch vorher schon „multi-channel-people" waren.*
- Die Begründung und Abgrenzung von Nationalstaaten mit einheitlicher Sprache schritt voran. • *Mit Computer(netzen) nimmt die Internationalisierung zu, Englisch wird dominante Sprache. „Think global, akt lokal"!? Gesetzliche Regelungen für Kommunikationsnetze, z.B. im Bereich Jugendschutz, müssten weltweit vereinbart werden.*

Bücherlesen	PC-Nutzer	Nichtnutzer
täglich	15	4
mehrmals die Woche	40	13
einmal pro Woche	14	16
alle 14 Tage	8	13
einmal pro Monat	6	8
seltener	7	19
nie	11	30

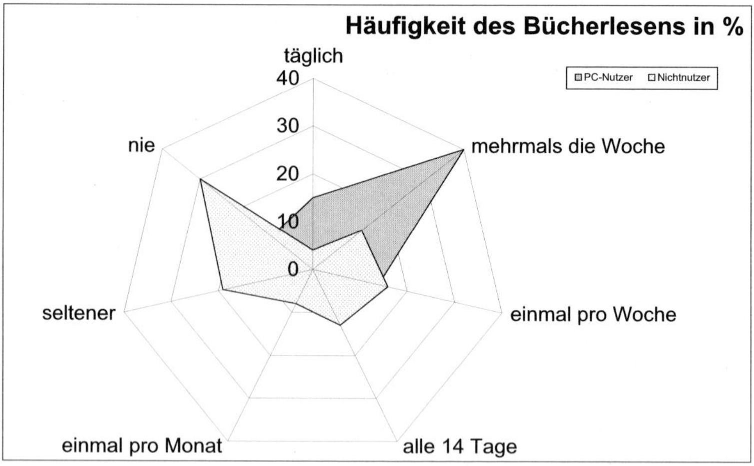

Computernutzung und Leseverhalten

Die Tabelle zeigt, wie PC-Nutzung und Leseverhalten miteinander zusammenhängen. PC-Nutzer gehören zu den häufigen Lesern, während Nicht-Nutzer des PC auch dominant in der Gruppe der seltenen oder Nicht-Leser anzutreffen sind. PC-Nutzer nutzen auch andere Medien häufiger als Nicht-Nutzer. „Die Mediengewohnheiten der Computernutzer und Nichtnutzer unterscheiden sich vor allem bei der Sach- und Fachbuchlektüre: Dreimal so viele unter 30-jährige Computernutzer wie die gleichaltrigen Nichtnutzer lesen Fachliteratur. Und auch an Belletristik sind noch mehr als doppelt so viele Computerfreaks interessiert wie ihre Altersgenossen ohne PC. Die deutlich stärkere Bindung ans Bücherlesen zeigt sich auch bei der Frequenzfrage. Sowohl bei der täglichen und mehrmals wöchentlichen Lektüre als auch bei der Zahl der gelesenen Bücher liegen die Computernutzer weit vorn." (*Franzmann* 2001, 96 f.) Zumindest PC-Nutzung ist somit kein dem Bücherlesen abträgliches Medienverhalten.

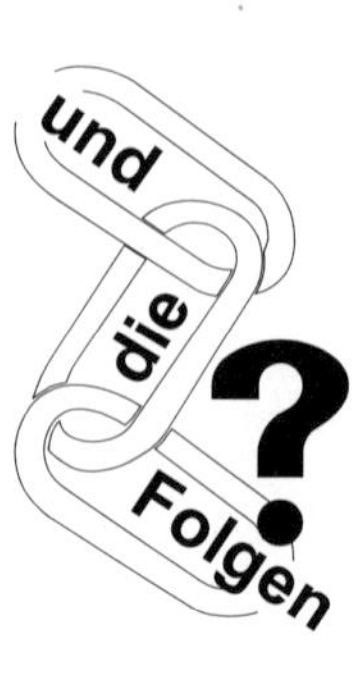

Mit jedem neuen Medium stellt sich auch die ethische Frage nach sozialen und gesellschaftlichen Folgewirkungen neu: Wer überblickt die Folgen der Technik? Wer überblickt die Flut des Produzierten, die Flut des verfügbaren Wissens? Was bedeutet überhaupt Verfügbarkeit von Wissen? Wie weit geht der Pluralismus? Darf alles produziert werden, was der Geist des Menschen ausdenkt? Wer kontrolliert die Netze? Wer sind die Gatekeeper, die an den entscheidenden Schlüsselpositionen die Programmauswahl bestimmen? Solchen ethischen Fragestellungen darf auch Medienpädagogik nicht ausweichen.

3.5 Lesen, Basis von Medienkompetenz

Die Anforderungen an die Medienkompetenz des Menschen sind in den letzten Jahren rapide gestiegen. Anders als beim Fernsehen, das vor allem den visuellen Sinn anspricht, erfordern viele Angebote des Internet derzeit noch eine hohe Lesekompetenz, weil sie textbasiert sind. „Die Erfordernisse der Informationsgesellschaft, ihre medialen Realitäten, verlangen nach dem geübten Leser, dem Vielleser mit entwickeltem Sprachbewußtsein und (angesichts der Informationsvielfalt) der ausgeprägten Befähigung zu begrifflichem Verstehen: dem medienkompetenten Menschen. Zu beobachten ist allenthalben jedoch eine fortgesetzte Schwächung der Lesefähigkeit, ein Befund, der empirisch gut abgesichert ist." (*Lahr* 1996, 2)

Schwächung der Lesefähigkeit

Lesen ist eine Kulturtechnik, die als Basis weiterer Medienkompetenz zu betrachten ist. Beim Lesen werden kognitive und sprachliche Kompetenzen erworben, die durch andere Medien, vor allem Bildmedien, nicht erreichbar sind. Lesen ist Wahrnehmung sehr abstrakter Zeichen und verlangt deshalb ständige Aktivierung unserer Vorstellungskraft. Beim Lesen entstehen innere Bilder, es fördert die Vorstellungskraft; ein permanenter aktiver Verstehensprozess ist in Gang, der Sinn und Bedeutung aufgrund unserer Wissensstrukturen konstruiert.

Man kann auch davon ausgehen, dass es nicht gleichgültig ist, wann solche Kompetenzen wie Sehen, Sprechen, Lesen ausgebildet werden; sie entwickeln sich nicht von selbst, sondern bedürfen der Anregung. Aufgrund entsprechender Anregungen bilden sich in unserem Hirn neuronale Netzwerke aus, die Grundlage entsprechender Kompetenzen sind. Diese Ausprägungen des Gehirns vollzieht sich wesentlich in der Kindheit bis etwa zum 15. Lebensjahr. In diesem Sinn gilt durchaus die alte Volksweisheit: „Was Hänschen nicht lernt, lernt Hans nimmermehr" oder nur unter Schwierigkeiten.

> 🕮 Vgl. dazu *Pöppel, Ernst,* Neuronale Aspekte des Sprechens und Lesens, in: *Roters, Gunnar/Klingler, Walter/Gerhards, Maria* (Hg.), Mediensozialisation und Medienverantwortung, Baden-Baden 1999, 17-36.

Eine kritische Basiskompetenz ist die Lesekompetenz auch deshalb, weil Leser tendenziell bewusster wählende Nutzer anderer Medien sind; Vielleser sind kompetentere und kritischere Mediennutzer, die

Umkehrung gilt allerdings nicht. Lesen verknüpft kognitive und emotionale Rezeptionsprozesse aufs engste. Wissensaufbau geschieht wesentlich über das Lesen; eine Rezeption allein von Bildern vernachlässigt den Aufbau abstrakten Wissens. Die Teilhabe an Kultur, Wissenschaft und politischen Entscheidungen ist abhängig von der Fähigkeit, mit verfügbarem Wissen umzugehen, sich neue Erkenntnisse anzueignen. Von Lesefähigkeit und Medienkompetenz hängt also letztendlich Demokratie ab.

Die audiovisuellen Medien dürften neben anderen gesellschaftlichen Entwicklungen mit zu aktuellen Problemfeldern beigetragen haben: Auch in den Industrieländern beenden, trotz formaler Erfüllung der Schulpflicht, immer mehr Menschen ihre Schulzeit mit unzulänglichen Lesefähigkeiten. Es gibt in entwickelten Ländern eine durchgängige Annäherung an eine Quote von 10 bis 15 % echter Analphabeten und darüber hinaus eine wachsende Zahl von „Aliteraten“, Menschen, die zwar lesen können, aber dies nicht mehr oder nur gezwungenermaßen praktizieren („sekundäre Analphabeten“). Man kann von einem Abkoppelungsprozess von im Schnitt 1/3 der Bevölkerung vom Lesen sprechen.

Analphabetismus

Offensichtlich steigt die Zahl der sprachgestörten Kinder: „Zwischen 18 und 34 Prozent der dreieinhalb bis vier Jahre alten Kinder leiden an einer Sprachentwicklungsstörung. Das haben verschiedene Studien der Mainzer Uni-Klinik für Kommunikationsstörungen im Landkreis Mainz-Bingen ergeben. „ (Mainzer Rheinzeitung 9. Juli 1998). Eine gelungene Sprachentwicklung ist Voraussetzung für Lesefähigkeit. Mediengewohnheiten, gestörte Eltern-Kind-Beziehungen und Milieuschäden werden als Hauptursachen genannt. Das Leseverhalten der Kinder ist stark durch das Vorbild der Eltern geprägt. Kinder aus sozial schwachen bzw. bildungsbenachteiligten Elternhäusern lesen deutlich weniger.

Leseverhalten und Bildungsschicht

Aktuellen Studien zufolge zeigen Leseaktivitäten insgesamt zwar einen Aufwärtstrend. „Allerdings gilt dies, genau genommen, nur für den ohnehin lesenden Teil der Bevölkerung. Die Schere zwischen den ‚Informationsreichen‘, die viel lesen, und den nicht oder kaum lesenden ‚Informationsarmen‘ öffnet sich weiter.“ (*Franzmann* 2001, 97)

Die Grundfrage für das Stichwort „Medienkompetenz“ heißt: Kann eine Gesellschaft, in der ein bedeutender Teil der nachwachsenden Generation buchstäblich kommunikationsgestört ist, zur Informationsgesellschaft werden? Ist nicht die Vertiefung einer „Wissenskluft“ durch den Unterschied in der Lesekompetenz bereits grundgelegt? Betreiben unsere primären Bildungsinstitutionen (Kindergarten, Schule) noch eine angemessene Leseförderung,

Wissenskluft

- wenn Lehrer diese für eine Angelegenheit des Deutschunterrichtes halten;
- wenn außerschulisches und schulisches Lernen nicht zueinander in Beziehung gesetzt werden;
- wenn das Lesen von Printmedien und die Nutzung elektronischer Medien in Bildungskonkurrenz treten;
- wenn Lesebücher veraltete Häppchenliteratur liefern, statt eine Brücke in die Lesewelt zu bauen; wenn Lesen und Verarbeiten von Bildschirmtexten und Hypertext-Strukturen andere Lesequalifikationen verlangen? (vgl. dazu *Elsholz* 1997)

> ✓ Ein Studie, die als eigene Übung oder Experiment nachgestellt werden könnte! – „Daß Lesen offenbar wirklich anregender für die kindliche Kreativität ist als der Fernsehfilm, haben Psychologinnen an der Universität Regensburg herausgefunden. Sie boten Jungen und Mädchen zwischen neun und elf Jahren jeweils zwei Geschichten dar. Die eine Hälfte durfte lesen, den anderen wurde die Fernsehfassung vorgesetzt. Anschließend wurden die Kinder nach dem Inhalt befragt und darum gebeten, einen eigenen Schluß zu erfinden. Das Ergebnis: Die Lese-Kinder konnten die Geschichten viel besser und mit mehr Details wiedergeben. Sie waren beim Weiterdenken erheblich kreativer als die TV-Kinder. Bei den Fernsehkindern guckte die Fantasie in die Röhre." (Mainzer Rhein Zeitung 5.2.1996)

Zehn Argumente für das Lesen

> ✓ Die Lesekultur fördert bei Kindern derjenige Pädagoge, der etwas für eine Kultur des Erzählens und Vorlesens tut. Wichtige Hilfen und Praxisanregungen bietet die „Stiftung Lesen" (Fischtorplatz 23, 55116 Mainz, www.stiftunglesen.de).

1. Wer liest, weiß mehr. • Wer in der Informationsgesellschaft mithalten will, braucht eben Information. Lesen öffnet Wege zu Informationsquellen. Wichtig ist nicht die Wissensmenge, sondern das Wissen über schnelle Wege der Informationsbeschaffung.
2. Wer liest, entwickelt Phantasie und Kreativität. • Beim Lesen entstehen die Bilder im Kopf; das bedeutet weniger Festlegung, Freiraum für Subjektivität und Kreativität. Phantasie und Kreativität sind für aktuelle Problemlösungsstrategien gefragt.
3. Wer liest, kann sich besser ausdrücken und hat beim Lernen mehr Erfolg. • LeserInnen kommen mit schulischem Lernen besser zurecht, weil dieses noch wesentlich auf Lesefähigkeit und Büchern als Medien aufbaut.

4. Wer liest, kommt weiter im Beruf. • In einer sich rasch wandelnden (Berufs-)Welt ist ständige Fortbildung gefragt. Wer auf dem Laufenden bleiben will, muß lesen können (Welt der Fachzeitschriften).
5. Wer liest, hat mehr von seinen Hobbys. • Viele Hobbys sind mit Interesse und Motivation zur Vertiefung verbunden; und die gibt es in den meisten Fällen über Buch- und Zeitschriftenlektüre (neben entsprechendem menschlichen Austausch in Vereinen ...).

Argumente für das Lesen

6. Wer liest, genießt. • Klatsch, Tratsch, Mode, Freizeit ... das meiste führen wir uns in gedruckter Form zu Gemüte. Was gedruckt ist, bleibt; und Bleibendes kann man/frau genießen.
7. Wer liest, profitiert mehr vom Fernsehen. • Fernsehen kann auch Anregung zum (Weiter-) Lesen sein. Fernsehen ist, wenn es gelingt, mit Auswahl aus der Programmzeitschrift und Lektüre von Kritiken verbunden. Fernsehen ist flüchtig; wer nachliest, gewinnt Durchblick.
8. Wer liest, profitiert von der Erfahrung anderer. • Niemand kann, will, soll alle Erfahrungen selber machen. Wer über den Tellerrand hinausschauen will, braucht Lesestoff. Wer lesen kann, hat nicht immer die größte Auswahl.
9. Wer liest, wird mündiger Staatsbürger. • Presse- und Informationsfreiheit gehören zu den Eckpfeilern einer Demokratie. Mündige Mitentscheidung setzt aber Informiertheit voraus. Wie informativ ist eine Bild(er)zeitung?
10. Wer liest, erschließt sich lebendige Kultur. • Lesen ist die Eingangstür zur Welt der Kultur und der Künste. Lesen verführt zum Denken, vermittelt Wissen, weckt Phantasie. Aus Denken, Wissen und Phantasie besteht Kultur.

(vgl. die Broschüre: Lesen zum Erlebnis machen. Hinweise, Tips und Informationen zur Leseförderung, Mainz 1994).

3.6 Die Reproduktion der Wirklichkeit: Fotografie

Für uns heute ist nicht nur der Druck von Texten selbstverständlich, sondern mindestens ebenso die massenmediale Vervielfältigung von Bildern jeglicher Art und Weise. Zur Zeit Gutenbergs war das völlig anders. Bereits vor seiner Erfindung des Buchdrucks mit beweglichen Lettern hatte man Bilder gedruckt; erste Reproduktionstechnik war der Holzschnitt (bekannt vor allem durch *A. Dürer* und *L.*

Cranach im 16. Jahrhundert). Diesem Verfahren folgten verschiedene andere: Kupferstich, Stahlstich, Radierung, alles im Grunde künstlerische Druckformen, die mit viel Aufwand und in für unsere Verhältnisse geringen Auflagen Bildreproduktion ermöglichten. Einen Sprung nach vorn ermöglichte erst *Aloys Senefelders* Erfindung des Steindrucks, der Lithografie 1799: eine Zeichnung wird von Hand mit Fetttusche oder photomechanisch auf Kalkschieferplatten übertragen; der so entstehende Fettgrund nimmt die Farbe auf und gibt sie beim Druck wieder ab. Diese Erfindung ermöglichte die illustrierte Zeitung, aber eben die mit gezeichneten Bildern, also „subjektiven" Wiedergaben von Realität.

Techniken der Bildreproduktion

Die Bildreproduktion kam zur revolutionären Neuerung eigentlich erst gegen Mitte des 19. Jhds. durch die Erfindung der Fotografie und dann folgend 1882 durch das Verfahren der Autotypie, das es ermöglicht, Bildvorlagen für die Reproduktion in Rasterpunkte zu zerlegen. *N. Postman* interpretiert dies als „optische Revolution", Voraussetzung seiner Bewertung des Fernsehens: „...der wichtigste Aspekt des Fernsehens ist ohne Zweifel der, den ich hier hervorzuheben versucht habe – den größten Teil seiner Inhalte drückt es in Bildern aus, nicht in Sprache" (*Postman* 1983, 131).

Fotografie als optische Revolution

Fotografien sind zur Selbstverständlichkeit für jedermann geworden; eine Folge dessen ist: Jeder tut es, aber wir denken kaum noch darüber nach, wissen wenig darüber. Mit der massenhaften Verbreitung von Fotos, getreuen Abbildern der Realität begann das neue Bilder-Zeitalter. Und mit der Perfektion, auch im Sinne von vereinfachter Handhabung, wächst die Unkenntnis noch. „Wenn aber alles möglich ist und nichts mißlingt, dann besteht keine Notwendigkeit, sich mit dem Verfahren, und sei es nur mit seiner technischen Seite, zu beschäftigen. Das Medium Fotografie mit allen seinen Eigentümlichkeiten, seinen Stärken, Schwächen und Grenzen wird daher immer unsichtbarer." (*Buddemeier* 1981, 11)

Man darf sich wie beim Buchdruck nicht vorstellen, dass sich dieses Medium unmittelbar nach seiner Entdeckung massenwirksam durchsetzte. Immerhin waren Geräte und fotochemischer Prozess der Entwicklung noch so aufwendig, dass nur wenige Fachleute in den ersten Jahrzehnten damit umgehen konnten. Der Beginn der Amateurfotografie und der massenhaften Bildreproduktion begann erst vor 100 Jahren, als *George Eastman* seine erste handliche Kamera auf den Markt brachte: „Kodak Nr.1", und den Nutzern die Weiterverarbeitung des Filmmaterials aus der Hand nahm: „You press the button, we do the rest".

Das Wort „Kamera" stammt von dem lateinischen „camera obskura" = dunkler Raum. Das Prinzip der Camera obskura, die übrigens bereits *Aristoteles* in ihren Grundzügen beschreibt, besteht darin, dass Lichtstrahlen durch eine kleine Öffnung in einen ansonsten lichtdichten Kasten fallen und auf die gegenüberliegende Wand treffen, wo die Strahlen ein seitenverkehrtes und auf dem Kopf stehendes Bild derjenigen Gegenstände zeichnen, von denen sie ausgegangen sind. Nur hat man bis zur eigentlichen Erfindung der Fotografie diese Abbilder nicht fixieren können; sie waren flüchtig wie die Eindrücke der Wirklichkeit selbst.

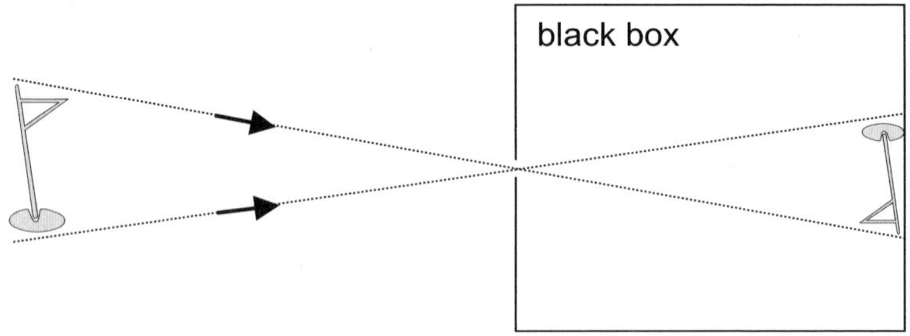

Abb. 3.5: Prinzip der Camera Obscura

3.5.1 Skizzen zur Bedeutung der Fotografie

Verlust der „Aura"

⇨ Die Fotografie ermöglicht unbegrenzte „technische" Reproduktion auch von Kunstwerken. Die „Aura" (*Walter Benjamin* 1936) der Echtheit und Einmaligkeit eines Kunstwerkes verkümmert. Einerseits wird Kunst den Massen zugänglich, aus ihrer Isolation herausgeführt. Andererseits kommt das Abbild tausendfach reproduziert dem Konsumenten entgegen, kann in jede beliebige Umgebung gebracht werden. Das Bild wird aus dem Bereich der Tradition gelöst. Damit wird das Kunstwerk auch endgültig aus seiner ursprünglichen Fundierung im Ritual gelöst, der Ausstellungswert hat den Kultwert verdrängt. Das alles bedeutet nicht nur eine veränderte Wahrnehmung von Kunstwerken, sondern eine grundlegende Änderung der Sinneswahrnehmung überhaupt, „die Signatur einer Wahrnehmung, deren Sinn für das Gleichartige in der Welt so gewachsen ist, daß sie es mittels der Reproduktion auch dem Einmaligen abgewinnt" (*Benjamin* 1966, 16).

⇨ Das fotografische Abbild verweist nicht in erster Linie auf eine innere Befindlichkeit und Subjektivität des Machers, sondern auf etwas „Physisch-Reales, das in einem bestimmten historischen Augenblick existiert hat und für das die Aufnahme jetzt stellvertretend steht" (*Buddemeier* 1981, 27). Das bedeutet einen Perspektivwechsel von der Innen- zur Außenwelt. Die Kunst vor allem des Mittelalters dagegen verwies auf ein Stück Innenwelt, das normalerweise unsichtbar blieb. „Für das Mittelalter insgesamt gilt, daß Bilder, von seltenen Ausnahmen abgesehen, Innenwelt zur Darstellung bringen. Das ändert sich erst mit der Neuzeit. Man kann sogar sagen, der Wechsel der Blickrichtung vom Inneren zum Äußeren ist dasjenige, was die Neuzeit überhaupt hervorbringt." (...) „Das mit der Neuzeit heraufkommende Interesse an der materiellen Außenwelt führte mehr und mehr dazu, daß die Welt des Geistes unwirklich wurde." (ebd. 27, 39)

Wechsel der Blickrichtung

⇨ Wenn die Wissenschaft die Beobachtung des Positiven, auch da, wo es etwa um soziale oder psychologische Probleme geht, zur Grundlage ihres Forschens macht, lässt sich denken, welche Bedeutung der Fotografie zukommen musste.

⇨ Ähnlich wie für den Buchdruck gab es auch für die Erfindung der Fotografie eine gesellschaftliche Bedürfnislage: „die Wertschätzung maschineller Abbildungen (hängt) mit der für die Neuzeit charakteristischen Hinwendung zur äußeren Natur zusammen. Das Forschen und Fragen richtet sich nun auf das, was mit den Sinnen zu erfassen ist. Daraus entstand dann auch ein Bedürfnis nach möglichst genauen Bildern der Außenwelt. Schon damals galt, daß Bilder leichter und bequemer zu untersuchen sind als die Natur selbst." (ebd. 32) Das Massenmedium Fotografie, vor allem auch die Porträtfotografie, entspricht dem Aufstieg von Massenschichten zu größerer sozialer und politischer Bedeutung.

Bilder der Außenwelt

⇨ Die Genauigkeit der Fotografie, mit der sie Ausschnitte von Wirklichkeit abbildete, sprang ins Auge; so etwas hatte vorher noch kein Künstler zuwege gebracht. Die Fotografie vermittelt das Gefühl, die Wirklichkeit zu beherrschen, ihrer Herr zu werden. „Ich habe es gesehen", mit diesem Argument wird das Foto zum Wahrheitsbeweis. Noch heute wird deshalb dem Fern*sehen* die höchste Glaubwürdigkeit zugeschrieben.

Genauigkeit der Abbildungen

⇨ Der Fotoapparat scheint objektiv abzubilden, unterscheidet nicht Wichtiges von Unwichtigem, ist ein demokratisches Verfahren. Das, was das Foto abbildete, existierte mit absoluter Sicherheit oder hatte existiert an irgendeinem konkreten Ort.

⇨ Die fotografisch reproduzierte Wirklichkeit unterliegt nicht den Veränderungen und Zerstörungen der Realität, die die Zeit mit sich bringt. Das Gefühl von Unvergänglichkeit, Unsterblichkeit liegt nahe.

⇨ Man kann Wirklichkeit anhand des Fotos untersuchen; so werden auch zeitlich und örtlich weit entfernte Vorgänge zugänglich; und Pädagogik zieht daraus den Nutzen der Veranschaulichung.

⇨ Die Fotografie an sich, die technische Bildreproduktion, ist eine Seite des Problems; die Konsequenz dieser Entwicklung ist die andere: Bildüberflutung. Wir sind ständig von unzähligen Bildern umgeben. Sie vermitteln uns den Eindruck, subjektiv über sehr Vieles, auch weit entferntes, gut informiert zu sein. Aber stimmt das eigentlich? Sind wir nicht „objektiv" eher schlechter informiert, da visuelle Reize eine eher oberflächliche Wahrnehmung nahelegen und wir einer Illusion von Verstehen erliegen? Was bedeutet es, wenn die intellektuelle Anstrengung von einer ästhetischen Erfahrung überlagert wird?

Bildüberflutung

📖 Als Grundlagenlektüre zur Relevanz der Fotografie sind empfehlenswert:
Berger, John u.a., Sehen. Das Bild der Welt in der Bilderwelt, Reinbek 1974.
Freund, Giesele, Photographie und Gesellschaft, Reinbek 1976.
Neumann, Thomas, Sozialgeschichte der Photographie, Neuwied/Berlin 1966.
Sontag, Susan, Über Fotografie, Frankfurt 1980.

3.5.2 Aspekte von Bildgestaltung und Bildanalyse

Bilder können ... • motivieren und dadurch das Erinnern erleichtern • Erklärungen geben, Wiederholungen von Textinhalten bieten • Textverständlichkeit erhöhen, konkretisieren • Interesse wecken, Freude am Lernen erhöhen (deshalb ermöglichen Bilder gerade sprachlich schwachen Personen erfolgreiches Lernen) • Bewegungen und Handlungsabläufe überschaubar darstellen. ...

✓ Wirkungsaspekte von Fotos können Sie leicht selbst anhand einiger Beispiele herausfinden. Notieren Sie zu frei gewählten Fotos Bildunterschriften; tauschen Sie sich darüber aus. Was kann man mit Fotos erreichen? • Moralischer Appell? • (Sozial-)Dokumentation? • Argumentation, Beweis? • Sichern, Wachhalten von Erinnerungen? • Komplexität reduzieren? • Assoziationen auslösen? Selbstverständlich sind bei diesen Fragen vor allem Realfotos, Abbilder von Wirklichkeit ohne gravierende Verfremdungseffekte im Blick. Es gibt eine „künstlerische" Fotografie, die sich in andere Gesetzmäßigkeiten hineinbewegt.

⇨ Wir sehen nicht mit den Augen, sondern diese sind nur Rezeptoren, die das Wahrgenommene an das Gehirn als Verarbeitungszentrale weitergeben. Dort wird das visuell Wahrgenommene mit den Wahrnehmungen der anderen Sinnesorgane zusammen verarbeitet; dabei ergänzen wir auch unvollständige Eindrücke durch gespeicherte Sinneseindrücke, z.B. das Meeresrauschen bei einem entsprechenden Foto. Dieses Wahrnehmungspaket wird mit gespeicherten Erfahrungen verglichen.

⇨ Die Verarbeitung der Wahrnehmung ist abhängig von unseren bisherigen Erfahrungen und somit von Ausbildung, Bildung, sozialem Umfeld, psychischer und physischer Verfassung, von Wahrnehmungsintentionen (Erwartungen und Ziele) und von der Art, wie ich in meiner Biografie bisher die Umwelt visuell erfahren habe und wie vorgegebene visuelle Produkte mich gefordert haben. Sehen ist also immer ein subjektiver Vorgang.

Sehen als subjektiver Vorgang

Merkmale der Bilder, wie Komplexität, Dynamik, Größenverhältnisse, beeinflussen die Wahrnehmung und Erinnerung von Bildern.

⇨ Fotografien sind nicht die Wirklichkeit, sie weisen auf Wirklichkeit hin, treten an ihre Stelle. Fotos sind nur die Abbildungen eines Ausschnitts der Wirklichkeit, damit lösen sie das Bildsegment aus seinem Umfeld. Diese Auswahl ist bereits Teil des Kommunikationsvorgangs, der subjektiven Intention des Fotografen.

Ausschnitte von Wirklichkeit

⇨ Bilder haben Kommunikationsfunktion: sie wollen Wirkungen erzielen auf der Verstandesebene (kognitiv) und auf der Gefühlsebene (affektiv). Entsprechend den Unterscheidungen der Kommunikationstheorie werden Inhalte eher digital, Beziehungen vorrangig analog vermittelt. Bildwirkung hat wesentlich emotionale Komponenten (Farben, Stimmungen ...). Wirkungen werden bestimmt durch den Wahrnehmenden, durch die Bildgestaltung (Motivwahl, Ausschnitt, Bildbegrenzung, Aufbau, Ordnung der Objekte, Wahl von Perspektiven und Einstellungsgrößen, Verfremdungen ...) und durch die Rezeptionssituation. Bilder geben nur Optisches wieder, andere Sinneseindrücke bleiben objektiv ausgeklammert, werden aber teilweise durch unser Erinnerungsvermögen subjektiv ergänzt.

⇨ Wir setzen unsere Erfahrungen ein, wenn wir Bilder betrachten. Wir können nur das (bewusst) erkennen, empfinden und ausdrücken, was unsere Erfahrungen und unsere Sprachformen zulassen. Daran knüpft sich ein Problem bei der Bildwahrnehmung von Kindern: nicht primär bestimmte Bildinhalte sind problematisch, sondern das unzureichende Vorwissen zur adäquaten Bildverarbeitung. Die analoge Bildsprache suggeriert aber Verstehen.

Bilder aktualisieren Erfahrungen

⇨ Bildverstehen bedeutet niemals Informationstransport vom Macher bzw. vom Bild zum Betrachter. Bilder sind Werkzeuge: für den Macher Werkzeuge zur Lenkung von Aufmerksamkeit, zur Aktivierung von Interesse; für den Betrachter Werkzeuge für geistige Erfahrungen, Spannung, Interesse, Information, Veranschaulichung.

Bildverstehen

„Bildverstehen, das Erzeugen von Informationen mit Bildern, verläuft kreisförmig. Es fällt schwer zu entscheiden, wann und wo der Vorgang beginnt; denn unser Vorwissen leitet die Erkundung des Bildes. Auf Grund der Erkundung wird ausgewählt, welche Elemente des Bildes wahrgenommen werden. Was wahrgenommen wird, verändert unser Wissen. Dieser veränderte Wissensvorrat leitet die weitere Erkundung des Bildes – der Kreislauf ist geschlossen." (Funkkolleg 4, 45 bzw. 55; die Grafik in Anlehnung an: *Neisser* 1979, 27).

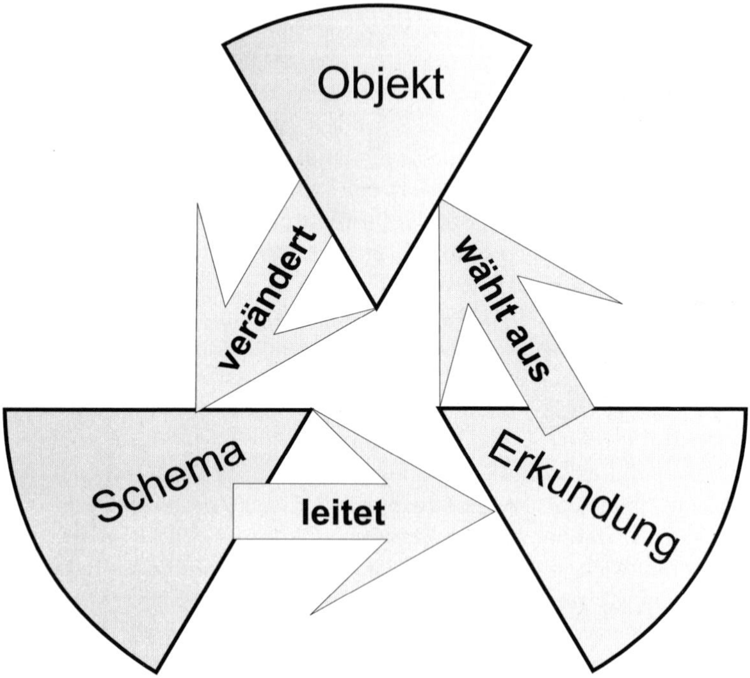

Abb. 3.6: Kreisförmiger Prozess der Bildwahrnehmung

Der Vorgang der Bildwahrnehmung vollzieht sich in drei Schritten: (1) Aufmerksamkeit erlangen. (2) Figuren und Muster interpretieren. (3) Globale Bedeutung ermitteln.

Schon nach wenigen Zehntelsekunden haben wir bei der Bildwahrnehmung eine grobe inhaltliche Orientierung. Es folgt die Detailauswertung und Interpretation des Gesehenen, die abhängig ist von unseren Seherwartungen, unseren kulturellen Prägungen und Vorerfahrungen. Wir können nur das sehen, was wir zu sehen bzw. zu erwarten gelernt haben. Entsprechend vorgeprägte Schemata bestimmen unsere Erwartungen, sie lassen uns Unvollständiges soweit möglich ergänzen, erlauben Ordnungen in zeitliche Abfolgen und Wirkungszusammenhänge. Tendenziell erinnern wir Bildinformationen leichter als Sprachinformationen. Das gilt aber nur in Abhängigkeit von der Art der Bilder, der geistigen Fähigkeit der Rezipienten und der Wahrnehmungssituation.

Bilder und Lernen

Bilder erzeugen wie Sprache kognitive mentale Objekte. „Je mehr wir uns mit einem Bild geistig auseinandersetzen, desto mehr lernen wir mit dem Bild und desto unerheblicher wird die Tatsache, daß es sich bei diesem Lernprozeß um einen Vorgang handelt, der durch ein Bild begonnen wurde. Das Lernen steht im Vordergrund. Dieses Verschwinden der Bildhaftigkeit einer Information können wir schematheoretisch erklären: Je intensiver die Auseinandersetzung mit einem Bild, desto intensiver und weitreichender wird eigenes Wissen in den Kognitionsprozeß eingebracht." (Funkkolleg 4, 79 f.) In Kombinationen mit Texten steigern Bilder die Erinnerungsleistungen, besonders dann, wenn sie illustrativen Charakter mit engem Bezug zum Text haben.

3.7 Als die Bilder laufen lernten: Film

Als die Fotos laufen lernten, entstand der Film. Allerdings brauchten die Bilder ein halbes Jahrhundert, um laufen zu lernen. Wenn 24 Einzelbilder innerhalb einer Sekunde an unserem Auge vorbeilaufen, nehmen wir ob der Trägheit unseres Sehorgans die Einzelbilder nicht mehr als solche wahr, sondern nur noch den Verlauf. Das ist das Prinzip des Films.

> ✓ Am sogenannten „*Daumenkino*" kann man das leicht nachvollziehen. Auf einem kleinen Block oder in einem kleinen Heft wird auf jeder Seite an einer Stelle am Rand ein Skizze angefertigt, die sich von Seite zu Seite kontinuierlich minimal ändert. Wenn man die Seiten nun mit dem Daumen abspult, sieht man die Veränderungen als Bewegung.

Um 1895 wurde der Kinematograph etwa zeitgleich von den Brüdern *Skladanowsky* in Berlin, von *Edison* in Amerika und den Gebrüdern *Lumiere* in Paris erfunden. Bis 1928 war der Film stumm in dem

Sinn, dass nicht in der uns bekannten Form eine synchrone Tonspur vorhanden war. Allerdings wurden die Filmvorführungen in vielen Fällen durch einen Kommentator begleitet und fast immer durch Musik live oder vom Grammophon untermalt und interpretiert.

✓ Im Filmmuseum in Potsdam gibt es im Kinoraum noch eine funktionsfähige Filmorgel (www.filmmuseum-potsdam.de).
Das Deutsche Filmmuseum in Frankfurt bietet in einer Abteilung einen sehr anschaulichen Überblick zur Vor- und Frühgeschichte des Films (www.deutsches-filmmuseum.de)

Die Verbreitung des Films erfolgte zunächst nicht serienmäßig und industrialisiert, sondern im ambulanten Kinogewerbe. Schausteller zogen von Jahrmarkt zu Rummelplatz und boten ihr Programm kurzer Filmstreifen in Schaubuden an. Den Charakter des Wanderkino und der Jahrmarktattraktion bewahrte das Kino fast ein Jahrzehnt. „In Ladenlokalen, Bier- und Cafehäusern nisteten sich die Kinos ein. Ihre Ausstattung war mit einfachen Stühlen, einer Projektionswand und einem Vorführapparat wenig aufwendig, so daß jede Neugründung ein lukratives Geschäft zu werden versprach.“ (*Kommer* 1979, 16) Die Besucherschaft setzte sich fast ausschließlich aus den unteren Schichten zusammen. Erst als um 1910 die Entwicklung des „Avantgarde- und Kunstfilms“ einsetzte, gewann der Film auch Teile des Bildungsbürgertums.

Medienpädagogisch relevant sind die gesellschaftlichen Reaktionen auf dieses Medium und seine Veränderungen sowie die Lerngeschichten der Zuschauer mit bzw. gegenüber diesem Medium. Auch die Frage nach einer Zensur: Was bewegt Menschen, Bilder zu machen, die andere dann meinen, verbieten zu müssen?, ist pädagogisch relevant und nach wie vor aktuell.

Was die Menschen in den Anfangsjahren des Kinos über Filmwirkungen spekulierten, das zeigen exemplarisch zwei Zitate aus den „Katechetischen Blättern“, die sich im 39. Jg. 1913 erstmals mit diesem Problem beschäftigten:

Wirkung des Kinos

„Die schlimmen Wirkungen des Kinobesuchs der Kinder werden von den Erziehern allüberall beklagt... Es genügt nicht, wenn die Films nicht gerade unsittlichen Inhalts sind. Der häufige Besuch solcher Theater wirkt an sich schon zerstreuend und demoralisierend, auch dann, wenn die Films nicht polizeilich beanstandet werden können. Die Jugend gewöhnt sich durch diese an allen Ecken mit aufdringlicher Reklame sich anbietenden Darstellungen an Vergnügungssucht und Zerstreuungen und verliert die im Leben so notwendige Fähigkeit, sich etwas zu versagen. Die Kinematographentheater sind die schlimmsten Feinde der Sparkassen und des Sparsinns." Es folgt die Klage, „daß die Kinder behufs Ermöglichung des Besuches der Kinematographentheater Entwendungen begehen und sich von deren Fortsetzung durch alle den Eltern zur Verfügung stehenden Zuchtmittel nicht mehr abhalten lassen." (ebd. 156-157).

In der Fortsetzung des Beitrags spitzen sich die Wirkungsvermutungen noch zu: „Es mehren sich die Fälle, in denen jugendliche Missetäter die Anregungen zu ihren Straftaten im Kino erhalten haben. In München standen dieser Tage zwei junge Bürschchen wegen Diebstahl vor Gericht. Der eine, ein Schreibgehilfe in einer Rechtsanwaltskanzlei, hatte seinem Chef Beträge über 10000 Mark entwendet. In der Verhandlung erklärte der Haupttäter, er habe in Kinos Bilder gesehen, wie Diebe unentdeckt entkamen, und das habe in ihm den Entschluß zum Diebstahl reifen lassen." (ebd. 188).

> 🕮 Wer eine frühe Streitschrift mit bewahrpädagogischer Argumentation im Original lesen will, sollte sich das Büchlein von *Walther Conradt,* Kirche und Kinematograph. Eine Frage, Berlin 1910, aus einer Bibliothek besorgen.

Lerngeschichten mit dem Medium Film

Eine Medienpädagogik, der es um die Lerngeschichten von Menschen mit Medien geht, wird über bewahrpädagogische Ansätze hinausgehen. Unter dem Stichwort Lerngeschichten sind zwei Ansätze denkbar: zum einen nach der Entwicklung des Mediums, eben der Filmsprache zu forschen; zum anderen von den Rezipienten auszugehen und nach ihren Lerngeschichten im Umgang mit dem Medium zu fragen. Wir reagieren heute auf gleiche Filmbilder ganz anders als Menschen vor 20, vor 50, vor 100 Jahren. Was haben wir als Medien-Rezipienten gelernt? In welche Richtung müssten wir unser Lernen, unsere Selbstbildung bewusst vorantreiben, um dem Medium gegenüber, um in der medialen Kommunikation freier zu werden? Das sind medienpädagogische Fragestellungen an das Medium Film Was man an der Sprache des Films lernen kann, lässt sich weitgehend auf das Fernsehen übertragen. Aber die Rezeptionssituation zu Haus beeinflusst die mediale Kommunikationssituation und der kleinere Bildschirm bringt einige Besonderheiten der Bildsprache mit sich. Wer Medien, wer in diesem Fall Film oder Fernsehen pädagogisch nutzen will, muss die Eigengesetzlichkeiten, die Sprache der Bilder, der Bild-Ton-Kombination verstehen. Wie das Medium Film sich im Spektrum zwischen Unterhaltung, Kultur und Bildung heute darstellt, dieser Frage gehen die folgenden Ausführungen nach.

> „Wenn die Kinos weiter solche Schweinereien wie eben jetzt spielen, dann geht bald kein Mensch mehr in die Theater rein."
> *Bertolt Brecht* (1919)

Die gut 100 Jahre alte Jahrmarktsattraktion Film trifft die Bedürfnisse der Menschenmassen; der Film wird zur Konkurrenz von Bildungsbemühungen, ja ganzen Bildungsinstitutionen. Die „Erlebnisgesellschaft“ heute fordert ihren Tribut und die Relationen zwischen Bildung, Kultur und Unterhaltung müssen neu bestimmt werden.

Doch nicht jede Grenzüberschreitung seitens der Bildungseinrichtungen in Richtung Kulturarbeit oder gar Unterhaltung ist im herkömmlichen Sinn durch pädagogische Intentionen motiviert; man will oft nur mit dem Speck Mäuse fangen. Auch Filmarbeit dient in Jugendzentren und Bildungseinrichtungen häufig als Lockvogel. Der regelmäßige Filmtermin dient primär als unverbindliche Kontaktstelle zur Institution; die „eigentliche“ Aufgabe der Institutionen wird so erleichtert. Ob diese Art des Verhältnisses, wo der eine den anderen benutzt, um an dritte heranzukommen, dem *Film* dient, ist fragwürdig.

3.6.1 Filmnutzung

Der Film feierte im Jahr 1995 seinen 100sten Geburtstag. Es gibt ihn nicht einfach so allgemein, sondern eigentlich nur in vielen besonderen Spezialformen. Dabei ist die Frage seiner Breite, ob 8-, 16- oder 35-mm nur eine Frage der Qualität und des Preises, nicht seiner „sprachlichen“ Möglichkeiten. Die Problemstellung hängt auch nicht prinzipiell vom Trägermedium der Filmsprache ab: ob lichtempfindliches Zelluloid oder Video-Magnetband oder ein digitales Speichermedium, darin liegt nicht der Kern des Problems. Allerdings gilt bis heute, dass die Qualität der Aufnahmen und Reproduktion vom Trägermedium abhängen. Entscheidend sind die stilistische Einordnung des Mediums und der jeweilige Kontext der Rezeption. Dabei lassen sich mit Blick auf die Praxis folgende Unterscheidungen festhalten:

Kontexte der Filmnutzung

- Film als kommerzielle Ware im gewerblichen Kino.
- Film im Fernsehprogramm, auf Videokassetten oder digitalem Speichermedium – auch hier steht mittlerweile der Warencharakter im Vordergrund.
- Film als didaktisches Hilfsmittel im pädagogisch institutionellen Bereich – auch eine Funktionalisierung, allerdings nicht zu Verkaufs-, sondern zu Erziehungszwecken.

Daneben, kaum in Reinkultur vorzufinden, drei non-profit-Ideale:

Funktionen

- Film als Kommunikationsmittel zwischen einzelnen und gesellschaftlichen Gruppen ohne vorrangige Profitinteressen.
- Film als Dokumentationsform für zeitlich oder örtlich entfernte Vorgänge.
- Film als ein Stück Sozialgeschichte. Spiegel der Wünsche des Publikums, Spiegel einer Zeit und Kultur.

Das könnte Film sein und ist das Kulturgut Film auch oft genug trotz kommerziellen Kalküls. Der Rezeptionsort Kino scheint eng mit der Besonderheit von Filmwirkung verbunden:

„Im Kino kommt der Film zu sich selbst. Hier wird er als Kunst- und Spannungsereignis zelebriert (vom Vorprogramm, der Werbung und dem Vorfilm bis zum großen Gong, zum Hauptfilm und zur Abspann-Begleitmusik beim Hinausgehen); hier entfaltet er auf Breitleinwand, in Stereo- und Quadro-Ton seine überwältigenden Wirkungen. Hier wird Film zum sozialen, kulturellen und emotionalen Ereignis. Sein nicht nur äußerlicher Formatverlust bei der Video- und Fernsehdarbietung über den Bildschirm hat ihn im Grunde seiner Aura beraubt; er ist zum Alltagsgegenstand geworden, jederzeit greif- und handhabbar, und dies hat zum Utopie- und Wirklichkeitsverlust seiner Inhalte geführt.“ (*Schäfer/Baacke* 1994, 43)

Kino als Erlebnis-Rezeptionsort

Film und Kino als Erlebnis-Rezeptionsort stehen also in der Spannung zwischen Ware bzw. Transportmittel Film und Erlebnis- bzw. Kommunikationsort Kino. Einige wenige Einblicke in Zahlenmaterial sind aufschlussreich für eine genauere Wahrnehmung und Diskussion des Phänomens und die Begründung einiger Thesen.

📖 Aktuelle Zahlen erhält man in zwei Artikeln von *Gerhard Neckermann*: Multiplex in der Krise? Filmgesuch, Verleih- und Kinostruktur in Deutschland 1991 bis 2000; und: Das Kinopublikum 1993 bis 2000. Besucherstruktur, Besucherverhalten und Image des Kinos, in: Media Perspektiven 10/2001, 505-513 bzw. 514-523.

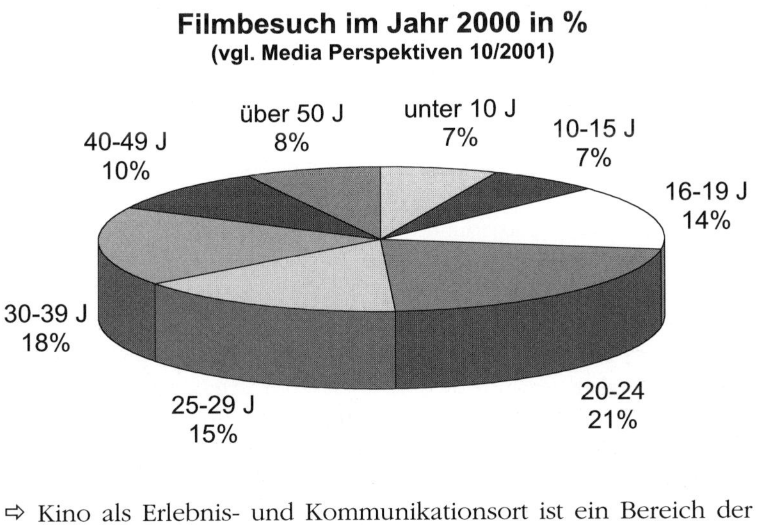

⇨ Kino als Erlebnis- und Kommunikationsort ist ein Bereich der jüngeren Generationen (vgl. vorstehende Grafik; Daten aus: Media

Perspektiven 10/2001). Andere Zielgruppen versorgt das Fernsehen oder für sie müsste eine besondere Filmarbeit spezielle Angebote machen.

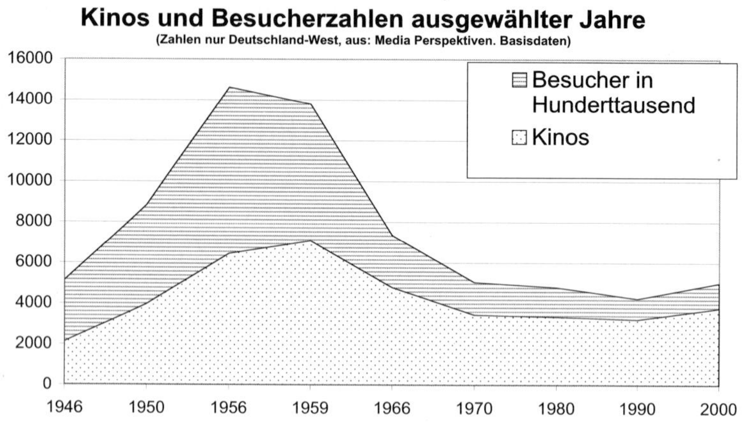

Besucherzahlen

⇨ Die Entwicklung der Filmtheater in Deutschland (BRD-West) und die Besucherzahlen zeigen interessante Entwicklungen. Die Besucherzahlen Mitte der 50er Jahre stellen einen absoluten Höhepunkt dar. Der Kinobau blühte, aber mit der Konkurrenz des Fernsehens ging das Besucherinteresse drastisch zurück. Die Schließung vieler Kinos gerade im ländlichen und kleinstädtischen Bereich war die Folge. Erst in den letzten Jahren ist wieder ein langsam wachsendes Interesse am Kinofilm zu verzeichnen. Im Jahr 2000 lag der durchschnittliche Filmbesuch pro Einwohner bei 1,8; im Hochjahr des Kinos 1956 waren es 15 Filmbesuche pro Kopf im Jahr. Für die Jahre 1992 und 2000 seien Vergleichszahlen zwischen West und Ost genannt: Im Jahr 1991 beträgt die Anzahl ortsfester Filmtheater West: 3258, Ost: 428; die Zahl der Filmbesuche in Mio. beträgt West: 106,9 und Ost: 13,0; das entspricht West: 1,7 Besuch pro Einwohner, Ost: 0,8 Besuch pro Einwohner. Im Jahr 2000 beträgt die Anzahl ortsfester Filmtheater West: 3764, Ost: 848, die Zahl der Filmbesuche in Mio. beträgt West: 124,6 und Ost: 27,9, das entspricht West: 1,8 Besuch pro Einwohner, Ost: 1,9 Besuch pro Einwohner

⇨ Die Fernsehkonkurrenz wird anhand anderer Zahlen eindrucksvoll deutlich. 1999 waren im deutschen Fernsehen (ARD, ZDF, RTL, Sat 1, Pro7, Kabel 1, Vox, TM 3, Premiere) 10473 Spielfilme mit insgesamt 20271 Sendeterminen zu sehen (vgl. Media Perspektiven. Basisdaten 2001). Das Fernsehen bombardiert seine Zuschauer mit Spielfilmen – und bei hohen Lizenzkosten und mangels Masse mit ungezählten Wiederholungen; das wird deutlich im Vergleich der Spielfilme zu den Sendeterminen, extrem bei Premiere (vgl. Grafik).

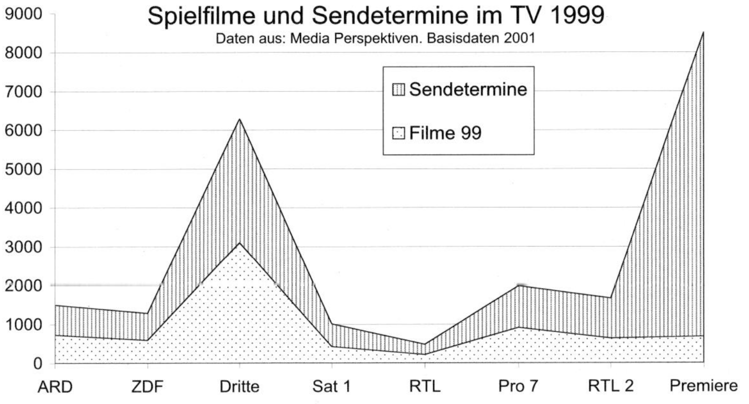

Trotzdem erlebt das Kino in den letzten Jahren einen neuen Aufschwung, der allerdings noch nicht für einen längeren Zeitraum absehbar und entsprechend deutbar ist. Erhält das Kino als Erlebnis- und Kommunikationsort einen neuen Stellenwert? Erteilen damit die Rezipienten selbst dem privaten Pantoffelkino und seiner mageren Erlebnisqualität eine Absage? Und lässt sich solches Interesse möglicherweise auch für eine pädagogisch motivierte Bildungs- und Kulturarbeit nutzen?

Kino als Erlebnisort

3.6.2 Film & Kultur

Allgemein bezeichnet man mit Kultur (lat. „colere" – pflegen) das geistige Leben, die Gebräuche einer Gemeinschaft, eines Volkes. Im Gegensatz zur Natur ist Kultur das Mittel des Menschen, zur Befriedigung seiner Bedürfnisse in die Umwelt gestaltend und verändernd einzugreifen. Kultur ist immer historisch, es gibt keinen Standpunkt außerhalb einer Kultur, von der aus wir diese beurteilen könnten; die Maßstäbe einer Kultur können letztlich nur aus dieser selbst erwachsen.

Kulturbegriff

Kultur wird aber weithin mit bestimmten ästhetischen Wertvorstellungen identifiziert. Zur Differenzierung ist ein Vorschlag des ehemaligen ZDF-Intendanten *Dieter Stolte* hilfreich. Er unterscheidet drei Kulturbegriffe (vgl. *Stolte* 1992, 72 f.):

- Elite- bzw. Hochkultur (= höhere Kultur im engeren Sinne) – ein Werk weniger schöpferischer Geister für eine entsprechend gebildete Elite;

- Kultur als Inbegriff der schöpferischen Leistungen des Menschen im literarisch-künstlerischen, gesellschaftlich-politischen und wissenschaftlich-technischen Bereich (= höhere Kultur im weiteren Sinne).
- Massen- bzw. Populärkultur (= Kultur im weitesten Sinne).

Von einem je verschiedenen Kulturverständnis her werden Medienformen und -produkte demnach als Kulturzerstörer gebrandmarkt, als Teil der Kultur eingestuft oder als Verbreiter populärer und demokratischer Kultur gelobt. Die Grenzen zwischen diesen „Kulturen" sind fließend. Deshalb plädiert *Stolte* für *Alltagskultur* als einen vermittelnden Begriff: „Alltagskultur liegt außerhalb der falschen Alternative von Elitekultur und Populärkultur. Sie erlaubt nicht nur, beide Kulturen nebeneinander bestehen zu lassen, sondern bietet darüber hinaus die Möglichkeit, Verbindungslinien zwischen beiden zu ziehen." (ebd. 75) Was *Stolte* für das Fernsehen behauptet, lässt sich in gleicher Weise auf den Film übertragen. Der Film ist Teil, Medium und Faktor der Kultur, er ist kulturgeprägt, kulturvermittelnd und kulturprägend.

Alltagskultur

Die Filme in einem konkreten Land und einer konkreten Zeit sagen auch etwas über die kulturelle Befindlichkeit der Menschen; und sie prägen diese ihrerseits mit. Ohne Berücksichtigung dieses

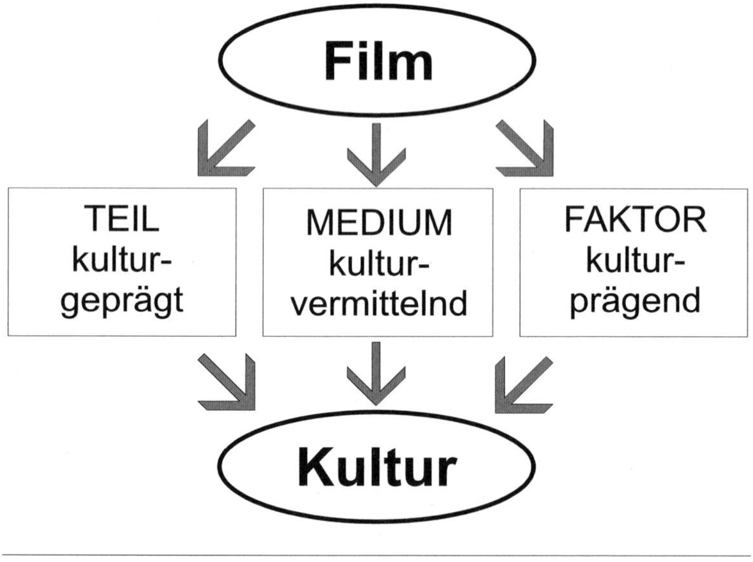

Abb. 3.7: Film und Kultur

Kontextes gibt es keine Wertmaßstäbe für Kultur. Aber ein anderes Wertungskriterium ist vielleicht weiterführend. *Eckart Bieger* sieht als wesentlichen Aspekt von Kultur bzw. kultureller Auseinandersetzung das Gespräch. Vereinzelte Zuschauer vor einem Fernsehschirm sind danach noch keine Kultur, auch wenn der Film wichtige Inhalte transportiert. „Kultur so verstanden entsteht erst dann, wenn sie Menschen zusammenführt zum Gespräch." Dabei meint Gespräch nicht nur das inszenierte Filmnachgespräch; auch Filmkritiken und eine kommunikationsfördernde Atmosphäre gehören dazu; Animation und Arrangement sind pädagogische Grundhandlungen.

Kultur und Gespräch

Bieger fragt folgerichtig: „ist unsere Kulturpolitik und Kulturförderung wirklich darauf angelegt, daß mehr Menschen ins Gespräch kommen? Bisher fließen die Förderungsmittel doch fast ausschließlich in die Darstellung ..." (in: Kino zum Anfassen, 18). Für die Organisation von Verleihangeboten, Festivals, Beschaffung, Werbung etc. wird sehr viel Energie aufgewandt. Bleibt da noch Energie und Geld für die Frage, *was* mit den Filmen gemacht wird? Kulturförderung ist jedoch nicht nur eine Frage des Geldes, sondern auch eine Frage, ob man längerfristige Ziele verfolgt und welche das sind; da liegt eine Nahtstelle zur Bildungsarbeit.

3.6.3 Film & Bildung

Unter Bildung wird im lexikalisch allgemeinsten Sinn die Entfaltung und Entwicklung der geistig-seelischen Werte und Anlagen eines Menschen durch Formung und Erziehung verstanden. Der Begriff ist abgeleitet von „Bild", einer Sache Gestalt und Wesen geben. Das Wort Bildung ist heruntergekommen zur Bezeichnung bloßen Formalwissens. Bildung ist dann nicht weit von Einbildung entfernt oder bezeichnet nur das, was gesellschaftliches Nützlichkeitsdenken der Herrschenden gerade für wichtig erachtet.

Lothar Mikos, auf die ernsthafte Deutung von Unterhaltungsangeboten bedacht, bringt eine interessante Parallele für das Problemfeld Bildung und Medien: „Reisen bildete, machte ferne Länder, andere Sitten und Gebräuche erfahr- und erlernbar; es war die Begegnung mit dem Fremden, auch mit dem Fremden im Reisenden selbst." Mit dem Medienzeitalter ist „eine neue Form der Reise in unsere Erlebniswelten eingebrochen, bei der sich der Reisende nicht mehr selbst bewegt, er wird bewegt." Der Flaneur der Boulevards von einst als Voyeur der Medienboulevards von heute? – „Für den Flaneur ist der Akt des Beobachtens Vergnügen zugleich; er erfährt im Akt des Beobachtens vergnüglich vergegenständlichte

Mediennutzung als Reise

Kultur, kurz: er bildet sich – kraft seines voyeuristischen Blicks macht er sich ein Bild. Der Flaneur ‚bildet' sich im ursprünglichen Sinn des Wortes von ‚formen, gestalten, hervorbringen, darstellen, sein'." (*Mikos* 1990, 9) Aber dem Bild gegenüber war Pädagogik schon immer skeptisch, weil es zu uneindeutig erscheint. Es dient der Anschaulichkeit („sich ein Bild von etwas machen") und der affektiv-emotionalen Ansprache („ein Bild sagt mehr als tausend Worte"). Entsprechend lassen sich Primär-Motive für die Einbeziehung des Films in die Bildungsarbeit unterscheiden:

- Film als Träger anschaulicher und realitätsnaher Informationen (Informationsfunktion);
- durch den Film einen besonders intensiven, nachhaltigen Eindruck vermitteln (Motivationsfunktion).

Filme haben eigenständige Bildungsfunktion

Dagegen ist nichts einzuwenden, wenn nicht dahinter letztlich eine Grundvoraussetzung stünde: das Eigentliche wird doch primär kognitiv durch das Wort vermittelt. Eine Pädagogik, die Bildern grundsätzlich keine selbständige Kommunikationsfunktion zugesteht, kann den Film nicht wirklich ernst nehmen. Bildungsarbeit mit Film muss sich eine Schulung des Blicks zur Aufgabe machen, denn Kino entsteht im Kopf.

Bildungsprogramm im Fernsehen

Bildung und Unterhaltung sind in Trias mit Information der kulturelle Auftrag der öffentlich-rechtlichen Rundfunkanstalten. Nach den bildungsbewegten 70er Jahren waren in den 80er Jahren pädagogische Anliegen in den Funkanstalten eher verpönt, weil sie permanent als mit dem moralinsauren Zeigefinger belehrend missverstanden wurden. Die Abteilungsressorts der Rundfunkanstalten sprechen mit ihren diffusen Zuordnung für die Unklarheit der Bereichsgrenzen. Seit die private Konkurrenz gerade auf dem Sektor der Unterhaltung boomt, wird Bildung bei ARD und ZDF wieder zum Aushängeschild; aber sie wird in Nischen verbannt: ins Nachtprogramm, in diverse Vormittagsstunden, in die 3. Programme, in die Randprogramme 3 SAT und ARTE, weil sie allein keine Einschaltquoten bringt und somit kommerziell wenig taugt. Es scheint eine Art ehernes Grundgesetz zu geben:

- Bildungsprogramme sind nur für Minderheiten interessant, das liegt in der Natur ihrer Form und Inhalte.
- Bildung und Kommerz (= breites Interesse) schließen einander aus.

Das gilt fürs Fernsehen wie fürs Kino. Dieser Einsicht hat im Filmbereich schon früh die Gründung nicht-gewerblicher Verleih- und Spielstellen sowie kommunaler Kinos entsprochen.

✓ *Kommunale Kinos*: Erste Gründungen datieren Anfang der 70er Jahre. Hintergrund waren die Thesen *Hilmar Hoffmanns* zu einer „Kultur für alle". Die Kinowirtschaft witterte anfangs Konkurrenz, verlor aber einen Musterprozess. Ihr Motto: „Andere Filme anders zeigen". Spielplan und Filmauswahl sind nicht gewerblich ausgerichtet; Filme bilden ein zusammenhängendes kulturelles Angebot, in Programmheften präsentiert. Auf Werbe- und Vorprogramme wurde verzichtet. Man hoffte so u.a. auf ein Forum für alternative Produktionen im Sinne einer Gegenöffentlichkeit.
Hoffmann, Hilmar, Kommunales Kino, in: *Karsten Witte* (Hg.), Theorie des Kinos, Frankfurt 1972, 265-280. • *Ders.* (Hg.), Perspektiven der kommunalen Kulturpolitik. Beschreibungen und Entwürfe, Frankfurt 1974.

Kommunale Kinos

Aber ist die strikte Trennung von Bildung und Unterhaltung in Zeiten des Info- und Edutainments, mit denen wir uns angeblich „zu Tode amüsieren" (*Neil Postman*), noch durchzuhalten? Ist sie nicht auch eine Entpflichtung jeder Seite von einer umfassenderen gesellschaftlichen Aufgabe? Man kann das gut beobachten an Diskussionen um das duale Rundfunksystem: die Privaten fordern: Lasst uns die Unterhaltung, die öffentlich-rechtlich geschützten und geförderten Sender sollen sich auf Information und Bildung, auf die gesellschaftliche Grundversorgung beschränken. Führt das nicht zu einer Zwei-Klassen-Mediengesellschaft? Und kann das nicht umgekehrt bei nicht-kommerziellem Medienverleih und -nutzung zu einer gefährlichen Ignoranz von Publikumsinteressen führen?

Intentionale und funktionale Bildung

Hilfreich scheint mir hier eine alte Unterscheidung von *intentionaler* und *funktionaler* Bildung durch Medien bzw. deren Aufhebung. Die Pädagogik wusste eigentlich schon immer um andere Lernformen als die intentionalen und systematischen. Medienpädagogisch lassen sich unterscheiden: (1) Bildung durch spezielle, dafür produzierte Medienangebote. (2) Bildung, die Medienangebote quasi nebenbei ausüben. (3) Medienpädagogische Aufklärung: Medien als Institutionen und Medienprodukte als Ideologie durchschauen. Vom Kernbegriff des Lernens aus sind solche Unterscheidungen wenig relevant; die zentrale Frage heißt dann: Was und wie lernt ein Zuschauer, wenn er sich welchem Medium aussetzt?

„Gebildet ist, wer gesprächsfähig ist"

Kommunikation ist nicht generell gleich Lernen; ebenso sind bloße Darstellung von Wirklichkeit, Informationen über sie noch nicht bildend. Bildend ist ein Medienangebot erst, wenn es Wirklichkeit erschließt, zugänglich macht, zur Auseinandersetzung herausfordert. Wie unter dem Begriff Kultur behauptet wurde, dass wesentlicher Aspekt kultureller Auseinandersetzung das Gespräch sei, so gilt parallel auch für die Bildung: „Gebildet ist, wer gesprächsfähig ist" (*Walter Dirks*). Dabei bleibt diffus, was denn wiederum Gespräch und

Gesprächsfähigkeit genau bezeichnet; auf jeden Fall ist damit eine im Kern soziale Komponente von Kultur und Bildung bezeichnet.

Gesprächsfähigkeit und Film – wie kann das zusammengehen? Wo der Mensch sprachlos wird, sprechen Bilder. Filme sind so faszinierend, weil sie intensive Gefühle auslösen; das *ist* bildend. Trotzdem mögen Pädagogen das nicht besonders. In Filmbildern und -geschichten werden sonst sprachlose Gefühlswelten anschaulich und teilweise unserer Sprache zugänglich. Filme können uns Zuschauer in Situationen hineinversetzen, die unsere eigene Situation überschreiten; sie ziehen uns in Bann, vereinnahmen uns emotional, machen betroffen. Film-Bildungsarbeit hätte die Aufgabe, solche Vereinnahmung und Betroffenheit im Kopf klarzukriegen und wenigstens teilweise über sprachliche Erschließung bewusst und verfügbar zu machen.

3.6.4 Film & Unterhaltung

Ist das alles beim Stichwort Unterhaltung außen vor? Unterhaltung, gleichgesetzt mit Vergnügen, galt schon immer als kulturell minderwertig. Sinnen-Lust und emotionale Erregung werden der Reflexion, der Verstandesebene entgegengesetzt. Bildung wird von Unterhaltung, Amüsement, Vergnügen abgetrennt. Und doch sind es neben den Ausbildungs- bzw. qualifizierenden Fortbildungsangeboten etwa im Bereich der Erwachsenenbildung gerade die auch unterhaltenden Angebote, die Resonanz finden. Es ist wohl weniger die Sucht nach Unterhaltung, als die Suche nach sinnlicher Ansprache, nach Emotionen, die uns erregen und betreffen, die einer verbal-orientierten Bildungsarbeit weithin abgehen. Kultur und Bildung, das ist keine Frage, dürfen nicht in unterhaltendem Amüsement auf- und damit eingehen. Aber sie müssten die emotionale und sinnliche Komponente, die am Unterhaltungsangebot fasziniert und die Menschen erreicht, wahrnehmen und aufzugreifen suchen. Filme ohne diese Komponenten sind zumeist öde und erreichen wie viele andere Kultur- und Bildungsangebote kein breites Menschenpublikum.

Suche nach sinnlicher Ansprache

Film ist in jeder Facette Kulturgut; Filmarbeit ist Kulturarbeit zwischen Bildung und Unterhaltung. Erwünscht sind Filminhalte, die des Anschauens und der Auseinandersetzung wert sind, die zugleich packen und betroffen machen. Der „Wert" von Filmen als sozialen Kommunikationsmitteln, die zur Interaktion zwischen Mensch und Medium und der Menschen untereinander provozieren, kann nur konkret entschieden werden und bleibt ständig neu zu diskutieren.

Literaturtipps

Baacke, Dieter/Schäfer, Horst/Vollbrecht, Ralf, Treffpunkt Kino. Daten und Materialien zum Verhältnis von Jugend und Kino, Weinheim 1994

Gronemeyer, Andrea, Film, Köln 1998
Kino zum Anfassen. Handbuch der nichtgewerblichen Filmarbeit, hg. v. *Raimung Franken/Dagmar Riekenberg* in Zusammenarbeit mit dem Kinder- und Jugendfilmzentrum, Frankfurt 1985
Kommer, Helmut, Früher Film und späte Folgen. Zur Geschichte der Film- und Fernseherziehung, Berlin 1979
Monaco, James, Film verstehen, Reinbek 1995 (Neuausgabe)
Schäfer, Horst/Baacke, Dieter, Leben wie im Kino. Jugendkulturen und Film, Frankfurt 1994
Schröder, Nicolaus, Filmindustrie (rororo special), Reinbek 1995
Texte zur Poetik des Films (Reihe: Arbeitstexte für den Unterricht), Stuttgart 1978

3.8 Sprachrohr zur Welt: Radio

Soziale Bedeutung des Radios

Bald nach dem Film aber weit vor dem Fernsehen etablierte sich das Radio als Massenmedium. Seine soziale Bedeutung wird in folgendem Zitat klar: „Wo immer eine politische Umwälzung stattfindet, wird zuerst der Rundfunk besetzt. Wer immer das aktuelle Lebensgefühl der Jugend begreifen will, muß sich mit der von ihr tagtäglich gehörten Musik auseinandersetzen. Um das Funktionieren der totalen Gleichschaltung der Gesellschaft im NS-Staat zu erklären, wird man die Rolle des Rundfunks nicht übergehen können. Daß die Zweiteilung Europas durch einen Eisernen Vorhang sich schließlich als unhaltbare Illusion erwiesen hat, lag nicht zuletzt daran, daß die Menschen im kommunistischen Machtbereich sich von Information, Kultur und Werbung des westlichen Rundfunks nicht haben ausschließen lasse. (...) Kein anderes Medium hat eine vergleichbare Verbreitung wie Radio und Fernsehen erreicht, kein anderes wird ebenso intensiv Tag für Tag und von jedermann genutzt. Die Tatsache, daß Menschen heute fast alles, was sie wissen, aus Medien wissen, daß Weltbilder sich aus medienvermittelten Informationen konstituieren, hängt aufs engste mit der Entwicklung der Rundfunktechnik zusammen.“ (*P. Chr. Hall* in: ARD/ZDF 1997, 17)

✓ Zur Rundfunkgeschichte in Deutschland gibt es ein Medienpaket mit Tonkassetten, einem Videoband und Begleittexten: ARD + ZDF Medienbox. Materialien zur Medienkunde, dargestellt am Rundfunk in Deutschland, hg. von der ARD/ZDF Arbeitsgruppe Marketing, 1996, Vertrieb über das FWU Institut für Film und bild, Grünwald, Verleih über alle Bildstellen. – Der Begleittext dieser Medienbox wurde in Buchform veröffentlicht: ARD/ZDF, Was Sie über Rundfunk wissen sollten, Berlin 1997

Das Radio ist unter zwei Aspekten besonders interessant:

- In Deutschland wurden mit dem Aufkommen des Radios Anfang des 20. Jahrhunderts medienpolitische Weichen gestellt, die über Jahrzehnte hin bis heute prägend waren.
- Das Radio beschränkt sich, wie nachfolgend Schallplatte, Tonband, Tonkassette, CD, ausschließlich auf den Hörsinn; das bringt Besonderheiten für die Rezeption mit sich.

Definition Rundfunk

„Rundfunk ist die für die Allgemeinheit bestimmte Veranstaltung und Verbreitung von Darbietungen aller Art in Wort, in Ton und in Bild unter Benutzung elektromagnetischer Schwingungen ohne Verbindungsleitung oder längst oder mittels eines Leiters. Der Begriff schließt Darbietungen ein, die verschlüsselt verbreitet werden oder gegen besonderes Entgeld empfangbar sind." So definiert der „Staatsvertrag über den Rundfunk im vereinten Deutschland" von 1991 in der Fassung vom 1. Juli 2002 den Begriff, der also Hörfunk bzw. Radio und Fernsehen umfasst (im Englischen „broadcasting") und auch neue Arten der Text- und Datenübermittlung, etwa BTX oder Videotext. Das hat nicht nur technische Bedeutung; hier werden Kommunikationswege in rechtlichem und politischem Sinn zugeordnet. Die Grundordnung geschah in Deutschland bereits mit dem Aufkommen des Radios; die Geschichte des Rundfunks beginnt mit dem Radio.

> 🕮 Staatsvertrag über den Rundfunk im vereinten Deutschland, in der Fassung vom 1. Juli 2002 (Sechster Rundfunkänderungsstaatsvertrag, abgedruckt in: Media Perspektiven Dokumentation I/2002.

Beginn des Radios

Das Radio fußt auf der Entdeckung der elektromagnetischen Wellen durch den deutschen Physiker *Heinrich Hertz* 1888. Aber erst Anfang unseres Jahrhunderts gelang die Nutzung dieser Entdeckung für drahtlose Funktelegraphie. Der 1.Weltkrieg verzögerte die Weiterentwicklung bzw. konzentrierte sie auf militärische und reine Postzwecke. In anderen Ländern, vor allem Amerika, geschah die Weiterentwicklung des Radios zu einem öffentlichen publizistischen Medium Hand in Hand zwischen Geräteindustrie, Handel und Funk-Enthusiasten. In Deutschland dagegen war durch das Reichstelegraphengesetz 1892/1908 festgelegt, dass die zentrale Kontrolle beim Staat liegen solle. So erhielt vor privaten Anträgen die „Deutsche Stunde", eine Aktiengesellschaft unter Reichskontrolle, die erste Sendelizenz und nahm Ende Oktober 1923 aus dem Vox-Haus in Berlin die ersten Sendungen auf.

Auch eine Regionalisierung des Rundfunks wurde in den Anfangsjahren bereits festgelegt, aus technischen (Senderreichweite) und politischen Gründen (Länderkompetenz), ebenso die Berechtigung der Empfänger zum Empfang durch eine Rundfunkgebühr; die erste Hörfunk-Gebühr von DM 2,- blieb von 1924 bis 1969 konstant.

„Die Entstehung des deutschen Rundfunks in der Weimarer Republik läßt sich ... durch die folgenden Leitprinzipien kennzeichnen:

Leitprinzipien des frühen Rundfunks in Deutschland

- Eine dominante wirtschaftliche und technische Position der Reichspost, die sich u.a. im Sendermonopol und in verschiedenen Mehrheitsbeteiligungen, vor allem über die Reichsrundfunkgesellschaft, zeigte.
- Politische Kontrolle der Programminhalte, auf Reichsebene durch die Programmgesellschaften DRADAG (Drahtloser Dienst AG, B.H.) und Deutsche Stunde, auf Länderebene durch Überwachungsausschüsse.
- Konzeption des Rundfunks als ein eher ‚hoheitliches', parteipolitisch neutrales Medium zum Wohle der Allgemeinheit, nicht einzelner Parteien oder Regierungen.
- Demzufolge Ansiedlung des Mediums im staatlichen Aufgabenbereich bei nur geringfügigen Möglichkeiten für private Beteiligungen.

Diese Leitprinzipien wirkten bis in die Zeit des Wiederaufbaus des deutschen Rundfunkwesens nach 1945." (*Noelle-Neumann u.a.* 1994, 480).

Diese Ausgangslage ermöglichte es, dass der Rundfunk nach 1933 unter der nationalsozialistischer Diktatur verstaatlicht und zentralisiert wurde; Programm und Personal wurden überwacht. Das Radio wurde zum Propagandainstrument Nr.1 ausgebaut. Bau und billiges Angebot der „Volksempfänger" sicherten eine weite Verbreitung. In den Kriegsjahren führte *Josef Goebbels* ein Einheitsprogramm ein; das Abhören ausländischer Sender stand unter Todesstrafe.

Gleichschaltung des Radios in der NS-Zeit

Diese Erfahrungen mit einem offensichtlich wirkungsvollen Propagandainstrument dürften die alliierten Besatzungsmächte nach 1945 bewogen haben, einer regionalen Struktur und einer öffentlich-rechtlichen Organisationsform des Rundfunks den Vorrang zu geben, um eine so zentrale Macht nicht wieder entstehen zu lassen. Gleichzeitig war für sie das Radio ein wichtiges Instrument zur Umerziehung, zur Entnazifizierung und Demokratisierung des deutschen Volkes. Nie wieder sollte ein Staat, eine Regierung, eine gesellschaftliche Gruppe den Rundfunk kontrollieren können.

Öffentlich-rechtlicher Neubeginn nach 1945

Die deutschen Politiker wollten keinen Rundfunk, der ohne entscheidenden Einfluss des Staates Programme gestalten und ausstrahlen konnte. Doch sie konnten sich im Nachkriegs-Deutschland nicht durchsetzen; so wurde der neue Rundfunk dezentral, föderalistisch und auf öffentlich-rechtlicher Basis errichtet.

Den Kriterien Dezentralisierung und Kulturhoheit entsprechend liegt Rundfunk also in der Kompetenz der Bundesländer. Bis 1984 dominierte die öffentlich-rechtliche Organisationsform; sie beteiligt in den entscheidenden Gremien, vor allem dem Rundfunk- bzw. Fernsehrat (u.a. für Programmkontrolle und Wahl des Intendanten zuständig; wählt die Mehrzahl der Mitglieder des Verwaltungsrates) und dem Verwaltungsrat (trifft u.a. Personalentscheidungen, überwacht Geschäftsführung des Intendanten, Finanzpläne ...), alle gesellschaftlich relevanten Gruppen (Parteien, Verbände, Gewerkschaften, Kirchen ...).

Binnenplurales Modell

Ziel ist Meinungsvielfalt und zugleich ein Ausgleich der unterschiedlichen Meinungen im Sinn von Ausgewogenheit. Die Beteiligung der gesellschaftlich relevanten Gruppen ist auch im Programm angezielt. Diese Ordnung wird als „System der Interessen-Integration" oder auch als *binnenplurales Modell* bezeichnet. So organisiert waren und sind die Landesrundfunkanstalten sowie die nationalen Hörfunksender „Deutsche Welle" und „Deutschlandradio". Die Landesrundfunkanstalten schlossen sich 1950 zur Arbeitsgemeinschaft öffentlich-rechtlicher Rundfunkanstalten der Bundesrepublik Deutschland (ARD) zusammen. Ab 1953/54 kamen dann Fernsehaktivitäten hinzu.

Außenpluralität

Ein Alternativmodell kommt dann in den Regelungen zum Privatfunk bzw. dem dualen Modell (öffentlich-rechtliche neben privatwirtschaftlichen Anbietern) zum Tragen, die Interessen-Koordination bzw. Außenpluralität: nach einem bestimmten Schlüssel wird den relevanten Gruppen Sendezeit zur inhaltlich eigenverantwortlichen Gestaltung zugewiesen; Pluralität wird nicht innerhalb eines oder weniger Programme erreicht, sondern durch eine Vielfalt von Programmen nebeneinander. Die Zulassung privatwirtschaftlicher Anbieter und deren Kontrolle ist Aufgabe der Landesmedienanstalten, die wiederum eine öffentlich-rechtliche Struktur haben. Durch den Rundfunkstaatsvertrag wurde 1987 dem öffentlich-rechtlichen Rundfunk eine Bestandsgarantie gegeben, damit er die „Grundversorgung" und somit Meinungsvielfalt und Rundfunkfreiheit sichern kann: „Der öffentlich-rechtliche Rundfunk finanziert sich durch Rundfunkgebühren, Einnahmen aus Rundfunkwerbung und sonstigen Einnahmen; vorrangige Finanzierungsquelle ist die Rundfunkgebühr." (§ 11 Abs. 1)

Funktionen des Radios

Die Funktion des Radios hat sich über die Jahrzehnte stark verändert. War es anfangs für viele das „Ohr zur Welt", das ihnen Information, Bildung und Unterhaltung für wenig Geld ins Haus lieferte, so ist das Radio heute vor allem Begleitmedium, teils sogar nur

Geräuschkulisse mit einem dominanten Musikteppich. Eckpunkte der Radioentwicklung seit 1945 lassen sich in Anlehnung an *W. Klingler* (1998, 113) folgendermaßen auflisten:

Radioentwicklung

- Vom nationalsozialistischen Propagandainstrument über alliierte Kontrolle zum etablierten Massenmedium im dualen System mit Marktorientierung;
- von wenigen Hörfunkprogrammen hin zu 20 oder mehr in der Region verfügbaren Programmen;
- von Programmphilosophien der Aufeinanderfolge unterschiedlicher Inhalte hin zum durchhörbaren Programm;
- vom Röhrenempfänger über Transistoren, Stereophonie, Autoradio und tragbare Radios bis hin zum Satellitenempfänger, Digital- und Internetradio;
- von der Mittelwelle über UKW ins Netz und auf den Satelliten;
- vom Massenmedium und elektronischen Bezugpunkt der Bürger hin zum Tagesbegleitmedium.

Radionutzung

Radio wird heute selten gezielt eingeschaltet, aber im Schnitt täglich etwa 200 Minuten begleitend benutzt. Anders als beim Fernsehen gibt es wenig Zapping-Verhalten. Mit der Nutzung von 1,3 Programmen pro Tag zeigt der Durchschnittshörer eine hohe Sendertreue. Entscheidend ist in Rangfolge: (1) die Musikfarbe, (2) der Moderator, (3) Service/Information. Entsprechend ist ein Radioprogramm heute nicht mehr eine Aneinanderreihung von Einzelsendungen für jeweils spezifische Hörergruppen, sondern möglichst ein Programm aus einem Guss, wobei die Musikfarbe den „Guss" abgibt. Diese Form und Funktion erlaubt kaum Störendes, Widerspenstiges, Irritierendes, was etwa Lernanreize bieten könnte. Die Information muss sich in Häppchen von 1:30 Minuten nahtlos einfügen. Durch die erfolgreichen Privatradios (z.B. Radio NRW, Antenne Bayern, Hitradio FFH in Hessen ...) wird weniger Vielfalt, wie politisch versprochen, sondern eher Einheitsbrei gefördert; wer mit seinem Auto quer durch die Republik und damit die Frequenzbereiche der Sender fährt, kann die Unterschiedslosigkeit dieser Sender erleben.

Die Rezeption des Radios liegt bei den unter 50jährigen quantitativ über der Fernsehnutzung. Bei Jugendlichen muss man neben dem Radio auch die übrigen Audiomedien mit berücksichtigen. Dann wird deutlich, dass auditive Medien die eigentlichen Jugendmedien sind, inhaltlich ist das vor allem Musikkonsum.

Literaturtipps

Dahl, Peter, Radio. Sozialgeschichte des Rundfunks für Sender und Empfänger, Reinbek 1983

Arnold, Bernd-Peter/Verres, Hanns, Radio. Macher – Mechanismen – Mission, München 1989

ARD/ZDF-Arbeitsgruppe Marketing (Hg.), Was Sie über Rundfunk wissen sollten. Materialien zum Verständnis eines Mediums, Berlin 1997

Klingler, Walter, Hörfunk und Hörfunknutzung seit 1945, in: *Ders./Roters, Gunnar/Gerhards, Maria* (Hg.), Medienrezeption seit 1945, Baden-Baden 1998, 113-124

Klingler, Walter/Müller, Dieter K., MA 2001 Radio: Kontinuität bei Methode und Ergebnissen, in: Media Perspektiven 9/2001, 434-449

Rundfunk in Deutschland, 5 Bände, hg. v. *Hans Bausch,* München 1980

Rundfunk und Fernsehen in Deutschland. Texte zur Rundfunkpolitik von der Weimarer Republik bis zur Gegenwart (Reihe: Arbeitstexte für den Unterricht), Stuttgart 1985

3.9 Das Leitmedium: Fernsehen

Das Fernsehen in Deutschland hat seinen experimentellen Start in der Zeit des Nationalsozialismus. Am 22. März 1935 ging das erste regelmäßige Fernsehprogramm auf Sendung, allerdings von nur etwa 200 Empfangsgeräten in meist öffentlichen Fernsehstuben empfangbar. 1936 wurden als Großereignis die Olympischen Spiele aus Berlin live übertragen. Doch *Goebbels* und sein Propagandaministerium sahen im Radio und Film wirksamere Instrumente.

Frühes Fernsehen in Deutschland

Ins Laufen kam die Technik erst nach dem Krieg in den 50er Jahren. Am 25. Dezember 1952 nimmt das Fernsehen des Nordwestdeutschen Rundfunks (NWDR) nach zweijähriger Testphase seinen ständigen Programmbetrieb auf. Damals gab es noch keine MAZ-Technik, sondern alles wurde live gesendet. So waren die ersten Serien wie die „Schölermanns" übertragenes Studio-Theater. Überhaupt orientierten sich die Fernsehmacher sehr stark an den Vorgängermedien: Theater, Konzert, Kino sowie Hörfunk.

In den 50er Jahren war das Fernsehen in Deutschland ein Minderheitenprogramm. Teilweise war es sogar eine öffentliche Veranstaltung in sogenannten Fernsehstuben, wo man mit einem Dutzend anderen Zuschauern gemeinsam das wenige Programm ansah. Der Individualempfang war nicht von Anfang an selbstverständlich. Erst die Kinder der 60er Jahre wurden zur ersten richtigen Fernsehgeneration – mit drei Programmen. In seinen ersten Jahrzehnten war das Programm noch gemeinschafts- und kommunikationsstiftend; man sah etwas gemeinsam oder hatte unabhängig voneinander dasselbe Programm gesehen und konnte sich darüber austauschen. Das Fernsehen schuf „eine von der Mehrheit der Bevölkerung auch lustvoll akzeptierte Gemeinschaft" (*Hieckethier* 1998, 131). Programm-

Fernseh-Gemeinschaft

Highlights waren Straßenfeger mit Einschaltquoten weit über 50%, an die heute kein Programm auch nur annähernd herankommt.

📖 *Wüllenweber, Walter,* Wir Fernsehkinder. Eine Generation ohne Programm, Berlin 1994
Sichtermann, Barbara, Fernsehen, Berlin 1994
Drösser, Christoph, rororo special: Fernsehen, Reinbek 1995
Hickethier, Knut, Die Geschichte des Fernsehens, Stuttgart 1998

Erstes Fernsehurteil

Die Pläne Konrad Adenauers, neben der Deutschen Welle und dem Deutschlandfunk (ab Januar 1962) auch ein zentrales Deutschland-Fernsehen (möglicherweise sogar privatrechtlich organisiert) einzurichten, scheiterten. Die SPD-regierten Länder klagten dagegen beim Bundesverfassungsgericht, das mit seinem 1. Fernsehurteil 1961 eine neue Ära der Rundfunkpolitik einläutete. Am 6.Juni 1961 wurde als neue selbstständige Anstalt öffentlichen Rechts das Zweite Deutsche Fernsehen (ZDF) gegründet, das seine Sendungen am 1. April 1963 aufnahm. Damit trat neben die Rundfunkanstalten der Länder eine von allen Ländern getragene zentrale Fernsehanstalt. ARD und ZDF wurden zur Abstimmung ihrer Programme verpflichtet. Im August 1967 wurde das Farbfernsehen eingeführt.

Spezifika der Fernsehsituation

Die Fernsehsituation hat für den Rezipienten einige Besonderheiten, die uns oftmals gar nicht mehr bewusst sind. Die Sehsituation ist eine private, fast intime im häuslichen Kontext. Öffentliche Veranstaltungen wie Theater, Konzert, Film kommen via Television zum Empfänger in die Wohnstube; Privatheit und Öffentlichkeit werden verzahnt. Der Apparat hat in der Regel seinen festen Platz und eine unveränderliche Größe des Bildformats. Der Zuschauer bleibt in sicherer Distanz und weiß um die weitgehende Folgenlosigkeit des Geschehens für ihn. Die Apparatur verschleiert die dahinterstehende Technik und die Produzierenden. Präsent sind nur die Schauspieler bzw. ModeratorInnen auf dem Schirm. „Die Festigkeit des Rahmens gestattet Vorstellungen von einem ‚Fenster zur Welt', vermittelt innerhalb der Wahrnehmung die Sicherheit der Unveränderbarkeit dieser Distanz zwischen Zuschauer und dem im Bild Gezeigten, schafft auch die Gewißheit weitgehender Folgenlosigkeit des Zuschauens." (*Hickethier* 1998, 127) All diese Elemente sind als Voraussetzungen Einflussgrößen für Medienwirkung (vgl. dazu Kap. 5)

Fernsehen als Familienangelegenheit

Das Fernsehverhalten hat sich durch Technik und Angebot verändert: In den 60er und teils den 70er Jahren war das Fernsehen noch Familienangelegenheit. Es gab höchstens ein Gerät in der

Familie und man sah ein Programm aus der kleinen Auswahl. „Dementsprechend bemühten sich die Sender, ein ‚integriertes Programm‘ zu bieten: für jeden etwas, eine ausgewogene Mischung aus Bildung, Information und Unterhaltung.“ (*Drösser* 1995, 28 ff.) Ende der 60er Jahre hatte das Fernsehen eine erste Sättigungsgrenze erreicht und der Reiz des Neuen war geschwunden. In den 70er Jahren differenzierten sich Programmangebot und Zuschauerinteressen zunehmend. Man konnte das wachsende Programmangebot nicht mehr vollständig sehen. Entscheidungen waren nötig, die nicht selten in der Familie durch ein Zweitgerät gelöst wurden. Die Fernbedienung wurde zu einem wichtigen Utensil im Sehverhalten; aber die kann nur eine(r) bedienen.

Programmvielfalt

Ende der 70er Jahre machten es Kabel- und Satellitentechnik möglich, die Zahl der Programme zu vervielfachen und damit auch privatwirtschaftlichen Anbietern das Feld zu öffnen. Aber erst nach dem Sturz der zögernden SPD/FDP-Regierung 1982 wurde die Revolution des Rundfunksystems in großen Schritten eingeleitet. Die 1978 beschlossenen sogenannten Kabel-Pilotprojekte (Ludwigshafen, Dortmund, Berlin, München) sollten eigentlich die Auswirkungen eines entsprechenden Angebots testen. Aber noch vor Ablauf der Projekte war die Einführung des „dualen“ Systems in verschiedenen Bundesländern besiegelt. So gilt das Jahr 1984 als medienpolitischer „Urknall“ in der BRD. 1987 wurde die Entwicklung in einem neuen Rundfunkstaatsvertrag besiegelt, der 1991 nach der Wiedervereinigung und später noch einige Male aktualisiert wurde.

1984 „duales“ Rundfunksystem

Seitdem gibt es in Deutschland eine stetig wachsende Menge von Programmangeboten rund um die Uhr, die als „Free-TV“ zu empfangen sind. Der Zuschauer zahlt seine per Gesetz auferlegten Rundfunkgebühren; er zahlt für die Installation einer Satellitenanlage oder monatlich für die Nutzung der Kabelverbindung. Den Rest bezahlt er über sein Konsumentenverhalten; denn das privatwirtschaftliche Fernsehen finanziert sich hauptsächlich durch Werbeeinnahmen. Ein eigenes Pay-TV, bei dem man für bestimmte Programmpakete (ohne Werbung) eigens bezahlt, gibt es mit Premiere bzw. Premiere-World seit einigen Jahren auch, aber es hat sich in Deutschland bislang nicht wirklich etablieren können.

Mag sein, dass das Fernsehen künftig seine Funktion als Leitmedium für Information und Unterhaltung verliert. Seine sozialen Funktionen für den einzelnen und seine Primärgruppen wird es (noch lange) behalten.

3.10 „Neue“ Medien in der Kritik

Schon Mitte der 80er Jahre des 20sten Jahrhunderts standen Gesellschaft und folglich auch Medienpädagogik vor Herausforderungen, die unter dem unscharfen Sammelbegriff „neue Medien“ zusammengefasst wurden. Der Begriff fasste so Unterschiedliches zusammen wie: privatwirtschaftlichen Rundfunk, Kabel- und Satellitenfunk/-fernsehen, Videotext bzw. TOP-Text („Table of Pages“) und Bildschirmtext (BTX), hochauflösendes Fernsehen (HDTV), Digitalisierung von Ton- und Bildaufzeichnungen wie Bildplatte, Compact-Disc, Dat-Rekorder, DVD (Digital versatile disc), bis hin zum Computer und den weltweiten Computernetzen.

Informations- und Kommunikationstechnologien

Damals wurde häufig der Begriff „neue Informations- und Kommunikationstechniken“ (IuK) gebraucht; gemeint sind die Techniken, die zur Speicherung, Verarbeitung und Übertragung von Daten (Sprache, Texten, Bildern ...) eingesetzt werden. Sie setzen insgesamt den rasanten Fortschritt der Mikroelektronik und die Digitalisierung als einheitliche technische Sprache voraus.

Der Bildschirm stellt symbolisch eine Kommunikationszentrale dar, vor und mit der wir weit mehr Zeit als nur zum Fernsehen verbringen (werden). Die Nutzungsmöglichkeiten und Zwänge gehen über den Heimbereich, wie ihn die Abbildung zeigt, weit hinaus. Künftig werden die Mehrzahl der Arbeitsplätze zumindest teilweise Bildschirmarbeitsplätze sein. Weit über 50% aller Haushalte in Deutschland sind mit einem Kabelanschluss oder/und einer Satelliten-Empfangsanlage für den Radio- und Fernsehempfang ausgestattet. Dabei hat das Kabel eher das Nachsehen: 2001 standen 18,1 Mio. angeschlossene 25,8 Mio. anschließbaren Wohneinheiten gegenüber und 36,2 Mio. Fernsehhaushalte (= 36% aller Haushalte) waren mit einer Satellitenempfangsanlage ausgestattet.

Glasfasernetz

Die schmalbandigen Dienste (Telefon, Bildschirmtext, Datenfernübertragung...) werden bereits seit Mitte 1989 in ein digitales Fernsprechnetz integriert: ISDN – Integrated Services Digital Network. Ein Glasfasernetz – im Glasfaser-Kabel werden elektronische Blitze aus Laser-Gebern in Lichtgeschwindigkeit transportiert – ermöglicht Sonderverbindungen zwischen verschiedenen Großstädten. Über verschiedene Zwischenstufen zielte die Entwicklung dahin, alle technischen Kommunikationsformen in einem Glasfaser-Universalnetz (IBFN -Integriertes breitbandiges Fernmeldenetz) zusammenzufassen, das allerdings sehr teuer ist und deshalb von anderen Techniken überholt wird. In nicht ferner Zukunft wird es vielleicht in jedem Haushalt eine „Kommunikationssteckdose“

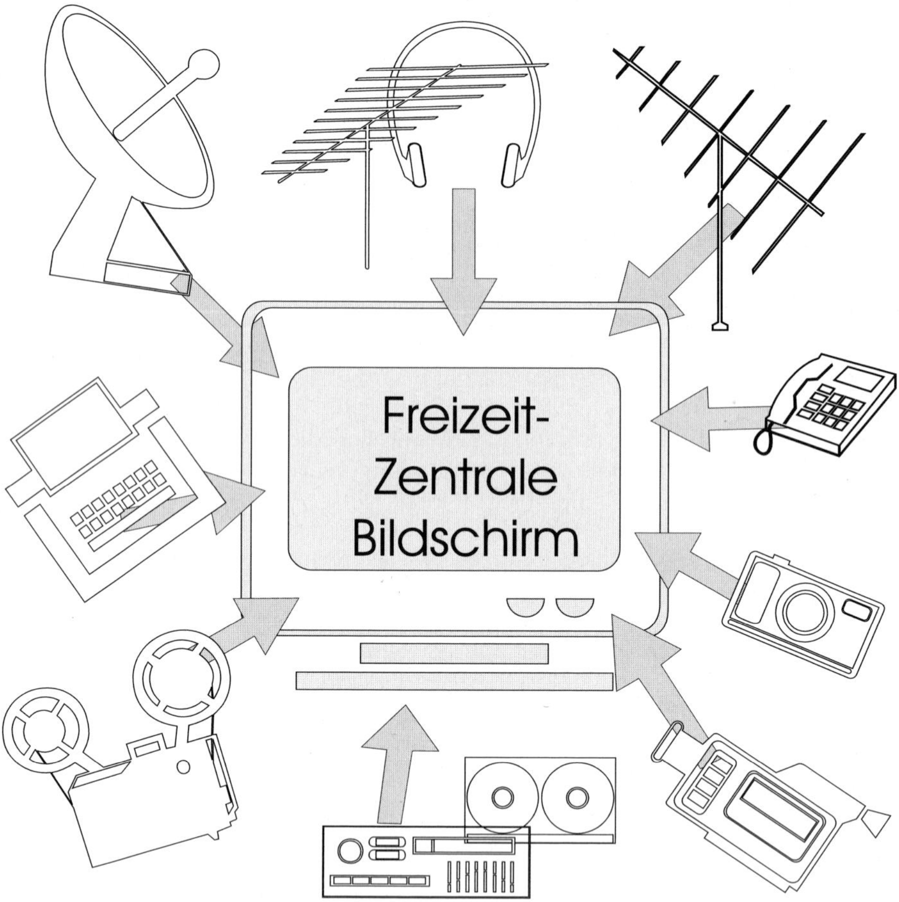

Abb. 3.8: Bildschirm als Medienzentrale

geben, die dann so selbstverständlich ist wie heute Strom-, Gas-, Wasser- oder Telephonanschluss.

Durch die Errichtung von Computer-Netzwerken verschmelzen die Probleme, die heute noch weitgehend isoliert voneinander diskutiert werden (Vermehrung der Fernsehprogramme, Computerisierung, Datenschutz, Telekonferenz ...). Ob es allerdings zu einer Konvergenz der Medien, die technisch möglich ist, kommt, wird von wirtschaftlichen Prioritäten und der Akzeptanz der Nutzer abhängen.

Konvergenz der Medien

Globale Kritiker dieser Entwicklung haben schon früh die impliziten sozialen Folgewirkungen betont; als ein Beispiel sei *Claus*

Eurich zitiert: „Die neue informations- und kommunikationstechnische Infrastruktur verkörpert nicht nur materielle und ökonomische Tatbestände als etwas äußerlich Nachvollziehbares, sondern sie wird über ihre Eingriffe in die menschlichen Beziehungsstrukturen auch zum sozialen und in der Rückwirkung auf den einzelnen zum inneren und verinnerlichten Tatbestand. Dieser ganzheitliche Aspekt in der Folgendimension macht hier das Neue an den neuen Technologien aus, und zwar in Arbeits- und Alltagswelt." *(Eurich* 1988, 18)

Kritische Anfragen

Hartmut von Hentig (1984) hat zentrale Fragen und Anmerkungen

> 🕮 *Eurich, Claus,* Computer, neue Medien und Kultur, Hamburg 1988.
> *Hentig, Hartmut von,* Das allmähliche Verschwinden der Wirklichkeit, München 1984
> *Kubicek, Herbert/Rolf, Arno,* Mikropolis, Hamburg 2. Aufl. 1986
> Zu empfehlen ist in diesem Zusammenhang eine ökumenische Erklärung der beiden großen Kirchen in Deutschland: Chancen und Risiken der Mediengesellschaft. Gemeinsame Erklärung der Deutschen Bischofskonferenz und des Rates der Evangelischen Kirche in Deutschland, Hannover/Bonn 1997. Ein Arbeitsbuch dazu: *Höhns, Martina* (Hg.), Chancen und Risiken der Mediengesellschaft, München 2000.

eines Pädagogen an die „neuen Medien" formuliert. Diese Anfragen sind auch durch das neue Buch des Autors zum Thema (Der technischen Zivilisation gewachsen bleiben. Nachdenken über die Neuen Medien und das gar nicht mehr allmähliche Verschwinden der Wirklichkeit, 2002) nicht überholt.

- „Welchen Wandel wird die Zunahme von Computertechnik und Telekommunikation in der Gesellschaft bewirken und wie sieht dann das Aufwachsen in dieser Gesellschaft aus?" (17)
- „Das erstes Gebot des Widerstandes heißt: sich kundig zu machen." (51) „Es nützt mir nichts, persönlich auf die Fülle der Angebote und den Kabelanschluß zu verzichten. Wenn das Angebot sich dadurch generell verändert (...), bin ich mitbetroffen." (60)
- „Als politische Bürger sollten wir versuchen, die Entwicklung, die wir nicht aufhalten können, doch abzufedern." Wir sollten „auf dem Nachweis bestehen, daß etwas nicht nur möglich, sondern auch wünschenswert, nicht nur hinnehmbar, sondern auch unschädlich ist." (98)
- „(...) die Hoffnung, daß wir den Folgen besser gewachsen sind, wenn wir sie gründlich prüfen und redlich darstellen, wenn wir die neuen Medien nicht als das neue Heil verkaufen, ist sinnvoll." (99)

4. Mediensysteme und -strukturen der Gegenwart

Die historisch über Jahrhunderte entwickelten Formen medialer Kommunikation haben sich zu Medien-Systemen entwickelt. Die Gesellschaften schufen um diese Medien herum nach und nach Strukturen als Organisations- und Kontrollformen, weil Information und Kommunikation als wichtige soziale, wirtschaftliche, gesellschaftliche Güter angesehen wurden. Diese Systeme differenzierten sich historisch immer weiter aus und sind sozialgeschichtlich und medienpädagogisch eine eigene Größe, ein wichtiger Einflussfaktor geworden. Sie wurden teils privatwirtschaftlich, teils in sogenannter öffentlich-rechtlicher Regie betrieben. Die Medien werden gelegentlich als „vierte Macht" im Staat neben Legislative, Exekutive und Jurisdiktion beschrieben. Eine kritische Wächter- und Informationsfunktion sollten sie auf jeden Fall haben, allerdings sind sie kein vergleichbares Staatsorgan, insofern ist die Bezeichnung irreführend. Da Medien auch ein Wirtschaftsfaktor sind, kann Konzentration von Medienmacht auch eine Bedrohung für ein demokratisches Gesellschaftssystem darstellen.

Medienmacht

Das Problem der Medienmacht durch wirtschaftliche Monopole kann man verdeutlichen an der Pressekonzentration in Deutschland. Die zehn größten Verlagsgruppen halten 55,9 % des Tageszeitungsmarktes, die Spitzenreiter bei der Tagespresse zeigt eine der folgenden Grafiken; bei den Publikumszeitschriften halten die vier größten Verlagsgruppen 58,6% der Marktanteile (Daten aus: Media Perspektiven. Basisdaten 2001):

Tagespresse: Verlag	**Marktanteil in %**	**Auflage in Mill.**
Springer (Hamburg/Berlin)	23,6	Bild 4,2 Welt 0,24
WAZ (Essen)	6,0	Westdeutsche Allgemeine Zeitung 1,09
Stuttgarter Zeitung Rheinpfalz	5,0	Stuttgarter Zeitung 0,22 Rheinpfalz 0,25
DuMont Schauberg (Köln)	4,4	Kölner Stadtanzeiger 0,43 Express 0,23
Süddeutscher Verlag (München)	3,3	Süddeutsche Zeitung 0,43
FAZ (Frankfurt)	3,0	Frankfurter Allgemeine Zeitung 0,41

Publikumspresse: Verlag	**Titelzahl (Beispiele)**	**Marktanteil in %**
Bauer	36 (Bravo, TV-Movie ...)	22,3
Springer	29 (Gong, Hobby Fachzeitschriften)	15,4
Burda	24 (Bunte, Focus, TV-Spielfilm)	10,8
Gruner + Jahr (Bertelsmann)	31 (Stern, Spiegel, Eltern, Frau im Spiegel, Geo)	10,1

Globale Medienmacht

Weit brisanter ist allerdings die über Grenzen von Medien, Ländern und Kontinenten hinweggehende Medienmacht. Die großen Medienkonzerne in Deutschland – Springer, Kirch, Bertelsmann u.a. – sind quer durch die Medienlandschaft an Film-, Zeitungs-, Rundfunkunternehmen sowie Firmen der Telekommunikation und Online-Diensten beteiligt. Das Zusammenwachsen der Medien nehmen die Konzerne in ihren Unternehmensstrategien vorweg. Multimedia könnte in dieser Hinsicht auch eine Unternehmensstrategie bezeichnen. Einige Beispiele aus der jüngsten Geschichte:

Microsoft

Beispiel 1: Die weltweite Monopolsstellung von *Bill Gates* Firma Microsoft ist durch das Betriebssystem Windows nebst Nachfolgern gigantisch. Beim US-Kartellprozess gegen den Softwareriesen, der 1999 begann, geht es um den Vorwurf, das MS sein Betriebssystem-Monopol dazu missbraucht hat, durch Koppelung mit dem Internet Explorer Wettbewerber bei Internetsoftware aus dem Markt zu drängen. Offensichtlich versucht Microsoft, mittels des PC-Betriebssystems auch andere Medienbereiche zu kontrollieren. Mit dem Online-Service MSN soll die Marktführerschaft von AOL Time Warner angekratzt werden. Mit dem Spielekonzern Nintendo liefert sich Microsoft seit dem Jahr 2001 einen erbitterten Marktkampf zwischen GameCube und Xbox. Auch für den Markt des digitalen Fernsehens und der dazu nötigen Set-Top-Boxen ist Microsoft gerüstet.

Berlusconi

Beispiel 2: Der rechtslastige Multimilliardär *Silvio Berlusconi* wurde am 13.Mai 2001 zum italienischen Ministerpräsidenten gewählt; er war 1994 bereits einmal für ein dreiviertel Jahr Ministerpräsident. Nie zuvor hat es eine so offensichtliche Verstrickung von Wirtschafts-, Medien- und politischer Macht gegeben. *Berlusconi* kontrolliert als Hauptaktionär die drei großen italienischen Privatsender Tele 5, Rete Quattro und Italia 1. Seit seiner Wahl zum Ministerpräsidenten bestimmt er auch Finanzrahmen und Führungsriege der staatlichen RAI (Radiotelevisione Italiana). Sein Imperium Mediaset und die

RAI bedienen zusammen weit über 90 Prozent der Zuschauer. Mit der Werbeagentur Publitalia kontrolliert *Berlusconi* zudem einen Großteil des Anzeigenmarktes in Italien. Zum Imperium der „Fininvest" gehören auch Bank- und Versicherungsbeteiligungen sowie der Fussballclub AC-Mailand. (vgl. Infoarchiv von www.heise.de)

KirchMedia

Beispiel 3: Die Insolvenz des zweitgrößten deutschen Medien-Unternehmens KirchMedia im Jahr 2002 zog wirtschaftlich und politisch in Deutschland und weltweit Kreise. Das Stammunternehmen KirchMedia war der Kern des weitverzweigten Medienimperiums des Münchener Filmhändlers *Leo Kirch*. Es bündelt das profitable Kerngeschäft mit Film- und TV-Produktion, Programmlizenzen und Sportrechtehandel. KirchMedia hielt 52,5 Prozent an der profitablen ProSiebenSat.1 Media AG, zu der die Fernsehsender Pro Sieben, Sat.1, Kabel 1 und N24 sowie die Nachrichtenagentur ddp gehören. Außerdem besitzt die KirchMedia den Sportsender DSF und einen Anteil von 25 Prozent an dem rentablen spanischen Sender Telecinco. Der KirchMedia gehören außerdem die Fernsehrechte an der Bundesliga bis zur Sommerpause 2004, an den UEFA-Cup-Spielen und die weltweiten Rechte an den Fußball-Weltmeisterschaften 2002 in Asien und 2006 in Deutschland. Größter Minderheits-Gesellschafter bei KirchMedia war die Handelsgruppe Rewe mit knapp sechs Prozent. Der US-Medienunternehmer Rupert Murdoch (2,5%), der italienische Mediengigant und Ministerpräsident Silvio Berlusconi (4,8%), der saudische Prinz El Walid und zwei US-Finanzunternehmen hielten jeweils zwischen zwei und drei Prozent.

Die beiden anderen Säulen des Kirch-Gesamtimperiums sind Kirch PayTV und Kirch Beteiligungen. Zu PayTV zählt der Abo-Kanal Premiere World, der im Oktober 2001 aus dem Zusammenschluss von Premiere und DF1 hervorging. Der Abosender „Premiere World" wurde wegen schlechter Abozahlen bei der Insolvenz in Mitleidenschaft gezogen. Die Kirch Beteiligungen umfasste die Anteile am Axel Springer Verlag (40,3%), am Medienkonzern Constantin Film (36,5%) und die Entwicklung der Decoder für das Pay-TV.

Die genauen Beteiligungsverhältnisse sind in der Zeitschrift „Media Perspektiven. Basisdaten" aufgelistet; ebenfalls sind sie einzusehen auf den Internetseiten der KEK: „Die Kommission zur Ermittlung der Konzentration im Medienbereich (KEK) hat sich auf der Grundlage der Bestimmungen des 3. Rundfunkänderungsstaatsvertrages am 15. Mai 1997 konstituiert. Ihre Aufgabe ist es, die Einhaltung der Bestimmungen zur Sicherung der Meinungsvielfalt im Fernsehen zu überprüfen und die entsprechenden Entscheidungen zu treffen. Bei Zulassungsverfahren zur Programmveranstaltung und bei Veränderungen der Beteiligungsverhältnisse an Fernsehveranstaltern beurteilt die KEK, ob ein Unternehmen durch die Veranstaltung ihm zurechenbarer Programme oder durch die Veränderung von Beteiligungsverhältnissen oder beides vorherrschende Meinungsmacht erlangt. Zur Durchführung einer bundeseinheitlichen Konzentrationskontrolle sind ihr diese Aufgaben als Beschlussorgan und Vermittlungsinstanz für alle Landesmedienanstalten zugewiesen worden." (www.kek-online.de)

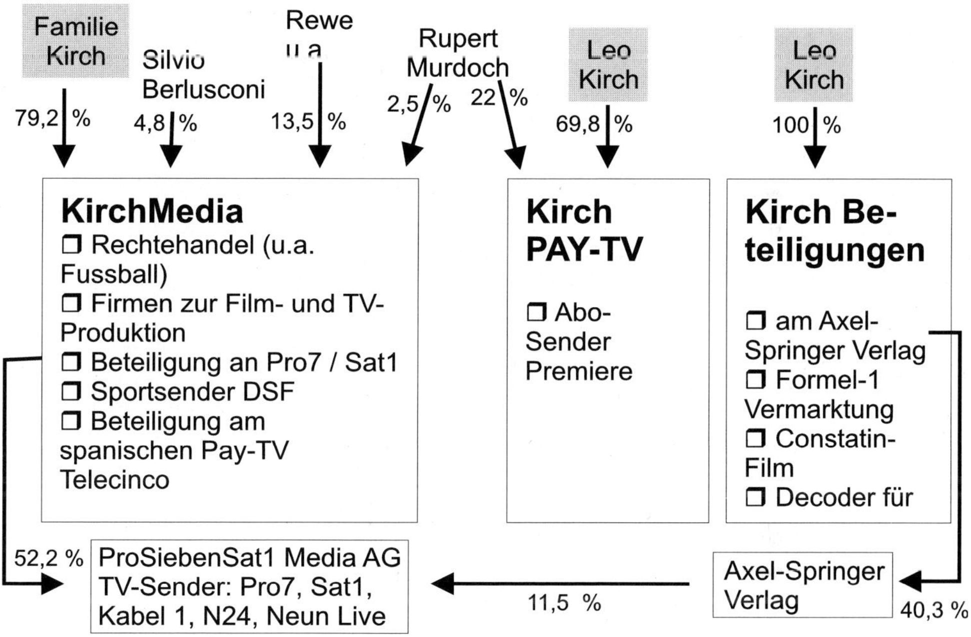

Abb. 4.1: Das Kirch-Medienimperium vor der Insolvenz

Diese Vernetzungen machen deutlich, dass Medienmacht heute global angelegt wird. Das gilt nicht nur für Wirtschaftskonzerne, sondern auch für ideologische Konzerne wie etwas „Greenpeace", die ihre Aktionen global mediengerecht planen (vgl. www.greenpeace.de, Büros weltweit). Ein wesentlicher Aspekt jeglicher Globalisierung ist Medienkommunikation, ohne die Kommunikationsnetze und -vernetzungen wäre Globalisierung nicht möglich.

Die Medien-Globalisierung ist extrem ungerecht; die industrialisierten Länder überschwemmen die weniger entwickelten und ärmeren Länder mit den Kulturgütern ihrer Bewusstseinsindustrie. Kleinere kulturelle Tradition drohen zu ersticken. Jenseits der Wirtschaftsmächte gibt es jedoch auch kulturelle Globalisierungen wie z.B. MTV; der Musiksender ist nahezu weltweit zu empfangen.

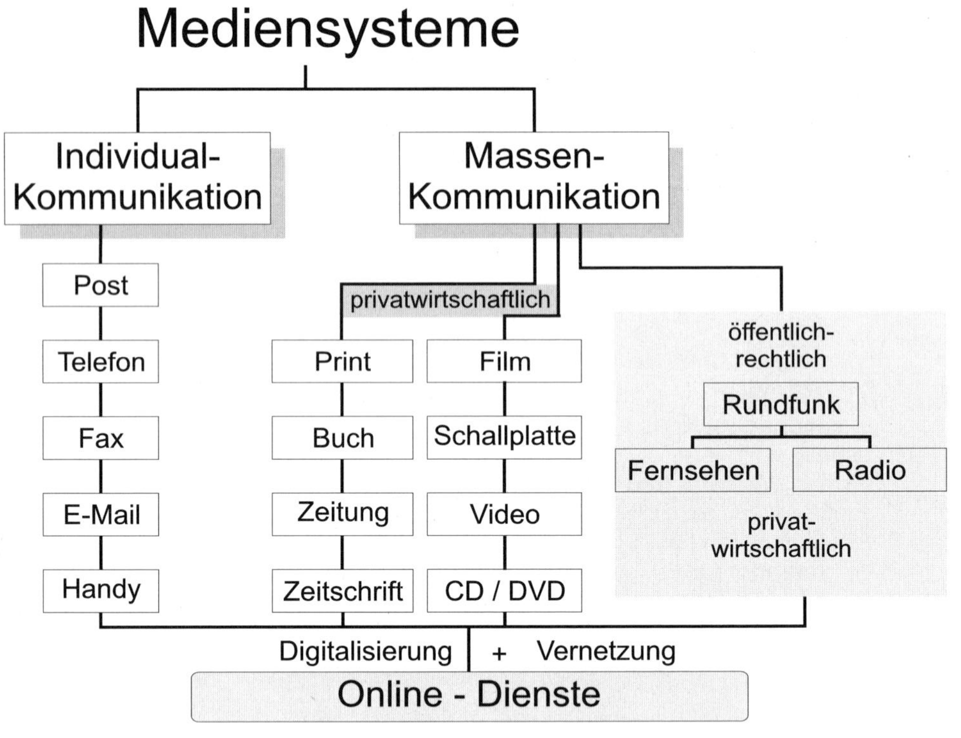

Abb. 4.2: Differenzierung und Konvergenz der Medien

Bis in die Gegenwart hinein galt eine grundlegende Unterscheidung zwischen Individualkommunikation und Massenkommunikation. Es gab klar getrennte Trägermedien und Transportwege und vielfach spezialisierte Mediensysteme; für den deutschen Sprachraum galt im wesentlichen folgende Aufteilung:

- Die Printmedien Buch, Zeitung etc. waren Sache eines privatwirtschaftlich strukturierten Verlagswesens.
- Die Post war im 20 Jhd. in Deutschland im wesentlichen staatliche bzw. gesellschaftliche Monopol-Institution und für Individualkommunikationen wie Brief, Telefon etc. zuständig.
- Film und Tonträger (Schallplatte, CD ...) wiederum wurden und werden privatwirtschaftlich produziert und verkauft; die Gesell-

schaft beschränkte sich auf die Förderung und Subventionierung kulturell wichtiger und sonst nicht zu realisierender Produkte.
- Radio und Fernsehen wurden öffentlich-rechtlich organisiert, weil die Kapazitäten zur Übertragung von Programmen beschränkt waren und man in diesen Medien wichtige Kulturgüter sah.

Technische Fortschritte etwa bei der Kabel- und Satellitentechnik sowie wirtschaftliche Veränderungen haben diese traditionell gewachsenen Medienstrukturen radikal verändert. Post- und Telefonmonopol sind gefallen, beim Rundfunk gibt es in Deutschland seit 1984 ein duales System, das auch privatwirtschaftliche Anbieter zulässt. Mit Mobilfunk und Computernetzen sind neue Technologien hinzugekommen.

4.1 Das duale Rundfunksystem in Deutschland

Mit dem Jahr 1984 wurde das Rundfunksystem in Deutschland von einem ausschließlich öffentlich-rechtlichen zu einem dualen System geöffnet. Das 3. Rundfunkurteil des Bundesverfassungsgerichts aus dem Jahr 1981 hatte grundsätzlich privatwirtschaftlichen Rundfunk nicht mehr ausgeschlossen. Die Frequenzbreite bzw. das aufkommende Kabel- und Satellitenfernsehen machten es technisch möglich, auf sehr viel mehr Frequenzen gleichzeitig Radio- und Fernsehprogramme zu senden. Die CDU/CSU-Regierung nahm die Kabel-Pilotprojekte in Ludwigshafen, Dortmund, Berlin und München, ursprünglich als Versuchsprojekte gestartet, zum Anlass, das duale Rundfunksystem in den Bundesländern zu etablieren. 1984 gilt als Startjahr dieses dualen Systems. Der öffentlich-rechtliche Rundfunk, also die Rundfunkanstalten von ARD und ZDF, erhielten Konkurrenz durch privatwirtschaftliche Anbieter. Deren Programm sollte sich ausschließlich aus Werbung finanzieren. Dem Modell des Binnenpluralismus, nach dem jedes öffentlich-rechtliche Programm die gesellschaftliche Vielfalt in seiner Programmgestaltung abbilden muss, wurde ein Modell der Außenpluralität gegenübergestellt: viele Programme mit unterschiedlichen Akzenten bilden die gesellschaftliche Vielfalt ab. So waren künftig auch Spartenprogramme zulässig, also z.B. reine Musikprogramme wie MTV und Viva, reine Sportprogramme wie DSF oder reine Nachrichtensender wie N24. Die Finanzierung durch Werbung führte allerdings dazu, dass sich diese Programmangebote fast ausschließlich an Einschaltquoten und somit dem vermeintlichen Mehrheitsgeschmack orientieren mussten. Minderheitenprogramme oder anspruchsvolle Bildungs-

Seit 1984 privatwirtschaftlicher Rundfunk in Deutschland

Orientierung an Einschaltquoten

und Informationssendungen hatten das Nachsehen. Die Konkurrenz im Run um Einschaltquoten hat in den letzten 20 Jahren das Rundfunkprogramm in Deutschland nachhaltig verändert.

öffentlich-rechtlich	**privatwirtschaftlich**
Modell der Binnenpluralität	Modell der Außenpluralität
Kontrolle durch gesellschaftliche Gruppen in Rundfunkräten ...	Zulassung/Kontrolle durch Landesmedienanstalten, die öffentlich-rechtlich strukturiert sind
Vollprogramm Verpflichtung zu Ausgewogenheit und Grundversorgung	Spartenprogramme möglich (Quotenorientiert)
Finanzierung durch Rundfunkgebühr (und ca. 1/4 Werbeeinnahmen)	Finanzierung durch Werbung (oder durch Abonnement wie bei „premiere“)

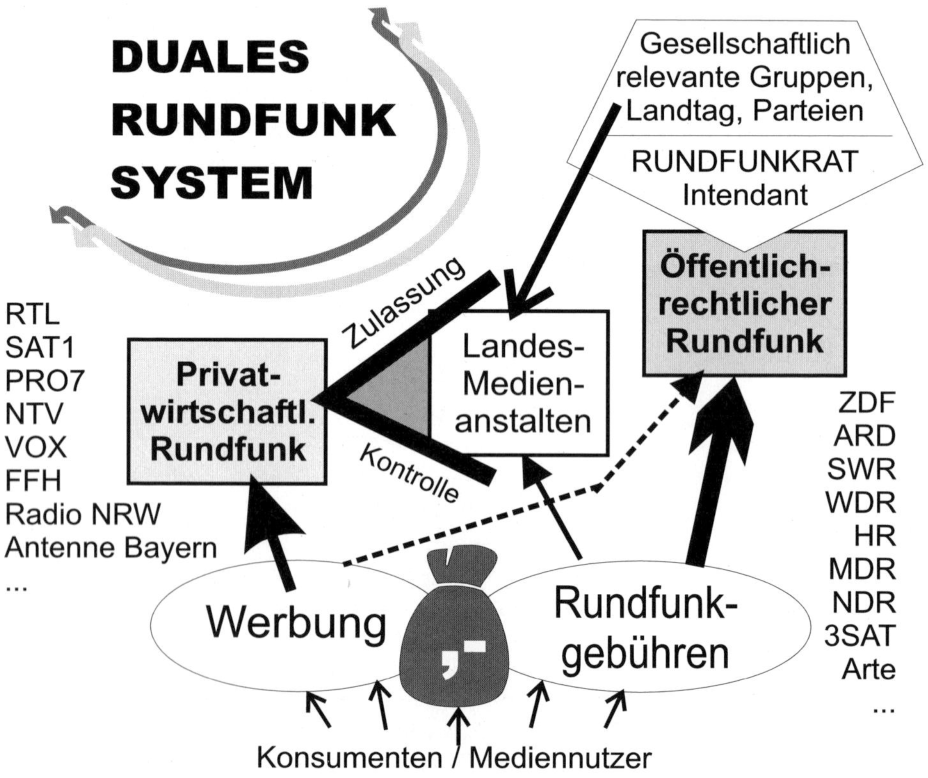

Abb. 4.3: Aspekte des dualen Rundfunksystems in Deutschland

Das System hat Konsequenzen. Sicher hat die Konkurrenz das Geschäft, die Kreativität und Formenvielfalt auch belebt. Andererseits gibt es starke Tendenzen zur Verflachung, zu spektakulären Formen sowie einer generellen Dominanz des Unterhaltungs- und Affektfernsehens. Aus der inhaltlichen Verpflichtung der öffentlich-rechtlichen Sender zur Ausgewogenheit zwischen den Grundsäulen Information, Bildung und Unterhaltung wird häufig ein Unterhaltungstrend auch in Form von Info- und Edutainment. Beim Infotainment wird echter Dokumentarismus häufig zu einem Pseudo-Dokumentarismus, den der Zuschauer nicht immer durchschauen kann. Themenauswahl, Bildreize, Schnittfolgen und Musikeinsatz tendieren zu Emotionalisierung und Affekt anstelle eines ausgewogenen Wort-Bild-Verhältnisses. Journalistische Ethik bleibt bei neueren Sendeformaten häufiger auf der Strecke (vgl. z.B. die Debatte um die Daily-Talks und die Sendung „Big Brother"). Die Quotenorientierung scheint einen Zwang zu kurzen, schnellen Reizfolgen mit sich zu bringen, damit Umschalten verhindert wird. Die längere Form scheint im Rundfunk immer mehr an Boden zu verlieren. Und die Vielfalt ist trügerisch. Die Öffnung des Rundfunks für private Veranstalter hat in Deutschland neben den öffentlich-rechtlichen Anstalten letztlich zwei monopolartigen „Senderfamilien" entstehen lassen. Auf der einen Seite die Bertelsmann/CLT (mit RTL, RTL 2, Super RTL und Vox), auf der anderen Seite die Kirch-Gruppe (Pro7, SAT 1, DSF, Kabel 1, N24).

Dominanz des Unterhaltungs- und Affekt-Fernsehens

Zwei monopolartige Senderfamilien

4.2 Chancen der Bürgerbeteiligung: Offene Kanäle & Bürgerfunk

Von Beginn des Rundfunks an wurde die Frage diskutiert, ob und wie ein freier Zugang der Bürger zu den Medien möglich sei. Als frühes Beispiel eines Plädoyers für Bürgerbeteiligung gilt *Bertolt Brechts* Rede über die Funktion des Rundfunks 1932; vgl. Kapitel 3.1. Dieser Forderung konnte lange der Mangel an Kanälen, an Frequenzen entgegengehalten werden. Mit der Öffnung des Rundfunkempfangs auf Kabel- und Satellitenempfang hin entfiel dieses Argument. Die Offenen Kanäle (OK) bieten seitdem die Möglichkeit des Bürgersprachrohrs. Geburtsstunde waren die vier Kabelpilotprojekte seit 1984 in Ludwigshafen, Dortmund und Berlin (München ohne OK). Die Grundidee war eher medienpädagogischer denn publizistischer Art: der OK sollte durch die kommunikative Qualifikation bisher im Massenkommunikationsprozess benachteiligter Bürger das Grundrecht auf Meinungsfreiheit realisieren, sollte im Prozess öffentlicher Kommunikation Authentizität ermöglichen und die Trennung von Kommunikator und Rezipient aufheben. Zwei Streitpunkte durchziehen die 15jährige Geschichte der Offenen Kanäle:

- Ist Hauptziel eher ein medienpolitisches, nämlich die Qualifizierung lokaler Kommunikation, oder eher ein medienpädagogisches, die soziale und kommunikative Qualifizierung der Bürger?
- Steht im Vordergrund eher eine journalistische Produktorientierung (der Prozess ist Mittel zum Zweck) oder eine pädagogische Prozessorientierung (Hauptsache, wir haben etwas gemacht und zwar gemeinsam)?

Journalistische oder pädagogische Orientierung

Beide Aspekte machen jedoch das Phänomen pädagogisch höchst interessant: die Förderung von Medienkompetenz der Menschen ist ebenso im Blick wie die Forderung, dass besonders kommunikativ Benachteiligte dort ein öffentliches Sprachrohr finden sollten. Faktisch ist letztes zwar bislang kaum der Fall, aber ein Prinzip, das professionelle PädagogInnen als „Kommunikationshelfer" mit realisieren müssten. Der Begriff „Kommunikationshelfer" ist in der OK-Szene durchaus gängig: sie sollen anderen bei der Umsetzung und Verwirklichung ihrer kommunikativen Absichten helfen; das ist auch ein wesentlicher Bestandteil professioneller Sozialarbeit.

Der Begriff „Offener Kanal" (OK) entstand in Anlehnung an die angelsächsische Bezeichnung „public-access-channel" (öffentlicher Zugangskanal). Vorläufer für die Idee der Bürgerbeteiligung am Rundfunk waren u.a. die „freien Radios" und Piratensender der 70er Jahre (bekanntestes Beispiel ist „Radio Dreyeckland" Freiburg) sowie die Videobewegung; diese Wegbereiter lehnten allerdings den Offenen Kanal bei seiner Einführung in den Kabelpilotprojekten 1984 vielfach ab, weil sie dahinter eine Alibifunktion für die Durchsetzung des privatwirtschaftlichen Rundfunks sahen.

OK sendet lokal, allenfalls regional und kabelgebunden: „der kleinste Offene Kanal Deutschlands steht in Echtershausen, nahe Bitburg, und versorgt etwas mehr als hundert Einwohner, der größte sendet im Berliner Netz mit einer technischen Reichweite von mehr als 1,6 Millionen Wohneinheiten im dortigen Stadtgebiet. Gemeinsam haben beide aber die Grundidee des allgemeinen, freien und gleichberechtigten Zugangs aller dazu Berechtigten (‚Nutzer') zu allen Dienstleistungen, die der Offene Kanal anbietet." (*Gellner/Kamp* 1998, 457)

Zentrale Kennzeichen Offener Kanäle sind:

- Es handelt sich um lokales oder regionales Radio (kabelgebunden, zunehmend auch terrestrisch) oder Fernsehen (kabelgebunden).

- Allen BürgerInnen wird ein freier und gleichberechtigter Zugang zu diesen Medien als Produktionsmittel und Verteilapparat geboten. Das unterscheidet OK von „freien Radios" bzw. nichtkommerziellem Lokalfunk, die zwar oft auch nicht gewinnorientiert und gemeinnützig organisiert sind, aber für Zugang und Sendeinhalte redaktionelle und andere Auflagen machen.
- Inhalte und Formen werden durch die NutzerIn selbst verantwortet und bestimmt.

Kennzeichen Offener Kanäle

- Der OK stellt Studios und Aufnahmegeräte sowie technische Einweisung und Beratung.
- Die Sendungen müssen werbefrei, auch ohne offensichtliches Sponsoring, und nicht kommerziell sein. Deshalb gibt es keine quantitative Quotenmessungen im Interesse der Werbekunden; außerdem wäre das für die Offenen Kanäle nicht bezahlbar.
- Weltanschauliche, politische und religiöse Werbung sind untersagt.
- Sie werden aus den Rundfunkgebühren finanziert.
- Der Sendeablauf wird in der Regel nach dem Prinzip der Schlange – „first come, first served" – organisiert; dieses Prinzip erschwert jedoch die Akzeptanz durch Zuschauer und deren Bindung an ein verlässliches und wiedererkennbares Programm.
- Der OK sieht sich als Möglichkeit medienpädagogischer und politischer Bildung ebenso wie als Kommunikationsforum für soziale und kulturelle Aktivitäten. (vgl. dazu *Breuning* 1998, 236)

Die Landesmediengesetze treffen hinsichtlich der Offenen Kanäle verschiedene Regelungen. Entsprechend unterschiedlich ist auch das Netz solcher Angebote in Deutschland. Derzeit können etwa 5,7 Mio. deutsche Kabelhaushalte, das ist ein knappes Drittel aller deutschen Kabelhaushalte, einen OK empfangen (vgl. *Breuning* 1998). Bis Ende 1999 sollte es mindestens 75 Offene Kanäle in Deutschland geben, aber die Entwicklung scheint aufgrund mangelnder Akzeptanz eher zu stagnieren. In Baden-Würtemberg, Bayern, Brandenburg und Sachsen gibt es aufgrund der Mediengesetze keine Offenen Kanäle.

Anzahl Offener Kanäle

Offene Kanäle sind im Prinzip weder Rundfunk noch Massenkommunikation, sie verstehen sich eher als Foren für kommunikative Gemeinwesenarbeit und sind damit ein Stück demokratischer Kultur. Für die sozialpädagogische Komponente, benachteiligte Bevölkerungsgruppen am Kommunikationsprozess zu beteiligen, müsste allerdings im Sinne aufsuchender und unterstützender Arbeit mehr getan werden. Das setzt zunächst auch voraus, dass den professionellen SozialarbeiterInnen die Chancen der Offenen Kanäle näher-

Forum kommunikativer Gemeinwesenarbeit

gebracht werden müssten. Mit entsprechendem technischen und journalistischen Zusatzqualifikationen könnten sie am ehesten die Rolle der Kommunikationshelfer einnehmen.

Wirkungsdebatte um Offene Kanäle

Klischees und Mythen beherrschen die Wirkungsdebatte um OK; *Gellner/Kamp* haben sie ironisch zusammengefasst: „Es sind *erstens* vor allem politische Splittergruppen, Videofreaks, Querulanten und vergleichbar obskure Zeitgenossen, die Offene Kanäle nutzen. *Zweitens*: Die Programme sind danach dilettantische, in der Regel verwackelte und unterbelichtete Heimat- oder Urlaubsfilmchen, die eigentlich niemanden interessieren. Es sei daher kein Wunder – so der *dritte* Mythos -, daß kaum jemand zusehe, zumal kein Mensch wisse, wann der Offene Kanal zu empfangen sei, respektive welche Programme überhaupt gesendet würden. Daran sei *viertens* insbesondere das ‚Prinzip der Schlange' schuld, das ein breitere Akzeptanz der Bürgersender verhindere." (*Gellner/Kamp* 1998, 465 f.)

Studien zur Nutzung offener Kanäle in Rheinland-Pfalz brachten in Stichworten folgende Grobergebnisse:

Nutzungsstudie

- Typische Produzenten sind „Otto Normalverbraucher", Durchschnittsalter bei 40 Jahren, in der Mehrheit Angestellte/Beamte, Frauen stark unterrepräsentiert. Auffällig großes kulturelles und soziales Interesse und Engagement; durchschnittlicher Medienkonsum, aber mit gesteigertem Interesse an lokaler Berichterstattung; als politisch aktiv bezeichnen sich nur etwa die Hälfte.
- Motive: sich im Rahmen eines Hobbys medienpraktisch betätigen; Spaß in der Freizeit mit Nützlichem verbinden; über vernachlässigte Themen berichten, eigene Meinung veröffentlichen.
- Dominierende Sendeformen: Berichte, Reportagen, Dokumentarfilme; inhaltlich auf Feste und gesellige Veranstaltungen in der Region bezogen; musikalische Darbietungen und Sport haben starkes Gewicht.
- Zuschauer: In etwa jedem 10. verkabelten Haushalt wurden die entsprechenden Programme sendetäglich etwa eine halbe Stunde lang geschaut.

Bürgerfunk

Die Offenen Kanäle im lokalen Hörfunk NRW – allgemein auch als „Bürgerfunk„ bezeichnet – sind eine nordrhein-westfälische Besonderheit: Bis zu 15% der Sendezeit lokaler Radios stehen Bürgerinnen und Bürgern per Landesmediengesetz zur freien Gestaltung zur Verfügung. Täglich werden in Nordrhein-Westfalen bei jedem Lokalsender mindestens 60 Minuten Bürgerfunk ausgestrahlt. Seit dem Start des Lokalfunks im April 1990 bis Ende des Jahres 1995 wurden rund 66.000 Stunden Bürgerfunk oder mehr als 80.000 Beiträge ausgestrahlt.

Radiowerkstätten

Produziert werden die Hörfunkbeiträge in sogenannten Radiowerkstätten, von denen die LfR in Nordrhein-Westfalen mehr als 180 anerkannt hat. Diese Radiowerkstätten bieten neben einer entsprechenden technischen Ausstattung vor allem auch Beratung, Betreuung und Qualifizierung für die Hörfunknutzung an. Sie sind von gemeinnützigen Radiovereinen, Volkshochschulen, kirchlichen sowie gewerkschaftlichen Bildungseinrichtungen ohne finanzielle Zuwendung der Landesanstalt für Rundfunk (LfR) selbst aufgebaut worden. Für Beiträge, die in solchen anerkannten Radiowerkstätten produziert werden, leistet die LfR einen Zuschuss.

> www.lfr.de – Über die Internetseite der Landesanstalt für Rundfunk NRW bekommt man Hintergrundinformationen vielfältigster Art; die LFR hält auch viele Schriften zum teils kostenlosen Versand bereit. Die Arbeitsgemeinschaft der Landesmedienanstalten in der Bundesrepublik Deutschland ist über die Internetadresse www.alm.de zu erreichen.
> 1999 hat sich als Interessenvertretung ein Bundesverband Offener Kanäle e.V. mit Sitz in Berlin gegründet; www.bok.de. Daneben gibt es auch einen Bundesverband freier Radios als Zusammenschluss nichtkommerzieller Hörfunkinitiativen in Deutschland: www.freie-radios.de. Eine internationale Übersicht zu Public Access Television und Community Television findet sich unter www.openchannel.se

Zwei-Säulen-Modell in NRW

Basis dieses Bürgerfunks ist in NRW das sogenannte „Zwei-Säulen-Modell“, bei dem wirtschaftliche und programmliche Verantwortung klar getrennt sind. Die Betriebsgesellschaft (BG), vorrangig ein Zusammenschluss der Lokalpresse, kümmert sich um Technik und Finanzierung durch Kapitaleinlagen und Werbeeinnahmen; sie arbeitet gewinnorientiert. Die Veranstaltergemeinschaft (VG) ist ein pluralistisch zusammengesetzter nicht-wirtschaftlicher Verein, der am Gemeinwohl orientiert ist. Die VG erhält die Zulassung für die Veranstaltung eines lokalen Hörfunksprogramms von der LFR; sie ist allein verantwortlich für das Programm und Arbeitgeberin der Redakteure. Die 15%-Klausel für den Bürgerfunk ist natürlich im privatwirtschaftlichen NRW-Radio heftig umstritten.

Der Vergleich zwischen OK und Bürgerfunk zeigt einerseits, dass in der Regel der Bürgerfunk einen größeren, aber auch weit anonymeren Adressatenkreis erreichen kann, und an solche Beiträge meist professionellere Anforderungen gestellt werden. Formale und technische Qualität spielen in der Praxis des Bürgerfunks einer größere Rolle als allgemeine Offenheit. Und ein 15%-Programmanteil kann niemals ein eigener „Kanal“ sein; der Programmteil erreicht einerseits über das Radio weit mehr Hörer, droht jedoch andererseits im Einheitsbrei des privatwirtschaftlichen Radioumfeldes leicht unterzugehen.

Literaturtipps zu „Offene Kanäle"

Clobes, Heinz Günter/Paukens, Hans/Wachtel, Karl (Hg.), Bürgerradio und Lokalfunk. Ein Handbuch, München 1992

Gellner, Winand/Kamp, Ulrich, Offene Kanäle in Deutschland, in: *Klingler, Walter/Roters, Gunnar/Zöllner, Oliver* (Hg.), Fernsehforschung in Deutschland. Themen – Akteure – Methoden, Baden-Baden 1998, 457-470

Gellner, Winand/Tiersch, Stephan, Offene Kanäle in Rheinland-Pfalz. Ergebnisse empirischer Forschung, Ludwigshafen 1993

Gellner, Winand/Köllmer, Christian/Römer, Mario, Offene Kanäle und gleichberechtigter Zugang, Ludwigshafen 1997

Kamp, Ulrich (Hg.), Der Offene Kanal. Erfahrungen und Perspektiven (Schriftenreihe der Bundeszentrale für Politische Bildung Bd. 240), Bonn 1986

Ders. (Hg.), Der Offene Kanal. Erfolge und Strukturen (Schriftenreihe der Bundeszentrale für Politische Bildung Bd. 283), Bonn 1989

Ders. (Hg.), Handbuch Medien: Offene Kanäle, Bonn (Bundeszentrale für Politische Bildung) 1997

Der offene Kanal. Kriterien für ein Bürgermedium, (Schriftenreihe der Bundeszentrale für Politische Bildung Bd. 164), Bonn 1982

4.3 Digitalisierung und Konvergenz der Medien

Konvergenz

In Zeiten der Medien-Vernetzung auf digitaler Computer-Basis kann sich eine *Konvergenz* der Medien ergeben, ein Zusammengehen bislang getrennnter

- Distributionswege wie Kabel, Satellit, Funk,
- Symbolsysteme wie Text, Grafik, Bild, Laufbild, Ton,
- Trägermedien wie Foto, Film, Video-, Audiokassette, Text,
- Schwerpunkte wie Information, Bildung, Unterhaltung.

Zwei Stichworte markieren die Voraussetzungen für eine mögliche Konvergenz der Medien: *Multimedia* und *Digitalisierung*. Kennzeichen dafür sind:

- Der Computer als Hard- und Software-System (Digitalisierung).
- Mehrere mediale Darstellungs- und Wahrnehmungselemente können benutzt werden, die Auge und Ohr gleichermaßen ansprechen und damit eine hohe Ansprache beim Benutzer erreichen. Sinnlich ganzheitlich ist das natürlich bislang nicht.
- Interaktivität, Mehr-Wege-Möglichkeit von Multimedia.

Multimedia

Multimedia bezeichnet computerbasierte Mediensysteme, die auf digitaler Ebene unterschiedliche Darstellungs- und Wahrnehmungssysteme (auditive, visuelle, Stand- und Laufbild) technisch und inhaltlich miteinander verbinden und auf die interaktiv zugegriffen werden kann. Trägermedien sind digitale Speichermedien (Festplatten, Disketten, CD-Roms, DVD ...) oder Computer-Kabel- oder Satelliten-Netze.

Digitalisierung

Digitalisierung ist ein technischer Vorgang. Analoge Signale sind Spannungs- oder Stromwerte, also physikalische Größen, die sich in Zeit und Amplitude kontinuierlich verändern und ggf. kontinuierlich elektromagnetisch aufgezeichnet werden (z.B. Tonkassette, VHS-Videoband). Analoge Transportwege und Aufzeichnungsmedien beeinflussen das Signal durch ein Eigenrauschen je nach Qualität des Materials. Kopien analogen Materials werden mit jeder Generation schlechter.

Digitale Signale sind binär codierte, d.h. in von Computern lesbaren Zahlenfolgen aus den Ziffern 0 und 1 gewandelte Werte; analoge Daten werden in bestimmten kleinsten Zeitabständen, einer Frequenz und einer bestimmten Sampling-Rate, in Bits und Bytes gewandelt, also „digitalisiert“ (AD-Wandlung = analog-digitale Wandlung), und können dann als digitale Daten elektronisch übertragen, verarbeitet und gespeichert werden. Transport und Weiterverarbeitung geschehen praktisch verlustfrei, solange sie auf digitaler Ebene bleiben. Vor allem bei Bild-, Musik- und Videodateien entstehen bei der Digitalisierung riesige Datenmengen, die höchste Speicher- und Leitungskapazitäten erfordern. Man wendet hier ständig verbesserte Kompressionsverfahren (z.B. MPEG) an, um die Datenmenge zu reduzieren.

Audio- und Video-Kompressionsverfahren

✓ MP3 ist ein Audio-Kompressionsverfahren, dass von der Fraunhofer-Gesellschaft entwickelt wurde und sich für das Netzangebot von Musik derzeit durchgesetzt hat; dabei sind verschiedene Kompressionsstufen mit entsprechend unterschiedlicher Qualität und Dateigröße des Materials möglich.
Als Audio- und Videoformate im Internet existieren derzeit vor allem die drei folgenden:

- *Real Player*, spielt Real-Video- und Real-Audio-, inzwischen auch Windows-Media-Formate ab; ein PlugIn auch als Real-Producer kann bis auf die aktuellste Pro-Version kostenlos heruntergeladen werden.
- *Windows Media* versteht zahlreiche Multimedia-Formate, kann u.a. auch MP3-Dateien, WAV-Dateien und DVDs abspielen.
- *Quicktime*, ein Apple-Format, das aber auch auf dem PC weit verbreitet ist; unterstützt zahlreiche Bild- bzw. Grafikformate und kann verschiedenste Audio- und Videoformate abspielen.

Gute Informationen zu entsprechenden Stichworten findet man unter www.glossar.de

In digitaler Form kann künftig jede Art von Information auch über jedes Netz (Festnetz, Rundfunk, Satellit, Telephon) übermittelt werden. Computer werden fernsehähnlich, Fernseher übernehmen Computerfunktionen. Bei Rundfunksignalen erweitern sich die Kapazitäten der Übertragung durch die Digitalisierung enorm. Eine Vielzahl von Fernsehprogrammen – je nach Qualitätsanspruch vier bis zehn – können damit über eine Frequenz verbreitet werden, die bislang für einen Programmkanal gebraucht wurde. Für das Jahr 2006 in den USA, für 2010 in Deutschland ist ein „Switch-Off" der analogen Angebote angekündigt. Alle Angebote sind über diverse Verteilwege möglich. Somit wäre durch eine Konvergenz auch eine Vereinheitlichung der Netze, der Dienstleistungen und der Endgeräte denkbar.

Switch-off analoger Angebote

Durch die neuen Übertragungskapazitäten werden Spartenprogramme möglich, z.B. für Jäger, einzelne Sportarten, spezielle ausländische Gruppen etc. Das Motto des ARD/ZDF-Digitalfernseh-Engagements „Vernetzen statt Versparten" trifft dabei ein mögliches Kernproblem, dass sich durch die neue Vielfalt der Kanäle und Übertragungsmöglichkeiten eine Segmentierung in kleine Interessengebiete ergibt und sich somit die gesellschaftliche Kommunikationsfunktion der Medien gravierend in Richtung einer Fragmentierung ändern könnte. Andererseits ermöglichen Rückkanäle Interaktivität in einer neuen Qualität (Homeshopping-Bestellungen, Wahl von Kameraperspektiven, Video on demand, pay per view etc.). Der Rezipient wird Regisseur seines eigenen Programms und zugleich wird das Wirtschaftsgut Fernsehen interessanter. Shopping-Programme im Fernsehen versuchen das derzeit bereits zu nutzen (Beispiel: der Fernsehsender „Neun Live", www.neun-live.de). Allerdings ist unklar, was davon sich wirklich durchsetzt, d.h. auf Akzeptanz beim Publikum stößt.

Segmentierung

Ein reines Pay-TV hat es in Deutschland bislang schwer. Seit 1991 gibt es in Deutschland im dualen System „Premiere", das Abonnentenfernsehen. Dieses Programmangebot wurde nicht durch Werbung, sondern durch Abogebühren – manche nennen das eine Art privatwirtschaftlicher Rundfunkgebühren – finanziert und zur Kostenerhebung verschlüsselt ausgestrahlt; zum Empfang musste man einen entsprechenden Decoder kaufen und ein entsprechendes Abo abschließen. „Premiere" war der Start in eine Fernsehwelt, die durch die digitale Technik ganz neue Dimensionen bekommt. DF 1 hieß der digitale Start des Pay-TV, 1999 mit „Premiere" zu „Premiere World" zusammengelegt. Aber in der Vielfalt des frei empfangbaren Multikanal-Angebots, die in Deutschland einmalig ist, sind Kunden für ein Pay-TV nur schwer zu gewinnen; die Lockangebote heißen da vor allem exklusive Sportangebote und Erotik.

Abo-Fernsehen

✓ Werbetext von PREMIERE WORLD. „Die Zukunft des Fernsehens ist da. Bei Premiere World können Sie sich auf etwas gefasst machen. Große Kinofilme zum ersten Mal im deutschen Fernsehen. Action, Fantasy/Science-fiction, Comedy, Romantic auf eigenen Themenkanälen rund um die Uhr. Große Sport-Events live und in voller Länge mit Dynamic-Multifeed-Technologie. 1. und 2. Bundesliga, Formel 1 aus 6 Kameraperspektiven, Boxen, Golf, Eishockey, American Sports, internationaler Fußball und weitere Spitzensport-Events. Ein gewalt- und werbefreies Kinderprogramm inklusive eigenem Disney-Channel sowie packenden Dokumentationen. Alles ohne Werbeunterbrechungen." (aus einer Werbebroschüre 1998)

Einige Stufen der Digital-TV-Entwicklung in Deutschland:

- 1990 Bertelsmann, Canal Plus (Frankreich) und Leo Kirch gründen den Pay-TV-Sender „Premiere".
- 1994 Bertelsmann, Kirch und die Deutsche Telekom gründen die Media Service GmbH (MSG) zur Einführung des Digitalen Fernsehens. Die EU-Kommission verbietet MSG wegen einer Monopolstellung beim Abonnement-TV.
- 1995 stellt die Nachfolgeorganisation Multimedia-Betriebsgesellschaft (MMBG), an der auch ARD und ZDF beteiligt sind, einen Digitaldecoder namens Mediabox vor; Anteile der Gesellschaft werden für interessierte Unternehmen reserviert.
  Parallel dazu entwickelte das Unternehmen des Filmkaufmanns Leo Kirch die auf einer anderen Technik aufbauende d-box und bestellt bei Nokia eine Million Stück.

Geschichte des Digitalfernsehens in Deutschland

- 1996 scheitern Verhandlungen zum Beitritt Kirchs zur MMBG. Bertelsmann verhandelt mit den globalen Medienmultis Murdoch, Canal+ und Havas. Die Telekom kündigt ihren Rücktritt an, die MMBG zerfällt. Murdoch hat die Seiten gewechselt und will sich mit 49% bei Kirchs im Juni 1996 gestarteten DF1 einkaufen. Im September 1996 stoppt Bertelsmann sein digitales Fernsehprojekt (Club RTL).
- Im März 1997 zieht sich Murdoch mit seinem BSkyB aus der geplanten Beteiligung an DF1 zurück; das trägt dazu bei, dass Kirchs Medienimperium in ernsthafte finanzielle Schwierigkeiten gerät. Die Telekom, die zwischenzeitlich auch die Einführung eines Dekoders angekündigt hatte, schlägt die Bildung eines Runden Tisches vor, an dem alle Programmanbieter beteiligt sein sollen. Die Allianz von Bertelsmann (genauer: CLT/UFA), der Kirch-Gruppe und der Telekom sind Ergebnis der damit einsetzenden Gespräche.
- 1998 tritt die ARD unter Vorbehalt dem Vertrag über die digitale Plattform mit der d-box als Standard bei. Kirch kündigt an, den

Betrieb von DF1 einzustellen, falls Brüssel die Fusion mit Premiere nicht genehmigt. Kirch hat bis zu diesem Zeitpunkt rund eine Milliarde DM in DF-1 investiert.

- 1999 Fusion von Premiere und DF 1 unter dem Namen „Premiere World".
- Ende 2001 hat Premiere World ca. 2,5 Mill. Abonnenten, davon 2,3 Mill. Digitalkunden. Trotzdem macht Premiere im Jahr 2001 1,1 Milliarden Euro Verluste.
- 2002 die KirchMedia stellt einen Insolvenzantrag; auch Kirchs Pay-TV muss Insolvenzantrag stellen und verkauft in der Folge einige Beteiligungen an anderen digitalen TV-Projekten. Murdoch will seine Beteiligungen zurückziehen. Seit März 2002 heißt das Programm wieder „Premiere" (Informationen nach www.digitv.de)

> 🕮 Eine CD-Rom unter dem Titel „Vom Dampfradio zum Digital-TV. Die Entwicklung von Rundfunk und Fernsehen", Heidelberg (Springer) 2001, informiert anhand von historischen Ton- und Bilddokumenten sowie Filmen unterhaltsam über die Entwicklung des Rundfunks.

Medienstrukturen sind Machtstrukturen

Diese kurzen Einblicke machen deutlich: Medienstrukturen sind auch Machtstrukturen. Wer an den Schaltstellen der Medienstrukturen Einfluss hat, der übernimmt die Funktionen eines Schleusenwärters, eines Gate-Keepers. Die Digitalisierung bringt nicht nur eine einheitliche technische Plattform, sondern beinhaltet auch Marketing- und Programm-Plattformen. Digitale Medienangebote haben mehrere Ebenen der Gate-Keeper, die nicht alle dem Nutzer bewusst sind.

- Technische Plattform (Digitalisierung, Paketbildung, Verschlüsselung, Autorisierung ...): wer bestimmt was?
- Vermarktungsplattform: wer stellt die Programmpakete für die digitale Satellitenübertragung zusammen?
- Netzbetreiber, Satellitenbetreiber, Kabelgesellschaften, Provider: hat in deren Netzen die Nahraumkommunikation oder so etwas wie ein Bürgerkanal noch bezahlbare Plätze?
- Set-top-box, ein Spezial-Computer zum Empfang digital verschlüsselter Signale. Um die Markteinführung dieses Decoders entbrannte eine heftige Auseinandersetzung zwischen der Kirch-Gruppe und ARD/ZDF. Das Unternehmen, das über den Decoder entscheidet, kann auf gewisse Weise den gesamten Markt des digitalen Fernsehens beherrschen und über Programme, Preise, Zugänge etc. bestimmen. Das Decodersystem ist eben eine Schlüsselstelle, an der entschieden wird, welches Angebot in welcher Weise in

den digitalen Systemen zu finden sein wird und was es den Nutzer kostet. Werden die Eckwerte der Betriebssysteme offengelegt? Auf welche Programmplätze setzt die Box automatisch die verschiedenen Programme?

Gate-Keeper

- Elektronische Programmführer: mit herkömmlichen Programmzeitschriften ist die Vielfalt der Zukunft nicht mehr zu bewältigen; Programmzeitschriften haben heute schon Gate-keeper-Funktion. Wer stellt die Elektronischen Programmführer mit welcher Wertung und Gewichtung zusammen?
- Bleibt eine Grundversorgung für alle garantiert oder wird sich ein „conditional access" durchsetzen: nur die, die auch bezahlen, bekommen das Programm.
- Ohne programmbegleitendes Merchandising mit Zusatzanreizen und Events geht scheinbar nichts mehr: Setzt sich eine Programmbindung über Mechandising und Zuschauerbetreuung endgültig durch?

Grenzen zwischen Individual- und Massenkommunikation verschwimmen

Die Grenzen zwischen Massenkommunikation als Distributionsangebot an viele und Individualkommunikation als Interaktion Einzelner verschwimmen zusehends. Bislang galt Rundfunk primär als Kulturgut und war damit Angelegenheit der Bundesländer in ihrer Kulturhoheit. Telekommunikation galt als Wirtschaftgut und war Bundessache. Durch die Konvergenz zwischen den Medien, zwischen technisch-vermittelter Massen- und Individualkommunikation, werden auch bisherige rechtliche Regelungen fraglich. Wie werden Rundfunkübertragungen über das Internet, wie Internetnutzung über bisherige Rundfunkverteilwege gesetzlich behandelt und kontrolliert?

Der Mediendienste-Staatsvertrag und das Teledienstgesetz aus dem Jahr 1997 versuchten Klärungen herbeizuführen:

Telekommunikation

➔ *Telekommunikation* ist Wirtschaftsgut und somit Bundessache. Nach dem Teledienstegesetz (TDG) vom 22.7.1997 sind Teledienste „alle elektronischen Informations- und Kommunikationsdienste, die für eine individuelle Nutzung von kombinierbaren Daten wie Zeichen, Bilder oder Töne bestimmt sind und denen eine Übermittlung mittels Telekommunikation zugrunde liegt" (§ 2, Abs. 1). Insbesondere fallen darunter:

„1. Angebote im Bereich der Individualkommunikation (zum Beispiel Telebanking, Datenaustausch),
2. Angebote zur Information oder Kommunikation, soweit nicht die redaktionelle Gestaltung zur Meinungsbildung für die Allgemeinheit im Vordergrund steht (Datendienste, zum Beispiel Verkehrs-,

Wetter-, Umwelt- und Börsendaten, Verbreitung von Informationen über Waren und Dienstleistungsangebote),
3. Angebote zur Nutzung des Internets oder weiterer Netze,
4. Angebote zur Nutzung von Telespielen,
5. Angebote von Waren und Dienstleistungen in elektronisch abrufbaren Datenbanken mit interaktivem Zugriff und unmittelbarer Bestellmöglichkeit.“ (§ 1)

Mediendienste

➔ Der *Mediendienste-Staatsvertrag* „gilt für das Angebot und die Nutzung von an die Allgemeinheit gerichteten Informations- und Kommunikationsdiensten (Mediendienste) in Text, Ton oder Bild, die unter Benutzung elektromagnetischer Schwingungen ohne Verbindungsleitung oder längs oder mittels eines Leiters verbreitet werden. Die Bestimmungen des Rundfunkstaatsvertrages bleiben unberührt. Ferner bleiben die Bestimmungen des Teledienstegesetzes in der in einem Bundesgesetz erstmalig beschlossenen Fassung sowie des Telekommunikationsgesetzes unberührt.“

Mediendienste sind insbesondere:

1. „Verteildienste in Form von direkten Angeboten an die Öffentlichkeit für den Verkauf, den Kauf oder die Miete oder Pacht von Erzeugnissen oder die Erbringung von Dienstleistungen (Fernseheinkauf),
2. Verteildienste, in denen Meßergebnisse und Datenermittlungen in Text oder Bild mit oder ohne Begleitton verbreitet werden,
3. Verteildienste in Form von Fernsehtext, Radiotext und vergleichbaren Textdiensten,
4. Abrufdienste, bei denen Text-, Ton- oder Bilddarbietungen auf Anforderung aus elektronischen Speichern zur Nutzung übermittelt werden, mit Ausnahme von solchen Diensten, bei denen der individuelle Leistungsaustausch oder die reine Übermittlung von Daten im Vordergrund steht, ferner von Telespielen.“ (§1 Mediendienste-Staatsvertrag)

> Text des Teledienstegesetzes und des Mediendienste-Staatsvertrags finden sich mehrfach im Internet; so etwa unter http://jurcom5.juris.de/bundesrecht; auch unter www.netlaw.de und mit vielen Hintergrundinformationen unter www.artikel5.de

Rundfunk als Wirtschafts- oder Kulturgut

Diskussionswürdig ist vor allem die Frage, ob Rundfunk primär als Wirtschaftsgut oder als Kulturgut anzusehen ist. Solange diese Medien eine wichtige Informationsfunktion und die Rolle der Leitmedien haben, muss ein offener Zugang und eine Grundversorgung gewährleistet sein. Internationale Standards erhalten gegenüber nationalen Regelungen immer mehr Bedeutung.

Wie sich die Nutzung traditioneller Medien (Buch, Zeitung, Radio, Fernsehen ...) und die Nutzung der Online-Medien entwickeln werden, wie weit diese Medien zusammenwachsen, ist eine von der Nutzerpragmatik her offene Frage. Im Internet sind in vielfältigster Form bereits heute alle bisherigen Medien präsent.

Internet vereint alle traditionellen Medien

- Zeitungen und Zeitschriften bieten Teile oder sogar Gesamtausgaben für entsprechende Online-Abonnenten; ergänzend werden neue journalistische Formen der Online-Angebote erprobt und sind Recherchen in alten Ausgaben und im Archiv möglich.
- Vor allem die Medien-Programmzeitschriften buhlen um die Gunst der Online-Nutzer. Der Rundfunknutzer kann sich sein Programm nach Zeit, Sender und Inhaltsschwerpunkten im Netz suchen und findet im Idealfall auch noch Links zu Hintergrundinformationen.
- Die Fachzeitschriften für Computer und Internet müssen extensive Netzangebote betreiben, um überhaupt in der Konkurrenz überleben zu können.
- Neben den speziellen Internet Mail-Diensten ist auch das Telephonieren übers Internet bei Freaks beliebt geworden, weil es billig auch Fern- und Auslandsgespräche ermöglicht und mit Videokamera am Computer auch Bildtelephon schon heute realisierbar ist. Das Zusammenschalten mehrerer Gesprächspartner zu früher sogenannten Videokonferenzen ist möglich. Bei Video-Games über das Internet können sich die Teilnehmer per Headset parallel zum Spiel miteinander unterhalten.
- Audiotracks können über das Internet heruntergeladen werden. Midi-Files zum Abspielen über die Soundkarte, WAV-Dateien mit allem, was hörbar gemacht werden kann, und ganze Musikstücke bevorzugt im MP3-Kompressionsverfahren machen der CD-Industrie Konkurrenz.
- Das Angebot von Bildern (nicht nur pornographischen) im Netz ist gigantisch und mit den diversen MPEG-Kompressionsverfahren ziehen auch Videoangebote nach.
- Radiosender bieten ergänzende Angebote im Internet (z.B. Programmführer, Manuscriptdienste ...).Aber es sind auch bereits ganze Sender auf akzeptabler Qualitätsstufe online im Netz zu hören und andere, die extra fürs Netz konzipiert wurden.
- Fernsehsender bieten ebenfalls Programmführer und viel Zusatzinformationen, parallel zum, teils identisch mit dem Videotext. Ein akzeptables Fernsehbild übers Internet macht jedoch technisch von der Datenfülle her noch viele Probleme.

✓ Gesprächsimpuls: Worin sehen Sie Chancen, worin Gefahren der Medienzukunft? Was würden Sie sich subjektiv wünschen, wovor haben Sie Angst?
Als zukunftsweisendes Fernsehen der Generation @ verkauft sich z.B. Giga-TV: www.giga.de.
Ein experimentelles Projekt bietet der SWR mit „das Ding" (www.dasding.de). Das Ding will ein Medienangebot der nächsten Generation für Jugendliche zwischen 10 und 19 sein. 24 Stunden am Tag werden verschiedene Medienarten (Radio, Internet, Fernsehen) und verschiedene Verteilwege kombiniert. Morgens zwischen 6 und 7.30 wird beim Fernsehsender Südwest3 der Bildschirm zur Oberfläche für Bilder, Grafiken, Textinfos; der Ton läuft synchron mit dem Radio (digital über DAB, Digital Audio Broadcasting, über Satellit, per Internet-Radio oder teils auf UKW); im Bild gibt es Zusatzinfos zu Musik, Beiträgen und News. Per Fax und E-Mail können Jugendliche reagieren und werden ins laufende Programm eingebaut. Auf den Webseiten gibt es weitere Infos und bestimmte Radioteile können nochmals in Gesamtlänge abgerufen werden. Das Ding will ein Medium von Jugendlichen für Jugendliche sein; Mitmachen ist erwünscht und in entsprechenden Workshops können Jugendliche das nötige Know-how lernen.

4.4 Computer und Internet

✓ Die Sachinformationen zur Geschichte des Computers kann man anschaulich nachvollziehen im empfehlenswerten Heinz-Nixdorf-Museums-Forum in Paderborn: www.hnf.de

Anfänge der Computertechnik

Die Basis aller heute „neuen" Medien ist der Computer. Den Erfinder des Computers gibt es nicht; erste „Rechner" wurden parallel an verschiedenen Stellen der Welt entwickelt. In Deutschland gilt *Konrad Zuse* als Pionier mit seinen ein ganzes Zimmer füllenden „Großrechnern" Z1 (1938) und Z3 (1941). Schon während des 2. Weltkrieges war es in den USA vor allem das Militär, das an der Rechnerentwicklung Interesse zeigte zur Bewältigung umfangreicher ballistischer Berechnungen. Die ersten Computer waren primär ein neues Werkzeug für Wissenschaft, Militär und Raumfahrt. (vgl. zu diesen und den folgenden Informationen die Dauerausstellung im Heinz-Nixdorf-Museums-Forum in Paderborn)

Wer in der Frühzeit des Computers diese Maschine programmieren wollte, musste lange binäre Ziffernfolgen erstellen, ein äußerst mühsames Verfahren. Nach dem 2. Weltkrieg begannen Wissenschaftler damit, die Programmierung von Computern zu vereinfachen. Sie entwickelten Programmiersprachen, von denen seit 1950 etwa 1000 entstanden; diese Entwicklung ist noch nicht abgeschlossen. Anfang der 70er Jahre wurden EDV-Anlagen preisgünstig, so dass immer mehr Unternehmen einen Rechner einsetzten. Diese neuen Kunden brauchten Software zur Lösung ihrer spezifischen Aufgaben. Erstellung, Wartung und Modifikation der Programme verursachten jedoch für die Hersteller steigende Kosten; denn damals waren Programme und Programmierdienste im Preis der Hardware, also der Maschine enthalten. Nicht ganz freiwillig begannen die Hersteller nun, diese Softwareleistungen gesondert in Rechnung zu stellen. Datenverarbeitungsfachleute ergriffen die Chance und machten sich mit ihrem Spezialwissen selbstständig.

Großrechner

1964 begann mit Speicherschreibmaschinen und magnetischen Speichermedien die Ära der Textverarbeitung. Eingetippter Text ließ sich nachträglich bearbeiten und schnell ausdrucken. Immer wiederkehrende Formulierungen wurden als Textbausteine gespeichert. Zu diesem Zeitpunkt war die Schreibmaschine sowohl Eingabe als auch Ausgabegerät. Bis 1970 kamen Computersysteme vorwiegend in Militär, Forschung und Entwicklung zum Einsatz; in der Folge setzten auch Unternehmen, Banken und Behörden Rechner zur maschinellen Bearbeitung ihrer Daten ein. Die Elektronische Datenverarbeitung EDV boomte und dafür waren neue Qualifikationen gefragt.

Sprach man Anfang der 70er Jahre über Minicomputer, dann meinte man damit Geräte in der Größe eines Kühlschranks, die zehntausende Dollar kosteten. Sie waren unerreichbar groß und teuer für Privatleute. Dabei hatte die Erfindung des Transistors, die dann zu Intels erstem Mikroprozessor führte, den persönlichen Computer möglich gemacht. Nur Tüftler und Freaks glaubten daran, dass der Computer im eigenen Haus eine Zukunft haben würde.

Mikrochip

Sogenannte Chips, integrierte Schaltkreise beschleunigten ab 1960 den Fortschritt der Datentechnik. Ungefähr alle 18 Monate ließ sich fortan die Zahl der Transistoren auf dem Chipkristall verdoppeln. Der 1971 erfundene Mikroprozessor-Chip konnte mit 2300 Transistoren 60.000 Befehle je Sekunde abarbeiten. 25 Jahre später erledigen die 5.500.000 Transistoren des Pentium Pro schon 300 Millionen Befehle pro Sekunde. Ein 4 Mega-Bit RAM, am Markt seit 1990, speichert auf seinem 8x10 Millimeter-Chip über 4 Millionen Nullen oder Einsen, das entspricht einem Text von 156 Seiten. Für das Jahr 2010 erwartet man den 64-Giga-Bit-Chip, er könnte das Lebenswerk von William Shakespeare, über 4000 Seiten, mehr als 1000 Mal speichern. Auf diesem Chip werden 1000 feinste Leitungsbahnen zusammen nicht breiter sein als ein menschliches Haar.

Seit Mitte der 70er Jahre stellen viele Unternehmen PCs her. 1981 setzte der IBM-PC in kurzer Zeit einen Standard und die Kompatibilität zu diesem PC entwickelte sich zum Maß aller Dinge. Nicht kompatible Systeme führten fortan ein Nischendasein, etwa als Spielecomputer wie der Commodore C 64 oder als Musik-Computer wie der Atari ST. Einzig Apple behauptete sich mit dem Macintosh. Einfache Mausbedienung und hervorragende Grafikfähigkeit boten eindeutige Vorzüge gegenüber dem IBM-PC. Um 1990 hatten Nachbauten den IBM-PC zurückgedrängt. Firmen wie Intel und Microsoft prägten die Entwicklung. Eine unübersehbare Fülle von Software wird angeboten, der PC ist seitdem ein Massenmedium.

PC als Massenmedium

Tastatur und Monitor bilden die Schnittstelle zwischen Mensch und Computer. Bis in die 80er Jahre erfolgte die Eingabe gewöhnlich über Worte bzw. Zeichenfolgen (DOS-System). Mit der Maus als Tastaturerweiterung, grafikfähigen Monitoren und Windows als Benutzeroberfläche begann die Umstellung auf eine visuell orientierte Bedienung. Vertraute Symbole wie Fenster, Schreibtisch und Papierkorb gaben dem PC ein neues Gesicht und vereinfachten seine Bedienung.

Grafische Benutzeroberfläche

Microsoft – globales Computermonopol

Betriebssystem als Gatekeeper

Auch das Betriebssystem eines Computers hat eine Gate-Keeper-Funktion. Hier entscheidet sich, was der Computer kann, welche Programme auf ihm laufen. Der Weltmarkt wird beherrscht von Microsoft und seinen „Windows". „Microsoft lehrt die Kinder das Lesen, Microsoft hilft, den richtigen Highway im Gewirr der US-Straßen zu finden, Microsoft bucht Reisen, bietet Online-Zeitungen, macht billiges Telefonieren möglich. Und in wenigen Jahren steckt womöglich schon in jedem Auto, jedem Fernseher, jedem Haushaltsgerät vom Kühlschrank bis zur Mikrowelle eine Software aus Seattle." (Spiegel, Nr. 12, 16.3.98, 223)

Ms-Dos, Windows

Bill Gates erwarb vor gut 20 Jahren von dem inzwischen verstorbenen Programmierer Gary Kildall in Seattle ein Software-Paket Namens Qdos. Mit einigen Verbesserungen brachte Gates das Betriebssystem unter dem Namen Ms-Dos als Betriebssystem des ersten Personalcomputers des EDV-Giganten IBM an. Gates war damals alleiniger Rechteinhaber aller Lizenzen für Ms-Dos. 1977 hatte eine kleine Garagenfirma namens Apple einen ersten Computer in Größe zweier Schuhkartons auf den Markt gebracht. Der Apple-Umsatz stieg innerhalb von nur zwei Jahren auf 117 Millionen Dollar. IBM versuchte, die Pionier-Firma zu schlucken, aber die Apple-Gründer Steve Jobs und Steve Wozniak wollten nicht verkaufen. So kam Gates zum Zuge. Zusammen mit dem kleinen Chip-Hersteller Intel brachten sie 1981 für ca. 3000 Dollar den ersten PC auf den Markt. Schon zwei Jahre später waren 500.000 Exemplare des

Betriebssystems verkauft. Nicht wegen ihrer Qualität, sondern Dank der Marktmacht von IBM setzte sich die Microsoft-Software Ms-Dos durch. Gates verkaufte das System auch an andere Firmen, die sogenannte IBM-kompatible Rechner auf den Markt brachten. Ms-Dos wurde zum weltbeherrschenden Standard. Immer mehr Anwendungsprogramme wurden darauf abgestimmt. Bald brachte Gates' Firma auch selbst Anwendersoftware auf den Markt; nicht immer die beste Software, die sich aber im Bundle-Geschäft mit Geräten und in der Kombination der sogenannten Office-Pakete bestens verkaufte. Und die Kooperation mit dem Marktführer Intel (ironisch „Wintel-Allianz") deckte auch diesen Bereich der Basis-Chips ab. Die Grafikoberfläche „Windows" als Konkurrenz zur Apple-Entwicklung war zunächst nur ein Bluff, um die Kunden zu halten; Apple und andere Systeme wie z.B. Atari hatten technisch und qualitativ die Nase vorn, aber ihnen fehlte die Marktmacht.

Microsoft Monopol

Kurz vor der Jahrtausendwende entdeckte Gates in Online-Diensten und im digitalen Bild- und Fernsehmarkt die Zukunft. Die Kombination: WebTV, die Verbindung von Fernseh-/Videoangeboten und Online-Diensten. Zahlreiche Rechte und Firmen hat er in den letzten Jahren erworben; denn erst die Inhalte erwecken die Online-Technik zum Leben. (vgl. „Monster Microsoft?", in: Der Spiegel Nr. 12, 16.3.1998, 222-235)

Der Ausbau der Microsoft-Weltmacht vollzog sich in drei großen Stufen:

- „Stufe 1: Klassisches Software-Geschäft. Mit PC-Betriebssystemen und Programmen für den Heim- und Büroanwender macht Gates aus Microsoft das weltweit führende Softwareunternehmen. Dieser klassische Bereich stellt bis heute das Kerngeschäft dar.
- Stufe 2: Multimedia und Internet. Computer werden schneller und leistungsfähiger. Windows 95 bringt das Internet auf jeden PC: Microsoft sammelt und liefert multimediales Futter und steigt in die Schlacht ums World Wide Web ein.
- Stufe 3: Totale Vernetzung. Mit dem Aufbau von online-Angeboten und Dienstleistungen wird Microsoft selbst zum digitalen Medienanbieter und entwickelt gleichzeitig die nötige Soft- und Hardware. Intelligente Systeme sollen den Alltag der Menschen erleichtern." (ebd. 225)

Ist das Internet nach der Erfindung der Schrift, des Buchdrucks, des Computers nun der „vierte" Sprung in der Entwicklung der Kommunikationsmedien?

Tamagotchi

✓ Ein Mini-Computer mit tierischen Eigenschaften und vorübergehender pädagogischer Aufmerksamkeit war auch das „**Tamagotchi**" – das „Cyber-Ei": im Jahre 1997 wurde dieser kleine Haustier-Computer weltweit zu einem Boom, der in Millionenschwemmen kam und den PädagogInnen viel Kopfzerbrechen bereitete und helle Empörungen hervorrief. Schließlich wollten die Handteller großen virtuellen Haustiere rund um die Uhr gefüttert, gehegt, gepflegt und unterhalten werden, alles per Knopfdruck versteht sich. Aber Gott sei Dank haben sie ja mehrere Leben. Doch auch die sind einmal vorbei: Wie gekommen, so zerronnen – diese „digitale Fürsorge-Prothese" ist in der Banalität des Alltags verschwunden.

Das Internet und seine Dienste

Vernetzung

Vernetzung ist ein aktuelles Schlagwort in vielen Lebensbereichen, vor allem auch im Bereich von Bildungs-, Kultur- und Sozialarbeit. Das Telephonnetz bzw. die Kabelnetze, die bislang vorwiegend für Rundfunk- und Fernsehempfang genutzt werden, sind die Grundlage, auch Computer zu ganz verschiedenen Anwendungen weltweit zu vernetzen.

🕮 Eine erste pädagogische Einführung zur Internet-Thematik gab *Fasching, Thomas,* Internet und Pädagogik. Kommunikation, Bildung und Lernen im Netz, München 1997.
Düx, Sascha, Internet, Gesellschaft und Pädagogik. Computernetze als Herausforderung für Jugendarbeit und Schule in Theorie und Praxis, München 2000.
Meschenmoser, Helmut, Lernen mit Multimedia und Internet (Unterrichtskonzepte Bd. 5), Baltmannsweiler 2002.

Militärische Interessen

Idee und Grundrealisierung der Computernetze stammen aus dem militärischen Bereich der USA. Eine einzige Rechen- und Datenzentrale im Pentagon war den Militärstrategen im kalten Krieg viel zu riskant. Wenn diese Zentrale im Kriegsfall ausgeschaltet würde, wären alle Verbindungen lahmgelegt. So wurde die Idee realisiert, mehrere Computerzentralen miteinander so zu vernetzen, dass auch beim Ausfall einer oder mehrerer Stationen die anderen noch voll funktionsfähig blieben. 1969 wurde das ARPAnet, ein von der Advances Research Projekts Agency gegründetes Versuchsnetz, erstmals in Betrieb genommen. Die Nutzungsbeschränkung dieses kleinen Netzwerkes auf Militärangehörige und Forscher in diesem Bereich wurde bald aufgehoben, so dass 1971 zunächst 15 Rechner und ein Jahr später schon 37 Rechner im ARPAnet miteinander verbunden waren. Im Laufe der Jahre entstanden weitere eigenständige Netzwerke an Universitäten, Firmen und Behörden. Der militärische Teil des ARPAnet spaltete sich Anfang der achtziger Jahre schließlich als eigenständiges Military Network (MILNET) ab. Nach Gründung eines wissenschaftlichen Forschungsnetzes unter dem Namen National Science Foundation Network (NSFNET) im Jahre 1986 wurden alle bis dahin bestehenden Netzwerke in den USA schließlich zu einem großen Verbund zusammengeschlossen. Das ursprünglich militärische ARPAnet, das als Vorfahre des Internets gilt, wurde durch das leistungsfähigere NSFNET abgelöst und 1989 formal beendet.

1992 wurde schließlich auch in Europa ein leistungsstarkes Netzwerk nach dem Vorbild des NSFNET installiert, dem ebenfalls zunächst kleinere wissenschaftliche Forschungsnetze vorausgegangen waren. Die Entwicklung des World Wide Web (WWW), auch W3 oder Web genannt, begann 1989 am *European Center of Nuclear Research (CERN)* in Genf, ursprünglich geplant als Netz, das dem internen Informationsaustausch räumlich verteilter Forschergruppen dienen sollte. Das WWW wurde im Jahre 1993 in Betrieb genommen und dieser Teilbereich ist heute für viele Menschen gleichbedeutend mit dem Begriff Internet. Benutzt wird eine grafische Benutzerschnittstelle („Browser"). Durch die Verwendung des Hypertextsystems sind die einzelnen WWW-Seiten miteinander verlinkt; per Mausklick kann vom einen zum anderen gesprungen („gesurft") werden. Die Seiten können auch multimediale Elemente (Ton, Bild, Video) enthalten, die durch den Browser und dazugehörige kleine Erweiterungsprogramme („Plugin") zugänglich werden. Erst mit dem WWW wurde das Internet ein Netzwerk für die breite Öffentlichkeit und für kommerzielle Firmen und Dienstanbieter interessant. Heute wird das WWW von einer eigens gegründeten W3-Organisation koordiniert, aber keineswegs verwaltet oder kontrolliert (www.w3.org).

WWW

Browser

Das Internet insgesamt ist das größte Netzwerk der Welt. Auf der Basis eines gemeinsamen Protokolls (TCP/IP = Transmission Control Protocol/Internet Protocol) sind weltweit die verschiedensten Rechnernetze zu einem gewaltigen Kommunikationssystem verbunden. Dieses TCP/IP zerlegt die Daten in kleine Pakete, die bei der Übertragung unterschiedliche Wege gehen können. Dabei wird jedes dieser kleinen Datenpakete mit der gleichen Zieladresse versehen und mit Hilfe dieses Protokolls am Bestimmungsort wieder zusammengesetzt. Grundlegend funktioniert der Datenaustausch im Internet nach dem Client-Server-Prinzip. Der Server ist der Rechner mit entsprechender Server-Software, der Informationen und Datenbestände im Internet zur Verfügung stellt, die vom Client (z.B. der

Gemeinsames Protokoll

heimische PC eines Internet-Nutzers) mit Hilfe entsprechender Client-Software abgerufen werden können.

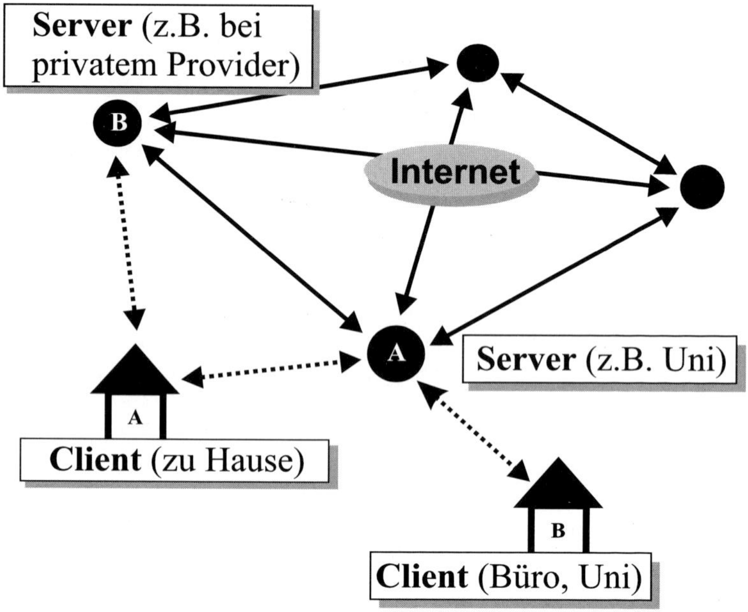

Abb. 4.4: Struktur des Internet

Zugang zum Internet

Für die Nutzung des Internet mit all seinen Diensten braucht man folgende Komponenten:

- einen Computer;
- einen Telefonanschluß (inzwischen teils auch über Satellit);
- ein Modem (Modulator-Demodulator), das entweder im Computer als Steckkarte oder als externes Gerät verwendet werden kann und Töne, die über die herkömmliche Telefonleitung gesendet bzw. empfangen werden, in Daten umwandelt;
- oder eine ISDN-Karte (Integrated Services Digital Network, ein integriertes Digitalnetz für verschiedene Kommunikationsdienste mit erheblich höherer Datenübertragungsrate als per analogem Modem); bei DSL wird ein spezielles externes Modem mit einer Netzwerkkarte des Computers verbunden;
- einen Internet-Zugang über einen Provider (eine meist kommerzielle Organisation/Firma, oft ein sogenannter Online-Dienst,

die/der gegen Gebühr den Zugang zum Internet anbietet, z.B. t-online oder AOL);
- die entsprechende Client-Software (Programme/Anwendungen, die das Bewegen und Ausführen von bestimmten Operationen bzw. Nutzung von Diensten im Internet ermöglicht); die beiden großen Konkurrenten der Browser-Programme sind „Netscape" und Microsofts „Internet-Explorer". Browser
- Für die Nutzung diverser Anwendungen braucht der Browser noch eine Reihe von sogenannten Plugins; zu den bekanntesten gehören der Acrobat Reader, der Texte und Grafiken unabhängig vom Computer in einem einheitlichen Layout darstellt, sowie Zusatzprogramme zum Abspielen von Animationen (z.B. Flash-Player) und Sound- und Video-Dateien (RealPlayer, Microsoft Media Player, Quicktime Player).

Unabhängig von den nicht unerheblichen Anschaffungskosten der entsprechenden Hard- und Software sowie den unterschiedlichen Gebühren der Provider, fallen bei einer Verbindung mit dem Internet Telefongebühren an, die teils abhängig sind von der Entfernung des Einwahlknotens, das ist der Standort des Computers, den der Anwender für den Internet-Zugang bei seinem Provider anwählt. Die großen Provider bieten jedoch inzwischen bundesweite Einwahlmöglichkeiten zum Ortstarif an.

Dienste des Internet

E-Mail

E-Mail: Mit Electronic-Mail, kurz E-Mail, ist der weltweite Versand und Empfang von Nachrichten und Daten möglich, d.h. neben einfachen Mitteilungen in Textform können auch Grafiken, Klänge, ganze Programme etc. versendet werden, also letztlich alles, was digitalisierbar ist und elektronisch gespeichert werden kann. Der große Vorteil liegt dabei in der Geschwindigkeit und dem Komfort, den diese Kommunikationsform gegenüber der herkömmlichen Post bietet, die im Internet-Jargon auch Snail-Mail (dt.: Schneckenpost) genannt wird. Zu jeder beliebigen Tages- und Nachtzeit kann die elektronische Post an jeden Ort der Welt verschickt werden und in Minuten- oder Sekundenschnelle den Empfänger erreichen.

Mailing-Listen

Neben dem zweiseitigen Austausch von E-Mails existieren auch die sogenannten Mailing-Listen, die einen Austausch mit vielen Internet-Nutzern ermöglichen. Eine Mailing-Liste behandelt – ähnlich wie die Newsgroups – jeweils ein bestimmtes Thema per E-Mail Austausch. Diese Mails kann man abonnieren und sich auch aktiv am Mailing beteiligen.

Daten-Transfer

FTP: Die Buchstaben FTP stehen sowohl als Abkürzung für das File Transfer Protocol als auch für den Dienst selbst, der durch dieses Protokoll ermöglicht wird. Mit FTP kann im Internet auf Dateien und Datenbanken anderer Rechner zugegriffen werden, um diese auf den eigenen Rechner herunterzuladen oder auch umgekehrt, eigene Daten auf entfernte Rechner zu laden. Diese Art von Dateitransfer wird auch als Down- bzw. Upload bezeichnet. Oftmals sind nicht alle Dateien eines FTP-Servers für jedermann verfügbar. Unterschieden wird daher zwischen dem Zugang per Anonymous FTP (Download für jedermann frei) und dem Zugang durch Benutzerkennung und Passwort.

Diskussionsforen

Newsgroups: Bei den Newsgroups, auch kurz News genannt, handelt es sich um themenbezogene Diskussionsforen im Internet. Das Netzwerk der Newsgroups wird auch als Usenet bezeichnet. Beim Usenet handelt es sich im Gegensatz zum Internet nicht um einen weltweiten Netzwerkverbund, sondern eine Ansammlung einzelner sogenannter News-Server. Die dort abgelegten Diskussionsbeiträge werden zwischen diesen einzelnen Rechnern ausgetauscht und verbreitet. Insofern ist das Internet hier nur Transportmedium, das durch ein spezielles Protokoll, das Network News Transfer Protocol (NNTP), den Zugang zu einzelnen News-Servern ermöglicht. Das Usenet wurde im Jahre 1979 von amerikanischen Studenten ursprünglich für deren internen Informationsaustausch entwickelt. Schätzungen über die Anzahl der Newsgroups weltweit schwanken zwischen 10.000 und 25.000. Das Spektrum der Themen ist beinahe allumfassend: von technisch spezialisiertem Computerwissen über Fragen der Philosophie bis hin zum Austausch pornographischen Bildmaterials findet sich dort fast alles. Die Newsgruppen haben ihre speziellen hierarchisch aufgebauten Adressen, aus denen relativ eindeutig erkennbar ist, welche Themen sie behandeln. Die Kürzel der News-Adressen, die jeweils durch einen Punkt voneinander getrennt werden, schränken mit zunehmender Anzahl das Themengebiet immer weiter ein.

An den Diskussionen im Usenet kann im Gegensatz zu manchen Mailing-Listen jeder ohne jegliche Voranmeldung teilnehmen. Es existieren jedoch gewisse Vereinbarungen, spezifische Verhaltens- und Teilnahmeregeln, die sich von Newsgroup zu Newsgroup unterscheiden können. Hierzu, sowie bei der Klärung technischer Fragen, gibt meist ein sogenanntes FAQ (Frequently Asked Questions; dt.: häufig gestellte Fragen) Hilfestellung. Dies ist eine Textdatei, die in der Regel in den jeweiligen Newsgroups verfügbar ist und Antworten auf grundsätzliche, immer wiederkehrende Fragen gibt.

FAQ

WWW: Das World Wide Web ist das populärste, aber keineswegs einzige Informationssystem im Internet. Durch Hypertext-Verknüpfungen zwischen Dokumenten im WWW, den sogenannten Links, ist es möglich, durch deren Anklicken mit der Maus von einem Dokument zum nächsten und von diesem wiederum zu einem anderen zu gelangen. Aus dieser Form der Navigation innerhalb der netzartig verwobenen Struktur des Web entstand der Begriff des „Surfens" im Internet. Ein Link ist meist daran zu erkennen, dass ein Wort oder eine Textpassage unterstrichen und in einer anderen Farbe (üblicherweise blau) erscheint. Doch auch hinter einer Grafik kann sich ein Link befinden. Im Browser wandelt sich der Mauszeiger zu einer Hand.

„Surfen"

Das WWW dient inzwischen auch als Schnittstelle zu anderen Diensten, wie z.B. FTP, E-Mail oder News; ein Download von Dateien via FTP oder das Aufrufen einer Newsgroup ist beispielsweise durch das einfache Anklicken eines Links möglich. Diese Tatsache und die grafisch ansprechende Gestaltung im WWW machen das Internet heute auch für im Computerbereich unerfahrene Menschen relativ leicht handhabbar und attraktiv, zumal hierdurch eine umfassende Nutzung des Internets unter Verwendung einer einzigen Anwendung, dem sogenannten Browser (vor allem Microsoft Internet Explorer und Netscape Navigator), möglich wird. Ein typisches WWW-Dokument, auch Webseite oder Site genannt, enthält neben Text fast immer auch Grafiken und manchmal auch Klänge, ganze Musikstücke, Animationen oder Videosequenzen.

Ein wesentliches Charakteristikum der WWW ist die Integration und Standardisierung der Zugriffsmechanismen und technischen Protokolle. Webseiten sind – wie sämtliche Internet-Ressourcen – erreichbar unter einer bestimmten Adressierung, die als Uniform Resource Locator (URL) bezeichnet. Daneben ermöglicht der sogenannt *Multimedia Information Mail Exchange* (MIME) Standard, ursprünglich zum Austausch multimedialer E-Mail geschaffen, eine einheitliche Spezifizierung verschiedener Dateiformate. Die URL wird in die Adressleiste des Browsers eingegeben. Jeder Computer, der im Netz erreichbar ist, hat eine bestimmte IP-Nummer; da sich lange Zahlenfolgen schlecht merken lassen, werden diese Zahlen durch Namen ersetzt. Die Domäne-Namen werden weltweit registriert und können mit einer entsprechenden Länderkennung nur einmal vergeben werden. Eine URL besteht aus: der Kennzeichnung des verwendeten Protokolls, also z.B.: http:// (Schrägstrich, engl. slash) – Es folgt das Kürzel für das Web: www. – Daran schließt sich der Domäne-Name an, z.B.: media-musica. – Nach einem Punkt (engl. dot) folgt dann das Kürzel für das Land oder einen bestimm-

URL

IP-Adresse

Homepage

ten Webteil, z.B. „de“ für Deutschland. Die vollständige URL hieße dann: http://www.media-musica.de Mit dieser Adresse wird die sogenannte Homepage, die Startseite eines Anbieters aufgerufen.

Chat

IRC: Die Abkürzung IRC steht für den Dienst Internet Relay Chat und bietet die Möglichkeit, über verschiedenartigste Themen in einem oder mehreren Kanälen, auch Channels genannt, mit anderen IRC-Teilnehmern in Echtzeit, d.h. direkt und beinahe ohne Zeitverzögerung über die Tastatur zu kommunizieren, im Internet-Jargon auch chatten genannt. Die IRC-Teilnehmer wählen dabei ein Pseudonym, einen sogenannten Nick oder Nickname (dt.: Spitzname), unter dem sie im IRC angesprochen werden wollen, der aber auch jederzeit geändert werden kann. Es existieren weltweit viele IRC-Server, so dass neben dem deutschsprachigen Chat auch eine Konversation mit fremdsprachigen Nutzern erfolgen kann.

An dem Zeichen „@“ vor den Nicknames mancher IRC-Teilnehmer ist zu erkennen, dass sie die sogenannten Channel-Operatoren sind, d.h. sie besitzen gewisse Vorrechte und können beispielsweise den Titel, das sogenannte Topic, des Kanals ändern oder einen anderen Teilnehmer aus dem Kanal verbannen, falls dieser sich nicht an vereinbarte Regeln hält. Neben der Kommunikation im Kanal ist auch eine Konversation zwischen nur zwei Teilnehmern in einem gesonderten Fenster – von den anderen Teilnehmern unbeobachtet – möglich. Nach eigener Erfahrung kann das Chatten allerdings auch zu einem unübersichtlichen, chaotischen Ereignis werden, wenn viele Teilnehmer einen Kanal bevölkern.

Rollenspiele im Netz

Die **MUDs:** Die Multi User Dungeons sind textbasierte Phantasie-Rollenspiele, die meist via Telnet ausgeführt werden. Die Teilnehmer kreieren selbstgewählte Spielcharaktere, wie z.B. Feen, Zwerge oder Zauberer, die in bereits vorgegebenen oder neu erschaffenen, fiktiven Spielwelten agieren und diese durch ihr virtuelles Tun auch verändern können. Muds werden weltweit offensichtlich nur zu einem relativ geringen Anteil von überwiegend erwachsenen Personen genutzt. Kommentar eines Online-Spielers (zit. bei *Turkle* 1998): *„Das wirkliche Leben ist nur ein zusätzliches Fenster zur Welt, und es ist nicht unbedingt mein bestes.“*

Das Internet als Medium

Kommunikation über das Internet ist medial und indirekt. Mediale Kommunikation löste generell Kommunikationsprozesse vom Faktor Raum und Zeit; das ist beim Internet auf die Spitze getrieben; mehr als 40 Millionen Menschen in mehr als 130 Ländern (vor allem Europas und Amerikas) nutzten im Jahr 2000 das Internet. Der Vorteil liegt in der weltweiten Informationsbeschaffung und -verteilung, die nicht mehr orts- und zeitgebunden bzw. an Transportmöglichkeiten gebunden ist.

Die verschiedenen Nutzungsweisen lassen sich einteilen in die Kategorien öffentlich bzw. privat und einseitig bzw. wechselseitig (vgl. *Fasching* 1997, 55). Das Internet als Medium sprengt die Rubriken herkömmlicher Medieneinteilungen. Es dient privater Kommunikation wie Briefschreiben und Telefon vorher ebenso wie es Massenkommunikations-Angebote transportiert, also etwa Zeitung, Radio, Fernsehen übers Netz.

Interaktivität

Der wichtigste „neue" Aspekt dieses Mediums ist die *Interaktivität*. Der Benutzer kann aktiv in das Geschehen im Internet eingreifen und frei wahlen, welche Dienste, Angebote und Informationen er nutzen möchte. Zudem kann er durch eigene Angebote (Homepage, Chat ...) aktiv mitwirken. Die Technikvoraussetzungen dafür sind auch für den Einzelnen bezahlbar und die programmtechnischen Kenntnisse relativ leicht zu erwerben. Die Kommunikationsstrukturen im Internet sind „interaktiv" wie bei keinem Medium vorher. Bei vielen CD-ROM und sonstigen Computerprodukten ist eine solche „Interaktivität" nur eine Vorspiegelung falscher Tatsache und eine Verkaufsmasche. Dazu bemerkt *Peter Glaser* (in: Spiegel special Nr.3/1997, 27): „Es gibt keine Interaktion mit Maschinen. ... Programme können lediglich in unterschiedlich festgelegter Weise auf die Anforderungen von Nutzern reagieren. Man kann das multioptional oder Multiple Choice nennen – ein Austausch, bei dem beide Seiten Erfahrungen miteinander machen und einander verändern, ist das nicht. ... Es liegt in der Natur der Sache, daß sich ein Gegenüber, mit dem ich auf die altbekannte analoge Art interaktiv bin, gleichzeitig mit mir ändert – jede Seite wird ein kleines bisschen erfahrener. Die Situation ist nie eindeutig vorhersehbar. Die Vorstellung, man könne interaktiv mit etwas sein, das sich selbst nicht ändert, ist unsinnig." In diesem Sinn ist nicht von einer Interaktivität des Mediums Computer zu sprechen, sondern wie Telephon und andere Medien stützt und ermöglicht die Computervernetzung bestimmte Formen von Interaktion zwischen Menschen.

Selbstverwaltetes System

Ein weiteres ungewohnt Kennzeichen des Mediums Internet ist seine weithin selbst organisierende Struktur. Es gehört keinem Land, keiner Organisation und unterliegt keiner zentralen Aufsichtsbehörde. Das Internet ist „ein von seinen Nutzern selbstverwaltetes System ohne zentrale Instanzen mit formell legitimierter Sanktionsgewalt; das Miteinander vollzieht sich nach einem informellen dynamischen Regelwerk, das Teil einer gewachsenen Kultur ist. Die Nutzer sind darin in Subkulturen enkulturiert und grenzen sich über Kulturgüter nach außen ab." (*Fasching* 1997, 49)

5. Medienforschung: Erkenntnisse, Probleme, Relevanz für Medienpädagogik

5.1 Wirkung contra Nutzung

Die zentralen Begriffe dieses Kapitels sind: Medienwirkung und Mediennutzung. Der Begriff Wirkung weckt Assoziationen: Werk, Werkzeug, wirken, Wirkung, Wirklichkeit, alles Begriffe, die nahe zusammenliegen. Aber wirkt Wirklichkeit direkt auf uns? Oder ist das, was wirkt, Wirklichkeit?

Wie leicht uns unsere Sinne über Wirklichkeit täuschen, lässt sich am Phänomen optischer Täuschungen (s. Abb. S. 175) veranschaulichen. Die Unterschiedlichkeit von Wirkung zeigt auch die Tatsache, dass viele öffentlich diskutierte Medienprodukte oder -formate unterschiedlich wahrgenommen werden. In der aktuellen Mediendiskussion hängt mit der Frage „Was ist wirklich?" das Problem der sogenannten virtuellen Realität eng zusammen: virtuell = der Möglichkeit nach vorhanden, scheinbar.

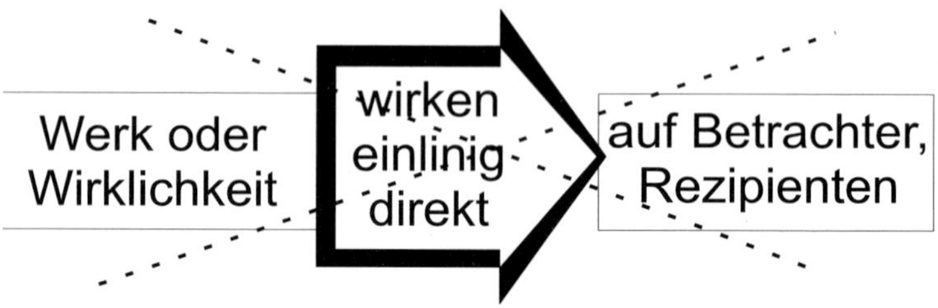

Einfache Wirkungsvorstellungen

Ein so simples Schema steckt oft in unseren Köpfen, ist jedoch falsch. Medienwirkung ist ein komplexeres Phänomen als nur in einliniger Abhängigkeit der Nutzung eines Angebots zu denken. Medien wirken nicht einfach auf uns, sondern wir nutzen sie. Wie wir mit Medien umgehen, sie für uns nutzen, ist historisch, das haben wir irgendwann gelernt in Abhängigkeit vom Zeit-Geist. Medienverhalten ist also entwickelbar, veränderbar; das ist die Chance und erkenntnisleitende Aufgabe von Pädagogik und Kommunikationswissenschaften.

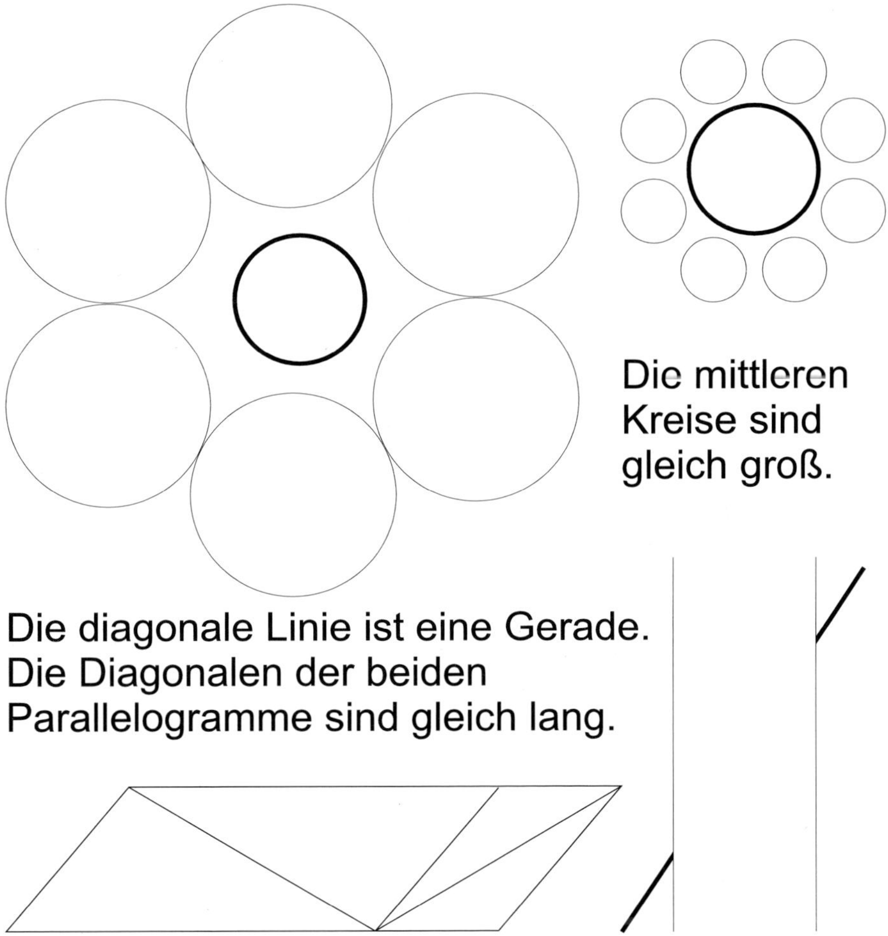

Abb. 5.2: Optische Täuschungen

Optische Täuschungen

✓ Mit folgender Übung kann man die Selektivität von Wahrnehmung veranschaulichen: auf einer Overheadfolie sind eine Fülle aktueller Zeitungsschlagzeilen zusammenkopiert; sie werden gerade so lange gezeigt, wie man durchschnittlich zum überfliegenden Lesen Zeit braucht. Anschließend werden von den TeilnehmerInnen erinnerte Schlagzeilen einzeln aufnotiert. Unterschiede in der Erinnerung sind sehr wahrscheinlich; sie haben u.a. mit Interessenlage, Vorwissen und derzeitiger Befindlichkeit zu tun.

Der Begriff „Wirkung“ ist also problematisch, weil ihm das Reiz-Reaktions-Denken anhängt. Spannender ist die umgekehrte Denkrichtung: Nutzung, abgeleitet von Nutzen, nützlich; jemand benutzt etwas, es ist ihm nützlich. Legt der Begriff Medienwirkung „Aktivität“ des Medienproduktes nahe – „das Medium wirkt“ –, so legt der Begriff Mediennutzung Aktivität von jemandem außerhalb des Mediums nahe – „jemand nutzt“. Pädagogisch interessant ist natürlich die Frage, wie denn diese beiden Begriffe wiederum mit dem Begriff des Lernens zusammenhängen. Werde ich „gelernt“, belehrt durch Medienwirkung? Lerne ich durch Mediennutzung? Lernen in bzw. mit Worten und Zahlen sind uns geläufig und werden systematisch trainiert. Die Flut der stehenden Bilder und laufenden Filmbilder sind zu einer quantitativen Herausforderung geworden, deren Rezeption nicht systematisch gelernt wird. Deshalb ist es sinnvoll, die Frage der Wirkung, der Nutzung und des Lernens zuzuspitzen auf Bildmedien.

✓ Medienpädagogik will Medienverhalten durch Analysen und Erfahrungen beeinflussen.

✓ Übung: Stellen Sie eine beliebige Bilderreihe aus Zeitschriften, Werbeanzeigen etc. zusammen. Was nehmen wir wahr? Was behalten wir? Was wirkt wie?

Mit der genannten Übung lassen sich einige Erfahrungen machen, die man folgendermaßen auf den Punkt bringen kann:

- Wirkung ist nicht unabhängig vom Werk, aber ebensowenig vom Subjekt des Betrachters.
- Bilder entscheiden über Interesse, Motivation, Zuwendung – sie prägen Emotionen. Aber Bilder können leicht täuschen.
- Wir sind angewiesen auf Wissen, um bildhafte Medienangebote unterscheiden, einordnen, bewerten zu können.

📖 *Kübler, Hans-Dieter,* Das unendliche Ende der Wirkungsforschung. Das Wirkungspotential der Medien: behauptet, befürchtet, aber noch immer weitgehend unerschlossen, in: medien praktisch 19 (1995), 4-12
Schenk, Michael, Forschungsschwerpunkt Medienwirkungen: Ein Überblick, in: *Klingler, W./Roters, G./Zöllner, O.* (Hg.), Fernsehforschung in Deutschland, Bd. 2, Baden-Baden 1998, 527-543
Bonfadelli, Heinz, Medienwirkungsforschung 1: Grundlagen und theoretische Perspektiven; Medienwirkungsforschung 2: Anwendungen in Politik, Wirtschaft und Kultur, Konstanz 2000
Jäckel, Michael, Medienwirkungen. Ein Studienbuch zur Einführung, Opladen 2. Aufl. 2002

Medienforschung konzentriert sich in weiten Teilen auf quantitative statistische Erhebung oder ausschließlich auf Inhaltsanalysen; ein Alltagsbeispiel dafür sind die berühmten Zählungen, wie viele Morde das Programm eines Fernsehkanals zu bieten hat. Aber Medienpädagogik greift zu kurz, wenn man den Betroffenen nur Statistiken vorhält. Und quantitative Verhaltensnormen – z.B.: nicht mehr als 15 Minuten Fernsehen täglich für 4-jährige – sind wissenschaftlich nur bedingt begründbar. Alltägliches Medienhandeln kann kaum in Typen und repräsentativen Statistiken aufgehen, obgleich beides für eine empirische Erfassung des Medienumgangs notwendig und bedeutsam ist. Die statistischen Daten müssen analysiert und zu unserer Biographie, unseren eigenen Medienerfahrungen und -vorlieben in Beziehung gesetzt werden. Erst so wird ein realistischeres Bild von Erziehungswirklichkeit im Blick auf Adressatengruppen möglich – denn: wer gibt schon gern seine eigenen Problemen in Sachen Medienverhalten zu, oder: wie typisch ist unser eigenes Medienverhalten?

Medienbiografie

✓ Eine hilfreiche *Übung* kann es sein, die eigene Medienbiografie anhand folgender Fragen zu rekonstruieren: Welches sind meine frühesten Medienerinnerungen? Welche Erinnerungen aus meiner Kindheit drängen sich vor, die mit Medien zu tun haben? Wie wurde in meiner Familie mit Medien umgegangen? Jugend-/Ausbildungszeit = Freiheit im Medienumgang? Wie sieht mein heutiges Medienverhalten, wie sehen meine Medienvorlieben aus?

Alltägliches Medienhandeln verstehen

Medienpädagogik muss versuchen, alltägliches Medienhandeln konkreter Menschen jeweils aus deren Perspektive zu verstehen. Für den Familienkontext heißt das zum Beispiel: „Eltern müssen ihr alltägliches Medienhandeln mit in ein mögliches medienpädagogisches Familienkonzept einbringen, den Zusammenhang von familialen Kommunikationsmustern und Medienhandeln so erfahren, daß praktische Konsequenzen für den Alltag möglich sind.“ (*Rogge* 1983, 22)

🕮 Einen familien-systemischen Ansatz in verständlicher Form vertritt *J. U. Rogge*, deutlich etwa in: Heidi, PacMan und die Video-Zombies, Reinbek 1985; Kinder können Fernsehen, Reinbek 1990; Umgang mit dem Fernsehen. Ein Arbeitsbuch für Erzieherinnen, Lehrer und Eltern, Neuwied 1996.

5.2 Daten zur Mediennutzung

✓ Übung: Vor aller Auseinandersetzung mit allgemeinen Daten sollte man sein eigenes Medienverhalten einmal quantitativ „statistisch" erfassen. Wieviel Zeit widme ich täglich welchem Medium? Wieviel Zeit ist beiläufige bzw. intensive Nutzung? – An einer solchen Übung kann man bereits erfahren, wie Erforschung das Verhalten verändert und welche subjektiven Fehleinschätzungen mitschwingen.

Die Problematik eines vereinfachenden Wirkungsverständnisses habe ich aufgezeigt. Auch wenn man von Inhalten und quantitativer Nutzung nicht direkt auf Wirkung schließen kann, liefern Zahlen der Medienforschung doch eine wichtige Argumentationshilfe.

Tägliche Mediennutzung

Ein durchschnittlicher Fernsehhaushalt konnte in Deutschland 2000 mehr als 30 Fernsehprogramme empfangen: terrestrisch sind im Schnitt sechs Programme, per Kabel gut 30, per Satellit über 50 Programme zu empfangen. Die Menschen verbringen hierzulande mehr als sieben Stunden täglich mit Mediennutzung (im Jahr 2001 genau 421 Minuten, vgl. Media Perspektiven. Basisdaten 2001). Sie geschieht sicher vielfach nebenbei, aber hat sie deshalb keine Wirkung? Eine anschauliche, aber zugegeben pauschalisierende Rechnung: ein Mensch verbringt in 10 Schuljahren, die Ferien abgezogen, etwa 9000 Stunden auf der Schulbank (40 Wochen im Jahr a 30 Wochenstunden x 45 Minuten). In diesen 10 Jahren hat derselbe Mensch bei einem täglichen Durchschnittskonsum von 3 Stunden über 10.000 Stunden vor dem Fernsehgerät verbracht.

5.2.1 Messung von Einschaltquoten

Fernsehforschung

Die Fernsehforschung als Einschaltmessung ist so alt wie das ZDF (1963); durch den Start dieses zweiten großen TV-Programms, das sich zu einem höheren und gewichtigeren Teil als die ARD aus Werbeeinnahmen finanzieren sollte, entstand das Interesse an vergleichbaren, umfassenden, kontinuierlichen Nutzungsdaten. Zunächst wurde das Nutzungsverhalten noch durch Umfragen, später dann das tägliche Einschaltverhalten durch Messgeräte ermittelt. Einschalt- und Sehverhalten wurden jetzt gemessen, nicht erfragt; seit 1985 erledigt das die GfK-Fernsehforschung. 1988 wurde für ein einheitliches Meßsystem die Arbeitsgemeinschaft Fernsehforschung (AGF) gegründet, zu der inzwischen ARD, ZDF, RTL, RTL 2, SAT 1, PRO 7, Kabel 1 gehören. Weitere Fernsehanbieter sind Lizenznehmer der AGF (Arte, DSF, EuroSport, n-tv, Super RTL, Vox und tm 3); die Lizenznutzung ist weitaus kostengünstiger als die Mitgliedschaft. Die

Arbeitsgemeinschaft Fernsehforschung: www.agf.de
„GfK. Growth from Knowledge. Vor 68 Jahren als erstes deutsches Marktforschungsunternehmen gegründet, ist die GfK heute mit mehr als 110 Tochterunternehmen und über 4.750 Mitarbeitern in 51 Ländern weltweit eines der führenden Marktforschungsinstitute.“ (www.gfk.de)

Feldforschung wird von der GfK-Fernsehforschung durchgeführt. Neue Messgeräte registrieren bis zu 98 Kanäle, Videoaufzeichnungen und -wiedergabe sowie Sondernutzungen wie Videotext und Video-/Computer-/Telespiele über das Fernsehgerät.

Stichprobe der Quotenmessung

Das GfK-Messgerät erfasst in einer repräsentativen Zahl bundesdeutscher Haushalte, das sind derzeit ca. 5200 mit etwa 13.000 Personen, alle Ein-, Um- und Ausschaltvorgänge. Die Stichprobe ist auch für die alten und neuen Bundesländer repräsentativ; eine Person im Fernsehpanel steht für 5500 andere Personen, das ist der Hochrechnungsfaktor; populäre Wahlumfragen basieren oft auf 1000 bis 2000 Befragten. Bis zu acht Personen pro Haushalt werden mittels spezieller Knöpfe auf den Fernbedienungen erfasst. Die Daten werden täglich in den Nachtstunden über die Telephonleitung abgerufen und per Computer ausgewertet. Aufgrund solcher Verfahren stehen relativ objektive und tagesaktuelle Daten zur Verfügung.

Bernward Frank, Die Währung. GfK-Fernsehforschung: Methoden, Trends & Partner, in: agenda H 13, März/April 1994, 24 f.). *Müller, Dieter K.*, Fernsehzuschauerforschung in Deutschland, in: Media Perspektiven 9/1997, 470 ff.

Die persönliche An- und Abmeldung beinhaltet natürlich eine „subjektive“ Fehlerquote. Durch ein telephonisches Kontrollsystem der Direktabfrage und den Abgleich mit den Messdaten wird diese Abweichung kontrolliert. Die Fehlerquote liegt danach unter 2,5%.

Einschaltquoten bedingen Werbepreise

Die Einschaltquoten des Tages stehen den beteiligten Fernsehanstalten bereits am folgenden Vormittag zur Verfügung. Das erhöht natürlich den aktuellen Konkurrenzdruck. Die Einschaltquoten bedingen die Werbeblockpreise. Für die öffentlich-rechtlichen Sender sind die Einschaltzahlen auch legitimatorisch wichtig, weil sie eben von TV-Gebühren leben und deren Verwendung rechtfertigen müssen.

Die vielbeschworene „Quote“ bedeutet im engeren Sinn Haushaltsreichweite. Eine Einschaltquote von 50% würde heißen, das die Hälfte der deutschen Fernsehhaushalte ihr Fernsehgerät mit einem bestimmten Programm laufen hat. Dabei beziehen sich die Quoten immer auf die Gesamtheit der TV-Haushalte. Interessant sind dane-

Marktanteile

ben sogenannte „Marktanteile“; hat eine Vormittagssendung 3% Einschaltquote, d.h. 3 % von allen Fernsehhaushalten, kann sie dennoch 25% Marktanteil haben, d.h. 25% von den zu dieser Zeit eingeschalteten Fernsehgeräten. Die Bewertung solcher Marktanteile muss in Relation gesetzt werden zur Struktur des Fernsehpublikums, das zu einer bestimmten Zeit vor dem Fernseher sitzt, etwa vormittags oder in den späten Nachtstunden. In den Konkurrenzkämpfen der letzten Jahre ist ein „Krieg der Quoten“ entbrannt. Sendungen werden nicht mehr über Notwendigkeit oder Inhalte legitimiert, sondern vorrangig an Quoten gemessen.

„Zappen“

Die Vielzahl der Programme und die bequeme Fernbedienung haben ein Zuschauerverhalten hervorgerufen, das Programmanbietern, Werbetreibenden und Pädagogen zu schaffen macht: *Switching – Hopping – Zapping*. Mal gucken, was kommt, Reize suchen, Sendungen parallel verfolgen, all das ist möglich geworden und wird praktiziert. Ein- bis Zwei-Personen-Haushalte schalten weit häufiger um als Drei- oder Mehr-Personen-Haushalte. Das Fernsehen wird vom Leitmedium zum Sekundärmedium. Den kürzeren Aufmerksamkeitsspannen hat sich inzwischen auch die Dramaturgie der TV-Angebote angepasst.

In Frage gestellt wird die Messung der Einschaltquoten, weil nicht erfasst wird, ob der Einschaltende auch wirklich vor dem Gerät bleibt oder anderen Tätigkeiten nachgeht. Befragungen haben gezeigt, dass viele Zuschauer trotz laufenden TV-Geräts anderen Tätigkeiten nachgehen, sich unterhalten, Hausarbeit erledigen, essen, telephonieren, schlafen. Eine Infrarot-Kamera als Zusatzgerät zur Quotenmessung, die das Zuschauerverhalten in Form eines Wärmebildes aufnimmt, ist (bislang) bei uns nicht zugelassen.

5.2.2 Exemplarische Einzeldaten

> 🕮 Daten, wenn nicht anders angegeben, aus: Media Perspektiven. Basisdaten. Daten zur Mediensituation in Deutschland 2001. – Die Arbeitsgemeinschaft der ARD-Werbegesellschaften gibt unter dem Titel „Media Perspektiven“ monatlich eine Fachzeitschrift und jährlich eine Übersicht zu Basisdaten heraus: www.media-perspektiven.de.

Im Durchschnitt nutzt jeder Mensch in unserem Land elektronische und Print-Medien täglich mehr als sieben Stunden. Dem stehen zwei andere Zahlen der Durchschnittsstatistik krass gegenüber:

- Filmbesuch pro Einwohner im Jahr 2000: etwa 1,8
- Konzert-/Theaterbesuch pro Einwohner im Jahr 2000: etwa. 0,4

	% Personen in Haushalten mit entsprechender Ausstattung (Daten aus: Media Perspektiven. Basisdaten 2001)		% der befragten Jugendlichen 12-19 J (Daten aus JIM 2001)
	1994	**2001**	**% 12-19 J**
Fernsehgerät	98,5	98,0	64
Radio	98,3	98,8	
Autoradio	75,6	82,8	
Plattenspieler	57,7	35,5	
CD-Spieler (in HiFi-Anlage)	46	69,3	86
Videorekorder	52,6	67,8	32
Videokamera /Camcorder	10,9	23,5	
Telephon	84,5		
Handy			74
Computer	18,9	43,4	49
Modem / Internetzugang		20,7	25
Spielkonsole			32

Tabelle 1 stellt die Geräteausstattung im Heimbereich dar; interessant ist vor allem der Vergleich zum Eigenbesitz 12-19jähriger Jugendlicher der entsprechenden Medien. Die Domäne der Jugend sind eindeutig die Audiomedien und die aktuellen Trendmedien wie Computer und Handy.

Versorgung mit Kabelanschlüssen 1993, 2001 (auch Satellitenempfang) in % aller Haushalte (vgl. Media Perspektiven. Basisdaten)

	1993	**2001**
% anschließbare Haushalte	64,4	71
% angeschlossene Haushalte	40,4	50
Satellitenempfang in % aller Haushalte		35,9
West		35,1
Ost		39

Die zweite Tabelle zeigt, wie viele Haushalte inzwischen mit Kabelabschluss bzw. Satellitenempfang ausgestattet sind. Mehr als 3/4 aller Haushalte verfügen über eine große Auswahl auch privatwirtschaftlicher Programmangebote. Die neuen Bundesländer sind prozentual viel stärker beim Satellitenempfang vertreten; das gründet in einem hohen Interesse an diesem Freizeitangebot, vielleicht auch mangelnden kostengünstigen Freizeitalternativen, wenig Verkabelung.

Vergleichszahlen über die Fernsehnutzung in Kabelhaushalten und Haushalten mit nur terrestrischen Empfangsmöglichkeiten zeigen, dass anfangs zwar in den Kabelhaushalten das Fernsehgerät mehr eingeschaltet wurde, die Unterschiede aber nicht sehr groß bleiben; der Neuheitseffekt nutzt sich ab und andererseits ist anzunehmen, dass sich eher Personen mit größerem Interesse am Fernsehen für einen Kabel- bzw. Satellitenempfang entscheiden.

Entwicklung der Fernsehnutzung 1993 bis 2001 in Min.

	Erw. ab 14 West	Erw. ab 14 Ost	Kinder 3-13 West	Kinder 3-13 Ost
1993	167	209	88	110
1995	181	207	93	101
1997	190	218	92	107
1999	192	220	92	117
2001	198	222	92	115

Die Fernsehnutzung aller Altersgruppen ist im letzten Jahrzehnt kontinuierlich, aber nicht drastisch gestiegen; in Deutschland Ost ist der Gesamtkonsum höher, aber der Anstieg nicht mehr so deutlich. Die freie Zeit für Fernsehkonsum ist eben begrenzt. 2001 betrug die Sehdauer eines Erwachsenen ab 14 J. im Tagesdurchschnitt 205 Minuten; Kinder zwischen 3 und 13 J. kamen auf 98 Minuten. 74% der Erwachsenen, 61% der Kinder werden im Durchschnitt jeden Tag vom Fernsehen erreicht. Interessant wird es, wenn man die Fernsehnutzung nach Programmen differenziert. Dort wird eine Abwanderung in den letzten zehn Jahren deutlich: weg von den öffentlich-rechtlichen Programmangeboten hin zu den privatwirtschaftlichen Angeboten. In Kabelhaushalten war dieser Wechsel anfangs noch deutlicher. Inzwischen hat sich diese Wanderbewegung eingependelt.

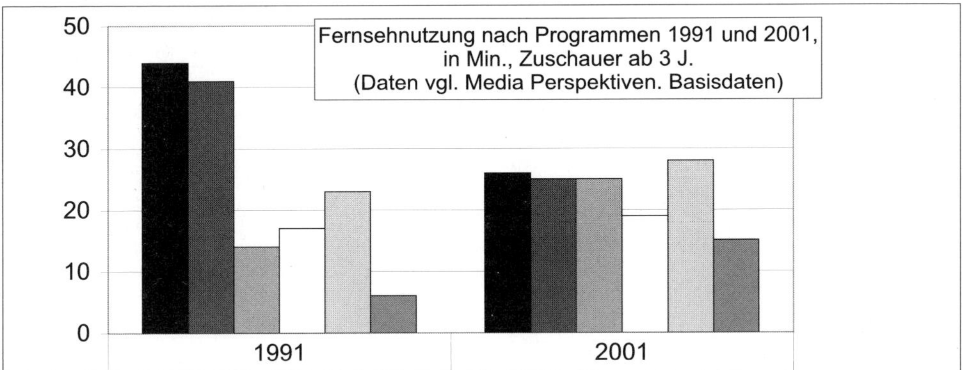

	1991	2001
ARD	44	26
ZDF	41	25
Dritte	14	25
SAT 1	17	19
RTL	23	28
PRO 7	6	15

Bei Jugendlichen sieht die Rangfolge der beliebtesten Sender (in Prozent) nach der Studie JIM 2001 folgendermaßen aus:

in %	Pro 7	RTL	Viva	MTV	RTL2	Sat.1	ARD
Jungen	65	36	19	19	19	11	5
Mädchen	52	56	21	18	15	8	10
Gesamt	59	45	20	19	17	9	7

Die öffentlich-rechtlichen Sender sind weit abgeschlagen, während nach den Spielfilmsendern die Musiksender weit vorn rangieren. Viva und MTV werden aber beispielsweise in den Gfk-Daten gar nicht mit ausgewiesen. Pädagogisch bedeutet dies möglicherweise, dass die nachfolgende Generation ganz andere Fernsehvorlieben trainiert; ob sie diese Gewohnheiten als Erwachsene noch stark verändern, ist fraglich.

Programmvorlieben der 3-13jährigen 2001 Marktanteile in % über gesamten Tag (vgl. Feierabend/Klingler 2002, S. 228)

SuperRTL	RTL	RTL 2	Kinderkanal	PRO 7	SAT 1	ARD	ZDF
19,7%	13,2%	11,2%	10,2%	9,5%	6,7%	5,9%	5,0%

Mediennutzung in Min. 2001 im Altersvergleich (vgl. Media Perspektiven. Basisdaten)			
	Fernsehen	Video	Tonträger
14-19 J.	166	4	51
30-39 J.	167	2	25
60-69 J.	230	1	9

Die Verschiebung der Programmvorlieben zieht eine Veränderung der gesehenen Programmanteile mit sich, denn die privatwirtschaftlichen Vollprogramme haben eine andere Inhaltsstruktur als die öffentlich-rechtlichen Sender; sie bieten weit weniger Information, dafür ist der Anteil an Fiction und natürlich an Werbung entsprechend hoch.

Programmstruktur im Überblick	Tägl. Sendemin. 1986	Tägl. Sendemin. 2001	% am Progr. 1986	% am Progr. 2001
INFORMATION				
ARD	259	573	30	40,4
ZDF	292	646	36,3	45,5
RTL	77	285	18	19,8
SAT 1	120	246	20,7	17,1
Pro 7		215		14,9
FICTION				
ARD	291	408	34	28,8
ZDF	225	395	27,9	27,9
RTL	136	464	31,7	32,2
SAT 1	252	412	43,5	28,6
Pro 7		680		47,2
KI/JUGEND				
ARD	27	114	3,2	8
ZDF	38	90	4,7	6,4
RTL	11	69	2,7	4,8
SAT 1	80	48	13,9	3,3
Pro 7		70		4,9
WERBUNG				
ARD	20	20	2,3	1,4
ZDF	21	23	2,6	1,6
RTL	20	243	4,6	16,9
SAT 1	20	261	3,4	18,1
Pro 7		193		13,4

vgl. Media Perspektiven. Basisdaten.
Krüger/Zapf-Schramm 2002

📖 Differenzierte Programmanalysen hat das Institut für empirische Medienforschung IFEM in Köln in den vergangenen Jahren regelmäßig durchgeführt und in der Zeitschrift „Media Perspektiven“ veröffentlicht (vgl. *Krüger* u.a. 2001 und 2002).

5.2.3 Konsequenzen aus solchen statistischen Daten

Die frei verfügbare Zeit der Menschen in unserem Land ist in den letzten 25 gestiegen von ca. 5,5 auf etwa 7,5 Stunden täglich. Fast parallel ist die Mediennutzung gestiegen; quantitativ dominiert sie die Freizeitbeschäftigung.

Medien strukturieren den Alltag

Erwachsene, Kinder und Jugendliche nutzen praktisch alle Medien, überall, zu allen Tageszeiten. Medien sind Teil einer „Entstrukturierung“ der Lebenswelt, teilweise strukturieren sie den Alltag aber auch neu. Ein Tag ohne Medien ist für die meisten Menschen heute kaum vorstellbar. Ein Leben ohne Fernsehen ist praktisch nicht mehr erfahrbar. Für 75% der Kinder ist das Fernsehen unter allen Medien am wenigsten verzichtbar; an zweiter Stelle folgt der Computer mit 12%, dann Zeitschriften mit 7% und Radio mit 6% (vgl. KIM-Studie 2000).

Durch Verkabelung bzw. Satellitenempfang einerseits, Privatisierung unseres Rundfunksystems andererseits hat es keine drastische Ausweitung der Sehzeiten gegeben. Die erhöhten Zahlen sind teils Neuheitseffekte; und wer sich verkabeln lässt oder eine Satellitenschüssel kauft, hat ohnehin größeres Interesse am Fernsehen. Aber mit der Kommerzialisierung geht eine Verschiebung der Programmvorlieben einher: ein Trend zu „more of the same“ und das heißt zumeist zur Unterhaltung. Gerade Kinder haben sich zahlreich von den (pädagogisch konzipierten) Kindersendungen der ARD und des ZDF ab- und der „billigen“ Zeichentrickware von RTL und Pro 7 zugewandt. Der „Kinderkanal“ hat da wieder aufgeholt, zumindest bei den jüngsten Kindern. Die Marktanteile der fünf erstplatzierten Sender liegen für die 3-13Jährigen folgendermaßen: SuperRTL 19,7%, RTL 13,2%, RTL2 11,2%, Kika 10,2% und Pro 7 9,5%; bei den 3-5Jährigen liegt der KiKa immerhin hinter SuperRTL an zweiter Stelle (vgl. *Feierabend/Klingler* 2002).

Jugendliche sind offen für neue Medien

Jugendliche sind innovationsfreudig, d.h. „neuen“ Medienangeboten gegenüber aufgeschlossen. Sie gehören zum Stammpublikum des Fernsehens. Typisch für Jugendliche sind aber eher die auditiven Medien: Musik ist das konstitutive Element im Leben der Jugendlichen.

Medienwelten müssen in ihrer quantitativen und qualitativen Bedeutung wahrgenommen werden. Medienrezeption beeinflusst

Jungen bevorzugen „action"

Lebensgeschichte: Menschen nutzen Medien zur sozialen Identitätssicherung und zur kulturellen Sinnvergewisserung. Jungen bevorzugen „action", Mädchen Beziehungsgeschichten. PädagogInnen, denen es um den jeweiligen (jugendlichen) Menschen geht, müssen den „Spiegel" der Medien wahrnehmen; sie müssen sich für die Mediennutzung ihrer Adressaten interessieren, weil sich darin Bedürfnisse äußern. Medien gehören zu den Bedingungen der Möglichkeit pädagogischen Handelns.

> 🕮 Aktuelle und übersichtlich angeordnete und interpretierte Daten zur Mediennutzung Jugendlicher bietet folgende Studie: JIM 2001. Jugend, Information, (Multi-) Media. Basisuntersuchung zum Medienumgang 12- bis 19-Jähriger, hg. vom Medienpädagogischen Forschungsverbund Südwest in Baden-Baden. Viele Infos dazu gibt es auch auf der Webseite: www.mpfs.de
> Ein kompakter Überblick in Buchform: *Klinger, Walter/Roters, Gunnar/Zöllner, Oliver* (Hg.), Fernsehforschung in Deutschland. Themen – Akteure – Methoden, 2 Bnd., Baden-Baden 1998. – Vgl. im Internet auch: www.medienrezeption.de

5.3 Probleme der Medienforschung

Die Medienforschung ist ein Kind der Publizistik- und Kommunikationswissenschaften. In der Massenkommunikationsforschung steht die Frage der Erkenntnis und Kontrolle von Wirkungen im Zentrum. Der Wirkungsbegriff, der in der Kommunikationswissenschaft verwendet wird, entstammt zunächst dem naturwissenschaftlichen Denken: Wirkung als Veränderung von Wissen, Einstellungen und Verhalten wird als direkte, unmittelbare Folge empfangener Stimuli aufgefasst; gleiche Stimuli erzeugen gleiche Wirkungen (vgl. auch das Reiz-Reaktions-Schema in der behavioristischen Psychologie).

Begriff „Wirkung"

Ein aktualisierter Wirkungsbegriff schließt ein, dass Wirkung nicht nur durch die Aussage der Medien bestimmt, sondern auch durch soziale, situationale und personale Randbedingungen vor- bzw. mitgeprägt wird. Längst bevor die eigentliche Medienaussage „wirken" kann, legen bereits die Person des Rezipienten und sein soziales Umfeld fest, welcher Wirkungsspielraum für die Medienaussage noch zur Verfügung steht. „Gleiche Aussagen erzeugen nur dann gleiche Wirkungen, wenn identische Randbedingungen (personal, sozial, situational) vorliegen." (Funkkolleg 9, 45)

Wirkungen von Kommunikation sind Bestandteil des Kommunikationsprozesses. Sie sind zeitlich, räumlich, situativ abhängig.

Monokausale Erklärungen greifen zu kurz. Sie würden voraussetzen, dass (1) die Ursache zeitlich vor der Reaktion auftritt, (2) immer wenn die Ursache auftritt, die Reaktion folgt, (3) der Zusammenhang zu allen Zeiten und Orten gilt, (4) der Zusammenhang zwischen Ursache und Wirkung evident ist.

Die Gleichung: „guter" Film = gute Wirkung; „schlechter" Film = schlechte Wirkung ist allemal verkürzend und deshalb falsch. Ebenso kann nicht z.B. von der Quantität gewaltverherrlichender Darstellungen auf direkte Wirkungen beim Rezipienten geschlossen werden. Aber auch von einer „Nullwirkung" (*H. M. Enzensberger*) der Medien kann man nicht sprechen, weil man nichts Genaues weiß. Es gibt keine wirkungslose Form medialer oder personaler Kommunikation. Deshalb gibt es auch keine „harmlosen" Medien.

Wirkungstheorien müssen auf ihre Halt- bzw. Unhaltbarkeit überprüft werden:

Aspekte von Medien-Wirkung

- Berücksichtigen sie die Lebens- und Familienwelten des Rezipienten?
- Werden medienbezogene Handlungen auch in Relation zu psychosozialen und alterspezifischen Besonderheiten betrachtet?
- Wird beachtet, mit welcher Motivation und welchen Voraussetzungen jeweilige Rezipienten an die medial inszenierten Welten herangehen?
- Werden situative und aktuelle Aspekte der Mediennutzung berücksichtigt?

5.4 Methoden der Forschung

Durch verschiedene Forschungsmethoden versucht man den Zusammenhang zwischen Kommunikationsangebot und Wirkung zu erfassen. Problematisch bleiben folgende Aspekte: (1) Hat eine Kommunikation diese und nur diese Wirkung ausgelöst? Hat sie die gemessene und nur die gemessene Wirkung oder auch andere? (2) Das Messverfahren selbst erzeugt Verzerrungen. (3) Eine Messung von Wirkungen ohne Berücksichtigung indirekter Wirkungen (z.B. sozialer Kontext) bleibt unvollständig.

Bei der Messung von Wissen, Einstellungen und/oder Verhalten vor und nach einem zu untersuchenden Kommunikationsangebot wird der Unterschied als „Wirkung" bestimmt. Hier besteht die Gefahr, dass die Personen durch die erste Messung bereits sensibilisiert sind. Dieses Problem kann man durch Einrichtung einer Versuchsgruppe und einer Kontrollgruppe angehen. Hier wird aber vorausgesetzt, dass Versuchs- und Kontrollgruppe und ihre derzeitige Situation gleichartig bzw. vergleichbar sind.

Labor-Experimente

Bei Labor-Experimenten wird versucht (ähnlich naturwissenschaftlicher Simulation), die situativen Außenbedingungen als mögliche Einflussvariablen zu kontrollieren bzw. auszuschalten. So führen Labor-Experimente in der Regel zu klaren und eindeutig interpretierbaren Ergebnissen. Gleichzeitig aber ist der Einfluss der Testsituation auf das Verhalten der Rezipienten kaum kontrollierbar. Es können nur kurzfristige Effekte gemessen werden. Oft wurde nicht mit repräsentativ ausgewählten Versuchspersonen gearbeitet, sondern mit gerade verfügbaren, z.B. StudentInnen. Die Ergebnisse sind kaum auf Alltagssituationen übertragbar.

Feldstudien

Bei Feldstudien ist nachteilig, dass nicht alle Wirkungs-Faktoren angemessen erfasst und kontrolliert werden können. (Zu Labor- und Feldstudien vgl. *Kunczik* 1987, 45)

In sozialen Feldern reichen monokausale Erklärungen meist nicht aus, z.B. bei Problemfragen wie: Warum wird jemand kriminell? Warum zeigt jemand eine bestimmte Form abweichenden Verhaltens? In der Regel ist nicht der absolute Beitrag einer Einzelvariablen interessant, sondern verschiedene Variablen in ihrer Wechselwirkung. So sind Medienangebote weniger als Stimuli zu sehen, d.h. als absolute Größen, die gleiche Bedeutung und gleiche Wirkung für alle Rezipienten haben, sondern eher als symbolische oder metaphorische Angebote; das schließt Freiheitsgrade der individuellen Rezeption und Interpretation ein. Die Anwesenheit anderer Personen – ob real oder fiktiv in der Vorstellung des Rezipienten – beeinflusst Wirkung; soziale Strukturen der Wahrnehmung, der Erwartung (oder deren fiktive Unterstellung) sind wirksam. „Auch wenn der Rezipient sich gar nicht selbst den Aussagen der Medien aussetzt, so wird er doch indirekt von dieser Strukturierung erreicht – sei es durch die stetig mehr durch Medien zu leistenden Wirklichkeitsentwürfe, sei es durch eine langfristig von den Medien geprägte Mentalität oder ein unter dem Einfluß der Medien ansozialisiertes instrumentelles Nutzungsverhalten von Medien.“ (Funkkolleg 9, 57)

5.5 Forschungsphasen

📖 Zur Entwicklung von Forschungskonzepten bietet eine gute Darstellung: Fischer Lexikon Publizistik Massenkommunikation, Frankfurt 1994 (Neuausgabe 2002), Art. „Wirkung der Massenmedien auf die Meinungsbildung“; „Wirkung von Gewaltdarstellungen in den Massenmedien“.

Zwischen Mediennutzung (methodisch: Befragung/Teleskopie) und Medienwirkung (methodisch: Labor- bzw. Feldexperiment) wird sehr häufig nicht klar genug unterschieden. Das statistische Zahlenmaterial gehört überwiegend zum Bereich einer quantitativen Mediennutzungsforschung; oft aber werden Wirkungshypothesen daraus abgeleitet.

Menschenbild der Forschung

Mediennutzung, Medienreichweite, Medienrezeption, Medienwirkung ..., diese Begriffe sind nicht gleichbedeutend. „Hinter der Fassade des Durchschnitts verbergen sich individuelle Medien-Biographien." (*Charlton/Neumann-Braun* 1992, 8) Auch in der Medien- und Kommunikationsforschung geht es letztlich um die Frage, welches Menschenbild hinter den Forschungshypothesen steht. Nimmt man menschliches Handeln als dinglich verursacht an oder als – innerhalb bestimmter Rahmenbedingungen – selbstverantwortete aktive Willensäußerung? (vgl. ebd. 24)

5.5.1 Medienorientierte Forschung

Medienzentrierte Wirkungsforschung

In einer ersten Phase der Medienforschung in den 20er und 30er Jahren des 20sten Jahrhunderts (z.B. die sog. Payne-Fund-Studies 1929-32 zur Filmwirkung) wurde den Medien starke und direkte Wirkung auf Auge und Ohr unmittelbar ohne Störungen zugesprochen. Medienwirkung wurde in einer medienzentrierten Wirkungsforschung als Stimulus-Response-Verhältnis (vgl. einfache Kommunikationsmodelle) gesehen: What do the media to the people? Den Medien(inhalten) wird Omnipotenz zugesprochen; die Rezipienten sind passive Wesen, der Manipulation hilflos ausgesetzt. Als historisch wichtige Beispiele gelten u.a. die Reden von J. Goebbels und das Hörspiel „War of the worlds" von Orson Welles.

An diesem Modell wurde der Begriff der Medienwirkung festgemacht und dieses Modell ist bis heute am Wirkungsbegriff hängen geblieben. Folgende Annahmen impliziert dieses Wirkungsmodell: aktives Kommunikationssubjekt, passives Kommunikationsobjekt; ein Individuum trifft mit einem Medienangebot zusammen ohne Berücksichtigung des Kontextes; Wirkungen sind zielgerichtet und geplant; Kommunikationsvorgänge sind episodisch. „Medienwirkungen werden als Endprodukt einer Kausalkette angesehen, mit einer teilweisen Verwechselung von Ursachen und Wirkungen: So werden z.B. soziale Isolation und Passivität, die möglicherweise gesellschaftliche Ursachen haben und die mit hohem Fernsehkonsum verbunden sein können, dem hohen Fernsehkonsum angelastet. Etwaige Indikatoren für persönliche und gesellschaftliche Verhältnisse werden als Verursacher dargestellt." (*Sander/Vollbrecht*

1987, 16) Diesem Wirkungsmodell, aus dem Bewahrpädagogik folgt, hängen teilweise auch noch populäre Medienkritiker (vgl. Kap. 6) an.

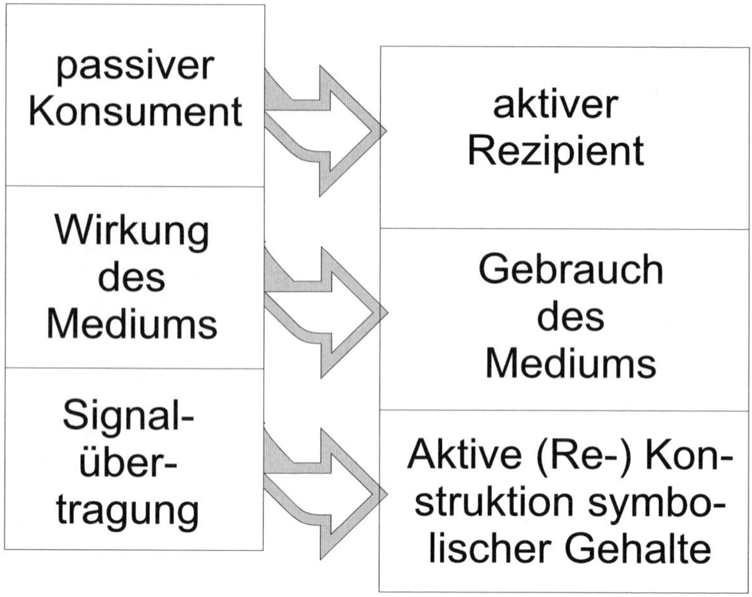

Abb. 5.3: Forschungskonzepte

5.5.2 Rezipientenorientierte Wirkungsforschung

Zweistufenfluss

Meinungsführer

In einer grob zu unterscheidenden Folgephase wurde der Gedanke der Medienallmacht zunehmend aufgeweicht. Ausgangspunkt dafür war die Entdeckung eines sogenannten Zweistufenflusses der Kommunikation („Two-Step-Flow of Communication") im Rahmen einer Untersuchung zur Wirkung der Massenmedien im amerikanischen Wahlkampf des Jahres 1940 durch *P. F. Lazarsfeld* („The peoples choice"). Er untersuchte den Einfluss von Presse und Radio auf die Wählerentscheidung und fand erstaunlicherweise keinen direkten Zusammenhang zwischen rezipierten Medien und Wahlabsicht. Aber die sogenannten Meinungsführer („opinion-leader") schienen einen weit größeren Einfluss zu haben als die Medien. So wurde gefolgert, dass Aussagen von den Medien zu den Meinungsführern fließen und von dort zu den weniger aktiven Teilen der Bevölkerung. Dieser Ansatz wurde im folgenden variiert; geblieben ist etwa folgender Erkenntnisstand: „Rezipienten nutzen die Massenmedien

vor allem, um sich zu informieren; bei der Frage nach Wichtigkeit und Richtigkeit von Informationsangeboten, beispielsweise für Wahlentscheidungen, werden Meinungen benötigt, die als Meta-Aussage (als Bewertung der zugrunde liegenden Information) die Entscheidung für die Akzeptanz einer Information erleichtern. Diese Meinungen beschafft sich der Rezipient:
- bei glaubwürdigen Personen, die er persönlich kennt (Opinion-Leader),
- bei glaubwürdigen Personen, die er aus den Medien kennt (virtuelle Opinion-Leader),
- durch Diskussion und Argumentation mit anderen Personen oder durch Verfolgung solcher Diskussionen in den Massenmedien." (Funkkolleg 9, 61)

Nutzen-Ansatz

Der Nutzen-Ansatz („uses-and-gratifications-approach"; wörtlich: Annäherung von Gebrauch und Bedürfnisbefriedigung) untersucht, „warum bestimmte Personen bestimmte Medien benutzen und was sie von dieser Tätigkeit profitieren" (*Charlton/Neumann-Braun* 1992, 8). „Gefragt wird nicht mehr in erster Linie nach den ‚Wirkungen' der Massenmedien, also nach den Veränderungen beim Rezipienten, sondern nach den Gründen der Mediennutzung und nach dem ‚Nutzen' der durch die Medien vermittelten Inhalte für den Rezipienten." (*Sander/ Vollbrecht* 1987, 18). Rezipienten haben bestimmte Bedürfnisse, deren Befriedigung durch Medienkonsum eine „Belohnung" darstellt. Mediendarstellungen werden Rezipienten dann beeinflussen, wenn sie für diese in ihrer sozialen und persönlichen Situation einen subjektiven Sinn ergeben (vgl. Funkkolleg 10, 28).

Rezipienten wählen nach ihren Bedürfnissen aktiv aus; die Persönlichkeit, das Interesse, die schon bestehenden Meinungen, das Vorwissen etc. wirken wie ein Filter, der verantwortlich ist, ob überhaupt und welche Wirkungen auftreten. Die Kommunikation wird symmetrisch: aktiver Kommunikator + aktiver Empfänger. Die zentrale Frage lautet also nicht mehr: „Was machen die Medien mit den Menschen?", sondern: „Welche Funktionen haben die Medien für die Menschen?" Die Wirkung von Medien wird mehr durch Eigenschaften des Publikums als durch den Medieninhalt bestimmt.

Die Bedürfnisse und Nutzenkriterien der Rezipienten (auch von Kindern und Jugendlichen) rücken an die Stelle der ehemals so dominanten Medieninhalte. Die Inhalte geraten allerdings in diesem Ansatz zu sehr aus dem Blick; außerdem wird die Kommunikationssituation noch immer zu isoliert betrachtet. Die deutsche Variante des „Nutzen-Ansatzes" hat die Leitidee der aktiven Subjekte besser umgesetzt. „Die Aktivität des Zuschauers (oder Hörers, Lesers usw.) äußert sich darin, daß dieser die Medienangebote nicht einfach aufnimmt, sondern auf dem Hintergrund seiner eigenen Ziele und Wertsetzungen mit einer ganz persönlichen Bedeutung versieht. Medieninhalte werden also subjektiv rekonstruiert." (*Charlton/Neumann-Braun* 1992, 46) Das geschieht auf dem Hintergrund allgemeiner gesellschaftlicher Interpretationsmuster und Wissensbestände. Psychische Struktur, soziale Stellung, individuelle Lebensgeschichte des Rezipienten spielen gleichermaßen eine Rolle.

In der Folge etablierten sich einige wichtige Theorien zur Medienwirkung.

Selektive Wahrnehmung

Selektion

Was aus dem Medienangebot wahrgenommen wird und beim Rezipienten ankommt, entscheidet dieser bewusst oder vorbewusst aufgrund seiner selektiven Wahrnehmungsstrategien; die sind geprägt durch Vorwissen und Voreinstellungen und die für das jeweilige Individuum gültigen Sozialnormen: (1) Was sehe ich mir an? (2) Was nehme ich wahr? (3) Was behalte ich? (4) Was setze ich in Handlungen um? – Hier kommt auch zum Tragen, dass der Rezipient sogenannte „kognitive Dissonanzen" (*Festinger* 1957) eher zu vermeiden sucht. Einsichten der allgemeinen Kommunikationsforschung erfahren damit im Bereich der Medienwirkungsforschung eine Konkretisierung.

Verstärker-Hypothese

Verstärkung

Es werden in der Medienrezeption eher Bestätigung für Voreinstellungen gesucht. Meinungsprägend können Medien bei neuen Themenbereichen sein, wo noch weniger Grundeinstellungen bestehen. Außerdem sind die Meinungen über Personen leichter zu beeinflussen. In diesen Kontext passt auch ein Ursache-Wirkungszusammenhang, dass zu Aggressionen neigende Menschen eher aggressive Inhalte konsumieren. Die Verstärkerhypothese findet bei Publizisten vielleicht auch deshalb Zuspruch, weil sie den Journalisten von Verantwortung entlastet. Sehr bald wurde die Begrenztheit dieser Hypothese deutlich, weil nur kurzfristige Wirkungen untersucht worden waren.

Thematisierungsfunktion (agenda-setting-approach)

Die Medien haben offensichtlich wenig Einfluss auf Richtung und Stärke von Einstellungen. Aber sie bestimmen durch ihre laufende Auswahl einer Thematisierung, worüber gesprochen wird, welche Themen in der Öffentlichkeit wichtig genommen werden. Der Rezipient nimmt nicht nur einen kognitiven Inhalt auf, sondern erfährt durch Umfang und Dauer der Thematisierung auch etwas über die Bedeutung des Themas. Auch hier liegt sicher keine einlinige Medienwirkung vor, sondern eine Wechselwirkung zwischen sozialer Kommunikation und Medien. Zeitungen haben eher eine solche Thematisierungsfunktion, während das Fernsehen eher eine Spotlight-Funktion hat, die sich kurzzeitig und besonders auf optisch präsentierbare Ereignisse richtet.

Nachrichtenfaktoren

Unter diese Funktion gehören auch Beobachtungen, was denn überhaupt für Medien berichtenswert ist. Das Konzept der „*Nachrichtenfaktoren*“ (vgl. Funkkolleg 9) leitet sich daraus ab: Außergewöhnlichkeit; Eindeutigkeit (einfach, klar, konsistent); Bedeutsamkeit; Erwartungstreue bzw. Überraschung (entweder „unerwartet“ oder mit allgemeinen Erwartungen übereinstimmend); Themenkarriere (ist ein Ereignis erst einmal auf der Agenda, bleibt es oft); Bezug zu Elitenationen oder -Personen; Personalisierung; Negativität (only bad news are good news).

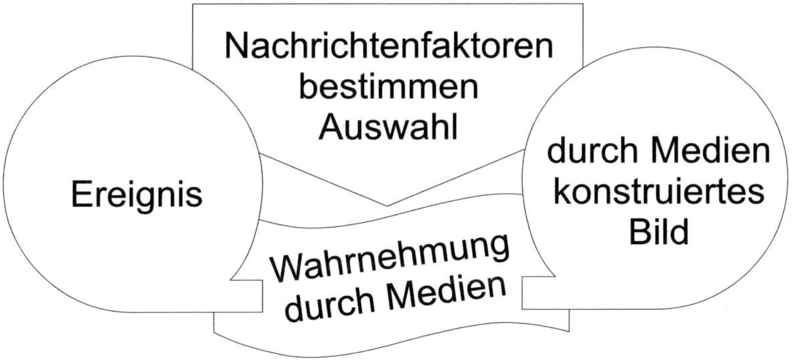

Abb. 5.4: Nachrichtenfaktoren

Wissenskluft-Hypothese (knowledge-gap-hypothesis)

Medien und das von ihnen vermittelte Informationsangebot werden von verschiedenen Teilen bzw. Schichten der Bevölkerung unterschiedlich genutzt. Menschen mit höherem sozioökonomischen Status und/oder höherer formaler Bildung nutzen Informationsangebote intensiver, nutzen auch die verschiedenen neuen Medien und ihre Chancen stärker. So verschaffen sich Schichten, die ohnehin im Bildungs-Vorteil sind, durch selektive Mediennutzung weitere Vorteile, die Wissenskluft wächst. Man nennt dies umgangssprachlich mit biblischem Bezug auch den „Matthäus-Effekt“: „Wer hat, dem wird gegeben“.

Wissenskluft

Die „Knowledge-Gap-Hypothesis" wurde 1970 von Tichenor, Donohue, Olien aufgestellt; im deutschen Sprachraum haben sich vor allem *H. Bonfadelli* und *U. Saxer* damit auseinandergesetzt (vgl. *Saxer* 1985). Wichtig ist eine Unterscheidung von „access gap" , wie unterschiedliche Schichten durch Medien erreicht werden, und „usage gap" , wie die vermittelten Informationen aufgefasst und verarbeitet werden. Die These besitzt hohe Aktualität auch in Bezug auf die „neuen Medien", besonders die Internet-Nutzung. Wer ohnehin Medien schon selbstbewusst und für seine Belange effektiv nutzt, wird sich durch neue Medienangebote noch mehr Vorteile verschaffen.

Wissensunterschiede

Kritiker bezeichnen allerdings diese knowledge-gap-Hypothese selbst als ein Mittelschichts-Phänomen, weil die Faktoren Wissen, Bildung und sozialer Status nicht klar eingegrenzt und aus Mittelschichts-Perspektive bewertet werden. „Mit den sprachlichen Ausdrucksweisen dieser Schichten wird gefragt, ob die für sie interessanten Wissensbereiche in der Unterschicht zur Kenntnis genommen werden. Für den fernsehenden Unterschichtler aber ist beispielsweise Wissen über den Nobelpreisträger für Literatur vermutlich ebensowenig interessant wie über die Wahlbeteiligung in Polen. Nach seinen Themen wird er in der von ihm bevorzugten Ausdrucksweise nur selten befragt; mag sein, daß sie auch weniger im Medium vorkommen. Solcherart entdeckte Effekte als ‚Kluft' zu bezeichnen, legt zudem die Assoziation nahe, es handele sich um ein Defizit, eine Art geistiger Unterernährung; das Wort ‚Wissensunterschiede' (Knowledge difference) wäre hier sicher angemessener." (*Winterhoff-Spurk* 1986, 161).

Theorie der „Schweigespirale"

📖 *Noelle-Neumann, Elisabeth,* Die Schweigespirale. Öffentliche Meinung – unsere soziale Haut, München 1980 (10. Aufl. 2001)

Menschen sind an sozialer Kommunikation interessiert. Sie formulieren ihre Meinungen möglichst unter Kenntnis der Meinung anderer. Meinungen kann man in direkter Kommunikation oder durch Medien vermittelt erfahren. Der Einzelne nimmt die augenblickliche Meinungsverteilung und ihre Veränderungen wahr. Personen, die annehmen, die derzeit dominante Meinung zu vertreten, wagen sich damit stärker hervor als andere. Die in der Öffentlichkeit als dominant unterstellte Meinung wird so weiter verstärkt, so dass sich deren Vertreter noch weiter hervorwagen usw. Entsprechend halten sich Personen, die nicht diese Meinung vertreten, immer stärker zurück. So wird die als dominant angesehene Meinung wirklich zur dominanten Meinung.

Veränderungen in der öffentlich dominanten Meinung sind nun mediengeleitet bzw. zumindest mediengestützt. Diese Theorie basiert auf den Experimenten zum konformen Verhalten von *Solomon Asch* (1952); darin wurde nachgewiesen, dass Menschen in ihrer Wirklichkeitswahrnehmung und ihren Entscheidungen sich häufig einem Gruppendruck beugen. Eine echte Versuchsperson sitzt im gleichen Raum neben einigen anderen, die aber vorher instruiert worden sind. Sie geben alle überzeugt ein falsches Urteil über einen Sachverhalt – Längengleichheit von Linien an der Tafel – ab. Die Versuchspersonen, jeweils als letzte befragt, beugten sich zu einem hohen Prozentsatz wider eigener Meinung dem Gruppendruck. – Die „Schweigespirale“ ist so etwas wie ein überdimensionales Asch-Experiment. – Allerdings zeigte sich immer ein nicht unbeachtlicher „harter Kern“, der die eigene Position dennoch durchhielt.

„Medienwirkung“ ist ein Sammelbegriff, der ganz unterschiedliche Phänomene und Sichtweisen in sich vereint. Eine zusammenfassende Übersicht der großen Phasen von Vorstellungen zur Medienwirkung ist nochmals in der nebenstehenden Grafik zu sehen; die Begriffe sind an die Filmsprache angelehnt (Zitate aus: *Sander/Vollbrecht* 1994).

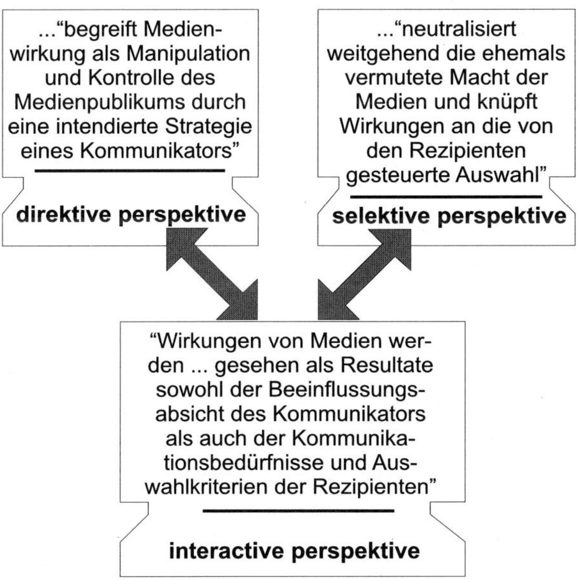

Abb. 5.5: Phasen der Medienwirkungsforschung

Interaktionistische Ansätze

Sie versuchen die vorhergehenden zu integrieren: Wirkung also als Resultat sowohl der Beeinflussungsabsicht des Kommunikators als auch der Kommunikationsbedürfnisse und Auswahlkriterien der Rezipienten. Der soziale Kontext und der Wissenszusammenhang des je einzelnen Rezipienten werden berücksichtigt. In diesem Ansatz können also Rezipient und Kommunikator sowohl aktiv wie auch passiv sein. Außerdem werden Nutzung und Wirkung zu dynamischen Größen; sie können sich zu jedem Zeitpunkt der Medienrezeption ändern und zwar aufgrund der Medienbotschaft oder auch aufgrund von Einflüssen, die gar nichts mit der isolierten Situation Medium-Rezipient zu tun haben; diese Dynamik wurde erfasst im Denkmuster des sogenannten „dynamisch-transaktionalen Ansatz" (*Früh/Schönbach* 1982).

Dynamisch-transaktionaler Ansatz

Latente Folgen von Medien

Entsprechende Ansätze interessieren sich für gesellschaftliche Auswirkungen, die durch das bloße Vorhandensein von Medien, ihre Allgegenwart und Faszination entstehen. Ein früher Denker in diesem Feld war *Marshall McLuhan*. Wo Empiriker ihre Fliegenbeine zählten und Psychologen ihre Laborexperimente planten, war *McLuhan* ein kühner spekulativer Denker alter Art, der sich den Medien der Neuzeit zuwandte. Nach seiner These sind nicht die Inhalte bedeutsam, sondern vielmehr die mediale Übermittlungsform: „the medium is the message – the massage". Die Art und Weise der Informationsübermittlung verändert das Denken der Nutzer. *McLuhan* spielt mit der Doppeldeutigkeit des englischen Wortes message = Botschaft bzw. massage = Massage, im Sinn unseres alltagssprachlichen Gebrauchs von Manipulation. So provoziere die Schrift eine Dominanz des visuellen Sinns, Abstraktionsfähigkeit und eine rationale, analytisch-zergliedernde Denkweise. Der Buchdruck begründe Merkmale wie Gleichförmigkeit, Wiederholbarkeit ..., alles Voraussetzungen der Industrialisierung in der westlichen Welt.

> 🕮 Medien verstehen. Der McLuhan-Reader, hg. von *M. Baltes/F. Böhler/R. Höltschl/J. Reuß*, Mannheim 1997

In der Öffentlichkeit wurden diese Thesen stark rezipiert. Sie finden sich auch in den Argumenten der populären Medienkritiker wieder. *McLuhan* begrüßte die Medien als Ausweitung der menschlichen Glieder und Sinne; die Welt werde wieder zum Dorf, wo alle Menschen alles mit anhören und ansehen könnten; dabei verwischt *McLuhan* die Differenz von direktem und medial vermitteltem

Erleben. In wissenschaftlicher Forschung sind seine Thesen auf wenig Resonanz gestoßen, vermutlich, weil ihre kulturgeschichtliche Allgemeinheit kaum operationalisierbar für Forschungszwecke ist. (vgl. Kap. 3.1)

Mediensozialisation

Mit diesem Schlagwort werden Massenmedien als zusätzlicher Sozialisationsfaktor beschrieben. Wie wirken sich Medienrezeption auf Kindheit und Jugend als Zeit der Aneignung kindheits- und jugendadäquaten Rollenhandelns aus? – Innerhalb der Sozialisationsforschung gab es in den letzten Jahren auch eine Wende in Richtung des aktiven Jugendlichen. „Der medienbezogene Sozialisationsansatz hat diese Wendung mitgemacht und versteht Mediensozialisation in der neuen Definition nicht mehr als ‚Sozialisation durch Massenmedien', sondern als ‚Sozialisation zur Massenkommunikation'." (*Sander/Vollbrecht* 1987, 30)

Sozialisation zur Massenkommunikation

Unter dieser Sozialisationsperspektive wird gefragt, „ob Kinder und Jugendliche nicht durch das vielfältige Medienangebot überfordert würden, ob sie in der Lage seien, die Informationsfülle zu verarbeiten und den technischen Anforderungen einer medientechnologischen Umwelt zu begegnen. Eine wesentliche Sorge betrifft dabei die Frage, ob die noch in ihrer kognitiven, moralischen, emotionalen und physischen Entwicklung stehenden Kinder und Jugendlichen die notwendigen Wahrnehmungskompetenzen und die kognitive und moralische Urteilskraft besitzen, um die Künstlichkeit, Zerrissenheit und Widersprüchlichkeit, Vielschichtigkeit und Permanenz von Information durch ständige Medienkonfrontation für sich sinnvoll in einen Zusammenhang zu bringen." (*Sander/Vollbrecht* 1994, 375)

In diesen Kontext gehört z.B. auch die Parallelisierung von Medienwirkung mit Stufen der menschlichen Entwicklung (etwa nach *Piaget*); die dominante Bilderwelt des Fernsehens könnte die Gefahr mit sich bringen, seine (kindlichen) Zuschauer auf der Stufe des anschaulichen und konkreten Denkens zu belassen, während sich die Wort- bzw. die Inhaltsebene auf der Stufe des abstrakten Denkens in Symbolen fortbewegt.

Stufen menschlicher Entwicklung

Die heranwachsende Generation von heute muss mit den Medien zurechtkommen, sie integrieren und für sich und ihre soziale Umwelt konstruktiv nutzen – sie muss, der Begriff fasst es zusammen: Medienkompetenz entwickeln. Das geschieht jedoch nicht nur, nicht einmal in erster Linie in pädagogischer Anordnung, Auswahl und Didaktisierung. Vielfach lernen Kinder und Jugendliche dies heute nebenbei, selbstständig, kaum pädagogisch geplant und gesteuert. Die Mediengeneration ist in diesem Lernprozess kreati-

Selbstsozialisation

ver und selbstständiger, als viele Pädagogen meinen. Auch das umfasst der Begriff Mediensozialisation: solche Phänomene wahrzunehmen und pädagogisch produktiv aufzugreifen.

Konkretionen erfahren solche theoretische Überlegungen in Ansätzen alltags- und lebensweltlicher Medienforschung: „Soziale Realität wird nicht über die Untersuchung globaler sozialer Strukturen angegangen, sondern durch die Klärung alltäglicher Lebensabläufe und der Regeln, die das Alltagshandeln organisieren." (ebd. 376) Medienbiografische Ansätze spezialisieren sich darauf, welchen Anteil Medien an der individuellen Konstruktion und Rekonstruktion einer Biografie haben, vergleichbar der „biografischen Methode" in einer qualitativen Sozialforschung.

Medienbiografie

Eine Übung: Welchen Anteil haben Medien an der individuellen Konstruktion und Rekonstruktion ihrer persönlichen Biografie? Fragen Sie einmal Ihre Freunde, Eltern, Verwandte, welche Medienerlebnisse sie erinnern, welche Bedeutung diese hatten.

Medienökologische Ansätze beobachten den alltäglichen Medienumgang im räumlichen und sozialen Kontext. Dieser sozial-ökologische Kontext ist nicht nur beeinflussende Randerscheinung („intervenierende Variable"), sondern ist für die Mediennutzung konstitutiv. „Mediennutzung ist immer situativ, kulturell und auch emotional gesteuert, und diese Kontexte müssen als Objektbereiche miterhoben werden, will man z.B. Aussagen über die Mediatisierung von Kindheit und Jugend machen." (ebd. 379)

Die alte Lasswell-Formel der Medien-Kommunikation (1948): „Who says what in which channel to whom with what effect?" (vgl. Kap. 3), findet eine Variante in der folgenden Begriffstabelle (vgl. *Stolte* 1996).

Alle Medienformen sind:	**Fragen:**
ausschnitthaft	Woraus?
reduktionistisch	Inwiefern?
selektiv	Wonach?
perspektivisch	Woher?
interessegeleitet	Wessen und wozu?
gestaltet	Wie und womit?
technisch bedingt	Wodurch?
wirtschaftlich abhängig	Von wem, wie weit?
in Konkurrenz	Zu wem?
nutzungsabhängig	Wie, von wem, welche Wirkung?

Fazit

Wenn man von Medienwirkungen redet, reichen monokausale Erklärungen nicht aus. Kurzfristige und langfristige Wirkungen sind zu unterscheiden. Nicht der „Text" des Medienangebots allein ist entscheidend, sondern ebenso der „Kon-Text" der Medienrezeption und die Wechselwirkung zwischen Text und Kontext. Und Medienrezeption ändert sich mit der Zeit und mit veränderter Kommunikation ändert sich auch das Bewusstsein der Menschen. Wirkung von Kommunikation verändert sich unter dem Einfluss gesellschaftlicher, vor allem durch Kommunikation erzeugter Veränderungen mit: Wirkungen verändern Wirkungen.

Literaturtipps

Baacke, Dieter/Sander, Uwe/Vollbrecht, Ralf, Lebenswelten Jugendlicher. Bd. 1: Lebenswelten sind Medienwelten; Bd. 2: Lebensgeschichten sind Mediengeschichten, Opladen 1990

Charlton, Michael/Neumann-Braun, Klaus, Medienkindheit – Medienjugend. Eine Einführung in die aktuelle kommunikationswissenschaftliche Forschung, München 1992

Klingler, Walter/Roters, Gunnar/Zöllner, Oliver (Hg.), Fernsehforschung in Deutschland. Themen – Akteure – Methoden, 2 Bnd., Baden-Baden 1998

Noelle-Neumann, Elisabeth, Art. Wirkung der Massenmedien auf die Meinungsbildung, in: *dies./Schulz, Winfried/Wilke, Jürgen* (Hg.), Fischer Lexikon Publizistik Massenkommunikation, Frankfurt 1994, 518-571 (Neuausgabe 2002)

Sander, Uwe/Vollbrecht, Ralf, Kinder und Jugendliche im Medienzeitalter, Opladen 1987

Dies., Wirkungen der Medien im Spiegel der Forschung, in: *Hiegemann, Susanne/Swoboda, Wolfgang H.* (Hg.), Handbuch der Medienpädagogik, Opladen 1994, 361-385

Prokop, Dieter (Hg.), Medienforschung, 3 Bde., Frankfurt 1985

5.6 Medienwirkung am Beispiel „Gewalt"

„Jugendliche haben niedrigere Hemmschwellen ..."
„Heutzutage sind eine Heimtücke und eine Gnadenlosigkeit zu beobachten, die wahllos jeden Augenblick emporlodern kann. Auf Schulhöfen gibt es keine Regeln der Fairneß mehr, jeder noch so gemeine Trick ist ‚erlaubt'."

„Immer mehr und immer jüngere Kinder neigen zur Gewalt, ihre Gewalttätigkeiten werden brutaler, neue Formen der Gewalt breiten sich aus, und immer mehr ... kommen mit einer Waffe (...) in die Schule." (*Eicke* 1994, 174 f.)

> "Der reißende Fluß wird gewalttätig genannt. Aber das Flußbett, das ihn einengt, nennt keiner gewalttätig."
>
> ***Bertolt Brecht***

Mit entsprechenden Alltagsbeobachtungen wird das Thema Medienwirkungen vielfältig angeheizt. Ohne Medien kein Weltgeschehen in unserem Bewusstsein. Wahrgenommen wird, worauf sich die Scheinwerfer der Medien richten. Das meiste, was wir heute über Gewalt, über ihre Zunahme und Formen wissen, erfahren wir nicht am eigenen Leib, sondern aus den Medien.

Es gibt wenig eindeutige und allgemeingültige Forschungsergebnisse über Wirkungen medialer Gewaltdarstellungen, aber ebenso wenig über Nicht-Wirkungen. Wirkung ist abhängig von unseren Voreinstellungen, vom Kontext, aber auch von der Art der Darstellung: Wie wird Gewalttätigkeit bei positiven Identifikationsfiguren bewertet? Sieht man die Folgen, die Opfer der Gewalt? Wie realitätsnah ist die Filmhandlung? Es gibt eine (möglicherweise hohe) Wahrscheinlichkeit von „Wirkungen“: Gewöhnungseffekte, Verschiebung der Wirklichkeitswahrnehmung, erhöhte Ängstlichkeit bei Vielsehern ... Muss es erst Beweise der Schädlichkeit geben, bevor pädagogischen Handeln einsetzen kann?

> ✓ Was ist eigentlich gemeint, wenn von „Gewalt“ die Rede ist? Den unterschiedlichen Begriffen von Gewalt kommt man praktisch auf die Spur mit folgender Übung: Ein Blatt mit Zeitungsüberschriften ist vorbereitet. Auf einem zweiten Blatt sind diese Überschriften geordnet und mit Nummern versehen; dahinter sind drei Rubriken: (1) hat stark mit Gewalt zu tun, (2) hat auch mit Gewalt zu tun, (3) hat nichts mit Gewalt zu tun. In Einzelarbeit werden Kreuzchen gemacht; dann wird in der Gruppe darüber debattiert.

Der Bereich der Aggressionsforschung spielt auch in der Psychologie eine große Rolle. In der Medienforschung ist das wohl neben der für die Wirtschaft wichtigen Reichweitenforschung der dominanteste Bereich innerhalb der Wirkungsforschung. Drei Kernprobleme der Forschungen möchte ich vorweg benennen:

Probleme der Forschung

- Eine unzulängliche Bestimmung des Gewaltbegriffs und Reduktion des Gewaltverständnisses: ist nur physische Verletzung bzw. deren Androhung Gewalt?
- Eine Konzentration auf individualistisches Gewalthandeln und Vernachlässigung von Formen struktureller Gewalt.
- Diverse Probleme in den methodischen Anlagen der Untersuchungen, z.B.: Konzentration auf kurzfristige Effekte; Künstlichkeit und Realitätsferne der Bedingungen; Überinterpretation und unzulässige Verallgemeinerungen. (vgl. *Theunert* 1987)

Gewalt gab es schon immer – reale und fiktive, in irgendeinem Medium erzählte. Ein Beispiel sind die „Märchen“, etwa der Schluss von

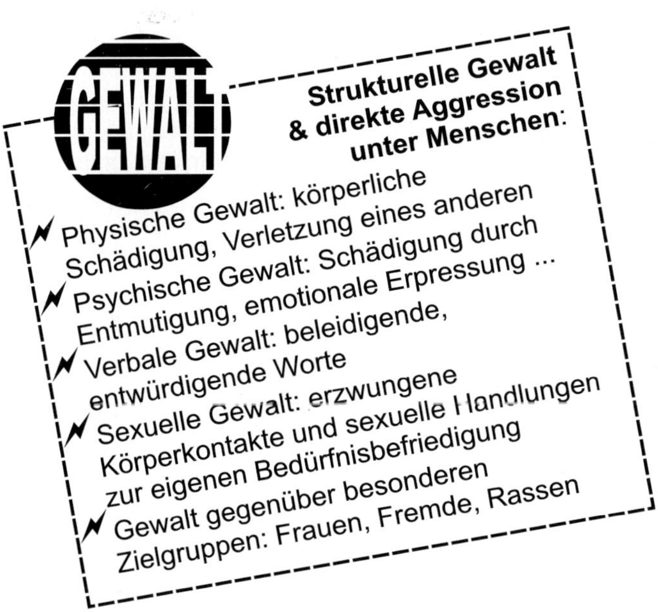

Abb. 5.6: Aspekte des Gewaltbegriffs

„Schneewittchen“: *„Es waren schon eiserne Pantoffeln über Kohlenfeuer gestellt und wurden mit Zangen hereingetragen und vor sie hingestellt. Da musste sie in die rotglühenden Schuhe treten und so lange tanzen, bis sie tot zur Erde fiel.“* – Kinder wollen, wenn sie es einmal kennen, diese Elemente in Märchen nicht missen (zur Funktion von Märchen vgl.: *Bruno Bettelheim*, Kinder brauchen Märchen, Stuttgart 1977). Sie verarbeiten in solchen Geschichten eigene, sehr ursprüngliche Ängste; und die Welt ist nur dann in Ordnung, wenn die Bösen am Ende bestraft werden.

Funktionen von Märchen

Hat das Fernsehen die frühere Funktion von Märchen übernommen? Kann es sie überhaupt übernehmen? *Bettelheim* behauptete zuletzt „ja“ (vgl.: Brauchen Kinder Fernsehen?, in: Televizion 1/1988). – Die Bilderwelt des Fernsehens ist sehr viel konkreter als die des verbal Erzählten; sie legt den Betrachter, seine Phantasien weit mehr fest, gibt ihm weniger Spielraum, sich selbst einzubringen. Und in dem, was das Fernsehen heute weithin anbietet, sind – trotz Klischees – die Guten und die Bösen für ein Kind oft nicht mehr so leicht zu identifizieren. Außerdem ist die Fülle der Eindrücke in kürzester Zeit um ein Vielfaches höher als beim Erzählten.

Die Diskussionen um Wirkungen bildhafter oder verbaler Gewalt sind alt. *Platon* forderte, die Dichter von Märchen und Sagen müssten beaufsichtigt werden, so dass nur gute Märchen an die Rezipienten weitergegeben würden. *Aristoteles* dagegen meinte, die Tragödie errege Furcht und Mitleid beim Zuschauer und erziele dadurch eine reinigende Wirkung (Katharsis).

Grundtheorien

Zur Wirkung medialer Gewaltdarstellungen gibt es entsprechend zwei Grundauffassungen mit einigen spezielleren Theorien bzw. Hypothesen:

- Gewaltdarstellungen haben schädliche Wirkung, weil die Rezipienten dadurch Techniken und Rechtfertigungen für Gewalttätigkeiten lernen. Sie erhöhen die Bereitschaft zu eigenen aggressiven Handlungen (Stimulations-, Habitualisierungs-, Erregungstheorie)
- Gewaltdarstellungen sind unschädlich, weil Rezipienten dadurch stellvertretend in der Phantasie Aggressionspotentiale abreagieren. Sie vermindern so die Bereitschaft zu eigenen aggressiven Handlungen (Katharsis-, Inhibitionstheorie).

Katharsisthese / Ventiltheorie

Katharsis

Diese Hypothese behauptet, durch das Ansehen von Gewaltdarstellungen könne der Betrachter aggressiven Dampf ablassen. So habe Gewalt und Aggression im Fernsehen eine durchaus heilsame Wirkung. Die Beschäftigung mit medialer Gewalt sei u.U. Ersatz für eigenes aggressives Handeln. Hintergrund für diese These sind psychologische Triebtheorien; sie nehmen eine angeborene Disposition zu aggressivem Verhalten an. Über die Zeit hinweg baut sich immer wieder ein aggressiver Spannungszustand auf, der sich durch reale oder symbolische Verhaltensweisen entladen muss.

Die Katharsis-Hypothese gilt in der Medienforschung als am wenigsten untermauert.

„Von der Katharsisthese gibt es mehrere Varianten. Zuerst wurde behauptet, jede Form der Phantasieaggression habe kathartische Effekte. Dann wurde argumentiert, ein in der Phantasie erfolgendes Mitvollziehen aggressiver Akte reduziere nur dann Aggression, wenn der Rezipient emotional erregt oder selbst zur Aggression geneigt sei. Eine dritte Variante legt das Schwergewicht auf inhaltliche Aspekte und postuliert das Auftreten kathartischer Effekte, wenn Schmerzen und Verletzungen des oder der Aggressionsopfer(s) in aller Ausführlichkeit gezeigt würden. Alle drei Formen der Katharsisthese können als empirisch widerlegt angesehen werden.“ (*Kunczik* 1993, 99)

Inhibitionsthese

Diese Hypothese behauptet, dass aggressives Verhalten nicht auftritt, weil im Zuschauer Ängste und Schuldgefühle hervorgerufen werden, die eigenes aggressives Verhalten verhindern. Hier wird also davon ausgegangen, dass Gewaltdarstellungen abschrecken, dass sie aggressives Verhalten eher hemmen – zumal dann, wenn sie zusätzlich von der (auch medialen) Umwelt missbilligt werden, bzw. wenn die negativen Folgen aggressiver Handlungen mit gezeigt werden.

Abschreckung

Diese These ist in dieser Allgemeinheit sicher nicht haltbar. Sie macht aber darauf aufmerksam, wie wichtig der soziale Kontext, der bereits mitgebrachte Wissenszusammenhang des Zuschauers und der Kontext der Gewaltdarstellung sind.

Stimulierungsthese

Diese Hypothese geht davon aus, dass Gewaltdarstellungen zumindest kurzfristig die Aggressionsbereitschaft anregen, vor allem, wenn die Rezipienten bereits gefühlsmäßig erregt sind (Frustration erzeugt die Tendenz zur Aggression).

Stimulierung

Habitualisierungsthese

Auch an Gewalt kann man sich offenbar gewöhnen; ein dauernder Reiz verschwindet schließlich aus dem Bewusstsein. So wird mit dieser Hypothese angenommen, dass häufiges Ansehen von Gewaltdarstellungen an Aggressivität gewöhnt und die Empfindsamkeit herabsetzt (Abstumpfung). Gewalt werde u.U. eher als normales Mittel zur Durchsetzung eigener Interessen und zur Konfliktlösung angesehen. Dieser Gewöhnungseffekt tritt nicht durch einzelne Sendungen, sondern durch wiederholten Konsum in Kombination mit begünstigenden sozialen Bedingungen auf.

Gewöhnung

Psychologische Forschungen haben darauf verwiesen, dass generell Erregungszustände die Handlungsbereitschaft steigern und damit die Wahrscheinlichkeit von Handlungsfolgen erhöhen; dazu gehört beispielsweise der Frustrations-Aggressions-Zusammenhang. Erregungstheorien abstrahieren vom angenommenen Wirkungszusammenhang „Gewaltdarstellungen – aggressives Verhalten" und stellen fest, dass je nach Situation des Zuschauers ganz verschiedene Medieninhalte einen Erregungszustand hervorrufen können. Der kann dann Antrieb zu aktivem (auch aggressivem) Verhalten sein. Es geht also allgemeiner um stark wirkende Inhalte oder Darstellungsformen (vielleicht teilweise identifizierbar mit dem Begriff „action" beim Film). Die Frage an das Medium ist, ob seine Dramaturgie einen Spannungsabbau zulässt. „Menschen, die in einen solchen Erre-

Erregung

gungszustand versetzt werden und keine Möglichkeit haben, ihn in ihrem Alltagsleben abzubauen, werden vielleicht keine andere Möglichkeit sehen, als weiter fernzusehen. Es ist möglich, daß auf diese Weise aus Fernsehern Vielseher werden.“ (*Doelker* 1983, 54)

Kognitive soziale Lerntheorie

A. Bandura unterscheidet in seiner sozial-kognitiven Lerntheorie folgendermaßen:

⇨ Lernen durch Imitation – direkte Nachahmung des Verhaltens.

⇨ Modell-Lernen durch Beobachtung (reale oder mediale vermittelte Modelle) – verdeckte Übernahme von Handlungsmustern.

Wichtig ist die Unterscheidung zwischen (a) kognitivem Erwerb und (b) der Ausführung von Verhaltensweisen. Letztere ist von dem beim Modell gezeigten bzw. vom Zuschauer angenommenen Konsequenzen der Handlung abhängig. Der Zuschauer speichert latente Handlungsmuster (Verstärkungsfunktion der Medienrezeption).

> 🕮 *Bandura, A.*, Aggression. Eine sozial-lerntheoretische Analyse, Stuttgart 1979
> *Ders.*, Sozial-kognitive Lerntheorie, Stuttgart 1979

Lerntheorie

Nach der Lerntheorie werden soziale Verhaltensweisen durch Imitation von Modellen oder durch Beobachtung von Modellen gelernt (reale oder medial vermittelte Modelle). „Der Mechanismus des Lernens durch Imitation führt zur direkten Nachahmung des beobachteten Verhaltens. Der Mechanismus des Modell-Lernens führt dagegen zur (verdeckten) Übernahme von Handlungsmustern, die nicht direkt im Anschluß an die Beobachtung in sichtbares Verhalten umgesetzt, sondern im Gedächtnis des Beobachters gespeichert werden.“ (Funkkolleg 10, 29) Die Lerntheorie unterscheidet zwischen dem (kognitiven) Erwerb und der Ausführung von Verhaltensweisen. Die Ausführung ist von den beim Modell gezeigten bzw. von Zuschauer angenommenen Konsequenzen der Handlung abhängig. – In Abhängigkeit von Motivation, Konzentration, Aufmerksamkeit und Erinnerungsvermögen lernt und speichert der Zuschauer aber auch Verhaltensweisen, die nicht unmittelbar in Handlungen umgesetzt werden (können).

Speicherung von Handlungsmustern

Aggressives Verhalten wird wie jedes andere durch Beobachtung gelernt. Aber die Erwartung von Konsequenzen bestimmt ganz wesentlich, welche der in Gewaltdarstellungen beobachteten Handlungsweisen im Alltag auch ausgeführt werden.

„Bevor sich Gewaltdarstellungen sichtbar auf konkretes Verhalten auswirken, laufen folgende interne Prozesse bei den Rezipienten ab: Sie beurteilen die im Fernsehen beobachteten (aggressiven) Handlungsweisen gedanklich im Rahmen ihrer eigenen Fähigkeiten und Möglichkeiten; sie schätzen das beobachtete Verhalten auf Grund ihrer eigenen Lernerfahrung als gerechtfertigt oder nicht gerechtfertigt ein; auf Grund ihrer gelernten Wertvorstellungen kalkulieren sie die Erwünschtheit solchen Verhaltens sowie dessen Konsequenzen und gelangen letzten Endes zu einer positiven oder negativen gedanklichen Stellungnahme zu solchem Verhalten.

Selbst wenn diese interne Stellungnahme positiv ist, bedeutet das nicht, dass das (aggressive) Verhalten sichtbar ausgeführt wird. Dies geschieht erst dann, wenn die externe soziale Situation, die ein wesentlicher Faktor bei der Kalkulation der Erfolgsaussichten des Verhaltens ist, als günstig für eine erfolgreiche Ausübung des Verhaltens eingeschätzt wird.“ (Funkkolleg 10, 30; s. dort auch Faktoren für die Umsetzung aggressiver Modelle in eigene Handlungen)

Kritik der Lerntheorie

Jürgen Grimm kritisiert *Banduras* Theorien: „Die These von der Lernbarkeit der Aggression ist im Kern noch pessimistischer als biologische Aggressionstheorien, die unveränderliche Triebe postulieren. Wer vom Baum der Erkenntnis gegessen hat, ist fortan verdammt, mit der Sünde zu leben. (...) Demgegenüber ist geltend zu machen, daß der Rezipient die Möglichkeit besitzt, das vorgeführte Handlungsmodell nach eingehender Prüfung zu verwerfen. Die Imitationstheorie unterschätzt das Lernpotential von medialen Gewaltdarstellungen insofern, als sie ausschließlich die Täterperspektive bedenkt und die Folgen für das Opfer vernachlässigt.“ (*Grimm* 1995, 21)

Es konnte bislang kein direkter und eindeutiger Ursache-Wirkungs-Zusammenhang nachgewiesen werden. Aber es ist wahrscheinlich, dass aggressives Verhalten auch in der Medienrezeption gelernt bzw. bestätigt wird. Es bleibt ungewiss, ob erlernte Aggressionsmuster unter veränderter Situation auch tatsächlich in eigenes Verhalten umgesetzt werden. Ob Gewalttätigkeit gelernt wird, ist von der spezifischen sozialen Situation des Zuschauers abhängig. Medien wirken eher als Verstärker bereits vorhandener Einstellungen zur Gewalt (Vorbilder in der Familie, in der nahen sozialen Umwelt; starke Frustrationserfahrungen). Noch einmal *Jürgen Grimm*, der an der Universität Mannheim zahlreiche Experimente zur Gewaltforschung angestellt hat: „Nach unseren Ergebnissen wäre es für den Jugendschutz geradezu kontraproduktiv, die Balance zwischen stimulierenden und hemmenden Aspekten der Fernsehgewalt durch Entfernung von abschreckenden Blutszenen zu stören, so daß in der Folge die stimulierenden Ausführungsaspekte ihr Wirkungspotential unrelativiert voll entfalten.“ (*Grimm* 1995, 22)

Was die Wirkung insbesondere auf Kinder und Jugendliche angeht, so kommt ein Grundproblem hinzu: Kinder nehmen anders und oft Anderes wahr als Erwachsene. Sie zeigen z.B. bei Gewalttaten, die sie nicht verstehen, häufig keine Gefühlsreaktionen. Anders bei bedrohlichen Situationen, in die sie sich hineinversetzen können. Hier kann sehr schnell Angst erzeugt werden.

Zusammenfassend

- Die Auswirkungen medialer Gewaltdarstellungen (wie generell der Medienangebote) sind abhängig vom Inhalt (Dramaturgie, Art und Weise der Gewaltdarstellung ...), der Persönlichkeit des jeweiligen Zuschauers (Alter, Geschlecht, Schicht, Aggressivität ...) und der jeweiligen Sehsituation.
- Konkrete Handlungen als unmittelbare Folge der Rezeption von Gewaltdarstellungen wird im Alltag die Ausnahme sein, kann aber vorkommen; intern werden Konsequenzen solcher Handlungen abgewogen und aggressives Verhalten ist eher unerwünscht bzw. wird negativ sanktioniert;
- das heißt nicht, dass Konsum von Gewaltdarstellungen ohne Effekt bleibt; wahrscheinlich sind nicht direkt beobachtbare Effekte: Veränderung oder Herausbildung von Einstellungen zu aggressiven Handlungen und etwa deren Opfern; dabei kommt es eher

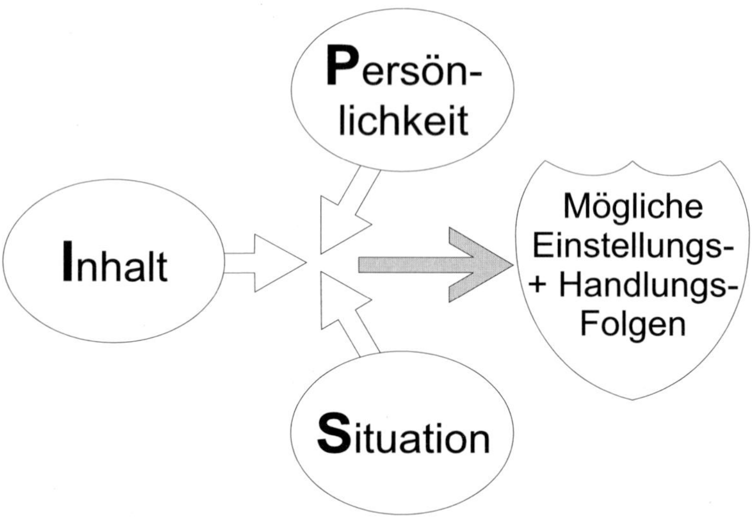

Abb. 5.7: Aspekte der Medienwirkung

zur Verfestigung und Intensivierung bereits vorhandener Einstellungen als zur Herausbildung neuer;
- solche Effekte des Ansehens von Gewaltdarstellungen können auftreten; das ist aber nicht verallgemeinerbar; die Effekte sind abhängig vom Einzelfall und den jeweils spezifischen Bedingungen. (vgl. Funkkolleg 10, 35)

Die Wahrscheinlichkeit von Handlungsfolgen ist abhängig von:

Wahrscheinlichkeit von Handlungsfolgen

- aggressiven Gewohnheiten beim Rezipienten;
- dem Grad der Assoziierbarkeit (gedanklicher Verknüpfung) zwischen Situation vorher, Filmgeschehen und Situation nachher;
- der Intensität der Schuldgefühle und/oder der Aggressionsangst;
- der moralischen Rechtfertigung der Gewalt im Film;
- dem Grad der Involviertheit des Zuschauers bzw. seiner emotionalen Erregung;
- der Realitätsnähe des Gezeigten. (vgl. ebd.)

Die Faszination von Gewaltdarstellungen lässt sich nach drei Dimensionen unterteilen:

Faszination von Gewaltdarstellungen

1. *Physiologisch*: Actiondramaturgie befriedigt das Bedürfnis nach angenehmer und scheinbar folgenloser Aufregung allein durch die Form. (Ähnlich bei pornographischen Angeboten: Man muss die Botschaft, die Story gar nicht verstehen, um seine „Lust“ allein durch die Form zu befriedigen.)
2. *Emotional*: Mediengewalt hat Stellvertreterfunktion; man kann sich mit dem Sieger identifizieren und Abenteuer erleben, die real unmöglich oder sehr riskant wären.
3. *Kognitiv*: Man sucht Orientierungen und Informationen über eine unüber- und undurchschaubar gewordene Welt.

Zensur?

Das Mahnmal „Zensur“ wird gern in Sachen Gewalt und Pornografie von interessierter Seite angebracht. Das Recht auf freie Meinungsäußerung und ungehinderte Information, die Aufhebung einer Vorzensur ... all das sind Gewinne an freiheitlicher Demokratie. Aber gibt es in Sachen Gewalt und Pornografie nicht auch ein Recht, dererlei nicht sehen zu müssen? Ein Recht auf Schutz beim Gang an den Kiosk oder beim Einschalten des abendlichen Fernsehprogramms, ein Recht auf Schutz vor der Tyrannei der Intimität? Die Freiheitsidee der 60er Jahre ist zum Duft der großen weiten Welt verkommen und vor allem eines ist geblieben: das unbarmherzige Kalkül der Vermarktung.

Die aktuelle Medien-Gewalt-Diskussion in der Öffentlichkeit differenziert wenig, sondern „schlägt zu“ wie Gewalt selbst. Eine Zählung von aggressiven Medieninhalten droht das Problem wiederum einseitig zu reduzieren. Es sind „nicht thematisch einzelne Gewaltdarstellungen (Schüsse und Leichen), die Fernsehprogramme bedenklich machen, sondern die auch außerhalb der Medien zu beobachtende, sich ausbreitende Gewaltförmigkeit menschlicher Beziehungen aufgrund sozialer Ortlosigkeit und Vereinzelung" (*Baacke* 1993, 22). Die Gewaltproblematik darf nicht auf Medien verkürzt werden. Gewalt ist ein Code im Ausdrucksrepertoire von Menschen, denen andere Codes nicht oder nur unzureichend verfügbar sind; ob dieser Code benutzt wird, das hängt jedoch von vielen Faktoren ab.

Literaturtipps

Themenhefte „medien praktisch" 1/1993: „Gewalt und Medien"; 2/2000: „Gewalt und Medien 2"; 1/2003: „Gewalt und Medien 3"

Grimm, Jürgen, Wirkung von Fernsehgewalt. Zwischen Imitation und Erregung, in: medien praktisch 19 (1995) 14-23

Ders., Fernsehgewalt. Zuwendungsattraktivität, Erregungsverläufe, sozialer Effekt, Opladen 1999

Groebel, Jo, Die Wirkungen von Gewalt im Fernsehen, Opladen 1993

Ders./Gleich, Uli, Gewaltprofile des deutschen Fernsehprogramms, Opladen 1993

Ders., Die Globalstudie zur Mediengewalt. Eine international vergleichende Untersuchung von Unesco und LfR, Opladen 1999

Kunczik, Michael, Gewalt und Medien, Köln 1987, 4. aktualisierte Auflage 1998

Ders., Gewalt im Fernsehen. Stand der Wirkungsforschung und neue Befunde, in: Media Perspektiven 5/1993, 98-107

Merten, Klaus, Gewalt durch Gewalt im Fernsehen?, Opladen/Wiesbaden 1999

Theunert, Helga, Gewalt in den Medien – Gewalt in der Realität. Gesellschaftliche Zusammenhänge und pädagogisches Handeln, München 2. Aufl. 1996

6. Medienanalysen

Die Analyse von Medien hat pädagogisch die Funktion, Inhalte, Erscheinungsformen und Funktionen von Medien ihren Adressaten und Nutzern bewusster und damit freier verfügbar zu machen. Medienanalyse wird sich immer auf einen Teil eines medialen Kommunikationsprozesses konzentrieren, etwa bestimmte Inhalte oder formale Aspekte eines Medienangebots, darf jedoch nicht die Randbedingungen des Prozesses außer Acht lassen (vgl. Kap. 5 zur Medienwirkung). Die Analyse eines Medienangebots selber kann verschiedene Dimensionen, Aspekte, Schwerpunkte haben, z.B.:

Schwerpunkt von Medienanalyse

- *Inhaltsanalyse:* Verhältnis des Mediums zu einer beispielsweise literarischen Vorlage, Verhältnis zur Realität; Entwicklung und Gewichtung der einzelnen Inhalte, Charakterisierung der Figuren ...
- *Formale Analyse:* Charakterisierung und Relation spezifischer formaler Mittel, z.B. Ton (Musik, Sprache, O-Ton oder atmosphärischer Ton, Geräusche), Kamera, Licht, Farben, Montage ...
- (Tiefen-) *Psychologische* Analyse: Be-Deutung und Wirkung auf Menschen im historischen und situativen Kontext.
- *Zeitgeschichtliche* (historische) Analyse: Medienprodukte und -inhalte als Spiegel einer Zeit, einer Gesellschaft ...
- *Analyse bestimmter Genres:* Dokumentation, Reportage, Spielfilm, Show, Nachricht, Werbung, Talkshow, Serie ...

In diesem Kapitel werden exemplarisch zunächst Inhalts- und Strukturanalyse von Programmangeboten kurz vorgestellt. Dann wird ein Modell von Filmanalyse präsentiert, das sich in Variation auf andere Medien übertragen lässt. Und schließlich wird exemplarisch das aktuelle Genre der Videoclips genauer präsentiert.

6.1 Inhaltsanalyse und Programmstrukturen

Das Fischer-Lexikon definiert: „Die Inhaltsanalyse ist eine wissenschaftliche Forschungsmethode mit weitgehend standardisierten Anwendungsregeln für die Untersuchung von Mitteilungen im Kommunikationsprozess.“ (*W. Schulz,* Art. Inhaltsanalyse, in: *Noelle-Neumann* 1994) Die Inhaltsanalyse von Medien (englisch: content analysis) hat ihre Vorläufer in den Inhaltsanalysen von Schrift- bzw. Printprodukten. In der Publizistik und Kommunikationswissenschaft wurde sie zunächst zu Beginn des 20. Jahrhunderts als Zeitungsanalyse angewandt. Etwas karikierend kann man sagen, dass mit Schere, Zirkel und Maßband Darstellungsgewichtungen in Zeitungen gemessen wurden. Ähnliches wurde später bei Film und Fernsehen praktiziert, indem man etwa die Anzahl von Tötungsszenen oder allgemeiner aggressiver Akte pro Sendeminute zählte. Schon an diesen Oberflächenbeispielen wird deutlich, dass eine Inhaltsanalyse sich kaum auf Inhalte im engen Sinn beschränken kann, sondern immer formale Merkmale einbeziehen muss. Inhaltsanalyse bezieht sich z.B. auf die Berichterstattung über bestimmte Ereignisse, Themen, Personen oder Genres.

Beispiel Daily-Talk

Ein Beispiel: In den letzten Jahren stand das Genre bzw. TV-Format der Talkshow vor allem bei den privatwirtschaftlichen Sendern hoch im Kurs. Im Jahr 2001 wurden folgende tägliche Sendezeiten bzw. prozentuale Anteile des Gesamtprogramms mit Talkshows gefüllt (vgl. *Krüger/Zapf-Schramm* 2002):

	ARD	ZDF	RTL	SAT 1	PRO7
tägl. Sendeminuten	75	21	126	189	189
% des Programms	5,3	1,5	8,8	13,1	13,2

Eine Inhaltsanalyse der Daily-Talk-Sendungen könnte präzise darüber aufklären, welche Themen dort vorrangig aufgegriffen werden. Weiterhin könnte sie die Dramaturgie der Themenbehandlung analysieren: welche Redeanteile haben die verschiedenen Gesprächspartner, wie werden sie befragt, welcher Sprachstil wird benutzt ...

> 🕮 Die Zeitschrift „Media Perspektiven" bietet im Heft 12/98 einen Thementeil zum Phänomen „Talkshows" mit folgenden Beiträgen: Talkshows – Formate und Zuschauerstrukturen; Thementrends in Talkshows der 90er Jahre; Talkshows im Fernsehen – Inhalte und Wirkungen, Zuschauer- und Kandidatenmotive; VPRT: Freiwillige Verhaltensgrundsätze zu Talkshows im Tagesprogramm. Eine Analyse der Themenstruktur bietet: *Laubsch, Annette,* Themenstruktur deutscher Talkshows. Analyse im Auftrag der Freiwilligen Selbstkontrolle Fernsehen (FSF), in: Communicatio Socialis 32 (1999) H 1, 27-32.

Kriterien der Sozialforschung

Als wissenschaftliche Methode muss die Inhaltsanalyse den üblichen Kriterien der Sozialforschung genügen, d.h. sie muss ihre Kategorien offenlegen und in der Regel durch Pre-Tests auf Verlässlichkeit prüfen, sie muss systematisch und intersubjektiv überprüfbar sein. „Dem Kriterium der Systematik ist dann Genüge getan, wenn alle in die Untersuchung einbezogenen Mitteilungen – Zeitungsaussagen und Artikel, Sender und Sendungen, Filme und Sequenzen usw. – unter gleichen Gesichtspunkten und in gleicher Weise analysiert werden. (...) Intersubjektiv überprüfbar ist eine Inhaltsanalyse dann, wenn die Untersuchung in allen Phasen, insbesondere in der Phase der Datenerhebung (Codierung), so gut dokumentiert ist, daß sie – wenigstens im Prinzip – wiederholbar ist. Eine solche Replikation müßte, würde man sie tatsächlich vornehmen, zu denselben Ergebnissen führen (wenn man dasselbe Material unter exakt gleichen Bedingungen analysierte)." (*W. Schulz*, Art. Inhaltsanalyse, in: *Noelle-Neumann* 1994, 50 f.)

✓ Eine hervorragende Hilfe, um in der pädagogischen Praxis empirische Umfragen und Analysen durchzuführen, bietet die Software-CD „Forschen mit Grafstad", die von der Bundeszentrale für Politische Bildung kostenlos zur Verfügung gestellt wird: www.bpb.de

Jeder Rundfunkanbieter strukturiert sein Programm nach einem bestimmten Sendeschema. Dieses Sendeschema richtet sich nach gesellschaftlich tradierten Zeiteinteilungen: Werktage, Wochenende, Freizeitstunden, Schulzeit, schwerpunktmäßige Hausarbeitszeiten usw. Es gibt Forschungen und Vermutungen darüber, welche Zielgruppe zu welcher Tageszeit mit welchen Programmangeboten am Besten zu erreichen ist. Ein Programmschema ermöglicht den Zuhörern und Zuschauern Orientierung und Wiedererkennbarkeit: ARD-Tagesschau um 20 Uhr, Radionachrichten immer zur vollen Stunde, Lilipuz-Kinderprogramm auf WDR 5 jeden Tag um 14 Uhr, sonntags 20.15 Uhr Tatort ... Solche Programmstrukturen bleiben in der Regel über längere Zeiträume stabil. Vor allem das Fernsehen beeinflusst auch, wie einzelne Menschen oder Familien ihren Tages- und Wochenablauf strukurieren. Manche Zeitgenossen darf man werktags zwischen 19.40 und 20.15 h nicht anrufen, weil da GZSZ („Gute Zeiten schlechte Zeiten") auf RTL läuft. Und wenn beispielsweise RTL 2 im Kinder-Trickfilm-Block die Anfangszeiten einzelner Sendungen nicht genau benennt, dann hat auch das seinen Grund. Die kleinen Zuschauer sollen möglichst den ganzen Block sehen und auf jeden Fall die Werbung zwischen den Einzelsendungen nicht wegzappen.

Sendeschema

Die *Analyse von Programmstrukturen* vor allem der Fernsehsender ist medienpädagogisch deshalb relevant, weil dadurch einerseits Interessen der Medienmachen bzw. -anbieter deutlich werden. Zum anderen stecken in den Strukturen eines Programms auch Erfahrungen mit bzw. Annahmen von Zuschauerverhalten, wer wel-

Analyse von Programmstrukturen

che Inhalte zu welcher Zeit auf welche Weise sehen oder hören möchte. Dieses Knäuel von Interessen zu entwirren, ist eine wichtige pädagogische Aufklärungsarbeit. So zeigen z.B. Untersuchungen zum Fernsehverhalten, dass Kinder wochentags ihre Hauptsehzeit zwischen 18 und 21 Uhr haben. In dieser Zeit gab es lange Jahre von den öffentlich-rechtlichen Sendern kaum ein spezielles Kinderprogramm, weil diese Zeit auch bei den übrigen Altersgruppen hohe Nutzungszahlen aufweist. Den öffentlich-rechtlichen Sendern ist Werbung nach 20 Uhr verboten, so wird die Zeit vor allem zwischen 18 und 20 Uhr als „Werberahmen-Programm" eingeordnet und mit massenattraktiven Programmen gefüllt. Spezielle Kindersendungen mussten in die Dritten Programme ausweichen; seit einigen Jahren gibt es nun als Ausweichprogramm den Kinderkanal. Und in der privatwirtschaftlichen Konkurrenz haben sich etwa RTL 2 und Super RTL auf die Zielgruppe Kinder zu dieser Zeit mit ihrer Art von „Kinderprogramm" eingestellt. Pädagogisch ist das jedoch nicht unbedingt eine befriedigende Lösung, weil die Entscheidung in die Familien verlagert wird: bei nur einem Fernsehgerät müssen die Familieninteressen koordiniert werden oder die Kinder sitzen allein vor dem Zweitapparat.

✓Der wissenschaftlichen Analyse von Programmstrukturen kann man eine pädagogische Praxisvariante zur Seite stellen: in einer Gruppe oder bei einem Elternabend werden die Programmstrukturen ausgewählter Lieblingssender erarbeitet und schematisch in einem Raster von Wochentagen, Zeit und Programmangebot dargestellt.

6.2 Filmanalyse

Struktur-funktionale Analyse

Eine Analyseform, die Film- und Fernsehtexte als Bestandteil einer Kommunikation mit dem Publikum begreift, bezeichnet *Lothar Mikos* als „struktur-funktional" (vgl. Artikelserie zur Struktur-funktionalen Film- und Fernsehanalyse in: medien praktisch 3/96 bis 1/98). Weder der Filmtext allein, noch das Publikum (Nutzer, Rezipient, Zuschauer) allein tragen Bedeutung und Sinnhaftigkeit der medialen Kommunikation in sich; diese entspringt erst aus dem kommunikativen Verhältnis zwischen Medientext und Publikum. Film-/Fernsehanalyse soll in diesem Sinn herausarbeiten, „wie der konkrete Film- oder Fernsehtext die kognitiven und emotionalen Aktivitäten der möglichen Zuschauer vorstrukturiert und welche Grundlage er damit für den rezipierten Text bildet". (*Mikos* 3/96, 53)

Rezipierter Text

Text + Zuschauer = rezipierter Text: Bedeutung ergibt sich erst in der Nutzung, die Geschichte entsteht im Kopf des Zuschauers! Medienpädagogisches Ziel dabei ist, „durch Bewußtmachung der Strukturen von Medienprodukten zur allgemeinen Anhebung von Medienkompetenz oder Medienmündigkeit beizutragen" (ebd.). *James Monaco* hat den Sinn von Filmanalyse auf folgende Formel gebracht: „der Film hat viel mit der Sprache gemein. Menschen, die viel Erfahrung mit Filmen haben, die visuell in höchstem Maße gebildet sind, sehen und hören mehr als Leute, die selten ins Kino gehen. Eine Einführung in die Quasisprache des Films eröffnet dem Betrachter mehr Bedeutungsmöglichkeiten." (*Monaco* 1995, 152)

Einige Begriffe der Filmanalyse werden im folgenden vorgestellt und erläutert.

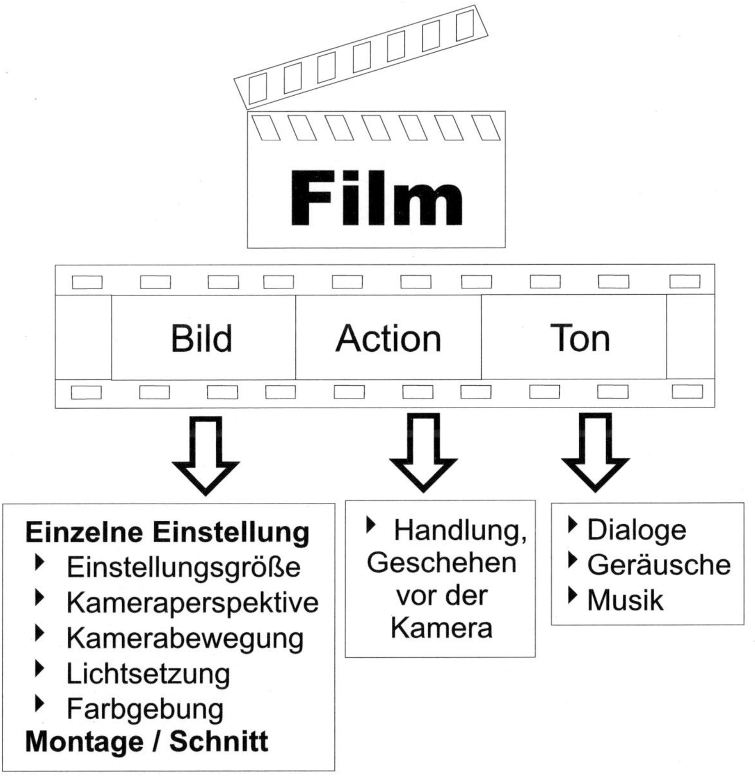

Abb. 6.1: Aspekte der Filmanalyse

> 🕮 Ein Standardwerk der Filmsprache: *James Monaco,* Film verstehen. Kunst, Technik, Sprache, Geschichte und Theorie des Films und der Medien, Reinbek 1995 (erweiterte und überarbeitete Neuausgabe, Original 1977)

Plot und Story

Plot bezeichnet alle visuellen und auditiven Elemente, die der Film- oder Fernsehtext präsentiert. Die Beteiligung des Publikums erst bringt die Story hervor; der Zuschauer fügt die Elemente des Plots zu einer kohärenten oder auch widersprüchlichen Geschichte zusammen.

Die *Story* besteht aus dem Plot (den abgebildeten Ereignissen) und den zusätzlich vom Zuschauer aus den Hinweisen des Textes gefolgerten Ereignissen, die im Film selbst nicht abgebildet sind. Zur Rekonstruktion der Geschichte eines Films gehört z.B. auch die Vorgeschichte.

Sequenzprotokoll

Ein Film setzt Wissen voraus und er baut in seinen Szenen Wissen auf, mit dem er dann spielt. Dabei wird allgemeines Weltwissen benötigt, aber auch narratives Wissen, wie Filmstorys üblicherweise aufgebaut sind, und Wissen über filmische Darstellungsformen und -konventionen. Die Konventionen der Filmdarstellung und -gestaltung gehören zu den spezifischen Lernerfahrungen des Publikums. Die Erstellung von Sequenzprotokollen ist ein präzises Instrumentarium der Filmanalyse.

Handlungsort **Wo?**	Handlungen, Ereignisse, Dialoge **Was?**	Handelnde Personen **Wer?**	Handlungszeit **Wann?**

Abb. 6.2: Sequenzprotokoll

Kamera

Die *Kamera* positioniert den Zuschauer vor dem Bild, gewährt uns Einblick, Ausschnitt, Perspektive, organisiert den Bildraum und die Sicht auf ihn. Die Kamera organisiert das Verhältnis des Zuschauers zum Geschehen auf der Leinwand bzw. dem Bildschirm.

→ Einstellungsgröße bzw. Bildausschnitt

Beim Bewegtbild „Film" gilt nicht das Einzelbild, sondern die Einstellung als kleinste Einheit. Eine Einstellung ist durch zwei Schnitte oder Blenden begrenzt und hat einen einheitlichen Kamerablick. Dabei sind Bedeutung und Wirkung der Einstellunggrößen zwischen großformatiger Filmreproduktion und kleinem Fernsehschirm zu unterscheiden. Die Einstellungsgröße regelt die Nähe des Zuschauers zum Geschehen und zu den Akteuren. In der gängigen Film- und Fernsehanalyse werden acht Einstellungsgrößen unterschieden:

1. DETAIL (D)

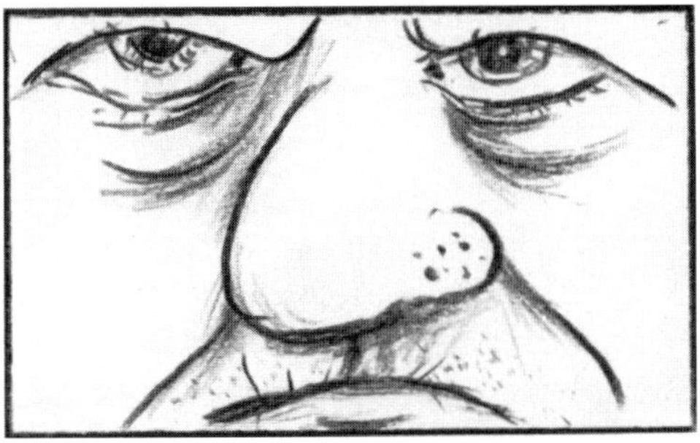

Ausschnitt eines Gegenstandes in Großaufnahme. Man sieht den Gegenstand sehr genau, aber nicht unbedingt „richtig"; dazu muss der Zuschauer auch das Umfeld kennen. Die Detailaufnahme vermittelt dem Zuschauer ein Gefühl von Nähe/Intimität; das kann positiv, aber auch abstoßend wirken. Die Detailaufnahme hat meist symbolische Funktion.

2. GROSS (G)

Entspricht der Passfoto-Größe, Kopf von den Schultern an aufwärts; zeigt den „Gesichtskreis", die vielsagende Mimik beim Sprechen. Diese Einstellungsgröße geht über „normale" Sehweisen hinaus, wird in dramaturgischer Absicht verwandt.

3. NAH (N)
Das sogenannte Brustbild, der Hintergrund kommt bereits mit ins Bild, aber der Kopf beherrscht noch das Bild. Charakteristische Accessoires (Kleidung, Schmuck) gewinnen Bedeutung. Auch Gegenstände, die eine wichtige Rolle spielen, können so bildlich eingeführt werden.

4. AMERIKANISCH (A)
Die Einstellungsgröße heißt so, weil sie gerade in amerikanischen Serien vorrangig Verwendung findet; sie zeigt eine Person bis unterhalb der Hüften (dort wo der Colt sitzt). Diese Einstellung charakterisiert individuelle Aktionen, da Arme und Hände mit im Blick sind. Der Zuschauer wird durch Vertrautheit in die Handlung einbezogen.

5. HALBNAH (HN)
Zeigt den Menschen etwa von den Knien an aufwärts. Gesprächssituationen können so eingefangen werden; Raum und Hintergrund gewinnen an Bedeutung. Die Einstellungen HN, A und N entsprechen am ehesten unserer „normalen" Sehweise.

6. HALBTOTAL (HT)
Gegenstand oder Person rücken vom Zuschauer ab, eine Distanz zum Geschehen wird hergestellt. Menschen werden in charakteristischer Umgebung gezeigt. Gestik und gestische Interaktion der Personen gewinnen an Bedeutung.

7. TOTAL (T)
Ein Überblick, ein Eindruck vom Ganzen eines Handlungsgeschehens. Diese Einstellung vermittelt räumliche Orientierung; sie steht oft am Beginn einer Sequenz, wird Nah- oder Großaufnahmen vorangestellt. Das Tempo des Films wird verlangsamt.

8. WEIT (W)
Die Totale zeigt die Übersicht eines Handlungsgeschehens; dagegen zeigt W weite Atmosphäre, Landschaft, Panorama, Skyline. Diese Einstellung wird weniger als Überblick denn mit symbolischer Funktion eingesetzt.

(Skizzen von Ulrich Martini, c 2002)

Normalperspektive

Froschperspektive

Vogelperspektive

→ Kameraperspektiven

Beim Blickwinkel der Kamera werden üblicherweise drei Perspektiven unterschieden:

Normalperspektive: Der Kamerablick entspricht der gewohnten „normalen" Sehweise in Augenhöhe. Ohne besondere Aussageabsicht ist dieser Perspektive der Vorzug zu geben. Allerdings muss man beachten, dass dabei die Sehweise eine normal erwachsenen Menschen vorgegeben ist. Bei Kinderfilmen etwa entspricht diese Perspektive nicht mehr der „Normalsicht" der Kinder.

Untersicht, Froschperspektive: Die Kamera blickt von unten schräg nach oben auf das Objekt. Die Wirkung ist oft karikierend, aber auch Furcht oder Erfurcht weckend, beängstigend. Dargestellte Personen erscheinen eher überlegen, diktatorisch, dämonisch; der Betrachter gerät in die Rolle des Unterlegenen.

Aufsicht, Vogelperspektive: Die Kamera blickt aus erhöhter Position auf die Objektebene. Die Aufsicht ist eine Sicht der Überlegenheit; Personen müssen zur Kamera und zum Zuschauer aufblicken. Dargestellte Personen wirken eher einsam und erniedrigt; dem Zuschauer werden Überlegenheitsgefühle suggeriert.

Die genannten Wirkungen gelten nur näherungsweise; sie sind abhängig vom Kontext der Einstellungen; deshalb sollte man sie niemals nur formal, sondern im Bezug zum Inhalt sehen. Auch die Perspektive ist nochmals abhängig vom jeweils verwendeten Objektiv. Bei Auf- und Untersicht verstärkt z.B. ein Weitwinkel-Objektiv nochmals den Eindruck. Auch die gezielte Verwendung von Licht beeinflusst dabei die Wirkung.

→ Kamerabewegung

Die folgenden Bewegungen der Kamera sind zu unterscheiden, wobei Kombination natürlich möglich sind.

Stand

Stand: Ausgangsbasis aller Kamerabewegungen. Die Kamera nimmt ein Objekt und ggf. seine Bewegungen aus statischer Perspektive und in einer Einstellungsgröße auf. Auch mit einer Reihe von aneinandergeschnittenen Standaufnahmen kann ein fließendes Bild entstehen.

Schwenk

Schwenk: Kamerabewegung analog zur Bewegung mit dem Kopf. Der Ausschnitt verändert sich mit dem Schwenk (Hintergrund beachten!). Jeder Schwenk muss motiviert sein; er sollte ein klares Anfangs- und ein Endmotiv haben. Der Schwenk kann horizontal, vertikal und diagonal ausgeführt werden. Mehrere Schwenks hintereinander verwirren. Das Tempo des Schwenks ist ein Aussageelement. Beim langsamen Schwenk wird der Zuschauer Einzelheiten der veränderten Bilder (Hintergründe) registrieren; die Handlung wird verlangsamt, Übersicht erleichtert. Beim gleitenden Schwenk verfolgt die Kamera bewegte Objekte. Ein schneller Schwenk löst Überraschungen aus, zeigt plötzliche Wendungen, konfrontiert Gegner. Beim Reißschwenk gehen Zwischenbilder in Tempo und Unschärfe unter; er ermöglicht ein hartes Heranschneiden ohne sichtbare Schnittstelle.

Reißschwenk

Kamerafahrt: Die Kamerafahrt bedeutet Wegbewegung der Kamera von ihrem Platz; sie ist mit der Bewegung des ganzen Körpers vergleichbar; sie kann auch Eindrücke etwa einer Autofahrt vermitteln. Entsprechend gibt es viele Varianten: Zufahrt/Ranfahrt, Rückfahrt, Parallelfahrt, Aufzugsfahrt, Verfolgungsfahrt ... Vorwärtsbewegungen führen in ein Geschehen ein, Rückwärtsbewegungen distanzieren den Zuschauer eher vom Geschehen. Fahraufnahmen sind gut motiviert, wenn sie den Zuschauer geleiten oder die Darsteller begleiten, denn im günstigsten Fall empfindet der Zuschauer die Fahrt als eigene Bewegung. Im Profibereich werden für Kamerafahrten Stative mit Rädern benutzt, die, manchmal zusammen mit dem Kameramann, auf glatten Böden oder Schienen bewegt werden; für Schwenk-/Fahrt-Kombinationen kommen Kranwagen zum Einsatz.

Kamerafahrt

Ein Sonderfall ist die *subjektive Kamera*: der Kameramann geht mit der Kamera auf der Schulter oder in einem sogenannten Steadycam in seiner normalen Bewegung durch die Gegend; der Zuschauer erhält einen Eindruck unmittelbarer Beteiligung am Geschehen.

Subjektive Kamera

Eine besondere Bewegungsvariante bietet auch der Zoom. Bei Zoomobjektiven („Gummilinsen") lässt sich die Brennweite des Kameraobjektivs stufenlos verändern; der Filmausschnitt wird erweitert oder verändert. Auf diese Weise wird eine Kamerabewegung simuliert. Zoom und Kamerafahrt sind nicht identisch, da sich Bildausschnitt und vor allem Tiefenschärfe unterschiedlich verändern; unsere Augen können nicht zoomen.

Zoom

→ Achsensprung

Die Kamera muss den für den Zuschauer aufgebauten Raum beachten (mit rechts, links, hinten, vorn); sie darf die eigene Bildachse nicht überspringen. Wenn z.B. eine Dialogsituation zwischen zwei Personen aufgenommen wird, sollte die Kamera für Schuss- und Gegenschuss auf einer Seite der gedachten Handlungsachse zwischen den Personen bleiben und diese Achse nicht überspringen.

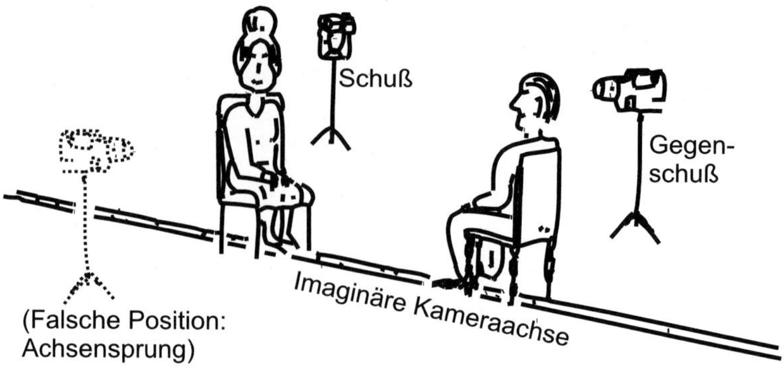

Abb. 6.3: Achsensprung

Schauspiel und Ausstattung

Die Ausstattung hat eine narrative Funktion, die sie erst mit dem Wissen der Zuschauer entfalten kann. Sie charakterisiert den Ort des Geschehens, die Zeit, die Kultur, die soziale Sphäre (durch Kleidung, Wohnungseinrichtungen ...), definiert Stimmung. „Im Verlauf der Mediensozialisation lernen wir als Zuschauer, mit bestimmten Orten auch eine bestimmte Art von Geschichten zu verbinden. Unser Wissen über Orte ist immer auch mit Geschichten über diese Orte verbunden.“ (*Mikos* 2/97, 57)

Licht

Die Lichtgestaltung kennzeichnet die Konzeption des filmischen Raumes: Durch Lichtsetzung entsteht in der Zweidimensionalität der Eindruck von Dreidimensionalität. Licht und Schatten sind dabei untrennbar verbunden. Bestimmte Lichtfarben erzeugen bestimmte Stimmungen. So hat die Lichtgestaltung auch eine narrative Funktion.

High-key, low-key

Man unterscheidet hartes Licht (Konturen klar sichtbar) und weiches Licht (verwäscht) und drei Arten der Filmlichtgestaltung: *Normalstil*, *High-Key* (Helligkeit ist prägend, oft schattenfreie Ausleuchtung), *Low-Key* (Schatten und unbeleuchtete Bildteile überwiegen). Bei der Lichtsetzung unterscheidet man im wesentlichen:

- *Grundlicht*: allgemeine Raumbeleuchtung oder Tageslicht draußen ohne auffallende Schatten; signalisiert die Grundstimmung, Tages- und Jahreszeit.
- *Haupt-/Führungslicht:* (in der Regel kein Vorderlicht, sondern seitlich) Stärkste Lichtquelle, wirft einen Schatten, modelliert ein bildwichtiges Motiv.

- *Füll-/Aufhell-Licht*: In der Regel eine schwächere oder diffusere oder weiter entfernte Lichtquelle von der anderen Seite zur Minderung der Kontraste durch das Hauptlicht.
- *Spitzlicht* oder Hinterlicht: gibt dem Raum bzw. den Personen mehr Tiefe, setzt Vorder- vom Hintergrund ab.

Spezialeffekte

„Der Film war schon von Beginn an auch ein Medium der Illusionisten, die mit zahlreichen Spezialeffekten und Tricks versuchten, den Realitätseindruck des Phantastischen zu optimieren. (...) Bereits zu Beginn der Geschichte des Films trat der ‚Phantast' Georges Melies als Antipode zu den ‚Dokumentaristen', den Gebrüdern Lumiere, in Erscheinung." (*Mikos* 3/97, 53) Spezialeffekte haben immer mehr ein Attraktionskino entstehen lassen, das dem klassischen Erzählkino gegenübersteht. Folgende Effekte lassen sich differenzieren:

Medium der Illusionen

- Effekte, die in das Geschehen vor der Kamera eingreifen (pyrotechnische Tricks, gebaute Modelle, Monster und Mutanten, Stunts, Maske, Rückprojektion).
- Effekte, die bei der Aufnahme entstehen (Doppelbelichtung, Mehrfachbelichtung, Stop- und Stop-motion-Verfahren, Handkamera ...).
- Effekte, die durch die nachträgliche Bearbeitung des Bildmaterials in der Postproduktion entstehen. (Heute dominiert die computerisierte Postproduction, Digital Compositing, Morphing-Verfahren = fließende Verwandlung ...).
- Effekte, die bei der Projektion erzielt werden (Cinerama-Verfahren = drei Filme parallel auf einer gebogenen Leinwand; Cinema-Scope-Verfahren ...).

Erlebnisintensität

„Grundsätzlich zielen alle Spezialeffekte darauf ab, die Erlebnisintensität der Zuschauer zu steigern, indem der sinnliche Realitätseindruck (vor allem optisch und auditiv) erhöht wird. Zugleich können die Effekte aber auch eingesetzt werden, um Realitätseindrücke parodistisch auf die Spitze zu treiben. Die Spezialeffekte spielen mit dem Wissen und den kognitiven Fähigkeiten der Zuschauer ..." (*Mikos* 3/97, 55)

Auch das sogenannte Fiktion-Bewusstsein ist ein Teil der erlernten Film- und Fernsehkompetenz. Für die Fans besitzen die Spezialeffekte aktuellerer Kinofilme einen Eigenwert, teils Kultstatus.

> 🕮 Ein filmpädagogisch anschauliches und spannendes Buch: Spezialeffekte in Film und Fernsehen, Text von Jake Hamilton, Nürnberg 1998. Eine Filmschule im Internet bietet www.movie-college.de. Die Inhalte dieses frei zugänglichen Kurses sind auch auf CD-Rom erhältlich.

Ton und Musik

Trotz Stummfilm-Ära war der Film nie eigentlich „stumm". Eingesprochene Dialoge, aber vor allem live oder teils auch vom Grammophon gespielt Musik hatten bereits wesentliche Funktionen: die emotionale Grundstimmung der gezeigten Bilder zu unterstützen und bestimmte Charaktere zu kennzeichnen (Leitmotive). Folgende Funktionen von Filmmusik lassen sich heute sinnvoll differenzieren (vgl. *Lissa* 1965):

Funktionen der Filmmusik

- Illustration der Vorgänge im Bild;
- Kommentar zum Bild, bestimmte Deutung;
- Ausdrucksmittel psychischer Erlebnisse (Freude, Trauer ...);
- Mittel zur Einfühlung des Zuschauers in den Szeneninhalt;
- Repräsentation von Raum und Zeit der Handlung;
- symbolische Funktion;
- Mittel zur Antizipation von Handlungsinhalten;
- formal verbindende Funktion;
- Charakterisierung von Personen.

Filmsongs

Spätestens seit der Tonträgermarkt ein wichtiger Wirtschaftsfaktor ist, spielen auch Songs in Filmen eine wichtige Rolle. Sie werden häufig eigenständig vermarktet bzw. umgekehrt als Werbeträger für den Film genutzt. Teils gibt es Videoclips, die aus den entsprechenden Spielfilmen zusammengeschnitten wurden.

Für den gesamten Tonbereich des Film wird neben der Musik zwischen gesprochener Sprache und Geräuschen unterschieden und dabei jeweils nochmal zwischen O-Ton (Originalton der Aufnahme) und Nachvertonung. Geräusche können auch eine eigene narrative Funktion haben. Folgende Aspekte helfen, die Funktion der Tonebene genauer zu beschreiben:

- On-Ton (Tonquelle on screen), Off-Ton (Tonquelle off the screen);
- Aufnahmezeitpunkt: aktuell oder kommentierend;
- Natürlichkeit: Synchron oder asynchron zum Bild;
- Aussagecharakter: parallel oder kontrapunktisch zum Bild.

Schnitt / Montage

„Die Zusammensetzung der einzelnen Film-Aufnahmen heißt in Frankreich ‚montage', während die englischen Begriffe ‚cutting' oder ‚editing' und der deutsche Begriff ‚Schnitt' sind." (*Monaco* 1995, 218) Erst Schnitt und Montage machten den Film zu einer vom Theater unabhängigen, eigenständigen Kunstform. Die *Einstellung* ist die kleinste Einheit des Films, die ohne Unterbrechung gefilmte Aufnahme. Eine *Sequenz* bezeichnet den Teil eines Films, dessen Einstellungen in einem örtlichen oder gedanklichen Zusammenhang miteinander stehen. Ein Zuschauer geht davon aus, dass eine Rei-

Einstellung

Sequenz

he von Einstellungen in sinnvoller Absicht entstanden ist. Einstellung und Sequenz vergleicht *Bela Balázs* mit Wort und Satz, die Blende entspricht einem Gedankenstrich oder Punkt. Als *Schnitt* bezeichnet man den technischen Vorgang der Koordination von zwei Einstellungen. Ein normaler Spielfilm besteht aus etwa 800 bis 1200 Einstellungen. Der Begriff *Montage* meint die Herstellung einer narrativen Struktur durch den technischen Vorgang des Schnitts. Insofern ist Montage ein „dialektischer Prozeß, der eine dritte Bedeutung aus den beiden ursprünglichen Bedeutungen zweier aufeinanderfolgender Aufnahmen schafft" (ebd.). Die *Bildmischung* erfüllt beim Fernsehen ähnliche Funktion wie Schnitt und Montage für den Film.

Montage

„Aufgabe der Analyse ist es, den Schnitt wieder sichtbar zu machen, um zu verdeutlichen, wie der Film mit den Vorstellungen, der Wahrnehmung und dem Wissen der Zuschauer umgeht." (*Mikos* 1/98, 46)

Man unterscheidet folgende Schnittformen:

Schnittformen

- harter Schnitt,
- Auf- und Abblende,
- Überblendung,
- Trickblende.

Ein harter Schnitt will den Wechsel eher weich, möglichst unsichtbar erscheinen lassen, während gerade die Trickblende als solche vom Zuschauer wahrgenommen werden soll; sie dient oft der Unterbrechung einer Einstellung. Der harte Schnitt kommt weitaus am häufigsten in Film und Fernsehen vor; auf der Tonebene dagegen wird eher überblendet.

Im Continuity-System des Hollywood-Kinos stehen Schnitt und Montage im Dienst der Erzählung („erzählende Montage"). „Mit ihnen wird Kontrolle über den Plot ausgeübt und damit die Rezeption durch den Zuschauer vorstrukturiert." (*Mikos* 1/98, 45) Eine filmgeschichtlich wichtige Form ist die „intellektuelle Montage" des russischen Regisseurs *Sergej Eisenstein;* bei ihm ist Montage Bedeutungsträger und Ideen-Assoziation, er montierte nicht fließende vom Zuschauer unbemerkte Übergänge, sondern Kollisionen der Bilder. „*Eisenstein* wollte mit diesem Neben- und Gegeneinander verschiedener Einstellungen den Zuschauer zum Nachdenken und Schlußfolgern anregen, die so aus dem Kontrast der Einstellungen eine neue Bedeutung gewinnen." (ebd.)

Erzählende Montage

Intellektuelle Montage

Die Montage wird nach vier Beziehungsarten der Einstellungen zueinander unterschieden:

- graphische Beziehung (Farben, Bewegungsrichtungen, Bildaufteilung, Horizontlinien ... werden übernommen);

- rhythmische Beziehung (die Längen der einzelnen Einstellungen werden zueinander oder etwa zur Tonebene in Beziehung gesetzt);
- räumliche Beziehung;
- zeitliche Beziehung.

Montagetypen

Es gibt verschiedene Unterscheidungen von Montagetypen, um die dadurch erreicht narrative Struktur zu kennzeichnen (vgl. dazu *Kandorfer* 1984); einige wesentliche seien genannt:

- Erzählende Montage: Durch kontinuierliche Schnitte werden Handlungsfolgen fortlaufend miteinander verknüpft.
- Kausalmontage: Hier wird durch den Schnitt ein Kausalzusammenhang von Szene zu Szene bzw. von Einstellung zu Einstellung hergestellt.
- Analytische Montage (Ellipse, Bildausfall): dabei wird nicht die ganze Handlung gezeigt, sondern nur Details und Szenen, die für die Handlung kennzeichnend oder wichtig sind.
- Parallel-Montage: Durch Wechselschnitt werden zwei oder mehrere ineinandergreifende Handlungsverläufe bzw. Handlungen, die „innerlich" miteinander verknüpft sind und meist an verschiedenen Orten stattfinden, zusammengeführt; sie werden abwechselnd gezeigt, wobei der Eindruck der Gleichzeitigkeit erscheint.
- Parallelisierende Montage: Handlungen werden nebeneinander montiert, gelangen aber niemals zu einem gemeinsamen Punkt. Die Funktion dieser Montageform ist die Abgrenzung der Handlungen voneinander.
- Assoziative Montage: Einstellungen zeigen in Rück- bzw. Vorausblenden verschiedene Zeitebenen.
- Kontrast-Montage: Inhalte von entgegengesetztem Sinn werden durch Gegensatz-Schnitt in Beziehung zueinander gesetzt. Durch den „Zusammenprall zweier, häufig voneinander unabhängiger Einstellungen entsteht eine „neue Bedeutung", ein „neuer Gedanke".

✓ Material: Bastelmappen „Als die Bilder laufen lernten" (Wunderscheibe, Bildertrommel, Lebensrad, Camera obscura) des Deutschen Filmmuseums in Frankfurt. Bezug über: Bundesverband Jugend und Film e.v. (BJF), Kennedyallee 105a, 60596 Frankfurt a.M.

Literaturtipps

Balázs, Bela, Der Film, Wien 1980

Hickethier, Knut, Film- und Fernsehanalyse, Stuttgart/Weimar 1993

Kandorfer, Pierre, DuMont's Lehrbuch der Filmgestaltung. Theoretisch-technische Grundlagen der Filmkunde, Köln 1984

Kerstan, Peter, Der journalistische Film. Jetzt aber richtig, Frankfurt 2000
Kleber, Reinhard, Wie funktioniert ein Film? Zu den Grundlagen der Filmgestaltung, in: medien praktisch 4/89, 4-8
Mikos, Lothar, Struktur-funktionale Film- und Fernsehanalyse, in: medien praktisch 1996-98. Teil 1: Bilderfaszination und Kommunikation, 3/96, 52-56; Teil 2: Die Geschichte im Kopf des Zuschauers, 4/96, 57-62; Teil 3: Aus weiter Ferne so nah 1/97, 44-49; Teil 4: Licht und Schatten 2/97, 57-62; Teil 5: Monster und Mutanten in CinemaScope 3/97, 53-56; Teil 6: Kontinuität durch Schnitt und Montage 1/98, 45-50
Mikos, Lothar, Film- und Fernsehanalyse, Konstanz 2003
Monaco, James, Film verstehen, Reinbek 1995 (erweiterte Neuauflage)
Szebedits, Ernst, Das Ganze und seine Teile. Anmerkungen zur Filmanalyse, in: medien praktisch 4/89, 9-12
Workshop Filmarbeit II. Mythen und Symbole im Film, in: medien praktisch 3/1991
Workshop Filmarbeit III. Spannungsfeld Ästhetik und Inhalt im Film, in: medien praktisch 1/1992
Workshop Filmarbeit IV. Kino und Postmoderne, in: medien praktisch 3 /1992
Workshop Filmarbeit V. Sinnsystem Unterhaltung, in: medien praktisch 1/1993, 47-53

6.3 Video-Clips, Musik-Videos

Wie sind sie gemacht?
Wovon handeln sie?
Was zeigen sie?
Wer schaut sie?
Mit welcher Motivation?

Musik als Ware

Kaum ein Star oder eine Band mit Hitabsichten kann es sich heute noch leisten, nicht zu einzelnen Titeln für die Medienpräsenz auch einen Videoclip herauszubringen. Die Clips sind ein visuelles Logo (Warenzeichen) für die akustische Ware Musik und die „Ware“ Star. Waren die Videoclips anfangs vor allem Werbetrailer für die Musik und den Verkauf der CDs, ist inzwischen längst ein eigener Markt, ein eigenes Genre, manchmal sogar ein Stück Kunstgattung daraus geworden. Die Bedeutung des Visuellen in der Popmusik hat zugenommen – allerdings unterschiedlich nach Musikstilen – und das gesamte Erscheinungsbild der Popmusik verändert. Wer erfolgreich sein will, muss auch optisch etwas zu bieten haben. Die Bühnenshows gleichen sich den Videoclips zunehmend an. Viva, Viva 2, MTV, Onyx, VH-1 sind Musik-TV-Programme, die nur über Kabel oder Satellit empfangen werden können und nahezu rund um die Uhr Videoclips spielen. Aber auch die anderen Fernsehprogramme haben gewisse Zeiten und Fenster für Videoclips (z.B. Bravo-TV auf RTL 2). Jugendliche nutzen Viva und MTV quasi wie ein optisches

Radioprogramm. Wie konzentriert oder beiläufig das gesehen wird und vor allem, wie das wirkt, liegt weitgehend im Dunkeln der Medienforschung.

Ökonomie und Ästhetik

Ursprüngliche Authentizität von Rockmusik ist der Dominanz von Künstlichkeit und Konstruktion gewichen. Im Medium Videoclip sind Ökonomie und Ästhetik eng miteinander verbunden. Die Musik ist durchkapitalisiert, Authentizität und Rebellion wurden vereinnahmt. MTV ist keine Werbeumfeld (wie andere Programme), sondern grenzenloses Werbefeld.

✓ Eine Fernsehreihe stellte Geschichte und Stile der Musikvideos mit vielen Beispielen vor: „Fantastic Voyages. Eine Kosmologie des Musikvideos", 7-teilige Fernsehdoku von Christoph Dreher, Ausstrahlung vom 30.12.2000 bis 12.2.2001 in 3sat) 1. Eine Kosmologie des Musikvideos; 2 Albträume; 3. Space in the Place; 4. Befreite Bilder; 5. Short Stories; 6. Wunderbare Welten; 7. Body Rock.

Musikvideo-Forum unter: www.musikvideoforum.de

Entstehung

Start von MTV

Als erstes Musikvideo wird meist die visuelle Performance zu *Bohemian Rhapsody* von Queen (1975) genannt. Damit wurde das trotzige Motiv „rock doesn't work on TV" Ende der 70er Jahre aufgeweicht. Die Entstehung und vor allem die immense Verbreitung der Videoclips ist eng mit der Geschichte des internationalen Fernsehmultis MTV verbunden. MTV ging am 1.8.1981 um 12.01 in den USA mit einem symbolträchtigen Start auf Sendung: „Unterlegt von pompöser Musik erschienen Originalbilder der ersten Mondlandung; Neil Armstrong sprach seine berühmten Wort und platzierte eine Flagge auf dem Mond, die jedoch kein ‚Stars and Stripes', sondern ein MTV-Logo zierte. Der darauf folgende erste Clip war nicht weniger symbolträchtig: Die Popband Bugles sangen *Video Killed the Radio Star*." (*Schmidt* 1999, 101 f.)

Drei Ursachen Ende der 70er Jahre sind zu nennen, die den Start des ersten 24 Stunden Senders MTV und der Videoclips so erfolgreich machten:

1. „Revolutionierung der Produktions- und Reproduktionstechnologien"; Einsatz von Drumcomputern, Synthesizern und Sequenzern ... Diese Technik wirkte sich auch auf die Live-Präsentationen aus (Playback); die Rolle des Interpreten verschob sich zum Performer: „Mehr und mehr bedeutete *live* aufzutreten weniger aktuell Musik zu erzeugen als vielmehr eine dem jeweiligen Starimage angemessene Show zu inszenieren." (ebd. 96)

Spartenkanäle

2. Das Aufkommen des Kabel- und Satellitenfernsehens erlaubte Spartenkanäle. Der Markt musste aufgeteilt werden; das zwang die Anbieter zu neuen Ideen, aber auch zu anderen Kalkulationen; sie mussten entweder die Einnahmen (Quoten) erhöhen oder die Ausgaben verringern. MTV bot beides im Doppelpack.
3. Rezessionen und Umwälzungen in der Musikindustrie, die Ende der 70er Jahre aus verschiedenen Gründen mehr als 20% Einnahmen einbüßte. Eine effektivere Form der Produktwerbung neben Radio und Live-Tourneen musste gefunden werden. Der Videoclip knüpft an die Live-Performance an, stilisiert und standardisiert den Auftritt jedoch zu Werbezwecken. Künftig wurde auch Kapital erwirtschaftet, indem Songs, Clips und Stars als Werbemedien für andere Produkte oder im Medienverbund eingesetzt wurden.

Bedeutungswandel der Medienformen

MTV sollte und wollte mehr sein als visuelles Radio oder ein Spartenkanal für Videoclips. „Auf inhaltlicher Ebene verband MTV altes mit altem in neuem Gewand: Existierendes Jugendentertainment (Rock- und Popmusik, Radioformat) wurde in bis dahin ungewöhnlicher Verpackung (Musikvideos) im Fernsehen gezeigt und trug damit zu einem Bedeutungswandel beider Medienformen bei. Fernsehen war plötzlich sozialsymbolisch besetzt und funktionierte distinktiv, Rockmusik dagegen wurde häuslich, artifiziell und zeitlich abgekoppelt vom Erlebnis der Live-Performance." (ebd. 102)

Die zwei zunächst zentralen Konzepte wurden mit zwei Begriffen belegt:

- *„flow"* – eine fließende Programmstruktur endloser Bilderstreifen;
- *„narrowcasting"* – die Konzentration auf ein kleines Zuschauersegment.

Beide Prinzipien erwiesen sich allerdings als kommerziell nicht tragfähig und wurden wenige Jahre später aufgegeben. 1984 gelangte MTV erstmals in die Gewinnzone. Im selben Jahr erreichte die amerikanische Tonträgerindustrie wieder die Gewinnzone und konnte an die Rekordumsätze des Jahres 1978 anknüpfen. Videoclips wurden zunehmend zum Standard-Begleitmedium eines erfolgsorientierten Pop-Produktion: „Während 1981 gerade mal 23% aller Top-100-Songs einen begleitenden Videoclip einsetzten, stieg diese Zahl im Mai 1983 auf 59% und erreichte ein Jahr später gar 76%." (ebd. 105)

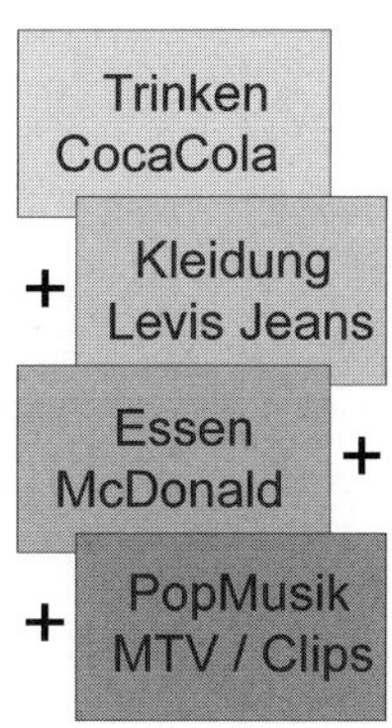

Mehr und mehr versuchte MTV sich als Sprachrohr der „Generation X" zu etablieren und ein Lifestyle-Network für einen globalen Jugendmarkt aufzubauen. Musik wurde als „global language" verstanden und die Generation X als erst internationale Generation, jedenfalls in ihren Konsumgewohnheiten (Levis, Benetton, Swatch-Uhren, Coca Cola, Hamburger, Popmusik ...).

Und in der Tat: 1995 erreichte MTV mehr als 250 Mio. Haushalte in 58 verschiedenen Ländern; 1996 konnte jeder vierte Haushalt der Welt MTV empfangen. MTV ist Weltfernsehen Nr. 1 und erreicht derzeit mehr als 1 Milliarde Menschen. Der Sender ist damit willkommenes Vehikel der amerikanischen Weltstrategien.

Internationalisierung

Die Internationalisierung des Kapitals und entsprechende wirtschaftliche Verflechtungen bestimmen auch den Musikbereich. Die großen Plattenmultis sind längst international, nationale Firmen tragen oft nur noch den alten Namen, gehören aber in einen der großen Konzern.

MTV als Monopol TeleVision

MTV wurde trotz Gewinnzahlen vom Viacom-Konzern geschluckt, nach Time Warner der zweitgrößte Mediengigant der USA. Das einfache Grundkonstrukt der Kooperation zwischen Tonträgerindustrie und Musik-TV: kostenloses Programm gegen kostenlose Werbung, wurde zu einem beispiellosen Herrschafts-Monopol ausgebaut. Mit Plattenlabels, Künstlern und Kabelbetreibern wurden Exklusivverträge geschlossen. Aber wegen des Produktionsrisikos und der Verteuerung bei höheren Ansprüchen an die Qualität der Clips wollten die Firmen von den Musiksendern Lizenzgebühren für die Ausstrahlung. Die erhielten sie von MTV nur gegen Exklusivrechte. Auch die eigentlichen kreativen Macher, die Autoren und Regisseure, wurden sehr eng an die Leine genommen und teils zu Handlangern degradiert.

Kooperation

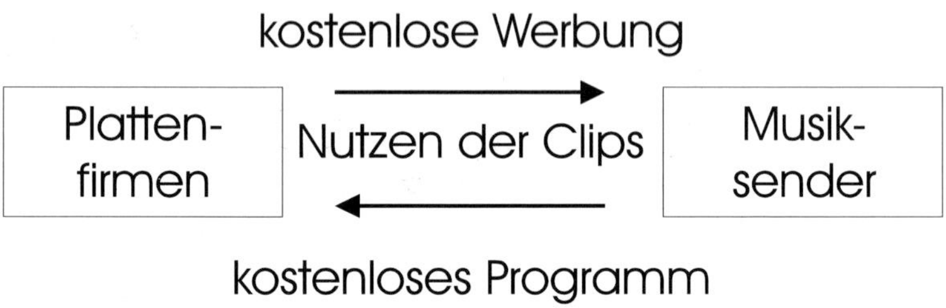

Abb. 6.4: Kooperation zw. Tonträger-Industrie und Musik-TV

Playlisten

Um auf vordere Plätze einer MTV-Playlist zu kommen oder überhaupt gespielt zu werden, mussten viele Hürden der Kontrolle und Anpassung genommen werden. „In welcher Rotation die Clips laufen, hängst zuallererst von der Popularität der Künstler und des Musikgenres ab. Darüber hinaus spielen subjektive Geschmacksurteile und nicht zuletzt die Label-Zugehörigkeit der Künstler eine Rolle." (*Schmidt* 1999, 125) Was wir Konsumenten als kreative Clips zu sehen bekommen, ist also bereits das Ergebnis einer langen Kette von Machtspielen. Plattenfirmen und Musiksender haben eine entscheidende *Gatekeeper-Funktion*. Der scheinbare Konkurrent VH-1 ist übrigens ein Ableger von MTV unter gleichem Dach, der z.Tl. im Bundle den Kabelbetreibern angedient wurde.

Auf einem schmalen Grad bewegt sich MTV: „Etablierte Superstars und boomende Musikgenres erhalten eine hohe Sendedichte und sorgen so für die nötigen Einschaltquoten und Werbeeinnahmen; neue und unbekannte Acts dagegen verhelfen MTV durch ihre immerhin marginale Präsenz zur Etablierung und Aufrechterhaltung eines internationalen Trendsetterimages." (ebd. 125)

Mix aus Musik und Marketing

Damit Menschen, besonders Jugendliche diesen Mix aus Musik und Marketing/Money nicht so leicht durchschauen, werden ihre Konsumgewohnheiten als ganze aufgegriffen und ästhetisch stilisiert. Die Grenzen zwischen Werbung und Programm (zwischen Konsum und Protest) werden aufgehoben. MTV ist keine Werbeumfeld (wie andere Programme), sondern grenzenloses Werbefeld für jugendgemäßen Lifestyle. „MTV spielt eine Schlüsselrolle bei der globalen Einrichtung einer jugendlichen Sozialsymbolik, die sich um Artikel der Konsumgüterindustrie formiert. Jugendkulturen erscheinen auf diese Weise als um Konsumgewohnheiten und Musikvorlieben herum gruppierte, mediale Konstrukte. (...) Die Interessen der Produzenten und Konsumenten scheinen zur Deckung gebracht: Vergnügen durch Konsum. (...) Infantile Aufsässigkeitsinszenierungen verschleiern die Eingebundenheit der Jugendmedien in ökonomische Strukturzwänge, und die musikalische Message setzt auf Konsum und Hipness statt auf Kritik." (ebd. 129)

Jugendkulturen als mediale Konstrukte

Start von Viva

MTV Deutschland startete im Januar 1987 und erhielt am 1.12.1993 Konkurrenz durch VIVA. Dieser deutsche Sender ist insofern ein Novum, als erstmals die werbetreibende Industrie ihre eigene Abspielstation gründete. Beteiligt sind heute Sony Music (24,69%), PolyGram / Phillips (24,69%), EMI (24,69%) und Warner Music (24,69%); in den Anfangsjahren war noch der Hamburger Medienunternehmer und Versandhaus-Erbe Frank Otto beteiligt. „Mit weltweiten Umsätzen von insgesamt 34 Mrd. DM beherrschten die VIVA-Gesellschafter allein 85% der Tonträgerindustrie." (*Hachmeister/Lingemann* 1999, 139)

Die Programmphilosophie von VIVA beschreibt Geschäftsführer Dieter Gorny: „Wir wollen mit unserer Zielgruppe wachsen". (zit. n. ebd. 145) „Es gehe darum, sich schrittweise zu entwickelt, Sendeformen auszuprobieren, die kreativen Impulse der Jugendszene aufzunehmen und daraus das Programm zu entwickeln.“ (ebd.) VIVA sollte Dinge machen, die sich andere TV-Macher nicht trauen, und damit die Regeln des seriösen Fernsehens außer Kraft setzen. „... das beste sind natürlich unsere Moderatoren. Keine Profis, keine alten Hasen, Kids, die genau so sind wie die anderen vor den Bildschirmen. Aufgeweckt, sprachlich toll drauf.“ (zit. n. ebd. 149)

Viva 2

VIVA 2 kam am 21.3.1995 an den Start, zunächst aus dem Motiv, einen vakanten Kabelplatz nicht dem Konkurrenten VH-1 (MTV-Tochter) zu überlassen. Die Anfangsidee, ein Musik-Spartenprogramm für die 25-49-jährigen zu machen, ging nicht auf. Deshalb wurde VIVA 2 im Jahre 1998 „Laut, schrill, ambitioniert, unangepasst und schnell. (...) Musikfernsehen für Erwachsene. Frei ab 18 Jahren.“ (ebd. 153) Inzwischen soll sich VIVA 2 mehr Musikstilen jenseits des Mainstreams widmen, während VIVA auf dem Weg zum Lifestyle-Vollprogramm ist.

Rotationsprinzip

Rotationsprinzipien für die Videoclips gibt es auch bei VIVA. Vor allem die vorderen Plätze der Hitlisten werden gespielt. Ohne Spezialsendungen besteht das Wochenprogramm von VIVA nur aus ungefähr 80 Clips.

Die Videoclips kommen für eine Handlinggebühr von 200-300 DM von den Plattenfirmen. Der Sender zahlt für die Ausstrahlung an die Gesellschaft zur Verwertung von Leistungsschutzrechten (GLV), die die Künstler und die Tonträgerindustrie vertritt, und an die GEMA, die die Komponisten, Textdichter und Musikverleger vertritt.

Auch VIVA will ein Image jenseits der Videoclips haben, will ein Lifestyle-Magazin, eine junge Lebenswelt sein. Dieses Image kann man am Programm, aber auch an der Internet-Präsentation der Sender ablesen.

> Internetpräsenz der Musiksender: www.viva.de; www.viva-zwei-online.de; www.mtv.de

Die geballte Trickkiste

Der Name „videoclip“ – „Clip“: Büroklammer, die beliebiges zusammenhält – signalisiert die Verwendung von Video im Produktions- bzw. Nachbearbeitungsprozess (an Stelle des teureren Filmmaterials). Wer einmal an einem einfachen Grafik-Effektpult oder einem entsprechendem Computerprogramm gesessen hat, kann das unendliche Spektrum technischer Spielereien und Tricks in etwa ahnen.

Traditionelle Filmsprache folgte in der Regel bestimmten Gesetzmäßigkeiten, formalen Prinzipien. Beim Videoclip kann man den

Eindruck bekommen, dass solche Formprinzipien alle gleichzeitig verwendet oder über Bord geworfen werden. Einziges formales Gestaltungsmittel scheint zu sein, dass es keines gibt. Neues weckt Aufmerksamkeit, dieses Werbegesetz wird ausgeschlachtet in allen Varianten noch nicht da gewesener Bildschnitte, Bildfolgen, optischer Gags und Manipulationen. Vor allem die Möglichkeiten der Trickpulte, der digitalen Bearbeitung und Verfremdung des Bildmaterials und der schnellen Schnitte werden ausgiebig genutzt. Die Gestaltungsästhetik der Clips hat Auswirkungen auf die Mediengestaltung insgesamt.

Optische Effekte

Die Bildfolgen im Videoclip sollen für sich sprechen; alle drei Sekunden mindestens ein Schnitt gilt als Regel. Aber die ungewohnten Schnittfolgen und narrativen Brüche sind nicht primär ein innovatives filmisches Konzept, sondern sind von der Struktur der Musikstücke vorgegeben.

Technik und Typen von Videoclips

Zunächst lassen sich die bekannten Gestaltungsmittel des Films auch beim Videoclip wieder entdecken, allerdings in meist übersteigerter und extensiver Form:

- Schnitt/Montage in sehr viel schnellerer Folge, oft rhythmisch im Takt der Musik,
- Auf-, Ab- und Überblendung, auch in Form von Zerstückelung/Auflösung von Bildern und unvermitteltem Neuaufbau;
- Einstellungsgrößen und Kameraperspektiven, vor allem viele Nah- und Detailaufnahmen (da der Fernsehschirm relativ klein ist); spielerisch montiert und extreme Perspektiven von unten oder oben; schnellste, überganglose Sprünge zwischen verschiedenen Perspektiven;
- Kameraschwenks und -fahrten, oft wild und scheinbar absichtslos, keine ruhige Stativkamera, sondern immer im bewegten Reportagestil;
- Beleuchtung oft grell und knallfarben und mit vielen Lichteffekten, die Bewegung simulieren, wenn einmal eine Einstellung einige Sekunden lang dauert.

Expressive Gestaltungsmittel als Selbstzweck

Vor allem aber fällt der opulente Griff in die Kiste der Tricktechnik, der Special Effekts, der elektronischen Collage auf: Teilung des Bildschirms, Zeitlupe und Zeitraffer, stroboskobartiges Einfrieren und ruckartige Bildsequenzen, s/w-Sequenzen, Spiel mit eingefärbten, verfremdeten Dokumentaraufnahmen, Fotos, Spielfilmausschnitten ...

Vorherrschende Tricktechnik

Natürlich kennzeichnet dieser rasante Effektemix nicht jedes Video; auch ruhige, einem traditionellen Kurz-Spielfilm ähnliche Videoclips kommen vor.

Eine Unterscheidung von Videoclips wäre natürlich nach Musikstilen oder nach dominanten Inhalten möglich. Will man aber vor allem auch die Bildebene und die Besonderheit des Genres mitberücksichtigen, sind die folgenden Differenzierungen hilfreicher (wobei Mischformen natürlich vorkommen):

Genres bei Videoclips

- *Performance-Clips,* Präsentations-Videos: MusikerInnen/InterpretInnen werden im Playbackverfahren beim Auftritt bzw. in Aktion gefilmt. Die Filmtechnik dient dazu, MusikerInnen und ihrer Musik Dynamik und eine visuell interessante Fassade zu geben, eben den Star oder die Band zu präsentieren. Diese Präsentation hat mit der realen Leistungsfähigkeit der gezeigten Stars (Tanz, Instrumente, Gesang ...) nichts zu tun. Hauptsache, das Image ist „cool", über den Dingen stehend. Unterscheidung zwischen: (1) Live-Performance; (2) Bühnen-Performance; (3) Performance ohne Realbezug.
- *Narrative Videos:* um den Interpreten oder die Song-Story herum wird eine filmische Story oder zumindest ein (fragmentarischer) Handlungsfaden erzählt (auch „Concept mit Interpreten" genannt).
- *Concept-Videos:* Bilder und Musik werden in assoziativer und/oder illustrativer Form verknüpft.

F.J. Röll (1998, 180 f.) bietet für die zusammengefasste Rubrik der narrativen und Concept-Videos ein weiteres Unterteilungsschema nach Kategorien und Gestaltungsformen an; seine Kategorie 5 entspricht dabei wesentlich dem narrativen Video.

KATEGORIE	GESTALTUNGSFORM	
1. Real	Bild und Abbild sind identisch	selten, eher in der Anfangsphase zu finden Beispiel: *Das Modell* (Kraftwerk)
2. Irreal	Abbildung und Gestaltung imaginärer Traumwelten	Wirklichkeit, Traum, Vision werden ästhetisch miteinander verwoben → Leben als Film und Film als Leben. Beispiel: *Take on Me* (A-Ha)
3. Surreal	Montage von scheinbar unzusammenhängenden Bildwelten	Viele Musikvideos fallen in diese Kategorie; auf den ersten Blick unzusammenhängende Bilderschnipsel ohne narrativen Handlungskontext Beispiel: *Strange Love* (Depeche Mode)

4. Fact	Präsentation authentischer, dokumentarischer Bilder	In reiner Form selten, aber oft werden Doku-Bilder integriert; oder wie bei Jacksons *Earth Song* wird beim Rezipienten der Eindruck des Dokumentarischen erzeugt. Beispiel: *Man in the Mirror* (Michael Jackson)
5. Fiction	Der Videoclip als Minispielfilm mit narrativer Struktur	Sehr beliebt, oft Popstar als Hauptdarsteller. In den letzten Jahren wurden auch häufiger Videoclips aus Spielfilmen ausgekoppelt oder daran angelehnt (*Goldeneye* Tina Turner; Titanic) Beispiel: *November Rain* (Guns ‚n' Roses); *I'm on Fire* (Bruce Springsteen); *Cloudbusting* (Kate Bush)
6. Faction	Verbindung von Facts und Fiction	Fictive Geschichte, die den Eindruck von Dokumentaraufnahmen erzeugt Beispiel: *Belfast Child* (Simple Minds)

Die folgenden drei Typen unterscheiden sich eher durch dominante Formmerkmale

7. Comicstyle	Verwendung von Zeichentrick	*Oxygene, Part 8* (Jean Michel Jarre)
8. Digital	Umgang mit digitalen Abbild-Welten	Ausschließlich auf digitalen, vom Computer gerechneten Bildern basierend: *Boom Boom Tschak* (Kraftwerk); *Paranoia* (Art of Noise)
9. Typografisch	Ästhetische Gestaltung anhand von Textgrafik	Selten *Science of Times* (Prince)

Musikvideos folgen der Musik (anders als Filmmusik, die sich dem Bild zuordnet). Die jeweilige Musik, ihre Form, ihr Rhythmus, ihr Sound sind Ausgangspunkt des Videos. Zweite Basis ist sicher Stil und Design des Künstlers bzw. der Band. Der Musik und dem Songtext ordnen sich fast spielerisch Bilder zu, wobei sich sehr komplexe, teils auch widersprüchliche Verweiszusammenhänge ergeben können. „Das Visuelle erzeugt Bedeutungen, die über die Musik ‚als solche' hinausgehen und ein spezifisches weitergehendes Sehvergnügen bereiten" (*Neumann-Braun* 1999, 21) Aber werden diese vielfältigen visuellen Bedeutungsinhalte begriffen oder orientiert

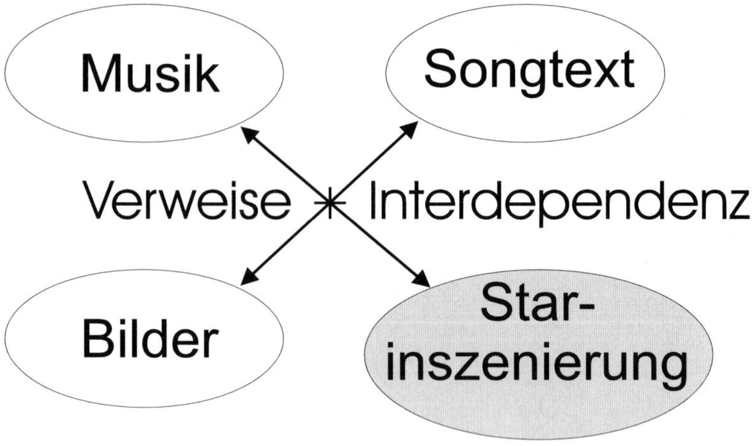

Abb. 6.5: Verweisstrukturen in Videoclips

sich der Durchschnitts-Seher doch am flüchtigen Blick auf die Makro-Sinneinheiten (wie auf Schlagworte oder wiederholte Passagen des Textes)?

Schneller Schnitt und langsame Folgen

Montage und Schnitt, also die Verbindung unterschiedlicher Bildaufnahmen zu neuen Kontexten, sind das herausragende Formmerkmal des Films. Bietet ein traditioneller Spielfilm im Durchschnitt etwa 10 Schnitte pro laufender Minute, erhöht sich diese Frequenz beim Videoclip auf ein Vielfaches, nicht selten 30-40 Schnitte pro Minute; alle drei Sekunden ein Schnitt scheint als Genreprinzip zu gelten. Diese Formprinzipien werden teils auch schon in der Film- und Fernsehserien-Produktion aufgegriffen. Vor allem aber verändern diese ästhetischen Reize unsere Wahrnehmung. Am einfachsten kann man das an unterschiedlichen Reaktionen von Kindern/Jugendlichen und älteren Erwachsenen beobachten. Wenn Ältere einen Videoclip sehen, schütteln sie meist den Kopf. Sie „verstehen" gar nichts und können der raschen Abfolge von Schnitten nicht folgen, keinen Sinn hinein konstruieren. Darauf hat sich der Wahrnehmungsapparat cliperfahrener Jugendlicher bereits eingestellt. Sie sind teils in der Lage, schnellere Formen auch schneller zu verarbeiten; vor allem aber haben sie intuitiv verstanden, dass nicht jeder einzelne Schnitt wichtig ist, dass nicht jede Einzelheit nacheinander verstanden werden muss bzw. kann. Ein Videoclip will/soll als ganzheitlicher Reiz primär intuitiv rezipiert werden.

Hohe Schnittfrequenz

Kopfsalat?!

Die Schnelligkeit der Bild- und Schnittfolgen ermöglicht dem menschlichen Gehirn (in seiner derzeitigen Ausprägung) keine rationale Verarbeitung mehr; die Medienforscherin *Herta Sturm* hat das schon vor Jahren mit der Formel der „fehlenden Halbsekunde" ausgedrückt, die dem Gehirn für die „innere Verbalisierung" fehle. Das Unverständnis oder Entsetzen Erwachsener beim Ansehen von Videoclips gründet vor allem in ihrer völligen Unfähigkeit zu einer entsprechend veränderten Rezeptionsweise. Beim Videoclip ist vieles nicht mehr kognitiv zu begreifen – dafür sind wir zu langsam –, sondern wird nur assoziativ wahrgenommen. Versprachlichung und assoziative Bildwahrnehmung finden in unserem Gehirn wesentlich in zwei verschiedenen Gehirnhälften statt. Die linke Gehirnhälfte ist für Sprachverarbeitung und logisches Denken zuständig, die rechte für Assoziation, Gefühle, Imagination, Phantasie, entsprechenden Genuss. Das Zusammenwirken der Gehirnhälften ist eine äußerst komplexe und bislang kaum hinreichend bekannte Angelegenheit. Aber beide Gehirnhälften sind notwendig aufeinander angewiesen. Offensichtlich sprechen Videoclips, wenn sie Gefallen finden, eher die rechte Gehirnhälfte an. Sie sind ein Ausgleich für eine Schule und Gesellschaft, die die linke, kognitive Gehirnhälfte fast ausschließlich fordert; eine Emanzipation von der Vorstellungs- und Wertewelt der Erwachsenen. Zugleich kann aber eine entsprechende vorrangige Beanspruchung der rechten Gehirnhälfte dazu führen, dass akustisches und visuell erzeugtes Lustempfinden ohne Versprachlichung und entsprechende bewusste Kontrolle bleiben. So ist folgende Beschreibung doppeldeutig: „Die Stimmungswelten von Videos wühlen auf und ermöglichen die Entdeckung stets neuer Sinnzusammenhänge, denn sie sind bruchstückhaft, sprunghaft, facettenreich, kaleidoscopartig wie Träume. Man ertrinkt in einer geschichtslosen Welt, wo die Grenzen zwischen Gegenwart, Vergangenheit und Zukunft zerfließen, wo Fantasie Realität ist, wo es den Unterschied zwischen Person und aufgesetzter Rolle nicht mehr gibt." (*Everling* 1987, 41).

„Fehlende Halbsekunde"

Assoziative Bildrezeption

Musikvideos haben für Jugendliche, wie Pop- und Rockmusik überhaupt, offensichtlich bestimmte Funktionen; sie sind Teil ihrer sozialen Kommunikation (Gefühle, Entspannung ...) wie Musik überhaupt ein Ausdrucks- und Stimmungsreservoir darstellt. Die These, Musikvideos seien lediglich Promotioninstrumente und jugendliche KonsumentInnen die hilflosen Opfer, ist einseitig und wenig hilfreich. (Trotzdem darf die kritische Sicht auf den Warencharakter von Popmusik und Videos niemals außer Acht bleiben).

Rezeption

Beliebtheit der Musiksender

Bei Jugendlichen zwischen 12 und 19 ist VIVA/VIVA II der drittbeliebteste Sender (nach Pro 7 und RTL) und MTV liegt auf Platz 4; Pop-/Rock-Musiksendungen werden an zweiter Stelle der Genre-Beliebtheit genannt (nach Spielfilme, Serien, Krimis) (vgl. JIM 2001).

Die Musiksender bringen den Jugendlichen die Musik und den dazugehörigen Markt näher;das ist den Jugendlichen selbst bewusst und wichtig (vgl. *Neumann-Braun* 1999, 28). Die Musik hat eine wichtige kommunikative Funktion, in der Gleichaltrigengruppe mitreden zu können. Musiksender werden alternativ oder ergänzend zu Fernsehen, Radio und Tonträgern genutzt; sie werden wie diese nebenbei rezipiert. Die Struktur dieser Programmangebote begünstigt das. „Das Nebenbei-Hören sollte nicht vorschnell als ‚neue' Unkonzentriertheit interpretiert werden, sondern in seiner Bedeutung als ein verändertes Rezeptionssteuerungshandeln angesichts eines überbordenden Informations- und Unterhaltungsangebots verstanden werden. (ebd. 28)

Rezeptionsverhalten

In einer nicht repräsentativen, aber intensiven und insgesamt exemplarischen Befragung von Jugendlichen hat Th. Quandt (1998, 203-221) einige Schwerpunkte zum Rezeptionsverhalten herausgefunden. Ein allgemeines Ergebnis fasst der Autor so zusammen: „Es hat sich gezeigt, daß die Musikvideorezeption der befragten Jugendlichen vielfach mit anderen Kontexten vernetzt ist und nicht isoliert betrachtet werden kann. Die Nutzung der Musikvideos ist eingebettet in das alltägliche Leben der Interviewpartner, zu dem u.a. die Schule, Freunde, Hobbies, Pop- und Rockmusik, Fernsehen, aber auch die Auseinandersetzung mit der schwierigen Lebensphase zwischen Kindes- und Erwachsenenalter gehören." (ebd. 223)

- Das Rezeptionsverhalten ist von medialen Zugängen abhängig (ob z.B. Kabel, Satellitenanschluss bzw. ein eigenes Fernsehgerät vorhanden sind).
- Clips werden nicht auffällig zu bestimmten Tageszeiten, sondern oft zufällig während des Zappens oder der Werbepausen anderer Sender angeschaut und insgesamt eher nebenbei genutzt; eine Nutzung im Vordergrund als Hauptbeschäftigung ist eher ungewöhnlich. Die Clipnutzung ist eine Erweiterung musikalischer Kontexte und nimmt keinen allzu hohen Stellenwert ein.
- „Eine aktive gedankliche Auseinandersetzung mit dem Bildgehalt der Clips während der Rezeption findet nach Angaben der Befragten eher seltener statt." (ebd. 210)
- Zusammenhänge zwischen Musikstilen und Arten von Videoclips halten die Befragten für natürlich (Boy-Groups – Tanzvideos;

Techno – Computer; Hardrock – Performance; Heavy-Metal – narrativ; HipHop – oft dokumentarisch).
- Die Ablehnung oder Vorliebe für bestimmte Musivideos ist stark mit der präferierten Musik verbunden." (ebd. 211) Narrative, texterläuternde bzw. -erweiternde Clips wurden von den Befragten bevorzugt, zumindest dann, wenn die Bilder den eigenen Vorstellungen und Phantasien entsprechen.
- Als Motivationen zur Nutzung werden Zeitvertreib, Entspannung, Ablenkung und Spaß genannt. Eine Orientierungsfunktion lehnten die Befragten für sich eher ab. Allerdings können sich alle befragten Jugendlichen vorstellen, „daß Musikvideos jugendkulturelle Lebensstile und auch den Kleidungsgeschmack bestimmter Gruppierungen beeinflussen." (ebd. 217) Für Jüngere oder bestimmte Subkulturen werden also Wirkungen bis hin zu möglichem Suchtverhalten bejaht, die für die eigene Person abgestritten werden. Dieser Effekt ist aus der Medienwirkungsforschung bekannt.
- Musikvideos zeigen „Trends auf, informieren über Lebensart, Modeströmungen und natürlich vor allem über aktuelle Musik". (ebd. 225)
- Die Clips werden den Interpreten zugeordnet, auch wenn differenziertere Kenntnisse über die Produktionsmechanismen durchaus vorhanden sind; Regisseure sind eher unbekannt.
- Das kommerzielle Interesse hinter der Produktion ist den Jugendlichen durchaus bekannt, führt allerdings nicht zur Ablehnung der Medienform oder der Sender als solche.

Musiksender beeinflussen alltägliches Verhalten

Der Videoclip beeinflusst heute nicht nur die Sprache des Films, des Fernsehens und der bildenden Kunst; er hat auch Auswirkungen in den Bereichen Lifestyle, Mode, Design bis ins alltägliche Verhalten. „Um auf dem laufenden zu bleiben und ‚in' zu sein, wird im Fernsehen nicht nur Musik gehört, sondern offensichtlich auch auf die vom Musiksender gesetzten Trends gehört, womit diesen die Rolle eines ‚meaning makers' zugewiesen ist." (*Neumann-Braun* 1999, 29) Durch das Medium Fernsehen allgemein und Werbe- und Videoclips im Besonderen haben Fans gelernt, wie man tanzt und wie man sich anzieht und vermeintlich auch, wie man „cool" wirkt. Die Konsumenten ahmen nach, was ihnen der Markt vorsetzt; aber vielfach formen sie auch aktiv um und finden dabei neue Erzählweisen und Symbole, ihre Wünsche und Bedürfnisse zum Ausdruck zu bringen. Diese zwei Seiten einer Medaille müssen kritisch wahrgenommen werden.

Musikstile sind nicht nur unterschiedliche Musikarten, sondern haben symbolische Bedeutungen. Die Musik-Vorlieben und Hörgewohnheiten der Jugendlichen lassen Rückschlüsse auf ihren Gemütszustand und ihre Einstellungen zu. Das mögen die folgenden stichwortartigen Andeutungen zu drei Musikstilen belegen:

Musikstile haben symbolische Bedeutung

➔ *Techno Kultur* lebt u.a. von der visuellen Zugabe: Outfit, Styl, Ambiente. Auf Wortbotschaften wird nahezu völlig verzichtet. Durch den Musikrhythmus und den Rave wird Körperlichkeit bis zur Exstase erfahrbar. Techno nutzt die technischen Möglichkeiten der Musik- und Effektproduktion bis ins Letzte, um den Menschen und seinen Körper in den Mittelpunkt zu rücken. – Gegenerfahrungen zu und in einer durchtechnisierten Welt mit Hilfe der Technik.

➔ *HipHop (Graffiti, Breakdance, Rap)* ist ein sozialer Stil; in allen drei Erscheinungsformen wird die Position des Einzelnen zur bzw. in der Gruppe herausgestellt. In den Rap-Texten finden sich spontane, authentische Kommentierungen gesellschaftlicher Entwicklungen oder privater Probleme, aber häufig als eloquente Beschreibung eines „Irgendwie-Gefühls". Die Aussageabsicht ist selten eindeutig und oberflächlich klar zu erkennen. Rap ist ein neuer Umgang mit Sprache. Rap-Texte zelebrieren die Austauschbarkeit von Begriffen, Floskeln und vermeintlichen Wahrheiten und durchbrechen die Trennung von Subjektivem und Objektivem, von Ernst und Witz, von Betroffenheit und Spaß, von Ratio und Emotio.

➔ *Heavy Metal* wird symbolisiert durch lange Haare, Metall-Accessoires und bevorzugt schwarze (Leder-) Kleidung sowie durch ein intensives rituelles Gemeinschaftsgefühl auf Konzerten. Die Musik ist laut (und lästig). Lärm ist ein (zumeist unverstandenes) Mittel zur Bewältigung von Angst. Stille führt zum Nachdenken und was würde dann alles bewusst? Jugendlichen bietet der Soundwall teils auch die Möglichkeit zum Abschalten. Nebengeräusche oder kommunikative Ablenkungen werden übertönt. Lautheit und Inszenierung des Bösen sind Abgrenzung und Protest.

Pädagogische Umgangsweisen

Ein wahrnehmender und verstehender Zugang sucht nicht zu bewerten oder didaktisch zu vereinnahmen. Möglichst unvoreingenommen sollten die Sprache der Videoclips, ihre Machart, ihr Text-Musik-Bild-Verhältnis ... wahrgenommen und analysiert werden. Neben dieser Produktanalyse steht gleichbedeutend der Blick auf Rezeptionsweisen und Bedeutungszuweisungen durch Jugendliche. Dies entspricht einem „wahrnehmungsorientierten Ansatz" (vgl. *Röll* 1998) in der Medienpädagogik.

Ausgewählte Clips können durchaus als pädagogische Medien Verwendung finden. Sie ermöglichen Jugendlichen eher, bestimmte Gefühle und Themen auszudrücken, können so eine Hilfe zur

Versprachlichung sein. Dabei sind „anspruchsvolle“ Clips nicht unbedingt in den Charts zu finden; und man sollte sich pädagogisch auch nicht von vermeintlicher Tagesaktualität leiten lassen. Oft sind es eher die gut gemachten Clips vom Rand oder von gestern, die unaufgeregte Gespräche ermöglichen; unbekanntere Titel geraten auch nicht sofort in die Polarisierungsdebatte der Fans und Gegner. Außerdem hilft das pädagogische Prinzip der Verlangsamung, flüchtigem und oberflächlichem Konsum medialer Dauerberieselung entgegenzuwirken.

Videoclips als Gesprächsanreiz

Thematische Rezeption und formale Analyse kann entsprechend dem „Königsweg“ praktischer Medienarbeit auch produktiv erweitert werden. Dabei kann das gesamte Repertoire „Ästhetik und Kommunikation“ Verwendung finden: malen, zeichnen, gestalten, selbst Musik machen, singen, tanzen, Pantomime, Theater, Foto ... bis zu eigenen Video-Clip-Bildern.

Literaturtipps

Themenhefte der Zeitschrift „merz. medien + erziehung“: Techno oder The Raving Society 4/1995; „Jugendbilder. Darstellungen, Inszenierungen, Reflexionen“ 1/1997

„Mediengeneration(en)“. Themenschwerpunkt der Zeitschrift „medien praktisch“ 2/1998

„Videoclips“ Themenheft der Zeitschrift Audiovisuell 4, hg. v .d. Staatl. Landesbildstelle Hessen, Frankfurt

Altrogge, Michael, Tönende Bilder. Interdisziplinäre Studie zu Musik und Bildern in Videoclips und ihrer Bedeutung für Jugendliche, 3 Bnd. (Bd. 1: Das Feld und die Theorie; Bd. 2: Das Material: Die Musikvideos; Bd. 3: Die Rezeption: Strukturen der Wahrnehmung), Berlin 2000

Baacke, Dieter (Hg.), Handbuch Jugend und Musik, Opladen 1997

Bódy, Veruschka/Weibel, Peter, Clip, Klapp, Bum. Von der visuellen Musik zum Musikvideo, Köln 1987

Goertz, Lutz/Seeger, Holger, VIVA MTV! Musikalische Vorlieben und Informationsquellen von Jugendlichen in Tonträgermärkten, in: Zeitschrift für die Praxis des Musikunterrichts, H 47, 1996, 20-27

Keller, Jürgen/Neumärker, Klaus, Exstase aus der Glotze? Musikvideos. Informationen und Anregungen für den medienpädagogischen Einsatz, LFD-Materialien 95 zur Medienpädagogik 6/90, Landesfilmdienst Rheinland-Pfalz (unter dem Titel: Musikvideos. Vergnügen, Kunst oder Droge?, auch in der Reihe „medien praxis: Praktische Medienarbeit 21“, Bonn, Zentralstelle Medien der DBK, 1991 erschienen)

Neumann-Braun, Klaus (Hg.), Viva MTV! Popmusik im Fernsehen, Frankfurt 1999

Röll, Franz Josef, Mythen und Symbole in populären Medien. Der wahrnehmungsorientierte Ansatz in der Medienpädagogik, Frankfurt 1998

7. Medienerziehung am Beispiel Fernsehen

Wenn von Medienerziehung die Rede ist, gar noch von „kritischer Medienerziehung", dann ist meist das Fernsehen im Blick. Darauf bezogene Medienforschung, deren Ergebnisse bekannt wurden, ist vielfach von negativen Vorzeichen bestimmt (gewesen): Man wollte die negativen Auswirkungen des Fernsehens untersuchen. Ganz besonders waren dabei immer Kinder und Jugendliche im Blick, als habe das Medium auf Erwachsenen keine Wirkung: gehen erwachsenen Menschen per se mit vorhandenen bzw. künftigen Medienangeboten reflektierter um als Kinder und Jugendliche? Pädagogisch Praxis hat es zuerst mit dieser Zielgruppe zu tun. *Medienkompetenz* auch mit und gegenüber dem Fernsehen zu erwerben, dazu sollte man vor allem den Heranwachsenden eine Chance geben.

Es gibt gute Gründe, das Fernsehen als Beispiel für Nutzungs-, Wirkungs- und Erziehungsfragen zu behandeln, auch wenn dieses Medium in unserem Alltag zunehmend selbstverständlich integriert ist.

- Fernsehen dominiert mit gut drei Stunden durchschnittlicher täglicher Sehdauer das Freizeitverhalten heutiger Menschen bei uns; die 3 bis 13-jährigen Kinder sind dabei mit etwa 100 Minuten täglich zurückhaltender.
- Dem Fernsehen wird vor allen anderen Medien die größte Glaubwürdigkeit und der größte Unterhaltungswert zugesprochen.
- Das Fernsehen hat eine wichtige Thematisierungsfunktion in unserer gesellschaftlichen Öffentlichkeit. Was im Fernsehen war, ist wichtig; was nicht dort vorkam, kann auch nicht so ganz wichtig gewesen sein. Der französische Soziologe *Pierre Bourdieu* stellt in seiner 1998 in Deutsch erschienenen Fernsehkritik fest, „daß das, was die Amerikaner *agenda* nennen (die Themen, über die man zu sprechen, die man zu kommentieren hat, die wichtigen Probleme), immer mehr vom Fernsehen vorgegeben wird" (*Bourdieu* 1998, 71).
- Im Bildschirm des Fernsehens liegt so etwas wie das symbolische Zentrum der sogenannten „neuen" Medien unseres elektronischen Zeitalters. Fernsehen und Computer werden über den Bereich „Internet" künftig mehr zusammenwachsen.

7.1 Kulturverfall? TV-Kritik populär bis fundamental

Gerhard Maletzke (1988) hat sich aus Sicht des Kommunikationswissenschaftlers mit populärer Fernsehkritik auseinandergesetzt und grundlegende Kritikpunkte schlagwortartig zusammengetragen: „Wir befinden uns in einer Krise größten Ausmaßes“.

Übung: Wer stimmt welcher These zu? Jede(r) hat drei Stimmen oder Klebepunkte. Wo bilden sich Schwerpunkte?

- ☐ Früher war alles besser.
- ☐ Unsere Kultur verfällt.
- ☐ Die Menschen denken nicht mehr historisch.
- ☐ Die Buchkultur ist bedroht. Die Menschen verlernen das Lesen.
- ☐ Das Wissen nimmt ab. Die Bildung ist bedroht.
- ☐ Das Fernsehen zerstört die kulturelle Identität.
- ☐ Fernsehen ist nichts als Showbusiness; es macht alles zur Unterhaltung.
- ☐ Mit dem Fernsehen amüsieren wir uns zu Tode.
- ☐ Durch das Fernsehen verkümmert der öffentliche Diskurs.
- ☐ Die Politik verflacht und wird zur reinen Unterhaltung.
- ☐ Fernsehnachrichten sind nutzlos und schädlich.
- ☐ Die Informationsflut überwältigt die Menschen.
- ☐ Der Mensch erlebt die Welt nur noch durch Sekundärerfahrungen.
- ☐ Das Fernsehen vermittelt ein falsches Bild von der Welt.
- ☐ Fernsehen macht die Menschen passiv.
- ☐ Fernsehen verstärkt und fördert die Gewalttätigkeit.
- ☐ Fernsehen gefährdet das Familienleben.
- ☐ Das Fernsehen gefährdet die persönliche Kommunikation.
- ☐ Das Fernsehen beeinträchtigt wertvolle Fähigkeiten und Eigenschaften des Individuums.

Abb. 7.1: Populäre Fernsehkritik

Maletzke belegt, wieviele Vorurteile in diesen Thesen stecken, die einfach unhinterfragt übernommen werden. Solche Pauschalkritik der Alltagstheorie ist nicht generell falsch, aber wissenschaftlich zu differenzieren. Plakativ kommt sie dem menschlichen Grundbedürfnis entgegen, die zunehmende Komplexität von Wirklichkeit zu vereinfachen. *Maletzke* kritisiert besonders drei Problempunkte: die Unklarheit der Begriffe; die Beliebtheit von Dichotomien, also von Schwarz-Weiß-Malerei; ein vordergründiges Kausaldenken.

Es werden Fakten aufeinander bezogen, die nicht unbedingt in Abhängigkeit voneinander stehen, z.B.: Weil Menschen heute so viel fernsehen, deshalb sind sie in direkten Beziehungen kommunikationsgestört. Im Bereich des Sozialen ist jedoch nur selten von monokausalen Zusammenhängen auszugehen; in der Regel gibt es ein komplexes Geflecht von Ursachen-Faktoren. Monokausale Erklärungen sind dann nicht nur nicht ausreichend, sondern verfälschend.

Ist Fernsehen ein „Kulturträger" oder zerstört es Kultur? – Um diese Frage zu diskutieren, muss man den Kulturbegriff näher bestimmen. *Dieter Stolte* (1992) akzentuiert bei seinen Ausführungen zum Kulturbegriff den Begriff „Alltagskultur" als Inbegriff dessen, was die Menschheit nicht schon von der Natur als Anlage mitbekommt, sondern durch eigene Schöpferkraft hervorgebracht hat; somit ist Kulturfähigkeit und -gebundenheit zentrales Wesensmerkmal des Menschen. Und Kultur ist immer historisch. Fernsehen ist *Teil, Medium* und *Faktor* der Alltagskultur heute, es ist kulturgeprägt, kulturvermittelnd und kulturprägend. (vgl. Kap. 3.7 zu Film und Kultur)

Alltagskultur

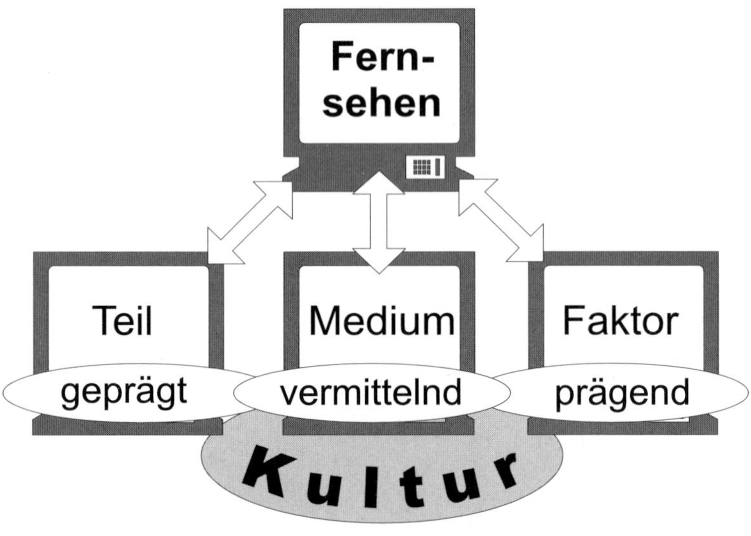

Abb. 7.2: Fernsehen und Kultur

7.1.1 Die Welt als Phantom und Matrize (Günther Anders)

Bereits 1956 hat der Philosoph *Günther Anders* in seinem Werk „Die Antiquiertheit des Menschen. Über die Seele im Zeitalter der zweiten industriellen Revolution" Rundfunk und Fernsehen massiv kritisiert. Das entsprechende Kapitel ist überschrieben: „Die Welt als Phantom und Matrize".

Anders zitiert darin zu Anfang eine Kindergeschichte als Leitmotiv: „Da es dem König aber wenig gefiel, daß sein Sohn, die kontrollierten Straßen verlassend, sich querfeldein herumtrieb, um sich selbst ein Urteil über die Welt zu bilden, schenkte er ihm Wagen und Pferd. ‚Nun brauchst du nicht mehr zu Fuß zu gehen', waren seine Worte. ‚Nun darfst du es nicht mehr', war deren Sinn. ‚Nun kannst du es nicht mehr', deren Wirkung."

Enteignung unmittelbarer Erfahrung

Anders prognostizierte bereits in dieser Frühzeit des Fernsehens die Folgen: die Enteignung unmittelbarer Erfahrungen. Er entlarvte die Illusion, das Fernsehen sei nichts als „Mittel". Ein Beispiel: „Natürlich können wir das Fernsehen zu dem Zwecke verwenden, um an einem Gottesdienst teilzunehmen. Was uns dabei aber, ob wir es wollen oder nicht, genau so stark ‚prägt' oder ‚verwandelt' wie der Gottesdienst selbst, ist die Tatsache, daß wir an ihm gerade *nicht* teilnehmen, sondern *allein dessen Bild* konsumieren. Dieser Bilderbuch-Effekt ist aber offensichtlich von dem ‚bezweckten' nicht nur verschieden, sondern dessen Gegenteil. Was uns prägt und entprägt, was uns formt und entformt, sind eben nicht nur die durch die ‚Mittel' vermittelten Gegenstände, sondern die Mittel selbst, die Geräte selbst: die nicht nur Objekte möglicher Verwendung sind, sondern durch ihre festliegende Struktur und Funktion ihre Verwendung bereits festlegen und damit auch den Stil unserer Beschäftigung und unseres Lebens, kurz: *uns.*" (*Anders* 1956, 100). *Marshall McLuhan* hat dasselbe Problem später mit seinem doppeldeutigen Buchtitel erfasst: Das Medium ist „message" = Botschaft und zugleich „massage" = Massage.

Günther Anders hat die Grundlagen jeder folgenden radikalen Fernsehkritik vorweggenommen – „Die Welt als Phantom und Matrize":

Phantom

- Die Welt kommt via Fernsehen zu uns, statt dass wir zu ihr gehen. Wir sind ihre Konsumenten. Aber sie ist nicht tatsächlich bei uns, sondern doch nur als (Ab-)Bild, ist halb an- und halb abwesend, also *phantomhaft.*
- Wenn Ereignisse erst in ihrer Reproduktionsform sozial wichtig werden, ist der Unterschied zwischen Sein und Schein, zwischen

Wirklichkeit und Bild aufgehoben. Wenn Ereignisse in der Reproduktion gar sozial wichtiger als im Original werden, dann wird sich das Original nach seiner Reproduktion richten. Das Ereignis wird zur *Matrize* seiner Reproduktion.

Matrize

Zwischen Primär- und Sekundärerfahrungen

(Karikatur von Ulrich Martini, c 2002)

Erfahrungen aus zweiter Hand

Medien liefern überwiegend Sekundärerfahrungen, Erfahrungen künstlich aufbereiteter Abbilder, denen es an sinnlicher Vollständigkeit mangelt. Aber ist diese Sekundärerfahrung der primären wirklich unterlegen, ist sie minderwertig? Wünschen wir nicht alle, dass vor allem Negativerfahrungen nicht ständig neu primär gemacht werden müssen, sondern dass wir aus den Erfahrungen der Geschichte, anderer Menschen lernen?

Der Mensch kann eben auf diese Weise lernen aus der Vergangenheit und er kann Zukunft planen. Das aber geschieht in immer schon sekundären Symbolsystemen, vor allem der Sprache. Sprache ist Voraussetzung dafür, dass der Mensch Sekundärerfahrungen machen kann; und ohne solche ist er nur sehr bedingt Mensch. Durch die Sekundärerfahrungen der Medien, voran des Fernsehens erschließen wir uns räumlich und zeitlich Fernwelten. Drei Stunden täglich sind eine Menge, aber doch nur ein Teil unserer Erfahrungswelt. Mit jedem ‚neuen' Medium verändern sich die Anteile unserer Erfahrung. „Etwas vergröbert und verkürzt kann man sagen: Das

Fernsehen, dieser übel beleumdete Lieferant von Sekundärerfahrungen, verdrängt ganz überwiegend Tätigkeiten, die ebenfalls Sekundärerfahrungen darstellen.“ (*Maletzke* 1988, 55)

Verwechselung von medialer Wirklichkeit und realer Wirklichkeit?

Erwachsene wissen in der Regel sehr wohl, zwischen diesen Wirklichkeiten zu unterscheiden. Medienrezeption geschieht in einem individuellen und sozialen Bezugsrahmen, der über Wirkungen (mit-) entscheidet; der „Wissenszusammenhang“ und der soziale Kontext waren in Kap. 2 als Einflussfaktoren jeder Kommunikation benannt worden.

"Sollten Sie feststellen, dass unsere Karten nicht mit der Landschaft übereinstimmen, können Sie davon ausgehen, dass die Landschaft stimmt." (Quelle unbekannt)

Das Wissen um mediale Realitäten – das ist „nur Fernsehen“ – muss gelernt werden. Diesen Bezugsrahmen „hat das Individuum erst, wenn es im Laufe seiner Entwicklung gelernt hat, daß die Welt, die auf dem Bildschirm erscheint, eine andere ist als die, in der die Menschen real leben. Das Kind kann also zunächst nicht zwischen der Medienwelt und der ‚wirklichen Wirklichkeit‘ unterscheiden. Kinder sind deshalb in besonderem Maße und auf eigene Weise dem ausgesetzt, was ihnen im Fernsehen begegnet. Sie sind durch die Sekundärerfahrung des Fernsehens gefährdet.“ (*Maletzke* 1988, 56)

Drei „klassische“ Fernsehkritiker möchte ich im folgenden vorstellen und ihre Grundkritiken skizzieren. Man muss sich bei allem Folgenden amerikanische Verhältnisse vor Augen führen: also mehr Programme, höhere Verweildauer, größere Durchdringung des Alltagslebens mit dem Fernsehen als (noch?) bei uns.

Auch in den letzten Jahren gibt es Beispiele rigider TV-Kritik. Aktuelle Entwicklungen auf dem Markt privatwirtschaftlicher Fernsehangebote lassen entsprechende Diskussionen neu aufflammen. So hat sich der französische Soziologe *Pierre Bourdieu* 1996 mit zwei im Fernsehen übertragenen Vorträgen eingemischt, die 1998 auch in Deutsch veröffentlicht wurden. Darin diagnostiziert er folgende Entwicklung:

Pierre Bourdieu

„Das Fernsehen der fünfziger Jahre erhob einen kulturellen Anspruch und bediente sich seines Monopols in gewisser Weise, um jedermann Produkte mit kulturellen Intentionen (Dokumentarfilme, Fernsehbearbeitungen klassischer Werke, Kulturdebatten usw.) aufzudrängen und den Geschmack des breiten Publikums zu formen; das Fernsehen der neunziger Jahre will diesen Geschmack nur mehr bedienen und ausschlachten, um über Rohprodukte die größtmögliche Zuschauerzahl zu erreichen – paradigmatisch dafür die Talkshow, die Psychoshow, hüllenlose Erfahrungsberichte oft extremer Art, die einer Form von Voyeurismus und Exhibitionismus entgegenkommen“ (*Bourdieu* 1998, 67 f.).

Bourdieu stellt zwei Fernsehtrends gegenüber, die er beide kritisiert:

- das „pädagogisch-paternalistische Fernsehen der Vergangenheit“;
- „der populistische Spontaneismus und die demagogische Unterwerfung unter populäre Geschmacksrichtungen“.

Kritik der Quote

Er kritisiert das Diktat der Quote: „Die Einschaltquote ist die Sanktion des Marktes, der Wirtschaft, das heißt einer externen und rein kommerziellen Legalität, und die Unterwerfung unter die Anforderungen dieses Marketinginstruments ist im Bereich der Kultur genau dasselbe wie die von Meinungsumfragen geleitete Demagogie in der Politik.“ (ebd. 96)

Literaturtipps

Bourdieu, Pierre, Über das Fernsehen, Frankfurt 1998

Buddemeier, Heinz, Illusion und Manipulation. Die Wirkung von Film und Fernsehen auf Individuum und Gesellschaft, Stuttgart 1987

Mander, Jerry, Schafft das Fernsehen ab. Eine Streitschrift gegen das Leben aus zweiter Hand, Reinbek 1979 (1978 in den USA erschienen)

Meyrowitz, Joshua, Die Fernseh-Gesellschaft. Wirklichkeit und Identität im Medienzeitalter, Weinheim 1987 (1985 in den USA erschienen)

Postman, Neil, Das Verschwinden der Kindheit, Frankfurt 1983 (1982 in den USA erschienen)

Winn, Marie, Die Droge im Wohnzimmer, Reinbek 1979 (1977 in den USA erschienen)

Vgl. auch den Themenschwerpunkt „Die Retro-Rebellen. Fundamentalismus und Medienkritik, in: agenda H 20, Sept./Okt. 1995, 26-44 (darin u.a. Interviews mit Jerry Mander und Werner Glogauer)

7.1.2 Die Droge im Wohnzimmer (Marie Winn)

Marie Winns Buch basiert vor allem auf Gesprächen mit Eltern, Kindern, Lehrern, Sozialarbeitern, Psychologen über das Fernsehen. Deshalb ist es „populäre“ Medienkritik. Sie beruft sich zwar immer wieder auf Forschungsergebnisse, aber ihre Thesen und rhetorischen Fragestellungen sind doch nur zum Teil durch solche untermauert. Als Gegenpart betont sie, dass Kinder die Auseinandersetzung mit realen Gesprächspartnern für ihre Entwicklung, für die Aneignung von Denk-, Sprach- und Verhaltensmustern dringend brauchen:

„Für ein kleines Kind, das im Begriff ist, jene grundlegenden geistigen Strukturen, Begriffe und Kenntnisse zu erwerben, die notwendig sind, daß es sich als rationales menschliches Wesen voll entfalten und verwirklichen kann – ein Kind, das erst vor kurzem den Übergang vom nonverbalen zum verbalen Denken vollzogen hat, hängt viel von den Gelegenheiten ab, die es ihm ermöglichen, sein zunehmendes Sprachvermögen zu schulen. Je mehr verbale Übungsmöglichkeiten sich dem Kind bieten, desto größer ist die Wahrscheinlichkeit, daß seine Sprache an Komplexität zunehmen und daß sich sein rationales, verbales Denkvermögen schärfen wird. Je geringer diese Möglichkeiten sind, desto größer ist die Wahrscheinlichkeit, daß das Sprachzentrum durch das ungenutzte Vorüberstreichen der prägenden Perioden unentwickelt oder unterentwickelt bleiben wird.

Sprachentwicklung und Fernsehen

Für den Erwachsenen bedeuten nonverbale geistige Aktivitäten die Chance, sich von der Anstrengung des normalen logischen Denkens zu erholen, sie gewähren ihm den ersehnten Zustand der Ausgeglichenheit und der Ruhe. Beim kleinen Kind, das sich in den Entwicklungsjahren befindet, in denen es seine Sprache erwirbt, muß jedoch jede anhaltende Regression auf eine nonverbale geistige Beschäftigung, wie es das Fernsehen darstellt, als potentieller Rückschritt dargestellt werden." (*Winn* 1979, 74 f.) *Winn* betont die analogen Kommunikationsanteile des Mediums und sieht in deren Dominanz die Gefahr der Regression. Gegen bisherige Medienkritik, die sich zu sehr auf die Inhalte fixiert habe, richtet *Winn* ihren Blick auf das „Erlebnis Fernsehen als solches" (ebd. 15): „Spezifische physiologische Vorgänge in den Augen, den Ohren und im Gehirn werden durch die vom Bildschirm ausgehenden Reize hervorgerufen, ungeachtet des kognitiven Inhalts der Programme." (ebd. 16) Einige Schlussfolgerungen, die sie zieht:

Erlebnis Fernsehen

- Wenn Kinder viel Fernsehen, entspricht das einem Bedürfnis der Eltern nach Entlastung. Eltern suchen beschwichtigende Erkenntnisse über Fernsehwirkung als Entlastung für ihr schlechtes Gewissen. Für die Eltern ist das Fernsehen deshalb zur unwiderstehlichen Droge geworden (vgl. ebd. 26): Fernsehen als Babysitter! Das führt letztlich zur Schwächung der Familie, da gemeinsame Aktivitäten von Eltern und Kindern weniger werden.

Eltern suchen Entlastung

- Fernseherfahrung fördert nicht die sozial grundlegende sprachliche Entwicklung des Kindes. Im Gegenteil beschränkt es seine Aktivitäten im wirklichen Leben, die ihm Erprobung seiner Fähigkeiten gestatten würden.
- „Es ist eine beunruhigende Vorstellung, daß dem Kind in all den Stunden, die es vor dem Fernseher zubringt, *primäre* Eindrücke vermittelt werden. Seine späteren realen Handlungen werden in ihm Erinnerungen an Fernseherlebnisse wachrufen, nicht umgekehrt, wie für den erwachsenen Zuschauer." (ebd. 24)

Fernsehen als Primärerfahrung

- Fernsehen wird zur Sucht, zur Droge. Es gestattet (wie z.B. der Alkohol) wirkliche Welt zu verdrängen und in einen angenehmen, passiven Zustand zu versinken. Viele Menschen überschätzen ihre

Kontrolle über ihre Fernsehgewohnheiten; andere Tätigkeiten erscheinen nicht mehr so reizvoll. Vielsehen schwächt Beziehungen. Aber echte Befriedigung wird das Fernsehen niemals bringen. (vgl. ebd. 40 ff.)

- Weil sich die Menschen dieser unproduktiven Erfahrung letztlich bewusst sind, reden sie viel darüber und haben ein schlechtes Gewissen. (Beispiel ebd. 43 f.)

Funktion der Hirnareale

Winn bezieht sich stark auf die sogenannte „split-brain"-Forschung; danach haben die zwei Gehirnhälften des Menschen unterschiedliche Funktionen: linke Gehirnhälfte = verbal-logisches Denken; rechte Gehirnhälfte = bildhaftes Denken, räumliche und optische Eindrücke, affektive Regungen und Emotionen. Nach *Winn* spricht Fernsehen hauptsächlich die rechte Gehirn-Hemisphäre an Es vernachlässigt die linke Hemisphäre und damit die verbalen und logischen Denkanforderungen. „Wenn sich das Kind in den Jahren seiner stärksten Entwicklung (...) häufig einer langandauernden nonverbalen, vorwiegend visuellen Beschäftigung widmet (...), könnte sich dies nicht in erkennbarer Weise auf seine neurophysiologische Entwicklung auswirken?" (ebd. 68)

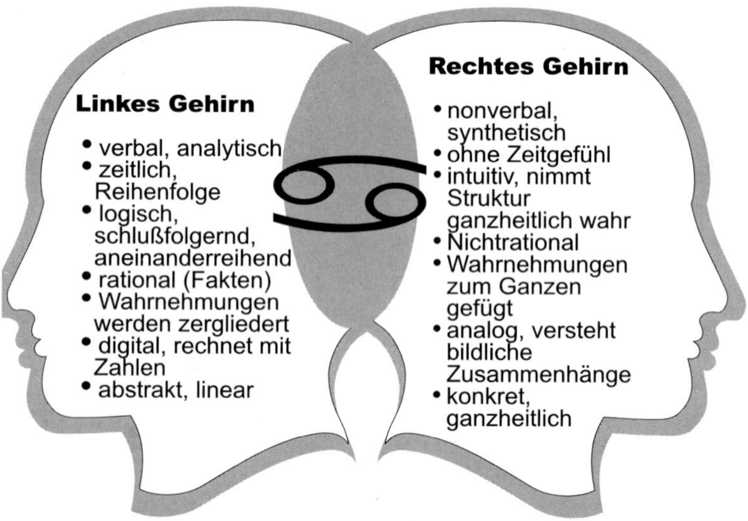

Abb. 7.3: Funktionen der Hirnareale

Das menschliche Gehirn teilt sich in zwei Hälften, die linke und die rechte Hemisphäre. Die Körperhälften sind offensichtlich kreuzweise mit den Gehirnhälften verbunden. Der sogenannte „corpus callosum“ verbindet die Gehirnhälften, gewährleistet die Kommunikation zwischen ihnen. Offensichtlich haben beide Gehirnhälften unterschiedliche Funktion, geben ein je eigenes Bild von Realität.

Die These von der Trennung der Gehirnhälften darf aber nicht überstrapaziert werden (vgl. *Merkert* 1992, 21). Beide Gehirnhälften sind komplementär; das Gehirn arbeitet vollständig nur als Einheit, in komplexer Koordination der beiden Hirnhälften. Selbst wenn *Marie Winns* These zutrifft, bleibt die Frage der Beurteilung offen. Die Dominanz der linken Gehirnhälfte ist ein Produkt unserer rationalistischen Kultur. Müsste nicht die ganzheitlichere rechte Hälfte mehr zum Zuge kommen?

Action und Gewalt als simulierte Aktivität

Bezüglich Gewalt und Aggression fragt *Winn.* Warum wollen die Leute so viel Gewaltdarstellungen? – „Indem der Zuschauer sich die Sendungen aussucht, in denen es die meiste Action gibt, kann er das Gefühl der Aktivität mit allen Empfindungen des Dabeiseins heraufbeschwören, während er gleichzeitig die Sicherheit und Geborgenheit totaler Passivität genießt. Er erfreut sich einer *simulierten* Aktivität und hofft gleichzeitig, seine wirkliche Situation, die der Passivität der ‚Einbahnstraßen‘-Erfahrung, zu kompensieren.“ (ebd. 105)

Neben solchen bedenkenswerten Äußerungen fördert *Winn* allerdings auch populäre Kurzschlüsse, etwa den, dass Fernsehen einen neuen Typus jugendlicher Verbrecher bewirkt habe; die Wirklichkeitswahrnehmung sei gestört, man ginge mit Menschen so um, als handle es sich um Figuren auf dem Bildschirm (vgl. 113 f.). *Winns* Ausführungen legen an vielen Stellen den Verdacht nahe, dass alles gut wäre, wenn nur „positive“ Programme ausgestrahlt würden.

Zusammenfassend behauptet *Winn* also, dass sich Fernsehkinder/Fernseh-Kindheit von der Ära vor dem Fernsehen deutlich unterscheiden. Das Denken der rechten Gehirnhälfte bekommt Übergewicht. Dann liegt das Hauptproblem nicht im Verhalten, das Fernsehen hervorruft, sondern in dem Verhalten, das es verhindert.

Winn will Erzieher(inne)n bewusst machen, dass Fernsehen ihre Problem nicht löst, sondern vergrößert; dass die Eingriffe dieses Mediums in unserer Alltag, unser Familienleben ... riesig sind. – Der reißerische Aufmacher auf dem Titelblatt heißt denn auch: „Für die kindliche Psyche ist Fernsehen Gift. Es gibt nur ein Gegenmittel: Abschalten.“

Die Grundfrage ist letztlich, ob man das Fernsehen als Ursache für Wandlungen zum Negativen der letzten 30 Jahre annimmt, oder ob es Symptom dessen ist.

7.1.3 Schafft das Fernsehen ab (Jerry Mander)

Der Ausgangspunkt von *Jerry Mander* (1979) ist ähnlich. Er sieht sich als vom Saulus zum Paulus Bekehrten, war 15 Jahre Public-Relation-Manager und hat dabei gelernt, „daß man mit Hilfe der Medien direkt in die Köpfe der Menschen eindringen und dort – wie ein Zauber aus einer anderen Welt – Bilder und Vorstellungen einpflanzen kann, die diese Menschen dazu bringen können, Dinge zu tun, an die sie sonst nie auch nur gedacht hätten.“ (*Mander* 1979, 11)

Manders radikaler Wandel bewirkt, dass er dem Fernsehen nun Omnipotenz zugesteht: „Erst nach langer Zeit und nach vielen halbherzigen Revisionen meiner Meinung habe ich die Tatsache endgültig akzeptiert, dass sich das Fernsehen nicht reformieren lässt – und dass wir uns seiner total entledigen müssen, wenn unsere Gesellschaft wieder zu so etwas wie vernünftigem und demokratischem Funktionieren zurückfinden soll.“ (ebd. 50 f.)

Alltagstheorie

„Ich bin zutiefst überzeugt, daß es gar nicht nötig ist, eine wissenschaftliche Untersuchung über die Wirkungen des Fernsehens durchzuführen, wenn die Menschen jeden Tag vier Stunden vor dem Fernseher sitzen, wenn sie selbst zudem sagen, daß sie nicht davon loskommen könnten und daß sie das Gefühl hätten, vom Fernsehen auf irgendeine Art und Weise programmiert zu werden, daß ihre Kinder immer abgestumpfter würden. Für mich ist das Beweis genug, ein Beweis aus erster Hand, wie die Juristen sagen würden. Die einzige Frage ist die, wie man damit fertig wird. Es erfüllt mich mit Befriedigung, daß sich die meisten Menschen völlig klar darüber sind, was das Fernsehen mit ihnen anstellt, aber sie beruhigen sich mit der Allerweltsweisheit, daß alles von der miesen Qualität des Programms käme und es sowieso keinen Zweck habe, daran etwas ändern zu wollen. Das Fernsehen gibt es nun einmal, und damit basta.“ (ebd. 151)

Bei *Mander* finden sich vier Haupt-Thesen:

Hauptthesen

- Erfahrung wird durch Fernsehen nur noch indirekt vermittelt.
- Sie wird durch die Mächtigen kolonisiert.
- Fernsehen hat schlechte Auswirkungen auf die Gesundheit.
- Fernsehen ist zutiefst antidemokratisch, weil grob vereinfachend und künstlich ungewöhnlich.

Die Einzelmomente, die als kritische Punkte genannt werden, bringen eigentlich nichts Neues, und sind auch je für sich kaum bewiesen bzw. beweisbar: Wahrnehmung in Ruhestellung; tranceartige Fixierung, die nicht Aufmerksamkeit, sondern Erregungszustand ist; in der passiven Rezeptionssituation angelegte Frustration;

krankmachendes Fernseh-Kunst-Licht; Wirkung der Sinnestäuschung – wir nehmen als ablaufende Bilder wahr, was sich je als Einzelbilder rasend schnell aufbaut; Unterbindung von direkter Kommunikation; das Denken ausschaltende, in den Menschen einströmende Bilderwelten – ohne Reaktion des Menschen ...

Fernsehen prägt Vorstellungswelt

Das Fernsehen dränge sich zwischen den Menschen und seine eigene Vorstellungswelt; es ersetze diese durch sich selbst (vgl. 207). Das Bewusstsein unterscheide nicht automatisch, welches Bild aus direkter Erfahrung entstanden und welches ihm von den Medien aufgezwungen sei (vgl. 210). Verwirrung zwischen wirklicher und medialer Erfahrung sei die Folge. Je weniger unmittelbare Erfahrung dem Menschen zur Verfügung steht, desto mehr wird er Fernseherfahrung nutzen. *Manders* Fazit: „Eine Welt ohne Fernsehen, meine ich, kann nur besser sein als eine mit."

> 🕮 „Technologie ist die Art, wie die Machtzentren zu den Massen sprechen...", Interview mit Jerry Mander, in: agenda 20, 1995, 28-32

7.1.4 Vom Verschwinden der Kindheit zu tödlichem Amüsement (Neil Postman)

⇨ Vgl. zu *Postman* auch Kap. 3.3

Neil Postman behauptet, dass es am Ende dieses Jahrhunderts Kindheit wahrscheinlich nicht mehr geben werde und dies eine gesellschaftliche Katastrophe sei. Kindheit ist dabei keine biologische Kategorie, sondern gesellschaftliches Kunstprodukt. Die Idee der Kindheit als soziales Prinzip hat sich im 16. Jahrhundert herausgebildet – als Folge der Erfindung des Buchdrucks. Lesen musste man künftig lernen. Diese Fähigkeit grenzte die Erwachsenen von den Kindern ab. Regeln und Zusammenhänge der Erwachsenenwelt können Kinder künftig nur über den Zugang zu Schriftsprache bekommen. Das Fernsehen nun, so *Postman*, hat unsere Kommunikationsumwelt erneut radikal verändert. Es ist im wesentlichen nicht-sprachliches, visuelles Medium; es spreche Emotionen, nicht das Denken an. Die Bilderwelt des Fernsehens zu erfassen, bedarf es keiner Anleitung, keines Unterrichts. Das Fernsehen liefert, so *Postman*, seine Information in einer Form, die jedem in gleichem Maße zugänglich ist. Fernsehen löst also die Trennungslinie zwischen Kindern und Erwachsenen auf.

Kindheit als soziale Idee

Vor allem aber macht es das Fernsehen unmöglich, Kindern stufenweise, ihren angenommenen psychischen Fähigkeiten entsprechend die Geheimnisse des Lebens zu enthüllen. Die Eltern haben

TV verwischt Grenze zwischen Kind und Erwachsenen

die Kontrolle über die Kommunikationsumwelt ihrer Kinder verloren. Das Fernsehen kreiert eine Art neuen Menschentyps: den „Kind-Erwachsenen". Gegen diese Egalisierung vor allem wehrt sich *Postman.* Die Idee der Kindheit umfasse auch eine Vision der Zukunft. Das Fernsehen aber ist rein gegenwartszentriert. Alles, was im Fernsehen geschieht, erleben wir so, als würde es jetzt geschehen. Vergangenheit und Zukunft aber gehören unabdingbar zum Menschlichen hinzu.

Postmans Botschaft ist einfach und eingängig. Was ihr fehlt, ist die empirische Grundlage – damit macht er es sich zu einfach; aus einem Interview: „Das Buch ist nicht mit statistischem Material angefüllt. Aber Empirie meint ja nicht Statistik. Empirie heißt, sie gucken und machen Beobachtungen. Und dieses Buch stützt sich auf 25 Jahre Beobachtung. Ich habe aber auch Studien betrieben, die Zahlen liefern. Aber notwendig ist es nicht. Wenn sie sich amerikanisches Fernsehen ansehen, sehen sie, wovon ich spreche." (in: Mainzer Rheinzeitung, 16.8.89)

Kritik an Postmans Theorie

Was *Postmans* Theorie vom Verschwinden der Kindheit fehlt: der Blick auf den Alltag von Kindern und Jugendlichen, auf die Konkretheit des Phänomens, von dem er abstrakt redet. Wie verändern sich Lebensformen, Kommunikation in Verbindung mit technischen Medien? Verändert sich das Leben der Kinder tatsächlich dadurch im Vergleich zu den Erwachsenen? ... Dann ist es zwar interessant und bedenkenswert, die Entstehung der Kindheit mit dem Buchdruck zusammenzubringen; aber sie allein daher zu erklären, ignoriert den bisherigen Erkenntnisstand in einer Geschichte der Pädagogik, die Kindheit vor allem mit dem Zeitalter der Aufklärung, dem aufkommenden Selbstbewusstsein eines breiten Bürgertums in Zusammenhang bringt.

Und stimmt es denn wirklich, dass „Kinderkultur" abnimmt? Wird sie nicht im Gegenteil immer expansiver? Ist nicht durch gesellschaftliche Bedingungen heute bei uns im Grunde die Kluft zwischen Kindern und Erwachsenen eher größer geworden?

Dieter Stolte (1992, 82 f.) benennt im Anschluss an *Alois Huter* fünf Mängel der Postman-These vom Kulturverfall durch Fernsehen: „1. Postman unterstellt von vornherein einen bestimmten, normativen Begriff von Kultur als Buchkultur (...) 2. Er fällt zu schnell Werturteile, ohne sich zunächst um eine genaue und möglichst vollständige Beschreibung des Kulturwandels und des Phänomens Fernsehen zu bemühen. (...) 3. Postman verkürzt das wechselseitige Bedingungsverhältnis von Fernsehen und Kultur auf ein lineares Ursache-Wirkungs-Verhältnis (...) 4. Er betrachtet Fernsehen rein funktionalistisch, d.h. er fragt nur nach seinem Nutzen und Zweck, nicht aber nach seinem Wesen, d.h. nach dem, was es ist. 5. Er reduziert den Kulturwandel im 20. Jahrhundert allein auf einen Medienwandel und versucht, kulturelle Veränderungen ausschließlich vom Fernsehen her zu erklären."

Die Grafik versucht nochmals in Schlagworten wichtige Aspekte der populären Fernsehkritik zusammenzufassen. Sie kann zur Wiederholung oder Vertiefung genutzt werden.

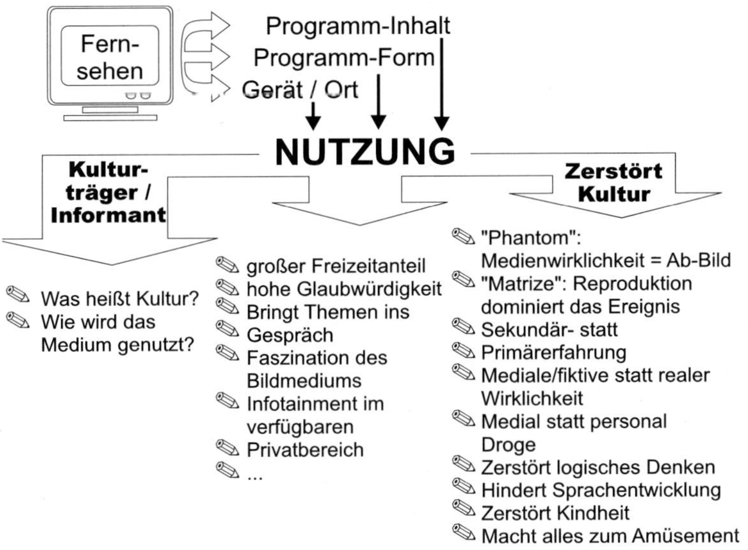

Abb. 7.4: Auswirkungen des Fernsehens

✓ Einen sehr eigenwilligen Standpunkt vertritt *H. M. Enzensberger* 1988 in seinem Spiegel-Essay „Die vollkommene Leere": „... eine beispiellose Aufrüstung von ‚Kommunikationsmitteln' findet statt, ohne daß irgend jemand die Frage aufwürfe, was da eigentlich mitgeteilt werden soll. Die Lösung dieses Rätsels liegt jedoch auf der Hand. Die Industrie nämlich weiß sich mit der entscheidenden gesellschaftlichen Figur in ihrem Spiel einverstanden: mit der des ‚Fernsehteilnehmers'. Dieser, keineswegs willenlos, steuert energisch einen Zustand an, den man als Programmlosigkeit bezeichnen kann. Um diesem Ziel näherzukommen, benutzt er virtuos alle verfügbaren Knöpfe seiner Fernbedienung. (...) Neu an den Neuen Medien ist die Tatsache, daß sie auf Programme nicht mehr angewiesen sind. Zu ihrer wahren Bestimmung kommen sie in dem Maß, in dem sie sich dem Zustand des Nullmediums nähern." (1988, 237f.)

7.1.5 Positive Forschungsansätze

Es gibt seit gut einem Jahrzehnt zunehmend Bemühungen, das Fernsehen neutraler als Medium zu sehen bzw. positive Lernansätze herauszuarbeiten, so etwa *Winterhoff-Spurk* (1986), *Greenfield* (1987), *Doelker* (1989), *Rogge* (1990), *Theunert* (1992), *Bachmair* (1993), *Kübler/Swoboda* (1998), *Aufenanger/Six* (2001). Auffallend sind die Autoren der früheren Veröffentlichungen zunächst bemüht, gegen die kulturpessimistische Kritik am Medium anzuschreiben. „Die Schäden, die elektronische Medien bei Kindern ausrichten können, hängen nicht eigentlich mit den Medien zusammen, sondern mit der Art und Weise, *wie* sie und *wofür* sie benutzt werden." (*Greenfield* 1987, 2)

> 🕮 Einen guten, aktuellen und praxisnahen Überblick gibt der Sammelband: *Aufenanger, Stefan/Six*, Ulrike (Hg.), Handbuch Medien. Medienerziehung früh beginnen. Themen, Forschungsergebnisse und Anregungen für die Medienbildung von Kindern, Bonn (Bundeszentrale für Politische Bildung) 2001.

Medien als Lern- und Entwicklungshilfe

Vernünftig genutzt, können Medien eine Lern- und Entwicklungshilfe sein. Für eine solche Nutzung wurde bislang erstaunlich wenig unternommen. Das gedruckte Wort hat noch immer das Gütesiegel der Erziehung. Aber AV-Medien sind nicht schlechter, sondern bieten andere Sichtweisen an. „Die Stärke des einen Mediums ist die Schwäche des anderen; d.h. die Medien verhalten sich zueinander komplementär und nicht gegensätzlich ... Es wird Zeit, daß wir uns ernsthaft fragen, ob dem gedruckten Wort in unserem Erziehungssystem nicht Aufgaben zugedacht werden, die andere Medien weitaus besser erfüllen können." (ebd. 5)

Allerdings ist Aktivität für einen Lernprozess entscheidend. Ohne Aktivität und geistige Anstrengung kann man nichts lernen. „Die Umwandlung des Fernsehens von einem passiven zu einem aktiven Medium ist von zentraler Bedeutung, wenn man sein Lehrpotential ausschöpfen will." (ebd. 30) Und hinzukommen muss nach *Greenfield* eine Dosierung des Fernsehkonsums: „Das Ziel muß sein,

Fernsehdiät

die kognitive Botschaft des Fernsehens durch eine ‚Fernsehdiät' zu erhalten, die anspruchsvolle Programme enthält, aber gleichzeitig schädliche Inhalte vermeidet. ... Und darüber hinaus sollte allgemeine Maxime sein, nicht zuviel Zeit vor dem Fernsehgerät zu verbringen, gleichgültig wie wertvoll der Inhalt ist." (ebd. 32) – Das dürfte übrigens parallel fürs Lesen gelten – oder?

Greenfield und *Doelker* schreiben beide über eine „Fernseh- oder Film-Lesefähigkeit (viewing literacy)" bzw. eben die „Kulturtechnik

Fernsehen", die erlernt werden kann und muss. Erfahrungen mit dem Code und ein bestimmter Stand kognitiver Entwicklung sind erforderlich für verstehendes Film- und Fernsehen. Versuche haben gezeigt, dass Kinder mit einer ausgeprägten TV-literacy mehr vom Inhalt einer Sendung profitierten.

Kulturtechnik Fernsehen

Das visuelle Element kann beim Lernen helfen. Es erweckt Aufmerksamkeit und erleichtert, Informationen über Handlungen ins Gedächtnis zurückzurufen. Viele Informationen werden anschaulicher. Die Machart der Sendung kann bereits entscheidend zur Wirkung beitragen. Daneben sind die Fernsehfähigkeit der Kinder, ihr kognitiver Entwicklungsstand und die soziale Umgebung (Hinweise von Lehrern, Eltern ...) entscheidende Einflussfaktoren.

7.2 Kinder und TV: Fernseherziehung – was tun?

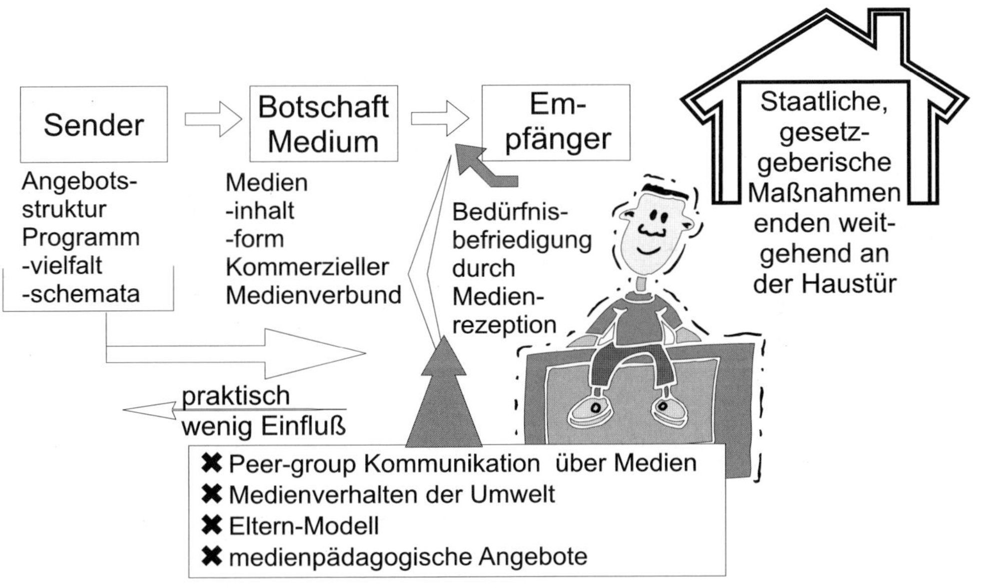

Abb. 7.5: Themen der Fernseherziehung

Die Grafik bietet eine Zuordnung von Themen und Schlagworten an. Man kann als Einzel- oder Gruppenarbeit diese Zuordnung selbst probieren. Aufgabe: Auch Medienverhalten ist in der kindlichen Entwicklung zu Selbstständigkeit und sozial verantworteter Selbstbestimmung ein wichtiger Faktor. – Versuchen Sie, auf dem Hintergrund Ihres Verständnisses von Medienwirkung und -sozialisation die folgenden Begriffe/Bereiche in einer grafischen Darstellung zu ordnen, miteinander in Beziehung zu setzen und zu gewichten: *Medieninhalte / Kind / Bedürfnisbefriedigung durch Medieninhalte / Kommunikation untereinander über Medieninhalte / Angebotsstruktur (Programmvielfalt, -schemata) / staatliche, gesellschaftliche, gesetzgeberische Maßnahmen / Medienverhalten der Umwelt / medienpädagogische Angebote von Kindergarten, Schule ... / Elternverhalten / gewährender Erziehungsstil / lenkender Erziehungsstil.*

Übung

Im Folgenden werden einige „Grundregeln" und Einsichten zur Fernseherziehung mit Verweis auf entsprechende Studien aufgelistet. Sie sind als Diskussionsstoff zu lesen und entsprechend zu ergänzen, zu gewichten und zu korrigieren.

→ Drei Grundregeln

Grundregeln

1. Pauschalregeln sind in Sachen Fernseherziehung selten haltbar! Eltern und Erziehende müssen unter Wahrnehmung „ihrer" Kinder selbst entscheiden. Denn Kinder reagieren auf mediale Angebote unterschiedlich je nach persönlicher Struktur, nach Entwicklungsstand und nach situativem und sozialem Umfeld; sie reagieren auch anders als Erwachsene.
2. Mit Kindern zusammen fernsehen! Diese Regel lässt sich real sicher nicht konsequent durchhalten. Sie dient nicht zur Kontrolle, sondern zur Wahrnehmung kindlicher Medienvorlieben und zur Beeinflussung von Wirkungen. Die Auswahl des Fernsehprogramms sollten Eltern und Erziehende mitbestimmen, allerdings eine zunehmende Selbstständigkeit ihrer Kinder respektieren.
3. Mit den Kindern übers Fernsehen reden und ihnen Raum zur Verarbeitung geben! Voraussetzung dafür ist, dass man zumindest teilweise selbst gesehen hat, was Kinder interessiert und wovon sie reden. Durch Gespräche werden Medienwirkungen beeinflusst; und Eltern und Erziehende lernen aus dem Gespräch oder aus der Beobachtung, welche teils unbewussten Bedeutungszuweisungen Kinder gegenüber Fernsehgeschichten vornehmen, was sie bewegt.

→ Programmauswahl und Zeit gemeinsam bestimmen

Fernsehzeit und -inhalte sollten nicht dem Zufall, sprich der Langeweile oder Fernbedienung, überlassen bleiben, sondern in der Familie und in der Kindergarten- oder Schulgruppe gemeinsam geplant werden; auf diese Weise kann gegen tägliche Gewöhnung eine programmbezogene Fernsehnutzung geübt werden, kann Auswählen gelernt werden. Wenn im Kindergarten in Gruppenentscheidungen ausgewählt wird, bestimmen die Kinder auch im vorhinein, was Gesprächsthema sein wird; sie brauchen nicht vorsichtshalber möglichst viel sehen, um mitreden zu können. Das Auswählen schließt ein, die Programmangebote kennen- und unterscheiden zu lernen. Dabei muss nicht jedes Kind alles selbst sehen. Wenn Kinder erzählen, was sie bereits kennen, lernen sie voneinander und können ggf. gemeinsam zu Maßstäben finden.

Auswählen lernen

Mit der gemeinsamen Programmplanung sollten auch Fernsehregeln mit den Kindern vereinbart werden. Allerdings muss man sich auch um die Einhaltung gemeinsam kümmern. Kinder sollten in einem solchen Prozess wachsend Mitspracherecht haben, d.h. auch einmal Sendungen sehen können, die Erwachsene nicht für geeignet befinden. Das funktioniert sicher besser im vertrauten Rahmen der Familie als in Kindergarten oder Grundschule. Mitsprache bedeutet Anerkennung des Kindes, aber Mitsprache heißt auch, dass Erwachsene eigene Ansichten und Urteile deutlich aussprechen, aber nicht aufzwingen. Und die Erwachsenen müssen selbst eine bewusste Auswahl beim Fernsehverhalten praktizieren.

Gemeinsame Programmplanung

Damit vollzieht sich ein Stück Erziehungsarbeit am Thema Medien. Ein gewährendes Erziehungsverhalten der Eltern reicht in Medienfragen sicher nicht aus. Unbegrenzte Medienzeit ist in der Erziehung bequem, aber kein positiver Wert. Eltern und Erziehende müssen auch bewahrend im Interesse ihrer Kinder als „Schleusenwärter" gegenüber dem Medienangebot handeln. Verbote sind unumgänglich (vgl. Problem Süßigkeiten). Angebote alternativer Freizeiterlebnisse sind Verboten vorzuziehen.

Angebot alternativer Freizeiterlebnisse

In diesem Zusammenhang ist sicher auch eine Ausweitung medienpädagogischer Aktivitäten in Kindergarten und Grundschule anzumahnen, denn solche Ideen sind keine Selbstverständlichkeit. Die Mangelsituation im Kindergartenbereich hat *Ulrike Six* in einer Studie exemplarisch deutlich gemacht (vgl. *Six* u.a. 1998; 2001).

Wenn Elternabende zum Thema „Fernsehen" angesagt sind, stoßen sie oft auf wenig Resonanz. Eltern befürchten, dass dort nur ihr ohnehin schlechtes Gewissen verstärkt wird, ihre gelegentlich bequeme Nachgiebigkeit gerügt wird. Deshalb sollten solche Elternabende unter positiven Vorzeichen konzipiert und beworben werden.

→ Themengeleitete Rezeption

Die Einschätzungen von Fernsehverhalten und -bedürfnissen zwischen Eltern (Pädagogen) und Kindern gehen auseinander. Kinder suchen vor allem spannende, anregende Unterhaltung; Eltern wünschen eher lern- und bildungsorientierte Sendungen; sie glauben, dass Kinder oft aus Langeweile und Bequemlichkeit fernsehen. Kinder wählen aber „ihre“ Sendungen aus dem Spektrum des ihnen Bekannten selbstbewusst aus. Ihre Auswahl und Rezeption ist „themengeleitet“ aufgrund ihrer Persönlichkeitscharakteristika, ihres Vorwissens, ihrer Voreinstellungen und Präferenzen (vgl. *Charlton/Neumann-Braun*). Solche Themen nehmen die Kinder nicht primär aus dem Medium, sondern aus ihrem Umfeld. Medieninhalte sind für den einzelnen oft deshalb interessant, bedeutend und wichtig, weil sie Themen enthalten, die ihn im Moment gerade beschäftigen. Neben gerade aktuellen Fragen kann es sich aber auch um Themen handeln, die einen über längere Lebensabschnitte hinweg beschäftigen oder verfolgen. *Bachmair* spricht von „handlungsleitenden“ Themen: „Alles, was ein Kind tut, sieht, fühlt und denkt, steht in direktem Zusammenhang zu den aktuellen Themen seiner jeweiligen Entwicklungsphase und ist Ausdruck dieser Themen. Um dieses komplizierte Geflecht zu verstehen, muß man sich auf ein Kind einlassen, das heißt auf seinen Lebenslauf, seinen Alltag, seine soziale Umwelt mit seiner Familie.“ (*Bachmair* 1993, 39)

Handlungsleitende Themen

Zu dieser These der aktiven Auswahl aufgrund eigener Bedürfnisse muss man allerdings einschränkend anmerken, dass eine Auswahl nur aus dem Spektrum der bekannten Sendungen erfolgen kann. „Kinder sehen am liebsten Animations- und Actionserien“ (*Theunert* 1992, 194) Sie bevorzugen in bestimmten Entwicklungsphasen einfach gebaute Geschichten, die eindeutig zwischen Gut und Böse unterscheiden; das trifft auf viele Vorabendserien, Soap-Operas etc. zu. Jungen orientieren sich dabei eher an männlichen Actiontypen und entsprechenden Serien, Mädchen orientieren sich am sozialen Typus (vgl. ebd.) Diese geschlechtsspezifischen Unterschiede wurden in verschiedenen Untersuchungen belegt. „Jungen nutzen Medienhelden vor allem als Folie für zum Beispiel Überlegenheits- und Beschützerphantasien, um in Peer-Group-, Freundschafts- und familiären Beziehungen bestehen zu können. Den Mädchen dienen TV-Heldinnen eher, um eine überlegene Rolle zu bekräftigen, fehlende Sozialbeziehungen zu kompensieren oder reale Beziehungen gedanklich zu überwinden und auszudifferenzieren.“ (*Paus-Haase* 2001, 91) Unter dem Aspekt Entwicklungsförderung wären Sendungen mit einer differenzierteren Geschlechter- und Weltsicht wünschenswert; sie fordern mehr heraus und fördern entsprechend eher; aber sie überfordern möglicherweise auch bzw. treffen nicht die Bedürfnisse der Kinder. Auch die Debatten um Kinder und Fernsehen müssten sich stärker an Stufenmodellen kindlicher Entwicklung orientieren.

Geschlechtsspezifische Unterschiede

→ Verarbeitung von Medienerlebnissen

Ein Kind sollte möglichst nicht Fragmente von Sendungen sehen oder beim Ansehen unterbrochen werden; die abgeschlossene, aufgelöste Handlung ist fürs Verarbeiten meist wichtig. Zudem sollte den Kindern ausreichend Gelegenheit geben, das mediale Erleben zu verarbeiten, nachzuspielen, zu erzählen; solches Nachspielen ist für die Persönlichkeitsentwicklung der Kinder wichtig, Angst vor Modellimitation, die lebhafte Nachspielaktionen oft unterbindet, ist hier fehl am Platz. Fernseherziehung sollte nicht Erziehung zum Medium, sondern zur Eigenaktivität sein: mit dem Gesehenen etwas anfangen (können). Elemente analytisch-kritischer Medienpädagogik – lernen, dass Fernsehen etwas Gemachtes, ein künstliches Produkt ist; durch kreative Spiele sehen, hören und sich selbst ausdrücken lernen, Ich-Stärkung als Element von Medienpädagogik – müssten in Kindergarten, Schule und freier Kinder- und Jugendarbeit einen festen Platz finden.

Mediale Erlebnisse aktiv verarbeiten

Ich-Stärkung

In diesem Zusammenhang sind zwei Ergebnisse einer Untersuchung von *Helga Theunert* relevant: „Kinder reden häufig über Fernseherlebnisse, und zwar am liebsten mit Gleichaltrigen. Mit ihnen tauschen sie sich über das aus, was sie besonders beeindruckt hat und auch über das, was ihnen zu schaffen gemacht hat. Sie versichern sich dabei ihres Geschmacks, ihrer Urteile, ihrer Vorlieben und Abneigungen." (*Theunert* 1992, 200) So weit, so gut; wenn jedoch die entsprechenden sozialen Kontakte fehlen, kann es problematisch werden: „Wenn Kinder ihre Fernseherlebnisse nicht nach außen tragen können, weil ihnen der dazu notwendige soziale Kontakt fehlt, sei es, weil sie nicht über ausreichende verbale, spielerische oder handelnde Umgangsweisen verfügen, sei es, weil sie ihr Fernseherleben verdrängen, kann es für sie problematisch werden." (ebd. 201)

Gespräche mit Eltern und Erziehenden fördern die *kognitive* Verarbeitung des Bildschirmgeschehens; emotionale und soziale Wirkungen werden durch Gespräche jedoch kaum verändert. Oft ist eine kindliche Sicht oder Verstehensweise den Erwachsenen nicht unmittelbar zugänglich. Und Kinder können Vieles nicht hinreichend versprachlichen. Deshalb sind andere Zugänge wichtig, um Kinder zu verstehen. Das kann die Beobachtung von Spielhandlungen sein; das können aber auch Malaktionen zum Gesehenen sein. Auf Kinderzeichnungen als Methode zur Reflexion von Medienerlebnissen hat *Norbert Neuss* explizit aufmerksam gemacht und viele Beispiele analysiert (vgl. *Neuss* 1999; 2001). Der Autor hat fünf Ebenen differenziert, auf denen man sich einer Kinderzeichnung verstehend nähern kann: (1) „Repräsentationsebene": Was ist zu

Kinderzeichnungen als Verarbeitung

sehen? (2) „Imaginationsebene“: Was ist da, aber nicht direkt abgebildet? (3) „Handlungs- und Kommunikationsebene“: Was passiert im Bild? (4) „Symbolisierungsebene“: Was stellt das Kind mit seinen Symbolen dar? (5) „Beziehungsebene“: Was teilt das Kind dem konkreten Betrachter durch sein Bild mit? (vgl. *Neuss* 2001, 109) Diese Ebenen sind durchaus auf Spielaktionen übertragbar.

→ Fernsehen als Familienangelegenheit

Die Sehgewohnheiten der Eltern prägen die der Kinder. Es gibt spezifische Wechselwirkungen: Eltern, die sich für ein erweitertes Fernsehangebot entschieden haben, sehen im größeren und veränderten Fernsehkonsum ihrer Kinder eher kein pädagogisches Problem. In Familien, die viel fernsehen, spielt das Gespräch über das Gesehene eine geringere Rolle; aber in der Zeitstruktur dieser Familien spielt das Medium eine größere Rolle. (vgl. *Hurrelmann* 1989) Die Autorin fand in ihrer Untersuchung, wie sich Programmerweiterung auf den Mediengebrauch von Familien auswirkt, eine wachsende Kluft zwischen Mediennutzern bestätigt, „daß das Fernsehen als Freizeitverhalten sich vor allem bei den Familien noch massiver ausbreitet, die ohnehin weniger Verhaltensalternativen, weniger Chancen zu Artikulation, weniger Aussicht auf Anerkennung haben.“ (ebd. 129)

Problem Vielseher

Der Fernsehgebrauch ist in allen Familien Teil der Familieninteraktion. In der Interaktionsstruktur des Systems Familie lassen sich verschiedene Fernseh-Nutzungsmuster unterscheiden: Das Fernsehprogramm kann Ersatz für fehlende Gesprächsinhalte in der Familie liefern; es kann sonst spannungsreiche Familienkonstellationen neutralisieren. Es gibt Familien, in denen die Fernsehentscheidungen von einem Familienmitglied dominiert werden. In anderen Familien wird das Fernsehen nur in geringem Maße zur persönlichen Weiterentwicklung genutzt. Wiederum eine andere Funktion hat das TV, wenn mit seiner Hilfe Generationsrollen definiert werden; in entsprechenden Familien wird die Fernsehnutzung quantitativ eingegrenzt, es gibt eine klare Trennung zwischen Erwachsenen- und Kinder-Fernsehzeiten und -inhalten. (vgl. *Charlton/ Neumann-Braun* 1992)

Fernseh-Nutzungsmuster in Familien

Im Erziehungszusammenhang ist Fernsehen als Mittel von Lohn und Strafe sehr beliebt, aber gefährlich, weil das Medium durch solchen Gebrauch aufgewertet wird. Im Sachen Fernseherziehung sollte man auch keine Angst vor „neuen“ Medien haben. Ein Videorekorder, richtig eingesetzt, kann die Familie vom zeitlichen Diktat des Fernsehprogramms befreien. Und Internetangebote werden von Kindern häufig ergänzend zu ihren Fernsehvorlieben genutzt.

Fernsehverbot als Strafe

➔ Defizite durch Vielsehen

Wenn ein Kind zu viel fernsieht, entstehen möglicherweise Defizite an unmittelbarer Erfahrung und Kommunikation. Welche Bedürfnisse erfüllt sich das Kind selbst durchs Fernsehen? Wie lassen sie sich alternativ befriedigen? Ein Problem bei hohen Fernsehzeiten ist oft ein damit einhergehender Bewegungsmangel. Dafür sind wiederum Medien nicht allein verantwortlich, sondern oft fehlt es in unseren städtischen Wohnsituationen an Spielmöglichkeiten und Bewegungsräumen. Attraktive Erlebnisangebote jenseits der Medien werden von den meisten Kindern gern angenommen.

Bewegungsmangel

Aber zu den Alternativen zählen auch andere Medien. Eltern und Erziehende sollten ihren Kindern Medienalternativen anbieten, ihren Nutzen erlernen helfen. Dazu zählen (Kinder-) Bücher und Zeitschriften, aber auch Hörmedien wie Kassetten oder CDs, gemeinsame Videospiele und Internetnutzung. Nicht Medienabstinenz, sondern Medienkompetenz sollte Erziehungsziel sein. Auch der Kinofilm gehört in diese Rubrik der Alternativen. Das Kinoerlebnis ist ein spezielles in sich abgeschlossenes Ereignis von ganz anderer Erlebnisqualität als das „Pantoffelkino" zu Hause.

Medienalternativen

> 🕮 Medienerziehung am Beispiel Werbung präsentiert ein Medienpaket mit Spielaktionen, Hörbeispielen, Videokassette und anregenden Begleitheften, das verschiedene Landesmedienanstalten gefördert haben: Baukasten „Kinder und Werbung". Medienkompetenz für Kindergarten, Grundschule und Familie, München 1999 (Neuausgabe 2001)

➔ Der gesellschaftliche Kontext

Kinder haben einen Anspruch auf mediale Grundversorgung (Information, Belehrung, Spaß und Unterhaltung) nach ihren Bedürfnissen wie Erwachsene auch. Staat, Gesellschaft, Mediensystem nehmen ihre Verantwortung für Erziehungschancen in Elternhaus und pädagogischen Institutionen nicht hinreichend wahr. Mediensystem (öffentlich-rechtlich vs. privatwirtschaftlich) und Programmschemata (Hauptsehzeit der Kinder liegt zwischen 18 und 20 Uhr, also zu Zeiten des sog. „Werberahmenprogramms") müssten sich pädagogischen Einsichten zuordnen. Aber wie ein Großteil unserer Erwachsenengesellschaft kein Interesse an Kindern hat, so haben auch die Programmveranstalter andere Prioritäten.

Nicht abgespulte Trickfilm-Dutzendware, sondern vielfältiges Kinderprogramme – vor allem im Angebot öffentlich-rechtlicher Programme („Kinderkanal") noch geboten – sollten durch Eltern und PädagogInnen unterstützt und aufgewertet werden; da wird oft pädagogisch Sinn- und Wertvolles geboten. Allerdings nehmen

- Programm bewusst planen
- Gemeinsam fernsehen
- Verarbeiten - durch Spiel oder Gespräch
- Anregungen suchen im TV-Programm
- TV nicht als Erziehungs- oder Druckmittel
- Eltern als Vorbild
- Alternativen bieten

vielleicht auch Kinder ihr berechtigtes Bedürfnis wahr, das Fernsehen wie die Erwachsenen vor allem zur Unterhaltung zu benutzen.

7.3 Kriterien für Kindermedien

In verschiedenen Seminaren haben wir mit angehenden Sozialpädagoginnen und Sozialarbeitern Kindermedien diskutiert und analysiert und entsprechende Fachliteratur durchgearbeitet. Dabei hat sich folgende Kriteriensammlung herauskristallisiert, die zur Einordnung und Beurteilung von Kindermedien herangezogen werden kann.

→ Entwicklungspsychologisch

- Das Filmangebot sollte inhaltlich, formal, dramaturgisch der Entwicklungsphase des Kindes entsprechen. Ein Kinderfilm muss seine Geschichte gestalterisch und inhaltlich dem Alter der Heranwachsenden und ihren Verständnismöglichkeiten entsprechend entwickeln. Kinder sollten die Funktion und die Bedeutung der im Film gebrauchten (Bild) Symbole erkennen können.
- Eine reflexive Verarbeitung des Filmgeschehens durch die Kinder muss formal und inhaltlich möglich sein. Das heißt, Tempo und Dramaturgie müssen genügend Zeit für die Verarbeitung der Eindrücke lassen. Erst die mögliche Distanz zum Erlebnisdruck und zum Überdenken des audio-visuell Angebotenen ermöglicht ein kritisches Bewusstsein gegenüber dem Medienprodukt.

→ Formal

Ästhetische Kriterien einer optimalen filmischen Gestaltung gelten (zunächst) nicht speziell für Kinderfilme, sondern generell:

- gute Bildqualität (Schärfe, Brillanz der Farben, richtige Helligkeitswerte ...),
- gute Kameraarbeit (Bildausschnitt, Schwenks, Fahrten ...),
- akustisch guter und verständlicher Ton; richtiges Mischverhältnis von Dialogen, Geräuschen, Musik,
- stimmige Ausstattung,
- gute Schauspielerauswahl, -führung, -leistung,
- professionelle Montage.

→ Dramaturgisch

gibt es einige Besonderheiten für Kindermedien:

- Erzähltempo (Schnitttempo, Reizfülle ...) → langsamer
- Kombination von Handlungssträngen (linear, verschachtelt ...) → einfacher
- Zeitachsen des Films (Vor- und Rückblenden, Parallelhandlungen, Zeitsprünge, Wechsel von Zeitebenen) → weniger komplex
- Art/Gestaltung der Identifikationsfigur(en) und Überschaubarkeit der Handlungsorte → altersgemäß

→ Inhaltlich

- 5jährige verlangen andere „Wahrheiten" als 14jährige. (Gibt es für 14jährige überhaupt noch spezielle Filmangebote?)
- Auch Kinder haben ein Recht auf Unterhaltung. Sie beurteilen Medien vor allem nach Spannung bzw. Unterhaltungswert.
- Sie wünschen phantasievolles Identifikationspotential. Jüngere Kinder lieben die klare Einteilung der Welt in Gute und Böse. Dem entsprechen oft Märchen- oder Fantasy-Geschichten.
- Jenseits von Fantasy-Welten wird Glaubwürdigkeit verlangt. Eine klare Unterscheidung von Realitätsspiegel und Fiction sollte Kindern je nach Altersstufe möglich sein.
- Kinder sollten sich und ihre Umwelt im Film wiederfinden und ihren Sehnsüchten und Träumen nachhängen können. Das kann auch in Form märchenhafter, symbolischer Fantasy-Geschichten sein.
- Die im Film gestaltete bzw. wiedergegebene Welt sollte (mit wachsendem Alter mehr) Rückschlüsse auf die eigene Situation der Kinder erlauben. Die filmischen Beispiele des Rollenhandelns sollten dem Erfahrungsraum der Kinder entspringen bzw. ihm zugeordnet bleiben.
- PädagogInnen/Eltern müssen begreifen, dass die Themen, die Kinder in Medien suchen, oft symbolisch ihrer derzeitigen psychischen Situation entsprechen; diese Themen stehen meist nicht in der pädagogischen Zieleliste oder im schulischen Curriculum.

Bei der Bewertung von Kindermedien können PädagogInnen versuchen, differenzierte Sichtweisen einzunehmen: • worauf achten Kinder (formal)? • was mögen sie (inhaltlich, themengeleitet)? • was kann für sie gut oder heikel sein (Pädagogensicht)?

	Kinder-Sicht	Pädagogen-Sicht
inhaltlich	nicht zu lang nachvollziehbar, langsam, roter Faden altersgerechte Sprache spannend; aufregende, fesselnde Handlung Kinder als eigene Personen ernstnehmen Kinder, Tiere als Akteure Action/Kampf für Jungen Gefühle für Mädchen	mit Altersangabe kindgerecht: langsam genug, klare Struktur, Überschaubarkeit der Bilder und Handlungen. keine Reizüberflutung anregend zum Selbsttun Phantasie anregend im Anschluß Zeit zum Nachfragen komplizierte Sachen einfach darstellen
formal	unterhaltend – emotional mit happy end – spannend – witzig, fröhlich phantasievoll schöne Geschichten Helden: alles könnende Phantasiefigur	bildend, mit Lerneffekten Persönlichkeitsfördernd (Charakter) Vermittlung von sozialen Kompetenzen Anregungen für eigene Entwicklung Realitätsbezug (Alltag, Lebenswelt?) Frei von Gewalt, Horror, Sex, Drogen ... Bedrohliche Situationen auflösen auch ernste Themen kindgerecht verpackt

Literaturtipps

Aufenanger, Stefan/Six, Ulrike (Hg.), Handbuch Medien. Medienerziehung früh beginnen. Themen, Forschungsergebnisse und Anregungen für die Medienbildung von Kindern, Bonn (Bundeszentrale für Politische Bildung) 2001

Bachmair, Ben, TV-Kids, Ravensburg 1993

Ders., Fernsehkultur. Subjektivität in einer Welt bewegter Bilder, Opladen 1996

Deutsches Jugendinstitut (Hg.), Handbuch Medienerziehung im Kindergarten, 2 Bnd., Opladen 1995

Ehrlinger, Hans Dieter/Stötzel, Dirk Ulf (Hg.), Geschichte des Kinderfernsehens in der Bundesrepublik Deutschland. Entwicklungsprozesse und Trends, Berlin 1991

Ders. u.a. (Hg.), Handbuch des Kinderfernsehens, Konstanz 2. überarb. u. erw. Aufl. 1998

Greenfield, Patricia M., Kinder und neue Medien. Die Wirkungen von Fernsehen, Videospielen und Computern, München/Weinheim 1987

von Gottberg, Joachim/Mikos, Lothar/Wiedemann, Dieter (Hg.), Kinder an die Fernbedienung. Konzepte und Kontroversen zum Kinderfilm und Kinderfernsehen, Berlin 1997

Hurrelmann, Bettina, Fernsehen in der Familie. Auswirkungen der Programmerweiterung auf den Mediengebrauch, Weinheim/München 1989

Kübler, Hans-Dieter/Swoboda, Wolfgang H., Wenn die Kleinen fernsehen. Die Bedeutung des Fernsehens in der Lebenswelt von Vorschulkindern, Berlin 1998

Maier, Rebecca/Mikat, Claudia/Zeitter, Ernst, Medienerziehung in Kindergarten und Grundschule. 490 Anregungen für die praktische Arbeit, München 1997
Rogge, Jan-Uwe, Kinder können fernsehen. Vom sinnvollen Umgang mit dem Medium, Reinbek 1990
Ders., Umgang mit dem Fernsehen. Ein Arbeitsbuch für Erzieherinnen, Lehrer und Eltern, Neuwied 1996
Schill, Wolfgang/Baacke, Dieter (Hg.), Kinder und Radio. Zur medienpädagogischen Theorie und Praxis der auditiven Medien, Frankfurt 1996
Schmidbauer, Michael, Die Geschichte des Kinderfernsehens in der Bundesrepublik Deutschland. Eine Dokumentation, München 1987
Ders./ Löhr, Paul, Kinderfernsehen in der Bundesrepublik Deutschland. Eine Dokumentation von Forschungsergebnissen 1959-1988, München 1988
Theunert, Helga/Pescher, Renate/Best, Petra/ Schorb, Bernd, Zwischen Vergnügen und Angst – Fernsehen im Alltag von Kindern, Berlin 1992
Zentralstelle Medien der DBK/Gemeinschaftwerk der Ev. Publizistik (Hg.), Debatte Kinderfernsehen – Analyse und Bewertung von TV-Programmen für Kinder, Berlin 1998

8. Zwischen Lust und Last: Home-Video und Bildschirmspiele

Neue Medienprodukte sind eine pädagogische Last, soweit sie kommunikative Problemlagen verschärfen. Aber sie bieten immer auch Chancen einer positiven Nutzung; nicht zuletzt zeigen die Nutzer selbst durch ihre Lust am Nutzen der Medien, wo Bedürfnisorientierung ansetzen müsste.

Der erste Teil dieses Kapitels, das Thema Videokassetten, kann als inzwischen fast historisches Beispiel gelten: die Gleichsetzung eines „neuen" Mediums Anfang der 80er Jahre mit Jugendgefährdung. Diese Einordnung in der öffentlichen Meinung findet historisch dann statt, wenn ein „neues" Medium von einer Nutzung durch Randgruppen und der Dominanz von Nischenprogrammen zu einer größeren Verbreitung gelangt. Die folgende Übersicht zu medienpädagogischen Diskussionsfeldern des letzten Jahrzehntes macht den Stellenwert des Themas deutlich.

Jahr	Medium	Problem	Nutzen	Jugendarbeit
~ 1985	Video	Horror-, Gewalt-, Pornovideos ... Kinder- & Jugendschutz?	aktive Medienarbeit; alternative Öffentlichkeit; Freiräume für jugendliche Peer-Groups; pädagogisches Gruppen- bzw. Aktionsmedium	Kaum breite, tiefgreifende Resonanz
~ 1987	Duales Rundfunksystem; „Privat-TV"	Programmvermehrung; Verflachung, mehr Unterhaltung; steigender Konsum	Offene Kanäle, Lokalfunk, Radioarbeit	Kaum breite, tiefgreifende Resonanz
~ 1989	Computer und Spielkonsolen	Dominanz der Actionsspiele; extremistische Problemspiele; Flucht vor der Realität	Computeranimationen, Computer& Video ... in der praktischen Medienarbeit	Computercamps; zeitweilige Nutzung des Computers als Werkzeug für Kreativität ...
~ 1994	Cyberspace, Virtuelle Realitäten ...	Simulation von Realität; Escapismus	Vergangenheit und Zukunft in anschaulicher Simulation	?

~ 1996	Digitales (Pay)-TV, Video on demand ...	more of the same; angeboten wird alles, was gewünscht wird	Verfügbarkeit von Medien-Materialien	?
~ 1997	Internet ...	Informationsüberflutung; alles ist möglich; problematische Inhalte	Weltweit kommunikativ	Vernetzte Kommunikationen; Zugang für jede(n) zur Netzöffentlichkeit

Ende der 70er Jahre wurde Video zum Diskussionsthema. Die vereinfachte und verbilligte Technik hatte es ermöglicht, dass die Fernseh- und Filmindustrie für ihre Produkte einen neuen Absatzmarkt fand. Film- und Fernsehproduktionen wurden nun auch auf Videokassetten zum Verleih und Kauf angeboten. „Goldgräbermentalität“ ließ anfangs Videotheken wie Pilze aus dem Boden schießen. In den 90er Jahren ging dieser Trend zurück, weil der Neuheitswert weg war und im privatwirtschaftlichen TV eine Fülle an Filmen geboten wird. Und mit Internet und digitalisierten Medienangeboten steht ein neues Thema auf der Tagesordnung.

Boom der Videotheken

Technische Weiterentwicklungen und wirtschaftliche Interessen hatten ein „neues“ Medium auf den Plan gebracht; aber erst dessen Nutzungsweisen schufen das Problemfeld „Video“. Gegenüber den Konkurrenzmedien Fernsehen und Kino waren für den Videobereich Gewalt und Pornografie bald ein gewinnversprechendes Erfolgsrezept.

8.1 Video

Linearer Anstieg im Videorekorderbesitz der Haushalte: 1979: 1%; 1982: 8%; 1985: 21%; 1992: 48,7%; 1998: 64,3%; 2001: 67,8%. In Deutschland ist inzwischen über die Hälfte aller Fernsehgeräte mit einem Videorekorder verbunden. Die Zahl der Nutzer ist stark gestiegen, aber die Videosehdauer nur relativ gering (1989 gut 6 Minuten täglich, 1998 knapp 10 Minuten täglich), die Verweildauer ist sogar leicht rückläufig. (Daten aus *Hoffmann, K.* 1989; *Müller-Neuhof/Heuzeroth* 1993, *Turecek/Grajczyk/Roters* 1999; Media Perspektiven. Basisdaten 2001)

Ausstattung mit Videorekordern

Zielinski, Siegfried, Der Heimvideomarkt im zehnten Jahr. Bestandsaufnahme und neuere Tendenzen – besonders im Hinblick auf die Software, in: Media Perspektiven 8/1997, 507-516

Hoffmann, Kay, Video – ein Übergangsmedium? Der Videomarkt in Deutschland 1991, in: Media Perspektiven 12/1991, 810-829

Hervorstechende Merkmale für Haushalte mit Videorekorder waren anfangs: hohes Einkommen, relativ jung, großes Interesse auch an anderen Geräten der Unterhaltungselektronik. Hauptgruppe der Video-Entleiher waren und sind Männer zwischen 14 und 29 Jahren.

1986 war nur jede zehnte abgespielte Kassette eine kommerziell bespielte Kauf- oder Leihkassette. Bereits 1990 lagen Wiedergabedauer von Eigen- und Fremdkassetten gleichauf, 1998 gibt es eine deutliche Nutzungspräferenz für Fremdkassetten. Die Special-Interest-Videos sind billiger geworden und das zeitversetzte Sehen von Fernsehaufzeichnungen hat offensichtlich an Attraktivität verloren. „Videonutzer zeichnen vorwiegend unterhaltende Filme auf." (*Turecek* u.a. 1999, 169)

Video ergänzt Fernsehnutzung

Videosehen ergänzt die Fernsehnutzung und hat ähnliche Spitzenzeiten täglich zwischen 20 und 23 Uhr und am Wochenende. Der Anteil der bespielten Kaufkassetten hat in den letzten Jahren enorm zugenommen, der Verleih ist rückläufig; schon 1991 hatten Kaufkassetten einen Anteil von 40% am Gesamtumsatz des Videomarktes. Die Anzahl der Videotheken ist stark zurückgegangen: „Von den 9500 Videotheken aus dem Jahre 1990 waren 1997 noch 5400 übrig." (ebd.) Die Videotheken wandeln sich auch stärker zu Mediatheken mit parallelem CD-, PC-Spiele und DVD-Verleih. Der Pay-TV Markt des Digitalfernsehens und der Download von Filmen über das Internet (vielfach illegal) bringen aktuell drastische Veränderungen.

Erfolgreiche Videotitel sind heute Teil einer Auswertungskette: Ein Film startet im Kino, nach 6 bis 12 Monaten erscheint der Film auf Video; ein weiteres Jahr später steht die Auswertung im Pay-TV an; und frühestens nochmals 12 Monate später ist der Film dann im privaten oder öffentlich-rechtlichen „free"-TV zu sehen.

Erotikvideos als eigenes Segment

Derzeit werden in Deutschland über 16.000 Videotitel angeboten. An der Spitze der Verleihzahlen liegen Action-Filme und die aktuelleren Kino-Hits. „Daß Erotikfilme (3%) in der Statistik weit hinten rangieren, liegt nicht zuletzt an der FSK. Sie werden vermutlich weitaus häufiger gesehen, als die Statistik glauben läßt, denn etwa 20% ihres Umsatzes verdanken die Videotheken den Erotikfilmen." (*Müller-Neuhof/Heuzeroth* 1993, 384) Vor allem der Porno-Bereich entzieht sich weithin der Erfassung, da er über Versandhandel und Kleinanzeigenmarkt eine eigene Vertriebsstruktur entwickelt hat, die dem Interesse der Kunden, möglichst anonym zu bleiben, sehr entgegenkommt. Bei diesem Genre dürfte auch das Internet ein wichtiger Verteilweg sein. Der Erotik-Markt scheint jedenfalls ein Geschäft zu bleiben, sonst wäre bei Premiere World der Beate-Use-Kanal nicht so verkaufsfördernd. Die Ausstrahlung von Pornografie, genauer Hardcore-Pornos, ist allerdings derzeit in Deutschland auch im Pay-TV noch verboten. Daher haben Videokassetten und DVDs hier noch einen Markt. Bei Hardcore-Produktionen wird auf eine spielfilmartige Rahmenhandlung wenig oder gar kein Wert gelegt; es geht ausschließlich um das möglichst detaillierte Zeigen von Varianten des Geschlechtsverkehrs – zudem in der Regel aus einseitig männlich voyeuristischer Perspektive. Die Unterscheidung von Soft-Pornos, die inzwischen eben auch im Fernsehen zu sehen sind, und dem sogenannten Hardcore-Porno wird relativ simpel bestimmt: die primären Geschlechtteile von Mann und Frau dürfen nicht in eindeutiger Pose zu sehen sein, also z.B. der erigierte Penis des Mannes; außerdem müssen die Akteure als Personen mit Beziehungen zueinander kenntlich sein und es muss so etwas wie eine Handlung neben den Sexszenen geben.

Kennzeichen von Pornografie

Video, vor zwanzig Jahren ein „neues“ Medium mit bis zum Boomjahr 1991 wachsender Allgemeinverbreitung, hat an Faszination und Attraktivität verloren. Der Gerätemarkt ist nahezu gesättigt bzw. wird weitgehend von DVD abgelöst. An Programmen sind neben der Pornografie einzig die „Special-Interest-Programme“ (Hobby) noch ein Zuwachsbereich. „Es existieren eine Reihe von Anhaltspunkten, die deutlich auf eine Abnahme der Videonutzung in allen Formen verweisen.“ (*Turecek* u.a. 1999, 173)

Videomarkt schwindet

Jenseits des Kauf- und Leihkassetten-Marktes entlastet Video als Aufnahmegerät vom Programm- und Zeitdiktat des Fernsehens; aber viele Fernsehaufzeichnungen werden ungesehen überspielt.

Wenn man die Zahlen noch weiter deutet, dann ist medienpädagogisch relevant, dass 2001 gegenüber 67,8% Haushalten mit Videorekorder nur 23,5% auch eine Videokamera besaßen. Die Möglichkeiten zur aktiven Medienarbeit im privaten Bereich waren also sehr beschränkt. Hier scheint es allerdings in den letzten zwei Jahren mit den neuen und inzwischen bezahlbaren DV-Camcordern einen neuen Boom zu geben. Mit Video und Kamera kann man „Fernsehen“ selber machen, eine gerätetechnische Voraussetzung für aktive Medienarbeit. Heute wurden bereits mehr Camcorder verkauft, als jemals Super-8-Kameras in Deutschland verbreitet waren. Aber da nur wenige Camcorder-Besitzer ihre Videos nachbearbeiten, lässt die Enttäuschung über langatmige Rohfassungen das Interesse am Hobby „Video“ häufig wieder einschlafen. Der Gerätebesitz allein führt noch nicht zu mehr aktiver Medienarbeit und schon gar nicht zur Medienkompetenz.

Boom der DV-Camcorder

Gerätebesitz allein führt nicht zu aktiver Medienarbeit

Videokunst, in den USA auf einem Stammplatz unter den bildenden und darstellenden Künsten, ist in Deutschland noch ein Randphänomen. Impulse für praktische und aktive Videoarbeit gibt es noch immer zu wenige. Das Erlernen der visuell produzierenden Kulturtechnik wird in Schulen nur in Ausnahmefällen gepflegt.

Abb. 8.1: Problemfeld Video

„Video“ als Reizwort, als Last verband sich vor allem mit zwei Assoziationen: Videoclips und Horror, Brutale Action, Porno auf dem Video-Kassettenmarkt. Der Wandel hin zum aktuellen Kinofilm in der Videothek versucht das „Schmuddel-Image“ der Videotheken aufzupolieren. Video ist statistisch und wirtschaftlich eine Tatsache. Die Öffentlichkeit reagierte vor allem auf extreme Inhalte. Was da z.T. gesehen wird, ist in der Tat merkwürdig bis abscheulich.

✓ Für Beispiele und die gesamte Problematik vergleiche das ältere Medienpaket „Prädikat: Besonders grausam“ der Landeszentrale für Politische Bildung Rheinland-Pfalz; dort ausleihbar. – Die Indizierungen jugendgefährdender Medien wird kontinuierlich veröffentlicht im „JMS-Report“ (www.bpjs.de)

Der sehr schnell in einer gesetzlichen Grauzone wuchernde Markt der Videokassetten war Anfang der 1980er Jahre Anlass für eine Diskussion und Änderung der entsprechenden gesetzlichen Bestimmungen. Auf dem Videomarkt waren vor 1985 allerlei Filme in ungeschnittener Fassung ohne Altersbeschränkungen zu bekommen. Eine mögliche Indizierung solcher Produkte durch die „Bundesprüfstelle für jugendgefährdende Schriften“ dauerte zu lange und taugte als Kinder- und Jugendschutzmaßnahme wenig. Seit dem 1. April 1985 gelten ein neues Jugendschutzgesetz sowie einige Änderungen im Strafrecht. Ähnlich war auch im Jahr 2002 der Amoklauf eines Gymnasiasten und Computerspielers in Erfurt der Auslöser, dass seit Monaten schlummernde Änderungen des Jugendmedienschutzes in kürzester Zeit verabschiedet wurden.

8.2 Institutionen, gesetzliche Grundlagen und Aufgaben des Jugendmedienschutzes

„Eine Zensur findet nicht statt" (Grundgesetz, Art. 5). Entsprechend gibt es in unserem Land keine Vorzensur im Sinne eines behördlichen Prüfverfahrens, ohne das ein Werk nicht publiziert werden dürfte. Jugendmedienschutz ist ein aus den Artikeln 1, 2 und 6 Abs. 2 Grundgesetz abgeleitetes Recht vom Range eines Grundrechts. Ein Konflikt besteht nicht zum Zensurverbot, aber wohl zum sogenannten Kunstvorbehalt: „Kunst ist frei" (Art. 5, Abs. 3). „Eine Schrift darf nicht indiziert werden, wenn sie der Kunst dient", § 1 Abs. 2 Nr. 2 des Gesetzes über die Verbreitung jugendgefährdender Schriften (GjS) von 1953. Der Konflikt zwischen Kunstfreiheit und Jugendschutz kann nur durch eine einzelfallbezogene Abwägung gelöst werden. Die aktuellen Regelungen zum Jugendmedienschutz finden sich im „Jugendschutzgesetz" (JuSchG) aus dem Jahr 2002; mit Inkrafttreten dieses Gesetzes (1. April 2003) verlieren das „Gesetz zum Schutze der Jugend in der Öffentlichkeit" (JÖSchG) von 1985 und das „Gesetz über die Verbreitung jugendgefährdender Schriften und Medieninhalte" (GjSM) in seiner Neufassung von 1985 ihre Gültigkeit.

Zensurverbot

Kunstvorbehalt

Jugendschutzgesetz

Die Bundesprüfstelle für jugendgefährdende Medien

Angeordnet durch das GjS wurde 1953 die Bundesprüfstelle für jugendgefährdende Schriften (BPjS) als eine selbstständige Bundesoberbehörde mit eigenem Haushalt eingerichtet; sie ist dem Bundesministerium für Familie, Senioren, Frauen und Jugend zugeordnet und wurde mit dem neuen Jugendschutzgesetz in „Bundesprüfstelle für jugendgefährdende Medien" umbenannt. Ihre Hauptaufgaben legt § 18 des Jugendschutzgesetzes von 2002 folgendermaßen fest: „Träger- und Telemedien, die geeignet sind, die Entwicklung von Kindern oder Jugendlichen oder ihre Erziehung zu einer eigenverantwortlichen und gemeinschaftsfähigen Persönlichkeit zu gefährden, sind von der Bundesprüfstelle für jugendgefährdende Medien in eine Liste jugendgefährdender Medien aufzunehmen." Diese Indizierung hat entsprechende Kinder-, Jugend- und Werbeverbote sowie Vertriebsbeschränkungen zur Folge. Ist ein Werk als Kunstwerk – „Kunstschutz geht vor Jugendschutz" – anzusehen oder dient es der Kunst, Wissenschaft, Forschung oder Lehre, dann ist eine Indizierung ausgeschlossen. Auf der Grundlage des

Indizierung

Informations- und Kommunikationsdienste-Gesetzes (IuKDG, Art. 6) ist die Bundesprüfstelle auch für die Prüfung von elektronischen Angeboten im Bereich der Individualkommunikation, also z.B. Internet, zuständig. Vor der Neufassung des Jugendschutzgesetzes konnte die BPjM nur auf Antrag einer Jugendbehörde ein Indizierungsverfahren einleiten.

> 🖰 http://bpjs.bmfsfj.de und www.bundespruefstelle.de – dort finden sich ausführliche Informationen zur Geschichte und Aufgabe der Behörde sowie zum Gang des Verfahrens.

Freiwillige Selbstkontrolle

FSK Die FSK (Freiwillige Selbstkontrolle der Filmwirtschaft) ist keine Zensur, sondern eine Selbstverpflichtung der SPIO (Spitzenorganisation der Filmwirtschaft e.V.) zur Beachtung insbesondere von Jugendschutzbestimmungen. Durch diese Regelungen werden Produktion oder Angebot keines Films verhindert, sondern nur Altersschranken für die öffentliche Vorführung aufgebaut.

Laut § 11 Jugendschutzgesetz gilt: „Die Anwesenheit bei öffentlichen Filmveranstaltungen darf Kindern und Jugendlichen nur gestattet werden, wenn die Filme von der obersten Landesbehörde oder einer Organisation der freiwilligen Selbstkontrolle ... zur Vorführung vor ihnen freigegeben worden sind oder wenn es sich um Informations-, Instruktions- und Lehrfilme handelt, die vom Anbieter mit ‚Infoprogramm' oder ‚Lehrprogramm' gekennzeichnet sind." Für den Kinobereich ist seit 1949 eine „Freiwillige Selbstkontrolle der Filmwirtschaft" (FSK) eingerichtet. Hier können Filme zur Freigabe für bestimmte Altersgruppen vorgelegt werden. Die Entscheidungsgremien sind aus mehrheitlich Vertretern der öffentlichen Hand (4) und minderheitlich der Filmwirtschaft (3) besetzt. Die FSK ist ausschließlich für die Altersfreigabe und nicht für Bewertungen anderer Art zuständig.

Zwei Zitate aus den Grundsätzen der FSK (vom 13.9.2000) können die Problematik der Kriterienformulierung verdeutlichen:

§2 „(1) Die FSK hat die im Grundgesetz geschützten Werte, im besonderen die verfassungsmäßige Ordnung und das Sittengesetz (Art. 2, Abs. 1 GG) sowie die in Art. 5 GG eingeräumte Freiheit zu beachten. In diesem Rahmen darf kein Film oder Bildträger

1. das sittliche und religiöse Empfinden oder die Würde des Menschen verletzen, entsittlichend oder verrohend wirken oder gegen den grundgesetzlich gewährleisteten Schutz von Ehe und Familie verstoßen, im besonderen brutale und sexuelle Vorgänge in über-

steigerter, anreißerischer oder aufdringlich selbstzweckhafter Form schildern;

2. die freiheitlich demokratische Grundordnung gefährden oder die Menschenrechte oder Grundrechte mißachten, im besonderen durch totalitäre oder rassenhetzerische Tendenzen;

3. das friedliche Zusammenleben der Völker stören und dadurch die Beziehung der Bundesrepublik Deutschland zu anderen Staaten gefährden, imperialistische oder militaristische Tendenzen fördern oder das Kriegsgeschehen verherrlichen oder verharmlosen.

(...)

(3) Maßgeblich für die Beurteilung ist die Wirkung des gesamten Films oder Bildträgers oder einzelner Teile. Bei einzelnen Teilen ist auch die Gesamtwirkung zu berücksichtigen.

Grundsätze der FSK

(...)

§ 18 (1) Filme und Bildträger, die geeignet sind, das körperliche, geistige und seelische Wohl von Kindern und Jugendlichen zu beeinträchtigen, dürfen nicht zur Vorführung vor ihnen oder zur Abgabe an sie freigegeben werden. (...) Jeder Prüfer hat sich bei seinen Entscheidungen bewußt zu sein, daß er die Verantwortung für den Schutz der Jugend trägt.

(2) In Auslegung dieser Gesetzesvorschriften wird folgendes festgestellt:

1. Unter Beeinträchtigungen sind Hemmungen, Störungen oder Schädigungen zu verstehen.

2. Zu berücksichtigen sind alle Beeinträchtigungen, die vom Film oder Bildträger im Ganzen oder ihren Einzelheiten ausgehen können, wobei die Gesamtwirkung nicht außer Acht zu lassen ist.

3. Das körperliche, geistige oder seelische Wohl von Kindern und Jugendlichen können insbesondere Filme oder Bildträger beeinträchtigen, welche die Nerven überreizen, übermäßige Belastungen hervorrufen, die Phantasie über Gebühr erregen, die charakterliche, sittliche (einschl. religiöse) oder geistige Erziehung hemmen, stören oder schädigen, zu falschen und abträglichen Lebenserwartungen verführen oder die Erziehung zu verantwortungsbewußten Menschen in der Gesellschaft hindern.

4. Ein Film oder Bildträger darf für eine Altersgruppe nur freigegeben werden, wenn er das körperliche, geistige oder seelische Wohl keines Jahrganges dieser Altersgruppe beeinträchtigen kann. Dabei ist nicht nur auf den durchschnittlichen, sondern auch auf den gefährdungsgeneigten Minderjährigen abzustellen. Lediglich Extremfälle sind auszunehmen.“

> Der gesamte Text der Grundsätze der FSK sowie sämtliche Film-Altersfreigaben sind einzusehen unter: www.fsk.de. Für Filmbewertungen und Prädikate ist eine andere Stelle zuständig, die Filmbewertungsstelle Wiesbaden: http://f-b-w.org

Die Videokassetten fielen Anfang der 80er Jahre aus dem FSK-Raster heraus. Sie konnten nur nach dem „Gesetz über die Verbreitung jugendgefährdender Schriften" (GjS) auf Antrag von Jugendbehörden von der „Bundesprüfstelle für jugendgefährdende Schriften" indiziert werden. Seit 1985 regelte § 7 des Gesetzes zum Schutze der Jugend in der Öffentlichkeit (JÖSchG), dass auch Videokassetten mit Altersfreigaben versehen werden müssen. Diese Regelung ist mit der Neufassung des Jugendschutzgesetzes 2002 auf „Bildträger mit Filmen oder Spielen" allgemein ausgedehnt worden. In § 12 heißt es: „Bespielte Videokassetten und andere zur Weitergabe geeignete, für die Wiedergabe auf oder das Spiel an Bildschirmgeräten mit Filmen oder Spielen programmierte Datenträger (Bildträger) dürfen einem Kind oder einer jugendlichen Person in der Öffentlichkeit nur zugänglich gemacht werden, wenn die Programme von der obersten Landesbehörde oder einer Organisation der freiwilligen Selbstkontrolle (...) für ihre Altersstufe freigegeben und gekennzeichnet worden sind". Auch hier sind Informations- und Lehrprogramme ausdrücklich ausgenommen.

Trägermedien und Jugendschutz

Andre nicht geprüfte Kassetten werden wie „nicht freigegeben unter 18 Jahren" behandelt. Sie dürfen nicht öffentlich beworben, in Kiosken oder Versandhandeln geführt bzw. in Ladenlokalen, die Jugendlichen zugänglich sind, angeboten werden. Alle diese Medien müssen auf dem Bildträger und der Hülle ein fälschungssicheres Siegel mit Altersangaben tragen. Indizierte Medien dürfen Kindern und Jugendlichen nicht zugänglich gemacht werden und entsprechend nur noch in getrennten Ladengeschäften mit separatem Eingang an Erwachsene abgegeben werden. Eine Folge der gesetzlichen Neuregelungen war, dass viele Videotheken auf „Familienfreundlichkeit" verzichteten und insgesamt erst ab 18 Jahren zugänglich waren; 1988 waren nur knapp 18% der Videotheken auch unter 18 zugänglich.

Indizierte Medien

Regelungen des Strafgesetzbuches

Produktion oder Vertrieb/Aufführung eines Films kann nur per Strafgesetzbuch verhindert werden. Die Strafverfolgung regelt das Strafgesetzbuch (StGB) § 131 und 184. Diese Regelungen sind keine vorab wirksamen Jugendschutzparagraphen. Sie stellen Schriften und Filme, die Gewalt verherrlichen bzw. Pornografie unter Verbot bzw. starke Vertriebseinschränkungen. Zuständig ist die Zentralstelle zur Bekämpfung pornographischer etc. Schriften.

➔ § 131 StGB betrifft Gewaltverherrlichung und -verharmlosung bzw. mit solcher Darstellung verbundene Verletzung der Menschenwürde durch Medienprodukte.

➔ § 184 Abs. 3 StGB betrifft pornografische Medien, insbesondere diejenigen, die „Gewalttätigkeiten, den sexuellen Mißbrauch von Kindern oder sexuelle Handlungen von Menschen mit Tieren zum Gegenstand haben".

Die Strafandrohung gilt für den, der solche Medien 1. verbreitet, 2. öffentlich ausstellt, anschlägt, vorführt oder sonst zugänglich macht, 3. einer Person unter achtzehn Jahren anbietet, überläßt oder zugänglich macht oder 4. herstellt, bezieht, liefert, vorrätig hält, anbietet, ankündigt, anpreist, in den räumlichen Geltungsbereich dieses Gesetzes einzuführen oder daraus auszuführen unternimmt, um sie oder aus ihnen gewonnene Stücke im Sinne der Nummern 1 bis 3 zu verwenden oder einem anderen eine solche Verwendung zu ermöglichen. Bei Medien, die den sexuellen Mißbrauch von Kindern (vgl. dazu § 176 StGB) zum Gegenstand haben, ist bereits der Beschaffungsversuch oder Besitz solcher Medien unter Strafe gestellt.

Sexueller Missbrauch

Das Jugendschutzgesetz bestimmt die Verfahrensweisen für Medien (Ton- und Bildträger, Computerspiele ...), die von der Bundesprüfstelle für jugendgefährdende Medien (BPjM) als jugendgefährdend eingestuft wurden. Das Prüfgremium wird selbst oder auf Antrag der Jugendbehörden aktiv. Wird mehrheitlich eine Jugendgefährdung festgestellt, wird das Medium indiziert, d.h. in eine Liste jugendgefährdender Schriften aufgenommen. Vertrieb und Bewerbung an Personen unter achtzehn Jahren sind damit verboten.

Rundfunkprogramme

Die Rundfunkanstalten sind für den Kinder- und Jugendschutz in ihren Programmen weithin selbst verantwortlich. Laut Rundfunkstaatsvertrag sind die Altersfreigaben für öffentliche Filmvorführungen auch im Fernsehen relevant. Ist die Alterseinstufung eines Filmes sehr alt, können Abweichungen bei den Landesmedienanstalten beantragt werden. Bei nicht geprüften Programmen muss der Sender selbst eine verantwortliche Prüfung und Einstufung vornehmen. Der Rundfunkstaatsvertrag setzt in § 3 einige Eckwerte (Fassung des 5. Rundfunksänderungsstaatsvertrags vom 1.1.2001): „Sendungen, die geeignet sind, das körperliche, geistige oder seelische Wohl von Kindern oder Jugendlichen zu beeinträchtigen, dürfen nicht verbreitet werden, es sei denn, der Veranstalter trifft aufgrund der Sendezeit oder auf andere Weise Vorsorge, daß Kinder oder Jugendliche der betroffenen Altersstufen die Sendungen üblicherweise nicht

Jugendschutz im Rundfunk

1. April 2003
JMStV
Jugend-
medienschutz-
Staatsvertrag

Text unter:
www.alm.de

wahrnehmen; der Veranstalter darf dies bei Sendungen zwischen 23.00 Uhr und 6.00 Uhr annehmen. Bei Filmen, die nach dem Gesetz zum Schutz der Jugend in der Öffentlichkeit unter 12 Jahren nicht freigegeben sind, ist bei der Wahl der Sendezeit dem Wohl jüngerer Kinder Rechnung zu tragen. Filme, die nach dem Gesetz zum Schutz der Jugend in der Öffentlichkeit für Jugendliche unter 16 Jahren nicht freigegeben sind, dürfen nur zwischen 22.00 Uhr und 6.00 Uhr und Filme, die für Jugendliche unter 18 Jahren nicht freigegeben sind, nur zwischen 23.00 Uhr und 6.00 Uhr verbreitet werden.

Entsprechende Alterseinschränkungen „müssen durch akustische Zeichen angekündigt oder durch optische Mittel während der gesamten Sendung kenntlich gemacht werden". Indizierte Medien dürfen nicht ausgestrahlt werden. Genehmigte Ausnahmen für eine Ausstrahlung zwischen 23 und 6 h sind möglich, „wenn die mögliche sittliche Gefährdung von Kindern oder Jugendlichen unter Berücksichtigung aller Umstände nicht als schwer angesehen werden kann".

Verschlüsselte Programme

Bei verschlüsselten oder vorgesperrten Pay-TV oder Digital-TV-Sendungen sind Abweichungen von diesen Regelungen möglich. „Der Veranstalter hat sicher zu stellen, dass die Freischaltung durch den Nutzer nur für die Dauer der jeweiligen Sendung oder des jeweiligen Films möglich ist. Die Landesmedienanstalten bestimmen in den Satzungen nach Satz 1, welche Anforderungen an die Verschlüsselung und Vorsperrung von Sendungen zur Gewährleistung eines effektiven Jugendschutzes zu stellen sind."

Aktuelle Regelungen fasst der „Staatsantrag über den Schutz der Menschenwürde und den Jugendschutz in Rundfunk und Telemedien" zusammen (kurz: Jugendmedienschutz-Staatsvertrag JMStV, seit 1.4.2003 in Kraft); eine „Kommission für Jugendmedienschutz" (KJM, vgl. § 14) ist künftig für dessen Einhaltung und die Zulassung von Selbstkontrolleinrichtungen (z.B. FSF) zuständig.

Weitere Einrichtungen der freiwilligen Selbstkontrolle

Eine Reihe freiwilliger Selbstkontroll-Einrichtungen der Wirtschaft bemühen sich inzwischen ebenfalls darum, wirtschaftliche Interessen und Kinder- und Jugendschutz halbwegs in Einklang zu bringen. Das neue Jugendschutzgesetz spricht ihnen größere Kompetenzen zu (vgl. JuSchG §14, Abs. 6).

FSF

⇨ Freiwillige Selbstkontrolle Fernsehen (FSF). Die FSF ist in einem freiwilligen Zusammenschluß der großen Privat-Sender 1993 gegründet worden und wurde 2003 von der KJM anerkannt. Informationen, Texte und Bestellmöglichkeiten unter www.fsf.de.

FSM

⇨ Freiwillige Selbstkontrolle der Multimedia-Diensteanbieter (FSM), Informationen und Satzung sind abrufbar unter www.fsm.de;

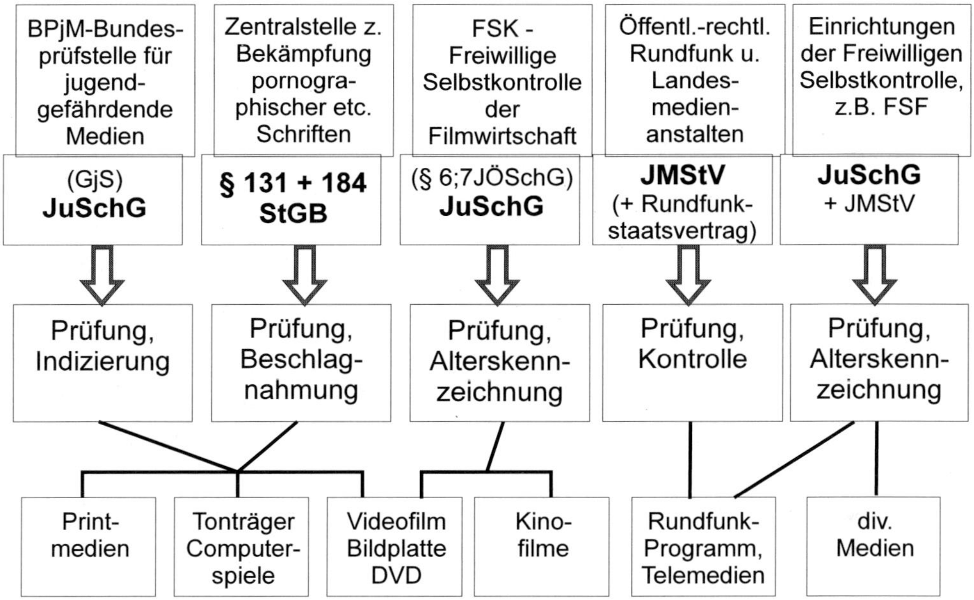

Abb. 8.2: Institutionen des Jugendmedienschutzes

Beschwerden können über ein Beschwerdeformular an die FSM eingereicht werden (http://www.fsm.de/webform.html). Die FSM ist ein eingetragener Verein, der 1997 von vielen Medienverbänden und einigen Unternehmen gegründet wurde. Die neue Selbstkontrollorganisation bietet jedermann die Möglichkeit, sich über strafbare oder jugendgefährdende Inhalte im Netz zu beschweren oder Fragen zum Thema Jugendschutz im Internet zu stellen. Eingehende Beschwerden behandelt die FSM in einem geordneten Verfahren. Berechtigten Beschwerden versucht sie abzuhelfen. Sie leistet dadurch einen Beitrag im Kampf gegen den Missbrauch des weltweiten Datennetzes.

⇨ Unterhaltungssoftware-Selbstkontrolle (USK), Berlin, www.usk.de. Die USK wurde 1994 als gutachterliche Stelle für die Prüfung interaktiver Medien und freiwillige Selbstkontrolle der Unterhaltungssoftware-Wirtschaft gegründet. In einem etwas merkwürdigen Konstrukt arbeitet sie bei einem freien Träger der Jugendhilfe, dem sogenannten „Förderverein für Jugend und Sozialarbeit e.V.“; dieser Verein betreibt auch eine Internetseite www.jugendmedienschutz.de. Vertragspartner dieses gemeinnützigen Trägers ist USK der Verband der Unterhaltungssoftware Deutschland e. V. (VUD). Die USK wird nur auf Antrag von Produzenten aktiv. Sie prüft interaktive Medien, speziell Computer- und Videospiele. Derzeit ist unklar, ob die USK als unabhängige Selbstkontrolle entsprechend dem Jugendschutzgesetz anerkannt wird.

⇨ Deutscher Presserat, Bonn, www.presserat.de. Der Deutsche Presserat ist eine Art freiwillige Selbstkontrolle der gedruckten Medien.

⇨ Deutscher Werberat: Zentralverband der Werbewirtschaft e.V. (ZAW), Bonn, www.zaw.org.

Vgl. die Beiträge von *Jürgen Hilse,* Jugendmedienschutz als staatliche Aufgabe. Ziele, Institutionen und gesetzliche Grundlagen, in: medien praktisch 1/1992, 8-10; und: Jugendmedienschutz. Gesetzliche Grundlagen und Institutionen, in: medien praktisch 2/1999, 8-9. • *Theunert, Helga/Schorb, Bernd,* Jugendmedienschutz im digitalen Fernsehen: Genügen technische Angebote?, in: Media Perspektiven 9/98, 446-453. • *Knoll, Joachim H.,* Jugend, Jugendgefährdung, Jugendmedienschutz, Münster 2000.
Die relevanten gesetzlichen Bestimmungen finden sich unter: www.artikel5.de oder http://bpjs.bmfsfj.de oder www.iid.de/iukdg

Informationen zum Jugendmedienschutz und aktuelle Listen der Indizierungen und Beschlagnahmungen finden sich in: Jugend Medien Schutz-Report.
Die Jugendschutzbehörden der Bundesländer bieten eine gemeinsame Internetseite mit vielen Informationen und Links an: www.jugendschutz.de .
Um Jugendschutz im Internet kümmert sich „JugendschutzNet“: www.jugendschutz.net

8.3 Erzieherischer Jugend(medien)schutz

Jugendschutz im Wandel

Die gesetzlichen Regelungen, die den Zugang zu bestimmten Medieninhalten altersgestuft einschränken, haben auch heute noch eine wichtige Funktion. Die Einschätzungen, was Kindern welchen Alters zugemutet werden kann bzw. ihnen vorenthalten sein sollte, wandeln sich aber mit der Zeit; und auch die Kinder und Jugendlichen wandeln sich; vermutlich besitzen Kinder heute eine größere Kompetenz im selbstbewussten und kritischen Umgang mit Medien als noch vor 20 Jahren. Schutz ist heute vor allem für Kinder wichtig, sie sollten vor manchem bewahrt werden, das ihrer Entwicklung schädlich sein könnte. Daneben muss es aber vor allem um präventiven und erzieherischen Jugendmedienschutz gehen: Kindern und Jugendlichen eine selbstbestimmte, kritische, kompetente Mediennutzung zu ermöglichen und dafür einzutreten, dass sie Lebens- und Erlebensalternativen nutzen können. Im Kinder- und Jugendhilfegesetz (KJHG) von 1990 heißt es entsprechend:

Prävention

KJHG

„§ 14 Erzieherischer Kinder- und Jugendschutz

(1) Jungen Menschen und Erziehungsberechtigten sollen Angebote des erzieherischen Kinder- und Jugendschutzes gemacht werden.

(2) Die Maßnahmen sollen

1. Junge Menschen befähigen, sich vor gefährdenden Einflüssen zu schützen und sie zu Kritikfähigkeit, Entscheidungsfähigkeit und Eigenverantwortlichkeit sowie zur Verantwortung gegenüber ihren Mitmenschen führen,

2. Eltern und andere Erziehungsberechtigte besser befähigen, Kinder und Jugendliche vor gefährdenden Einflüssen zu schützen."

Präventive und andere als bewahrende Maßnahmen sind vor allem erforderlich, da im Zeitalter digitaler und internationaler Medienensembles bewahrender Jugendmedienschutz immer schwerer durchzusetzen ist. Im Bereich von Druckschriften, die über offizielle Buchläden und Kioske vertrieben werden, und im Bereich öffentlicher Kinos lassen sich Regelungen noch relativ gut kontrollieren. Der Bereich der Videokassetten (Verleih, Verkauf + Nutzung im Privatbereich) und der Bereich des privat-wirtschaftlichen Fernsehens haben das Problem verschärft. Eine Kontrolle im Privatbereich ist ohne Hilfe/Mitwirkung der Erziehungsberechtigten kaum mehr möglich. Die Medienzukunft, Computernetze, digitale Satellitenübertragung etc., wird kontrollierenden Kinder- und Jugendschutz nur noch in weltweiten Absprachen möglich machen.

8.4 Video zwischen Horror und Gegenöffentlichkeit

Gewaltdarstellungen auf ungeschnittenen und unzensierten Videokassetten wurden Anfang der 1980er Jahre als Spitze, als Extrem eines Medienensembles angesehen. Insofern drängten sich grundlegende Fragen auf. Aber Videokonsum hat auch signifikante Unterschiede zum normalen Fernsehkonsum. Fernsehen wird häufig als Zeitfüller genutzt mit schwankender Aufmerksamkeit; Gewaltszenen finden Kompensation in prosozialen Inhalten. Bei Video weichen die Filminhalte teils stark vom normalen Fernsehprogramm ab. Die Dramaturgie, z.B. sinnlose Häufung von Action, lässt kein Absinken des Erregungslevels zu. Der Rezipient stellt sein Programm in der Regel gezielter zusammen und schaut es konzentrierter an, er bezahlt ja unmittelbar dafür. Die Rezeptionssituation ist häufiger isoliert bzw. nur mit Gleichgesinnten.

Unterschied von Fernsehen und Video

Die folgenden Thesen (vgl. *Hoffmann* 1984) zeigen einige zeitentsprechende Erklärungsversuche des Phänomens.

Erklärungsversuche

- Video wird von Jugendlichen als ein Stück Freiraum, weg von Normen und Geboten der Erwachsenenwelt erlebt. Die verbotenen Inhalte verstärken dieses Stückchen ‚Subkultur'. Der Konsum ist Einblick in ein Stück geheimer Erwachsenenwelt und dient zugleich als Ventil anderweitig angestauter Probleme und Frustrationen.
- Der Konsum in der Gleichaltrigengruppe schränkt die Möglichkeit ein, negativen Wirkungen – lerntheoretisch: dem Aufbau unerwünschter kognitiver Repräsentationen – entgegenzuarbeiten.
- In einer überreizten Welt werden die Möglichkeiten, direkte sinnlich-konkrete Erfahrungen zu machen, weniger – jedenfalls Erfahrungen, die interessieren oder betreffen. Spannung und Abenteuer kann man nur noch in den Medien erleben. Handlungen in der realen Umwelt sind begrenzt und sanktioniert; in der Phantasie ist jede Grenzüberschreitung möglich; der einzelne bestimmt selbst Art und Dosierung, aber erhält bei der Verarbeitung auch keine Hilfe.

Medien gewähren Spannung und Abenteuer

- Es gibt einen Zusammenhang zwischen alltäglichen Interaktionserfahrungen und Medienkonsum. Die Unfähigkeit zu sinnvoller Kommunikation untereinander wird durch den Blick in die gleiche Richtung kompensiert. – Insgesamt ist der Zusammenhang zwischen Voreinstellungen und Neigungen und gewählten Medieninhalten bedeutsam (Wissenkluft-Hypothese; Verstärker-Effekt; Bedürfnisorientierung, vgl. Kap. 5.5.2).
- „Der Mord geschah nach dem Zombie-Film" – solcherart Schlagzeilen und Thesen finden gläubige Leser. Das Ausgefallene und Sensationelle erhält in den Medien immer mehr Aufmerksamkeit als das „Gewöhnliche". Gewalt z.B. ist mediengerechter als Gewaltlosigkeit. Aber wirksam ist oft weniger das Extreme, als Fiction Erkennbare; gefühlsmäßige Verunsicherungen treten eher bei Alltags- und Realitätsnähe ein.
- Ein auffallendes Charakteristikum vieler Problem-Videos ist die Verkoppelung von Technik, Gewalt und Sex. Videotechnik mit den Inhalten einer Vermischung von Brutalität und Sexualität, das

ist auch ein Stück „Männerwelt“, in einer Nische zurückgewonnen. Hier geschieht Einübung in altbekannte geschlechtsspezifische Rollen mit Hilfe neuer Mittel.

Angstphantasien

- Die Aggressionsphantasien vieler jugendlicher Konsumenten sind eher nach innen – Angst-, Schreckensphantasien – als nach außen auf Nachahmung hin gerichtet. Aus dieser Sicht kann es sein, dass Horrorvideos psychologisch lebenszerstörend wirken. Sie regen nicht positive Aggressionsphantasien an, die der eigenen Stärke zum Durchbruch verhelfen, sondern Phantasien, die Angst und Schrecken gegen das Selbst richten; solche Tendenzen können durch eine isolierte Rezeptionssituation noch verstärkt werden.
- Problematisch sind nicht die Videoprodukte an sich, sondern sind die Bedürfnisse, die danach verlangen lassen: offenbar sind manche Menschen seelisch so disponiert, dass sie selbst das Verfolgen brutalster Metzeleien und Schlachtorgien ertragen, wenn nicht gar lustvoll miterleben.

Abb. 8.3: Satirisches Videolexikon

Die Gesetzgebung steht angesichts solcher Phänomene, die sich ja bei aktuelleren Medien wie Computerspielen oder Internet ähnlich wiederholen, vor dem Problem, entweder sehr offene und leicht zu umgehende Gesetze in Kauf zu nehmen oder härtere Kontrollen und Verbote zu ermöglichen; in letzterem Fall sind aber die Kriterien kaum klar und für alle gültig zu definieren; die Grenzen zur

Zensur sind fließend. Außerdem: was verboten wird, ist damit nicht aus der Welt; vielmehr wird es außerhalb jeglicher Kontrolle unter dem Ladentisch weiter angeboten. *M. Kunczik* (1987, 132 f.) hat vorgeschlagen, die Beweislast umzukehren: „Wesentlich erfolgreicher für die Eindämmung der Horror-Welle dürfte sein, wenn die Vertreiber derartiger Filme den Beweis dafür erbringen müssen, daß die Horror-Filme ungefährlich sind. Dieser Nachweis, daß es einen solchen Zusammenhang *nicht* gibt, kann mit Sicherheit nicht erbracht werden."

Medienpädagogik als Lückenbüßer

Dem hilflosen Ruf nach staatlicher Gesetzgebung folgt auf dem Fuß der Ruf nach verstärkter Medienpädagogik. In solcher Situation als Lückenbüßer gerufen, vermag Medienpädagogik wenig. Die vom Videoproblem Betroffenen sind für medienpädagogisches Handeln nur schwer erreichbar.

Als medienpädagogische Gegenstrategie gilt vor allem die aktive Medienarbeit, die sich auch des Mediums Video bedient, um kreative Erfahrungen zu ermöglichen und Gegenöffentlichkeit zu schaffen. Positionen, was Video als pädagogisches Medium gebracht hat bzw. bringen kann, habe ich aus einer Umfrage zusammengefasst (vgl.: Zwischen Horrorfilm und Gegenöffentlichkeit. Umfrage zur Standortbestimmung des Mediums Video, in: medien praktisch 4/90, 6-11):

Video als Aktivmedium

Was hat Video für die Jugend(-arbeit) gebracht?

- Video hat Horror & Co. frei Haus geliefert;
- durch Jugendschutzdiskussion wurden neue Diskussions- und Ansatzpunkte, Schwerpunkte, Arbeitsfelder ... für Medien in der Jugendarbeit (JA) überhaupt entdeckt;
- Reiz gegenüber Scheu, sich im Fernsehen zu betrachten;
- kritisches Bewusstsein gegenüber Techniken und Manipulationsmechanismen der Medien;
- Aktivierung von Kreativitätspotential;
- Jugendlichen ist ein Medium gegeben, ihre Themen selbst aufzuarbeiten, darzustellen, zu vermitteln: d.h. auch neue Arbeitsformen für die JA;
- Verfügbarkeit, Aktualität, leichte technische Handhabung.

„Gegenöffentlichkeit" durch Video?

- Machteliten und Organisationsstrukturen erlauben keine Gegenöffentlichkeit; dennoch ist die Interaktionsgewalt des Volkes stark;
- Chance, eine andere Realität als die der öffentlich-rechtlichen und privatwirtschaftlichen Medien zu zeigen;

- Anpassung an etablierte Sehgewohnheiten und gängige Produktionsstandards als Problem;
- Produktionen werden überwiegend in der eigenen Szene gezeigt, haben also nur begrenzt Öffentlichkeitswirkung;
- Jugendliche, die heute Video produzieren, wollen sich nicht an Gegenöffentlichkeit, sondern an (möglichst große) Öffentlichkeit wenden.

Macht Video die nicht-kommerzielle Filmarbeit mit dem 16-mm-Film kaputt?

- Video ist billiger (in Produktion, Reparatur, Anschaffung, Verleih, Versand ...) und leichter zu handhaben;
- Bewegtbildproduktion wurde quasi demokratisiert;
- hervorragende medienkundliche und publizistische Möglichkeiten;
- Tendenz zu Langatmigkeit und Sorglosigkeit bei der Produktion;
- Kino- und Wahrnehmungskultur verwahrlost;
- Präsentationsbedingungen: Bildqualität und -größe, aber auch Umfeld, Arrangement ... der Vorführung sind meist mangelhaft. Ansprüche an 16-mm steigen: Ereignischarakter der Filmvorführung;
- Konkurrenz durch Video hat Filmarbeit ihre medienspezifischen Qualitäten betonen lassen;
- bedroht sind nicht die großen Kassenfüller, sondern die low-budget-Filme, die Nischenfilme;
- Verbesserung der Fernseh-/Videotechnik (Großbildschirm, HDTV) werden dem 16-mm-Film auf längere Sicht keine Chance lassen.

Aktive Filmarbeit mit neuen Trägermedien

➔ Vgl. zur aktiven Videopraxis auch Kapitel 12.2

Unter dem Reizwort einer alternativen (Medien-) Kultur wurde Video in den 1970er Jahren zum Ausdrucksmedium. Man kann sich dieses Mediums bedienen, um gegen den Zwang der öffentlich rechtlichen Programme verschiedenste eigene Programme zu setzen. Video also als aktives Medium:

- in Sachen Unabhängigkeit von Programmschemata des Fernsehens und bewusster Programmauswahl;
- als Produktionsmedium für eigene Filmversuche. Video als schnelles, einfach handhabbares und kostengünstiges Darstellungs- und Informationsmedium für den Nahbereich.
- In den Landesrundfunkgesetzen und Kabelregionen einiger Bundesländer gibt es „offene Kanäle". Hier können Bürger selbst Themen und Sendeformen bestimmen.

Unabhängigkeit vom TV-Programm

Gegenöffentlichkeit

Video – das war bald nach seiner Etablierung auch die Möglichkeit, billig und praktikabel Alternativen zum festgefahrenen Fernseh-Standard zu produzieren. Eine Vielzahl „alternativer" Videogruppen entstand in den 70er Jahren. „Gegenöffentlichkeit", Selbsttätigkeit, Selbstorganisation von Betroffenen, mediale Unterstützung von Bewegungen und Initiativen... hießen die Anliegen. Öffentlichkeit wurde in besonderer Weise hergestellt (in Kneipen, in einer Art Stadt-Teil-Fernsehen ...) Aber die Video-Bewegung hat sich verändert, ist schmaler und weniger alternativ geworden. Bereits 1987 stellt *Margret Köhler* fest: „eine überproportionale Zunahme von Experimental- und Kunst-Videos, einen vergleichbar starken Rückgang an Dokumentarvideos und eine Steigerung von Fernsehproduktionen" (*Köhler* 1987, 36 ff.)

„In der allgemeinen Aufbruchseuphorie gab es zwei Stränge: Gruppen, die aus einem politischen Verständnis mit Video arbeiteten, ihre Arbeit als politische und eingreifende Medienarbeit begriffen und mit ihrer Arbeit eine Existenz aufbauen wollten, auf der anderen Seite die Sozialpädagogen, die dieses Medium als Aufklärungsmedium und manchmal auch als Emanzipationsmedium für die eigene Persönlichkeit (miß)verstanden. Ihr Elan endete leicht in der Frustration über nicht-funktionierende Schützlinge und nicht-funktionierende Technik, in der eigenen Selbstüberschätzung und Überschätzung der hergestellten medialen Produkte. Der Stellenwert für die Mitwirkenden wurde mit der Relevanz für ein größeres Publikum verwechselt. Der Sozialpädagoge als verhinderter Filmemacher begab sich auf den Rückzug. Die ‚Alibi'-Jugendlichen zogen es vor, ein Video zu Hause anzugucken, als ein Video unter pädagogischer Anleitung selbst herzustellen." (ebd. 37)

Literaturtipps

Zur Geschichte „alternativer" Medienarbeit:

Lechenauer, Gerhard (Hg.), Alternative Medienarbeit mit Video und Film, Reinbek 1979

Köhler, Margret (Hg.), Alternative Medienarbeit. Videogruppen in der Bundesrepublik, Opladen 1980

Kwella, Michael, Das andere Video. Zur Lage der unabhängigen Videogruppen, in: medien praktisch 4/86, 4-7

Themenheft „Video wohin?" der Zeitschrift „medien praktisch", 4/1990

Zum „Problemfeld" Video:

Büttner, Christian, Video-Horror. Schule und Gewalt, Weinheim 1990

Vogelsang, Waldemar, Jugendliche Video-Cliquen. Action- und Horrovideos als Kristallisationspunkte einer neuen Fankultur, Opladen 1991

Glogauer, Werner, Kriminalisierung von Kindern und Jugendlichen durch Medien. Wirkungen gewalttätiger, sexueller, pornographischer und satanischer Darstellungen, Baden-Baden 1991

8.5 Computer und Spielen

Wer sich mit dem Thema Computerspiele pädagogisch beschäftigen will, der sollte sich zunächst mit einigen Grundlagen zum Phänomen Spielen bzw. Spiele allgemein befassen.

8.5.1 Spielen

Spiel als Kulturform

Spiel als Kulturform ist älter als Lesen und Schreiben. Spielen, Spielverhalten als Tätigkeit und Spiele als Regelwerk und materiale Objekte sind ein anthropologisches Grundphänomen; sie gehörten und gehören zu allen Zeiten und in allen Kulturen zum menschlichen Leben. Spielformen und -inhalte sind von jeweiligen Kulturen und Zeitströmungen mitgeprägt. Spiel ist nicht der Ernstfall, sondern Spielen bedeutet Freiraum und Probehandeln. Spiel und Leben sind ähnlich und doch sehr verschieden: Naturgesetze und vom Menschen gemachte Gesetze finden ihre Entsprechung in den Spielregeln. Im Leben wie im Spiel gibt es Zufall und Glück. Im Leben hat der Menschen Entscheidungsmöglichkeiten und -zwänge, im Spiel auch. Und im Leben läuft alles in einer gewissen Zeit und in einem Raum ab; das gilt auch für das Spiel. „Spiel ist eine symbolische Abbildung und eine Verfremdung der Realität zur Sozialisation und Unterhaltung." (*Baer* 1995, 9) „Spielen heißt:

- Erfahrungen machen im Umgang mit Personen und Sachen;
- Verhalten erproben und seine Wirkungen auf die Umwelt kennen lernen;
- Zusammenhänge erkennen und begreifen;
- Erklärungs- und Interpretationsmuster für Umweltgegebenheiten erwerben;
- sich Orientierung verschaffen und Einstellungen gewinnen." (ebd., 16)

Spielen ist für Kinder besonders in der vorschulischen Phase die wichtigste Form der Wirklichkeitsaneignung. Spielerisch begreifen sie ihre Umwelt. Diese Art des Spielens ist stark mit Motorik, Bewegung und mit sinnlicher Erfahrung verbunden. Aber Spiel hat auch in späteren Lebensphasen wichtige Funktionen; das verdeutlichen einigen Grundcharakteristica des Spiels:

- *So-tun-als-ob:* ein Realitätsbezug ist im Spiel oft vorhanden, wird aber transformiert. Das kann auch in einer symbolischen Bedeutungszuweisung bestehen (z.B. der Holzklotz *ist* jetzt ein Auto); diese Zuweisung kann jederzeit wieder aufgehoben werden („das ist doch nur ein Holzklotz").

- *Flexibilität, Freiheit:* Spiel hat bestimmte Regeln, aber diese sind verhandelbar. Spiel geschieht in konkreten Zeit- und Raumgrenzen, aber die Spieler verfügen darüber. Das Spiel genügt sich selbst, ist frei von äußeren Zwängen.
- *Positive Emotionen*: Spielen macht Spaß, ist gefühlsmäßig mit Lust verbunden.
- *Mittel vor Zweck*: Spiel ist meist zweckfrei oder Selbstzweck, aber auf jeden Fall ist ein Zweck nachgeordnet.
- *Hier und Jetzt*: Das Spiel geschieht in der Gegenwart, Vergangenheit und Zukunft sind nicht relevant.

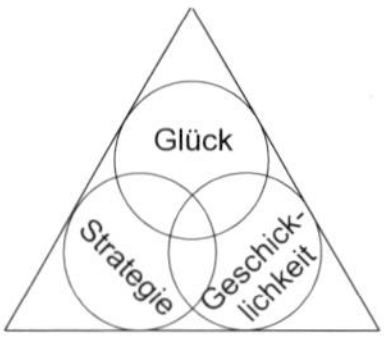

Wenn man das freie Spielen (der Kinder) und den Bereich der Phantasie- und Rollenspiele ausgrenzt, dann lassen sich Spiele nach drei Dimensionen einordnen: Glück, Strategie, Geschicklichkeit (motorisch, kognitiv ...). Die Dimensionen können einzeln oder in unterschiedlicher Gewichtung kombiniert eine Rolle spielen.

Spiel und Übung

Spiel/Spielen ist also eine bestimmte Umgangsweise mit etwas. Es folgt mehr oder weniger klar vereinbarten Regeln und hat bestimmte Strukturen, ist in der Regel voraussetzungslos und Selbstzweck, im Idealfall sogar ganz zweckfrei. Kinder und Erwachsene arrangieren Spiele, um Elemente der Welt und des sozialen Miteinanders vereinfacht erfahrbar und symbolisch handhabbar zu machen. Im freien Spiel sammeln Kinder Erfahrungen und üben zugleich Weltwahrnehmung ein; durch Spielen *begreifen* Kinder die Welt. Spielen hat in dieser Sicht auch Übungscharakter.

Durch Spielen die Welt begreifen

Eine (pädagogisch intentionale) Übung ist gegenüber dem Spiel ziel- und zweckorientiert. Üben setzt an Erklärungen bzw. einer gemeinsamen Basis an. Der Begriff „Übung“ ist eher negativ besetzt, mit Unlust und Anstrengung verbunden. Aber es gibt Überschneidungsbereiche „spielerischer Übungen“, bei denen wenigstens einige Aspekte des Spiels berücksichtigt sind.

Spielpädagogik beinhaltet eine pädagogische Vereinnahmung des Spiels in zwei Richtungen:

- Erziehung zum Spielen hat das Ziel, zum Spielen zu motivieren und zu qualifizieren, weil man die Spieltätigkeit für pädagogisch wertvoll hält; das Ziel heißt: „besser spielen“.
- Erziehung mit und durch Spiel ist eine Methode, um Lernen zu erleichtern und angenehmer zu machen; das Ziel heißt: „besser lernen“ (vgl. Baer 1995).

  Ein (Spiel-) Pädagoge hat eine dreifache Aufgabe:

- Spielmöglichkeiten (Räume, Material, Gruppenbildung ...) schaffen;
- zum Spiel bzw. Spielen anregen;
- beim Spielen das Machen von Erfahrungen fördern.

Prägung von Spielen durch Medienwelten

Zum Medienzeitalter gehören nicht nur Tele-, Video- und Computerspiele, sondern auch Spielformen mit keinem oder geringem Technikaufwand, die sich mit Medien befassen. Es gibt Verbindungen und Wechselwirkungen zwischen Gesellschaftsspielen und Medienspielen. Spiele wie „Dingsda", „Tabu", „Activity" tauchen als Sendeformen im Fernsehen auf; oder Brettspiele werden in Computerspiele umgewandelt. In den Medien kommen Spielereien und Spielformen vor (Spielfilm, Gameshow ...), vieles von den Spaß-, Spiel-, Spannungsangeboten will und darf nicht bieder ernst genommen werden. Das derzeit im Fernsehen sehr erfolgreiche Format der Quizshows („Wer wird Millionär"...) stammt aus dem Spielbereich und nutzt dessen Gesetzmäßigkeiten. Und Computerspiele werden zu Spielfilmen und umgekehrt („Tomb Raider").

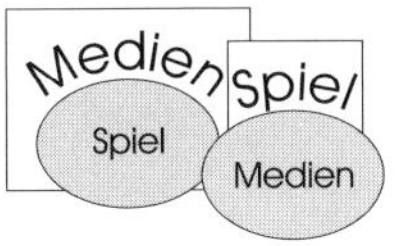

Umgekehrt kommen in den Spielen der Kinder (auch der Erwachsenen) Medien zu einem bedeutsamen Teil vor – beides veranschaulicht die Grafik. Leider werden die Medienspielereien immer aufwändiger, spektakulärer und teurer und das entfernt sie von den alltäglichen Gesellschaftsspielen. Beim „Medium" Computer ist der Spielbegriff ganz durch die Variante „Computerspiel" ersetzt; freies Spielen am Computer ist keine bestimmte Tätigkeit.

Spiel und Medienpädagogik

Bei Spielen im Kontext der Medienpädagogik gilt für die PädagogInnen folgende Grundregel: zunächst einmal wahr und ernst nehmen, wie Kinder selbst Medien und deren Themen und Erleben in freiem Spiel aufgreifen. Das so genannte „freie" Spiel von Kindern ist natürlich durch Mediensozialisation mitgeprägt. Warum hat ein Pädagoge nicht das Recht, auf seine „medienpädagogische" Weise mitzuprägen?! Die Aufgaben der PädagogInnen in Sachen Medien und Spiel waren bereits benannt: Spielmöglichkeiten, Spielräume zu schaffen, zum Spiel anzuregen und beim Spielen das Machen von Erfahrungen zu fördern. Das können Spiele mit Medien sein, aber das kann auch ein bewusstes Alternativangebot z.B. von Bewegungsspielen sein.

Die Auseinandersetzung mit Spielzeug und Spielwelten wie Computer- und Videospiele muss auch ein Thema der Spielpädagogik sein. Die folgenden Fragen (vgl. *Baer* 1995, 30) müssten sich entsprechend beantworten lassen:

1. Warum spielen Menschen?
2. Gibt es unterschiedliches Spielverhalten von Kindern, Jugendlichen und Erwachsenen?
3. Was unterscheidet spielen, arbeiten, lernen?
4. Muss spielen gelernt werden?
5. Was ist Sinn und Aufgabe von Spielpädagogik und Spielpädagogen?
6. Wie lassen sich die vielen Spiele einteilen bzw. gliedern?
7. Ist Spielen am Computer Spiel und gehören Computerspiele zu den Spielen?
8. Soll man Kinder im spielerischen Umgang mit Computern fördern oder sie davor bewahren?
9. Sind Aufgaben kindlicher Entwicklung durch die Einbeziehung eines spielerischen Umgangs mit dem Computer einfacher zu bewältigen?
10. Welches Vorwissen, welche Kompetenzen brauchen Kinder, Jugendliche, Erwachsene im Umgang mit Computern?

Übung

Zusammenfassende Aufgabe: Versuchen Sie, mit pädagogischen Argumenten die folgenden Sätze zu untermauern oder zu entkräften!

- Spielen ist Handeln ohne ernste Folgen.
- Spiel ist nur etwas für Kinder und mag für sie wichtig sein. Wenn Erwachsene noch spielen, ist das eine Flucht aus der Realität mit Suchtgefahr.
- Fußballspiel, Spielhallen ... sind nur Ersatz für fehlende Action und Spannung im wirklichen Leben.
- Zum Spielen gehört Spaß und Zweckfreiheit, aber Lernen ist mit Anstrengung und Zielorientierung verbunden; deshalb ist Spiel für Pädagogik ungeeignet.
- Wer nicht spielt, geht am Leben vorbei.
- Spiel bietet die Möglichkeit zu lustbetontem und selbstbestimmtem Handeln auf Probe.

8.5.2 Bildschirmspiele

Definition

Der Begriff Bildschirmspiele ist ein Oberbegriff zu Video- und Computerspielen: das Spielgeschehen läuft über einen Bildschirm (Fernsehgerät, Computermonitor, Display des Gameboy ...), ist durch ein Computerprogramm festgelegt, aber kann in diesem Rahmen vom Spieler aktiv beeinflusst werden. Folgende Gerätetypen sind zu unterscheiden, die alle auf ähnlichen technischen Voraussetzungen beruhen und ähnliche Spielabläufe produzieren (vgl. *Fritz/Fehr* 1997, 81):

- **Arcade-Games** bezeichnen die entsprechenden Spielautomaten mit Bildschirmspielen in Spielhallen; gegen Geldeinsatz kann man spielen und meist neben dem spielinhaltlichen Gewinn nur Bonuspunkte in Form von Spielzeit gewinnen.
- **Computerspiele** benutzen den Computer, der auch bzw. vor allem für andere Anwendungen gedacht ist.
- **Videospiele** benutzen eine spezielle Konsole, die nur für diese Zwecke gebaut wurde und in der Regel an ein Fernsehgerät angeschlossen wird. Der Markt wurde von den Firmen Nintendo, Sega und Sony beherrscht; Sega hat sich vor einigen Jahren aus dem Hardwaremarkt zurückgezogen. 2002 hat auch Microsoft eine Spielkonsole mit dem Namen „Xbox" auf den Markt gebracht.
- **Tragbare Videospiele** bieten „all in one" für die Westentasche; bekanntestes Gerät dürfte hier der „Gameboy" der Firma Nintendo sein.

Eine kleine Chronik der Bildschirmspiele

- 1961: Im ersten Bildschirmspiel „Spacewar" versuchen zwei Spieler einander zu zerstören, während sie um einen Planeten mit starker Gravitationskraft fliegen. Der Unix-Entwickler *Ken Thompson* nimmt ein einfaches Spiel zum Anlass, um das weit verbreitete Unix-Betriebssystem zu programmieren.
- 1972: *Nolan Bushnell* legt mit dem Spieleautomaten Pong, ein Ballerspiel mit Toren, den Grundstein für die Computerfirma „Atari".
- 1974: Erste Heimkonsolen für das Tennis ähnliche Spiel „Pong" zum Anschluss an einen S/W-Fernseher.
- 1977: Atari VCS 2600, eine Spielkonsole mit Austauschmodulen, „tollem" Sound und bunter Grafik.
- 1978: „Space Invaders" der japanischen Firma Taito, erst als Münzautomat, dann als Spielmodul für Atari VCS 2600; weltweit füttern Millionen Spieler diesen Automaten mit ihren Münzen, um mit einem klobigen Raumschiff auf noch klobigere Außerirdische zu schießen, ein erstes primitives Abschießspiel; der Computer wird im Real-Time-Modus zum Spielgegner. „Das Spiel ‚Space Invaders' wurde durch seine spezifischen Elemente zum Ursprungsspiel aller ‚Space-Shooter'. Eine ganze Generation von Kindern und Jugendlichen hat durch dieses Spiel und durch hunderte anderer Spiele dieses Spielmusters erfahren, was Computerspiele sind." (*Fritz/Fehr* 1997, 93)
- 1980: das erste „Maze-Game" mit dem Namen „pacman" (von japanisch paku-paku = essen) wird von der japanischen Firma Namco veröffentlicht. Prinzip dieser Spiele: bewegliche Figuren in einem Labyrinth, die Spielfiguren haben funny-Charakter. Weiter-

entwicklung später: Maze-Shooter. Parallel entstehen erste Comic-Adventures wie „Donkey Kong".

- 1982: Geburtsjahr des legendären C 64 der Firma „Commodore", des ersten „richtigen" Heimcomputers. Weltweit werden davon etwa 17 Millionen Geräte verkauft.
- 1984: Heimcomputer bedrohen Videospiel-Konsolen.
- 1985: Neuaufbruch, Nintendo präsentiert sein NES = Nintendo Entertainment System mit qualitativ hochwertiger Software. „Super Mario" erobert die Welt. Vom Comic-Adventure „Super Mario Bros. 3" verkauft Nintendo sieben Millionen Exemplare in den USA und vier Millionen in Japan. – Auf dem Heimcomputermarkt präsentieren Atari mit dem „Atari ST" und Commodore mit dem „Amiga" Neuentwicklungen mit graphischer Benutzeroberfläche, die auf den DOS-Computern erst später mit Windows kam.
- 1986: Sega-Konkurrenz zu Nintendo und jede Menge Spielsoftware für den C 64.
- 1987: Georg Lucas Film- und Softwareproduktion aus Kalifornien veröffentlicht das Adventure-Spiel „Maniac Mansion"; die gehobene Grafikfähigkeit des Amiga kommt zum Tragen.
- 1989: Nintendos Gameboy gewinnt die Konkurrenz um das Hosentaschenspiel gegen die Farbigkeit von Ataris „Lynx".
- 1991: Nintendo antwortet mit „Super Nintendo" auf den Vorjahresstart von Segas „Mega Drive": 16-Bit des Motorola 68000 Prozessors. Der Siegeszug des PC drängt Atari und Amiga immer mehr zurück und drängt mit der VGA-Grafik auch ins Spielegeschäft (z.B. „Wing Commander" der Firma Origin).
- 1993: Das Spiel „Doom" etabliert die subjektive Kameraperspektive der „Ego-Shooter"; es enthält als weitere zukunftsweisende Features Netzwerk-Option, Editierbarkeit und Vertrieb über Internet.
- 1995: Sonys „Playstation" und der „Saturn" von Sega führen den Videospielemarkt in die 32-Bit- und 3-D-Grafik-Ära; die Software wird auf CD-ROM geliefert.
- 1996/97: Nintendo kontert mit einem 64-Bit-System, agiert aber weiterhin mit Modulen statt CD-ROM. Vorteil: keine Ladezeiten; Nachteil: weniger Daten.
- 1998: Nintendo startet mit „Pokemon" (pocket monster) einen neuen Spiele-Schlager für den gameboy, der auch im Medienverbund mit Sammelkarten, Fernsehserie und Kinofilm riesige Erfolge feiert.
- 1998: Mit dem Spiel „Counter-Strike", einem modifizierenden Zusatzmodul zu „Half-Life", beginnt die Ära der Netzwerkspiele und LAN-Parties.

- 1999 – Trotz anfänglich großen Verkaufserfolgs bleibt die Spielkonsole „Dreamcast“ von Sega hinter den Erwartungen zurück; 2001 zieht sich Sega aus dem Hardwaremarkt zurück und kooperiert künftig mit Sony.
- 2000: in Deutschland werden drei Milliarden DM mit Computerspielen umgesetzt, doppelt so viel wie an den Kinokassen. PC-Spiele sind das Hauptargument für neue, schnellere, leistungsfähigere Rechner.
- 2001: Microsoft bringt „Xbox“ als eigene Spielkonsole heraus; Nintendo kontert mit der Würfelkonsole „Gamecube“.

(Vgl.: *Hengst, Michael,* Mario & Co. Das Videospiel wird 25, in: Zeit Magazin Nr. 17, 18.4.1997, 26-34; *Fritz/Fehr* 1997 * http://www.segafan.de/historie.htm * http://www.8bit-museum.de)

Typisierungen von Bildschirmspielen

Spielkonsolen

Videospiele bzw. Telespiele brauchen eine spezielle Spielkonsole (= ein auf Spiele festgelegter und nicht weiter programmierbarer Computer), die in der Regel ans Fernsehgerät angeschlossen wird. Die Software auf Cartridges, CD-Rom oder DVD ist zwischen den verschiedenen Herstellertypen i.d.R. nicht austauschbar. Marktbeherrschend sind wenige große Hersteller, derzeit: Nintendo, Sony, Microsoft. *Computerspiele* sind Software (auf Diskette, CD-ROM oder DVD), die auf einem auch für andere Zwecke offenen Computer genutzt werden können (PC unter MS-DOS oder Windows als Betriebssystem, Apple, früher auch Commodore Amiga, Atari); die Software ist zwischen den verschiedenen Betriebssystemen nicht austauschbar. Computerspiele sind häufig kopierfähig, was aber rechtlich auch im Privatbereich nicht erlaubt ist. Spiele sind Computerprogramme und dürfen wie diese auch für den privaten Gebrauch nicht kopiert werden. Erlaubt ist ausschließlich *eine Sicherungskopie*; diese Kopie darf nur als Absicherung für den Fall des Verlustes oder der Beschädigung des Original-Datenträgers dienen. Auch die Sicherungskopie ist rechtlich umstritten. Wer wegen einer Sicherungskopie eines Programms oder Computerspiels Ärger bekommt, sollte argumentieren, dass er die CD oder DVD zur unbeschränkten und endgültigen Nutzung gekauft hat und die Sicherungskopie „für die weitere Nutzung des Programms notwendig ist“; dieser Umstand erlaubt nach § 69d des Urheberrechtsgesetzes das Anfertigen einer Sicherungskopie.

Kopieren von Computerspielen

Action-Spiele

„Im Mittelpunkt der für Konsolen entwickelten Videospiele steht das ‚Action-Spiel‘. Spannung, Unmittelbarkeit und ‚Lebendigkeit‘ sind die sofort spürbaren Kennzeichen dieses Spieltyps. Der Spieler handelt mit Hilfe eines ‚elektronischen Stellvertreters'. Seine Einwirkungen auf diese Spielfigur sind direkt und auf Aktion gerichtet. Es entsteht (durch vielfältige Gefährdungssituationen) ein unmittelbarer Handlungsdruck, der den Spieler zur ständigen Konzentration und Handlungsbereitschaft zwingt. Der Spieler hat dadurch das Gefühl, direkt und unmittelbar im Spiel zu sein. Im Mittelpunkt der Spielforderungen stehen Fähigkeiten wie rasches Auffassungsvermögen, Reaktionsschnelligkeit, Auge-Hand-Koordination, räumliches Orientierungsvermögen, Streßresistenz. Action-Spiele fordern vom Spieler unmittelbare geistige und körperliche Präsenz. Viel Zeit für Überlegung und Abwägung bleibt nicht. Es geht vielmehr darum, daß der Spieler ‚effektive Verhaltensmuster' in Bezug auf die vielfältigen Spielsituationen entwickelt. Er lernt, was in der jeweiligen Situation zu tun ist. Und dieses Tun muß immer wirkungsvoller, präziser und schneller werden, um die immer schwieriger zu bewältigenden Gefährdungssituationen zu meistern.

Reaktionsschnelligkeit

Kinder und Jugendliche fühlen sich gerade von diesem Spieltyp in besonderer Weise angesprochen, bietet er ihnen doch das, was für sie ‚Erlebnis', ja: ‚Leben' und ‚Lebendigkeit' ist. Action-Spiele sind zum anderen auch die ‚Fortsetzungen' zu Zeichentrickfilmen, Spielfilmen und Sportübertragungen, die zum medialen Alltag von Kindern und Jugendlichen gehören." (*Fehr/Fritz* 1995)

Vergleich Videofilme und Computerspiele

Zwischen Video als pädagogischem Medium und Computerspielen gibt es viele Parallelen, aber auch markante Unterschiede (vgl. Grafik). Fernseh- und Videofilme sind faszinierend, wenn man sich einfühlen kann in den Handlungsablauf und sich mit Hauptakteuren identifizieren kann. Aber man kann den Filmverlauf nicht beeinflussen. Beim Video- und Computerspiel, dessen Action vielfach trickfilmartig entsprechenden Spielfilmsequenzen nachempfunden ist, hat der Spieler innerhalb der vorgegebenen Programmstrukturen Handlungs- und Einwirkungsmöglichkeiten. Die Fähigkeiten und Fertigkeiten des Spielers sind sogar entscheidend dafür, ob das Spiel weitergeht und ggf. zum Ende gebracht werden kann.

Eine grobe Typisierung oder Klassifizierung von Computerspielen benutzt das Gegensatzpaar von *Knöpfchenspiele* (Actionspiele, Funny Games ...) und *Köpfchenspiele* (Denkspiele, Strategiespiele, Simulationen, Rollenspiele ...); allerdings lassen sich viele Spiele benennen, die zwischen den beiden Gegensätzen einzuordnen sind. Deshalb ist eine differenziertere Einteilung von Genres sinnvoll. Folgende Genres der Computerspiele werden unterschieden (vgl. u.a. *Fehr/Fritz* 1993, 67 ff.):

- **Denk- und Geschicklichkeitsspiele**: Bekanntestes Beispiel ist „Tetris". Die Spiele dieser Gattung fordern in der Regel Denkleis-

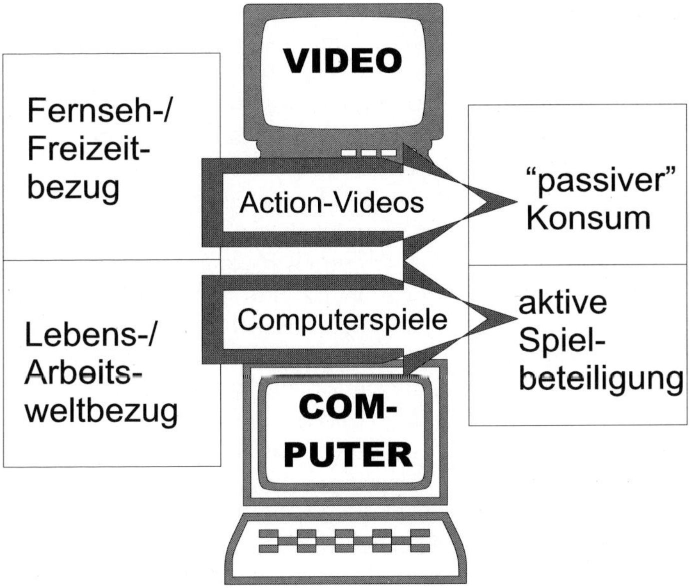

Abb. 8.4: Videofilm und Computerspiel im Vergleich

tung und gutes Reaktionsvermögen, oft auch Abstraktionsleistungen in kurzer Zeit.

- **Action-/Kampfspiele**: Auch hier kommt es in der Regel auf Konzentration und Geschicklichkeit an, aber das Denken ist wenig gefragt. Ob im Vorbeifahren möglichst viele Feinde abzuschießen oder Mann gegen Mann bzw. Monster Kämpfe zu bestehen sind, es geht immer darum, den Feind bzw. möglichst viele Feinde zu vernichten.

  Wie in der übrigen Medienwirkungsforschung ist auch hier die Frage nach der Wirkung solcher Gewaltaktionen zu stellen. Erschwerend kommt die eigene Aktivität beim Computerspiel hinzu. Altersfreigaben sind laut Jugendschutzgesetz auch für Computerspiele verbindlich; bislang gab es nur eine freiwillige Alterskennzeichnung seitens der Industrie. Die Bundesprüfstelle kann per Indizierung Vertrieb und Bewerbung an Jugendliche unter 18 Jahren untersagen. Es gibt auch Action mit ernsterem Hintergrund, z.B. das Spiel „Rainbow Warrior" der Umweltorganisation Greenpeace.

  Wirkung von Gewaltspielen

- **Funny Games**: In meist comic-artiger Gestaltung geht es um Spaß und lustige Begebenheiten: Klassisches Beispiel: „Pac Man". Die

Grenzen zu Action-/Kampfspielen sind gelegentlich fließend. Problematisch sind einzelne Simplifizierungen an sich ernster Themen.

- **Simulationen**: Computer-Simulationen werden schon seit vielen Jahren in diversen Ausbildungen eingesetzt, vor allem der militärischen Ausbildung und der Flugausbildung, aber auch im Wirtschaftsbereich etc. Wie die Bezeichnung bereits sagt: Simulationen versuchen so weit wie möglich Wirklichkeit nachzuahmen (Beispiele: Flugsimulator, andere Fahrzeugsimulationen, Sportspiele, vor allem Golfsimulationen, Wirtschafts-/ Börsensimulationen, auch Simulation von Schlachten ...).
  Nachahmungen von Brettspielen: z.B. Schach, Monopoly, Mensch ärgere dich nicht. Allerdings sind solche Spiele in der Regel Gesellschaftsspiele, die nur bedingt und sicher mit anderen Effekten für einen Einzelspieler am Computer Sinn machen.
- **Strategie**: Zwischen den Simulationen und den Spielgeschichten sind die aktuell sehr beliebten Strategiespiele anzusiedeln.
- **Adventure / Spielgeschichten:** Bei diesen Spielen übernimmt der Spieler in der Regel bestimmte Rollen. Er bestimmt, im Rahmen der vom Programm vorgegebenen Möglichkeiten, den Verlauf des Geschehens. Dieses Genre ist weiter differenzierbar nach Spielinhalten oder Form. Diese Spiele sind Zeitfresser; ein Abenteuerspiel kann man über Tage, ja manchmal über Wochen spielen. Die Identifikation mit der Rolle kann sehr weit gehen. Vor allem die Phantasien von Kindern sind hier leicht zu entzünden.

Edutainment

- **Lernspiele:** Unter dem Schlagwort „Edutainment" versucht die interessierte Industrie, den Eltern eine Brücke zwischen Bildung/Schule und Computerspielen zu schaffen. Der Begriff setzt sich aus den Begriffen Education und Entertainment zusammen und meint unterhaltsame Formen von Erziehung und Bildung. Dahinter steckt einerseits die Kritik, dass (schulisches) Lernen primär mit Anstrengung, Zwang, Unlust verbunden wird, andererseits aber bekannt ist, das entsprechende Motivation Lernprozesse beflügeln kann. Die „Spaßgesellschaft" fordert ein, dass auch Lernen Spaß machen soll und entsprechend effektiver gestaltet werden könnte. In dieser Kritik und diesen Forderungen stecken wichtige und richtige Aspekte. Aber es lässt sich nicht jeder Inhalt in muntere Animationen und spielerische Lernformen verpacken.

Jürgen Fritz hat in neueren Publikationen die Klassifikationen von Spielen dahingehend weitergeführt, dass er eine dreidimensionale Landkarte entworfen hat, in der konkrete Spiele jeweils eingeordnet werden können (vgl. *Fritz/Fehr* 1997, 88).

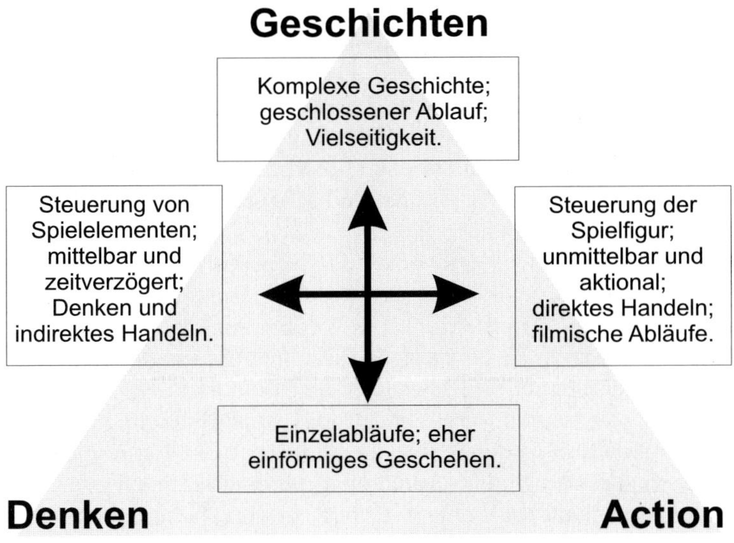

Abb. 8.5: Dreidimensionales Schema zur Einordnung von Computerspielen

Spiele im Netz

LAN-Paries

Mit dem Begriff „LAN-Partie“ wird ein Jugendkultur-Phänomen der letzten Jahre beschrieben. *LAN* ist die Abkürzung für *Lokal Area Network*. Mehrere meist jugendliche Spielfreudige treffen sich, bringen ihre Computer und Bildschirme mit, vernetzen die Rechner untereinander und spielen dann nicht mehr gegen eine programmierte Maschine, sondern mittels des Computers mit- oder gegeneinander. Die Anzahl der Teilnehmer schwankt zwischen zwei und einigen hundert Spielern. Bei Veranstaltungen in entsprechend großen Hallen gibt es gelegentlich mehrere Hundert Spieler, die oft mehrere Tage und Nächte mit den Netzspielen verbringen. In der Mehrzahl werden LAN-Parties von den Jugendlichen selbst organisiert; vielfach spielen sie sich auch im privaten Rahmen ab. Auf jeden Fall müssen die LANs als ein relevantes Phänomen derzeitiger Jugendkultur oder besser Jungenkultur betrachtet werden; beteiligt sind nahezu ausschließlich männliche Jugendliche. Bei diesem Phänomen ist die Kommunikation unter den Spielern, die Organisation des Spiele-Rahmens und die Beziehungspflege zu Mitspielern ebenso wichtig wie das Spielen selbst. Wer sich hier nicht sozial verhält, egal um welches Spiel es geht, wird als Mitspieler uninteressant. Die Prinzipien des Spielens (vgl. Anfang des Kap.) kommen hier voll zum Tragen.

Zeitphänomen der Jugendkultur

Der Hauptunterschied zwischen LAN-Parties und Multiplayerspielen im Internet besteht darin, dass die Spieler bei den Parties sich real treffen, nebeneinander sitzen, sich miteinander unterhalten und absprechen können; die Parties haben also weitere kommunikative Zwecke neben den Spielen. Allerdings ist es auch beim Spielen im Netz möglich, sich nebenbei zu unterhalten, z.B. über ein Headset (Kombination von Kopfhörer und Mikrophon) oder über einen zeitgleich laufenden Chat.

Spiele im Internet

Auf den LANs werden verschiedene Spiele, die im Netz im Mehrspielermodus funktionieren, gespielt: Strategie-Spiele, Renn- oder Sportspiele. Am meisten aber werden sogenannte Ego-Shooter wie Counter-Strike gespielt, da diese nicht so lange dauern und man so öfter Gegner und Mitspieler wechseln kann.

Ego-Shooter

Ego-Shooter zeigen dem Spieler das Spielgeschehen, zumeist Schießaktionen, aus der Perspektive einer subjektiven Kamera; sie beziehen also den Akteur unmittelbar mit ein: der Spieler selbst ist es, der herumläuft und schießt. Er bewegt sich wie im Film in einer dreidimensionalen virtuellen Welt, die vom Computer in Echtzeit berechnet wird. Das war vor zehn Jahren spektakulär und stellt hohe Anforderungen an die Hardware des Computers. Das erste Spiel dieser Art war 1993 „Doom", bei dem man als Soldat einen Planeten von Monstern und Mutanten befreien muss. Alle Versionen von Doom wurden in Deutschland indiziert. Mit *Counter-Strike,* dem derzeit bekanntesten und am meisten gespielten Ego-Shooter der Welt, begann 1998 die Ära der Netzwerkspiele. Im Prinzip ist Counter-Strike eine Variante des „Räuber und Gendarm"-Spiels. Der Spieler wählt die Rolle eines Terroristen oder Counter-Terroristen, also diverser polizeiähnlicher Gegner. In verschiedenen Szenarien muss eine der beiden Gruppen einen Auftrag erledigen, was die jeweils andere Gruppe zu verhindern versucht (Bomben legen, Gebäude stürmen, Geiseln befreien ...). Das Spiel ist ein *Mod* (Modifizierung) des Spiels „Half-Life", die erst auf einem bestimmten Bekanntheitslevel von den Herstellern des Ursprungspiels aufgekauft und weiterentwickelt wurde. Anders als bei den Mods ist das ursprüngliche Spiel Half-Life ein Ego-Shooter, der nicht so sehr im Multiplayermodus gespielt wird, sondern ein Spiel, in dem man als Einzelkämpfer gegen ausgebrochene Aliens kämpfen muss.

Counter-Strike

Bei Spielen wie Counter-Strike zählt nicht nur Herumlaufen und Ballern, sondern Spieler, die zu einer der beiden Parteien gehören, sprechen ihre Strategien ab. Entsprechend der in einer Spielrunde erworbenen Punkte (Bombe gelegt, Bombe entschärft, Geiseln befreit, Gegner getötet ...) bekommt man in einer neuen Spielrunde eine Geldsumme, mit der man sich dann Ausrüstung und Waffen kaufen kann. Ziel des Spieles ist es, möglichst viele Siege mit dem Team zu erringen und möglichst viele *Frags* zu bekommen; jeder getötete Gegner zählt einen Frag.

Dieses Spiel wird nicht nur bei LAN-Parties, sondern auch über das Internet gegeneinander gespielt. Dabei gibt es weltweit Clans – Gruppengemeinschaften von Jugendlichen, die immer zusammen in einem Team gegen andere spielen -, die sogar bei Weltmeisterschaften gegen andere Clans spielen.

Strategiespiele im LAN

In den bekanntesten Varianten der *Strategiespiele* wie „Age of Empires" hat der einzelne Spieler (oder mehrere Spieler in Parteien) die Aufgabe, ein bestimmtes Volk durch mehrere Zeiten zu führen. Es gibt Spiele, die nur in der Vergangenheit spielen, und andere, die in der heutigen Zeit oder in der Zukunft spielen, und Spiele, die durch alle Zeiten gehen.

Bei jedem Strategiespiel besteht das Spielproblem darin, wie die Maschinen oder Arbeiter an Rohstoffe oder Geld gelangen. Mit diesen Besitztümern kann der Spieler entweder neue Gebäude oder neue Einheiten bauen oder sich in die nächste Zeit weiterentwickeln. Dem Spieler stehen verschiedene Ansichten auf das Spielgeschehen zur Verfügung, die aber alle eine Sicht von oben zeigen; der Spieler schlüpft also nicht in die Ich-Perspektive einer Spielfigur. Während man sich im Laufe des Spielgeschehens eine große Stadt oder eine Basis aufbaut, ist es auch bei diesen Spielen eine wichtige Hauptaufgabe, den Gegner anzugreifen und zu vernichten.

Auch bei diesen Spielen gibt es Clans, die gegeneinander antreten. Allerdings braucht man im Gegensatz zu den Ego-Shootern bei den Strategiespielen wesentlich mehr Zeit; die Zahl der Spieler auf einer Karte ist meist auf maximal acht begrenzt.

8.5.3 Nutzung von Computerspielen

Spielen ist beliebte Tätigkeit am Computer

Nach der „JIM-Studie" (2001) ist bei Jugendlichen im Alter von 12 bis 19 Jahren, die Computer nutzen, „Spielen von Computerspielen" die häufigste Tätigkeit am Computer. 49% geben an, täglich oder mehrmals pro Woche zu spielen; ebenfalls 49% weist die Computernutzung für „Internet/Online-Dienst/Email" auf. Dabei nutzen Jungen den Computer weit mehr zum Spielen (66%, Mädchen 30%), während Mädchen bei „Texte schreiben" und „Arbeiten für die Schule" vorn liegen.

„Nutzer von Computerspielen ... geben zu 47 Prozent an, hälftig allein oder gemeinsam mit anderen zu spielen, ein Drittel spielt überwiegend allein und 18 Prozent spielen überwiegend mit anderen zusammen. Diese Größenordnungen gelten für Jungen und Mädchen gleichermaßen; eine isolierte, von der Außenwelt abgeschirmte Nutzung kann nach wie vor nicht festgestellt werden" (JIM-Studie 2001, 27)

Unterschiede zwischen Jungen und Mädchen bestehen in der Spielpräferenz. Die folgende Tabelle zeigt die beliebtesten Genres, bis zu drei Nennungen waren möglich (vgl. ebd.):

in %	Gesamt	Jungen	Mädchen
Denk-/ Geschicklichkeits- / Strategie-Spiele	59	58	60
Simulationen	31	40	17
Action-Spiele	35	43	23
Adventure-Spiele	13	12	15
Rollenspiele	6	10	0
Jump&Run-Spiele	3	2	5

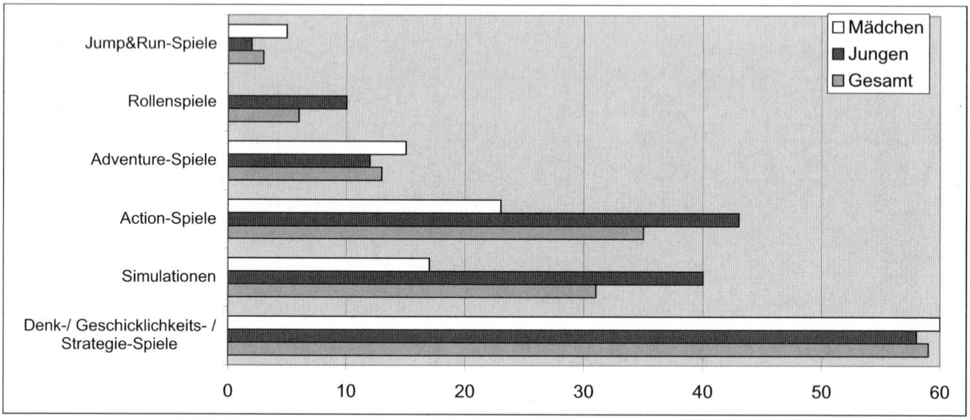

„Dass sich hinter diesen Kategorien trotzdem noch ganz unterschiedliche Spiele-Typen und Präferenzen verbergen, zeigt der Blick auf die Einzelnennungen. Im Bereich Denk-, Geschicklichkeits- und Strategiespiele beispielsweise geben 20 Prozent der weiblichen PC-Nutzer ‚Solitär' (Jungen: 2%) und 18 Prozent ‚Sim City' (Jungen: 6%) an. Die Jungen präferieren aus diesem Genre Spiele wie ‚Age of Empires' (14%, Mädchen: 4%), ‚Command and Conquer' (13%, Mädchen: 2%) oder ‚Black and White' (11%, Mädchen: 2%)." (JIM-Studie 2001, 27) Zu vergleichbaren Zahlen sind schon früher auch die Untersuchungen der Universität Bielefeld gekommen (vgl. *Fromme/Meder* 2000; 2001).

Computerspiele als Wirtschaftsfaktor

Computerspiele sind kein Nischenmarkt, sondern ein boomender Wirtschaftszweig; mit ihnen wird derzeit weltweit mehr Geld verdient als mit Kinofilmen an Kinokassen und in Videotheken. Geschätzter Jahresumsatz der Spieleindustrie: 20 Milliarden Dollar.

Computerspiele greifen Figuren von Spielfilmen auf, sie setzen aber auch ihrerseits Trends. Hollywood lässt sich von Computerspielen inspirieren (Super Mario, Pokèmon, Lara Croft ...). Und viele Computerspiele funktionieren heute in einem Verbund mit anderen Medien. Die Medienwelten von Film, Fernsehen und Computer(spielen) nähern sich zunehmend einander an.

Verbund von Medien

Dabei spielen nicht nur Kinder und Jugendliche, sondern Spaß am Computerspiel haben vor allem auch erwachsene Männer zwischen 20 und 40 Jahren. In einer Untersuchung in der Reihe „Trend Profile" kam der Stern im Okt. 2001 für die Bevölkerung ab 14 Jahren auf folgende Ergebnisse:

- 13,5 % der Deutschen sagen, dass sie in den letzten 12 Monaten ein Computer-Spiel gekauft haben (8,57 Mio.).
- 42,1 % aller Deutschen über 14 Jahre (26,76 Mio. Personen) verfügen zu Hause über einen Computer.
- Insgesamt spielen 17,7 Prozent (11,26 Mio.) Computer-Spiele, vorwiegend zu Hause; das ist fast die Hälfte der Computerbesitzer, aber andererseits spielen 82 % der Bevölkerung keine Computerspiele.
- 10,8 % der Computerspieler (1,21 Mio.) spielen täglich bis zu 1 Stunde oder mehr, 39,2 % (4,42 Mio.) ein paar Stunden pro Woche und 39,9 % (4,49 Mio.) seltener.
- Auf der Beliebtheits-Skala der PC-Spiele-Arten rangieren Strategiespiele (53 %) und Actionspiele (41 %) ganz oben gefolgt von Quiz- und Sportspielen.
- 9,28 Mio. Deutsche über 14 Jahre spielen Videospiele auf einer Spielkonsole. Den Kauf einer Video-Spielkonsole planen in den nächsten 12 Monaten 4,16 Mio. Deutsche (6,6 % der Bevölkerung).

8.5.4 Wirkungen zwischen Null, Transfer und Transformation

„Computerspiele aktivieren den homo ludens, aber sie tendieren auch dazu, die Kontrolle über ihn zu übernehmen." (*Rolf Oerter*, in: *Fritz/Fehr* 1997, 59) So oder ähnlich wird über „Wirkungen" von Computerspielen spekuliert. Die Problematik des Wirkungsbegriffs und -verständnisses aus der allgemeinen Wirkungsforschung gilt auch hier. Jede Art von Medienwirkung ist ein komplexes Geflecht aus situativen Faktoren, Persönlichkeitsfaktoren und Form sowie Inhalt des Medienangebot. Die generelle Wirkungsdebatte ist zwischen folgenden Polen anzusiedeln:

Wirkungsfaktoren

- *Pro*: In Computerspielen können viele Kompetenzen probiert und trainiert werden, die in der Realität genutzt werden können (Denken, Kreativität und Flexibilität, Reaktionsschnelligkeit, Entscheidungsfähigkeit, Simulationen von Gefahrensituationen); Simulationen können festgefahrene Realitäten aufbrechen helfen (z.B. Ökologie, Ökonomie ...).

- *Contra*: Computerspiele erreichen immer perfektere Simulationen der realen Welt. Die Spielewelten sind attraktiver als reale Welten, und man kann in ihnen ohne tatsächliche Konsequenzen agieren. Deshalb ist der Reiz groß, immer mehr in solch „virtuellen" Welten zu „handeln" und im Realen nur noch die notwendige Existenzgrundlage für die schöneren Welten zu sehen. Verhaltensmodelle aus den Spielwelten (z.B. Aggression) werden in die reale Welt übertragen.

Trägt man Chancen und Risiken in Stichworten zusammen und stellt sie einander gegenüber, dann könnte folgende zu variierende und zu ergänzende Liste dabei herauskommen (vgl. *Fromme* 2000; 2001).

positiv	**negativ**
Sensomotorischer Bereich	
Förderung ⇨ motorischer Geschicklichkeit ⇨ sensomotorischer Koordination ⇨ zielgerichteter Reaktion Training schneller Wahrnehmung und von Reaktionsschnelligkeit	⇨ Geringe ganzkörperliche Aktivität; Bewegungsdrang verkümmert, körperlich-vitale Antriebe werden abgeschwächt; ⇨ auf Seh- und Hörsinn reduziert; Belastung der Augen ⇨ „Industrialisierung" der Wahrnehmung
Kognitiver Bereich	
⇨ Einübung in logisches und strategisches Denken ⇨ Konzentrationsförderung ⇨ Förderung der Phantasie ⇨ Medienkompetenz ⇨ Komplexe Sachverhalte anschaulich	⇨ Aufgrund des Tempos keine Möglichkeit zur Reflexion ⇨ Verhinderung von Phantasie ⇨ Verlust ganzheitlichen zugunsten instrumentellen Denkens ⇨ Abstumpfung, verschobene Wirklichkeitswahrnehmung ⇨ Bilder sprechen das Gehirn einseitig an, der kritisch-rationale Teil wird umgangen
Emotionaler Bereich	
⇨ Geduldiges, berechenbares Medium, das keinen Stimmungen ausgesetzt ist ⇨ Aggressionsventil ⇨ Ermöglicht Einfühlen in Rollen ⇨ Regt zu Erfahrungsaustausch über Emotionen an ⇨ Grenzen einhalten	⇨ Gewöhnung an Gewalt, Aggressivitätssteigerung ⇨ Flucht in Scheinwelten ⇨ im Extremfall Suchtgefahr ⇨ Allgemeine Gefühlsabflachung ⇨ Stress bzw. Disstress wird erzeugt, ohne adäquate Aktivitätsmöglichkeit

Sozialer Bereich	
⇨ Ermöglicht sowohl private als auch gemeinschaftliche Nutzung ⇨ Regt zu sozialer Interaktion über das Medium an ⇨ Ich-Stärkung bei erfolgreichem Spiel	⇨ Verhindert Ausbildung sprachlicher Kompetenz; Entwicklungsverzögerung ⇨ Zeitfresser, verhindern andere Freizeitbeschäftigung ⇨ Begünstigen soziale Isolation und Vereinsamung („Ego-Shooter“) ⇨ Verfestigen soziale Ungleichheiten

Funktionszuweisung durch den Spieler

Jürgen Fritz (1997) hat in der Wirkungsdebatte angeregt, zunächst einmal die Ausgangssituationen des Computerspielers und die Funktionen, die dieser dem Spielen zuweist, zu betrachten. Beides sind entscheidende Einflussfaktoren möglicher Wirkungen. Das Beispiel eines 12-jährigen Jungen mag das verdeutlichen:

„*Wenn ich geladen bin, z.B. mein Bruder ärgert mich so gern. Da hat der Spaß dran, dann möchte ich ihm gerne eine reinhauen. Das darf ich ja nicht. Da kriege ich nämlich einen Anscheißer von meinen Eltern, weil der Arzt gesagt hat, daß man das unterlassen sollte. Dann gehe ich immer hin und mache den Computer an, und tack, tack, tack, weg sind sie. Dann stelle ich mir immer vor, das wäre der Tobias. (...) Wenn ich vom Aggressionstrip zurückkomme, dann tue ich mal ein Denkspiel rein, damit sich das abbaut.*“ (zit. nach *Fritz* 1997, 209)

Computerspiele werden, so zeigen die Untersuchungen von *Fritz,* vor allem mit folgenden Funktionen genutzt:

Langeweile

- → Abbau des als negativ empfundenen Gefühls von Langeweile. – Ein Folgeproblem kennzeichnet folgendes Zitat: „Das Computerspiel, das als ‚Kurzweil‘ begann, um das quälende Gefühl der Langeweile aufzulösen, entwickelt sich zu einer ‚selbstlaufenden‘ Aktivität, die die Spieler so stark in Beschlag nehmen kann, daß sie ‘ihre‘ Zeit ‘verlieren‘, weil die ausgefüllte Zeit am Computerspiel das Bewußtsein von Zeit unterbindet.“ (ebd., 208). Dieses Phänomen ist auch aus der Fernsehnutzung bekannt: Vielseher vertreiben das ungute Gefühl, viel ferngesehen zu haben, durch weiteres Fernsehen.

Entspannung

- → Durch ein Computerspiel sollen Abreaktion, Ablenkung, Abbau von Stress erreicht werden. Der Spieler zieht sich aus sozialen Bezügen und Verpflichtungen für eine bestimmte Zeit zurück. Die Konzentration auf das Spiel kann Distanz zum Umfeld, zu unangenehmen Situationen vor dem Spiel ermöglichen. Ein

Problem kann sein, dass bei Misserfolg im Spiel die genannten Funktionen nicht erreicht werden. (vgl. ebd., 209)

→ Im Computerspiel kann der Spieler Fähigkeiten trainieren bis zum Gefühl, etwas wirklich zu können und zu beherrschen; entsprechend ist Computerspielen eine „leistungsorientierte Aktivität". Je stärker ein Spieler in das Spielgeschehen eintauchen kann, desto stärker ist die entsprechende Befriedigung, „die mit dem Gefühl des völligen Aufgehens in dieser Tätigkeit verbunden sein kann. Für diese Form des gefühlsmäßigen Erlebens ist der Begriff ‚Flow' geprägt worden." (ebd., 211) Der Spieler erlebt sein Eintauchen, sein Handeln in der Spielwelt als einheitliches „Fließen", als „Verschmelzen von Handlung und Bewußtsein". Das flow-Gefühl erfordert große Konzentrationsleistungen; die Aufgabe, die das Spiel stellt, muss eine Herausforderung sein, die aber zu bewältigen ist.

Training

Flow-Gefühl

„Der emotionale Zweck des Computerspielens ist es, den Flow in Gang zu halten. Wie für das Klettern und andere Flow-Aktivitäten gibt es auch für das Computerspiel keine andere Begründung als das Computerspielen selber. Man erwirbt nichts anderes, als was im Computerspiel selbst liegt und erlaubt sich damit ein vorübergehendes Vergessen der eigenen Identität mit allen damit verbundenen Problemen. Dies ist sicher auch eine Erklärung dafür, warum Menschen der Anziehungskraft des Computerspiels ‚verfallen' und viel Zeit damit verbringen können." (ebd., 213) – Parallelen zum Phänomen der Sucht drängen sich an dieser Stelle auf.

Auf der Basis solcher Überlegungen und einiger Praxisforschungen mit Computerspielern hat *Jürgen Fritz* ein funktionales Ablaufmodell des Computerspielens entwickelt; negative Gefühle sollen durch das Spielen umgelenkt werden (vgl. Grafik).

Übertragung auf Realität

Zur Wirkungsdebatte gehört weiterhin die Frage, ob und wann überhaupt eine Übertragung zwischen Spielwelt und realer Welt stattfinden kann. Die allgemeine Frage eines „Transfers zwischen Welten" gehört für *Fritz* ebenfalls in den Kern der Wirkungsdebatte. Die Lebenswelt des Menschen, seine „Welt", seine Wirklichkeit ist eine subjektive (und gesellschaftliche) Konstruktion. Unsere Wahrnehmungen sind nicht innere Spiegelungen der Sinnesreize, sondern entstehen aktiv im Gehirn als Ergebnis eines internen, durch äußere Reize angeregten Verarbeitungsprozesses (vgl. Kap. Kommunikation). D.h. auch, wir nehmen ständig auf der Basis unseres aus früheren Wahrnehmungen gespeicherten Vorwissens wahr. Entsprechend ordnen wir auch Reize und Handlungen der Umwelt

Funktionales Ablaufmodell des Computerspielens

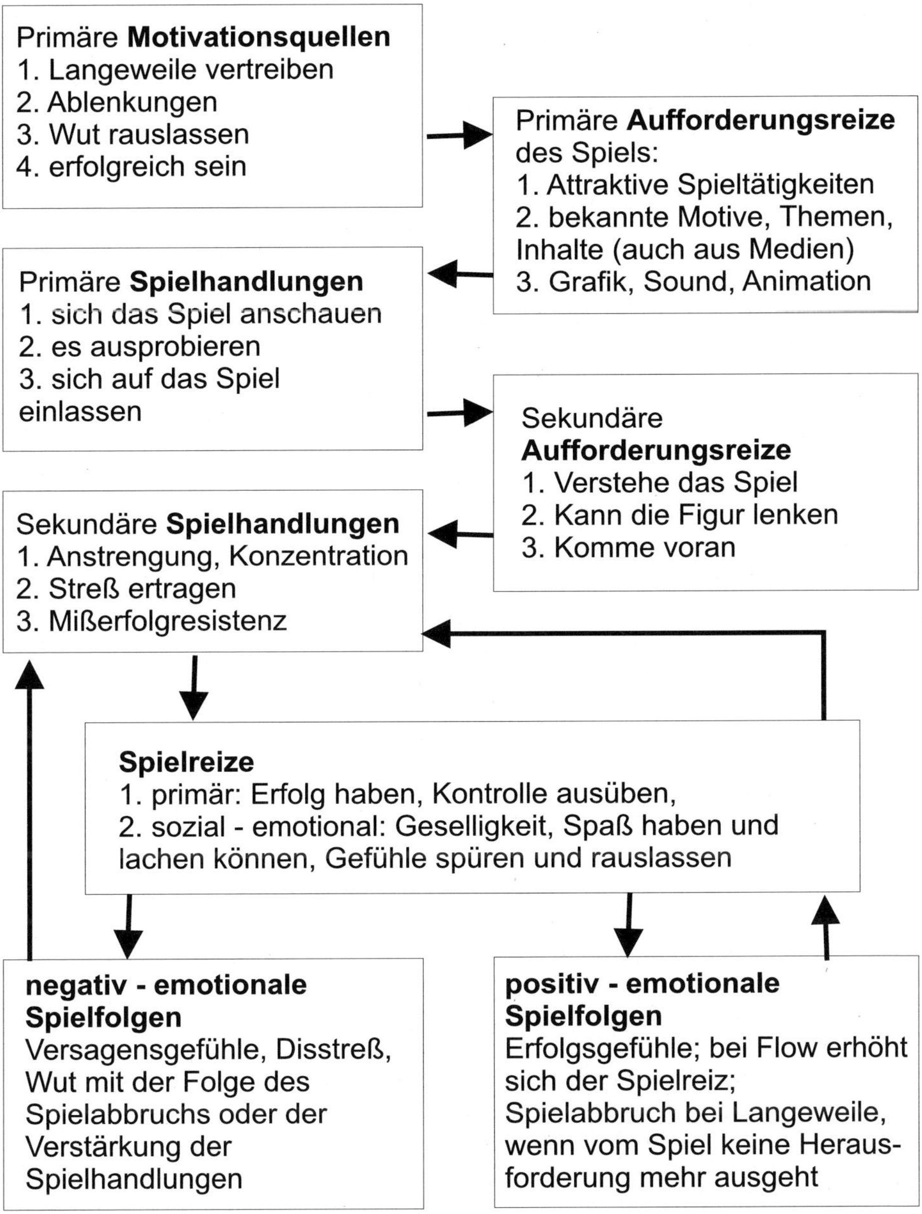

Abb. 8.6: Verlaufsmodell des Computerspielens und jeweilige Funktionen der Phasen (nach Fritz)

unterschiedlich ein. *Fritz* unterscheidet sechs verschiedene Erlebenswelten; jede Welt ist wirklich, weil und insofern sie wirkt, d.h. vom Individuum wirklich genommen wird. (vgl. dazu den Beitrag „Lebenswelt und Wirklichkeit" in: *Fritz/Fehr* 1997, 67-76)

Realwelt

Bestimmte Dinge der Umwelt und unserer Körperwelt ordnen wir der *Realwelt* zu. Diese Dinge und Erscheinungen sehen wir als wirklich, als real in ihrer Objekthaftigkeit und in ihren Auswirkungen.

Traumwelt

Am anderen Ende der Skala steht die *Welt unserer Träume*. Sie ist durchaus geprägt von unseren realen Erlebnissen und Erfahrungen; und Träume haben u.U. auch Auswirkungen für das Individuum. Aber in unserer bewussten Einordnung sind es eben „nur Träume", manchmal leider, manchmal zum Glück.

Mentale Welt

Zu unterscheiden sind davon *mentale Welten*, also unsere Phantasien, Gedanken und Vorstellungen, das Noch-nicht. „Die mentale Welt sichert mir einen Freiraum, den die reale Welt nicht bieten kann. Und im Rahmen dieser Freiheit kann ich Vorstellungen nach Wunsch entwickeln, weitertreiben, modifizieren, mich darin verlieren oder von den weitesten Ausschweifungen sogleich zurückkommen und an anderer Stelle an dieser Welt weiterweben. Die von mir entfaltete mentale Welt ist kommunizierbar (...)" (ebd., 19). Deshalb enthält die mentale Welt viel Potential für andere Welten und vor allem für die Veränderung der Realität bereit.

Spielwelt

Die *Spielwelt* unterscheidet sich davon in ihrem sinnlichen Charakter. Die mentale Welt ist anderen verschlossen, „die Gedanken sind frei", solange wir sie nicht preisgeben. In der Spielwelt wird das „Als-ob" und das „Noch-nicht" sozial geteilt. Sie schafft „eine sichtbare Verbindung zwischen unseren phantasievollen Vorstellungen und unserer realen Welt" (ebd., 21). In Spielwaren wird die Spielwelt objekthaft materialisiert, massiv drängen sich die Interessen von Warenabsatz und Vermarktung in diese freie Welt.

Mediale Welt

Die *mediale Welt*, also die Programm-Medien vom Buch über Hörprodukte bis zu Film und Fernsehen, steht der mentalen und der Spiel-Welt nahe. Und selbst im Fiktionalen gibt es hier Verbindungen zu und Spiegelungen von realen Welten. Die Frage, inwieweit die Erlebnisse und Erfahrungen der Medienwelten in die reale Welt transferiert werden, ist ein Kernproblem der Medienwirkungsforschung.

Virtuelle Welt

Wenn eine mediale Welt (oder auch eine Spielwelt) als deutlich abgeschlossen zur realen Welt und als in sich lebendig erlebt wird, dann kann man von einer *virtuellen Welt* sprechen. Im Unterschied zur medialen kann ich in der virtuellen Welt aktiv handeln. Ich steige in eine andere Welt ein, die mich ganz umfängt und in der eigene, meist andere Gesetze gelten. Ich kann Rollen und Funktionen einnehmen, die mir sonst verschlossen sind, und spüre ihre Auswirkungen; je intensiver ich sie spüre und je abgeschlossener diese Welt ist, desto gelungener erscheint die Virtualität.

REAL					
	MENTAL				
		SPIEL			
			MEDIAL		
				VIRTUELL	
					TRAUM

Erweitertes Wirkungsmodell

Auf der Basis dieser Unterscheidung verschiedener Erlebens-Welten stellt *Jürgen Fritz* (1997, 229 ff.) ein erweitertes Wirkungsmodell zur Diskussion. Eindeutige Wirkungszusammenhänge sind in der Debatte um Medienwirkungen selten zu finden. Entscheidend ist immer das Wechselspiel zwischen Medienreiz, situativem Kontext und individuellen Faktoren des Nutzers.

Transfer und Transformation

„Mit Hilfe des Begriffspaares ‚Transfer – Transformation' soll ein komplexer Austauschprozeß zwischen Spiel und Spieler einerseits und zwischen virtueller Welt und anderen Welten andererseits untersucht werden." (*Fritz* 1997, 230) Wirkungen setzen einen („intermondialen") Transfer zwischen den verschiedenen Welten voraus, z.B. von einer virtuellen Welt in die reale Welt. Dabei sind verschiedene Ebenen eines möglichen Transfers zu unterscheiden: Fact-Ebene, Skript-Ebene, Print-Ebene, metaphorische Ebene, dynamische Ebene (Erläuterungen und Grafik siehe *Fritz* 1997, 237). Transfer gibt es nicht ohne Transformation, also konstruktive Übertragungsleistungen des Individuums. Und diese Transfer- und Transformationsprozesse vollziehen sich innerhalb einer strukturellen Koppelung. „Ein auf diesem Begriffspaar basierendes Modell könnte eine Möglichkeit sein, das sich als ‚unfruchtbar' erwiesene Paradigma der Medienwirkungsforschung partiell zu überwinden." (ebd. 230)

8.5.5 Kriterien zur Beurteilung

Die USK (Selbstkontrolle der Softwareindustrie, www.usk.de) hat seit 1994 bereits über 7.800 Spiele bewertet. Weniger als 5 Prozent der getesteten Spiele wurden als „nicht geeignet unter 18 Jahren" eingestuft; allerdings dürften wie bei Spielfilmproduzenten Hardliner ihre Spiele erst gar nicht zur Bewertung eingereicht haben. Und die USK steht der einschlägigen Softwareindustrie sehr nahe und hat deshalb vermutlich ein Interesse daran, nicht zu viele Spiele mit dem Etikett „nicht für Jugendliche geeignet" zu versehen.

USK-Bewertung	2000	2001	2002
Ohne	41,1%	48,8%	52,5%
Ab 6 Jahren	14,3%	16.1%	14,8%
Ab 12 Jahren	23,7%	18,7%	20,7%
Ab 16 Jahren	16,8%	9,4%	12,6%
Ab 18 Jahren	4,1%	3,8%	2,4%

✓ Die Bundeszentrale für Politische Bildung betreibt seit Jahren eine Datenbank, in der pädagogische Bewertungen von Computerspielen einzusehen sind. Die interaktive Datenbank „Search & Play" gibt es als CD-Rom inklusive einiger Spiele-Demos oder im Internet unter www.bzpb.de . Unter dieser Internetadresse kann man die CD-Rom auch bestellen.

Kriterien zur Bewertung

Die folgenden Stichworte und Fragen sollten helfen, selbst als Pädagogen oder in Gruppen Bewertung von Bildschirmspielen vornehmen zu können.

- Angaben zur Zielgruppe, zum Alter (auf der Verpackung, im Spiel)?
- Art / Kategorie des Spiels genannt?
- Inhaltsangabe auf der Verpackung?
- Benötigte Systemvoraussetzungen: niedrig – – – hoch
- Preis angemessen?
- Installation: leicht – – – schwer
- Handbuch: vorhanden; benutzerfreundlich in Bezug auf Umfang, Tips, Sprache ...?
- Erklärungen zur Tastaturbelegung und zu Tastaturbefehlen?
- Option „Hilfe" im Spiel: vorhanden, hilfreich?
- Anzahl der Spieler
- Handlungsmöglichkeiten:
  Welche Wahlmöglichkeiten stehen dem Spieler offen?
  Muss man bei jedem Start von vorn beginnen oder kann man einen Spielstand speichern?
- Spieldesign: Farben, Bilder, Hintergründe; Figuren; Musik / Sound; Gesamgestaltung ...
- Darstellung von Figuren / Personen im Spiel:
  Kann der Spieler sich seine Figur auswählen?
  Wie sieht die Rollenverteilung aus?
  Wie werden die Bösen, wie die Guten dargestellt?
- Welche Inhalte (re)präsentiert das Spiel?
- Ist das Spiel unter dem Aspekt Jugendschutz relevant?
- Ist das Spiel noch als Spiel zu erkennen oder ist der Übergang zur Realität fließend?

- Wem und zu welchem Zweck würden Sie das Spiel empfehlen?
- Bewertung des Spiels nach Gegensatzwörtern:

originell	-	-	-	fade
knackig	-	-	-	langatmig
dürftig	-	-	-	reichhaltig
humorlos	-	-	-	witzig
einfach	-	-	-	kompliziert
farblos	-	-	-	bunt
männlich	-	-	-	weiblich
authentisch	-	-	-	pseudo
kalt	-	-	-	warm
gängelnd	-	-	-	Raum lassend

Literaturtipps

Ästhetik & Kommunikation. Themenheft „Computerspiele", 32 (2001/02) H 115

Computerspiele auf dem Prüfstand, Loseblattsammlung, hg. v. d. Bundeszentrale für politische Bildung, Bonn ab 1992

Dittler, Ulrich, Software statt Teddybär. Computerspiele und die pädagogische Auseinandersetzung, München 1993

ders., Von Computerspielen zu Lernprogrammen, Frankfurt 1996

ders., Computerspiele und Jugendschutz. Neue Anforderungen durch Computerspiele und Internet, Baden-Baden 1997

Fehr, Wolfgang/Fritz, Jürgen, Virtuelle Gewalt in Spielwelten. Humane Werte ohne Bedeutung?, in: Medien praktisch 26 (2002) H 3, 48-52

Fritz, Jürgen, Im Sog der Videospiele, München 1985

Ders. (Hg.), Programmiert zum Kriegspielen. Weltbilder und Bilderwelten im Videospiel, Bonn 1988

Ders. (Hg.): Warum Computerspiele faszinieren. Empirische Annäherung an Nutzung und Wirkung von Bildschirmspielen, Weinheim 1995

Ders./Fehr, Wolfgang (Hg.), Handbuch Medien: Computerspiele. Theorie, Forschung, Praxis, Bonn (Bundeszentrale für Politische Bildung) 1997

Fromm, Rainer, Digital spielen – real morden? Shooter, Clans und Fragger. Computerspiele in der Jugendszene, Marburg 2002

Fromme, Johannes/Meder, Norbert/Vollmer, Nikolaus, Computerspiele in der Kinderkultur, Opladen 2000

Fromme, Johannes/Meder, Norbert (Hg.), Bildung und Computerspiele. Zum kreativen Umgang mit elektronischen Bildschirmspielen, Opladen 2001

JIM-Studie 2001. Jugend, Information, (Multi-)Media. Basisuntersuchung zum Medienumgang 12- bis 19Jähriger, hg. vom Medienpädagogischen Forschungsverbund Südwest, Baden-Baden 2002

Krambrock, Michael, Computer & Co. Audiovisuelle Medien in der Jugendarbeit, Offenbach 1995

Maaß, Jürgen (Hg.), Computerspiele: Markt und Pädagogik, München/Wien 1996

Mayer, Werner Paul/Seter, Georg, Computer-Kids, Ravensburg 1994

9. Computer, Multimedia und Internet pädagogisch betrachtet

9.1 Computer und (Sozial-) Pädagogik

Pädagogik hat als Bedingungs- und Handlungsfeld die Lebenswelt der Menschen; sie kann dabei prinzipiell keinen Bereich ausklammern. Eine emanzipatorische Pädagogik hat den Anspruch, dass die Menschen als „Subjekte" selbst ihre Lebenswelten bestimmen. Ein Faktum heutiger Lebenswelt sind Computer. Die pädagogisch Auseinandersetzung mit dieser Technik kann unterschiedlichen Grundprinzipien folgen:

Informationstechnische Bildung

- Schulung im Umgang mit Computern (Programmieren lernen, Anwendungen lernen ...), weil Menschen solche Kompetenz in ihrem Leben brauchen (= Ausbildung, Computerkurse in Schulen und Hochschulen, Volkshochschulen, Berufsbildungswerke): berufs- bzw. technikorientierter Ansatz einer informationstechnischen Grundbildung.

Kritische Auseinandersetzung

- Kritische Auseinandersetzung mit Computerkultur und Computerisierung, um gesellschaftspolitische Wirkungen zu erzielen und emanzipatorische Bildung zu fördern: gesellschaftkritischer Ansatz.

Kreative Gestaltungen

- Computer als ein Werkzeug, das Menschen für ihre Zwecke und als Kreativ-Instrument nutzen können. Eine kritische Auseinandersetzung wird dabei nicht ausgeklammert, aber Computer werden als Teil der Alltagswelt akzeptiert. Positive Konsequenz ist ein kreativer medienpädagogischer Ansatz (Gestaltungs- und Animationsprogramme auf dem Computer, Computer und Musik, Fotografie, Video, Desktop Publishing ...).

Diese Grundpositionen sind abstrakt und sicher selten in Reinkultur zu finden. In Form einer kleinen Geschichte haben *F. Schell* und *B. Schorb* vor gut einem Jahrzehnt eine Vielzahl pädagogischer Argumente für den Computer ironisch pointiert; in knapper Zusammenfassung liest sich das so: Computer sind ...

- *modern* – ohne Computer sind Kinder schnell sozial isoliert;
- *vergnüglich* – spielend lernen Kinder den Umgang mit Computern, was sie später im Leben brauchen;

- *abenteuerlich* – Abenteuer im Freien sind kaum mehr zu erleben und außerdem gefährlich, also sind die Adventure-Spiele des Computers eine echte Alternative;
- *individuell* – ohne mühsame Suche wird der Computer zum Freund, der immer bereit ist, wenn man ihn braucht. Über Modem oder Internet kann der Kontakt zum Computer des Freundes leicht hergestellt werden;
- *männlich* – Computer sind Spitzentechnologie und Jungen sind von Technik begeistert;
- *reaktionsfördernd* – Reaktion, Koordination und Disziplin sind beim Computerspiel verlangt und werden trainiert;
- *intelligenzfördernd* – Computer arbeiten streng logisch ohne störende Müdigkeit und Gefühle („Wer am Computer arbeitet, der lernt auch eine objektive, glasklare, keinen Zweifel zulassende Logik. Er wird so intelligent wie sein Computer.");
- *leistungsfördernd* – Programmieren ist eine menschliche Höchstleistung („Auch beim Spielen muß man Hervorragendes leisten, je besser man ist, desto mehr Punkte erhält man, und bei manchen Spielen darf der Beste seinen Namen auf den Bildschirm schreiben, der dann solange Bestandteil des Spieles bleibt, bis ein anderer besser ist.");
- *berufsvorbereitend* – fast alle der wenigen Arbeitsplätze der Zukunft werden mit Computern zu tun haben; wer sich früh übt, hat bessere Chancen;
- *zukunftsweisend* – unser ganzes Leben wird mit Computern zu tun haben ... deshalb ist es unerlässlich, dass ein Kind einen Computer bekommt. (*Schell/Schorb* 1990, A 2/1 – A 2/4)

Theoretische Auseinandersetzung versucht immer zu systematisieren. Entsprechend wurden bereits in den Anfangsjahren, als der PC für die private Nutzung bezahlbar geworden war, Typisierungen pädagogischer Haltungen zum Computer vorgenommen (vgl. *C. Lenhardt* 1991):

Typisierung pädagogischer Haltungen

➔ *Typ I* sind die Befürworter, die in der Computer-Nutzung eine wichtige Voraussetzung für die berufliche Zukunft der Kinder sehen. Eltern ahnen mögliche negative Auswirkungen, schieben diese jedoch mit dem Argument beiseite, dass Kinder ohne entsprechendes Wissen in der heutigen schnelllebigen Informationsgesellschaft nicht mehr bestehen bzw. mithalten könnten.

➔ *Typ II* vertritt die Ansicht, dass Computer generell gefährlich und schädlich für die kindliche Entwicklung seien. Umstrukturierung des kindlichen Denkens, zunehmende Vereinsamung und Isolation sowie Spielsucht sind die maßgeblichen Argumente dieser

Gruppe, die sich häufig auf populärwissenschaftliche Veröffentlichungen stützen. Angst vor eigener Inkompetenz in Computerangelegenheiten verstärken diese ablehnende Haltung.

➔ *Typ III* hält Computer für sinnvoll, aber nicht für Kinder. Für Erwachsene wird der Nutzen der Technik im Berufsleben anerkannt. Computer-Nutzung wird also nicht prinzipiell abgelehnt, sondern für Kinder wird ein Schonraum gefordert, der frei von dem nicht kindgerechten Medium Computer ist.

➔ *Typ IV* nimmt eine eher resignierende Haltung gegenüber Computertechnologien ein. Man steht dem Computer ablehnend gegenüber und betont die Risiken und Gefahren für die Gesellschaft, duldet jedoch die Computer-Nutzung der Kinder. Das Gefühl, den Überblick auf dem Sektor der Computertechnologien und somit den Anschluss an die technische Entwicklung bereits verloren zu haben, verstärkt die Auffassung, den Kindern die Computer-Nutzung zu erlauben, damit es ihnen später einmal nicht ebenso ergeht.

Neue Medien werden in der Öffentlichkeit mit pädagogischen Argumenten historisch wiederkehrend ähnlich diskutiert; dabei treten problematische Aspekte eher in den Vordergrund: Gewalt und Pornographie bei Videokassetten und in Computerspielen, bei letzteren auch noch rechtsradikale und rassistische Spiele. Eine Diskussion, warum solche Videos oder Spiele bei Jugendlichen beliebt sind, welche Ursachen dies haben könnte und was man eventuell zur Akzeptanz oder Beseitigung dieser Ursachen tun müsste, findet bei oberflächlicher gesellschaftlicher Erregung kaum statt. Computer lassen sich auch aktiv, praktisch und kreativ nutzen. Es gibt vielfältige Überschneidungen zur aktiven Medienarbeit. Die Computertechnik bringt dafür neue Maßstäbe und andere Voraussetzungen mit sich. Kreative Computerarbeit ist ein mögliches (sozial-) pädagogisches Angebot neben vielen Alternativen. Auf diese Weise wird versucht:

Kreative Computerarbeit

- Computer als Medium zu entmystifizieren;
- den Umgang mit dem Computer als Werkzeug erfahrbar zu machen;
- das Werkzeug in medienpädagogischer Absicht aktiv zu benutzen;
- kreative Umgangsmöglichkeiten gegen Routine-Verwendung in Beruf und Freizeit aufzuzeigen;
- den pädagogischen Ängsten und Klagen kein verbietendes, sondern positives Handeln entgegenzusetzen.

Eine Reihe von Zielsetzungen (sozial-)pädagogischer Arbeit mit Computern sind zu unterscheiden. Computerarbeit sollte eine Form sozialen Handelns sein; das heißt, nicht das Gerät, sondern die Menschen stehen im Mittelpunkt. Da die Zugänge zu diesem teuren Medium sehr unterschiedlich sind, ist kompensatorische Förderung nötig, um soziale Benachteiligungen durch Technologieentwicklung abzufangen oder wenigstens zu mildern (vgl. Wissenklufts-Hypothese). Um Chancengerechtigkeit und -gleichheit zu fördern, wird pädagogische Praxis möglichst vielen jungen Menschen die Chance geben, an den neuen Entwicklungen zu partizipieren. Wenn Menschen nicht gegenüber Technologie zu bloßen Funktionsträgern degradiert werden sollen, muss auch Kritikfähigkeit gegenüber der Entwicklung gefördert werden. Alle Medien haben individuelle und soziale Wirkungen. Durch aktiven Umgang mit dem Computer im pädagogischen Kontext kann sich bei Kindern und Jugendlichen ein relativ kritisches, selektives Verhalten zu dem Medium entwickelt.

Ziele pädagogischer Computerarbeit

„Aufgabe von medienpädagogischen Angeboten wäre somit zum einen die Vermittlung von differenzierten Einstellungs- und Deutungsmustern – Gegenstand des Handelns wäre das mediale Alltagsleben der Kinder und Jugendlichen einschließlich deren subjektiven Sinndeutungen -, zum anderen müssen die Angebote neben den kognitiven auch emotionale und psycho-soziale Bewußtseinsschichten ansprechen." (LFD-Materialien 78 zur Medienpädagogik 1/89: „Jugend und Computer. Erfahrungsbericht"). Auch das Thema „Computerspiele" kann nicht rein kognitiv distanziert abgehandelt werden, sondern setzt Eigenerfahrung voraus: „Um die Faszination der Spiele, ihre Struktur, die Situation usw. begreifen zu können, sind eigene Erfahrungen jedoch unabdingbar." (ebd. 11)

Literaturtipps

Bundeszentrale für politische Bildung (Hg.), Computer in der Schule. Pädagogische Konzepte und Projekte, Empfehlungen, Dokumente (Schriftenreihe der Bundeszentrale für politische Bildung Bd. 246), Bonn 1986

Zeitschrift für Pädagogik 35 (1989), Themenheft „Computer"

Barthelmes, Jürgen, Fernsehen und Computern in der Familie. Für einen kreativen Umgang mit Medien, München 1999

Böcker, Dirk/Schillo, Johannes (Hg.), Computer in der Jugendarbeit, Weinheim 1995

Drewes, Detlef, Kinder im Datennetz – Pornographie und Prostitution in den neuen Medien, Frankfurt 1995

Fritz, Jürgen (Hg.) Computer in der Jugendarbeit, Mainz 1987

Haefner, Klaus, Die neue Bildungskrise. Lernen im Computerzeitalter, Reinbek 1985

Leu, Hans Rudolf, Wie Kinder mit Computern umgehen. Studie zur Entzauberung einer neuen Technologie in der Familie, Weinheim 1993

Hoelscher, Gerald, Kind und Computer, Berlin 1994

Kleinschroth, Robert, Neues Lernen mit dem Computer, Reinbek 1996
Mayer, Werner Paul, Aufwachsen in simulierten Welten. Computerspiele – die zukünftige Herausforderung für Eltern und Erzieher, Frankfurt 1992
Mayer, Werner Paul/Seter, Georg, Computer-Kids, Ravensburg 1994
Metz-Glöckel, Sigrid u.a., Mädchen, Jungen und Computer (Sozialverträgliche Technikgestaltung Bd.24) Opladen 1991
Meyer, Bernhard (Hg.), Hilfe vom Bildschirm. Computer in der sozialen Arbeit, Freiburg 1991
Noller, Peter/Paul, Gerd, Jugendliche Computerfans. Selbstbilder und Lebensentwürfe – Eine empirische Untersuchung, Frankfurt 1991
Rammer, Werner (Hg.), Computerwelten – Alltagswelten. Wie verändert der Computer die soziale Wirklichkeit?, Opladen 1990
Ritter, Martina, Computer oder Stöckelschuh? Eine empirische Untersuchung über Mädchen am Computer, Frankfurt 1994
Roszak, Theodore, Der Verlust des Denkens. Über die Mythen des Computer-Zeitalters, München 1986
Sacher, Werner, Computer und die Krise des Lernens. Eine pädagogisch-anthropologische Untersuchung zur Zukunft des Lernens, Bad Heilbrunn 1990.
Schindler, Wolfgang/Bader, Roland (Hg.), Menschen am Computer. Zur Theorie und Praxis der Computermedienpädagogik in Jugendarbeit und Erwachsenenbildung, (GeP-Buch) Frankfurt 1995
Stoll, Clifford, LogOut. Warum Computer nichts im Klassenzimmer zu suchern haben und andere High-Tech-Ketzereien, Frankfurt 2001
Theunert, Helga (Hg.), Faszination Computer. Reihe Medienpädagogik 2, Institut Jugend – Film – Fernsehen, München 1991
Tully, Claus J., Lernen in der Informationsgesellschaft. Informelle Bildung durch Computer und Medien, Opladen 1994
Weizenbaum, Joseph, Die Macht der Computer und die Ohnmacht der Vernunft, Frankfurt 1978

Projektbeispiel

Ein Projektbeispiel mag für viele in den letzten 10 Jahren begonnene Computerprojekte deutlich machen, wie dieses Medium in der außerschulischen Kinder- und Jugendarbeit pädagogisch eingesetzt werden soll. Das Computerprojekt „Bytes mit Biß“ war ein Projekt der Landesarbeitsgemeinschaft „Arbeit und Leben“ in Rheinland-Pfalz, in der sich DGB und VHS für die kulturelle Jugendbildung zusammengeschlossen haben. Die folgenden Informationen sind persönlichen Kontakten und einem Prospekt der Landesarbeitsgemeinschaft „Arbeit und Leben“ entnommen.

„Informatisierung‘ und ‚Mediatisierung‘ ergreift alle Lebensbereiche, wodurch sich sowohl die Wahrnehmungs- als auch Handlungsmöglichkeiten und damit die gesamte Identitätsentwicklung von Jugendlichen verändert. Diese haben die neuen Technologien häufig weitgehend adaptiert, lassen aber ebenso oft eine kritische Auseinandersetzung vermissen. Diese zu fördern ist Aufgabe einer emanzipatorischen Medienpädagogik ...“

Zielsetzung: „Die Entwicklung und Erprobung von Konzepten der Computerarbeit im Rahmen einer – sich politisch verstehenden –

Jugendbildung. ... Das Projekt wendet sich an Jugendliche im Alter zwischen 16 und 25 Jahren."

Einzelne Ansätze:

- Kreatives Arbeiten: Der „Computer wird als Hilfsmittel bei der thematischen Bearbeitung zur Herstellung von Grafiken, Animationen, Trick- und Videofilmen genutzt."
- Mädchencomputergruppe: die spezifischen Zugangsweisen und Interessen von Mädchen und jungen Frauen werden hier berücksichtigt. „Der emanzipatorische Ansatz in der Mädchenarbeit bedeutet nicht nur die Kompetenzerweiterung der Teilnehmerinnen, sondern ebenso die Vermittlung eines kritischen Verständnisses von Funktion und Einsatz des Computers."
- BILD zeitung: Digitalisierte (Fernseh- und Video-) Bilder bzw. Grafiken werden mit Texten zu einem einheitlichen Medienerzeugnis kombiniert, das preiswert auf Diskette oder CD-Rom vervielfältigt werden kann; besonderes Augenmerk liegt dabei auf dem Spannungsverhältnis von Text und Bild.
- Provokative Computeranimation: Thema Computer und Methode des „unsichtbaren Theaters" von Augusto Boal werden miteinander verknüpft. „Mit dem PC als Theaterrequisit gehen wir an die Öffentlichkeit, konfrontieren sie mit der Technik und ihren Folgen." Chancen und Gefahren der Computerisierung unserer Gesellschaft sollen so in spielerisch kreativer Form bewußt werden.
- „Gesellschaft spielen" am Computer: Vernetzte Computersysteme werden hier für Planspielformen genutzt. Dabei werden technikgeprägte Kommunikationsformen ebenso deutlich wie Kontrollmechanismen.

9.2 Multimedia und Lernen

Multimedia als Werbeschlagwort

Multimedia ist ein Schlagwort, unter dem derzeit der PC mit Soundkarte und Boxen, der ISDN- oder DSL-Anschluß der Telecom oder anderer Anbieter, der Otto-Katalog auf CD-ROM mit Direktbestellmöglichkeit (shopping interaktiv), die Bibel-CD-Rom mit verschiedenen Textfassungen, die Sammlung pornografischer Fotos für „mehr Spaß am PC", Internet-Surfen, Computergames mit viel Sound und Bewegtbildern, Bildtelefon und Videokonferenz, e-learning und Premiere-World mit Digitaldecoder etc. angepriesen werden.

Die fortschreitende Digitalisierung unterschiedlichster Informationen macht es möglich, dass sie alle von einer gemeinsamen Computeroberfläche aus abgerufen werden.

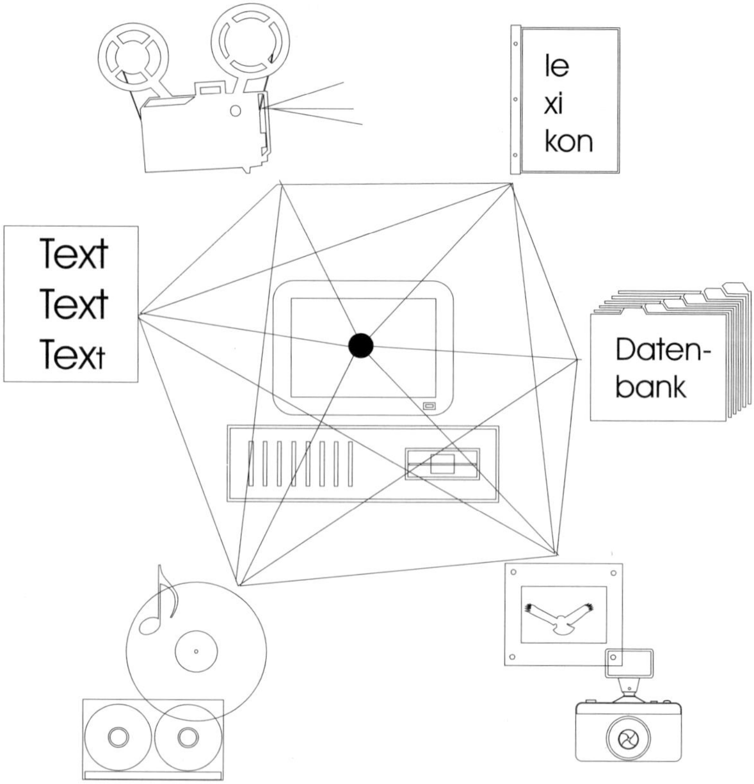

Abb. 9.1: Aktionszentrale Computer

- CD-, Minidisc-, DAT-Rekorder sind im akustischen Bereich die verbreitete Aufzeichnungsart digitalisierter Töne; Sound- und Digitalkarten übertragen das auf den PC.
- Textbearbeitung, Tabellen und Datenbanken auf dem Computer sind bereits hinlänglich verbreitet.
- Bilderstellung und Bildbearbeitung über Zeichen- und Grafikprogramme, digitale Fotobearbeitung oder digitale Fotografie über Video- und spezielle Fotokameras und Foto-CD. Laufbildsequenzen durch Computeranimation bis zum rein computeranimierten Film.
- Digitalisierte Film- oder Videoausschnitte bzw. bei entsprechend großem Speicher oder DVD ganzer Filme.

Multimedia verbindet diese verschiedenen Medien auf einer Nutzer-Oberfläche. Trägermedium ist derzeit überwiegend die CD-Rom

Speichermedien

bzw. DVD. Als digitaler Informationsträger kann die bekannte Musik-CD oder Video-DVD auch jede andere Art digitaler Daten aufnehmen: Texte, Bilder, Videosequenzen, Grafiken. Über entsprechende Hardware (Soundkarte, Videokarte ...) und entsprechende Software kann dies über das CD-Rom- oder DVD-Laufwerk des Computers abgespielt werden. Auf einer CD-Rom können die Daten von 460 herkömmlichen Disketten zusammengefasst werden (das entspricht 270.000 Schreibmaschinenseiten oder 5.000 Einzelbilder oder 72 Minuten komprimierten Videos). Shakespeares Werke oder ein ganzes Lexikon ist sind also auf einer CD-Rom unterzubringen. Eine DVD speichert eine Vielfaches davon. Man unterscheidet:

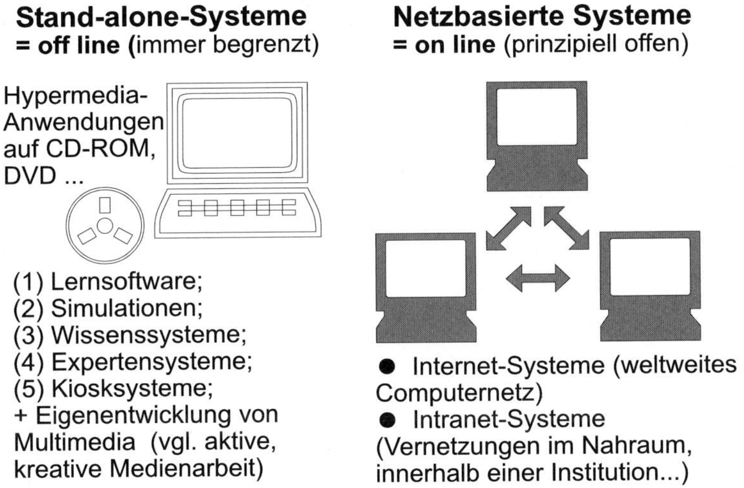

Abb. 9.2: Geschlossene und offene Computer-Systeme

Wie sich das Phänomen Multimedia auf der Basis neuer Technologien entwickeln wird, kann niemand genau sagen. Einige Prognosen behaupten, dass CD-Rom und selbst DVD lediglich Übergangsmedien seien und künftig vor allem über Datennetze Medien transportiert und auf zentralen Speichern verwaltet würden. Dafür wird in Deutschland einerseits das Telephonnetz und dessen digitale Varianten ISDN und DSL benutzt, technisch ist es aber ebenso möglich andere Netze (Rundfunk-Kabelnetz, Stromnetz ...) oder Satelliten dafür zu nutzen. Diese schnellen Entwicklungen sind kaum in Fakten und Tatsachen vorblickend festzuhalten. Deshalb sind im Folgenden zehn Teilaspekte aufgeführt und jeweils abschließend in einer These verdichtet, die zur Diskussion und zum Nachdenken anregen soll.

1. Die Digitalisierung unterschiedlichster Informationen (Schrift, Sprache, Grafik, Bild, Musik, Film ...) macht es möglich, dass sie alle von einer gemeinsamen Computer-Nutzeroberfläche aus abgerufen werden. Der Begriff Multimedia steht eigentlich für „Hypermedia", die eine Verbindung von Multimedia und Hypertext darstellen. Statt Nutzeroberfläche spricht man auch von einem gemeinsamen „Text". Hypertext bezeichnet die nicht-lineare Struktur und Vielfalt solchen „Textes"; der Zugriff ist von verschiedenen Ecken her in verschiedenen Modalitäten möglich und jederzeit kann hin und her gesprungen werden. Die Elemente des Hypertextes verweisen unmittelbar aufeinander.

Hypermedia

These: Die Technik-Zukunft und die Speichermedien sind digital, der Mensch bleibt analog. Die entscheidende Schnittstelle bleibt die Bedeutungszuweisung des Menschen an der Schnittstelle zwischen Mensch und Informationstechnik.

2. *Non-Linearität* ist der zentrale Begriff, der künftig verändertes Lernen und Wahrnehmen kennzeichnen kann. Salopp gesagt: statt systematisches Pauken (schrittweises Lernen, Repetieren ...) „browsen", „surfen", „zappen" ...? Bislang geschah Informationsbeschaffung und -bearbeitung in der Regel eher linear, Seite für Seite, Bild für Bild. Zu dieser Regel sei einschränkend hinzugefügt, daß etwa durch Blättern im Lexikon oder in einer Zeitschrift, durch Zappen am Fernsehgerät ... auch bislang schon non-lineare Informationsbeschaffungen praktiziert wurden; allerdings ist und war dies nicht die pädagogisch gelehrte und gewünschte Art und Weise.

non-linear

Multimedia ermöglicht nun eine grundlegend non-lineare Informationsbeschaffung. Der Nutzer kann seinen Interessen, seinem Vorwissen und seinem Ziel entsprechend arbeiten. Vorteil: Einstieg und Zugriff sind beliebig, ständiger Wechsel ist möglich, Individualisierung steckt im System.

These: Lernen bleibt auch in Zukunft in wesentlichen Teilen ein gestufter Prozess vom einfachen zum komplexeren, aber nicht-lineare Angebote können den Lernprozess individualisieren.

multicodal, multimodal

3. *Multicodalität* (Verwendung unterschiedlicher Symbol- und Codierungsformen) und *Multimodalität* (Ansprache unterschiedlicher Sinnesorgane) sind herausragende Kennzeichen von Multimedia. Die auffallendsten Wirkungen dieser Kennzeichen: (a) Es gibt eine positive Wirkung passender Illustrationen (Grafik, Bild, Film-

sequenz) auf das Behalten von Textinhalten. (b) Individuellere Anpassung der Lernumgebung an individuelle Vorlieben der Lernenden werden möglich.

Traditionelle Medien wurden nach verschiedenen Codierungsarten und Sinnesmodalitäten eingeordnet und unterschieden (s. Kap. 1.1). Multimedia kann die Vielfalt alter Medien vereinen und kombinieren: abbildhafte und symbolische Codierung, auditive und visuelle Signale, flüchtige und ruhende Darbietungsweisen, festliegende und selbststeuerbare Ablaufstrukturen, verschiedenste Gestaltungsformen ...

These: Durch Multicodalität und -modalität werden Lernprozesse veranschaulicht und individualisiert. Aber nicht alle Lerninhalte sind in Bilder bzw. allgemeiner analoge Kommunikationssignale übersetzbar. Abstraktion und kognitive Verstehensprozesse bleiben an Sprache gebunden.

Konkurrenz zur Buchkultur

4. Lernen ist über die vergangenen Jahrhunderte hinweg überwiegend über die Medien Schrift und Buch und das gesprochene Wort vermittelt worden. Schulbuch und Tafel sind die einzigen materiellen Hilfsmittel, die einzige „Hardware", die sich in schulischen Institutionen durchgängig etabliert haben; daneben hat sich noch der Fotokopierer einen wichtigen Status erobert. Aber die Omnipräsenz und die Vielfalt der audiovisuellen Medien und die Visionen der Multimedia-Zukunft lassen die Exklusivität bzw. die Dominanz dieser traditionellen Vermittlungsformen brüchig und fragwürdig werden. Das Ende der exklusiven Buchkultur ist in Sichtweite gerückt. Das Ende der Lernumgebung Schule mit ihrer Dominanz des frontalen Lehr-Unterrichts steht ebenfalls zur Disposition. Werden sich im positiven Sinn die Lernorte vom institutionalisierten Unterricht zum selbstorganisierten Lern- und Bildungsprozess verlagern?

Selbstorganisiertes Lernen

These: Wenn seine Möglichkeiten wirklich ausgeschöpft werden, wird der Computer anders als traditionelle Medien schulische und andere Lernprozesse und -institutionen grundlegend verändern.

5. Multimedia ist ein unscharfer Begriff. Die Unschärfe des Begriffs spiegelt sich auch in der breiten Palette der CD-Roms im Angebot des freien Marktes. Fast alle werben sie mit den Begriffen „multimedial" und „interaktiv" und versprechen effektives, erfolgreiches und zugleich spielend leichtes bis lustvolles Lernen. Schlagwort dafür sind die Begriffe Edutainment und Infotainment.

Edutainment

These: Lernen bleibt auch künftig Arbeit und Anstrengung. Aber die Motivation zum Lernen kann gesteigert werden und die Präsentation der Lerninhalte kann anschaulicher, verständlicher, mehr auf das Individuum zugeschnitten werden.

Sampling-Kultur

6. Auf dem Musiksektor ist die Techno- und Sample-Kultur eine Folge der Digitalisierung und Computerisierung und somit auch ein Aspekt von Multimedia. In der Sampling-Kultur, letztlich einer Collagentechnik, steht prinzipiell alles in kleinen Portionen als Material für etwas Anderes zur Verfügung. Alles sind nur Versatzstücke für eigene Produkte, eigenes kreativ-schöpferisches Tun. Aber kann aus standardisierten Einzelteilen ein originelles Ganzes entstehen? Gibt es in dieser Kultur noch Authentisches, vor dem man Respekt haben sollte? Lässt sich der Grundgedanke von Autorenschaft und Urheberrecht überhaupt noch aufrechterhalten? Als Folge für die psychische Struktur von Individuen ist von Patchwork-Identitäten die Rede; man braucht keine klare und schwierig zu erwerbende Identität oder gar eine „balancierende" Ich-Identität, sondern bedient sich im Supermarkt der Stile Tage-, Stunden-, Lebensphasenweise, um sich eine Identität anzustylen.

These: Ein Ganzes ist immer mehr als seine Teile. Aber einzelne Elemente bleiben Teil des Ganzen und sind nicht beliebig in andere Kontexte zu transportieren, ohne dass sich auch das ursprüngliche Ganze verändert.

Geschlechtsspezifik

7. *Geschlechtsspezifische Lernformen* sind bei Multimedia fragwürdig. Mediale Neuerungen sind technische Neuerungen und die werden in unserem Kulturkreis zuerst von Männern besetzt. Bringt das automatisch geschlechtsspezifische Vor-/Nachteile mit sich? Welcher Art sind die und wie lassen sie sich ausgleichen?

These: Frau und Mann sind in unserem Land vor dem Gesetz, aber nicht von Natur aus gleich. Multimedia-Technik und -Inhalte sind darauf hin zu überprüfen, ob sie Unterschiede verstärken, nivellieren oder produktiv damit umgehen.

Interaktivität

8. *Interaktivität* der Multimedia-Systeme wird von den Werbern angepriesen, von Pädagogen als „echte" eingefordert. Möglichkeiten der Interaktivität, dass der User nicht nur reagiert, sondern aktiv und kreativ eingreifen kann, fördern eine aktive Auseinandersetzung mit multimedialen Angeboten. Ein zweiter Aspekt des Interaktionsbegriffs verweist auf den sozialen Kontext: Multimedia-Systeme sollten nicht primär individuelle Selbstlerner-Systeme wie seinerzeit das Sprachlabor sein, sondern im sozialen Kontext genutzt werden können. Interaktivität kann rein formale Bedienungsalternativen beschreiben. Didaktische Interaktivität dagegen löst beim Benutzer kognitive Prozesse aus, die produktiv im Programm aufgegriffen werden müssten.

These: Interaktivität ist, gemessen an zwischenmenschlicher Interaktion, mit technisch fest programmierten Systeme eine leere Werbeversprechung. Bislang erlauben nur netzbasierte Lernsysteme, bei denen Interaktionspartner den Computer als Hilfsmittel benutzen, echte Interaktion.

9. „Lost in hyperspace" – unter dieser Chiffre werden Orientierungsprobleme in hypermedialen Anwendungen beschrieben. Nutzer haben oft Schwierigkeiten der Standortbestimmung, wo sie sich gerade in der Sachstruktur einer CD-ROM befinden. Navigationsprobleme gründen oft darin, dass Nutzer sich kaum eine Vorstellung (mental-map) von der Organisationsstruktur der Daten machen. Ist dies nicht nur ein Ausdruck der Überfülle von Informationen, die wir weder beherrschen noch überblicken?

Orientierungsprobleme

These: Die Qualität von Informationssystemen und -Datenbanken entscheidet sich auf der Ebene der Navigation, der eine adäquate Nutzungskompetenz der User entsprechen muss.

10. Derzeit bestimmen vor allem Programmierer, Designer und Marketingexperten die Software-Entwicklung auch im Lernsektor. Und trotz der Aktionen „Schulen ans Netz" ist die heutige Lehrergeneration sicher noch nicht vom neuen Lernweg Multimedia überzeugt. Es fehlt nicht primär die Technik, sondern die Nutzungskompetenz und das Know-how zur Umsetzung.

Nutzungskompetenz

These: Ein Lernsystem wird nur so gut sein, wie die Pädagogik, mit der es verbunden ist, und die Pädagogen, die es einsetzen. Pädagogisch relevant ist nicht nur, „was" auf einer CD-Rom ist, sondern „wie" es in den pädagogischen Kontext integriert werden kann.

Vor allem die letzte These macht deutlich, dass auch Multimedia-Produkte als Lernangebote einen pädagogischen Kontext brauchen. Sie fördern bzw. fordern ein bestimmtes mediendidaktisches Konzept. *Tulodziecki* (1997, 64 ff.) unterscheidet fünf verschiedene mediendidaktische Konzepte:

Mediendidaktische Konzepte

- Lehrmittelkonzept: Medien zur Veranschaulichung von der Lehrperson ins pädagogische Geschehen integriert.
- Arbeitsmittelkonzept: Reformpädagogik, Medien als Lernmittel, die selbstständiges Lernen von Kindern und Jugendlichen unterstützen.
- Bausteinkonzept: Medien (Film, Schulfunk ...) als Bausteine für geeignete Phasen des Unterrichts.
- Systemkonzept: in Anlehnung an programmierten Unterricht wird die Lehrfunktion des Unterrichts weitgehend auf einen Verbund verschiedener Medien übertragen; Lehrpersonen haben organisatorische und beratende Funktion.

- Lernumgebungskonzept: Nähe zum Arbeitsmittelkonzept. Lernen als aktive Auseinandersetzung von Lernenden mit einer entsprechend gestalteten Lernumgebung; dazu gehören auch Medien. Lernende sollen die Informationen oder Instrumente, die sie zur Bearbeitung einer Aufgabenstellung benötigen, selbstständig in Interaktion mit ihrer Lernumgebung erarbeiten.

Diese Frage, welchem mediendidaktischen Konzept eine bestimmte Software, ein Multimedia-Angebot entspricht, führt zu der weiteren Frage, welche Kriterien bei der Auswahl und Bewertung von Lernsoftware anzulegen sind. Folgende Kriterien benennt *Aufenanger* (1995):

Kriterien für Lernsoftware

- Transparenz: die User sollen Struktur des Programms, Aufbau und Bestandteile anschaulich erfassen können
- Selbstbestimmung: nicht das Programm darf vorschreiben, was man machen muß (Arbeitsblätter in Computerform), sondern der User muß frei wählen können, was er damit machen will
- Ermöglichung von Eigenaktivität bzw. Selbstgestaltung: nicht nur Notizen, Texte, Bilder speichern können, sondern selbst etwas ergänzen können (SchülerInnen am Prozeß der Softwareerstellung beteiligen).
- Offenheit: festgelegte Strukturen führen schnell zur Ermüdung oder Demotivierung – das Programm wird langweilig. Neue Module hinzufügen, Veränderungen, Ergänzungen vornehmen können ...
- Experten- und Wissenssystem: Expertensysteme stellen fallbezogenes Wissen aus einer Datenbank, dem Wissenssystem, bereit. Der User bestimmt, ob er Beratung oder Lösungshilfe bei der Problemstellung braucht.
- Simulationsmöglichkeit: darin liegt ja der große Vorteil des Computers, Ereignisse zu simulieren, Folgen von Entscheidungen und Handlungen vorwegnehmen. „Für den pädagogischen Prozeß bedeutet dies eine bedeutsame Erweiterung der Erfahrungsmöglichkeit, nämlich eine Realität zu konstruieren, die künstlich ist, an der ich Alternativen ausprobieren kann.“ (*Aufenanger* 1995)

Literaturtipps

Feibel, Thomas / Herder, Susanne, Lernsoftware-Ratgeber 2001, 9 CD-Rom, 2000

Ders., Der Kinder-Software-Ratgeber. Die besten Multimediaprodukte für Spiel, Spass und Kreativität, Reinbek 2001

Ders., Die beste Lern-Software. Alle Wissensgebiete. Von Schülern getestet, Reinbek 2002

Hasebrook, Joachim, Multimedia-Psychologie. Eine neue Perspektive menschlicher Kommunikation, Heidelberg 1995

Issing, L. J./Klimsa, P. (Hg.), Informationen und Lernen mit Multimedia, Weinheim 1995

Schachtner, Christina, Entdecken und Erfinden. Lernmedium Computer, Opladen 2002
Tulodziecki, Gerhard, Medien in Erziehung und Bildung, Bad Heilbrunn 1997 (3. Aufl.)
Weidenmann, Bernd, Multicodierung und Multimodalität im Lernprozeß, in: *Issing, L.J./Klimsa, P.* (Hg.), Information und Lernen mit Multimedia, Weinheim 1995, 65-84

9.3 e-learning

Das Schlagwort „e-learning" – gleichbedeutend, online- oder webbasiertes Lernen, teleteaching, lernen @ – beschreibt Lernprozesse, die sich der Informations- und Kommunikationstechniken bedienen; Nutzung der Telekommunikationsnetze und des Computers treffen zusammen. Bei Multimedia-Angeboten werden viele und vielfältige Daten auf der digitalen Basis eines Computersystems kombiniert (Schrift, Sprache, Grafik, Bild, Musik, Film). Zur Daten-Kombination, die im Medium des Films bereits realisiert ist, kommt die Interaktivität zwischen Computer-Programm und Nutzer hinzu. *R. Schulmeister* definiert Multimedia als eine „interaktive Form des Umgangs mit symbolischem Wissen in einer computergestützten Interaktion" (1997, 22)

Definition

Multimedia ist also in verschiedener Hinsicht „multi":

Multimedia

- multimedial: mehrere Träger (Print, Foto, Video, Audio) gleichzeitig;
- multicodal: verschiedene parallele bzw. wechselnde Zeichensysteme (Codes);
- multimodal: verschiedene Sinne, vor allem visuell und auditiv, aber im künftigen „Cyberspace" vielleicht auch andere Sinne;
- multiplizierbar nahezu verlustfrei;
- multinational per Datenleitung oder Satellit verschick- oder abrufbar.

Zwei miteinander verbundene Kennzeichen treten besonders hervor: die „Hypertext"- Struktur (bis hin zu „hypermedia") und die Non-Linearität.

Informationsbeschaffung und -bearbeitung geschieht zumindest in den Curricula bislang eher linear, Schritt für Schritt, Seite für Seite, von A bis Z. Dem entsprechend sind auch unsere didaktischen Konzepte, ist unser ganzes Bildungssystem aufgebaut; so sind wir „programmiert": vom Einfachen zum Komplexeren, vom Anschaulichen zum Abstrakten. Ein Sach- oder Schulbuch lädt vielleicht kapitelweise zum Zappen ein, ein Lexikon hat eine interne Verweisstruktur. Aber ein solcher Verweis bleibt immer innerhalb des Buches und führt nicht ganz woanders hin: zu einem anderen Ort, einem anderen Medium, einem anderen Kontext, einem anderen Sinn.

Die Hyperstruktur und die non-lineare Aneignungsform (also: „browsen", „surfen", „zappen") entsprechen dem Zeitgeist und der Lebenswelt der Generation @. Der Unruhe entspricht das Verlorensein im Hyperspace; wer im weltweiten Netz zu Hause ist, ist vielleicht nirgendwo daheim?! Aber vielleicht ist „lost in hyperspace" ja auch nur ein Angstmythos und die Fähigkeit und Motivation der „Generation @" (*Opaschowski* 1999) zum entdeckenden Lernen ist weit größer als angenommen.

Generation @

Zu unterscheiden sind derzeit zwei Angebotsformen von Multimedia (vgl. Grafik S. 315):

- *Stand-alone-Systeme*, also etwa eine CD-Rom; sie ermöglicht zwar multimediale Angebote und vielfältige Aktionen des Nutzers, aber nur im Rahmen des Programms; Interaktivität zwischen Nutzern ist mit einer CD-Rom nicht möglich. Wenn ein Computer ans Internet angeschlossen und richtig installiert ist, dann gibt es auch bei den Multimedia-CDs inzwischen viele Beispiele, die zum Internet hin verlinkt sind und somit Interaktivität über die Netzangebote zulassen.
- *Netzbasierte Systeme*: Intranet und Internet ermöglichen Multimedia und Interaktivität zwischen Nutzern über E-Mail, Chat und andere Kommunikationsformen sowie letztlich mit den Produktionsmöglichkeiten des Computers unbegrenzte Eigenaktivität.

Cyber-Gurus erwarten von neuronalen Computersystemen echte Mensch-Maschine/Programm-Interaktivität; aber das ist bislang science fiction für den Alltag.

Auch „e-learning" basiert auf bekannten Aspekten der Lerntheorien. Was und Wie, Gegenstand und Methodik wie auch immer gearteten Lernens sind niemals unabhängig voneinander. Lernen ist auch nach der Jahrtausendwende kein Eintrichtern von Informationen, sondern eine Aktivität des Lernenden auf der Basis eines Angebots mit Inhalt und Form. Der Mensch bekommt sein Wissen nicht einseitig vermittelt oder eingetrichtert, sondern erwirbt es in eigen konstruierender Aktivität, in aktiver Auseinandersetzung mit Materialien und Umwelt. Diese Grundideen des entdeckenden Lernens und ein entsprechendes konstruktivistisches Paradigma haben im letzten Jahrzehnt viel Beachtung gefunden (vgl. zu Einzelheiten in die-

Aktivität des Lernenden

sem Kontext *Schulmeister* 1997). In groben Strichen ist der Lernprozess eine Abfolge von Tätigkeiten des Lernenden: wahrnehmen ➔ vergleichen mit dem individuellen Speicher ➔ speichern von Unbekanntem/Neuem in dann verfügbaren Assoziationsfeldern ➔ eigenaktive Verarbeitung und Anwendung. Diese einzelnen Aspekte sollen etwas näher betrachtet werden.

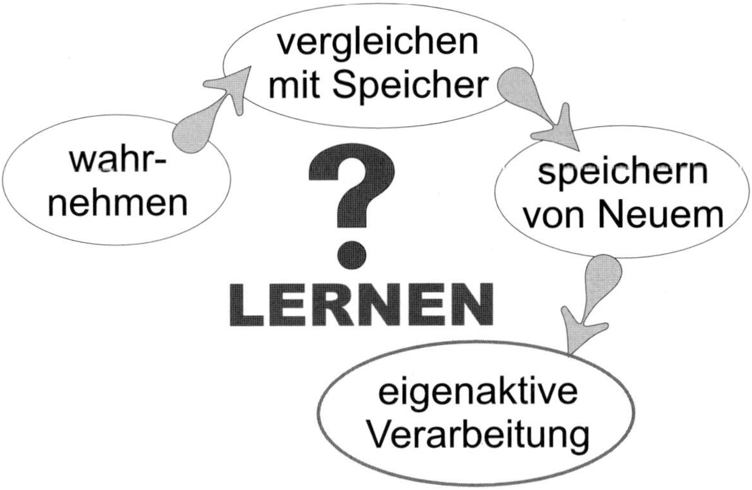

Abb. 9.3: Elemente des Lernvorgangs

wahrnehmen

Wahrnehmung ist immer selektiv, d.h. der Lernende wählt aus den präsenten Reizen aus. Die pädagogisch als funktional gewerteten Lernanreize (z.B. Medienangebote) haben in der Gegenwart an Menge und Wirksamkeit gegenüber den pädagogisch intentionalen Lernreizen zugenommen, sind in Konkurrenz zu ihnen getreten und haben pädagogische Lernangebote durchaus schon verändert. Die Auswahl ist von Vorerfahrungen und Erwartungen bezüglich des Inhalts ebenso abhängig wie von der Form eines Angebots. So haben multimediale Präsentationen vielleicht einen höheren formalen Reiz, verführen aber möglicherweise aufgrund der Lernerfahrung Fernsehen zum Zurücklehnen und entsprechend zum Zurücknehmen von Eigenaktivität.

vergleichen

Der auswählenden Wahrnehmung folgt im Bewusstsein das *Vergleichen*. Der Lernende muss über oberflächliche Reizreaktionen hinaus bereit und zeitlich in der Lage sein, seinen Speicher zu aktivieren. Das ist von Erwartungshaltungen und Motivation sowie vom Konzentrationsvermögen abhängig. Die Motivation kann durch äußere Faktoren angeregt sein, wie z.B. eine Prüfung oder ein zu erwerbendes Zertifikat, oder sie kann im Lernenden selbst verankert sein, eine wichtige Voraussetzung für entdeckendes Lernen. Angesichts der Vielfalt von Lernreizen wird die Motivationsfrage zum alles entscheidenden Schlüssel: „*Wenn ich nicht will, nicht einsehe ‚warum', dann lern' ich auch nix!*" Aber wie motiviert man eine Generation, die schon alles zu kennen glaubt, die immer schon satt ist und gar nicht entdecken will?

Innere und äußere Motivation

Vergleichen kann nur weiterführen, wenn zu Vergleichendes, also *Vorwissen* bereits im Speicher ist. Zwei Probleme in diesem Teil des Lernprozesses möchte ich markieren:

Vorwissen

- Wenn mangels Vorwissen oder mangels Motivation die Relevanz des Lernangebots niedrig eingestuft wird, dann wird um- oder abgeschaltet; das haben Medienkinder mit der Fernbedienung gelernt.
- Wenn etwas Neues zum eigenen Speicher nicht passt, dann geht notwendiges „Umlernen" zunächst mit Abwehr einher, die gelegentlich mit kritischem Bewusstsein verwechselt wird; das Problem vieler Älterer mit „neuen" Medien und „jungen" Menschen hat hier eine Ursache.

Damit Gelerntes bleibt und über Assoziationen hinaus bewusst handlungsrelevant werden kann, ist *eigenaktive Verarbeitung* erforderlich, traditionell als Üben oder Anwenden didaktisiert. Spätestens dieser Part des Lernprozesses ist mühevoll, kostet Anstrengung und ist riskant, weil man immer auch sich selbst aufs Spiel setzt. Aber wer motiviert ist, etwas zu lernen, der riskiert und investiert etwas. Umgekehrt kann im Lernprozess die fehlende Chance zum Üben und zur Anwendung auch die Lern-Motivation kaputt machen.

Bei der eigenaktiven Verarbeitung, der notwendigen Anstrengung und der Motivation zum Lernen spielt der soziale Kontext eine große Rolle: Orientierung, Unterstützung, Bestätigung, Konkurrenz. Dieser Kontext kann unterstützend und bestätigend sein, aber er kann auch durch soziale Bewertung und Kontrolle Lernleistungen eingrenzen. Übungsprogramme am PC sind vielleicht deshalb so relativ erfolgreich, weil sie geduldig und sachbezogen dem Lerner ein Feedback geben, diese Rückmeldung aber nicht mit sozialer Bewertung verbinden.

Sozialer Kontext

Ein weiterer lerntheoretischer Aspekt ist für Multimedia relevant. Es gibt umfangreiche und unabgeschlossene Diskussionen in Pädagogik und Psychologie darüber, auf welche Weise man sinnvoll verschiedene Lerntypen unterscheiden kann. Unterscheidungsmerkmale sind u.a.:

- bevorzugte Sinnesmodalitäten: visuelle, auditive, haptische Typen;
- verschiedene Orientierungen zum Lernstoff: Einzelheiten oder Gesamtheit; sachorientiert oder werteorientiert; introvertiert oder extrovertiert;
- verschiedene Methoden des Herangehens: logisch analytisch, intuitiv, experimentell.

Lerntypen

Als Positivargument für Multimedia wird ins Feld geführt, über ein geeignetes Medienangebot würden verschiedene Lerntypen auf die ihnen entsprechende, sie motivierende und das Lernen erleichternde Weise in den Lernprozess hineingezogen. Ernüchternd muss man zurzeit feststellen, dass diese Verheißung bei den Lernern noch nicht angekommen ist und ebenso wenig bei den Produzenten der Medienvielfalt. Dem genannten Problem „Umlernen" entsprechend ist das reale Nutzungsverhalten gegenüber Multimedia derzeit in Deutschland eher verhalten. Die Konsumenten verharren in ihren alten, durch das Vielfalt versprechende Medium Fernsehen geprägten Mediengewohnheiten (vgl. *Opaschowski* 1999, 45); sie nutzen auch den PC und das Internet eher in Ergänzung zu ihren bisherigen Schwerpunkten und Vorlieben.

Positive Folgen von e-learning

Folgende Veränderungen zum Positiven werden vom multimedialen e-learning erwartet:

- Hypertext und Hypermedia bieten eine neue Qualität des Lernens: intuitiv, assoziativ, kreativ.
- Lernen wird selbstbestimmt. Lernumgebungen wandeln sich vom institutionalisierten Unterricht zum selbst organisierten Lernprozess, von der didaktischen Kontrolle durch den Lehrenden zur kommunikativen Entdeckung durch den Lernenden.
- Die Fülle des Wissens ist jedem jederzeit leicht und überall (auch zu Hause) zugänglich.
- Lerninhalte werden konsequent veranschaulicht und damit leichter zugänglich, konkreter, verständlicher, mehr auf das Individuum zugeschnitten.
- Simulationen erhöhen die Praxisnähe der Ausbildung.
- Der Lernprozess wird individualisiert; verschiedene Lernwege sind für verschiedene Lerntypen verfügbar.
- Zeitabhängige (synchrone) und zeitunabhängige (asynchrone) Lernangebote können nebeneinander stehen.
- Lernsysteme sind geduldig und fehlertolerant; sie bewerten nicht bzw. nur für den Lernenden sichtbar; Kontrolle und Bewertung haben keine sozialen Auswirkungen.
- Durch all das wird die Motivation zum Lernen gesteigert.

Es geht in Schule und Hochschule sicherlich darum, Wissen zu erwerben und verfügbares Wissen zu beurteilen. Viele Lehr-Lern-Strategien der Vergangenheit sind unbefriedigend und entsprechen weder den Menschen von heute noch den Anforderungen der Wissensgesellschaft; die setzt auf Flexibilität und die Fähigkeit zu lebenslangem Lernen dann, wenn es gebraucht wird („just in time"). Angesichts der Informationsflut und der immer schnelleren Veränderung der Wissensbestände geht es darum, Strategien der Informationsbeschaffung und -auswahl zu erlernen. Diese Einsicht ist schon lange mit den Enzyklopädien und Lexika gewachsen.

Lernen „just in time"

Einige Links: www.studieren-im-netz.de * Deutscher Bildungsserver: www.dbs.schule.de * Portal der Fraunhofer-Gesellschaft zur Integration von Medien in der Bildung: www.medien-bildung.net * Virtuelle Hochschule Baden-Württemberg: www.virtuelle-hochschule.de * Virtueller Hochschulverbund Karlsruhe: www.vikar.de * Virtualisierung im Bildungsbereich: www.vib-bw.de * Virtuelle Hochschule Oberrhein: www.viror.de * tele-akademie, Fachhochschule Furtwangen: www.tele-ak.de * Netzwerk für Bildung NRW: www.e-nitiative.nrw.de * Landesinstitut für Schule und Weiterbildung NRW: www.Isw.nrw.de * Kompetenznetzwerk Universitätsverbund MultiMedia NRW: www.uvm-nw.de * Lernzeit – mehr Wissen im WDR: www.lernzeit.de

Um im Multimedia- und Internet-Zeitalter Wissen und Informationen sinnvoll zu bewältigen, muss grundlegende Medienkompetenz im Sinn einer Nutzerkompetenz erworben werden: PC-Programme, Datenbanknutzung, Suchroutinen. Medienkompetenz heißt darüber hinaus vor allem: Fähigkeit zum Umgang mit der Menge des Wissens, der rapiden Geschwindigkeit der Übertragung und der Verführung, den bequemsten Lernweg zu wählen. Pädagogen bleiben zu entsprechender Hilfestellung wohl doch notwendig, aber ihre Rolle wird sich wandeln.

Rolle des Pädagogen

Dieses Medien-Kompetenz-Paket kommt für eine Jahrzehnte dauernde Übergangszeit obendrauf, bis diese neue Kulturtechnik so integriert ist, wie heute das Lesen- und Schreiben-Lernen. Wenn man sie verfügbar hat und kompetent mit ihnen umgehen kann, dann sind Multimedia und Computernetze wohl ein Segen für den selbstständig lebenslang Lernbereiten.

Neben dem Sach- und Fachwissen stehen kommunikative und soziale Kompetenzen. Sie sind für gesellschaftliches Zusammenleben und menschliche Zukunft unverzichtbar und müssten gerade in Studien des Sozialwesens ein Haupt-Lerngebiet sein. Wie kommunikatives und soziales Lernen durch Multimedia verändert – verhindert oder unterstützt – wird, ist eine weitere offene Frage. Auffallend ist, dass erstzunehmende Bemühungen um e-learning vor allem auch die Interaktivität der Angebote und die Möglichkeiten zur Kommunikation (E-Mail, Chat, shared-screen ...) betonen. Möglicherweise ist es der Grad der Interaktivität von Programmen, der künftig über deren Attraktivität und Akzeptanz entscheidet.

Interaktivität

Das Zünglein an der Waage ist wohl so etwas wie Handlungskompetenz: Wissen und Informationen in sinnvolles Handeln umzusetzen, das dem sozialen Miteinander und Fortschritt dient.

Einige positive Aspekte:

- Studieren @ verringert die Orts- und Zeitbindung: lernen von zu Hause aus und zu Zeiten, die dem Individuum entsprechen.

Vorteile von Online-Studium

- Von der einfachen Form, dass Vorlesungen zur Stoffvermittlung mit Visualisierungen, Medienbeispielen und Simulationen in individuell verdaubaren Portionen geboten wird, bis hin zu virtuellen Kommunikations- und Kooperationsebenen ist Vieles denkbar.
- Die Massenuniversität wird entzerrt: zu großen Einführungs-Vorlesungen können netzbasierte Übungselemente mit tutorieller Begleitung geboten werden.
- Auf diese Weise wird problemorientiertes Lernen gefördert: theoretisches Wissen und Handeln bzw. Handlungsentscheidungen werden verquickt.
- Für die Studierenden kann die Unterrichtsgestaltung individualisiert werden; Lernschritte und -geschwindigkeit können selbst gewählt werden. Lernende können sich jederzeit selbstständig und gezielt, ihrem individuellen Stand und Interesse entsprechend Informationen erschließen; das wird dann auch erwartet.

Selbstständiges Lernen gefordert

- Die Aufgaben der Lehrenden verschieben sich von der (Inhalts-) Präsentation zur Betreuung, die personalintensiv ist. Die traditionelle Kontrolle der Lerninhalte und -methoden durch den Lehrenden verschiebt sich in Richtung eines kommunikativen Lernmodells; darin erhält der Lernende zumindest die Kontrolle über die Strategien und Methoden seines Lernens und zumindest teilweise auch über die Auswahl der Lerninhalte. Diese Veränderung der Lehrendenrolle muss von diesen mitgetragen werden.

Lehrende als Moderatoren

- Die alte sokratische Tradition und Methode, so schwärmen manche, könnte wieder aufleben: Fragen stellen, Diskurse anregen; Lernen und Bildung geschehen miteinander in Interaktion, nicht zu Füßen des Meisters.
- Unterrichtsmaterialien sind konsequent multimedial aufbereitet, durch z.B. problemlose Integration von Bild-, Video-, Audio-

Sequenzen oder Whiteboard-Präsentationen live und online. Abstrakte Lehrinhalte können mit Beispielen versehen und komplizierte Modellannahmen anschaulich dargestellt werden.
- Multimedia bietet prinzipiell die Möglichkeit, denselben Lernstoff auf verschiedenen Wegen anzubieten, um Lernertypen adäquat anzusprechen. Vor allem könnten diverse Formen der Behinderung über entsprechende Angebote ausgeglichen werden.
- Alle Materialien werden gespeichert, schnelle Bereitstellung und Aktualisierung ist möglich; die Angebote sind bei Bedarf weltweit über zeitliche, geografische, soziale Grenzen hinweg abrufbar.
- Jede Hochschule hat ihren eigenen Charakter. Aber „studieren @" zwingt zur Kooperation und dazu, sich der Hochschul-Identität, der Stärken und Grenzen bewusst zu werden.
- Kompetenz kann zugekauft werden; internationaler Austausch wird gefördert.

Veränderung von Lernkultur

@-Studium ist ein Kulturveränderungsprojekt; solche Innovationen muss man unter Abschätzung möglicher Folgen wollen, und sie dauern lange. Derzeit laufen viele Einzelaktivitäten, aber es gibt keinen Konsens. Projektförderungen provozieren durchaus einen kreativen, demokratischen, aber auch redundanten Prozess von unten; Standardisierungsbemühungen müssten parallel laufen. Trotz schneller Kommunikationstechnologie mangelt es an Kommunikation, an Kontakten der Einzelprojekte untereinander und an deren Kompatibilität.

Einige kritische Anmerkungen:

Problem der Technik

Die Technik ist (noch) nicht so, dass alles glanzvoll funktionieren würde. Die eigentlichen Multimedia-Anwendungen wie z.B. Audio- und Video-Streaming über das Internet ermöglichen z.B. nicht annähernd die Qualität, die wir von CD oder DVD gewohnt sind. Ständiger Service durch neues Personal ist nicht zu umgehen. Weil Technikinvestionen realisierbar sind, aber für Personal das Geld fehlt, ist ein mühseliges und von Diskussionen und Abwehr begleitetes Umschichten von Ressourcen erforderlich. Für die Finanzierung von e-learning-Entwicklungen wird auch offen über Studiengebühren geredet. Die Wissenskluft zwischen Informationsreichen und -habenichtsen wird vertieft.

Personale Betreuung

Die Produktion von Multimedia-Lernmaterial ist aufwändig. Ein hoher professioneller Produkt-Level ist erforderlich. Für solche Produktionen werden vielfältige Kompetenzen gebraucht: gestalterische, fachliche, pädagogische, rechtliche, produktionstechnische, vertriebliche. Wo kommt das Geld und das know-how her? Wer klärt die copyright-Fragen und wer zahlt die Rechte der multimedialen Elemente?

Man könnte die Kompetenzen der Studierenden einbeziehen; aber wie gelingt dann Kontinuität? Studentisches Know-how geht mit deren Diplom in die Wirtschaft.

e-learning, studieren @, Kommunikation „online" und Multimedia lösen keine didaktischen Probleme. Aber sie schaffen neue (lösbare?) didaktische Fragen, Probleme und Erwartungen. Ein Lernsystem wird nur so gut sein wie die Pädagogik, mit der es verbunden ist. Und neue Lernarrangements lassen sich nur bedingt mit traditionellen pädagogischen Konzepten verbinden.

Direkte Reaktion auf Fragen in einer Vorlesung sind etwas anderes, als in der Netzkommunikation. Wie kann der Lehrende bzw. Moderierende die Fülle des (Rückmelde-) Materials bewältigen und Erwartungen erfüllen (z.B. E-Mail sofort beantworten) und was denkt, fühlt, tut er oder sie, wenn diese Rückmeldungen ausbleiben?

Lernen und personaler Bezug

Personaler Bezug ist für Lernen, insbesondere soziales Lernen unabdingbar, auch wenn er oft genug zur Last wird. Studieren @ unterliegt der bekannten Fernstudienproblematik: und sei das Studienmaterial noch so gut, es fehlen soziale Anbindung (Motivation und Affekte) und Rituale (Montags Morgens um 10 Vorlesung xy). Für einen seminaristischen Stil ist kein multimediales Äquivalent in Sicht. Und für die Masse der Studienanfänger dürfte studieren @ ungeeignet sein, weil die orientierende soziale Komponente weitgehend fehlt.

Akzeptanz

Die Akzeptanz von e-learning durch Studierende ist bislang ebenfalls eine offene Frage. Die Flexibilität von Zeit und Ort kommt manchen Studierenden aufgrund ihrer Lebenssituation entgegen, wenn sie das Studium neben Familie oder Berufstätigkeit schaffen sollen. Aber erwarten Studierende von heute und morgen den Lernstoff als bewegte Multimedia-Präsentation und mehr, als ständig neuen Lern-Reiz? Studierende müssen sich als Subjekte ihres eigenen Lernprozesses begreifen (endlich!) und dafür sollen sie ein adäquates Lehr-/Lernangebot bekommen. Das erfordert ein Umdenken der Lehrenden und eine Umorientierung vieler Studierender; und dort liegt eine Herausforderung in der Auseinandersetzung mit e-learning.

Multimedia und Netznutzung fressen Zeit und kosten Geld für den Einzelnen und die Gesellschaft (Hard- und Software, Produktion,

Bereitstellung, Aktualisierung ...). Wenn bildungspolitisch die Forderung nach mehr Multimedia-Learning vielstimmig erhoben wird, dann sind dabei sicher Zeitgeist und Verbesserungen von Lehre und Lernen auch im Blick. Vor allem aber erhofft man sich auf Dauer davon Einsparungseffekte bei teuren Personalkosten. Die Rechnung dürfte nicht ganz so einfach sein und die Schlussbilanz kann heute noch niemand vorwegrechnen. Für Multimedia dürfte wie für andere Medienneuerungen der Geschichte gelten: ohne breite Akzeptanz der Konsumenten ist das nicht finanzierbar und somit nicht realisierbar.

Einsparungen durch Online-Lehre

Die Probleme sind aber nicht nur bei den Kosten zu suchen, sondern bei der Nutzerfreundlichkeit auf der Hard- und Softwareseite einerseits und in mangelnder Kompetenz und längerfristiger Motivation auf der Userseite andererseits. Es stimmt einfach nicht, dass die Generation @ wie selbstverständlich ihre PCs installiert, programmiert, nutzt und kenntnisreich und ergebnisorientiert im Netz surft; und die über 30-jährigen schon gar nicht. Die Generation der heute 30 bis 40-jährigen, die mit dem Videorekorder aufgewachsen ist, kann auch dieses Gerät nur teilweise kompetent bedienen. Außerdem ist die Computernutzung Jugendlicher eher freizeitorientiert. Und das Fernsehen bleibt nach wie vor quantitativ das Hauptmedium bei allen Nutzergruppen.

Auf dieser skeptischen Folie, deren Einzeldaten und -wertungen sicher zu diskutieren sind, müssen die Chancen und Risiken des „e-learning“ abgewogen werden.

Offene Fragen

Viele offene Fragen bleiben; einige davon möchte ich nochmals zusammenfassen.

- Wann und wie wird sich der eher passive Nutzer des alltäglichen Medien-Unterhaltungsangebotes zu einem aktiven Lerner mit entsprechenden Medien wandeln?
- Wie kann er die dazu notwendige aktive Medienkompetenz erwerben und wird er die notwendige Selbstständigkeit und Selbstmotivation aufbringen?
- Interaktivität gilt beim e-learning als wesentliches Unterscheidungsmerkmal zu herkömmlichen Lernmedien. Dies ist nicht nur ein technisches Merkmal, eine Objekteigenschaft eines Angebots, sondern für das Erleben des Nutzers wichtig. Wird der Nutzer diese Interaktivität gegenüber herkömmlicher face-to-face-Interaktion als qualitativen Fortschritt erleben?
- Und nicht zuletzt bleibt soziales Lernen ein Bereich, für den sich Computer und Internet nur bedingt als Medien eignen. Aber viel-

leicht können Informations- und Wissenserwerb durch e-learning so weit effektiviert werden, dass sogar Freiräume für ein soziales Lernen entstehen, in dem Wissen kritisch miteinander diskutiert und auf menschliches Miteinander hin orientiert wird.

Tradierte Lernszenarien erneuern

Die größte Chance in den Debatten um e-learning liegt m.E. darin, dass herkömmliche Lehr-/Lernkonzepte hinterfragt und entsprechend erneuert werden. Manche Lernszenarien haben sich ohne tieferen Sinn oder lernpsychologische Fundierung etabliert und werden konservativ tradiert. Oft stecken dahinter vor allem ökonomische Zwänge (z.B. bezüglich des Vorlesungsbetriebs, der Klassen- oder Seminargrößen etc.). Wenn ökonomisches Denken auch das e-learning dominiert, dann ist letztlich nichts gewonnen. Anzustreben wäre eine der Sache und den lernenden Menschen angemessene Integration von multimedialen Inhaltspräsentationen, Aktions- und Kommunikationsformen über das Internet sowie sozialen Lern- und Diskussionsphasen in der face-to-face-Situation; und das nicht nur im Sozialwesen, aber dort besonders.

Literaturtipps zu e-learning

Bertelsmann Stiftung / Heinz Nixdorf Stiftung (Hg.), Studium online. Hochschulentwicklung durch neue Medien, Gütersloh 1999

Grune, Christian, Lernen in Computernetzen. Analyse didaktischer Konzepte für vernetzte Lernumgebungen, München 2000

Issing, Ludwig J./Klimsa, Paul (Hg.), Information und Lernen mit Multimedia und Internet, Weinheim 2002 3. Aufl.

Opaschowski, Horst W., Generation @. Die Medienrevolution entläßt ihre Kinder. Leben im Informationszeitalter, Hamburg 1999

Schulmeister, Rolf, Grundlagen hypermedialer Lernsysteme. Theorie – Didaktik – Design, München 1997 2. Aufl.

Schwarzer, Ralf (Hg.), MultiMedia und TeleLearning. Lernen im Cyberspace, Campus 1999

Weidenmann, Bernd, Multicodierung und Multimodalität im Lernprozeß, in: *Issing/Klimsa* 2002

9.4 Internet, Einführungen im Netz

Vgl. dazu auch Kap. 4.4.

Es würde den Rahmen dieses Buches sprengen, eine komplette Einführung in die Internetnutzung bis hin zur Gestaltung von Internetseiten zu geben. Man kann das Internet auch durch sich selbst lernen, denn es gibt viele Hilfsseiten, die bestimmte Teile und Funktionen erklären und kleine Übungseinheiten bieten.

Einführungen

- Internet für Einsteiger, von Wilfried Arimont (www.cooltipps.de) – kann auf wenigen Seiten ausgedruckt werden. Die einzelnen Kapitel: Die Smileys und Emoticons • Was ist das Internet, und was bietet es mir? • Hypertext • Wie finde ich mich im Internet-Dschungel zurecht? • E-Mail • HTML – Die Sprache im WWW • Die eigene Homepage • Wie das Internet funktioniert.
- Bezim Karadeniz, Netplanet. Verstehen Sie mal das Internet (www.netplanet.org) – informiert in einzelnen Kapiteln über Zugang, Geschichte, Aufbau, Traditionen, Dienste, Sicherheit u.v.m.
- Hans Peter Zimmermanns „Internet-Kindergarten" stellt das Internet und seine Dienste in einfachster Weise vor: www.hpz.com/Kindergarten.html – Ein Supertipp ist: www.internet-abc.de
- Die Mainzer Rheinzeitung bietet ein ganzes Computer- und Internet-Lexikon mit kurzen und gut verständlichen Erklärungen von A bis Z: http://rhein-zeitung.de/internet/lexikon/begriffe.html
- Kleines Internet-Lexikon: www.kleines-lexikon.de

Suchmaschinen

- Die Suchfibel. Wie findet man Informationen im Internet? Alles über Suchmaschinen: http://www.suchfibel.de – Welche Suchmaschinen gibt es mit welchen Möglichkeiten? • Wie kann man sie nutzen zur Recherche im Internet, zur Suche im World Wide Web und in anderen Diensten?
- Eine der besten Suchmaschinen ist wohl www.google.de – auf der sehr übersichtlichen und werbefreien Startseite gibt es gleich Verweise auf Informationen zur Benutzung von Google. Warum ist die Suchmaschine so gut? Das liegt am System und der Basissoftware „PageRank". Sie „verlässt sich auf die einzigartige demokratische Natur des World Wide Webs, indem es die weitverzweigte Link-Struktur als einen Indikator für die individuelle Einschätzung der Qualität einer Seite nimmt. Der Kern ist dabei, dass Google einen Link von Seite A zu Seite B als ein ‚Votum' von Seite A für Seite B interpretiert. Aber Google sieht sich mehr als nur das Ausmaß der Zustimmung oder der Links auf einer Seite an; Google analysiert ebenfalls die Seite, die das Votum abgegeben hat. Das Votum von einer Seite, die selber ‚wichtig' ist, zählt mehr und hilft, andere Seiten ‚wichtig' zu machen. Wichtige Websites mit hoher Qualität bekommen einen höheren PageRank, den Google sich mit jeder Suchanfrage merkt. Natürlich bedeuten Ihnen wichtige Seiten nichts, wenn sie nicht Ihr Suchwort treffen. Deshalb kombiniert Google PageRank mit einer komplexen Text-

Prinzip der Suchmaschine „google"

suche, um Seiten zu finden, die sowohl Ihre Suchanfrage treffen als auch wichtig sind. Google geht in der Analyse weit über die bloße Anzahl der Suchbegriffe, die auf einer Seite zu finden sind, hinaus und untersucht alle inhaltlichen Aspekte (wie auch den Inhalt der Seiten, die mit dieser Seite verbinden), um zu bestimmen, ob sie ein guter Treffer für Ihre Suche ist."

- Daneben interessant sind sicher sogenannte Meta-Suchmaschinen, die verschiedene Suchmaschinen integrieren und deren Gesamtergebnisse anzeigen, z.B.: www.metager.de, eine Metasuchmaschine der Universität Hannover.

Mailing & Newsletter

- Mehr als 1000 Mailinglisten und Newsletter stellt „lisde" mit Suchfunktionen vor: http://www.lisde.de/home.html
- „NetzMayer" (www.ping.at/guides/netmayer) stellt die Netiquette in deutscher Fassung vor.
- Björn Deutschmann erklärt Newsgroups, Netiquette und Akronyme: www.bjoernd.de/news.html

IRC- Internet Relay Chat

- Eine Kurzanleitung zum IRC bietet Mark Seuffert (www.pirate.de/pirateworld/irc.html). Der Autor gibt auch eine Kurzanleitung zu html (www.pirate.de/pirateworld/html.html); aber Vorsicht: „Chatten kann süchtig machen".
- „Webchat® ist das Verzeichnis deutschsprachiger Chats. Hier finden sowohl Neulinge als auch erfahrene Chatter alles, um in die Welt der Kommunikation im WorldWideWeb einzusteigen: eine Liste aller deutschsprachigen Chats, ein Newsforum, Suchmaschinen und zahlreiche Hilfestellungen." (www.webchat.de) Chat

Die eigene Homepage

- Dietmar Rabichs Werkstatt begann einmal mit einer fünf Seiten Anleitung; jetzt ist eine ganze Site daraus geworden rund um html und JavaScript: www.rabich.de; eine E-Mail Registrierung ist erforderlich, aber kostenlos. Homepage gestalten
- HTML-Einführungen von Hubert Partl, Wien: http://www.boku.ac.at/htmleinf. – Man kann im Hypertext-Modus durch das Dokument klicken und es „online" lesen oder auch den gesamten Text herunterladen. In der Einleitung erfährt man auch, wie das WWW entstanden ist und was dahintersteckt.
- SELFHTML heißt das Referenzwerk zu HTML von Stefan Münz: http://selfaktuell.teamone.de – „online" zu lesen, aber die Datei steht auch zum kostenlosen Herunterladen bereit; das Ganze gibt

es auch als Buch: *Münz, Stefan/Nefzger, Wolfgang,* HTML 4.0 Handbuch, Franzis-Verlag 1998, mit CD-ROM.

9.5 Verhaltensregeln im Internet

Netiquette

Dieses im Laufe der Jahre etablierte Regelwerk, das von den Internet-Nutzern selbst geschaffen wurde, wird gemeinhin als *Netiquette* bezeichnet, einer Wortspielerei aus den Begriffen Network und Etiquette. Ein Beispiel sind die „10 Gebote der Computerethik" (vgl. *Rinaldi, Arlene H.,* Die klassische Netiquette, Juli 1994. In deutscher Übersetzung zu finden unter: www.ping.at/guides/netmayer):

„1. Du sollst nicht Deinen Computer benutzen, um anderen Schaden zuzufügen.
2. Du sollst nicht anderer Leute Arbeit am Computer behindern.
3. Du sollst nicht in anderer Leute Files stöbern.
4. Du sollst nicht den Computer zum Stehlen benutzen.
5. Du sollst nicht den Computer benutzen, um falsches Zeugnis abzulegen.
6. Du sollst nicht Software benutzen oder kopieren, für die Du nicht gezahlt hast.
7. Du sollst nicht anderer Leute Ressourcen ohne deren Erlaubnis verwenden.
8. Du sollst nicht anderer Leute geistig Werk als Deines ausgeben.
9. Du sollst über die sozialen Konsequenzen Deiner Programme nachdenken.
10. Du sollst den Computer so benutzen, daß Du Verantwortung und Respekt zeigst."

Netzethik

Ein anderes Beispiel für ein solches ethisches Reglement findet sich im Kursbuch Internet (vgl. *Mandel, Thomas/Van der Leun, Gerhard,* Die Zwölf Gebote des Cyberspace, in: Kursbuch Internet, 247-254). Dort wird deutlich, dass Offenheit und Ehrlichkeit sowie Zensurfreiheit als höchste Güter im Netz gelten. Gleichzeitig gilt aber auch: „Du sollst nicht langweilen", sondern man soll kurz und verständlich sagen, was man zu sagen hat, um die Aufmerksamkeitsspanne anderer nicht überzustrapazieren.

„Du sollst nicht stehlen" gilt auch im Internet bezogen auf Software und sämtliche Güter geistigen Eigentums. Diese Regel wird faktisch ständig durchbrochen. Aber darüber hinaus gilt: „Du sollst dem Netz geben, wenn du vom Netz nehmen willst"; damit ist einerseits die Weitergabe von Informationen gemeint, aber auch das freiwillige und kostenlose Bereitstellen von Datenbeständen und Programmen. Es ist im Internet ferner verpönt, für sich oder sein Unternehmen unaufgefordert Werbung zu verbreiten, z.B. durch Postings in Newsgroups oder per E-Mail.

Grobe Verstöße gegen die Netiquette können Konsequenzen der Netzgemeinde nach sich ziehen. Die Gemeinschaft der Internet-Nutzer sieht die Benutzung des Netzes als Privileg, nicht als Recht. Schlechtes Benehmen wird daher von anderen Nutzern, die sich in ihren Rechten oder in ihrer Persönlichkeit verletzt fühlen, unter Umständen mit diversen Mitteln sanktioniert. Verbreitet sind die sogenannten Flames, die in Newsgroups zu finden sind. Dies sind meist unsachliche, wütende Beiträge oder Äußerungen gegen Diskussionsteilnehmer, die zuvor gegen gültige Regeln verstoßen haben. Ein Flame kann wiederum mehrere Flames nach sich ziehen und zu sogenannten Flame Wars führen, d.h. zu einem emotional geführten, „flammenden" Streit zwischen mehreren Teilnehmern, der zunehmend eskaliert. Insofern können Flames zum einen ein Sanktionsmittel sein, zum anderen aber auch gleichzeitig ein (beabsichtigter) Auslöser einer unter Umständen heftigen verbalen Auseinandersetzung. Newsgroups, wie z.B. „alt.flame" machen solche Hetzkampagnen sogar zu ihrem erwünschten Ziel.

Flames

Eine weitere Gegenmaßnahme ist die Nichtachtung, das Ignorieren eines Teilnehmers. Entweder erfolgen absichtlich keine Reaktionen auf das, was dieser schreibt, oder dessen Beiträge können durch spezielle, softwarebasierte Funktionen herausgefiltert werden, so dass sie bei demjenigen, der sie ignorieren möchte, zukünftig nicht mehr erscheinen.

Eines der massivsten Sanktionsmittel ist das Versenden riesiger bzw. mehrerer E-Mails mit nutzlosem Inhalt an den Regelbrecher. Dies wird als Mail-bombing (deutsch: mit E-Mails zubomben) bzw. Spamming (umgangssprachlich: vollsülzen) bezeichnet.

9.6 Internet-Kommunikation

> Eine repräsentative Studie zur Online-Nutzung führen seit einigen Jahren ARD und ZDF durch, ARD/ZDF-Onlinestudie: www.ard.de/ard_intern/mediendaten
> Fittkau & Maaß, W3B Hamburg, führen regelmäßig umfangreiche Befragungen von Netznutzern durch; da die Umfrage über das Internet selbst durchgeführt wird, kann sie nur eingeschränkt repräsentativ sein. Die Ergebnisse werden auszugsweise im Internet zur Verfügung gestellt: www.w3b.de.

Es können hier keine Einzeldaten zur Internetnutzung vorgestellt werden, da der Wandel sehr groß ist. Aber einige Trends sollen benannt werden (vgl. ARD/ZDF Online-Studie 2002). 44% der ‚Bundesbürger ab 14 Jahren waren im Jahr 2002 Online-Nutzer. Galten noch vor wenigen Jahren die Kriterien „männlich, jung, höher gebildet" als bestimmend, ist inzwischen die Nutzergruppe viel breiter geworden. Mit 57% männlich zu 43% weiblich nähern sich die Geschlechter in der Nutzung weiterhin an. Die Altersstruktur der NutzerInnen verteilt sich gleichmäßiger. Waren vor wenigen Jahren noch die 20 bis 30 Jährigen die Hauptnutzer, so hat sich diese Spitze auf die 30 bis 40 Jährigen noch oben verschoben. Die Onlinenutzung geschieht nur noch zu 16% ausschließlich am Arbeitsplatz oder in der Schule; sie hat sich sehr stark in den häuslichen Bereich verlagert (50%) bzw. geschieht an beiden Orten (34%).

Trends der Internet-Nutzung

Nutzungsarten

Bei den Nutzungsarten steht E-Mail weit an der Spitze, gefolgt von zielgerichteter Informationssuche und ziellosem Surfen; letzteres findet sich vor allem auch bei Jugendlichen. Jugendliche nutzen den Computer auch weit stärker zum Spielen als für Online-Dienste (vgl. JIM-Studie 2001). Bei der Online-Nutzung spielt bei Jugendlichen auch das Chatten eine große Rolle, was insgesamt nur zu etwa 20% genutzt wird. Fast 80% der NutzerInnen geben an, dass das Internet für sie ein wichtiges Medium geworden ist und sie darauf nicht mehr verzichten wollen. Allerdings ist die Mehrzahl der Nutzer nicht bereit, für Internet-Dienste zu bezahlen; sie sind der Meinung, dass sie durch den Zugang bereits genügend zur Kasse gebeten sind. Bei den Dienst-Anbietern ist auf der anderen Seite klar, dass ein Refinanzierung der Dienste in Zukunft über Nutzungsentgeld realisiert werden muss.

Zusammenfassend stellt die ARD/ZDF-Onlinestudie fest: „Innerhalb von sechs Jahren ist die Nutzerschaft des Internets um das Siebenfache gestiegen. Mit Ausnahme des Handys hat kaum eine andere Technologie eine derart schnelle Verbreitung erlebt. Allerdings schwächen sich die Zuwachsraten ab. Mit der Entwicklung des Internets zum ‚Massenmedium' verändert sich auch die Struktur der Nutzerschaft. Heute entspricht sie mehr dem Bevölkerungsdurchschnitt. Nach wie vor kommt der Internetnachwuchs am Stärksten aus der Kernklientel: junge, gebildete, berufstätige Männer. Und die Gruppe der Internetverweigerer wird zwar kleiner, aber auch ‚resistenter'." (*von Eimeren/Gerhard/Frees* 2002, 362)

Wirkungen

Über Wirkungen der Computer- und Onlinenutzung vor allem durch Kinder und Jugendliche wird viel spekuliert; bei einem zeitlich so „neuen" Medium gibt es aber noch kaum Ergebnisse einer Wirkungsforschung. Wie beim gesamten Thema Medienwirkungen ist auch hier zu betonen, daß die Persönlichkeit des Nutzers und sein soziales Umfeld eine wesentliche Einflußgröße für das Medienverhalten und seine Wirkungen sind. Einige zentrale Aspekte sollen zur eigenen Auseinandersetzung anregen:

> 🕮 *Döring, Nicola,* Sozialpsychologie des Internet. Die Bedeutung des Internet für Kommunikationsprozesse, Identitäten, soziale Beziehungen und Gruppen, Göttingen 1999.

Netznutzung und Vereinsamung

- „Netzbenutzung macht nicht notwendigerweise einsam und kontaktarm, aber sie birgt für gefährdete Personen durchaus ein gewisses Suchtpotential. Hierbei darf aber die Disposition suchtgefährdeter Personen nicht vergessen werden ..." (Kursbuch Internet, 282) Aktive Netznutzer sind eher weniger einsam und besser sozial integriert als der Bevölkerungsdurchschnitt, sofern sie die Kommunikations- und Kontaktmöglichkeiten des Netzes in Anspruch nehmen. Zu diesem Ergebnis kommt eine empirische Studie von *Nicola Döring* (Isolation und Einsamkeit bei Netznutzern? Öffentliche Diskussion und empirische Daten, 1995: ftp://ftp.uni-stuttgart.de/pub/doc/networks/misc/netz_und_einsamkeit)

Sinnlich reduzierte Kommunikation

- Das Internet ist ein Medium relativ direkter Kommunikation, etwa beim Internet Chat (IRC) oder in zahlreichen Newsgroups; aber diese Kommunikationen sind nicht „am eigenen Leibe" erfahrbar. Es fehlt ein Gegenüber, das mit körperlichen Reaktionen, durch Gestik, Mimik, Körperhaltung etc. einerseits Emotionen zeigen, andererseits auch auslösen kann. Eine zwischen zwei Menschen face-to-face geführte Auseinandersetzung erfordert häufig Kompromisse und Respekt bzw. Rücksichtnahme dem anderen gegenüber. Differente Positionen kennzeichnen die folgenden beiden Zitate:

  „Die Computernetze sind die moderne Agora. Sie erfüllen eine ähnliche Rolle wie Radio und der Klatschjournalismus, aber sie lassen mehr Partizipation zu, sind weniger sensationslüstern und erlauben mehr Nachdenken zwischen den einzelnen Bemerkungen." (*Barry Korth,* Mitbegründer eines Kinder-MUD, zit. n. Kursbuch Internet, 267)

  „Sicher, das Netz erlaubt den Leuten von gleich zu gleich zu reden. Doch rationale Argumente behalten selten die Oberhand, und sich über irgend etwas zu einigen, wird weitgehend als unmöglich angesehen (...) Die Bedingungen, die zu Kompromissen führen, dem Grundkennzeichen des demokratische Prozesses, fehlen einfach online." *(Mark Poster,* kalifornischer Historiker, zit. n. Kursbuch Internet, 267)

Lernchancen

- Lernchancen durch das Internet werden immer wieder positiv benannt. So sind vielfach multimediale Gestaltungen anschaulicher und ansprechender als herkömmliche Lernmedien. Das Internet ermöglicht zudem ein hohes Maß von Aktualität. Unzählige Wissensbestände sind über das Netz verfügbar. Zugleich droht das Ertrinken in der Überfülle an Informationen („lost in hyperspace", „information overload"); es fehlen Bewertungen und Selektionskriterien. Die Inter-Aktivität der Netznutzung ist ein positiver Lernfaktor; sie ermöglicht bzw. drängt zu aktiver Beteiligung in Diskussionsgruppen, schriftlicher Formulierung von Gedanken, aktivem Fremdsprachentraining. Durch die weltweite Vernetzung ist neben der Förderung von Fremdsprachengebrauch (v.a. Englisch) auch interkulturelles Lernen möglich. Wieweit diese Lernchancen allerdings wirklich praktisch greifen und nicht nur auf ohnehin bildungsbevorzugte Schichten zutreffen, ist völlig offen.

Virtuelle Realität

- Internetkommunikation suggeriert eine virtuelle Gemeinschaft. Virtuelle Realität (VR) bezeichnet dabei eine computergenerierte, interaktive, dreidimensionale Welt; der Computer wird zur Tür einer alternativen Wirklichkeit mit Anzug, Datenhelm, Datenhandschuh. Dies kann gleichgesetzt werden mit dem bloßen Schein von Realität, die tatsächlich jedoch nicht vorhanden ist. Entsprechend kann nichts, was in dieser VR passiert, wirklich geschehen bzw. Auswirkungen auf die reale Welt haben. – Das Gegenargument lautet: virtuelle Realitäten existieren sehr wohl, zwar auf andere Weise wie das „reale" Leben, aber mit geistigen Effekten, die sich selbstverständlich auf das reale Leben auswirken.

Besondere Sprachkultur

- „Der Online-Chat straft alle jene Medienkritiker Lügen, die da behaupten, der Computer führe zum Untergang der schriftlichen Kultur. Im Gegenteil: In der Welt der Datennetze ist die Fähigkeit, sich schriftlich ausdrücken zu können, derzeit eine Bedingung, ohne die Kommunikation einfach nicht möglich ist." (Kursbuch Internet, 281) Eine besondere Sprachkultur im Netz wird an den zahlreiche Akronymen für bestimmte Begriffe und immer wiederkehrende Wortfolgen und Floskeln deutlich. Ein Beispiel zeigt der folgende Ausschnitt aus einer IRC-Konversation (die Pseudonyme der am IRC Beteiligten wurden geändert; die Homepage-Adresse des Teilnehmers „Renegade" sowie dessen E-Mail

Adresse, die beim Verlassen des Kanals erschien, wurde mittels der eckigen Klammer ausgespart):

```
-TOM- Hallo fish! Willkommen in #Homepage !
-Superman- Willkommen im Channel fish - Hier gehts
RUND um die eigene HomePage!
<Renegade> http://[...]
<Superman> Hi
<fish> hallo !
<CB> oki bin schon unterwegs
<Renegade> CB: Mein counter dankt´s Dir
<Omni_1> TOM: LOL
<Renegade> Bye ALL!
<CB> *g*
<CB> cya
<Omni_1> Deine is gebookmarkt
<Omni_1> Renegade tschau
<fish> ist das (http://[...]) ein negativ-bei-
spiel?
<fish> ;-)
<Omni_1> TOM: deine is geBookmarkt
<Renegade> Omni_1: N8
<Superman> n8
<TOM> wer geht jetzt ?
*** Parts: Renegade [...] (Renegade)
```

Diese sprachlichen Codes des IRC und die Form der Kommunikation sind einem „Newbie" kaum verständlich. Sie müssen – ähnlich einer Fremdsprache – regelrecht erlernt werden, um sich an der Kommunikation im IRC sinnvoll beteiligen zu können. Geltende Rechtschreibregeln sind marginal, überwiegende Kleinschreibung ist eher die Regel. Der eigentliche Inhalt einer Aussage/Mitteilung eines IRC-Teilnehmers wird häufig begleitet von nonverbalen Botschaften. Emoticons (aus den englischen Wörtern Emotion, Gefühl, und Icon, Symbol, zusammengesetzt) sind aus Satzzeichen und Buchstaben bestehende Zeichenfolgen – auch Smileys genannt –, die eine Imitation menschlicher Gesichtszüge darstellen und Gefühle symbolisieren sollen. Dreht man die Zeichenfolge :-) gedanklich um 90° nach rechts, so wird daraus beispielsweise ein lächelndes Gesicht. Aktions- oder Soundwörter hingegen, die im Stil der Comic-Sprache verfaßt und meist durch ein * hervorgehoben werden, sollen die eigentliche Aussage mit einer (imaginären) Handlung oder Tätigkeit versehen. Eine kurze Erläuterung des obigen Beispiels:

Emoticons

Der Zusatz *g* soll verdeutlichen, daß CB gerade über eine zuvor gemachte Aussage schmunzelt (g steht für grin, grinsen). IRC-Teilnehmer „fish“ möchte die Kritik an der Homepage von „Renegade“ abschwächen und macht mit dem Emoticon ;-) deutlich, daß die Kritik nicht wirklich ernst gemeint ist. „N8“ ist eine Zusammensetzung des Buchstabens „N“ und der Zahl „Acht“, was zusammen ausgesprochen das Wort „Nacht“ ergibt. Dies ist, ähnlich wie „cu“ (oder hier: „cya“) eine standardisierte Verabschiedung, wenn jemand den Kanal beispielsweise zu abendlicher Stunde verlassen möchte. Die Buchstabenfolge „LOL“ (laughing out loudly, laut lachen) bedeutet, daß der IRC-Teilnehmer gerade eine Bemerkung oder Person sehr belustigend bzw. zum Lachen findet.

Einige gebräuchliche Smilies bzw. Emoticons, mit dem ASCI-Zeichensatz erstellt, mit nach links geneigtem Kopf zu lesen:

:-)	Lächeln
;-)	Scherz
:-(	traurig
:-|	neutral
%-}	Blödsinn
:-x	kleiner Kuss
:->	gemeine Bemerkung
>:->	sehr gemeine Bemerkung

Dieses Beispiel mit den dazugehörigen Erläuterungen gibt einen kleinen Einblick in die IRC- und auch internettypische Sprachkultur, die sich mittlerweile zu einer eigenständigen, relativ standardisierten Ausdrucksform entwickelt hat und auch im Rahmen der anderen Dienste des Internet, E-Mail, Newsgroups, WWW häufig anzutreffen ist.

Beeinflussung schriftlicher Kommunikation

Insgesamt wird durch die Nutzung entsprechender Internet-Kommunikationen die Sprache möglicherweise langfristig beeinflusst. Allerdings handelt es sich um eine rein schriftsprachliche Kultur, deren Übernahme in den allgemeinen, mündlichen Sprachgebrauch unwahrscheinlich ist. Auch in der Schriftform werden derartige Encodierungen nur unter Personen benutzt, die diese verschlüsselte Sprache auch dekodieren können. Einzelne Kürzel und Ausdrucksformen finden sich inzwischen in der Cliquensprache von Kindern und Jugendlichen.

Literaturtipps

Bollmann, Stefan/Heibach, Christiane (Hg.), Kursbuch Internet. Anschlüsse an Wirtschaft und Politik, Wissenschaft und Kultur, Mannheim 1996

Fasching, Thomas, Internet und Pädagogik. Kommunikation, Bildung und Lernen im Netz, München 1997
Hooffacker, Gabriele/Tangens, Rena/Moos, Ludwig (Hg.), Frauen & Netze, Reinbek 1997
Münker, Stefan/Roesler, Alexander (Hg.), Mythos Internet, Frankfurt 1997
Stoll, Clifford, Die Wüste Internet. Geisterfahrten auf der Datenautobahn, Frankfurt 1996
Turkle, Sherry, Leben im Netz. Identität in Zeiten des Internet, Reinbek 1998

9.7 Jugendschutz im Internet

Wie in anderen Medienbereichen auch war es vor allem der Themenkomplex „Sex", der die Jugendschützer im Internet interessierte. „Im Cyberspace kommt alles, was mit Sex zu tun hat, direkt nach allem, was mit Arbeit und Geldverdienen zu tun hat. Wie noch jede neue Technik ist diese sofort von den beiden menschlichen Basisbedürfnissen in Dienst genommen worden. Das Doppelinteresse, sich ökonomische und sexuelle Vorteile zu verschaffen, dominiert wie in der Wirklichkeit auch in den virtuellen Realitäten; wenngleich letzteres Bedürfnis nicht immer in Formen, die der Intelligenz entsprechen, die in die Entwicklung der Technik gesteckt wurde." (Kursbuch Internet, 263)

Juristisch ist zu unterscheiden zwischen Jugendgefährdung (vgl. Thema Jugendschutz im Kap.8) und rechtswidrigen Inhalten, die gegen das Strafgesetzbuch verstoßen (z.B. „Kinderpornographie", „Rassismus").

Aufgrund der weltweiten Verbreitung/Zugänglichkeit von Medienangeboten im Internet greifen Länderbestimmungen kaum noch. In Deutschland sollen seit 1997 zwei Gesetzeswerke das Problem angehen (siehe auch Kap. 4.3):

MDStV

➔ *Mediendienste-Staatsvertrag* (MDStV), denn Massenmedien gehören aufgrund der Kulturhoheit zum Recht der Bundesländer. Mediendienste sind an die Allgemeinheit gerichtete elektronische Informations- und Kommunikationsdienste; auch Abrufdienste, wenn individueller Leistungsaustausch oder reine Datenübermittlung nicht im Vordergrund stehen.

TDG

➔ *Teledienstegesetz* (TDG), denn Telekommunikation ist als Wirtschaftsfaktor Bundesrecht. Teledienste sind elektronische Informations- und Kommunikationsdienste, die für eine individuelle Nutzung bestimmt sind, insbesondere Angebote zur Information und Kommunikation, wenn eine redaktionelle Gestaltung zur Meinungsbildung für die Allgemeinheit nicht im Vordergrund steht.

Das Internet markiert in seiner Vielfalt deutlich die Problematik der Abgrenzung zwischen diesen Bereichen.

Die beiden Gesetze ändern auch bestehende Gesetzestexte (das GjS durch Art.6 IuKDG; das StGB durch Art.4 IuKDG); elektronische Publikationen werden dem bisherigen Begriff der Schriften gleichgestellt. Damit sind jugendgefährdende Internet-Angebote genauso zu behandeln wie jugendgefährdende Schriften. Auch in der Neufassung des Jugendschutzgesetztes (JuSchG) im Jahr 2002 werden diese Entwicklungen berücksichtigt.

Provider und Jugendschutz

Provider, die jugendgefährdende Inhalte zur Verfügung stellen, haben nach Art.6 IuKDG einen Jugendschutzbeauftragten zu bestellen, der über die Einhaltung der Vorschriften zu wachen hat. Nach dem Gesetz haftet der Provider unter Berücksichtigung allgemeiner gesetzlicher Bestimmungen in jedem Fall für eigene Inhalte. Für fremde Inhalte, die sich auf seinem Server befinden, haftet er hingegen nur, wenn er von deren Existenz weiß. Dies könnte z.B. der Fall sein, wenn ein Kunde einen rechtswidrigen Beitrag in eine Newsgroup des News-Servers des Providers postet. Erst wenn der Provider von diesem Posting erfährt, müßte er dieses löschen oder den Zugriff dazu sperren. Nicht verantwortlich ist er jedoch für alle anderen Angebote des Internets, zu denen er lediglich den Zugang vermittelt. Da die Nutzer des Internets sich aber nicht ausschließlich innerhalb der direkt vom Provider verwalteten Netze bewegen, stößt die hier vorgestellte Regelung in diesem Punkt bereits an ihre Grenzen. Somit stellt sich die Frage nach anderen Mechanismen, die vor bedenklichen Inhalten im weltweiten Internet schützen könnten.

Software-basierte Kontrolle

Jugendbeeinträchtigende Angebote im Internet sind nur zulässig, wenn die Möglichkeit der Zugangsbeschränkung bzw. der Sperrung besteht. Derzeit existieren diverse softwarebasierte Möglichkeiten, die für sich beanspruchen, jugendgefährdende oder rechtswidrige Webseiten beim Aufrufen derselben herauszufiltern. Filtersysteme sind Anwendungen, die den Zugriff auf Informationen oder Dienste des Internets nach vorgegebenen Kriterien regulieren. Diese Systeme können auf dem Rechner des Nutzers, auf dem Server einer Institution oder des Providers installiert sein. Sie können je nach Programm vor problematischen Seiten warnen, die besuchten Adressen protokollieren oder inkriminierte Seiten sperren. *F. Schindler* (in: tv-diskurs H 11, 2000) unterscheidet drei Konzepte:

Filtersysteme

- „das keyword-blocking basiert auf Listen mit ‚forbidden words', die auf einer Seite nicht vorkommen dürften,

- das site-blocking nutzt zum Filtern eine Listen mit handverlesenen, unerlaubten Netzadressen,
- beim page-labeling klassifiziert jeder Anbieter seine Seiten selbst – die Rating-Information ist im ‚unsichtbaren' Header jeder Web-Seite untergebracht."

Programme wie *CyberSitter* (www.cybersitter.com), *CyperPatrol* (www.cyberpatrol.com) oder *NetNanny* (www.netnanny.com) arbeiten sehr restriktiv und filtern unter Umständen auch Webseiten heraus, die völlig unbedenklich nur Bestandteile entsprechender Worte enthalten. All diese Filter taugen nur als flankierende Maßnahmen. Eine Untersuchung im Auftrag des Bundesministeriums für Wirtschaft und Technologie aus dem Jahr 2000 kommt zu dem Schluss, dass sämtliche technischen Filtersysteme noch deutlich verbesserungsbedürfig hinsichtlich Treffsicherheit, Manipulationssicherheit und Bedienungsfreundlichkeit sind. Die Systeme stammen zumeist aus dem amerikanischen Bereich und sind auf den deutschen Sprachraum nur bedingt übertragbar. Zudem besteht die Gefahr, dass solche technischen Hilfen Alibifunktion bekommen.

> Informationen zu den Filtersystemen finden sich auf den Internetseiten www.jugendschnutz.net
> Das Bundesamt für Sicherheit in der Informationstechnik hat im Auftrag des Bundesministeriums des Innern 2002 eine CD-Rom mit dem Titel „Ins Internet – mit Sicherheit" herausgebracht: www.bsi.bund.de – Ein interessantes Programm findet sich unter www.timerestrict.de.

Page-Labeling

Das Konzept des Page-Labelings basiert auf der „Platform for Internet Content Selection" (PICS). Anstatt mit den oben beschriebenen Positiv- oder Negativlisten zu arbeiten, läßt PICS eine relativ flexible Bewertung schädigender Inhalte zu. Der Benutzer kann so den Zugang zu Webseiten sperren, die nicht den Parametern entsprechen, die er selbst zuvor definiert hat. Es kann jeweils zwischen fünf graduellen Abstufungen (0-4) der Kriterien Sprache, Nacktdarstellungen, sexueller Inhalt und Gewalt gewählt werden. Diese Abstufung basiert auf dem Standard des *Recreational Software Advisory Council (RSAC)*, das unter anderem auch Videospiele bewertet. Damit dieses System funktionieren kann, müssen Internet-Ressourcen, die über eine URL erreichbar sind, d.h. Webseiten, FTP-Archive oder Newsgroups, über PICS-Kennzeichnungen, sogenannte Etiketten oder Labels, verfügen, die Informationen über den Inhalt geben, der von der Filtersoftware dann erkannt und entsprechend der festgelegten Parameter gesperrt werden kann oder auch nicht.

Darüber hinaus ist die Verwendung neuerer Browser-Software erforderlich, die PICS auch unterstützt. Und pädagogisch Verantwortliche müßten bereit und technisch in der Lage sein, die Verantwortung für die Programmkonfiguration zu übernehmen.

„Jugendschutz.net"

Pornographische und gewaltverherrlichende Angebote im Internet werden in Deutschland derzeit von der länderübergreifenden Stelle „Jugendschutz.net" kontrolliert, die 1997 von den Jugendministerien der Länder eingerichtet wurde. Aufgabe von Jugendschutz.net ist es, auf ein Einhalten der Jugendschutzbestimmungen bei Online-Diensten und Anbietern von Webseiten hinzuwirken. Die Jugendschützer spüren mit einer entsprechenden Software relevante Inhalte und ihre Anbieter in öffentlich zugänglichen Online-Diensten auf. Die „Suchmaschine" ist mit einem Adressenfilter ausgestattet, der Anbieter enthält, die bereits mit anstößigen Angeboten aufgefallen sind. Darüber hinaus wird nach bestimmten Begriffen gesucht. Die Technik kann außerdem Bilder, Texte oder Videos wiedererkennen, die bereits entsprechend bewertet wurden und nun auf einem anderen Rechner angeboten werden. Die Anbieter entsprechender Seiten werden kontaktiert und aufgefordert, Inhalte zu ändern, aus dem Angebot zurückzuziehen oder Sperren einzurichten. Die Initiative setzt also auf Kooperation. In einer Selbstdarstellung heißt es:

Positiver Jugendschutz

„Wir setzen auf einen positiven Jugendschutz. (...) Der positive Zugang zu den Online-Medien ist für Kinder und Jugendliche aber nur dann gewährleistet, wenn sie nicht an jeder Ecke über problematische Angebote stolpern. Man kann nicht voraussetzen, dass Kinder mit Darstellungen von Gewalt, Pornographie, Drogenkonsum, etc. ohne weiteres klarkommen. Sie brauchen daher noch Schutz vor Bildern, Texten oder Filmen, die ihnen Angst machen, die sie aggressiv machen oder ihnen sozialschädliche Orientierungen nahelegen.

(...) Für uns als Jugendschutzeinrichtung ist es vor allem wichtig, die Perspektive von Kindern und Jugendlichen einzunehmen und sich auf die Internetangebote zu konzentrieren, auf die Minderjährige gewollt und vor allem ungewollt stoßen. Wir suchen deshalb nicht nur in Suchmaschinen mit typischen Kindersuchbegriffen und auf großen Portalen nach ‚harmfull Content', sondern bemühen uns besonders um Meldungen von jugendlichen Nutzerinnen und Nutzern sowie aus pädagogischen Einrichtungen.

Wir wollen vermeiden, dass die allgemeine Aufmerksamkeit auf jugendschädigende Angebote gelenkt wird, weil dies eher zur weiteren Verbreitung oder zu unbeabsichtigten Werbeeffekten führen kann. Deshalb werden wir auch keine Internetadressen bekannt machen. Wir streben eine freiwillige Herausnahme oder Veränderung durch diejenigen an, die Inhalte zugänglich machen. Wir bemühen uns darum, zu informieren, inwiefern bestimmte Medienprodukte schädigende Wirkungen auf Kinder und Jugendliche haben können."

> Informationen unter www.jugendschutz.net. Aus der Tätigkeit der Einrichtung sind u.a. folgende Veröffentlichungen entstanden: „Ein Netz für Kinder – Surfen ohne Risiko? Ein praktischer Leitfaden für Eltern und Pädagogen", 2001, zu beziehen über das Bundesminsterium für Familie, Senioren, Frauen und Jugend (Download unter: www.bmfsfj.de); CD-ROM „Rechtsextremismus im Internet – Recherchen, Analysen, pädagogische Modelle", Bundeszentrale für politische Bildung 2002, dort mit Sonderbestellschein zu erhalten.

Jugendschutz soll nicht junge Menschen vor der Welt schützen, weil sie Gefahren birgt, sondern sie vor Gefährdungen ihrer Erziehung und Entwicklung schützen. Der beste Schutz ist, sie zu lehren, mit Gefahren richtig umzugehen, Medienkompetenz zu entwickeln. Das Internet öffnet den Jugendlichen Türen zur Welt. Pädagogisch muß es darum gehen, Gefährdungen zu vermeiden, ohne die Türen nach draußen zu verschließen.

10. Mediendidaktik

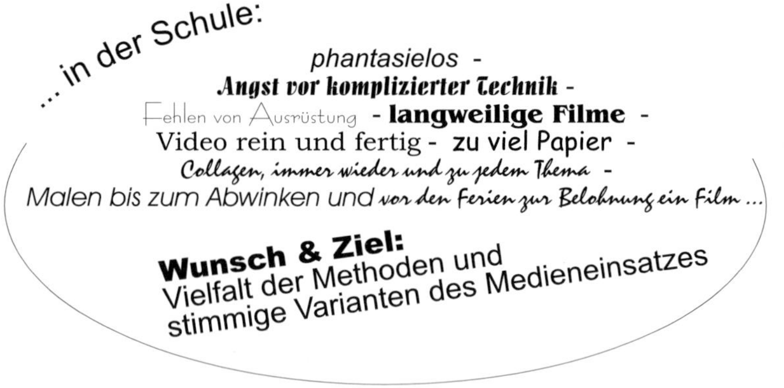

Abb. 10.1: Medien in der Schule

10.1 Entstehung und Grundfragen

Definition

Menschen lernen ständig, geplant oder ungeplant, bewusst oder beiläufig. Im Blick auf pädagogische Institutionen und Unterrichtszwecke wird zwischen beiläufigem („funktional") und planmäßigem („intentional") Lernen unterschieden. Unterricht bezeichnet einen gezielt arrangierten, intentionalen und geordneten Lernprozess. Darauf bezogen ist Mediendidaktik die geplante, gezielte und reflektierte Verwendung von nicht-personalen Medien (= materiellen Zeichenträgern) zu pädagogischen Zielen und Zwecken. Die Medien spielen eine entscheidende Rolle im Kommunikationsprozess zwischen Lehrendem, Lernendem und Sache.

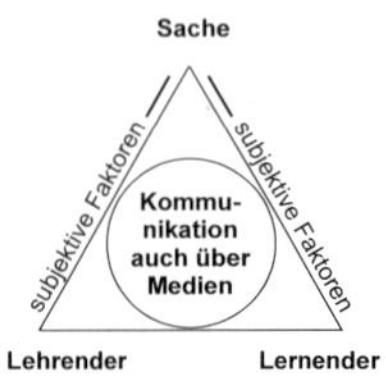

Dass sich Unterricht nicht nur an Ziel- und Inhaltsvorgaben orientieren muss, sondern vor allem an seinen Schülern, wenn er wirkungsvoll sein will, das ist eine Grundeinsicht, die durch Kommunikations- und Medienwirkungsforschung Unterstützung erfährt bzw. erfahren könnte. Lehr- bzw. Erziehungsziele des Lehrenden und Handlungsziele des Lernenden müssen in einem realistischen Lernziel zum Konsens kommen.

Es ist bequem, ein Medium als Selbstläufer oder Programmfüller, der Stundenvorbereitung ersetzt, einzusetzen; das fördert jedoch tendenziell eine passive Konsumhaltung. Medieneinsatz sollte immer in einem didaktischen Kontext der Vor- und Nacharbeit stehen. Effektive Mediennutzung setzt voraus:

Voraussetzungen

- entsprechende Qualifikationen auf Seiten des Lehrenden;
- medientechnisches Gerät (hardware) und entsprechende Medien (software);
- Berücksichtigung der Rezeptionsgewohnheiten (Medienerfahrungen) der Schüler und ihrer Interessen.

Das didaktische Modell der „Berliner Schule"

Medienverwendung in didaktischen Zusammenhängen gab es eigentlich immer. Aber die Medienfrage war den Ziel- und Inhaltsfragen nicht gleich-, sondern untergeordnet. Eine eigenständige und gleichberechtigte Gewichtung erhielten Medien im schulpädagogischen Trend durch das Modell des Berliner „Arbeitskreises Didaktik" (*Paul Heimann/Wolfgang Schulz*). Entsprechend orientiert sich Mediendidaktik mehr an einer „lerntheoretischen Didaktik", als am bildungstheoretischen oder kybernetischen Ansatz. Dieses Modell grenzte sich von einer Medienverwendung ab, die in einem lehrerzentrierten Unterricht Medien einsetzte, um den einförmigen Unterricht des Lehrers aufzulockern, anschaulich und attraktiver zu machen, oder Medienauswahl ausschließlich hinsichtlich einer möglichst effektiven Vermittlung des Lehrstoffes betrieb. Unterricht ist vielmehr ein vielschichtiges Interaktionssystem im institutionell-pädagogischen Feld und sozialen Umfeld, in dem Lehrer *und* Schüler handelnde Subjekte sind. Diese Orientierung auch am Subjekt des Schülers ist lern- und kommunikationspsychologisch untermauert: Lernen muß sich am „Wissenszusammenhang" des Adressaten orientieren, muß an seinen Vorerfahrungen, Motivationen und Interessen ansetzen.

Unterricht als Interaktionssystem

Nach dem Berliner Modell bestimmen sechs Momente „in ihrem Zusammenwirken Unterricht als absichtsvolles pädagogisches Geschehen: Die pädagogischen *Intentionen* (Absichten), die *Themen* des Unterrichts (Inhalte, Gegenstände), mit denen die Absichten verfolgt werden, die *Methoden* (Verfahren), die zur Bewältigung von Intentionen und Themen dienen sollen, schließlich die *Medien* (Mittel) der Verständigung zwischen den am Unterricht Beteiligten über Absichten, Gegenstände und Verfahren (...)" (*Schulz* 1965, 23). Diese vier stehen unter den Bedingungen von anthropogenen und sozial-kulturellen Voraussetzungen. Diese Einsichten sind ins pädagogische Alltagswissen übergegangen: Ziele bleiben ohne Inhalte leer, Inhalte sind ohne Medien nicht darstellbar, Medien werden ohne entsprechende Verfahren nicht aufgeschlüsselt, geben Inhalte und Ziele nicht frei. Umgekehrt bedürfen Inhalte der Ziele.

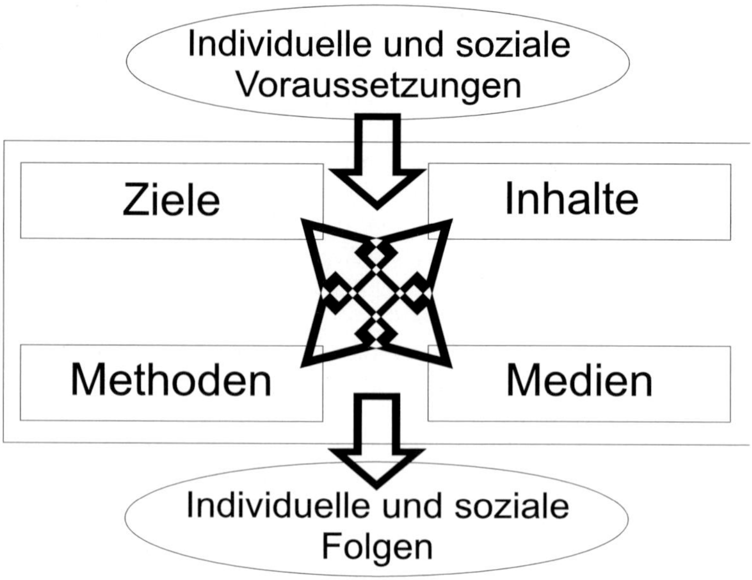

Abb. 10.2: Teilelemente von Unterricht nach dem Berliner Modell

Medienbegriff

Als Medien werden nach *Schulz* „alle Unterrichtsmittel bezeichnet, deren sich Lehrende und Lernende bedienen, um sich über Intentionen, Themen und Verfahren des Unterrichts zu verständigen." (*Schulz* 1965, 34) Es wird unterschieden zwischen Medien als „*Lehrmittel* (Medien zur Interstützung der Lehraktionen)" und Medien als „*Lernmittel* (zum Gebrauch des Schülers im Lernprozeß)" (ebd. 35) Weiterhin werden vier Medien-Codes unterschieden: Abbildung, Muster, Symbol und Gestaltungsmittel. Es ist bemerkenswert, dass die aktive Komponente, Medien als Gestaltungsmittel in der Hand der Lernenden zu begreifen, durchaus im Blick war. Auch die Abhängigkeit des Medieneinsatzes von anthropogenen Voraussetzungen wird gesehen: „Ein Tafelbild des Lehrers von der Kreuzotter wird auf Lernende, die Fotos, Film, Fernsehen gewohnt sind, anders wirken als auf Lernende vor 100 Jahren." (ebd. 35) Ebenso wird betont, dass sozial-kulturelle Voraussetzungen den Mediengebrauch fördern oder hemmen können; dazu gehört neben der Verfügbarkeit von Medien auch das Prestige von Alltagsmedien in der Gesellschaft.

Bezug zu Alltagsmedien

Das Modell stellte die Bedeutung der Medien für den Unterricht und ihre Gleichwertigkeit in Planungsfragen heraus. Durch seine

Planungsfixiertheit legte es allerdings auch euphorische Machbarkeitsphantasien via Medien frei und produzierte eine eher technologisch-unterrichtsfunktionale Betrachtungsweise der Medien. Beeinflusst ist dieses Modell durch die zunehmende gesellschaftliche Bedeutung technischer Mittler und der Massenmedien und ein technik-fasziniertes Klima der 60er Jahre auch in der Pädagogik.

Die Weiterentwicklung stellte Unterricht als kommunikatives Gefüge heraus, in dem Medien eine wichtige Funktion haben. Insgesamt wird aber Unterrichtszielen und -inhalten eine klare Vorordnung gegenüber den Lernorganisationen (Methoden & Medien) zugestanden. *Wolfgang Klafki* hat darauf hingewiesen, dass noch vor ihrer Einbeziehung in den Unterricht in die Mediengestaltung bereits pädagogisch relevante Ziel-, Inhalts- und methodische Entscheidungen einfließen. „Unterrichtsmedien tragen in sich ein eigenständiges Lernpotential, das simple Überlegungen ihres bloßen Einsatzes verbietet." (*Austermann* 1989, 1041.) Medien als Vermittlungs-Instrumente verändern das Verhältnis von Schülern zur Realität, zum Lerngegenstand und verändern das Lehrer-Schüler-Verhältnis. Und Medieneinsatz in didaktischer Absicht schließt immer das vorausliegende Lernfeld Massenmedien ein und bietet auch Chancen, dieses in den Unterricht hineinzuholen.

Medien haben eigenständiges Lernpotential

Mediendidaktik und Medienpädagogik in der Schule, das ist ein kaum zu trennendes Paar. Wie die Abbildung auf der Folgeseite zeigt, lassen sich drei Dimensionen unterscheiden; und die Beziehung von Mediendidaktik und Medienpädagogik in der Schule kann man an einer Matrix veranschaulichen (s. Grafik S. 350).

Es bedarf einer sinnvollen Zuordnung von personalen und technischen Mittlern im pädagogischen Geschehen; austauschbar sind sie in der Regel nicht. „Auditive und audiovisuelle Medien sind wichtige Lehr- und Lernmittel für einen zeitgemäßen Unterricht:

Zeitgemäßer Unterricht

- Sie geben den Lehrkräften die Möglichkeit einer größeren Variationsbreite bei der Darbietung neuen Lernstoffs und entlasten sie bei der Vorbereitung dieser Unterrichtsphase.
- Sie vermitteln den Schülerinnen und Schülern realitätsnahe Sekundärerfahrung, wo Primärerfahrung nicht möglich ist.
- Sie kommen den Hör- und Sehgewohnheiten der Schülerinnen und Schüler entgegen.
- Durch eine lebendige und variantenreiche Art der Darstellung tragen sie dazu bei, das Interesse der Schülerinnen und Schüler am jeweiligen Lernstoff zu wecken und wachzuhalten und sie zu selbständigem Weiterfragen und -forschen zu motivieren.
- Die didaktische Orientierung und methodische Aufbereitung der

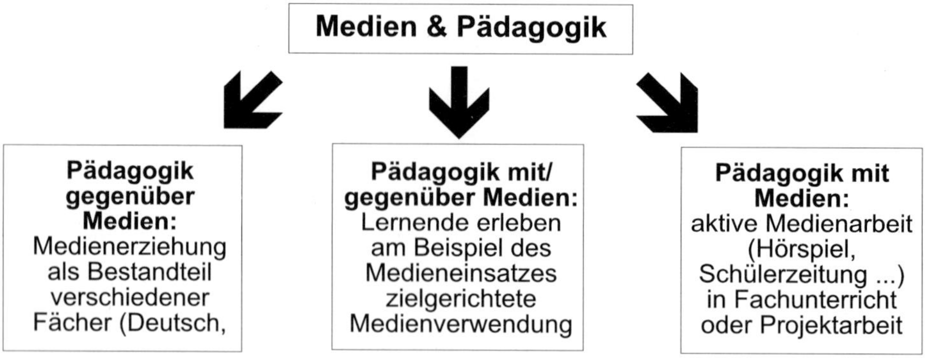

GEGENSTAND ⇨ **DIDAKTISCHER GEBRAUCH** ⇩	*Medien als Lehrmittel*	*Medien als Kommunikationsinstrumente*	*Massenmedien als Unterrichtsgegenstand*
Veranschaulichung vorgegebenen Unterrichtsstoffs			
Mediale Kommunikation der Lerngruppe			
Beispiel für Lernfeld Massenmedien			

Abb. 10.3: Matrix zur Einordnung von Medien im pädagogischen Kontext

Sendungen erleichtert den Schülerinnen und Schülern eigene Urteilsbildung in einer immer komplizierter werdenden Welt." (aus: ARD Radio und Fernsehen für die Schule, hg. v. Westdeutschen Rundfunk, Köln 1995)

Medien haben Brückenfunktion zum Alltag

Pädagogische Eignung von Medien entscheidet sich nicht auf der Ebene der formalen Intention, ob Medien zu didaktischen Zwecken gemacht sind. Man kann sinnvoll auch mit Medien lernen, die für andere Zwecke, Ziele produziert wurden. Medien sind nicht nur Anschauungsmittel, Zwecke auf dem Weg zu bestimmter Zielerreichung; sie sind als Gegenstand auch Brücke zwischen pädagogischem Schonraum und Kultur.

Fragen der Mediendidaktik

- Welche Medien kommen für einen bestimmten Lernzusammenhang in Frage? (Problem jeder Fachdidaktik)

- Welche Funktionen können konkrete Medien im Lernzusammenhang übernehmen?
- Wie kann sinnvoller Medieneinsatz geplant werden?
- In welchem Zusammenhang steht der geplante Medieneinsatz zu Alltags-Medienerfahrungen der Zielgruppe?

Medien in Regie der Lernenden

Auch aktive Medienverwendung/-produktion durch Lernende ist einzubeziehen. Sie können technische Geräte als Kommunikationsmittel selbst erproben und Lehrer wie Schüler können ihre Informationen mit Hilfe von AV-Medien objektivieren und Sachverhalte fixieren, um so ihre jeweiligen Sichtweisen wechselseitig zu überprüfen. Das verändert Lehrer-Schüler-Rollen hin zu partnerschaftlicher Kommunikation und fördert selbstorganisiertes Lernen in Projektgruppen.

Kriterien für die Medienauswahl

Wann setze ich welches Medium ein? Wann vertraue ich nur meinen Worten und Gesten und verzichte auf sonstigen „Medienzauber"?

Kriterien

- Medien sollen vereinfachen und Zuhörer wie Referenten unterstützen. Medieneinsatz ist kein Selbstzweck.
- Medien müssen zum Setting der pädagogischen Veranstaltung und zu den Erwartungen der Teilnehmer passen.
- Die Komponente „Aufwand": viel Technik und Risikofaktoren, oder wenig Aufwand; wie einfach sind die Medien auch für einen Lernprozess der Gruppe zu handhaben?
- Die zeitliche Komponente: Kurzfristmedien (Video, Film, auch Dia, Folie) oder Dauermedien (Flipchart, Pinwand, Tafel). Welche Informationen sollen dauerhaft sichtbar bleiben (z.B. Gliederungen, Tagesabläufe etc.), welche nur zeitweilig als Ergänzungen, Zwischenschritte.
- Abzuwägen sind Referenten-/Lehrer-/Gruppenleiter-Nutzen gegenüber Nutzen für die Lerngruppe.
- Medienwechsel bietet Chancen und Gefahren. Abwechselung tut auch bei den Medien und Symbolsystemen (Sprache, Grafik, Zahlen, Bilder, Karikaturen ...) gut.
- Fertig-Medien verführen zu einem schnelleren Tempo; sie ermüden den Lerner.
- Live gestaltete Medien (oder Teilfertig-Medien) haben belebende Wirkung; sie aktivieren und sind für die Lerngruppe leichter nachvollziehbar.

Rechtliche Fragen

Fertige Produktmedien unterliegen auch in der didaktischen Verwendung dem Urheberrecht. Nach § 47 des Urhebergesetzes (UrhG) haben Schulen und Bildstellen ein Mitschnittsrecht für Ton- und Bildwerke, die „innerhalb einer Schulfunksendung" gesendet werden. Dadurch sollen für Schulen gemachte Sendungen zum richtigen Zeitpunkt im Unterricht wiedergegeben werden können. Das Mitschnittsrecht schließt natürlich den Einsatz der Sendungen im Unterricht ein. Das Mitschnittsrecht bezieht sich auf alle Sendungen, die von der Schule/Bildstelle empfangen werden können, egal in welcher technischen Form. Die Bildstellen dürfen Ansichtskassetten dieser Mitschnitte bereithalten, diese für Unterrichtszwecke verleihen und mit entsprechender Kennzeichnung im Katalog aufführen. Das Nutzungsrecht dieser Mitschnitte ist jedoch zeitlich befristet: sie sind spätestens am Ende des auf die Übertragung der Schulfunksendung folgenden Schuljahres zu löschen.

Verwendung von Rundfunk-Aufzeichnungen

„§ 53 Abs. 1 UrhG: Hat ein Lehrer/eine Lehrerin nicht oder nicht nur für seinen (ihren) beruflichen, sondern (auch) privaten Gebrauch eine Sendung aufgezeichnet, so darf er/sie diese im Unterricht vorführen (Vorführung im Unterricht ist nach allgemeiner Meinung als nicht-öffentlich anzusehen) oder Kollegen ausleihen (...). Aus § 53 UrhG ergibt sich jedoch kein Mitschnittrecht für die Schulen selbst oder für einen Lehrer/eine Lehrerin, der/die die Aufzeichnung nur beruflich verwenden will."

„Die Vervielfältigung und Verbreitung von Reden, die bei öffentlichen Verhandlungen von staatlichen, kommunalen oder kirchlichen Organen gehalten worden sind (z.B. Übertragung einer Landtags- oder Bundestagsdebatte), ist erlaubt." (vgl. § 48 Abs.1 Nr.2 UrhG)

„Der Mitschnitt und die Verbreitung von vermischten Nachrichten tatsächlichen Inhalts sowie von Tagesneuigkeiten (z.B. Sendungen der Tagesschau) sind erlaubt." (vgl. § 49 Abs. 2 UrhG)

(Zitate aus: ARD Radio und Fernsehen für die Schule, hg. v. Westdeutschen Rundfunk, Köln 1995, 7-10)

Zusammengefasst dürfen folgende Medien im schulischen Unterricht eingesetzt werden:

- selbst erstellte Medien (Arbeitstransparente, Diareihen, Filme etc.);
- von Verlagen und Institutionen käuflich erworbene oder ausgeliehene Medien, die für pädagogische Zwecke produziert und ausdrücklich freigegeben wurden. Videokassetten aus Videotheken, auch gekaufte Spielfilmkassetten sind ausschließlich für eine private Nutzung vorgesehen.
- FWU-Medien, die von Bildstellen oder Schulen gekauft oder ausgeliehenen worden sind, beinhalten immer das Recht des öffentlichen, nicht gewerblichen Einsatzes.

- Schulfunk- und Schulfernsehsendungen dürfen von allen Schulen, Bildstellen und vergleichbaren Bildungseinrichtungen aufgezeichnet und zeitlich befristet eingesetzt werden.
- Fernsehsendungen zu aktuellen tagespolitischen Fragen dürfen ebenfalls aufgezeichnet und im Unterricht eingesetzt werden. Außer Schulfernsehsendungen und tagesaktuellen Sendungen dürfen alle anderen Fernsehproduktionen nicht im Unterricht eingesetzt werden.

Kommunikationswissenschaft und Mediendidaktik

Mediendidaktik betont besonders die Motivations- bzw. Animationsfunktion von Medien sowie die Rezipientenorientierung. Beide Momente haben Parallelen zu publizistischen Massenmedien, die vom Aktualitäts- und Unterhaltungswert leben und deren Einfluss auch im pädagogischen Feld spürbar ist. An vier Stichworten soll diese Parallelität aufgezeigt werden (in Anlehnung an *Schmolke* 1990).

- *Aktualität*: Für die Massenmedien gilt: „Aktuell ist, was neu ist, was unerwartet kommt, was von der Regel abweicht ..." (ebd.). Deshalb erhält Negatives leicht Aktualitätsrang. Nichts wird aktuell, weil man seine Aktualität behauptet. Das Sagen des Richtigen bzw. des curricular Vorgeschriebenen findet in der Regel wenig aktuelle Aufmerksamkeit; das ist Pädagogen in der Medienkonkurrenz zu wenig bewusst.

  Aktualität

  Weil Interesse und Motivation nicht stets automatisch von der für wichtig gehaltenen Sache ausgehen, sind z.B. pädagogische Zwänge nötig (Klausuren, Hausaufgaben ...). Gelernt wird aber am nachhaltigsten und eindringlichsten auf der Basis freiwilligen Interesses. Doch Medienforschung zeigt auch, dass gelenkte Aufmerksamkeit den Lerneffekt erhöht. Wer gezielt mit Lerninteresse Medien rezipiert, lernt dabei wesentlich mehr und anderes („kritischer") als der, der Medien zum Spaß, zur Unterhaltung, nebenbei rezipiert. Das ist eine Chance für Mediendidaktik, aber auch eine Herausforderung an Medienpädagogik. Mediendidaktik ist kein Heilmittel, aber richtig verstanden macht sie auf diese Zusammenhänge aufmerksam.

  Motivation und gelenkte Aufmerksamkeit

- *Professionalität*: Von Medienjournalisten zu erwarten, dass sie mit pädagogisch-didaktischen Intentionen die gleichen Effekte erzielen wie die Kollegen von der Bildzeitung, ist unsinnig und aus ethischen Gründen auch nicht erwünscht. Pädagogen werden niemals Showmaster im Schul- oder Gruppenraum. Ihre Professionalität liegt anderswo und muss dort Anerkennung finden; die Erwartungshaltung der Menschen bestimmt entscheidend Wirkung.

  Spezifische Professionalität

Personaler Bezug

- *Erwartungen*: Wie ernst nehmen wir die Erwartungen der Menschen, mit denen wir es zu tun haben? Was fordern wir aber auch von ihnen? Eine Erwartung an pädagogische Räume darf immer noch vermutet werden: dort Menschen zu treffen, Kommunikationspartner, mit denen man von Mensch zu Mensch sprechen kann, von denen man etwas abschauen kann. Dieser personale Bezug kann nicht durch Medien ersetzt werden.

Personale Glaubwürdigkeit

- *Glaubwürdigkeit*: Glaubwürdigkeit und personales Zeugnis sind im gesamten pädagogischen Bereich gefragt. Auch mit noch so perfekten, mediendidaktisch angereicherten Lehr-/Lerneinheiten sind grundlegende Änderungen nicht erreichbar. Die Glaubwürdigkeit der Botschaft hängt weniger an der Form, der Verpackung, als an dem Verhalten der Überbringer. Man muss nicht mit hängender Zunge hinter den Medien herjagen. Aber unsere Zeit ist eine Zeit der vielen Stimmen (Pluralität), der Transparenz und der Partizipation.

Medienandragogik

„Menschen halten auch noch anderes für wichtig als das, was über die Medien kommt. Daß sie sich in der Entdeckung ihrer eigenen Erfahrungen und Wichtigkeiten unterstützen, selbstverständlich auch mit Hilfe der Medien, aber auch ohne sie, indem sie sich selbst von vornherein für wichtig halten und nicht nur nachher, wenn Inhalte medial vermittelt wurden, und daß sie lernen, sich nicht nur von den Leitmedien bestimmen zu lassen, und sich gegenseitig helfen, diesen gegenüber eine innere und äußere Distanz und relative Unabhängigkeit zu gewinnen," das wäre, so formuliert es *O. Fuchs* (1989, 172) ein pädagogisch wichtiger Beitrag zur Medienandragogik in unserer Kultur.

Literaturtipps

Tulodziecki, Gerhard, Medien in Erziehung und Bildung. Grundlagen und Beispiele einer handlungs- und entwicklungsorientierten Medienpädagogik, Bad Heilbrunn 1997 (3. überarbeitete Aufl.)

Schill, Wolfgang (Hg.), Medienpädagogisches Handeln in der Schule, Opladen 1991

Döring, K./Ziep, K.-D., Mediendidaktik in der Weiterbildung, Weinheim 1989

Dörr, Günter/Jüngst, K. L., Lernen mit Medien. Ergebnisse und Perspektiven zu medial vermittelten Lehr und Lernprozessen, Weinheim 1998

Martial, Ingbert von/Ladenthin, Volker, Medien im Unterricht. Grundlagen und Praxis der Mediendidaktik, Baltmannsweiler 2002

Will, Hermann (Hg.), Mit den Augen lernen – Medien in der Aus- und Weiterbildung, 6 Bände, Weinheim 1991 (1. Lernen mit Bildmedien; 2. Lerntexte und Teilnehmerunterlagen; 3. Pinwand, Flipchart und Tafel; 4. Arbeitsprojektor und Folien; 5. Lernen mit Video und Film; 6. Lernen mit dem Computer)

Faulstich, Werner/Lippert, Gerhard (Hg.), Medien in der Schule. Anregungen und Projekte für die Unterrichtspraxis in der Sekundarstufe I und II, Paderborn 1997

10.2 Einfache Medien: Tafel, Overheadprojektor, Flipchart, Pinwand ...

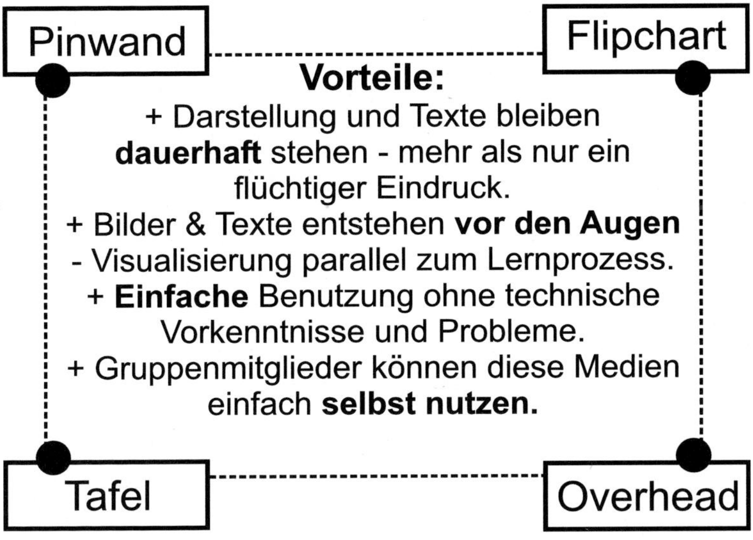

Abb. 10.4: Vorteile einfache Medien

Viele technische AV-Medien, allen voran Fernsehen und Video, aber auch viele Computerprogramme unterwerfen ihre visuellen Einzelbilder einem vorgegebenen Zeitraster. Die Frequenz der Bildwechsel ist immer höher geworden, bis an die Grenze des überhaupt noch wahrnehmbaren; teils werden in US-Werbespots Bilder für Bruchteile von Sekunden eingeblendet, die unser waches Bewusstsein nicht wahrnehmen kann, die aber dennoch möglicherweise im Vorbewusst-Intuitiven Wirkungen hinterlassen. Demgegenüber bieten die einfachen Medien nicht nur den Vorteil geringerer Technik, sondern auch das Standbild, das sich viel besser dem je individuellen Wahrnehmungstempo verschiedener Lerner anpassen kann. Diese Medienpräsentation bietet zumindest die Möglichkeit, mehr als einen „flüchtigen Eindruck" zu hinterlassen.

Das „live" entwickelte und auf die Lerngruppe abgestimmte Tafelbild ist auch in dieser Hinsicht mehr als eine Konserve. Die Visualisierung wird parallel zum Lernprozess erstellt und bleibt jederzeit veränderbar. Die einfachen Medien eignen sich bestens für die aktive Arbeit in einer Gruppe. Viele andere Medien führen fertige Ergebnisse vor; bei diesen einfachen Medien ist dagegen ein aktiver Prozess möglich. Und dass in der Regel Lernprozesse, an denen die Lernenden handeln beteiligt werden, am effektivsten sind, ist bekannt. Allerdings ist die Wahl eines Mediums auch vom Stil des Lehrenden und von der Zielgruppe abhängig; eine Kreidetafel für Manager oder ein Flipchart mit Filzern und hohem Papierverbrauch bei Naturschützern sind eher inadäquate Medien.

10.2.1 Visualisieren & veranschaulichen

Ein Zeichen ist ein materielles Element, das auf etwas hinweist, etwas repräsentiert, was es selbst nicht ist (vgl. Semiotik); auch ein geschriebenes Wort ist eine Visualisierung. Das, worauf das Zeichen hinweist, muss keineswegs ein konkreter, der sinnlichen Wahrneh-

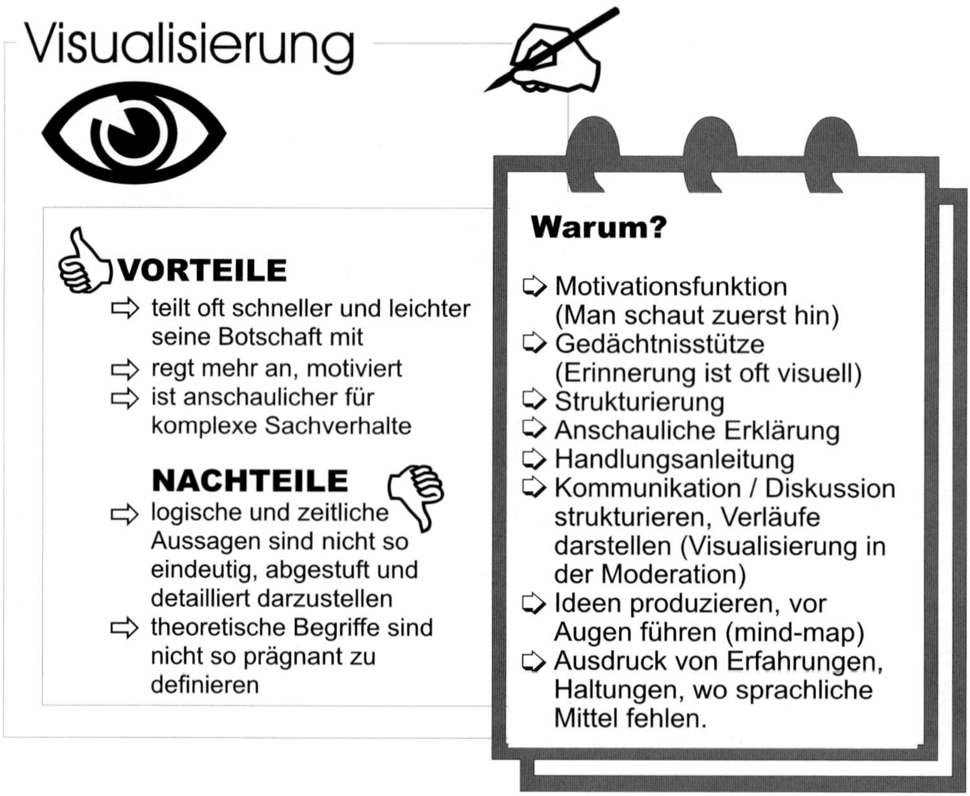

Abb. 10.5: Gründe zur Visualisierung

mung unmittelbar zugänglicher Gegenstand sein, es kann sich auch um einen abstrakten Gegenstand handeln. (vgl. *Stary* 1997, 10) Man unterscheidet:

- Ikonische Zeichen: Ähnlichkeit zum bezeichneten Objekt.
- Symbolische Zeichen: durch Vereinbarung dem jeweiligen Gegenstand zugeordnet (dazu gehören auch die Zeichen der Wortsprache).

10.2.2 Tafel

Mit der Tafel ist oft die Assoziation Schule verbunden. Sie ist eines der ältesten Visualisierungsmedien, aber gehört noch heute zu den wichtigsten. Aber auch beim Tafelbild oder Tafelanschrieb sind wichtige Punkte der Mediendidaktik zu berücksichtigen. Die richtige Tafel im richtigen Unterrichtsraum; d.h. in der Grundschule sollte sie dieselben Liniensysteme wie im Heft der Schüler haben, im Musikunterricht ggf. Notenlinien, im Geometrieunterricht ein entsprechendes Millimeterraster. Das Tafelbild muss für jeden Lernenden gut einsehbar sein; das schließt auch eine angemessene Beleuchtung der Tafel ein. Fehler können leicht korrigiert werden – „Schwamm drüber"; aber Tafelbilder sind auch entsprechend vergänglich.

Lob der Tafel

Hartmut von Hentig: „Hätte ich unter alten und neuen Unterrichtsmitteln ein einziges zu wählen, ich wählte Tafel-und-Kreide. Was macht dieses Mittel so brauchbar?

- Es ist universal.
- Es ist einfach, in jedem Augenblick und auch ohne Vorbereitung zu handhaben.
- Es erlaubt beispielsweise, während ich rede, ein neues Wort, einen unbekannten Namen, das Gehörte und Gemeinte auch vor das Auge der Schüler zu bringen.
- Es läßt dies miterleben, wie die Erklärung, die ich gebe, zustande kommt, wie eine Ordnung entsteht, wieviel Zeit das braucht und wie nützlich und befriedigend Klarheit, Verständlichkeit, Gegensatz und Unterscheidung sind.
- Ich bin vor allem ganz frei in der Verwendung dieses Mittels, ich kann es nebenbei benutzen oder zum Haupteffekt machen; ich kann dazu reden oder dazu schweigen, ohne die Aufmerksamkeit der Schüler zu verlieren; ich kann Fehler schnell beseitigen; ich kann die Schüler an einer gemeinsamen Operation beteiligen: „Und wie fälle ich jetzt das Lot? – willst du´s versuchen, Gertrud?" (*von Hentig* 1984, 22 f.)

10.2.3 Overhead

Der Overheadprojektor (Tageslicht-Projektor) ermöglicht ohne große Verdunkelung die Projektion vorbereiteter Folien. Dieses Medium, vor 30 Jahren als die Ablösung der Tafel hochgepriesen, hat sehr an Image verloren. Es ist „zum Kennzeichen für lehrerzentrierten, abgefütterten ‚Folienunterricht' geworden" (*Will* 1991, Bd. 4, 8). Das Problem liegt aber nicht im Medium, sondern bei der Phantasielosigkeit der Nutzer. „Zu oft hintereinander eingesetzt, verlieren selbst optimale Medienideen an Wirkung. Medienmix und Medienwechsel sind angebracht." (ebd. 9)

Medienmix

„Tafelbilder, vorbereitete Pinwände und Flipcharts sind wie Visitenkarten. (...) Können Teilnehmer die Inhalte und die Bedeutungen auf einen Blick erfassen, oder gibt es beim ‚Lernen mit den Augen' Hürden? Gibt sich der Leiter der Gruppe Mühe mit seiner Schrift? (...) Oberflächliche, schwer lesbare, lieblos gestaltete Pinwände und Tafeln vermindern oder verhindern eine positive Identifikation mit den darauf festgehaltenen Lern- oder Arbeitsergebnissen. Das Gefühl ‚Das haben wir geschaffen!' wird sich nicht einstellen, wenn die Gestaltung nicht ansprechend ist. Ganz anders ist das bei Plakaten, die nicht nur inhaltlich gut, sondern auch fürs Auge erstellt sind." (*Will* 1991, Bd. 3, 37, 40)

Ansprechende Gestaltung

Gestaltungsprinzipien für Folien

- Mehr bildhafte Elemente, weniger Text, weil bildhafte Elemente einprägsamer als reine Textfolien sind. Bei mangelnden Zeichenkünsten helfen Motivdateien oder Schnippelbücher mit Bildvorlagen. Wichtig ist auch, selbst Bildvorlagen zu sammeln (aus Zeitungen, Zeitschriften ...).
- Ein optisch ansprechendes Design mit geringer Informationsdichte; Faustregel: maximal sieben Textzeilen pro Folie. Es müssen nicht alle Informationen auf der Folie stehen; normalerweise gibt man ja Erklärungen dazu.
- Dem Auge formale Strukturen anbieten durch Hervorhebungen, Farben, Blockbildungen, Unterstreichungen etc.
- Die Schriftgröße hängt vom weitesten Abstand zwischen Leser und Leinwand ab, der Vergrößerungsfaktor durch den Overheadprojektor hängt ebenfalls vom Abstand ab (vgl. *Will* 1991, Bd. 4, 38 ff.).

Kriterien zur Folien-Gestaltung

Overhead-Folien – Ideen und Praxistipps

- Zwei-Seiten-Trick: Vorbereitende Kästchen, Notenlinien, Diagramme etc. lassen sich vorweg auf eine Folie kopieren. Wenn dann

Liebevolle Gestaltung:
der erste Eindruck ist bereits entscheidend; liebevoll heißt nicht perfekt, Perfektion ist oft kalt.

Übersicht und Ordnung:
mit den Ohren hören wir in der vorgetragenen Reihenfolge, die Augen verschaffen sich erst einen Überblick, suchen nach Ordnungs- und Orientierungspunkten. Text ohne Hervorhebungen wird weniger wahrgenommen.

Verständlichkeit:
die Visualisierung den Teilnehmervoraussetzungen anpassen, Lesbarkeit, verstehbare Begriffe, Zeichen und Symbole.

Optische Ankerreize:
visuelle Reize werden gespeichert über den optischen Eindruck.

Farbregeln

- Farben sparsam verwenden
- Auf Farbkontraste achten
- Farben Bedeutung geben

Was und wieviel schreiben?

- Alle unwichtigen Dinge weglassen!
- Information verdichten!
- Texte "abspecken", soweit es geht!
- Sätze auf wenige Begriffe reduzieren!

Schriftgestaltung

- Druckschrift verwenden
- Mit Groß- und Kleinbuchstaben schreiben!
- Weder optisch "nuscheln", noch brüllen!
- Gerade schreiben
- Eng zusammenschreiben und Blöcke bilden!
- Ober- und Unterlängen verkürzen!
- Besondere Schriften (nur) für *besondere* Fälle!
- Überschriften **hervorheben**!

Raumaufteilung und Layout

- Titel und Unterpunkte
- Ränder
- Optische Balance und Symmetrie

Abb. 10.6: Gestaltungskriterien für einfache Medien

Praxis Tipps

die andere Folienseite beschrieben wird, kann man es wieder wegwischen.

- Wasserlösliche Folienstifte verschmieren leicht. Wasserfeste Stifte lassen sich auch mit alkoholhaltigen Flüssigkeiten oder speziellen Overhead-Radierern wieder löschen.
- Mit breiten Folienstiften lassen sich s/w-kopierte Folien leicht kolorieren. Es gibt auch ganz dünnen selbsthaftende Farb- oder Rasterfolien zu kaufen.
- Achtung! Für Kopien oder Computerausdrucke auf Folien müssen spezielle hitzebeständige Kopierfolien verwendet werden.
- Der Overheadprojektor sollte nur brennen, wenn eine aufliegende Folie auch behandelt wird; zwischenzeitig abschalten; Folien nicht liegen lassen, wenn schon ein Themenwechsel vollzogen wurde.
- Die überschüssig leuchtende Projektionsfläche sollte durch Abdeckstreifen oder einen Abdeckrahmen abgedunkelt werden; dadurch kommt das eigentliche Folienbild viel besser zur Wirkung.
- Zeigen, markieren behandelter Punke der Folienskizze kann durch auflegbare Pfeile geschehen. Man kann auch mit Finger oder Stock auf der Folie selbst zeigen (nicht nur Antippen), das erzeugt Schattenrisse auf der Leinwand, oder zeigt mit einem langen Zeigestock auf der Leinwand selbst. Wechsel der Methoden ist hier belebend.
- Überlagerungstechnik: ein vollständiges Folienbild entsteht schrittweise durch Übereinanderlegen vorgefertigter Folien (mehr als drei Folien übereinander schlucken allerdings zuviel Licht!). Die Passgenauigkeit erreicht man durch eine Klapptechnik: die Folien werden seitlich miteinander durch einen Klebestreifen als Scharnier verbunden.
- Ziehtechnik: eine bewegliche Weiterentwicklung von Bildern oder Überlagerung von Bildelementen, die auf einem Folienstreifen nacheinander erscheinen.
- „Striptease-Technik": das Gegenteil des Überlagern, übereinander liegende Folien werden nach und nach abgenommen. Eine vereinfachte Form ist das schrittweise Aufdecken der Folienteile.
- Auflegen von Gegenständen: Büroklammern, Nadeln, Haken etc. projizieren einen vergrößerten Schattenriss, wenn man sie auf den Overheadprojektor legt; das kann man etwa bei Kindern auch spielerisch nutzen.
- Minitransparente: kleine, frei verschiebbare, gerahmte Transparente, z.B. einzelne Wörter oder Symbole auf Folienstücken im Diarähmchen. In der Lerngruppe kann man Ordnungen entwickeln

- Und last not least: Man kann den Overheadprojektor gut für Schattenspiele verwenden. Damit können farbige Kulissen und Hintergründe auf Folien bzw. Folienrolle gezeichnet werden. Man braucht allerdings eine durchleuchtbare Projektionswand (im einfachen Fall genügt ein weißer Baumwollstoff, der von der Decke abgehängt wird).
- Folienprojektion als Zeichenhilfe zur Vergrößerung: Um Schriften, Bilder oder Grafiken zu Vergrößern (z.B. für Plakate), kann man sie mittels des Overheadprojektors auf einen Zeichenkarton projizieren und entsprechend nachzeichnen.

10.2.4 Flipchart

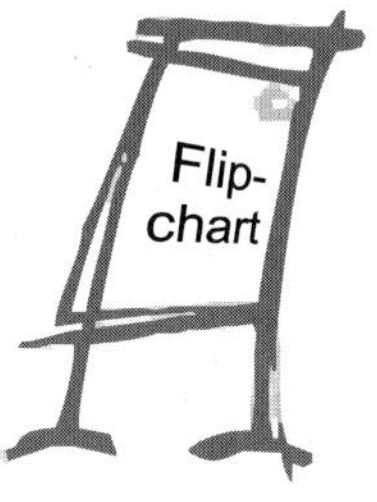

Das Flipchart ist ein Halteständer, auf dem Bögen im DIN A 1-Format aufliegen. Das Gerät ist relativ leicht mitzunehmen (selbst ins Freie) und passt in jeden Raum; die Größe reicht in der Regel noch zur Visualisierung für Gruppen bis ca. 30 TeilnehmerInnen. Durch Umblättern nach hinten ist eine Notiz verschwunden, kann aber im Gegensatz zur Tafel wieder hervorgeholt werden. Visualisierungen können vorbereitet, beschriebene Bögen mitgenommen und aufbewahrt werden. Nachteile: großer Papierverbrauch und wenig umweltfreundliche Filzschreiber.

10.2.5 Pinwand (und Moderationsmethoden)

Der Name kommt vom wichtigsten Zubehör, den Pins, den Nadeln. Pinwände bestehen aus beschichtetem Hartschaum mit einem leichten Metallrahmen, Format ca. 125 cm Breite, 150 cm Höhe. Die zumeist weißen Pinwände dürfen nicht direkt beschriftet werden, sondern nur unter Verwendung von entsprechendem Papier, das vorbereitet und aufbewahrt werden kann. An dieser Wand lässt sich per Nadeln vieles anpinnen, nach und nach in einem Prozess entwickeln, umsortieren, wieder entfernen usw. Für Gruppen bis etwa 30 TeilnehmerInnen bei entsprechender Schriftgröße ist die Pinwand ein vielfältiges und geeignetes Medium.

Ein Vorläufer war die *Filztafel,* eine Hafttafel ähnlich dem Klettband, auf der entsprechend mit Klettstreifen versehene Pappstücke angebracht werden können. Sie ermöglicht es, ohne großen Aufwand aus vorbereiteten Stichworten oder Bildelementen ein Schaubild nach und nach zusammenzusetzen; ebenso können Ergebnisse der Gruppendiskussion leicht auf entsprechende Weise visualisiert werden.

Mit der Pinwand verbinden sich sogenannte *Moderationsmethoden,* die vielfach nach den Herstellern entsprechender Materialien benannt sind (www.metaplan.de; www.neuland.at ...). Bei diesen Gruppen-Methoden geht es um Aktivierung und Beteiligung aller an Kommunikations- und Lernprozessen und um entsprechende Effektivitätssteigerung. Einige Kennzeichen:

Moderationsmethoden

- Neben den Lehrenden oder teils an seine Stelle tritt ein Moderator; d.h. der Prozess wird stärker in die Verantwortung der Gruppe gelegt, das Lehrer-Lerner-Verhältnis aufgebrochen. Moderatoren tragen Prozessverantwortung, sind möglichst neutrale „Entwicklungshelfer". Ihre wichtigste Aufgabe ist die Formulierung von Fragen und Sammlung und Strukturierung von Antworten.
- Wichtig: Eine Methode, eine Moderation kann vorhandene Autoritätsstrukturen nicht vom Tisch wischen; den TeilnehmerInnen muss der Spielraum, in dem ihre Entscheidungsprozesse laufen können, klargemacht werden.
- Fragen und Antworten, Probleme und Lösungsansätze ... und ein gesamter Prozess dazwischen wird für alle sichtbar visualisiert; d.h. die Pinwände müssen im für alle Gruppenmitglieder sichtbaren Zentrum stehen.
- Über Karten in verschiedenen Farben und Formen und verschiedenfarbige dicke Schreibstifte können und sollten sich alle am Prozess beteiligen. Ein breites Spektrum von Meinungen, Ideen, Wertungen ... findet Berücksichtigung.
- Über verschiedene Abfrageformen (z.B. Bepunktung mit farbigen Klebepunkten) werden Entscheidungsprozesse demokratisch vorangetrieben.
- Die verschiedenen Schritte eines Prozesses bleiben auf den Pinwand-Bögen präsent.

> 🕮 Buchtipps zu Präsentation und Moderation:
> *Nöllke, Claudia,* Präsentieren, Planegg 1998
> *Gudjons, Herbert* (Hg.), Die Moderationsmethode in Schule und Unterricht, Hamburg 1998
> *Seifert, Josef W.,* Visualisieren – Präsentieren – Moderieren, Offenbach 2001 (16. Aufl.)
> *Stary, Joachim,* Visualisieren. Ein Studien- und Praxisbuch, Berlin 1997
> *Weidenmann, Bernd,* 100 Tipps & Tricks für Pinnwand und Flipchart, Weinheim 2002

10.2.6 Computer-Präsentationen

Dieses „modernste" aller „Klein"-Medien könnte von seiner Leistungsfähigkeit her sicherlich Tafel, Pinwand, Flipchart und Overheadprojektor ablösen und zugleich noch Dia-, Video- und Audiovorführungen ermöglichen bzw. integrieren. Allerdings ist der so verwandte Multi-Media-Computer mit Großbild-Projektor kaum mehr als „einfaches" Medium zu bezeichnen, weder was die technische Installation der Hardware, noch was die Handhabung der Software angeht. Dennoch: wo Raumverhältnisse (Abdunkelung, große leuchtkräftige Leinwand) und technische Voraussetzungen (Großbildprojektor für Video- und Datenprojektion nebst Computer mit entsprechenden Programmen) es zulassen, ist dies sicher ein unerschöpflich vielfältiges Medium, dessen didaktische Grenzen kaum im Medium, sondern im Know-How der Nutzer liegen dürften. Ein Zukunftsmedium sicher, aber kaum für den Alltag der Schulklasse, der Gruppenstunde oder des Volkshochschulkurses. Auch bei der Präsentation mit „Microsoft-Power-Point" oder dem gleich guten, aber für den privaten Anwender kostenlosen Programm „Star-Office" von Sun gilt, dass ständig dasselbe Medium ermüdet und langweilt.

Computergestützte Präsentationen

10.3 Umgang mit Bildern, Fotos, Karikaturen

Ein Unterricht, der anschaulich sein will und auch den emotional affektiven Bereich integrieren will, wird immer Bilder einbeziehen. Bilder haben eine dienende Funktion, optisch zu unterstreichen, zu visualisieren, was der Text eigentlich zum Ausdruck bringt; aber sie haben auch einen Eigenwert. Pädagogik ist nicht nur Sache des Verstandes, sondern auch des Herzens, der Sinne. Auf die seelischen Tiefenschichten wirken Bilder eher als Worte. Nicht der Einsatz ohnehin im Übermaß vorhandener Ab-Bilder ist pädagogisch sinnvoll, sondern der Versuch einer „Sehschule". Bildermassen verschließen eher menschliches Leben und humane Existenz, weil wir sie nur noch flüchtig wahrnehmen können. Pädagogisch sinnvoll ist eher das Einzelbild, das betreffende, Erkenntnis vermittelnde Bild; solche Bilder bieten für Kinder und Jugendliche anders als Texte oder Gespräche einen eigenen unvermittelten sinnlichen Zugang zu sozialen und persönlichen Fragen, Problemen oder Aussagen. Bilder und Musik sind insofern ein Zugewinn an Freiheit gegen eine Didaktisierung und Versprachlichung, die immer auch Anpassung an herrschendes Bewusstsein ist. Im symbolischen Freiheitswert aber sind Bilder, Musik und vergleichbare symbolische Ausdrucksformen nicht gänzlich funktionalisierbar, nicht zu pädagogisieren.

Lernen mit Bildern

10.3.1 Ideen und Methoden zur Bildarbeit

Eine Vielfalt von methodischen Möglichkeiten des Umgangs mit Kunstbildern oder Fotografien kann hier nur angerissen werden. Aber in den stichwortartig aufgelisteten Ideen stecken Anregungen, die in der Praxis leicht entfaltet werden können.

Betrachtung

- *Bildbetrachtung*: Das Bild als ganzes betrachten; auffallende Details nennen; einzelne Bildelemente markieren und gesondert betrachten. Bei Bildreihen ist es sinnvoll, vorher konkrete Sehhinweise zu geben oder Beobachtungsaufgaben zu verteilen.

Beschreibung

- *Bildbeschreibung*: Die Bildinhalte detailliert verbalisieren; einen Titel zum Bild erfinden; erst nach einer formalen Beschreibung die Frage „Was will uns das Bild sagen?" besprechen.

Deutung

- *Bilddeutung*: Deutungen sollten immer erst der Folgeschritt nach einer genauen Erfassung des Bildgehaltes sein. Man kann sich auf rein persönlich hypothetische Deutungen beschränken: Was könnte der Künstler damit gemeint haben? – Sachgerechter ist es sicherlich, Informationen zur Entstehungszeit des Bildes, zu relevanten biographischen Eckdaten seines Künstlers und zur Bilddeutung heranzuziehen. Wenn ein Bild als „Impulsbild" (symbolhafte Bilder, Karikaturen, Zeichnungen) verstanden wird, dann ist nicht eigentlich der Bildgehalt Thema, sondern die Gefühls- und Erfahrungswelt des Betrachtenden, die durch das Bild herausgefordert wird.

Vergleich

- *Bildvergleich*: Ein oder mehrere Bilder zu einem inhaltlichen und/oder formalen Vergleich heranziehen. Wie ist ein bestimmter Inhalt in dem einen, wie in dem anderen Bild umgesetzt? – Gibt es formal unterschiedliche Techniken, andere Aufteilung der Bildelemente, Unterschiede in Farbgebung, Kontrast, Helligkeit, Größe, Symbolik .... In jedem Fall sollten unterschiedliche Wahrnehmungen, Meinungen, Deutungen offen nebeneinander stehen bleiben oder fair diskutiert werden.

Günter Lange (vgl. 1988) hat immer wieder auf wichtige Grundaspekte einer ernsthaften Arbeit mit Kunstbildern aufmerksam gemacht. Zur Schulung des Sehens gehören Formsprache des Bildes und seine Geschichtlichkeit wesentlich hinzu. Subjektive Befindlichkeit und Form des Bildes, beide müssen zu ihrem Recht kommen. Die Schritte einer Bildbetrachtung und -analyse können Gültigkeit auch außerhalb des religionspädagogischen Kontextes beanspruchen.

Schritte der Bildbetrachtung

1. Was sehe ich? – Spontane Wahrnehmung, stilles Abtasten und „Lesen" des Bildes; spontane, unzensierte Äußerungen.
2. Wie ist das Bild gebaut? – Außenkonzentration, Analyse der Formensprache: Systematische Wahrnehmung und Benennung der

„Syntax" des Bildes, Formen, Farben, Struktur und Rhythmus, einzelne Teile und der Zusammenhang des ganzen sichtbaren Formbestandes.
3. Was löst das Bild in mir aus? – Innenkonzentration, Gefühle und Assoziationen.
4. Was hat das Bild zu bedeuten? – Analyse des Bildgehalts, „Semantik" des Bildes.
5. Wo stehe ich im/zum Bild? – Identifizierung, sich in das Bild hineinziehen, in die Geschichte verwickeln lassen. Bewirkt es Einverständnis oder Irritation?

Bildmeditation

Hier hat das Subjektive, das Empfinden vor dem Bild eher seinen Platz, ohne dass auf Hinweise zur Formgestalt und ihre Deutungsmöglichkeiten verzichtet werden sollte. Idealtypische Phasen (einer noch ungeübten Gruppe sollten Hinweise vorab zu solchen Phasen gegeben werden; ebenso ist eine ruhige Führung ratsam):

Phasen der Bildmeditation

1. Zeit der Sammlung (eventuell mit Musik im Hintergrund); erste Kontaktnahme des Betrachters mit dem Bild. (Es sollte im abgedunkelten Raum ein Dia zur Verfügung stehen; bei kleineren Gruppen geht auch ein großes Poster; oder Handbilder für jeden Teilnehmer.)
2. Erschließung des Bildes – Farben, Formen, Personen und Geschehen des Bildes erfassen, das Bild begreifen.
3. Persönliche Begegnung – Was sagt mir das Bild? In diese Phase gehören Beiträge aus der Gruppe zum Bild. Es sollte darauf hingewiesen werden, dass es kein „richtig" oder „falsch" gibt, sondern dass jede(r) das Bild mit seinen/ihren Augen sieht. Pausen zwischen den Beiträgen sind anregend, nicht peinlich (vorher darauf hinweisen).

Seh-Test

Eine Übung, um Subjektivität der Wahrnehmung im Alltag bewusst zu machen, über unterschiedliche Wahrnehmungen ins Gespräch zu kommen (auch als „Hörtest" oder „Fühltest" veränderbar). – Eine Gruppe trifft sich an einem verabredeten Ort (Natur, Stadt ...) oder unternimmt einen gemeinsamen Spaziergang (ohne Zielangabe). Am Schluss notiert jeder (oder malt, oder spricht auf eine Kassette), was er auf dem Weg gesehen hat. – Ein auswertendes Gespräch wird die Unterschiedlichkeit der Wahrnehmungen deutlich machen. Dazu sollte man klare Leitfragen formulieren. – Eine vergleichbare Übung kann man auch mit reproduzierten Bildern (Fotos...) machen. Hier könnte eine Erstaufgabe für den einzelnen darin bestehen, einen Bildtitel zu finden, der seine Sicht des Bildes erfasst. Wichtig ist es, hierfür möglichst vieldimensionales Bildmaterial auszuwählen.

10.3.2 Zur Arbeit mit Dias

Nach wie vor sind Dias eine bevorzugte Bildpräsentationsform wegen ihrer Leuchtkraft, ihrer Farben, Transparenz, der möglichen großen Projektionsfläche und der konzentrierenden Atmosphäre eines verdunkelten Raumes. Dias ermöglichen über die Projektion vorgefertigter Bilder hinaus auch eine Reihe von kreativ-praktischen Methoden:

Kreative Methoden mit Dias

- Dias selber malen oder zeichnen, mit Folienstiften direkt auf ein Glas-Diarähmchen oder auf ein Stück Folie, das dann in den Glasrahmen (!) eingespannt wird. Achtung: Feine Folienstifte verwenden und die Form des Dias vorher markieren.
- Wenn man Diagläser mit Glasmalfarben und feinem Pinsel bemalt, entstehen oft faszinierend leuchtende Kunstwerke, über die ihre Schöpfer selbst in der Projektion erstaunt sind.
- Zwei Dias übereinander in ein Rähmchen spannen.
- Rußbilder: über einer Kerze wird das Glas eines Diarahmens mit Ruß geschwärzt. Vorsicht: das Glas wird heiß, man muss es an einer Ecke mit einem Stofflappen packen oder mit einer Pinzette halten. Durch Art und Grad der Schwärzung selbst sind schon Motivstrukturen möglich. Im zweiten Schritt kann man in die Rußschicht mit Nadeln oder Holzzahnstochern Linien und Formen hineinkratzen.
- Dias kratzen, mit Nadeln oder Zahnstochern in ein Stück schwarzen Filmendstreifen.

Man kann diese Methoden verwenden, um z.B. eine Geschichte zu illustrieren, ein schwieriges Thema besprechbar zu machen, einfach eine aktive und kreative Phase einzuplanen und zu vielem mehr. Von gelungenen Dias kann man sich im Fotogeschäft Papierabzüge bis zum Posterformat herstellen lassen.

10.3.3 Fotosprache

Die Welt der Bildmedien ist faszinierend und erschlagend zugleich. Die Überfütterung mit Bildern, mit visuellen Reizen kann zur Abwehr oder zur Lähmung der Einbildungskraft führen. Gerade das bewegte (Kino-/Fernseh-) Bild unterliegt einer in den letzten Jahren fast zwanghaften Tendenz: immer schnellere Wechsel bis an die Grenze des Wahrnehmbaren (vgl. als Extrem viele Musik-Videoclips und Werbeclips). Das Einüben und Erproben einer konzentrierten Einzelbild-Betrachtung kann demgegenüber eine sinnvolle und wichtige pädagogische Methode und zugleich ein Zielelement sein: Förderung von kritischer, genauer, konzentrierter Wahrnehmung. Das Einzelfoto (Dia, Poster, Handbild) kann diesen Zweck erfüllen.

Unter dem Stichwort „Fotosprache" wird seit Ende der 1960er Jahre (Reihe „Foto Simboliche", Frankreich/Italien; *Gerhard Jost,* Fotosprache, Gelnhausen 1971) eine Methode der Arbeit mit Foto-Handbildern verstanden, die vielfältige Möglichkeiten bietet. Die vorliegenden Bildmappen sind sehr schnell veraltet; Haarschnitte, Kleidung der abgebildeten Personen, Gegenstände ... werden sehr schnell unmodern; aber entsprechende Bildmappen lassen sich aus aktuellem Zeitschriften-Fotomaterial leicht selbst herstellen.

> ✓ Sammeln Sie gute aussagekräftige Fotos (möglichst ganzseitig) aus Zeitschriften und Illustrierten und kleben Sie diese zur besseren Haltbarkeit auf dünnen DIN-A-4-Karton. Um mit einem entsprechenden Set gut arbeiten zu können, sollten etwa fünfmal so viele Fotos wie Gruppenmitglieder vorhanden sein.

Arbeit mit selbst zusammengestellten Fotoreihen

- Bilder sprechen, Fotos sprechen mich an – „ein Bild sagt mehr als tausend Worte" – unter solchen Schlagworten soll der „Mehrwert" der Bildsprache für die Kommunikation in der Gruppe genutzt werden.
- Fotos können in der schwierigen Phase der Themenfindung in einer Gruppe oder Schulklasse auf die Sprünge helfen. Sie setzen Assoziationen und Ideen frei, die dann besprechbar werden. Die Themen werden konkret, weil die Fotos aus der Realität stammen.
- Fotos helfen als Gesprächseinstieg für schwierigere Themen (Freundschaft, Beziehung, Tod, – Etwas, was mich unbedingt angeht ...).
- Die Wahrscheinlichkeit, dass alle am Prozess beteiligt werden, das jede(r) etwas zu sagen hat, ist größer als bei einem abstrakten Themeneinstieg. Gerade die Rede-Schwachen erhalten über das Medium eine Hilfe.
- Es kann nur soviel entdeckt werden, wie die Fotoauswahl zulässt; die Auswahl des Materials ist also ein wesentliches Stück Beeinflussung.

Methodische Anregungen

- In einer neuen Gruppe kann in der Phase der Themen- und Aufgabenfindung „Fotosprache" eine Hilfe sein. Aus einem Fotoset sucht jede(r) Teilnehmer(in) ein Foto aus, das sie/ihn am stärksten anspricht (Variante: Welches Foto würden Sie sich als Poster in Ihr Zimmer hängen?) – Gespräch.

- In einer Gruppe von Paaren geht es um die Frage, wie gut kenne ich den anderen, schätze ich ihn richtig ein. Lassen Sie Bilder auswählen unter Fragestellungen wie: Welches Bild würde mein Partner schön finden? – Welches Thema, das eines der Fotos anspricht, würde er/sie derzeit wichtig finden? – Auswertendes Gespräch.
- Fotoarbeit zu einem bestimmten Thema: Einstieg: Suchen Sie bitte ein Foto aus, das zu unserem Thema eine Aussage macht? – Konkretisierung/Fortführung: Sie zeigen eine kleine Fotoauswahl – welche Aussagen machen die Fotos zum gerade besprochenen Thema? – Abschluss und Zusammenfassung: In welchen Fotos kommt das, was wir gerade besprochen haben, zum Ausdruck? Mit welchem Foto/welchen Fotos würden Sie eine Kurzzusammenfassung unseres Gespräches bebildern?
- Ein Bild wird verdeckt drei Teilnehmern gezeigt, die es beschreiben.
- Das Gegenteil von Bildern benennen, beschreiben.
- Aufgaben für Kleingruppen oder die Gesamtgruppe: zu drei Bildern einen Zusammenhang, eine Geschichte finden. Verschiedene Fotos für eine Bildergeschichte auswählen.

Bücken, Hajo (Hg.), Bilder, und was man damit machen kann, Offenbach/Freiburg 1985
Strötzel, Karlheinz, Fotografieren in der Jugendarbeit. Eine Handreichung für Gruppenleiter, Tübingen 1991
Themenheft „Fotografie“, medien praktisch 1/1991

10.3.4 Karikaturen als didaktisches Medium

Die Karikatur ist eine kritisch engagierte Grafik, die zumeist einen Bezug zur sozialen Wirklichkeit herstellt. Alltägliches wird in Frage gestellt. Nicht primär die Art der Zeichnung, sondern der Blick auf die Realität kennzeichnen eine Karikatur: Gegenwart wird zeichnerisch mit einer ganz bestimmten Absicht pointiert zusammengefasst. Kontrast und Übersteigerung politischer, gesellschaftlicher, sozialer Wirklichkeit sind Hauptgegenstand der Karikatur. Überraschende Verknüpfungen reizen zum Schmunzeln oder Lachen. Ein Humor, der nicht lächerlich, sondern lächeln macht, ist für Lern- und Bildungsprozesse höchst relevant – und zwar nicht nur als heitere Verzierung und Auflockerung. Echter Humor beinhaltet die Fähigkeit zur Distanz sich selbst und der Welt gegenüber (soziologisch „Rollendistanz“).

Humor im Lernprozess

Karikaturen ...

- distanzieren und helfen, den subjektiven Wahrnehmungs- und Verhaltenshorizont aufzubrechen;

- veranschaulichen humorig soziale Wirklichkeit;
- dialogisieren, führen lebendig und lebensnah an demokratische Streitkultur heran;
- konzentrieren den Sehsinn auf Wesentliches;

Funktionen von Karikaturen

- provozieren zur Ein-Sicht in Sinnzusammenhänge;
- fördern analytisches Denken;
- motivieren zur Auseinandersetzung;
- und sind Zeugnis von (vergangener) Wirklichkeiten aus einer kritischen Perspektive.

Bildung mit Bildern

Die Arbeit mit Karikaturen ist Bildung mit Bildern, allerdings speziellen Bildern; sie vergegenwärtigen und verdichten Realitätsausschnitte, die unmittelbarer Erfahrung nicht oder nur schwer zugänglich sind; sie abstrahieren zugleich, erzwingen Verbindungen zur Gedankenwelt des Betrachters. Die didaktische Potenz von Karikaturen hängt nicht nur von Idee und Ausführung ab, sondern ebenso vom Rezipienten, seinen Vorerfahrungen, seiner Lebensumwelt, seinen Sehgewohnheiten. Reiz bzw. Appell einer Karikatur kommen eben erst im Interaktionsprozess mit dem Betrachter zutage: „Man sieht nur, was man weiß“.

Methodische Anregungen:

- Wichtige Unterscheidung: Karikaturen, die ohne Titel oder Zusatztext auskommen; Karikaturen mit einer notwendigen bis zwingenden Bild-Text-Verbindung.
- Da Karikaturen meist s/w-Strichzeichnungen sind, lassen sie sich gut per Fotokopierer reproduzieren bzw. vergrößern. Man kann leicht und kostengünstig eine eigene Sammlung anlegen. Allerdings macht die thematische Ordnung dabei oft Probleme.
- Karikaturen-Karteien können ein gutes Gruppenmedium sein. Aus einer (thematischen) Sammlung können subjektiv ausgewählte Bilder den GruppenteilnehmerInnen helfen, ins Gespräch zu kommen. Fotokopierte Blätter können verändert, ergänzt, bemalt ... werden.
- Gerade als Einstieg in ein Streitgespräch eignen sich oft Karikaturen.
- Mit Karikaturen zum Schnippeln können eigenwillige neue Collagen entstehen.
- Karikaturen sind auch auf Arbeitsblättern, Folien oder bei anderen Schriftmaterialien ein gutes Element.
- Karikaturen können bei einer Pinwand-Zeitung ein wichtiges Gestaltungselement sein (als thematischer Einstieg, als Illustration ...), ebenso für Prospekte, Einladungen, Plakate.

> 🕮 *Fell, Margret,* Karikaturen – humorige Kommentare der Wirklichkeit. Grundlagen für den Einsatz im Bildungsprozeß, Trier 1993 (zs. mit einer Karikaturen-Kartei hg. v. d. Kath. Landesarbeitsgemeinschaft für Erwachsenenbildung in Rheinland-Pfalz)

10.4 Medien „handgreiflich"

Nicht nur technische Medien sind Medien, das war vom Medienbegriff in Kapitel 1 grundgelegt. Audio-visuelle Medien kann man nutzen, bis einem Hören und Sehen vergehen. Die Allmacht und Allgegenwart der technischen Massenmedien lässt geradewegs hoffen und erwarten, dass einfachere, handgreiflichere Medien in pädagogischen Prozessen wieder eine größere Rolle spielen. In der Bildungsarbeit geht es schließlich ums „Begreifen", um etwas selbst die Hand nehmen zu können. Es wäre schade, wenn wir in pädagogischen Prozessen die Hände nur als Zuarbeit für kognitive Prozesse, eben zum Schreiben benützten. Die Arbeit mit einer Bild- oder Karikaturenkartei oder mit Postkarten ist bereits handgreiflich. Man nimmt sein Bild in die Hand, hält es fest, findet daran Halt. So handgreiflich können andere Methoden sein.

- Aus zwei *Papierstreifen,* etwa 20 cm lange und 4 cm breit, werden Gebilde geformt, die Kontrast-Begriffe ausdrücken: Leben und Tod, allein und gemeinsam, alt und jung .... Man kann die Streifen einreißen, zerknäulen, ineinander falten; es gibt immer neue Varianten.
- Wer einen *Tonklumpen* in die Hand nimmt, beginnt fast von selbst, ihn zu formen, ihm eine Gestalt zu geben. Das Thema kann vorgegeben sein, sich aber auch erst im Tun entwickeln.
- Kalte, leblose *Steine* werden in der Hand warm. Ein Stein bekommt Leben. Man kann ihn erzählen lassen, ihm eine Rolle zuweisen, ihn mit anderen Steinen Beziehung aufnehmen lassen ...
- *Abfälle* enthalten oft interessante und vielsagende Gegenstände. Oft braucht man nur wenige Minuten, um in der Umgebung einer Schule oder eines Gruppenraumes Abfälle zu finden, die Geschichten erzählen, zu Collagen verarbeitet werden können ...
- *Naturmaterialien,* Blätter, Zweige, Gräser kann man pflücken, ohne Schaden anzurichten. Auch mit diesen Materialien lassen sich Begriffe, Themen, Zusammenhänge, Beziehungen ... begreifbar machen.
- *Gegenstände mitbringen* ist eine unaufwändige, aber persönliche Vorbereitung auf einen Gruppenprozess. Mit einem persönlichen

Gegenstand lässt sich viel leichter erzählen, wer man ist, was einem wichtig ist ...

Die mediendidaktische Frage solcher handgreiflichen Medien heißt nicht: „Was sage ich meinen Teilnehmern?“ oder: „Wie sage ich es ihnen am anschaulichsten? Was zeige ich ihnen?, sondern: „Was gebe ich ihnen in die Hand?“ (vgl. *Hinse* 1992)

10.5 Umgang mit akustischen Elementen, Beispiel Musik

Der Hörsinn ist der erste Sinn in der Entwicklung des Embryos und der letzte Sinn, der im Tod erlischt. In primär oralen Kulturen, vor den Zeiten der Schrift und des Buchdrucks, war das Ohr das wichtigste Organ der Weitergabe von Erfahrung und Wissen.

> „Das Auge ist der Spiegel, das Ohr ist das Tor zur Seele.“ (Volksweisheit)

Wie Medienrezeption überhaupt ist auch das Hören keine Einwegkommunikation, bei der das Gehörte nur passiv aufgenommen wird. Auch mit auditiven Medien kann man keine einheitliche Wirkung bei den Zuhörern erzielen. Jeder wählt aus dem Hörangebot das für ihn Bedeutsame bzw. Interessante aus (selektive Wahrnehmung). Und jeder hört individuell, d.h. er verknüpft eigene Vorstellungen, Erfahrungs- und Wissensbestände mit dem Gehörten. Entscheidend sind in der je persönlichen Mediensozialisation erworbene Hörgewohnheiten.

Schulung des Hörsinns

Die massenmediale Allgegenwart der Hörmedien, in erster Linie Musik verändert pädagogische Bemühungen. Unser Hörsinn ist so vielen Geräuschen ausgesetzt, dass wir kaum mehr in der Lage sind, genau und differenziert zu hören. Deshalb steht am Anfang und im Zentrum des pädagogischen Umgangs mit akustischen Elementen die Sensibilisierung und Schulung des Hörsinns: genaues Zuhören, differenzierte Wahrnehmung von Gesagtem, Geräuschen, Musik.

Einige einfache Übungen, die die Bedeutung des Hörens wieder bewusst machen können:

- Innerer Hörsinn, sich erinnern, sich etwas vorstellen: Welche innere Stimme/Stimmung spricht aus mir zu mir?
- Ein Bild ansehen, bei dem Geräusche bzw. das Hören eine Rolle spielt; wir ergänzen unsere Wahrnehmung aufgrund unseres Erfahrungsspeichers.

- Nicht-akustisches Sprechen, Kommunizieren ohne Laute, ohne klingende Worte.
- Der stille Raum – gibt es den? Wo Sie auch sind, schließen Sie die Augen und hören Sie einmal zwei Minuten intensiv.
- Aus alten Filmdosen lässt sich leicht eine Geräusche-Memory herstellen. Immer zwei kleine Dosen erhalten gleiche Menge eines Stoffes, der beim Bewegen Geräusche erzeugt (Reis, Erbsen, Holz, Wasser, Nägel ...).

Konzentration

Bei rein auditiven Medien wird nur ein Sinn angesprochen; die anderen Sinne, vor allem der Sehsinn, sind leicht störenden oder auch konzentrierenden Situationsbedingungen ausgesetzt. Die Umgebung ist also gerade bei Audiomedien besonders zu berücksichtigen bzw. einer Intention entsprechend zu beeinflussen.

Hörspiele oder auch Elemente aus Hörfunksendungen (Reportagen, Features ...) sind ein Angebot, das in Zeiten des Fernsehens von vielen Menschen kaum noch rezipiert wird. Darin liegt aber auch die pädagogische Chance, etwas Ungewohntes oder gar Neues zu bieten. Neben der robusten, aber wenig klangneutralen Tonkassette sind in den letzten Jahren hervorragende neue Speichermedien für Ton in Gebrauch gekommen (bespielbare CD, Minidisc, DVD).

Verbunden mit einem Mikrophon können solche Audiogeräte auch gut zur einfachen aktiven Medienarbeit verwendet werden: Geräusche produzieren und aufnehmen, Gesprächsverläufe festhalten, Interviews, Mischungen von Sprache, Musik und Geräuschen bis zur Produktion von kleinen Hörspielen (s. Kap. 12.2.2).

Musik als Medium

Gerade im Jugendalter sind die Audiomedien dominant. Dabei spielt vor allem Musik eine zentrale Rolle. Musik ist im pädagogischen Kontext weitgehend funktionales Elemente (ohne deshalb funktionale Musik, d.h. auf eine bestimmte Wirkung hin kalkulierte und produzierte und darin sich erschöpfende Musik zu sein). Bei Auswahl und Wertung wird deshalb nicht primär nach dem musikästhetischen, sondern nach dem Funktionswert gefragt. Wert, Verwertbarkeit und Verwertungsweise aber bedingen einander und stehen unter dem Anspruch der pädagogischen Zielsetzungen. Funktionalisierung ist im pädagogischen Kontext nicht beliebig, denn die Wirkmacht der Musik, die wie keine andere Sprache unmittelbar und nuancenreich menschliche Emotionen ausdrücken und ansprechen kann, bringt zugleich manipulative Gefahren. Dem Anschein nach von Menschen frei zugelassen, lässt sie sich doch leicht als Transportmittel für alle möglichen Absichten benutzen, über deren Annahme der Mensch dann nicht mehr frei entscheiden kann (z.B. die Funktionalisierung von Liedern zur Gesinnungsübertragung – nicht nur zu Zeiten des Nationalsozialismus). Oft genug werden Lied und Musik durch Funktionalisierung in ihrem sinnlich-freiheitlichen Wert verkürzt. Denn pädagogisch wertvoll sind sie nicht allein dann, wenn sie eine intendierte Funktion erfüllen wie etwa die Vermittlung eines bestimmten Inhaltes oder die Erzeugung einer bestimmten Stimmung. Lied und Musik können darüber hinaus einen offenen Austausch über die von ihnen angeregten Gefühle und Gedanken provozieren. Die freiheitliche Uneindeutigkeit von Musik und ihre Kraft, Alltagswirklichkeit zu transzendieren, zeigen nachdenkenswerte Parallelen zum Symbol.

Methodische Hinweise zur Musikverwendung

Methoden

Musische Erziehung ist ein oft vernachlässigtes, aber wesentliches Element pädagogischen Handelns: Menschen zu ermöglichen, sich ganzheitlich erleben und ausdrücken zu können. Lied und Musik sind praktische Alternativen zu einer Verkopfung von Lernprozessen – im selbsttätigen (zweckfreien) Singen und Musizieren, aber auch im hörenden Sich-Einlassen. Die konkreten pädagogischen Verwendungsformen sind vielfältig, nur weniges kann hier angedeutet werden. Wichtig ist in jedem Fall die bewusste Auswahl und die persönliche Auseinandersetzung mit dem Medium.

- Werke der traditionellen und aktuellen Musikgeschichte und entsprechendes Liedgut bieten sich als Material an. Darin stecken Lebenszeugnisse verschiedener Menschen und Zeiten. Doch bedarf es oft einer behutsamen Hinführung, um dafür auch bei jenem weitaus überwiegenden Teil der Menschen, die von einer anderen Musikkultur geprägt sind, Offenheit und Verständnis zu finden.

Meditation

- Als Meditationsmusik wird insbesondere gefühlvolle, ruhige Musik geschätzt, häufig auch als Stimmungsmacher verzweckt. Das kommt dem vorherrschenden Rezeptionsverhalten zwar durchaus entgegen, das Musik als Vehikel zur Erzeugung angenehmer Stimmungen benutzt. Musik als Medium zur Konzentration und Meditation vermag jedoch mehr – sie kann etwa zum vertiefenden Weiterdenken anregen -, wenn sie auch hinsichtlich ihrer Aussagekraft bewußt ausgewählt und nahegebracht wird.

Singen

- Gemeinsames Singen ist schöpferisches Tun. Weil es immer auch Zustimmung fordert, müssen ausgewählte Lieder weitgehend konsensfähig sein. Singen kann die Stimmung einer bestimmten Lernphase aufgreifen, ausdrücken und vertiefen (nicht herstellen!). So kann ein Lied beispielsweise Gemeinschaft ausdrücken; aber solches ist nicht herstellbar. Lieder können zeitliche Akzente setzen

(Morgen, Abend, Beginn und Ende einer Einheit, Erholungsphasen usw.). Lied und Musik drängen oft zu Bewegung und anderen Formen schöpferischen Tuns, die ganzheitliches Lernen erleichtern.

- Viele Songs der Folk-, Pop- und Rockmusik greifen in ihren Texten Sinn- und Lebensfragen heutiger Menschen auf und provozieren zum Gespräch. Solche Musik ist Ausdruck eines Lebens- und Zeitgefühls, das Verstehen und Freiraum, nicht Verzweckung erfordert.
- Vor allem aber können Lied und Musik die Trennung zwischen pädagogischer Sonderwelt und alltäglicher Lebenswelt aufbrechen helfen. Es gibt viele Wege auf dem „einen Weg“, Lied und Musik als ganzheitliches Interaktionsmedium zwischen Lehrenden und Lernenden zu nutzen.

Literaturtipps

Deutsches Jugendinstitut (Hg.), Handbuch Medienerziehung im Kindergarten. Teil 2: Praktische Handreichungen, Opladen 1995

Hansen, Leo/Manzke, Gerd, Faszination Hören. Ton und Klang als pädagogische Elemente, (mit CD) Münster 1998

Kuhn, Robert/Kreutz, Bernd, Das Buch vom Hören, Freiburg 1991

Maier, Rebecca/Mikat, Claudia/Zeitter, Ernst, Medienerziehung in Kindergarten und Grundschule. 490 Anregungen für die praktische Arbeit, München 1997

Murray Schafer, R., Klang und Krach. Eine Kulturgeschichte des Hörens, hg. v. Heiner Boehncke, Frankfurt 1988

Wickel, Hans Hermann, Musikpädagogik in der sozialen Arbeit. Eine Einführung, Münster 1998

10.6 Umgang mit AV-Medien, Beispiel Kurzfilme

Film als mediendidaktisches oder kulturpädagogisches Angebot darf nicht als reines Unterhaltungsangebot oder als pädagogischer Selbstläufer missverstanden werden; der Film ist Medium, Element im pädagogisch geplanten Prozess (d.h. im Unterricht, in der Jugendgruppe, im offenen Angebot einer sozialen Einrichtung ...). Die dominante Bilderwelt der Alltagsmedien sollte weder verstärkt noch abgewehrt werden, sondern als „Bedürfnis“ positiv aufgegriffen werden.

Über Jahrzehnte hinweg beherrschte der 16-mm-Film die Bildungs- und Kulturszene. Er war das Primärmedium, dessen Einsatz allein schon Bildungsprozesse bewirkte; er knüpfte an die Faszination des Films im Kino an. Mit Videokassette und DVD sind „neue“

Medien zum traditionellen Film hinzugekommen. Es gab Prognosen, die Videokassette werde den 16-mm-Film verdrängen, weil sie billiger und leichter zu handhaben ist. Video ist für kleine Gruppen bis etwa 12 Teilnehmern das bevorzugte Medium geworden. Aber solange eine hochauflösende Video-Großbildprojektion noch aufwendig und teuer ist, wird der 16-mm-Film ein wichtiges Großgruppen-Medium bleiben. Die Rezeption des Fernsehbildes ist von der des projizierten Films deutlich zu unterscheiden (ebenso wie Kino und Fernsehen in wichtigen Punkten unterschiedliche Kommunikationsformen sind).

Unterschied zwischen Video und 16-mm-Film: „Film-Erleben"

Größe und Qualität der Film-Projektion

„Gerade in der Unterscheidung zum Fernsehen macht sich die für einen Film nötige Rezeptionsweise auch körperlich beim Zuschauer bemerkbar. Beim Fernsehen wird die auf dem Bildschirm ablaufende Handlung und das Fernsehgerät von dem Betrachter als eine Einheit wahrgenommen. Der relativ kleine Bildschirm bietet keine Möglichkeit, sich in die Handlung hineinzuprojizieren, er grenzt diese von dem Betrachter ab. Es erfolgt kein flächenhaftes Sehen und auch kein Sehen in die Tiefe. Vielmehr kann Fernsehen als das punkthafte Fixieren einer eindimensionalen und auch so wahrgenommenen Handlung bezeichnet werden, die sich in einer bestimmten Entfernung vom Auge des Betrachters in einem Gerät abspielt. Dies hat zur Folge, daß das Auge weder Seitwärts- noch Hoch/Tiefbewegungen ausführen muß, da die kleine Fläche kein visuelles Abtasten erfordert. Die Pupillengröße wird nicht verändert, zumal die Entfernung des Zuschauers zum Gerät konstant ist, und die Eindimensionalität der Bildschirmhandlung auch so vom Auge wahrgenommen wird. Diese vollkommene, auch visuelle Passivität hat eine ermüdende, ja lähmende Wirkung auf den Zuschauer.

Anders beim 16 mm-Film! Der Blick des Betrachters befindet sich innerhalb der Leinwandhandlung, er wird nicht begrenzt. Die Größe des Bildes erfordert bzw. ermöglicht ein flächenhaftes Sehen, wobei die Augen ständig in Bewegung sind. Auch die ‚Scharfeinstellung' der Augen, d.h. die Größe der Pupillen, ändert sich, da das Leinwandbild ein Sehen in die ‚räumliche' Tiefe erlaubt. Der Zuschauer ist also visuell aktiv mit der Filmhandlung verbunden. Seine Aufmerksamkeit in kognitiver wie emotionaler Hinsicht ist ungleich stärker beansprucht als beim Fernsehen." (aus der Broschüre: „Der 16 mm-Film – ein aktuelles Medium", LFD Rheinland-Pfalz).

Dabei kommt es nicht auf den Filmträger an, sondern auf die Projektionsgröße und Qualität.

Informations- und Motivationsfunktion

Ein Film kann als Bildungsmittel gesehen werden; anschauliche mehrdimensionale Lern- und Erkenntnisprozesse werden unterstützt, die in ihrer Intensität über das gesprochene oder geschriebene Wort hinausgehen. Der geringe Medieneinsatz in der Schule ist dabei für außerschulische Arbeit ein Motivationsvorteil. Man kann einen Film auch als Teil eines Kommunikationsprozesses sehen, der die filmische Leistung, die Rezeption durch den Zuschauer und die anschließenden Verarbeitungsmethoden (z.B. Gespräch) umfasst. Entsprechend unterscheidet man zwischen *Informationsfunktion* und *Animationsfunktion* eines Films (Mediums): Filme für die Information sind durch ihre Gestaltung auf Instruktion und Wissensvermittlung angelegt und in der Regel in ihrer Aussage deutlich erkennbar. Daneben gibt es den Begriff des „Animationsfilms", der viel offener zur Auseinandersetzung mit einem Gegenstand, einem Thema ... einladen, oft provozieren will.

Information

Motivation

Abb. 10.7: Filmwirkung im didaktischen Kontext

Gerade beim geschlossenen „Fertig“-Medium Film ist immer wieder darauf hinzuweisen: Filme/AV-Medien können die ihnen zugedachte Aufgabe in der Regel nicht allein erfüllen; ein Medium sollte kein Ersatz für dialogische pädagogische Vollzüge sein. Sie benötigen eine Einbettung in Gesprächs- bzw. andere Methoden. Die Medienarbeit leidet oft darunter, dass das Medium selbst in der Gruppe zwar gut angekommen ist, der Pädagoge aber unsicher ist, wie er das Material sinnvoll aufarbeiten soll. Verlegenheitsfragen wie „Ich habe den Film gut gefunden, was meint ihr dazu?“ öffnen nicht das Gespräch, sondern nehmen quasi autoritäre Wertungen vorweg.

Didaktische Einbindung

Es sollte kein „Fertig“-Medium ohne vorherige Sichtung, ohne gründliche Auseinandersetzung des Pädagogen mit Inhalt und Form eingesetzt werden. In der Regel wird ein Medium nicht ohne Einführung am Beginn stehen; Art, Inhalt, Methode ... der Einführung sind bereits Teil des methodischen Umgangs mit dem Medium. Manchmal braucht das Medium Vorerklärungen (zum besseren Verständnis, zur Qualität, zu Entstehungszeit, zu Einzelheiten, die unfreiwillig anders als gewollt wirken könnten ...); durch entsprechende Einführung kann man aber auch die Aufmerksamkeit zu einem gewissen Grad lenken (Vorfragen, Beobachtungsaufgaben ... – ggf. auch an einzelne Untergruppen).

Filmbeurteilung

Hilfsfragen zur Filmbeurteilung:

- Was gefällt an dem Film, was nicht?
- Für welche Zielgruppe könnte der Film verständlich bzw. geeignet sein?
- Besteht ein Zusammenhang zur Lebenswelt der Zielgruppe?
- Welches Thema, welche Themen spricht der Film an?
- Ist das Thema für die Zielgruppe fassbar – wichtig – sinnvoll?
- Ist die Aussage des Films klar, anschaulich, verständlich?
- Enthält der Film neue und relevante Informationen (Informationsfunktion)
- und/oder motiviert er zur Auseinandersetzung (Animationsfunktion)?
- Ist es notwendig, auf den Film vorzubereiten?
- Gibt der Film Ansatzpunkte zur Weiterarbeit durch Gespräch, Spiel oder andere Aktionen?

Film und Gesprächsformen

Zuschauer können sich besser mit einem Film auseinandersetzen, wenn sie über Ziele und Interessen des Pädagogen Bescheid wissen. In der Regel sollte man sich entscheiden, ein Gespräch eher *themenorientiert* (an Information interessiert; Klärung der Sachaussage) oder eher *rezipientenorientiert* (Anstoß zur Kommunikation; Auseinandersetzung mit den Mitgliedern in der Gruppe) zu führen. Beim rezipientenorientierten Gespräch geht es viel weniger um vollständige und sachadäquate Erfassung des Mediums; im Vordergrund stehen Mechanismen wie Identifikation und Projektion, Aspekte individueller Wirkung also, die über die Menschen Auskunft geben.

Je nach Art des Films/Mediums bietet sich ein methodisch freier Umgang mit dem Material an: etwa einen Film in sinnvoll gegliederten Abschnitten vorführen oder an markanter Stelle unterbrechen und die Fortführung, Lösung eines Problems ... von der Gruppe erzählen, niederschreiben, im Rollenspiel darstellen ... lassen. Es kann auch besondere Aufmerksamkeit provozieren, einen Film zunächst ohne Ton vorzuführen, wenn die Bilder genügend hergeben. Mehrfache Vorführung ist je nach Medium und Situation sinnvoll. Im pädagogischen Kontext sind Medien Mittel, mit denen entsprechend einer pädagogischen Ziel- und Inhaltformulierung frei umgegangen werden kann; sie sind nicht in erster Linie Kunstwerk, dessen ganzheitliche Aneignung gefragt ist.

Gesprächsgewichtungen
(Mischform empfiehlt sich häufig)

Inhaltsorientiert

⇨ Einführung (zum Film, zum Thema)
⇨ Filmvorführung (ev. in Sequenzen; mit Arbeitsanweisungen bzw. Beobachtungsaufgaben)
⇨ Gesprächsphase zur Lernzielerreichung (Gruppen oder Plenum)
⇨ Überprüfung der Lernzielerreichung
⇨ (ggf. erneute Filmvorführung)

Teilnehmerorientiert

⇨ Einführung (nur in Ausnahmefällen), eher Einstimmung
⇨ Filmvorführung
⇨ Gesprächsphase in Gruppen (teilnehmerorientiert)
⇨ Analyse des Kommunikationsprozesses

Abb. 10.8: Inhalts- oder teilnehmerorientierte Gesprächsform

Für die Weiterarbeit ist es vor allem wichtig, Methoden zu finden, die möglichst viele Gruppenmitglieder aktivieren und so eine Vielfalt von Eindrücken und Stellungnahmen erfassen.

Methoden zur Nacharbeit von Filmen / AV-Medien

Nach der Vorführung sollte es in der Regel eine *Murmelphase* geben, um erste Spontaneindrücke untereinander austauschen zu können, sich „Luft zu machen". Kommen keine spontanen Äußerungen, kann man vorsichtige Impulse geben. Auch sollten erste Verständnisfragen abgeklärt werden.

Nicht-verbale Methoden

Wir sind es in Bildungszusammenhängen gewohnt, dass Verarbeitung über den Verstand erfolgt und der wiederum wird über Versprachlichung in Aktion gesetzt. Viele Menschen haben mit diesen eher intellektuellen Formen Schwierigkeiten. Oft werden sie auch den besonderen Qualitäten eines Films nur bedingt gerecht; denn ein Film spricht ja oft gerade ganzheitlich an (bietet viele „analoge" Kommunikationsanteile), hinterlässt emotionale Eindrücke, die sich nicht so leicht versprachlichen (in „digitale" Kommunikationsanteile übersetzen) lassen. Deshalb sollte man auch nicht-verbale Methoden ins Kalkül ziehen (Malen, Spiel, Musik, Kollagen ...) bzw. zu offenen, unbewerteten Assoziationen ermutigen.

Wenn die Weiterarbeit in Gesprächsform geschehen soll, sollten erste Fragen und Äußerungen in einem zweiten Durchgang gebündelt, strukturiert und möglichst visualisiert (auf Tafel, Overheadfolie ...) werden. Soweit es nicht aus der Gruppe selbst kommt, sollten Hinweise zur Filmgestaltung, zu Form-Inhalt-Zusammenhängen ... vom Pädagogen eingebracht werden. Damit wird immer zugleich ein Stück Medienerziehung eingebracht. Einige konkrete Methoden sind im folgenden aufgelistet (in Anlehnung an das von *F. Schuchardt* erarbeitet Faltblatt des Landesfilmdienstes Rheinland-Pfalz: 10 Methoden zur Aufarbeitung von AV-Medien.)

- *Plenumsgespräch*: Die Größe der Gruppe entscheidet darüber, ob und wieweit sich der einzelne einbringen kann (und muß). 12 Personen sind eine Idealzahl. Bei größeren Gruppen ist die Gefahr der Dominanten und der Schweiger größer. Nach der Vorführung eines Mediums sollte zunächst Zeit gelassen werden für spontane Reaktionen und Fragen. Vorsichtige Impulse regen das Gespräch an: „Was fandet ihr interessant?" – Äußerungen und Fragen sollten in einem zweiten Durchgang strukturiert und gebündelt werden. Wichtige Ergebnisse sollten zudem visualisiert werden (Tafel, Overhead, Wandposter); so hat jeder den aktuellen Gesprächsstand vor Augen, Wiederholungen können vermieden werden, aber man kann sich auch rückbeziehen.
- *Sequenzmethode:* Diese Methode eignet sich praktisch nur bei Informationsmedien. Das Medium wird in Abschnitten vorgeführt, die jeweils gesondert besprochen werden. Manche Medienprodukte bieten von sich aus entsprechende Zäsuren an. Informationsaufnahme und Überblick werden so ggf. erleichtert.
- *Frequenzmethode:* Bietet sich vor allem bei sehr kurzen Medien, vor allem Filmen an. Der Film wird zunächst ohne Einführung

vorgeführt. Dann beginnt das Gespräch. Wenn Meinungsverschiedenheiten oder Unsicherheiten auftauchen, wird der Film erneut vorgeführt. Fragen und Diskussionsbeiträge bieten also Beobachtungsgesichtspunkte für die neue Sichtung

- *6-3-5-Methode:* Kleingruppen von maximal 6 Personen; jeder erhält ein Blatt Papier mit 3 Spalten für Frage, Aussage, Stellungnahme. Jedes Gruppenmitglied schreibt in jede Spalte einen Satz, einige Stichworte ... Nach etwa fünf Minuten wird der Bogen zum rechten Nachbarn weitergegeben, der entweder die Fragen des Vorgängers beantwortet oder aus seiner Sicht neue Bemerkungen zum Medium notiert. Die Weiterentwicklung braucht nicht logisch-systematisch zu sein, sie kann auch rein assoziativ erfolgen. Die Bögen machen in der Sechsergruppe einmal die Runde; am Ende werden sie vorgelesen. – Vorteile: große Produktivität und gleichmäßige Beteiligung aller; kein Gesprächsleiter nötig; Anwendung in großen und kleinen Gruppen möglich. – Nachteile: schreibungewohnte Teilnehmer sind benachteiligt; Probleme des Leistungsdrucks.

Schreibspiele

- *Assoziationsmethode*: Vor allem geeignet, intensiv über subjektive Filmerlebnisse zu sprechen und die individuellen Hintergründe des Erlebens aufzuzeigen. Nach der Vorführung schreibt jeder Assoziationen zum Medium auf ein eigenes Blatt. Beim anschließenden Vorlesen der Assoziationen machen sich die anderen Teilnehmer Notizen, zu welchen Gedanken sie Fragen stellen wollen. – Vorteil: Die Gespräche reichen tiefer, unterschiedliches Erleben wird deutlich, jede(r) ist beteiligt. – Nachteil: Gruppenmitglieder sollten sich kennen, da eine gewisse Vertrauensbasis notwendig ist. Viel Zeit nötig.

Rollenspiel

- *Rollenspiel:* Das Gesehene nochmals im Rollenspiel aufarbeiten; oder: am Höhepunkt des Films unterbrechen und eigene Lösungswege spielen lassen. Voraussetzung: die Gruppe muß Spaß am Rollenspiel haben. Das Unterbrechen des Mediums kann Widerstände auslösen.
- *Nachmalen/Nachgestalten:* Einzelbilder oder Bildgeschichten sind je nach Zielgruppe dem verbalen Auseinandersetzen mit dem Medium vorzuziehen. Durch die Eigenkreativität wird auch eine gewisse Distanz zum Medienkonsum geschaffen.
- *Gruppenarbeit/Brainstorming:* An Stelle des Plenums tritt die Kleingruppe (nicht mehr als sechs Personen; Aufteilung z.B. nach Abzählmethode). In der Kleingruppe werden in Form des Brainstormings („Gedankensturms") spontane Äußerungen und Fragestellungen zum Medium gesammelt und ohne Wertung notiert. Im nächsten Schritt wählt die Gruppe aus den genannten Fragen eine aus, die sie zur Einstiegs- bzw. Leitfrage bei der Behandlung des

Mediums machen will. 30 Minuten sollten für die anschließende Gruppendiskussion zur Verfügung stehen. Im anschließenden Plenum können die Gruppenergebnisse ausgetauscht werden. (Visualisierung ist sinnvoll). Vorteil: Größere Beteiligung der einzelnen, Vielfalt der Ideen und Gedanken kommt eher zum Tragen.

- *Podiums-/Forumsdiskussion*: Vor, nach oder zwischen Medienbeiträgen diskutieren Fachleute das jeweils angesprochene Thema. Um die Zuhörer nicht zur Passivität zu verurteilen, ist es sinnvoll, das Podium in eine „Forumsdiskussion" münden zu lassen. Die Methode kann wegen ihres Aufwandes nur bei wichtigen Themen angewandt werden.
- *Film ohne Ton vorführen*: Aufgrund des visuellen Eindrucks sollen die Teilnehmer Handlung und Dialoge rekonstruieren. Zuschauer müssen sich auf Mimik, Gestik und Verhalten der Personen konzentrieren. – Eignet sich nur bei ausgewählten Medien; der Lehrer/Gruppenleiter muss das Medium sehr gut kennen.

Film ohne Ton

10.7 Massenmedien und Bildung – Lernen im Medienverbund

Didaktischer Medienverbund

Mit dem Begriff (didaktischer) Medienverbund ist die Verbindung von Medienangeboten der Massenmedien (Radio, Fernsehen) mit didaktischen Schriftmaterialien (Begleitbuch für TeilnehmerInnen, didaktische Handreichungen) und Gruppen-Gesprächsangeboten gemeint. Nicht gemeint ist der sogenannte „kommerzielle Medienverbund", der die mehrfache Auswertung von Medieninhalten und -figuren bezeichnet (Beispiel: „ALF" als Fernsehsendung, auf Hörkassette, als Buch, als T-Shirt, als Kuscheltier, als Poster ...). Der didaktische Medienverbund entstand (nach früheren Versuchen schon in den Anfangszeiten etwa des Radios) Anfang der 70er Jahre. Inzwischen wurden von Seiten der Erwachsenenbildung (Volkshochschulen, Adolf-Grimme-Institut, Katholische und evangelische Erwachsenenbildung ...) vielfältigste Medienverbundprogramme zu unterschiedlichsten Themen entwickelt (vgl. dazu die Zusammenstellung in: Medienverbund: Verbündete gesucht). Ziel dieser Angebote sind eine Optimierung/Effizienzsteigerung von Lehr- und Lernprozessen sowie eine höhere Teilnehmer- und Realitätsorientierung. Je vielseitiger und vielschichtiger ein Bildungsangebot präsentiert wird, desto stärker können Interesse daran und Auseinandersetzung damit sein, so lautet eine Grundthese der Medienverbündeten. Die

Idee vom ganzheitlichen Lernen und von der Verbindung verschiedener Lernorte steckt dahinter.

„Alles soll soviel als möglich den Sinnen vorgeführt werden, nämlich das Sichtbare dem Gesicht, das Hörbare dem Gehör, das Riechbare dem Geruch, das Schmeckbare dem Geschmack, das Fühlbare dem Gefühl; und wenn etwas mit mehreren Sinnen zugleich erfasst werden kann, so soll es mehreren zugleich bekannt gemacht werden.“ (*Johann Amos Comenius*, 1592-1670)

Im Medienverbund werden folgende Elemente miteinander verbunden:

- Einführung eines Themas durch eine Sendung im Radio oder Fernsehen.
- Vertiefung, Verfestigung des Gebotenen durch schriftliche oder Online-Begleitmaterialien.
- Austausch in der Gruppe (Sozialphase).

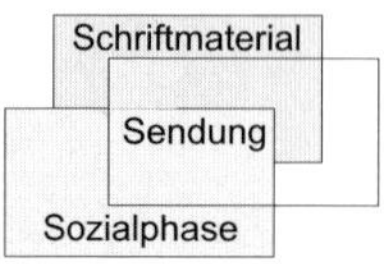

Unterschieden werden zwei Typen von Medienverbundangeboten: zertifikatsbezogener (z.B. Funkkolleg) und eher am sozialen Lernen orientierter Medienverbund. Beim zweiten sind Offenheit und Motivation der Teilnehmer komplizierter. Zur Organisation und methodischen Anlage einer Arbeit mit dem Medienverbund vgl. die guten Ausführungen in der Broschüre „Medienverbund: Verbündete gesucht“ (20-77).

Telekolleg

Eines der bekanntesten Medienverbund-Projekte ist das „Telekolleg“. Das Telekolleg wird veranstaltet von den Bildungs- bzw. Kultusministerien von Bayern, Brandenburg und Rheinland-Pfalz sowie vom Bayerischen Rundfunk (BR). Der Ostdeutsche Rundfunk Brandenburg (ORB) unterstützt das Telekolleg. Es wird von mehreren dritten Fernsehprogrammen ausgestrahlt (BFS, ORB). Das Telekolleg ist – neben der Open University in England – eines der größten funktionierenden Medienverbundsysteme in Europa. Das Rezept heißt: Lernen mit Hilfe von Fernsehsendungen, schriftlichem Begleitmaterial, Präsenzphasen und einem Prüfungssystem. Aufbauend auf der mittleren Schulreife führt das Telekolleg bei Gesamtteilnahme in 21 Monaten zur staatlich anerkannten Fachhochschulreife. Teilnahme an einzelnen Fächern kann mit einem benoteten Zertifikat bestätigt werden.

> ✓ Infos zum Telekolleg beim Bayerischen Rundfunk oder unter www.telekolleg.de.

Funkkolleg

Das „Funkkolleg“, das 1966 erstmals im Radio lief und seitdem zu vielen Themen eine wissenschaftlich fundierte Weiterbildung im

Medienverbund anbot, lief 1998 aus. Darauf hatten sich die beteiligten ARD-Anstalten, die Kultusministerien und das Deutsche Institut für Fernstudien geeinigt. Der HR bietet in Zusammenarbeit mit dem Hessischen Volkshochschulverband einen Nachfolger mit folgenden Elementen an: eine Hörfunkreihe mit ca. dreißig Kollegsendungen; Begleitmaterialien in Form eines Readers; Veranstaltungen der Volkshochschulen; Zusatzinformationen im Internet. Als erstes lief ab Okt. 98 ein Funkkolleg zur Geschichte der Popmusik. Info: www.hr-online.de/funkkolleg

✓ Der SWR bietet ein Studium Generale im Fernsehen, die Tele-Akademie; die Sendungen können auch auf Videokassette bezogen werden. Kontakt: www.wissen.swr.de

Literaturtipps

Medienverbund: Verbündete gesucht. Eine Handreichung für die Bildungsarbeit, hrsg. von der Kath. Bundesarbeitsgemeinschaft für Erwachsenenbildung, Bonn o.J.

Heger, Rolf-Joachim, Art. „Erwachsenenbildung", in: *Lenzen, Dieter* (Hg.), Pädagogische Grundbegriffe, Bd. 1 (Rowohlts Enzyklopädie), Reinbek 1989, 407-424

Eckard Bieger u.a., Mediendidaktik in der Erwachsenenbildung. Theoretische Grundlagen und Planungsraster. Reihe: medien praxis. Mediendidaktik 1, hg. v. d. Zentralstelle Medien der DBK, Bonn o.J.

Prokop, Ernst, Orientierungsdaten für die Erwachsenenbildung. Impulse aus der Wissenschaft vom Lehren und Lernen, München 1985

Medienverbund im Eigenbau ?!

In der Einführung zu diesem mediendidaktischen Kapitel sollte deutlich geworden sein, dass Medien im didaktischen Gefüge einen eigenen Stellenwert haben. Sie ordnen sich nicht einfach den Ziel- bzw. Inhaltsvorgaben unter, sondern haben einen Eigenwert, der Ziele und Inhalte mitbestimmt. Ein AV-Medium kann in Kombination mit anderen Elementen (Texten, Gesprächseinheiten) auch zum „selbstkombinierten" Medienverbund werden.

- Ein weiter gefasster Begriff von „Medienverbund" könnte zu mehr Phantasie und Kreativität im Umgang mit Medien anregen.
- Bestehende Medienverbund-Einheiten können mit weiteren Elementen angereichert werden, auch mit weiteren „Medien".
- Elemente von Medienverbundprogrammen können aus dem Kontext herausgelöst und damit zu Selbstläufern werden. Elemente können ausschnitthaft eingesetzt werden.

Die zentrale Vorfrage für die Wahl eines Mediums gilt auch beim Medienverbund: Was will ich mit einem Medium erreichen? Will ich

Informationen vermitteln (kognitiver Akzent) oder will ich motivieren, animieren, betroffen machen ... (emotionaler Akzent).

Der pädagogische Kontext bedingt unterschiedliche Vorentscheidungen: Schulischer Unterricht ist orientiert an Lehrplan, Wissensvermittlung, institutioneller Zwangsrahmen, braucht aber immer wieder Motivationsphasen. Erwachsenenbildung setzt auf Freiwilligkeit, Lerninteresse, Lebens- bzw. Alltagsorientierung.

Gute Mediendidaktik ist zeitaufwändig; man muss viel Informationen sammeln. Die Elemente eines Medienverbunds selber zusammenstellen, ist zwar zeitaufwendig, aber unter Beteiligung der Lernenden bereits eine Form aktiver Medienarbeit (vgl. Kap. 12). Wichtig bleibt Methoden- und Medienvielfalt auch in der sozialen Lernphase und die Unterordnung der Medien und Methoden unter Kriterien sozialer Kommunikation.

Mediendidaktik sollte nicht „konsumorientiert", sondern praktisch-kreativ sein. Das sollten die Ausführungen dieses Kapitels gezeigt haben.

11. Öffentlichkeitsarbeit

Art. 5 Grundgesetz

„(1) Jeder hat das Recht, seine Meinung in Wort, Schrift und Bild frei zu äußern und zu verbreiten und sich aus allgemein zugänglichen Quellen ungehindert zu unterrichten. Die Pressefreiheit und die Freiheit der Berichterstattung durch Rundfunk und Film werden gewährleistet. Eine Zensur findet nicht statt.

(2) Diese Rechte finden ihre Schranken in den Vorschriften der allgemeinen Gesetze, den gesetzlichen Bestimmungen zum Schutze der Jugend und in dem Recht der persönlichen Ehre."

Diesen Artikel 5 des Grundgesetzes kommentierte angesichts unserer Medienlandschaft der Kabarettist *Dieter Hildebrandt*: „Jeder hat das Recht ... aber weil die Rechte so ungeheuer teuer sind, hat es eben doch nicht jeder".

Öffentlichkeit vs. Privatsphäre

Was Öffentlichkeit meint, lässt sich wohl am besten von ihren Gegensätzen her fassen: der sogenannten Privatsphäre, dem Ausschluss der Öffentlichkeit z.B. bei Jugendgerichtsverfahren oder bei Diskussionen in Personalangelegenheiten; oder von der rechtlichen Frage her, wann eine Gruppe von Menschen auf der Straße als öffentliche Versammlung oder Demonstration anzusehen ist und entsprechend angemeldet werden muss. Öffentlichkeit ist alles, was über den rein individuellen und privaten Bereich hinausgeht, was nicht für den einzelnen, sondern für viele bestimmt ist, was prinzipiell allgemein zugänglich ist, was jeder sehen, lesen, hören kann. Öffentlichkeit muss nicht immer gleich Weltöffentlichkeit sein; sie kann regional, lokal, auf bestimmte Zielgruppen begrenzt sein.

Historischer Aspekt

Was Öffentlichkeit ausmacht, ist historischem Wandel unterworfen. Der Begriff der Öffentlichkeit hat sich im Laufe der Geschichte gewandelt. In Dörfern und kleinen Städten, als Arbeitsplatz und Wohnung noch nicht getrennt waren, brauchte man keine Massenmedien im heutigen Sinn. Öffentlichkeit ereignete sich im sozialen Miteinander, auf Straßen und Plätzen, in Kirchen. Das genügte für das Zusammenleben; allerdings reichten Blick und Erfahrung der meisten Menschen auch nicht über ihre Kirchturmspitze hinaus. Öffentlichkeitsarbeit war in der Regel funktional: durch Gespräch, Ausrufer, Anschläge, von der Kanzel. Händler, Kaufleute und Reisende waren die Informationstransporteure von Ort zu Ort. Im Prinzip konnte sich an dieser Öffentlichkeit jeder gleichermaßen beteiligen. Allerdings galt auch damals schon mehr, was der „dickste Bauer" sagte.

Medien entgrenzen Öffentlichkeit

Heute gilt: Öffentlichkeit ist wesentlich Medienöffentlichkeit. Das Verhältnis des Einzelnen zur Öffentlichkeit und die daraus resultierende Meinungsbildung ist in besonderer Weise medienbestimmt. Die Medien entgrenzen Öffentlichkeit. Was früher nur lokal begrenzt oder nur mit großer zeitlicher Verzögerung wahrgenommen werden konnte, ist heute in medialer Gleichzeitigkeit weltweit zugänglich. Aber die Medien bestimmen auch selbst, was veröffentlicht wird und was nicht. Im Alltagsbewusstsein vieler Zeitgenossen wird immer mehr öffentliche mit medialer Kommunikation gleichgesetzt und mediale Öffentlichkeit mit Öffentlichkeit überhaupt. Durch die fast mythische Potenz der Massenmedien sind die Einflussmöglichkeiten einzelner oder kleiner Gruppen sichtlich geringer geworden. Wer interessiert sich schon für das, was eine – gesamtgesellschaftlich gesehen – kleine Gruppe macht, will, leistet, anstrebt? Es fällt erst auf, wenn Spektakuläres geschieht oder wenn es Ärger gibt. Da hilft nur eins: Man muss die Öffentlichkeit selbst zu beeinflussen suchen, muss geeignete Mittel (Formen) und Wege (Medien) finden, an die – relevante und interessierte – Öffentlichkeit zu gelangen.

11.1 Öffentlichkeitsarbeit im Nonprofit-Bereich

Beispiel Soziale Arbeit

Nehmen wir als Beispiel die Praxis Sozialer Arbeit. „Öffentlichkeitsarbeit bedeutet im sozialen Bereich die Initiierung eines bewußten, langfristigen und systematisch geplanten Kommunikationsprozesses zwischen den Adressatengruppen Klient, Sozialarbeiter, Träger und Öffentlichkeit." (Fachlexikon der Sozialen Arbeit 1997, 679)

Es gibt einen grundlegenden Bezug zwischen Sozialarbeit und Öffentlichkeit: Sozialarbeit, der englische Begriff „Public Welfare" macht das deutlich, erfolgt stets in öffentlichem Auftrag. Öffentlichkeitsarbeit muss dem Bürger zeigen, was ihm und der Gemeinschaft Sozialarbeit bringt. Nicht Jammern und Selbstrechtfertigungen interessieren, sondern positive Chancen und Erfolge. Der Steuerzahler und der Spender ebenso wie der Bürger, der Hilfe sucht, haben einen Anspruch darauf, über Sozialgesetze und deren Ausführung aufgeklärt zu werden. Öffentlichkeitsarbeit dient dazu, Vorurteile ab- und soziales Vertrauen aufzubauen. Sie soll den Klienten eine Lobby, ein Sprachrohr geben.

Ein älteres Standardwerk benennt folgende Perspektiven und Aspekte: „Es besteht nach wie vor ein großer Bedarf an Öffentlichkeitsarbeit zur Information des Bürgers über seine Rechte auf soziale Dienstleistungen, materielle Hilfe, Selbsthilfemöglichkeiten, Beratungsangebote etc. und zum Abbau diskriminierender Vorurteile gegenüber Adressaten sozialer Dienste und gesellschaftlicher Randgruppen. (...) Die zunehmende Sensibilisierung vieler Massenmedien für benachteiligte Bevölkerungsgruppen ist zu einem großen Teil Resultat verstärkter Öffentlichkeitsarbeit von ‚unten' und zugleich auch Aufforderung zu ihrer Intensivierung. (...) Der Verzicht auf die Zusammenarbeit mit den etablierten Massenmedien wäre (...) vor allem für die institutionalisierte Öffentlichkeitsarbeit ein Verzicht auf Öffentlichkeit schlechthin. Es kommt also darauf an, im Umgang mit den Massenmedien auf eine möglichst umfangreiche und verzerrungsfreie Berichterstattung zu drängen. Außerdem sollten zunehmend selbstproduzierte und alternative Medien (z.B. Stadtzeitungen) genutzt werden." (*Marchal/Spura* 1981, 188 f.)

Soziale Arbeit als Kommunikationsberuf

Neben unmittelbarer bzw. traditioneller Öffentlichkeitsarbeit gewinnt Sozialarbeit als Kommunikationsberuf überhaupt eine zunehmende Bedeutung. Basisbezogene Öffentlichkeitsarbeit – gerade auch mit selbstgestalteten Medien – hat vor allem in der Randgruppen- und Gemeinwesenarbeit große Bedeutung. Wie bei praktischer Medienarbeit schließt die Eigenproduktion von Medien immer auch medienkritische und medienpädagogische Aspekte mit ein. Langfristiges Ziel sollte auf jeden Fall sein, die Adressaten sozialer Arbeit selbst zu ermutigen und zu befähigen, ihre Belange in der Öffentlichkeit zu vertreten.

Und wer Öffentlichkeitsarbeit macht, muss selbst gut informiert sein. Interne Öffentlichkeitsarbeit zwischen MitarbeiterInnen einer sozialen Institution und zwischen verschiedenen Institutionen der Sozialarbeit sind Voraussetzung einer effektiven Öffentlichkeitsarbeit nach außen. Idealismus der Sozialarbeiter allein genügt nicht; es bedarf auch eines entsprechenden Fachwissens und handwerklichen Könnens.

11.2 Begriffsklärungen

Bürgerliche Gesellschaft

Der Begriff „Öffentlichkeit" ist ein Begriff der Moderne. Als soziales Phänomen setzt Öffentlichkeit die bürgerliche Gesellschaft voraus mit ihren Strukturen der Privatautonomie, der Volkssouveränität und vor allem des privatrechtlich geregelten freien Warenverkehrs (vgl. *Habermas* 1987). „Nach der bürgerlich-liberalen Auffassung ist Öffentlichkeit ein Raum, in dem sich die politische Willensbildung des souveränen Volkes vollzieht und gleichzeitig die Kontrolle über die staatlichen Gewalten stattfindet. Sie bildet sich aus, indem sich Privatleute in ihrem Status als informierte Bürger zum Publikum versammeln, um in Absehung von Partikularinteressen vernunftgeleitete Übereinstimmungen über ihre allgemeinen Belange herzustellen ..." (Art. „Öffentlichkeit" in: *Hüther* u.a. 1990, 188) Öffentlichkeit ist eine wesentliche Kategorie des freiheitlich demokratischen Rechtsstaates.

Begriff Öffentlichkeitsarbeit

Öffentlichkeitsarbeit sind Maßnahmen zur Analyse und Herstellung einer wiedererkennbaren Identität einer Gruppe oder Institution nach außen. Der Begriff „Öffentlichkeitsarbeit" macht deutlich, dass „umständlich und von Fall zu Fall eine Öffentlichkeit erst hergestellt werden muß" (*Habermas* 1987, 239). Außerdem wird in diesem Begriff die Nähe zu marktwirtschaftlichen Prinzipien greifbar.

- Eine Definition der Deutschen Public-Relations-Gesellschaft (DPRG): „Öffentlichkeitsarbeit beinhaltet das bewußte, legitime und kontinuierliche Bemühen einer Organisation bzw. einer Person um Aufbau und Pflege von Vertrauen in der Öffentlichkeit (Teilöffentlichkeit) auf der Basis einer systematischen Erforschung der Öffentlichkeit und deren Einstellung gegenüber der Organisation bzw. Person." (zit. n. *Balfanz* 1983)
- Öffentlichkeitsarbeit, das sind „alle Maßnahmen zur Analyse und Herstellung einer einheitlichen, unverwechselbaren und wiedererkennbaren Identität eines Vereines, einer Gewerkschaft, einer Person". (Institut für Öffentlichkeitsarbeit e.V., zit. n. BSK Arbeitshilfe „Öffentlichkeit")
- „Public Relations, Öffentlichkeitsarbeit ist Selbstdarstellung partikularer Interessen durch Information. Als Medien sind alle Techniken und Formen schriftlicher, mündlicher, fotografischer, filmischer und audiovisueller Publizistik sowie interpersonaler Kommunikation denkbar. ... Public Relations (PR), Öffentlichkeitsarbeit, ist nach dem Selbstverständnis der Praktiker von (Produkt-)Werbung einerseits und von einseitig infiltrierender Propaganda andererseits abzugrenzen." (*Koszyk/Pruys* 1981, 262) Öffentlichkeitsarbeit ist interessiert, „Kommunikation ... durch sachlichen, verständlichen und überprüfbaren Informationsaustausch zu optimieren" (DPRG, zit. ebd.).

Public Relations

Öffentliche Beziehungen

In der Fachsprache dominiert häufig der englische Begriff „public relations" (PR), deutsch: „öffentliche Beziehungen". Einerseits drückt dieser Begriff einen wesentlichen Aspekt von Öffentlichkeitsarbeit präzise aus: es geht in der Regel nicht um kurzfristige Werbeeffekte, sondern um den Aufbau einer langfristig guten Beziehung zwischen Institution und relevanter Öffentlichkeit. Andererseits fasst der Begriff „Öffentlichkeitsarbeit" wesentlich klarer, dass solche öffentlichen Beziehungen nicht einfach gegeben sind, sondern dass man etwas dafür tun kann und muss. Die Art der „-arbeit" wird mit Werbung, Beeinflussung, Pflege o.ä. näher umschrieben. Nimmt man beide Begriffsbedeutungen zusammen, dann wird klar: PR bzw. Öffentlichkeitsarbeit hat eine aktive und eine passive Komponente. Auch die passive Komponente ist wichtig: „Wer sich der permanenten Existenz seiner Beziehungen zur Öffentlichkeit bewußt ist, wird auch eine andere Einstellung zur Machbarkeit von PR bekommen. Denn ein wesentlicher Grund für Mißverständnisse und Fehleinschätzungen in Sachen PR ist ohne Zweifel die ausschließlich zweckorientierte, also aktive Auslegung des Begriffs. Viele PR-Macher und einige Marketing-Theoretiker betrachten PR als ein Maßnahmen-Paket, das ähnlich wie Werbung von Fall zu Fall für zweckdienliche Ziele eingesetzt werden kann. Wer PR aber nur als frei verfügbares – und damit auch (‚in ruhigen Zeiten, wenn alles läuft') verzichtbares – ‚Instrumentarium' betrachtet, springt in jedem Fall zu kurz! (...) Public relations sind zuerst und vor allem eine Gegebenheit, ein Zustand. Ob man das mag oder nicht: PR sind für jedes Unternehmen, jede Institution permanent existent und berechenbar, selbst wenn gar keine bewußt veranlaßten PR-Bemühungen stattfinden. Das leuchtet sofort ein, wenn der gebräuchliche Meßwert benannt wird: Image." (*Schulze-Fürstenow* 1988, 7 f.)

Public relations

Image

Werbung

Wie Öffentlichkeitsarbeit will Werbung bewusst und gezielt Dritte beeinflussen. Bei Werbung denkt man allerdings zunächst an Produkt- oder Absatzwerbung. „Die Werbung ist darauf gerichtet, Personen und Personengruppen so zu beeinflussen, daß sie sich in der von den Werbenden gewollten Weise verhalten, insbesondere Waren und Dienstleistungen kaufen. Die Werbung betont einseitig die positiven Seiten, spiegelt eine ‚heile Welt' vor, will nur insoweit informieren als dies aus der Sicht des Werbenden nützlich erscheint." (*Joerger* 1975). Die Grenze zwischen beiden ist fließend. Trotzdem sollte man auf Abgrenzungsversuche nicht ganz verzichten: „Öffentlichkeitsarbeit will nicht wie die Werbung manipulieren, sie will sich nicht nur in den Dienst der Werbenden stellen, sondern sie wird auch den Interessen der Adressaten gerecht." (ebd.)

Abgrenzung zur Werbung

Propaganda

Als Propaganda kann man Werbung bezeichnen, die auf ideelle, nicht-ökonomische Zwecke ausgerichtet ist, also Werbung für politische, religiöse, humanitäre und künstlerische Zwecke. „1622 erhielt die Kongregation für die Glaubensverbreitung durch Papst Gregor XV. (1554- 1623) den Namen ‚Congregatio de propaganda fide'. Ihr untersteht auch heute noch das katholische Missionswesen. Propaganda ist der Versuch von einzelnen oder Machtgruppen und Institutionen, Einstellungen und Verhaltensweisen zu beeinflussen und zu manipulieren. Propaganda ist Werbung für Ideen, Weltanschauungen, im Wirtschaftsbereich für Güter aller Art, im politischen Bereich für Ideologien, im religiösen für Glaubensüberzeugungen." (*Koszyk/Pruys* 1981, 258)

Propaganda – Werbung für Weltanschauungen

Erst die einseitige, auf Infiltration und Gleichschaltung ausgerichtete Verwendung von Propaganda als eines der primären Machtmittel im sog. Dritten Reich macht die Verwendung des Begriffes heute im deutschen Sprachraum unmöglich. Trotzdem gibt es viele Parallelen: auch Werbung und Öffentlichkeitsarbeit sind auf Beeinflussung ausgerichtet, sie wollen Einstellungen verfestigen oder ändern. Der Unterschied liegt wohl darin, wie mit Information und Wahrheit umgegangen wird, ob die Freiheit des Menschen eingegrenzt wird oder ihm ein Angebot gemacht wird.

11.3 Aspekte von Öffentlichkeitsarbeit

Intention; Funktion

Intentional & funktional: Intentional ist alle Öffentlichkeitsarbeit, die im Interesse von Selbstdarstellung und Werbung einer Institution bewusst und aktiv betrieben wird; eigentlich passt nur hier der Begriff „-arbeit". Funktional dagegen ist eher beiläufige, ungezielte Öffentlichkeitswirkung einer Institution, passend wäre hier der Begriff Public Relations.

Im weiten Sinn & im engeren Sinn: Öffentlichkeitsarbeit im engeren Sinn meint eben die intentionale Arbeit bzw. die Aktivitäten einer speziellen Abteilung oder entsprechender Beauftragter in einer Institution; hier gibt es entsprechend Professionalisierungsbemühungen; allerdings können sich nur große Institutionen einen Öffentlichkeitsreferenten leisten. Letztlich zählt aber alles zur Öffentlichkeitsarbeit, was gezielt unternommen wird, um ein gutes Einvernehmen zwischen einer Einrichtung und ihren Adressaten zu erreichen. Im entsprechend weiten Sinn ist das Verhalten aller Mitarbeiter einer Institution PR: sie werden von außen wahrgenommen und in ihrem Verhalten mit der Institution identifiziert. In diesem weiten Sinn sind auch das Aussehen des Gebäudes einer Institution, die Form des

Telephonbucheintrags, die Art und Weise, wie Telephonanrufe empfangen werden, Öffentlichkeitsarbeit, weshalb sonst würde etwa bei Banken so viel Wert auf gehobene Kleidung gelegt.

Intern, extern

Intern & extern: Öffentlichkeitsarbeit richtet sich, dem Wort entsprechend, nach außen, an konkrete Öffentlichkeiten außerhalb der Institution; insofern ist sie „extern" gerichtet. Jede Art von Außenwirkung hat aber auch Rückwirkungen auf das Innere einer Institution, auf das Selbstbild der Mitarbeiter. Insofern hat externe Arbeit auch interne Wirkungen. Dann gibt es aber auch gezielte Maßnahmen interner Öffentlichkeitsarbeit, wenn etwa eine Institutionsleitung versucht, durch Transparenz ihrer Entscheidungen mehr Zustimmung bei den Mitarbeitern zu erhalten. Tendenziell kann man

Abb. 11.1: Aspekte von Öffentlichkeitsarbeit

sagen, dass eine funktionierende interne Kommunikation notwendige Voraussetzung für eine gelingende externe Öffentlichkeitsarbeit ist.

Passiv & aktiv: Von aktiver Öffentlichkeitsarbeit spricht man, wenn eine Institution von sich aus Initiativen ergreift, nach außen geht; passive Öffentlichkeitsarbeit beschränkt sich aufs Reagieren, etwa gegenüber Angriffen aus der Presse durch Gegendarstellungen oder Leserbriefe, oder wird „öffentlich" nur auf Anfrage hin.

Regeln

- Eine funktionierende *interne* Öffentlichkeitsarbeit ist notwendige Voraussetzung für eine gelingende *externe* Öffentlichkeitsarbeit.
- Gelingende externe Öffentlichkeitsarbeit verstärkt Motivation und Identifikationsbereitschaft der MitarbeiterInnen mit der Institution.

Kontinuität

- Regelmäßige und gezielte Informationen: Ziellos gestreute oder einmalige Informationen bringen nur wenig Aufmerksamkeit. Ihr Ziel erreichen nur regelmäßige Informationen, die einen „persönlichen Nutzwert" für eine möglichst konkrete Zielgruppe haben. Dadurch wird auch die Medienwahl beeinflusst.

Kontaktarbeit

- Kontaktarbeit: Neben der Papier-, Wort- und Bildschwemme ist persönliche Beziehung ein wichtiges Öffentlichkeitsmittel. Die „Flüsterpropaganda" ist auch heute noch eines der wichtigsten und wirkungsvollsten Werbeinstrumente. Und jede mediale Information wird bewusster wahrgenommen, wenn der Adressat den Absender persönlich kennt. Das gilt für die personal kommunikative Struktur innerhalb einer Gemeinde ebenso wie für die Kontaktpflege zu wichtigen Meinungsführern (etwa Lokaljournalisten)

Teamarbeit

- Öffentlichkeitsarbeit im Team: Nur im Miteinander der verschiedenen Faktoren werden Aktionen gelingen: die Information muss klar, interessant und wirkungsvoll sein, die Kontakte („Vitamin B") müssen stimmen und das Angebot muss Qualität haben, d.h. dem Versprochenen entsprechen. Ein Team bringt Öffentlichkeitsarbeit und public relations meist wirkungsvoller und kreativer voran als ein einzelner.

Langfristige Konzeption

- Längerfristige Planung: Von der Hand in den Mund kann „public relation" kaum längerfristig existieren. Deshalb sollte jede Öffentlichkeitsaktion sorgfältig und mit genügend Zeit geplant, durchgeführt und ausgewertet werden; ein klarer Zeitplan erspart Enttäuschungen. Öffentlichkeitsarbeit als Imagepflege braucht langen Atem und Geduld.

Formen der Öffentlichkeitsarbeit

- Visuell mediale Formen: Infotafel / Schwarzes Brett • Handzettel / Flugblatt • Zeitung • Plakat • Medieninfo, Zeitungsbericht (Pressemitteilung; Leserbrief; Gegendarstellung; Interview) • Informationsschrift • Schaukasten; Ausstellung • Film / Video ...
- Internet und CD-ROM sind interessante neue Medien der „public relations“: (relativ) kostengünstig, vielfältig (Text, Datenbank, Bild, Töne, Video ...), selbst erstellbar (auf professionellem Niveau), zur Zeit hohe Effektivität, stets aktualisierbare Veröffentlichungsmöglichkeit (Internet), kleine Auflagen (CD-ROM)
- Formen auch personaler Begegnung: Pressekonferenz; Hausbesuche; Gesprächsabende ...; Tag der offenen Tür; Informationsstand; Informationsveranstaltung; Offene Feste ...
- Alternative Formen: Pflastermalerei; Sandwichplakate; Demonstration; Aktionen; Straßentheater, -musik; Graffiti ...; Litfaßsäulen ...

Kommunikationsaspekte

Das Nachrichtenquadrat von *Schulz-von-Thun* (1981; vgl. Kap. 2) kann man auch auf Öffentlichkeitsarbeit und PR übertragen.

Vier Seiten öffentlicher Kommunikation

1. *Sachinhalt*: dazu gehören bei einer Einrichtung Angaben wie Name, Träger, Aufgabe, Ziele, Bestehen seit, Arbeitsweisen, Themen, Leistungsbilanz, Anschrift. Bei einer konkreten Veranstaltung erwartet man Thema, Zielsetzung, Zielgruppe, Ort und Zeit, Teilnahmebedingungen, Preis ... ➔ Wie spreche ich die Zielgruppe an, dass sie sich auch angesprochen fühlt?

2. *Selbstaussage / Selbstoffenbarung*: Durch Offenlegen oder Verschweigen kann und sollte eine Einrichtung ein Bild (Profil, Image) von sich vermitteln. ➔ Wie erreiche und fördere ich Wiedererkennbarkeit?

3. *Beziehung:* Zwischen „Sendern“ und „Empfängern“ in der Öffentlichkeitsarbeit kann eine (Vertrauens-) Beziehung aufgebaut oder zerstört werden. ➔ Wie bilde ich Vertrauen?

4. *Appell / Zielsetzung*: Öffentlichkeitsarbeit hat sich mit ihren Zielen gegen die Konkurrenz durchzusetzen. Sie will wahrgenommen werden, Interesse wecken, sich in Erinnerung rufen, Einstellungen und Verhaltensweisen verändern, zum Handeln motivieren ... ➔ Wie realisiere ich eine einzelne konkrete Maßnahme?

In jeder Maßnahme der Öffentlichkeitsarbeit, egal ob Plakat, Pressenotiz, Handzettel, Prospekt oder Jahresbericht, sollten diese Aspekte berücksichtigt werden.

Schritte, Strategien von Öffentlichkeitsarbeit

1. Analyse der Ausgangssituation. ➔ Wo stehen wir?

Schritte der Öffentlichkeitsarbeit

2. Ziel-Festlegung; Eingrenzung in erreichbare Teilziele: sich nicht überfordern; Frustrationen vermeiden. ➔ Wohin wollen wir?
3. Bestimmung der Zielgruppe als Segment der Öffentlichkeit; Besonderheiten erkennen, die diese Zielgruppe definiert, miteinander verbindet; „selektives Verhalten“ beachten: der einzelne nimmt nur Infos auf, die für ihn in irgendeiner Weise relevant sind. ➔ Wen sprechen wir an?
4. Medienwahl; Zeit- und Kostenplan; Realisierung der PR-Kampagne; W-Fragen: wer, was, wann, wo ... für wen, wozu. ➔ Wie erreichen wir unser Ziel?
5. Erfolgskontrolle mit Rückwirkung auf weitere Aktionen. ➔ Was ist Erfolg?

11.4 Kontakt zu den Medien

Kontakt zur Lokalpresse

Für die überwiegende Zahl der Aktionen nicht-kommerzieller Öffentlichkeitsarbeit wird die Presse (Lokalzeitung) das wichtigste Medium bleiben. Folgende Aspekte und Strategien sind beim Kontakt zur Lokalzeitung zu beachten:

- Suche nach einem Ansprechpartner in der Zeitung: Wer ist zuständig für was? – Informationen dazu finden sich i.d.R. im Impressum einer Zeitung. Die Zentrale der Redaktion anrufen, das Anliegen kurz ansprechen und um Weitervermittlung bitten (Name und Durchwahl geben lassen).Wenn der zuständige Redakteur gefunden ist, können Absprachen getroffen werden über gewünschte Veröffentlichungen, entsprechende Möglichkeiten; ein persönlicher (Brief-) Kontakt kann folgen. Kontinuierliche Kommunikation zwischen Zeitung und Institution ist einfacher, wenn klar ist, wer in einer Institution Ansprechpartner für Öffentlichkeitsarbeit ist.
- In Absprachen wird geklärt: Ist ein eigener Bericht des Lokalredakteurs oder eines freien Mitarbeiters möglich oder wird die Eingabe eines Berichts (einer Textvorlage) über die Veranstaltung durch die Institution selbst gewünscht. Redaktionen behalten sich i.d.R. Bearbeitungen (Kürzungen, Ergänzungen ...) vor. Ein Bild wird i.d.R. vom Redaktionsphotographen angefertigt; nur in Ausnahmefällen werden eigene Fotos der Veranstalter akzeptiert.
- Art der Übermittlung, des Kontaktes: Vorbeibringen, direkter persönlicher Kontakt, Telefax, E-Mail. Als Form sind schriftliche Vorlage oder Diskette möglich, bei letzterer sind gewünschte Textformate zu erfragen. Maschinengeschriebene Texte bzw. Compu-

tertext sind Standard (Tipp: Anschlagzahlen = Buchstaben + Leerzeichen + Satzzeichen angeben bzw. eine übliche Zeitungsspalte = 33 Anschläge beachten).
- Berichte werden nach Gewichtung, d.h. Auswahlkriterien der Redaktion und Relevanz für Leser, selektiert und gekürzt. Ein Beispiel: für eine Seminarankündigung 4-5 Zeilen; für einen Tag der offenen Tür 10-15 Zeilen; bei einem Jubiläum 50-60 Zeilen. Ein Tipp: Vorschläge für Überschriften (der jeweiligen Zeitung angemessen) machen; Abschnitte mit erhöhter Wichtigkeit markieren; Hintergrundinformationen beilegen.
- Kriterien der Redaktion: Was ist für „den Leser“ bzw. die spezifischen Leser einer Zeitung wichtig und interessant? – Abstimmung hilft Frustration zu vermeiden: Man sollte selbst seine Artikel-Vorlagen „auf den Punkt bringen“. Öffentlichkeitsarbeit ist die Kunst, die Sache beim Namen zu nennen und auf Leser hin zu formulieren.

Kriterien der Redaktion

11.5 Gestaltung konkret

Textgestaltung

Folgende journalistische Darstellungsformen werden unterschieden; es sind bezogen auf die Printmedien Zeitung und Zeitschrift die charakteristischen Gestaltungs-Mittel für einen Stoff zur Veröffentlichung. Beim Kontakt zu den Printmedien sollte man diese Darstellungsformen kennen.

Journalistische Darstellungsformen

- *Nachricht:* Information über aktuelle Ereignisse, Sachverhalte und Argumente von zumeist politischer, wirtschaftlicher, gesellschaftlicher oder kultureller Bedeutung; knapp und prägnant formuliert; unpersönlich und sachlich; Nachrichten formulieren oft entlang der W-Fragen: zum Vorgang (was?), über beteiligte Personen (wer?), über die Zeit (wann?) und den Ort (wo?).
- *Hintergrundbericht*: basiert auf der Nachricht; liefert zusätzlich Informationen zur Vorgeschichte, zu anderen Kontexten, zu möglichen Konsequenzen.
- *Reportage:* ein tatsachenbetonter, aber persönlich gefärbter Erlebnisbericht; konkret und anschaulich; sie beinhaltet Augenzeugenberichte oder verwendet solche als Rohmaterial und will Nüchternheit und soziale Distanz überwinden.
- *Kommentar:* aktuelle Meinungsäußerung und Bewertung von Ereignissen im subjektiv sachbezogenen Meinungsstil; Entstehung von Meinungen wird untersucht und deren Bedeutung diskutiert;

ein Kommentar setzt eher Frage- als Ausrufezeichen. Als *Glosse* wird ein kurzer Randkommentar mit oft satirischem Unterton bezeichnet.

- *Interview:* eine interaktionsorientierte Darstellungsform, aber auch eine Form der Recherche (etwa Nachfragen bei Augenzeugen).

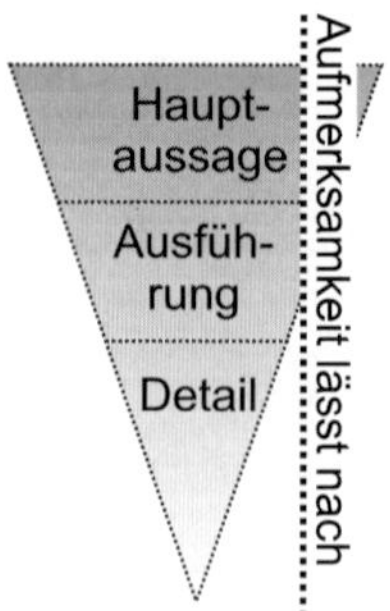

Jede Nachricht sollte im Aufbau formale Gesichtspunkte berücksichtigen. Ihr Inhalt sollte nachrichtenswert sein. Aktualität und Unterscheidung vom Alltäglichen sind wichtige Kriterien. Inhaltlich unverzichtbarer Bestandteil sind die bekannten W-Fragen. Der inhaltliche Aufbau sollte sich am Prinzip der nachlassenden Aufmerksamkeit orientieren: Das Wichtigste zuerst, dann folgen Einzelheiten und Details.

Checkliste zu Text und Sprache

- „Wenn die Sätze mehr als zwei Schreibmaschinenzeilen ausmachen, sollten die Wörter gezählt werden. Bei mehr als zwanzig Wörtern empfiehlt sich das Kürzen. Hintergrund: Je kürzer ein Satz, desto größer die Verständlichkeit.
- Schwer verständliche Wörter vermeiden. Abkürzungen müssen erklärt werden.
- Kommen im Text Wörter wie ‚also', ‚eigentlich', ‚in etwa' oder ‚überhaupt' vor? Sie stellen lediglich Füller dar, die keine Aussage beinhalten. Streichen.

Klarheit der Sprache

- In der Kürze liegt die Würze. Wer sich erst durch eine Brei von Text arbeiten muß, verliert bald das Interesse an der weiteren Lektüre. Alles Unwichtige streichen.
- Überschriften sollen zum Lesen reizen. Dies wird durch kurze und knappe Überschriften erreicht, die ein Verb beinhalten. Also besser ‚Studenten protestieren gegen Uni-Notstand' als ‚Studentenprotest gegen die Verschlechterung der Studiensituation'.
- Nach der Überschrift muß klar werden, worum es in dem Text geht. Was ist passiert, wer war beteiligt ... Was sich positiv auswirkt: Kurze Sätze, möglichst in der Gegenwartsform. Einfache Sprache ohne Insider-Begriffe. Positive Darstellung der eigenen Ziele, nicht nur Verdammung des ‚Gegners'." (BSK 1988, 27)

Layout

Form weckt Aufmerksamkeit

Die Form des Textes ist mehr als Verpackung! Nicht nur Inhalt und Sprachstil müssen stimmen, sondern vor allem die Form bestimmt Aufmerksamkeit und Interesse. Unsere Augen nehmen Informationen nach bestimmten Regeln wahr, die beachtet werden wollen. Überschriften, Fotos und Grafiken werden als vorrangige Reize wahrgenommen. Wenn Gestaltung und Layout das berücksichtigen, kommen die Inhalte eher an.

Zu den Layoutelementen gehören: Schriftgröße und -type (nicht zu viele verschiedene Arten), Zeilenabstand bzw. „Durchschuss" (der Freiraum zwischen zwei Druckzeilen), Überschrift und Zwischenüberschriften, Spaltenbreite (ideal um die 40 Anschläge, wobei Buchstaben, Leertasten und Satzzeichen jeweils als ein Anschlag zählen), Satzform (Blocksatz, Flattersatz, rechts- oder linksbündig, zentriert), Fotos, Bildunterschriften, Seitengestalt.

Gestaltung von Plakaten, Handzetteln ...

...vorausgesetzt, man besitzt das „Zeug" dazu: Phantasie, know-how und Werk-zeug!

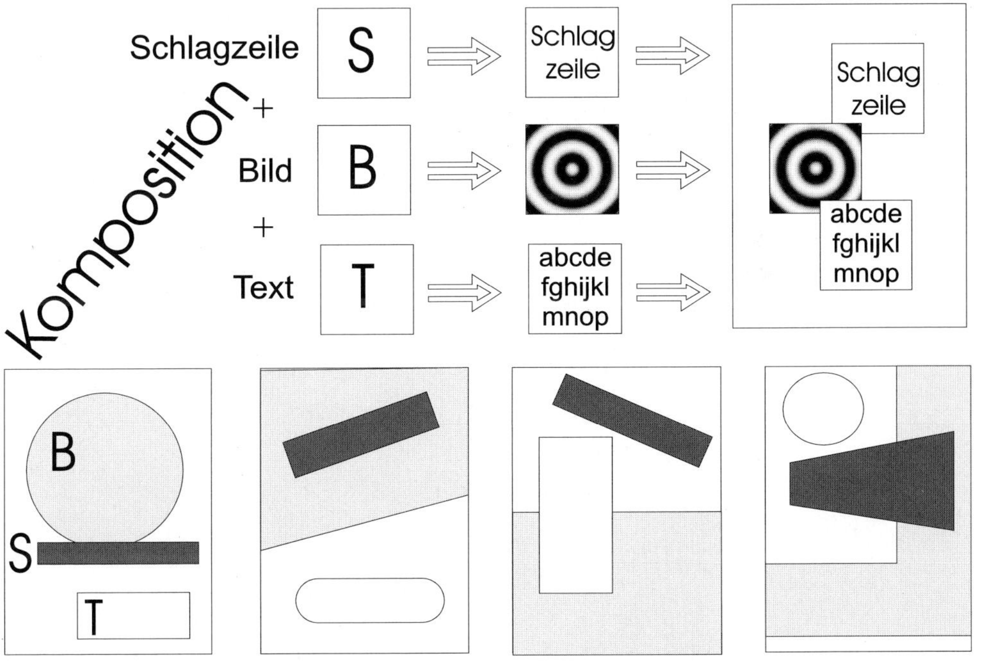

Abb. 11.2: Anordnung der Einzelelemente in der Seitengestaltung

Gestaltungskriterien

Format:
handlich, pfiffig, übersichtlich

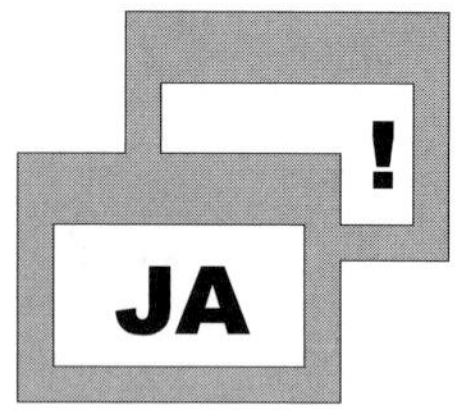

Sprache:
(verständlich, konkret ...)
Inhalt, Menge, Gliederung ...
Informationsgehalt (mit Blick auf Zielgruppen)
W-Fragen (Wer? Was? Wann? Wo?)

Schrift:
Typen
Einfalt, Vielfalt
Größen

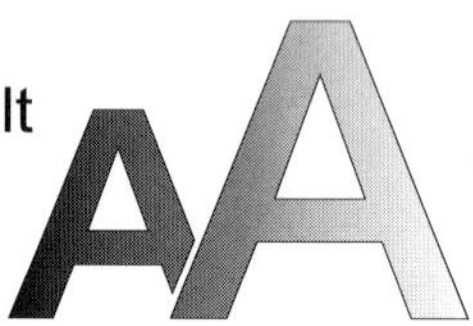

Überschriften
Haupttext
Hervorhebungen

Farbe(n):
Signalwirkung, Bedeutung ...
(Signalfarbe der Institution?)

Bildelemente, Grafik (Logo ...)

Layout:
Kombination der Elemente
Rahmen, Spalten ...

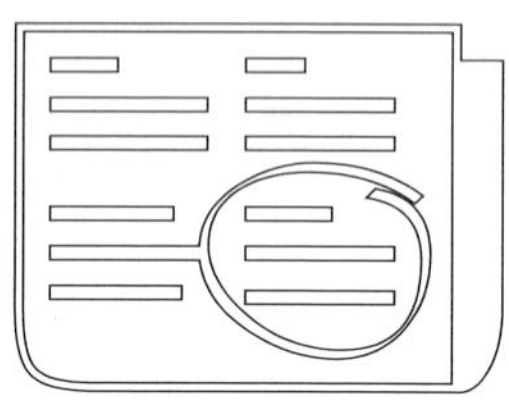

Zielgruppe
Werbung, Anzeigen ...
Störungen, Irritationen ...

Gefühl, Geschmack ...

Abb. 11.3: Kriterien zur Gestaltung schriftlicher Informationen

11.6 Checkliste zu Öffentlichkeitsarbeit und PR

Gebäude

- Ist der Name der Institution im Vorüberfahren/-gehen von der Straße her lesbar?
- Ist ein Wegweiser sichtbar, wo ein Infobüro zu finden ist?
- Sind Öffnungszeiten angegeben?
- Kann man sich an der Anschlagtafel zurechtfinden, eine Ordnung erkennen? Kann man dort entnehmen, was die Institution tut?
- Wie ist der Platz um das Gebäude, wie ist das Gebäude selbst gestaltet? Wozu wird er genutzt? Parkplätze?
- Wie wirkt das Türschild am Büro? Amtlich oder ...?
- Gibt es im Hausinnern eindeutige Wegweiser/Signale, um sich zurechtzufinden?
- Welche Atmosphäre strahlen das Haus und seine Zimmer aus (Farbe, Mobiliar, Beleuchtung ...)?
- Stehen die Namen und Funktionen der Mitarbeiter lesbar an den Türen?
- Wie werden Telephonanrufe entgegengenommen? Wie wirkt die Ansage auf dem Anrufbeantworter?
- Sieht man, welche Veranstaltungen stattfinden und wo?
- Ist für jedermann ersichtlich, wo man den Schlüssel bekommen kann außerhalb der Bürozeiten?

Infozettel, -zeitungen ...

- Wer kommt darin zu Wort?
- Macht die Titelseite/erste Seite neugierig?
- Wie ist die Schriftseite von Layout, Schrifttypen und -größen, Bild-Text-Verhältnis, Druckqualität ... her gestaltet?
- Wie ist das Verhältnis von amtlichen Nachrichten und anderen Beiträgen?
- Gibt es Leserbriefe, Diskussionen, Artikel mit unterschiedlichen Standpunkten?
- Sind die Informationen knapp, klar und umfassend?
- Gibt es Namen und Adressen der Hauptamtlichen und die Angabe, wann man sie sicher antrifft?
- Informationen zu geplanten Aktionen mit Bedingungen des Mitmachens?

Regelmäßige Kontakte

- Zu Lokalredaktionen der Zeitungen

- Redaktionen der Anzeigenblätter
- Redaktionen des lokalen (privaten und öffentlich-rechtlichen) Hörfunks
- Presseabteilungen der Stadt/Gemeinde
- Verantwortliche für Öffentlichkeitsarbeit anderer Gemeinden und Institutionen

Kommunikations-Praxis

- Welche Themen kommen intern an, welche nicht und was sind die Gründe dafür? Wollen wir das ändern und aus welchen Gründen?
- Welche Gruppen und Strömungen bestimmen das Klima?
- Ist die Kommunikationsrichtung wesentlich hierarchisch (von den Hauptamtlichen her) bestimmt oder gibt es Vernetzungen?
- Welche Informationen brauchen wir und welche Beschaffungswege probieren wir?
- Welche Informationen können wir mit welchen Medien an welche Gruppen weiterleiten? (Erfolgskontrolle von Öffentlichkeitsarbeit!)

Förderung von Öffentlichkeitsarbeit

Für Öffentlichkeitsarbeit / public relations sollte man tun

- Verantwortliche suchen/benennen (auch ehrenamtlich)
- Menschen schulen im Nachrichten- und Berichte-Schreiben, auch im Umgang mit dem Hörfunk und seinen typischen Darbietungsformen
- Fortbildungen in Technik und Verhaltensweisen
- Informationen über die Institution und ihre Aufgaben zusammenstellen
- Ein Bildarchiv anlegen
- Video- und Audiogruppen ermöglichen und fördern

(In Anlehnung an die „Checkliste“ aus: medien praxis. Praktische Medienarbeit H 15: Öffentlichkeitsarbeit in den Gemeinden, hg. v. d. Zentralstelle Medien der DBK, Bonn)

11.7 Rechtliche Aspekte

> 🕮 *Udo Branahl,* Medienrecht. Eine Einführung, Opladen 1992
> Text des Urheberrechtsgesetzes: http://bundesrecht.juris.de/bundesrecht/urhg

Impressum

- *Impressum*: Jedes zur Verbreitung bestimmte Druckwerk muss ein Impressum aufweisen. Das Impressum zeigt an, wer die Zeitschrift herausgibt und wer für den Inhalt verantwortlich zeichnet (Name und Anschrift des Verfassers, des Verlags). Bei Zeitschriften sind auch der Name des Verantwortlichen für den Anzeigenteil und Name und Adresse der Druckfirma zu nennen.

- *Anzeigen*: Anzeigen, für die ein Entgeld bezahlt wird, müssen deutlich mit dem Wort „Anzeige" gekennzeichnet werden, soweit sie nicht durch Anordnung und Gestaltung als solche zu erkennen sind.
- *Flugblätter*: Sie fallen wie Plakate und Zeitungen unter das Presserecht. Ihre Veröffentlichung macht die Angabe eines Verantwortlichen notwendig („verantwortlich im Sinne des Pressegesetztes"). Flugblätter dürfen sowohl auf privatem Grundstück (solange nicht ausdrücklich untersagt) wie auch auf öffentlichen Plätzen und Straßen verteilt werden.

Verantwortlichkeit

- *Fotos/Bilder*: Die Bildveröffentlichung hat das Urheberrecht und das allgemeine Persönlichkeitsrecht des Abgebildeten zu beachten. Ohne ausdrückliche Einwilligung der Abgebildeten können Bilder veröffentlicht werden, wenn:
  - die Person nur als Beiwerk neben einer Landschaft oder sonstigen Örtlichkeiten erscheint;
  - es sich um Bilder von Versammlungen, Aufzügen und ähnlichen Vorgängen handelt, an denen die dargestellten Personen teilgenommen haben;
  - die abgebildete Person eine Persönlichkeit des Zeitgeschehens darstellt.

  Bei Fotos von urheberrechtlich geschützten Objekten sind die Rechte des Eigentümer zu berücksichtigen.

Persönlichkeitsrecht

- *Urheberrecht*: Das Urheberrecht dient dem Schutz des „geistigen Eigentums" an Werken der Literatur, Wissenschaft und Kunst (UrhG). Das Urheberrecht umfasst das ausschließliche Recht des Urhebers, sein Werk zu vervielfältigen, zu verbreiten und auszustellen sowie es durch Vortrag, Aufführung und Vorführung, durch Funksendungen, durch Bild- und Tonträger öffentlich wiederzugeben. Das Urheberrecht (als „Werkschutz") erlischt 70 Jahre nach dem Tode des Urhebers. Erlaubnis- und vergütungsfrei sind Veranstaltungen und Veröffentlichungen nur im nicht-öffentlichen Bereich einer Gruppe, Familie, privaten Veranstaltung.
- *Plakatierung*: Das Plakatieren und ähnliche Formen öffentlicher Ansprache innerhalb von Grundstücken und Gebäuden (auch von Zäunen, Hauswänden usw.) müssen von dem Eigentümer bzw. dem sonstigen Berechtigten genehmigt sein. An dazu bestimmten Stellen ist Plakatierung häufig kostenpflichtig (z.B. an Litfaßsäulen). Es wird empfohlen, sich beim jeweils zuständigen Ordnungsamt die einschlägigen Bestimmungen zu besorgen.

Plakatieren

Deutsche Public Relations Gesellschaft e.V. (DPRG), Bonn, www.dprg.de
Deutsche Akademie für Public Relations (DAPR) + Gesellschaft für Public Relations Agenturen e.V. (GPRA), Frankfurt, www.gpra.de
PR-Werkstatt. Public Relations für die Praxis, www.pr-werkstatt.de

Literaturtipps

Grundlegend

Faulstich, Werner, Grundwissen Öffentlichkeitsarbeit, München 2000

Habermas, Jürgen, Strukturwandel der Öffentlichkeit, Darmstadt/Neuwied 17. Aufl. 1987

Kunczik, Michael, Public Relations. Konzepte und Theorien, Köln 3. Aufl. 1996

Noelle-Neumann, Elisabeth, Die Schweigespirale. Öffentliche Meinung – unsere soziale Haut, Frankfurt 1982

Ronneberger, Franz/Rühl, Manfred, Theorie der Public Relations, Opladen 1992

Stamm, Karl-Heinz, Alternative Öffentlichkeit. Die Erfahrungsproduktion neuer sozialer Bewegungen, Frankfurt 1988

Konkret

Arlt, Hans J., Kommunikation, Öffentlichkeit, Öffentlichkeitsarbeit. PR von gestern, PR für morgen – Das Beispiel Gewerkschaft, Opladen 1998

Bebber, Frank van, Wie sage ich es der Öffentlichkeit? Presse- und Öffentlickeitsarbeit im sozialen Bereich, Stuttgart 2. Aufl. 1990

Boristowski, Dieter/Damen, Jürgen, Öffentlichkeitsarbeit. Tips & Techniken, Tricks & Praktische Theorien für die Katholische Offene Kinder- und Jugendarbeit, Trägerwerk d. Kath. Landesarbeitsgem. Heime d. Offenen Tür, 12/1995

Brenner, Gerd/Nörber, Martin, Öffentlichkeitsarbeit und Mittelbeschaffung. Grundlagen, methodische Bausteine und Ideen, München 1996

Förster, Hans-Peter, Handbuch Pressearbeit, München 1991

Forer, Johanna/Lojka, Klaus (Hg.), Öffentlichkeitsarbeit. Theoretische Ansätze, Empirische Befunde und Berufspraxis der Public Relations, Wien 1991

Huppertz, N./Scholten A./Tolksdorf U., Der Kindergarten stellt sich vor. Praxis der Öffentlichkeitsarbeit, Freiburg 1984

Lange, Rainer/Ohmann, Marianne (Hg.), Fachlexikon Öffentlichkeitsarbeit: von Abonnementzeitung bis Zusatznutzen, Frankfurt 1997

Marchal, Peter/Spura, Ulrich K., Öffentlichkeitsarbeit im sozialen Bereich, Weinheim/Basel 1981

Tremel, Holger (Hg.), Öffentlichkeitsarbeit der Kirche, Frankfurt (GeP) 1984 (3. völlig neu bearbeitete Auflage 1995)

Praktisch

Bundesverband Studentische Kulturarbeit e.V. (Hg.), Arbeitshilfe Öffentlichkeit, Bonn 1988

Die werbende Gemeinde. Ein Handbuch, hrsg. v. Fachbereich Werbung und Public Relations im GeP, Frankfurt 1983 (Neuausgabe 1995)

Flöper, B. L./Heinze U Pitsch R., Druckmittel. Praktische Tips für Jugend- und Schülerzeitungen, Berlin 1988

Gass Nabo/Gass, Gabi, Wir machen Druck. Wie man Plakate, Flugblätter, Aufkleber selber macht, Göttingen 1986

Hübsch, Angela/Schadt, Timo/Sundermann, Jutta, schwarz auf weiß. Zeitungen und Broschüren selbermachen, Göttingen 1995
Meffert, Werner, Werbung die sich auszahlt. Anders als die Großen, besser als Ihr Konkurrent, Reinbek 1990
Praxis des Social Marketing. Erfolgreiche Kommunikation für öffentliche Einrichtungen, Vereine, Kirchen und Unternehmen, hg. v. *Krzeminski, Michael/Neck, Clemens,* IMK Inst. f. Medienentw. u. Kommunik., 1994
Schatz, Kurt, Werkbuch Kleinpublizistik, Frankfurt/Stuttgart 1989

12. Praktische, „kreative" Medienarbeit

Handlungsorientierung

An öffentlicher Kommunikation teilnehmen

Bewahren und (kognitive) Aufklärung reichen als medienpädagogische Strategien nicht aus. Sie kommen gegen die Faszination der Unterhaltungs-Medienwelt nicht an, und eigenes Tun bezogen auf eine Sache bringt einen größeren Lerneffekt. Aktive Medienarbeit, das dahinterstehende Konzept wird auch oft als handlungsorientierte Medienpädagogik bezeichnet, ist jede aktiv selbstaneignende Form der Auseinandersetzung mit Medien (also auch praktische Zeitungsanalyse, Bildcollage ...); im engeren Sinn ist damit ein Prozess gemeint, an dessen Ende ein mediales Produkt/Kommunikat steht. Kommunikationstheoretisch: die Rollen von Kommunikator und Rezipient werden prinzipiell austauschbar. Handlungsorientierte Medienpädagogik grenzt den professionellen bzw. kommerziellen Journalismus ebenso aus wie das private Medien-Hobby. „Aktive Medienarbeit will den einzelnen zum Verstehen seiner privaten, beruflichen und politischen Umwelt und zu deren aktiven Mitgestaltung befähigen. Voraussetzung für eine solche Mitgestaltung ist aber wiederum die Fähigkeit, eigene Standpunkte und Bedürfnisse oder auch künstlerische, ästhetische Empfindungen und Vorstellungen nach außen darzustellen, mithin an öffentlicher Kommunikation teilzunehmen, die größtenteils eine Kommunikation durch Medien ist. Aktive Medienarbeit will Handlungskompetenzen gegenüber und im Umgang mit Medien vermitteln, wobei Handeln verstanden wird als praktische Auseinandersetzung, als tätiges Eingreifen und verändernde Einflußnahme." (*Hüther* 1991, 71 f.)

12.1 Filmarbeit

Mit dem 16-mm-Film als Grundlage einer nicht-kommerziellen Filmarbeit war eine Idee verbunden: ein Medium sollte verfügbar gemacht werden, Kultur-, Sozial- und Bildungsarbeit sollten damit gestaltet werden können. „Es ging darum, über das rein rezeptive Verhalten hinauszugehen und mit dem Publikum gemeinsam Filme auszuwählen und zu erleben, Film als Initiator von Diskussionen einzusetzen, als Vermittler von Inhalten bei Veranstaltungen oder als selbstorganisierte Unterhaltung aus Spaß an interessanten und spannenden Filmen." (Kino zum Anfassen, 9)

Nicht-gewerbliche Medienarbeit war lange gleichbedeutend mit 16-mm-Filmarbeit; seit Jahren muss sie in Konkurrenz zu Video und DVD treten und wird immer mehr von den neuen Trägermedien abgelöst. Das Filmangebot der Videotheken und der öffentlich-rechtlichen und privaten Fernsehanbieter ist gigantisch. Der öffentliche Einsatz von Video-Kaufkassetten oder -Aufzeichnungen ist jedoch in vielen Fällen rechtlich nicht erlaubt; dazu später mehr. Die Wahl des Formats wirkt sich auch auf die Grundstimmung der Zuschauer aus. Filme jeder Art, jeden Inhalts sind in TV und Videothek praktisch jederzeit zur Unterhaltung, Anregung, Information zu haben. Die Rezeptionssituation zu Hause vor dem Bildschirm ist nicht dieselbe wie die Rezeption im sozialen Treffpunkt vor einer Leinwand. „Derselbe Film, der auf der Leinwand beeindruckt, bleibt – auf Video eingesperrt – seltsam flüchtig in seiner Wirkung. Es fehlt das Besondere, es fehlt die Erlebnisdichte. Man sieht die Filme und sieht sie doch nicht. Kaum etwas davon wandelt sich in Erinnerung und Erfahrung.“ (ebd. S.12) Filme auf Video leben nicht mehr; sie signalisieren veränderte Lebensgewohnheiten, veränderte Weltsicht: Ex-und-Hopp-Mentalität; alles ist gleich wichtig und gleich unwichtig; der Anti-Kriegs-Film zwischen Gottschalk und Sportstudio provoziert nicht mehr. Probleme, von denen man sich per Knopfdruck distanzieren kann, sind keine Probleme mehr.

Wahl des Formats

Dabei kommt es nicht auf das Trägermedium an, sondern auf die Qualität der Vorführung und des damit möglichen Erlebens. Die einzigartige Intensität des Erlebens verändert sich, wenn die Bedingungen des Sehens verändert werden. Der Videoboom sagt etwas über veränderte Sehgewohnheiten und veränderte Weltsicht: die Guck-Kasten-Welt, die Ex-und-Hopp-Mentalität und die Distanzmöglichkeit per Knopfdruck. Andererseits wird immer wieder Video als Weg zur Programm-Demokratie gepriesen; jeder sein eigener Programm-Macher, an die Kassetten eines Programms seiner Wahl kommt jeder heran. Aber ist solche Programm-Demokratie nicht ein Schein? – „Aufgabe einer öffentlich geförderten sozialpädagogischen oder bildungspolitischen Einrichtung kann es nicht sein, phantasiertötende Realitätsflucht zu unterstützen.“ (Kino zum Anfassen, S.14)

Qualität der Vorführung

Gründe für Spielfilmarbeit im kulturpädagogischen Bereich

Spielfilmarbeit ist eine Form „sozialer Kulturarbeit“, ist soziale Aktion, ist selbstbestimmtes Miteinander-Tun und Rezeption im sozialen Kontext, soziales Erlebnis; sie nutzt die Faszination des Mediums für eine soziale Alternative zur Medien-Vereinzelung. „Der regelmäßige Filmtermin ist Treffpunkt, wo man sich kennenlernen kann oder sich wiedertrifft, wo man einen Film sieht und auch darü-

Film und soziale Kulturarbeit

ber sprechen kann, sicher nicht immer in Form einer Diskussionsrunde, sondern oft viel spontaner und intensiver, z.B. an der Theke im Jugendzentrum. Der regelmäßige Filmtermin ermöglicht eine noch unverbindliche Kontaktaufnahme mit der Institution, ohne schon zu weitergehendem Engagement zu verpflichten, einem Engagement, das heute viele scheuen. Medienarbeit, so verstanden, dient dazu, die eigentliche, nämlich die soziale, politische oder kirchliche Aufgabe der Einrichtung zu erleichtern oder sogar zu ermöglichen." (Kino zum Anfassen, 13)

über Film

Kino-Selbermachen ist aktive Medienarbeit und damit aktive Medienpädagogik. Als Auseinandersetzung mit dem Medium um des Films willen – mit seinen Gestaltungsmitteln, Wirkungen, Produktionsverhältnissen, sozialen und gesellschaftlichen Bedeutungen ... – ist sie emanzipatorische Medienpädagogik. Das ist pädagogische Arbeit *über* den Film, Filmbildung. Spielfilmarbeit ist attraktiver Auslöser für inhaltsorientierte Lernprozesse, Alternative zu verkopften trockenen Bildungsbemühungen. Hier kann die Verknüpfung von Bildungs- und Unterhaltungsaufgaben gelingen, wird der Reiz des Narrativen für die menschliche Lebensbewältigung genutzt. Das ist pädagogische Arbeit *mit* dem Film; Film als Hilfsmittel für Kommunikation bzw. als thematischer Akzent benutzt.

mit Film

Zielgruppen

Zunächst sollte man sich Klarheit über die Ziele der Filmarbeit verschaffen: Über Spielfilme Leute in die Institution ziehen? Oder Film als eigenständiges, inhaltlich orientiertes (Bildungs-) Angebot?

Es gibt bei Spielfilmarbeit keine Eingrenzung möglicher Zielgruppen (vom Kindergarten/Kindertagesstätte über Heime, Behinderteneinrichtungen, Strafvollzugsanstalten, Jugendzentren, Bildungshäuser, Familienbildungsstätten bis zu Altentagesstätten ...), aber man muss Programmplanungen und Konzepte auf konkrete Zielgruppen einschränken und zuschneiden.

Kooperationen

Zur Erleichterung der Finanzierung empfiehlt sich die Zusammenarbeit mit einer Institution oder die Gründung eines Filmclubs (e.V., in diesem Fall haftet man nur mit dem Vereinsvermögen, nicht als Privatperson). Institutionen erleichtern zudem die Öffentlichkeitsarbeit und geben einem solchen Unternehmen ein gewisses verlässliches Image. In bestimmten Situationen empfiehlt es sich auch, Zusammenarbeit mit Kinotheatern am Ort zu suchen, etwa wenn ein Eine-Welt-Arbeitskreis Spielfilme in seine Aufklärungsarbeit einbeziehen will. Besonderes Interesse gilt aus sozialpädagogischem Blickwinkel sicher kulturell benachteiligten Zielgruppen und Regionen, also etwa Kinderkino, Seniorenkino, Kino auf dem Land.

Spielfilmarbeit kann für Institutionen bzw. bestimmte Gruppen auch Öffentlichkeit schaffen, etwa wenn ein Behindertenzentrum solch öffentliches Engagement zur Förderung der Kommunikation zwischen Behinderten und Nicht-Behinderten versucht.

Kinderkino

> ✓ Besondere Aufmerksamkeit des Pädagogen verdient das Kinderkino. Geschichte und Situation des Kinderfilms hängt eng mit gesellschaftlichen Bedingungen zusammen: In den 50er Jahren gab es bieder einträgliche Märchenfilmproduktion. Mit der Einführung des Fernsehens und der Änderung des Jugendschutzgesetzes 1957 (Kinder unter 6 Jahren durften nicht mehr ins Kino) brach die Tradition ab. Erst in den 70er Jahren gab es wieder nennenswerte Aktivitäten. Hilfen gibt das 1977 gegründete Kinder- und Jugendfilmzentrum in Remscheid, www.kjf.de.

Programmauswahl

„Andere Filme und Filme anders zeigen", hieß das Motto der Kommunalen Kinos. An der Programmauswahl hängt in erster Linie der Erfolg einer Spielfilmarbeit. Ist die Zielgruppe klar, sollte man sie in die Planungsarbeit einbeziehen. Aber die Programmauswahl ist auch von Intentionen und Zielbestimmung abhängig, z.B.:

Filmauswahl

- Inhaltlich-aufklärerisch (Themenreihen, z.B. Umwelt, Krieg-Frieden, Faschismus, Außenseiter, Frauenfilm ...)
- Mit dem Genrekino, dem Autorenfilm oder dem Filmschaffen von Ländern bekannt machen: z.B. Science-fiction, Western John Fords, Suspense bei A. Hitchcock, Filmemacherinnen, Filmschaffen der ehemaligen DDR, der Sowjetunion ...
- Förderung visueller Wahrnehmung, Filmerziehung: Gegen Reizüberflutung und Flüchtigkeit der visuellen Eindrücke; gegen Geschichtslosigkeit visueller Wahrnehmung: das historisch gewachsene kulturelle Repertoire visueller Wahrnehmungen erhalten und vermitteln.

Atmosphäre und Rahmenprogramm

Spielfilmarbeit braucht Öffentlichkeitsarbeit und wirkt zugleich öffentlich; sie sollte kontinuierlich geschehen (vgl. dazu Kap. 11). Dabei sollten von vornherein die Unterschiede zum kommerziellen Kino deutlich herausgestellt, der Aspekt „soziale Kultur" betont werden. Die Atmosphäre und mögliche Beiprogramme sind ein ganz wesentliches Unterscheidungsmerkmal zum kommerziellen Kino. Pädagogische Filmarbeit muss Formen überlegen, wie Ziel und Anliegen der jeweiligen Filmaktion über den Film hinaus den Besuchern deutlich werden können: Einführungen zum Film, kulturelles Beiprogramm, Ausgestaltung der Räume, Angebote im Umfeld

Rahmenbedingungen

(Essen, Getränke ...). Aus der Filmarbeit kann man ganze kulturelle Aktionen machen: Filmnächte, Filmfrühstück, Kinder-Aktions-Kino ... Filmarbeit kann auch anregen, alternative Formen zu traditioneller Bildungsarbeit zu finden; deren Anliegen, z.B. Nachbesprechung des Films, ist durchaus ernst zu nehmen, aber es gibt andere Methoden als ein Rundgespräch. Art und Ausgestaltung der Spielstelle spielen ebenfalls eine Rolle; dabei sollte man auf einen attraktiven Raum und gute Technik und Vorführbedingungen Wert legen.

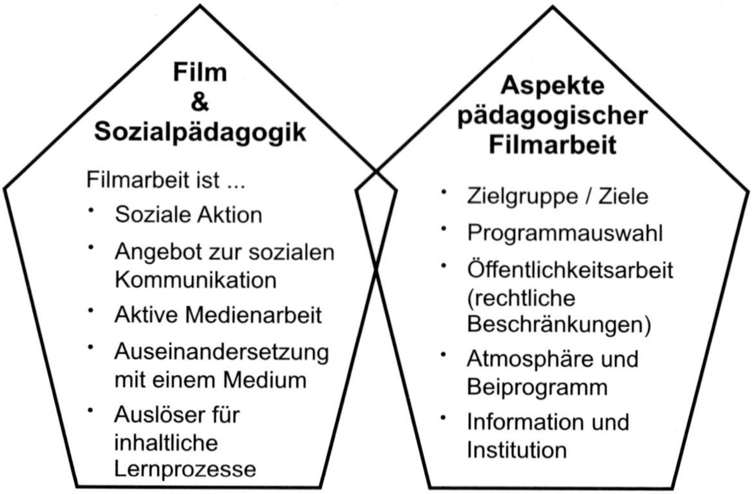

Abb. 12.1: (Sozial-) Pädagogische Filmarbeit

Beispiele

In einem Zeitraum von eineinhalb Jahren haben verschiedene Träger der Erwachsenenbildung im Erzbistum Köln sechs Filmnächte veranstaltet, etwa eine Science-Fiction-Filmnacht, „Mitt-Sommernachtstraum", „Lichter der Großstadt", „Music meets Movie". Die Veranstalter setzten auf ein Konzept, in dem zwei thematisch zusammengehörige Filme mit einem passenden Rahmenprogramm verknüpft wurden. Im Mittelpunkt stand das gemeinsame Filmerlebnis. Emotionale Reaktionen sind scheinbar in einem großen Kinosaal leichter als in einem halbleeren Schachtelkino: im großen Gemeinschaftserlebnis läßt sich psychische Balance erhalten oder wiedererlangen. Publikumsreaktionen liefern oft Anlaß für kontroverse und fruchtbare Gespräche. Ein Gesprächs- und Begegnungsraum muß aber erst geschaffen werden. Eine kinogerechte und gastliche Atmosphäre bringen Publikumsschichten ins Kino zurück, die dem Kino längst verlorengegangen schienen.

Eine dieser Filmnächte war der Person und dem Werk von Wolfgang Amadeus Mozart gewidmet. Da gab es zum Eintritt Mozartkugeln und auch ein Streichquartett im Rahmenprogramm durfte nicht fehlen. Zwei Filme wurden gezeigt: „Amadeus“ und „Von Mao zu Mozart“ mit Isaak Stern.

„Alle-Welt-Kino“

„Alle-Welt-Kino-Projekt“ Mainz: Für dieses Kulturprojekt haben sich verschiedene Institutionen zusammengetan: Evangelische und katholische Erwachsenenbildung, Volkshochschule, Landesfilmdienst und Studentengemeinden. Am Anfang stand die Idee: den vielen oberflächlichen Action- und Folklorebildern der Medien aus aller Welt etwas Zusammenführendes und Tiefergehendes entgegenzustellen. In ausgewählten Spiel- und Dokumentarfilmen soll Fremdes anschaulich näher rücken, sollen Kulturen aus verschiedenen Teilen der Welt verständlicher werden und selbst in Bild und Sprache zu Wort kommen. So könnte Verständnis für andere Lebenskonzepte, Werte und Normen wachsen.

Im kommerziellen Kino gibt es Popkorn, Werbung und Vorfilm als Standard-Rahmenprogramm. Im Alle-Welt-Kino ist der Rahmen weniger fixiert. Etwas für den süßen Zahn und gegen den Durst soll nicht fehlen. Aber wichtiger sind eine knappe Einführung in den Film und sein kulturelles Themenfeld und die Möglichkeit zum Gespräch. Das Kino-Projekt hat sich in der Mainzer Kulturszene etabliert. Der spontan fürs erste Jahr gewährte Zuschuß aus dem Kulturfond der Stadt war nicht vergebens. Der Filmsaal im Landesfilmdienst, technisch gut geeignet, atmosphärisch nicht ganz zufriedenstellend, wurde schon gelegentlich zu klein, etwa bei der Reihe mit Jamaika-Reggae-Filmen. Zwischen 40 und 120 Besucher konnten bislang für jede Vorstellung gewonnen werden. Der 14-tägige Rhythmus in zwei Halbjahresblocks scheint auch den organisatorischen Möglichkeiten und den Publikumsinteressen entsprechend.

✓ Bei der Planung nicht-kommerzieller Filmarbeit können folgende Institutionen behilflich sein: BJF – Bundesverband Jugend und Film e.V., www.bjfev.de; Kinder- und Jugendfilmzentrum Remscheid, www.kjf.de; Landesfilmdienste, Landesbildstellen bzw. Landesmedienzentren; evangelische und katholische Medienzentralen; Kath. Filmwerk Frankfurt, www.filmwerk.de.
Bei der Auswahl helfen die jährlich aktualisierten Hefte „Spielfilmliste“ und „Kurzfilmliste“, hg. vom GeP in Frankfurt, mit Kurzinformationen zu Filmen, Angaben zu Verleihstellen und umfangreichen Registern.

Als kontinuierliche Zeitschriften für den Filmbereich sind zu empfehlen: „epd-Film", monatlich hg. vom Gemeinschaftswerk ev. Publizistik Frankfurt, www.epd-film.de; „film-dienst", 14-tägl. hg. v. Kath. Institut für Medieninformation Köln, www.filmdienst.de. Die Kritiken des Filmdienstes zu allen Filmen sind zu recherchieren über die CD-Rom „Lexikon des internationalen Films. Die ganze Welt des Films auf CD-ROM" (Rowohlt-Verlag).

Rechtliche Fragen

Öffentliche Vorführung

Wann ist eine Vorführung nicht öffentlich (genehmigungsfrei), wann öffentlich (genehmigungspflichtig)? Das Urheberrechtsgesetz (URG) § 15, Abs. 3 bestimmt: „Die Wiedergabe eines Werkes ist öffentlich, wenn sie für eine Mehrzahl von Personen bestimmt ist, es sei denn, daß der Kreis dieser Personen bestimmt abgegrenzt ist und sie durch gegenseitige Beziehungen oder durch Beziehungen zum Veranstalter persönlich miteinander verbunden sind."

Öffentliche Vorführungen liegen vor, wenn sie für eine Mehrzahl von Personen bestimmt sind. Die nichtöffentliche Vorführung ist die Ausnahme, etwa wenn der Teilnehmerkreis durch persönliche Beziehungen abgegrenzt ist (z.B. Familienfeier). Neben verwand- oder freundschaftlichen Beziehungen zählt auch der Unterricht in Schulklassen oder eine kontinuierlich feste Jugendgruppe dazu. Bei mehr als 100 Personen wird i.d.R. eine öffentliche Vorführung angenommen. Kann der Kreis der Personen, für die eine Veranstaltung bestimmt ist, nicht eingegrenzt werden, ist Öffentlichkeit gegeben. Das gilt auch, wenn durch Plakate oder Infozettel die Veranstaltung allgemein angekündigt wird und der Zutritt für jedermann möglich ist.

Die nichtöffentliche Vorführung eines ordnungsgemäß erworbenen Mediums ist jederzeit zulässig. Sie bedarf keiner Zustimmung aus dem Kreis der Urheber oder der Leistungsschutzberechtigten. Die öffentliche Vorführung hängt immer von der Einwilligung des oder der Berechtigten ab (§ 52 Abs. 3 URG); das gilt auch für Teile eines Filmwerks, etwa die Musik. Eine Folge davon kann die Pflicht zur GEMA-Abgabe sein; ob Eintritt erhoben wird oder nicht, spielt für diese Genehmigungsfrage keine Rolle. Die Genehmigung zur öffentlichen Vorführung eines Titels wird üblicherweise von der Zahlung einer zusätzlichen Lizenz an den oder die Berechtigten (Filmhersteller, Verwertungsgesellschaft) abhängig gemacht. Es ist genau zu prüfen, welche Vorführberechtigung mit dem Kauf bzw. dem Entleih eingeräumt wird.

✓ Für einen wachsenden Pool von Spielfilmen wurde die Rechtsfrage zur öffentlichen Vorführung vereinfacht. Man kann jetzt für einzelne Vorführungen Lizenzen erwerben. Information und Anmeldung unter: www.videma.de: „Der Vorteil einer VIDEMA-Vorführlizenz besteht darin, daß der Veranstalter für eine von ihm angegebene Anzahl von Vorführungen im voraus die urheberrechtlich erforderliche Genehmigung erhält. Auf dieser Grundlage kann er sein eigenes, aktuelles Videoprogramm bequem zusammenstellen: die neuesten Kinoerfolge stehen ihm automatisch für Videovorführungen zur Verfügung, sobald sie auf Videokassetten im Handel erhältlich sind."

Videema

Vervielfältigungen von Tonträgern und Videokassetten (auch Mitschneiden von Rundfunk- und Fernsehsendungen) sind grundsätzlich nur für den privaten Gebrauch erlaubt, d.h. eine Verwendung in der persönlichen Sphäre, nicht die berufliche Verwendung. Dieses Aufnahmerecht gilt nicht für die Aufnahme eines öffentlichen Vortrags, einer Aufführung oder Vorführung (z.B. Oper, Theater) auf Ton- und Bildträger. Auch für „wissenschaftlichen Gebrauch" gibt es Ausnahmeregelungen; solcher Gebrauch wird innerhalb einer Hochschule angenommen, nicht in einer Schule. Weiterverbreitung oder öffentliche Wiedergabe ist in jedem Fall untersagt.

Das „öffentliche" Bewerben von Film-/Videovorführungen kann auch unabhängig von den Vorschriften des Urheberrechts aus wettbewerbsrechtliche Gründen verboten sein. Formal gibt es bei vielen Verleihangeboten eine rechtliche Beschränkung der Werbung: Es darf für nicht-kommerzielle Spielstellen nicht in gleicher Weise geworben werden wie für gewerbliche Kinos. Programmhefte, Handzettel, Plakate dürfen nicht frei öffentlich verteilt oder ausgehängt werden, aber in Institutionen der Zielgruppe (Schulen, Kinder- und Jugendzentren, Pfarrei, Bildungshäusern ...). Plakatieren auf öffentlichen Plätzen und Straßen ist nicht erlaubt. In der Tagespresse kann der Filmclub seine Arbeit vorstellen und im Veranstaltungs- und Kulturkalender die einzelnen Veranstaltungsdaten veröffentlichen; hierbei dürfen die Filmtitel aber nicht genannt werden. – In kleineren Orten empfiehlt sich allemal ein Gespräch mit dem Kinobesitzer. Was der letztlich akzeptiert, ist möglich.

12.2 Aktiv „produzierende" Medienarbeit

Aktiv produzierende Medienarbeit im pädagogischen Kontext zielt auf Kompetenzvermittlung und -erweiterung. Sie will den Rezipienten aus der (passiven) Konsumhaltung herausholen und zur aktiven Medienkommunikation befähigen und animieren. Vier Aspekte treffen also zusammen:

- Medienpädagogisch: Aufklärung, Emanzipation.
- Medienkundlich: Umgang mit Geräten.
- Aktivierung: selber tun, kreative Potentiale erkennen und nutzen, sich einmischen.
- Veränderung: (1) im Bewusstsein, (2) im Verhalten, (3) der vorfindbaren Zustände.

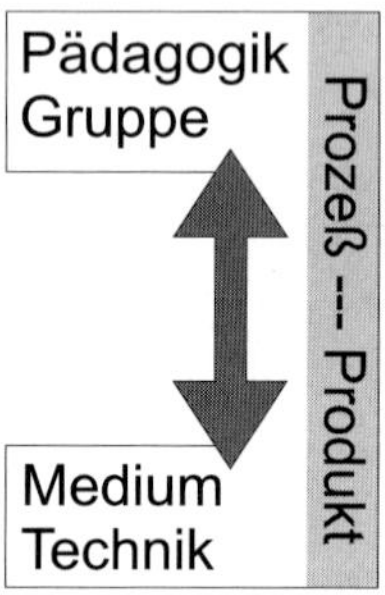

Das fertige Produkt ist nicht alleiniger (bzw. vorrangiger) Zweck der aktiven Medienarbeit; von Bedeutung ist gleichrangig der Prozess: Bewusstseins- und Kenntniserweiterung in Bezug auf behandelte Inhalte, die benutzten Medien und die soziale Kooperation in der Gruppe. Mögliche Inhalte sollten an der Erfahrungswelt der TeilnehmerInnen orientiert sein. Ziel ist es auch, (Teil-) Öffentlichkeit herzustellen, zu gewinnen (Gemeinwesenarbeit; Änderung gesellschaftlicher Zustände). Im Bereich der alternativen Gegen-Öffentlichkeit liegen die Ursprünge der aktiven Medienarbeit.

Beispiele:

- Politischer Kampf einer alternativen Videogruppe (z.B. „Freiburger Medienwerkstatt").
- Schülerredaktion.
- Straßentheater (bei zunehmender Mediatisierung des Alltags sollten Medienpädagogen die originären, direkten, zwischenmenschlichen Formen der Kommunikation nicht vergessen).
- Computercamps, Netzwerke („moderne" Technik ist motivierend, zumindest vorübergehend).
- Technische Medien als künstlerisches Gestaltungs- und Ausdrucksmittel; mit Medien emotionale Ausformungen und Deutungen der Gegenwart ermöglichen.
- Aktive Beteiligung an Offenen Kanälen und Bürgerfunk.

„Aktive Medienarbeit vermittelt im Rahmen sozialer Lernprozesse Einsichten und Erkenntnisse über die dargestellten Inhalte, die benutzten Medien, über eigenes Handeln und dessen politische, gesellschaftliche Wirksamkeit. Im einzelnen bedeutet dies: Aktive

Medienarbeit fördert die Fähigkeit zu Interaktion und solidarischem Handeln und die Fähigkeit, Lern- und Arbeitsprozesse in Gruppen selbst zu definieren und organisieren, sowie die Fähigkeit, eigene Anliegen, Interessen und Vorstellungen öffentlich zu artikulieren. Sie fördert weiterhin die Fähigkeit, Möglichkeiten und Grenzen individueller und kollektiver Einflußnahme zu erproben und dafür Strategien zu entwickeln, hilft, zwischen Realität und Medienrealität unterscheiden zu lernen und fördert schließlich – durch eigenen Umgang mit Medien – Phantasie und Kreativität bei der Gestaltung der Kommunikate." (*Schell* 1993, 53 ff.) *Fred Schell* benennt folgende Kriterien für das Handlungsfeld Jugendarbeit :

Ziele aktiver Medienarbeit

Aktive Medienarbeit

- ist zielgerichtet und emanzipatorischer Pädagogik verpflichtet;
- muss Jugendlichen eine prinzipielle gesellschaftliche Handlungs- und Gestaltungsfähigkeit zugestehen;
- muss die gesellschaftlich bedingten Problemlagen Jugendlicher berücksichtigen;
- muss die unterschiedlichen Formen der subjektiven Lebensbewältigung Jugendlicher beachten;
- muss zur eigenständigen Lebensbewältigung Jugendlicher beitragen;
- muss sich an Zielen, Inhalten und Methoden emanzipatorischer Jugendarbeit ausrichten;
- muss in ihren methodischen Überlegungen berücksichtigen, dass Jugendliche ihren Lebensalltag durch praktisches Handeln bewältigen. (vgl. ebd.)

Planungsfragen

Aktive Medienarbeit ist in fast jedem sozialarbeiterischen/-pädagogischen Praxisfeld möglich. Folgende Fragen können bei der Planung und Entscheidung helfen: Welcher Kontext? Welche Zielgruppe (Alter, Geschlecht, soziale Schicht ...)? Welche Motivationen sind zu erwarten? Was will ich als Pädagoge, was will die Institution mit aktiver Medienarbeit erreichen? Welche Geräte sind verfügbar bzw. können beschafft werden? Mit welchen Geräten sind der/die Pädagogen vertraut? Gibt es technische Helfer? Welches Know-how bringen die Kinder/Jugendlichen mit, das pädagogisch sinnvoll zu verwerten ist?

Bereiche / Medien aktiv produzierender Medienarbeit				
Print Flugblatt, Plakat, Zeitung ...	Audio Sprache, Geräusche, Musik ...	Foto s/w-Foto & Labor, Dia, Digitale Fotografie und Bildbearbeitung	Video Arbeit mit fertigen Filmen, Video drehen (analog, digital)	Computer Spiele, Text-, Bild-, Tonbearbeitungen, Internet-Gestaltungen
Was kann man damit z.B. machen?				
eine Collage oder Wandzeitung gestalten; eine Zeitung der Einrichtung erstellen ...	Geräusche-Geschichten erfinden; Interviews führen; Musik zusammenschneiden ...	Porträts gestalten; Fotostories erstellen; Wirklichkeit dokumentieren ...	Dokumentarfilm erstellen; Mitschau von kreativen Aktionen; Werbespots ...	
Mit welchen Geräten?				
Stifte, Farben, Papier, Druckverfahren ... Computer	Kassettenrekorder mit Mikrophon, Minidisc, jede Art Geräuscherzeuger ... Computer	Fotoapparat, Fotochemie, Dia ... digitale Fotobearbeitung am Computer	Videokassetten, Videokamera ... digitale Videobearbeitung am Computer	Computer mit jeder Art von Eingabegeräten, Bearbeitungsprogrammen und Ausgabegeräten
→	→	→	→	↑

Institutionen, die Hilfestellungen anbieten und Kooperationspartner sein können (Adressen finden sich in der „Kurzfilmliste" und der „Spielfilmliste"):

Institutionen

- Für staatliche Einrichtungen und Schulen: Stadt- und Kreisbildstellen, städtische Medienzentren, Landesmedienzentren.
- Als e.V. primär für außerschulische Jugendarbeit und Erwachsenenbildung: Landesfilmdienste; BJF – Bundesverband Jugend und Film e.V., Frankfurt , www.bjfev.de (Mitgliedschaft); KJF – Kinder- und Jugendfilmzentrum, Remscheid, www.kjf.de.
- Für kirchliche Einrichtungen: Ev. und Kath. Medienzentralen; religionspädagogische Arbeitsstellen, katechetische Institute.

12.2.1 Videoarbeit

Videoarbeit kann versuchen, auf der Amateurebene die Arbeitsweisen und Produktionsregeln der Profis nachzuahmen; dieser Ansatz ist durchaus pädagogisch sinnvoll und stößt bei Kindern und Jugendlichen in der Regel auf Interesse. Allerdings sollte beachtet werden, dass medienpädagogische Arbeit doch auch anderen Regeln folgen muss als professionelle Produktion, und dass die Ergebnisse dem Vergleich zu professionellem TV in der Regel nicht standhalten. Pädagogisch könnten der Spaß bei der Arbeit und der soziale Prozess, das Gruppengefühl für einen Ausgleich in der Zufriedenheit der Teilnehmer sorgen. Es können aber in der Videoarbeit auch Spontaneität und Kreativität so weit nach vorn gerückt werden, dass angeblich eherne Produktionsgesetze über Bord geworfen werden und trotzdem spannende Produkte entstehen, die mit herkömmlichen Kriterien dann kaum zu fassen sind.

> 🕮 *Bernward Hoffmann,* Klick dich ein. Spiele und Ideen zur Medienpädagogik, Mainz 2000.
> *Uli Geissler,* Achtung Aufnahme! 100 Spiele für Kassettenrecorder und Kamera, Reinbek 1994 (Viele Spielideen, die in diesem Buch für Kassettenrekorder und Fotokamera beschrieben werden, lassen sich leicht auch auf Videokamera umschreiben).

Spiele zum Einstieg

Als Einstieg sind oft pädagogisch motivierte Spiele und Übungen hilfreich.

⇨ Stille-Post mit Video: Alle Gruppenmitglieder verlassen den Raum; ein Kind/Jugendlicher bleibt zurück und überlegt eine kurze Szene, eine Person, ein Tier zur Darstellung. Die Darstellung wird per Video aufgezeichnet. Ein zweites Kind wird hereingeholt, ihm wird die Aufzeichnung vorgeführt und es soll das Gesehene nachspielen. Das erste Kind nimmt dieses Nachspiel per Video auf. Dies wird über mehrere Stationen fortgesetzt. Am Ende schaut sich die ganze Gruppe die Veränderung der Szene im Video an. – Deutlich wird durch dieses Spiel die subjektive Wahrnehmung; außerdem bekommt jedes Gruppenmitglied spielerisch einmal die Aufgabe des Akteurs vor der Kamera und einmal die Aufgabe des Kameramanns.

⇨ Bergsteiger-Spiel: Die Videokamera wird schräg auf den Boden gelegt, so dass die Bodenfläche draußen oder im Raum als Steilhang auf dem Monitor zu erkennen ist. Einige Kinder spielen Bergsteiger, die sich möglichst auf dem Videobild „realistisch" den Hang hinaufziehen. Andere Kinder steuern Geräuscheffekte (Wasserrauschen, Donner ...) oder Lichteffekte (Blitzlicht ...) zur gefährlichen Bergaktion bei. – Mit Hilfe solcher Spielformen werden inszenierte Wirklichkeiten durchschaubar bzw. wird Phantasie freigesetzt, wie man Realität mit den Aspekten der Filmsprache inszenieren kann.

⇨ Unlogische Handlungsfolgen: eine kurze Handlungsfolge wird gefilmt, z.B.: (1) Glas Fruchtsaft in Großaufnahme auf dem Tisch; (2) Hände, die das Glas halten, daraus trinken; (3) Leeres Glas auf dem Tisch. – In einer Schnittkopie werden die Bilder umgedreht: (3) – (2) – (1). Die Inszenierungsform Montage, die erst filmisches Geschehen schafft, wird so in einfacher Form begreifbar. Auch wird deutlich, dass später aufeinanderfolge Szenen nicht hintereinander gedreht werden müssen.

⇨ Video-Camcorder produzieren heute in der Regel beim Betätigen der Rec-Halt-Taste einen sauberen Schnitt. So können ohne Nachbearbeitung kurze Handlungsfolgen gefilmt werden. Auf diese Weise lassen sich sogar Trickfilmprinzipien nacharmen: etwa wenn die Videokamera auf einem Stativ fest steht und man in vielen kurzen Stops einen Stuhl immer weiter vorsetzt, dann „läuft" er am Ende auf dem Videobild durch den Raum.

⇨ Viel Spaß gibt es auch, wenn auf die bestehende Tonspur eines Videoclips oder Werbespots per „Insert-Schnitt" andere Bilder aufgeschnitten werden oder per „Audio-Dup" andere Töne unterlegt werden.

> Eine gute Medienwerkstatt im Internet zum Thema Video bietet: www.kreidestriche.de.
> Eine „Filmschule" gibt es auch im Internet, www.movie-colleg.de, oder als Online-Filmschule auf CD-Rom (Allary-Film, München).

Expose, Treatment, Drehbuch

Auch wenn viele Videofilme eher spontan, spielerisch und ohne besondere Vorbereitungen entstehen, gilt doch: die Videokamera hingehalten und den Record-Knopf betätigt, das ergibt noch keinen Videofilm. Wer erreichen will, dass die eigenen Videoaufnahmen mehr als bloß ein Familien-Amateurvideo ergeben, der sollte einige Gestaltungsregeln beachten. Wer vorher überlegt, was überhaupt im einzelnen gedreht werden soll, wie die Szenen aufeinanderfolgen sollen, wo die Kamera steht, wie ausgeleuchtet wird, wer was sagt und welche Geräusche/Musik nachträglich hinzukommen könnten, der kommt vermutlich zu befriedigenderen Ergebnissen.

Drehplanung

Vor allem beim Spielfilm, aber auch beim dokumentarischen Film entstehen die ersten Filmschritte am Schreibtisch. Die Idee soll Gestalt annehmen, eine Geschichte soll entstehen, bei deren Entwurf immer wieder die Frage gestellt werden muss: Ist diese Story auch für andere interessant? – Zur Inspiration kann vieles hilfreich sein: Zeitungsmeldungen, ein Roman, ein Gedicht ... Aber: persönliche Erlebnisse werden oft zu schlechten Filmen, weil die Distanz zwischen Story und eigenem Erleben, eigenen Gefühlen fehlt.

- *Expose*: Die Idee sollte kurz und prägnant in einem Expose skizziert werden (max. 2- 3 Seiten): Inhalt, Form, Zweck und Zielgruppe der Produktion. Geht das nicht, ist die Geschichte als Filmstory in Frage zu stellen. Das Expose sollten einige Freunde und Bekannte lesen und ihren Kommentar dazu abgeben: Ist es verständlich und interessant?

Vom Expose zum Drehbuch

- *Recherche:* Benötigte Informationen und Materialien (inhaltlich, technisch, organisatorisch) für die Produktion werden gesammelt.
- *Treatment:* Die Idee wird ausgearbeitet und die wichtigsten Dialoge (Interviewfragen ...) werden festgehalten. Die Geschichte bekommt eine Struktur, wird in spätere filmische Sequenzen aufgeteilt.
- Ein Spielfilm sollte einen dramaturgischen Aufbau erhalten: 1. Einleitung (Thema, Charaktere der Personen, Konfliktsituationen); 2. Mitte (die eigentliche Handlung des Films); 3. Ende (Auflösung des Konflikts) – und diese Teile sollten durch Wendepunkte verbunden sein. An diesen Wendepunkten muß der Zuschauer durch neue Information oder Gestaltungsmittel neu gefesselt werden.
- *Drehbuch:* Dies ist der bedeutsamste Übergang vom Schreiben zum Film. Im Drehbuch müssen Bilder entworfen werden. Möglichst viel vom „Informationsgehalt" der Geschichte soll in Bildersprache übersetzt werden. Die Dialoge sollen nicht Bildgeschehen deuten, sondern möglichst natürliche Gesprächssituationen rekonstruieren (Test: die Dialoge laut lesen!).

Im Drehbuch wird die Geschichte in Szenen (= abgeschlossene Handlung, die an einem bestimmten Ort spielt) und in Einstellungen (= Moment, wo die Kamera zu laufen beginnt, bis sie abgestellt wird) unterteilt. Die Einstellungsgrößen (von der Detail- oder Nahaufnahme bis zur Totalen) sollten bereits im Drehbuch festgelegt werden.

Kaum ein Film wird in chronologischer Reihenfolge der Filmszenen gedreht. Aus ökonomischen Gründen dreht man in der Regel an einem Drehort alle Szenen, die dort spielen; oder es werden alle Szenen mit bestimmten Schauspieler zusammengelegt; oder alle Nachtszenen werden nacheinander abgedreht. In einem Drehplan sollten deshalb Drehorte und Ablauf der Drehtermine genau durchdacht und festgelegt werden.

Storyboard

Bei komplizierten Szenen sollte vorher ein Storyboard skizziert werden; d.h. es werden die Einstellungen einzeln festgehalten, wie sie später aneinander geschnitten werden sollen, damit beim Dreh nicht eine wichtige Einstellung vergessen wird. Auch beim Amateurfilm ist es gut, mit den ausgewählten Schauspielern einige Testaufnahmen zu machen, damit ihr Verhalten und ihre Stimme vor der Kamera getestet werden.

Nr.	Take / Einstellung	mit der Kamera	vor der Kamera	Ton	Requi-siten / Trick
☐					
☐					

Handlung Was passiert?	**Personen** Wer spielt? Wer spricht?	**Bild** Was ist wie zu sehen?	**Text / Dialog** Was und wie wird gesprochen?	**Töne** Was ist zu hören?

Abb. 12.2: Anregungen zur Gestaltung von Storyboard und Drehbuch

Gestaltungselemente

(Vgl. auch Kap. 6.1: Filmanalyse) Bei Videoproduktionen, die anschließend in Größe des Fernsehschirm reproduziert werden, wirken Einstellungsgrößen anders, als auf der Kinoleinwand. Totale oder Weite wirken auf dem Fernsehschirm oft ermüdend oder lächerlich, weil nichts mehr zu erkennen ist. Folgende Leitfragen helfen bei der Entscheidung:

Einstellungsgröße

- Entspricht die Einstellungsgröße der Wichtigkeit der Aussage?
- Bietet sie eine Orientierung über den Gesamtzusammenhang?
- Kann sie die Aufmerksamkeit des Zuschauers lenken bzw. erhalten?
- Passen vorgesehene Länge einer Einstellung und Einstellungsgröße zueinander?
- Passt die Einstellungsgröße ins geplante Umfeld?

Es gibt Zusammenhänge zwischen der Einstellungsgröße und (a) der Wirkung eines Bildes, (b) der emotionalen Einbeziehung des Zuschauers, (c) der Spannung und (d) dem Tempo einer Filmsequenz. Verschiedene Einstellungsgrößen sind auch durch die Wahl unterschiedlicher Objektiv (bzw. Objektiveinstellungen beim Zoom-Objektiv) von einem festen Kamerastandort aus erreichbar. Mit einem Tele-Objektiv kann man das Objekt „heranholen“. Bei der Verwendung verschiedener Objektive verändert sich aber der Bereich der Tiefenschärfe (= der Bereich zwischen Hintergrund und Vordergrund in einem Bild, der scharf abgebildet ist). Die typischen drei Kameraperspektive („normal“, „von unten“, „von oben“) lernt man am besten durch Probieren und kritisches Auswerten kennen und handhaben. Beim Ausprobieren der Perspektiven sollten diese auch mit weiteren Blickrichtungen der Kamera (z.B. frontal, seitlich) kombiniert werden.

Kameraperspektiven

Im Objektgeschehen vor der Kamera gibt es bereits verschiedene Codes oder Mitteilungsebenen (Zeichensysteme im Bild), die überwiegend vorfilmischer Art sind. Unsere durch Film und Fernsehen mitgeprägten Sehweisen verändern, verstärken, verfestigen aber vorhandene Codierungen, führen möglicherweise sogar neue ein (vgl. Video-Clips, Kap. 6.3). Folgende Typen lassen sich unterscheiden (vgl. Kap. 2 zu Kommunikation):

Ebenen vor der Kamera

- Verbale Ebene: das gesprochene Wort, dessen Sinn und Bedeutung.
- Paraverbale Ebene: Klang der Stimme, Tonfall, Tempo des Sprechens.
- (Nonverbal) Mimik: Gesichtsausdruck der im Bild sichtbaren Personen (Sprecher und Zuhörer); die Sprache der Mimik drückt vor allem Emotionen aus.
- (Nonverbal) Gestik: Körperbewegungen, Gebärden; auch Gesten und Handlungen mit relativ festen Bedeutungen (Faust, Kopfnicken, Kniefall ...). Visuelle Codierungen auf dieser Ebene sind auch Zustände (Sein, Liegen, Sitzen, Bleiben), Vorgänge (Fallen, Aufstehen, Wachsen), Tätigkeiten (Hauen, Laufen, Werfen). Sie enthalten oft bereits vorweggenommene Konsequenzen (ein Wurf etwa schließt ein Ziel ein).
- Ausstattung und gezeigtes Umfeld: Kostümierung, Requisite, Dekoration, Architektur, Natur. Über die Ausstattung werden vor allem zeitliche und soziokulturelle Zuordnungen transportiert.

Die visuelle Ebene kann präzisiert und interpretiert werden: im Bild selbst; durch Stimmen, Geräusche, Musik im Off (z.B. ein Tennisspiel wird nicht gezeigt, aber man hört die Ballgeräusche und sieht die Bewegungen der Zuschauerköpfe); durch vorausgehende oder nachfolgende Einstellungen (wenn dem Bild eines schmackhaften Spaghetti-Tellers ein abgemagertes Gesicht vorausgeht oder folgt, heißt das Thema nicht mehr Werbung, sondern etwa Hunger, Ungerechtigkeit ...); viele visuelle Angebote werden erst im Kopf des Zuschauers (durch Wissen, Erinnerung, Erfahrung) vervollständigt.

Das „Filmische“ besteht in der Bewegung. Diese wird technisch durch Veränderung der Kameraperspektiven und Schnittfolgen (Montage) erreicht. Ebenso aber wird Bewegung durch das Geschehen vor der Kamera (Objektbewegung) und durch Kamerabewegung während einer Einstellung erreicht. Bei der Objektbewegung unterscheidet man drei Grundmöglichkeiten:

Objektbewegung

- Die Bewegung führt vom Zuschauer weg in das Bild hinein
- Die Bewegung führt auf den Zuschauer zu nach vorn aus dem Bild heraus
- Die Bewegung verläuft am Zuschauer vorbei parallel zum unteren Bildrand von links nach rechts (gewohnte Lese- und Blickrichtung) oder umgekehrt.

Bewegung der handelnden Personen oder der Objekte und die Bewegung der Kamera werden miteinander kombiniert; die Kombination kann als Bewegungen auf Achsen beschrieben werden: Die Handlung verläuft auf der Handlungsachse, das Sehen durch die Kamera geschieht auf der Kameraachse. Die Achsen können identisch sein (die Ansagerin blickt dem Zuschauer tief in die Augen; er fühlt sich direkt angesprochen, in das Geschehen einbezogen). Bedeutsam ist der sogenannte *Achsensprung*: In einer Gesprächssituation kann man die Kamera so aufbauen, dass der Zuschauer sich (mit der Kameraachse) senkrecht zur Handlungsachse (= Gesprächsachse) befindet. Der Zuschauer hat den Überblick, kann Gesprächsanteile und Kameraschwenks einordnen. Wenn die Kamera nun (per Schnitt) plötzlich in die Gegenposition springt, steht sie zwar wieder senkrecht zum Geschehen, aber die Seiten sind vertauscht; der Zuschauer muss sich neu orientieren. Das kann verwirrend sein, aber bei gezielter Verwendung auch die Spannung erhöhen (der Zuschauer kann suggestiv zwischen die Gesprächspartner „eingeklemmt“ werden, befindet sich also mitten im Geschehen).

Achsensprung

Ein Achsensprung sollte sehr gezielt und sparsam verwendet werden. Normalerweise solle die Kameraachse (Blickrichtung des Zuschauers) die Handlungsachse nicht überqueren, sondern sich nur auf einer Seite bewegen (etwa in Form von Schuss und Gegenschuss auf zwei Gesprächspartner). Der Achsensprung kann mit Hilfsmitteln gemildert werden: Die Kamera überquert fahrend die Handlungsachse; eine neutrale Einstellung wird dazwischengeschnitten; bei einer Bewegung direkt auf die Kamera zu ist ein direkter Sprung um 180 Grad möglich.

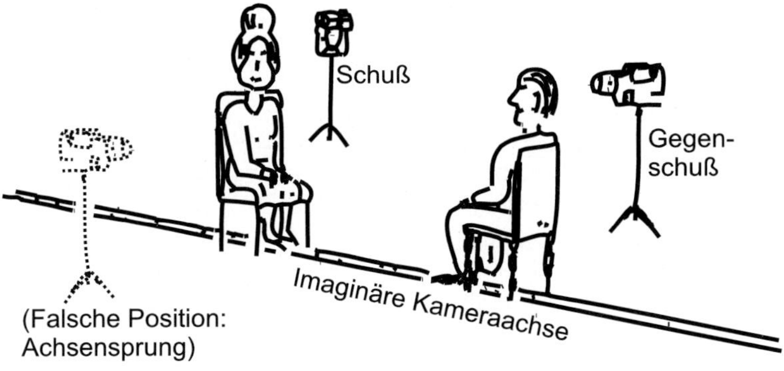

Abb. 12.3: Achsensprung

Bewegung der Kamera

Für die *Kamerabewegungen* gelten folgende praktische Tipps:

- Langsame Kamerabewegungen. Ein sogenannter Reißschwenk – durch die schnelle Schwenkbewegung verschwimmen die Zwischenbilder – muss sehr gezielt eingesetzt werden.
- Beim Kameraschwenk Motivbewegungen verfolgen.
- Schwenkbewegung in der Regel nicht gegen Bewegungen im Bild.
- Achtung bei Schwenks im Telebereich, die Schärfe ist schwer nachzuregeln.
- So wenig Zoom-Bewegungen wie möglich; vor allem kein Hin-und-her-Zoomen im gleichen Bild.
- Zum Fahren eignet sich fast alles, was Räder hat: ein Rollstuhl, ein Karren, ein Rollstativ, ein Auto ... (Ausprobieren!)

Übungen

Folgende Ideen können zur Übung der *Kamerabewegung* umgesetzt werden:

- Schwenk mit fester Brennweite über eine Landschaft oder größere Anlage.
- Eine Person läuft vorbei, begleitender Schwenk in Bewegungsrichtung (auch einmal gegenläufig probieren).
- Vertikaler Schwenk etwa an einem Hochhaus oder Kirchturm, von unten nach oben, von oben nach unten.
- Kamerafahrt auf eine Person zu, Vorwärtsbewegung aus der Totalen auf eine Großaufnahme zu (mit Stativwagen oder anderer Fahrmöglichkeit bei fester Brennweite, erst langsam, dann schnell; dasselbe bei fester Kameraposition mit Zoom).
- Seitliche Kamerafahrt auf Stativwagen o.Ä.; Bewegung seitlich entlang eines Objektes mit einem bewegten Objekt, z.B. Gang einer Person, mitfahren.

- Rundbewegung um ein Objekt.
- Subjektive Kamera, die Kamera auf der Schulter folgt einer gehenden oder laufenden Person.

Lichtsetzung

Die Videokamera braucht zur optimalen Bildwiedergabe mehr Licht als unsere Augen; die von den Herstellern angegebenen Mindestwerte ergeben keine gute Bildqualität. Die Videokamera verfälscht in der Regel den realen Lichteindruck unserer Augen: Farben, Helligkeitseindruck, Hell-Dunkel-Kontraste, Richtung des Lichteinfalls. Deshalb sind häufig zusätzliche Lichtquellen (bzw. Hilfsmittel wie Spiegel zur Richtung des Lichtes) erforderlich. Gute Ausleuchtung erhöht Bildkontrast, Farbintensität und Schärfeeindruck des Bildes.

Prinzipien der Beleuchtung

Die Art der Beleuchtung einer Szene oder eines Motivs sollte in der Regel durch unsere Alltagserfahrung bestimmt werden. Entsprechend sollten zunächst einmal „natürliche" Beleuchtungsprinzipien beobachtet (und beachtet) werden. Unsere stärkste Lichtquelle ist die Sonne; sie kommt eher von oben und wirft bei hellem Sonnenlicht deutliche Schatten. Anderes Licht ordnet sich diesem natürlichen Licht unter. Bei jedem Licht entsteht auch ein irgendwie gearteter Schatten. Lichtbeurteilung geschieht am besten durch die Betrachtung dieser Schatten.

Achtung: Die Elektronik der Videokameras reagiert sehr problematisch auf Gegenlicht; die Belichtungsautomatik (bei vielen Camcordern leider nicht abschaltbar) zieht die Blende zu und ein Motiv im Vordergrund wird dunkel (Test: eine Person in einem Fenster aufnehmen!). Einige Videokameras bieten zur Abschwächung eine Sondertaste „Gegenlicht".

Farbtemperatur und Lichtquellen

^{0} Kelvin	Farbe	Lichtquelle / Tageszeit	
1500		Kerzenlicht	
2000 3000 4000	rot orange	Glühbirne Halogenlampe Fotoleuchte	Sonnenauf-/ untergang
5000	gelb	Mittleres Tageslicht bei klarem Himmel	
6500	gelbgrün	Leuchtröhre / Elektronenblitz	
7000	weißlich	bedeckter Himmel	
8500	grünlich-weiß	Diesiger Himmel / Nebel	
10-25000	blauweiß	Klarer blauer Himmel	

Farbtemperatur

Der Begriff Farbtemperatur kennzeichnet den Zusammenhang der Temperatur einer Lichtquelle (z.B. Glühlampe) mit der Farbqualität des von ihr ausgestrahlten Lichtes (wird in der Physik in Grad Kelvin = K gemessen). Mit der Farbtemperatur nimmt der Farbeindruck vom „Rotstich“ zum „Blaustich“ hin zu.

> 🕮 *Hugo Schöttle*, Lexikon der Fotografie, Köln 1978
> *Andreas Feininger*, Licht und Beleuchtung in der Fotografie, München 1982

Bei alten (und vielen professionellen) Videokameras muss ein sogenannter „Weißabgleich“ per Hand durchgeführt werden: in der jeweils vorgesehenen Szenenbeleuchtung wird ein weißes Blatt vor die Kamera gehalten; die Farbregler werden dann so eingestellt, dass auf dem Farbmonitor das Blatt auch weiß erscheint. Die inzwischen üblichen Camcorder machen diesen Weißabgleich automatisch; aber in der Regel ist die Automatik auch abschaltbar und man kann zumindest zwischen Innenlicht und Außenlicht wählen. Probieren sie einmal Lichteffekte mit diesen verschiedenen Schalterstellungen und kontrollieren sie diese auf einem Farbmonitor.

Bei der Lichtsetzung unterscheidet man folgendermaßen:

Lichtsetzung

- *Grundlicht*: Im Raum das Mischlicht aus der Deckenbeleuchtung und dem Tageslicht, draußen ein durch Wolken gedämpftes Tageslicht. Durch die grundlegende Lichtsituation erfährt der Betrachter die Orts- und Zeitsituation des Bildes (z.B. Tages- und Jahreszeit, Wetterbedingungen, Raumatmosphäre ...). Grundlicht allein gestaltet eine Szene eher strukturarm und unauffällig.
- *Führungslicht*: Bei Benutzung mehrerer künstlicher Lichtquellen wird zunächst das Haupt- oder Führungslicht bestimmt. Das ist die stärkste Lichtquelle der Anordnung, sie wirft nur einen Schatten. Die Richtung des Führungslichtes wird der Richtung des Grundlichtes angepasst (z.B. Lichteinfall durch Fenster oder offene Tür). Aus dramaturgischen Gründen kann ggf. auch ein Kontrast zur Richtung des Grundlichtes aufgebaut werden, das ist aber eine Irritation für den Zuschauer. Ein bildwichtiges Motiv wird so modelliert durch die Schattenbildung, ein Eindruck von Bildtiefe entsteht.
- *Fülllicht*: Ein Aufhell- oder Fülllicht dient zur Kontrastminderung der beleuchteten und daher Schatten werfenden und dunkle Kontraste produzierenden Motive. Es muss schwächer sein als das Hauptlicht (bei gleichstarken Lampen den Abstand zum Motiv vergrößern; doppelter Abstand entspricht vierfachem Lichtverlust). Zur Abschwächung bzw. Verteilung kann auch ein Diffusor dienen; dabei wird der Lichtstrahl gegen eine weiße Wand oder einen

Schirm gerichtet; so wird eine annähernd schattenlose Aufhellung möglich. Es dürfen nicht mehrere Schatten sichtbar werden, die den Zuschauer verwirren: er weiß nicht mehr, von wo die Hauptlichtrichtung kommt.

- *Hintergrundlicht*: ein Distanzlicht, das Bildtiefe erzeugt. Es setzt das Objekt bzw. eine Person vom Hintergrund ab. Möglich ist damit auch das Herausstellen einzelner Teile des Hintergrundes.

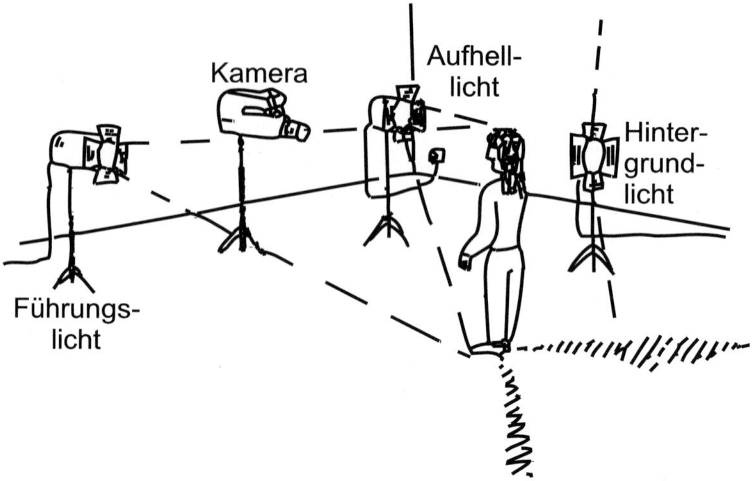

Abb. 12.4: Lichtsetzung

Anregung: Bei vielen Aufnahmesituationen draußen ist die zusätzliche Verwendung von Kunstlichtquellen problematisch und aufwändig. Man kann mit einfachen Mitteln die natürlichen Lichtquellen beeinflussen bzw. steuern. Direktes Sonnenlicht lässt sich z.B. mit weißen Bettüchern abschatten, ohne dass gleich ein harter Schatten entsteht. Über reflektierende Folien lässt sich das Sonnenlicht steuern, z.B. um ein Gesicht besser und kontrastreicher auszuleuchten.

Rechtliches

Die Verwertung fremden Bild- oder Ton-Materials ist grundsätzlich genehmigungspflichtig. Werden Eigenproduktionen mit „Konserven"- Musik oder nachgespielten Musiktiteln fremder Autoren unterlegt, ist die Verwertungsgesellschaft GEMA (www.gema.de) für eine Genehmigung zuständig. Werden bei Eigenaufnahmen Personen so dargestellt, dass sie erkennbar und nicht nur Beiwerk sind, sollte im Zweifelsfall das Einverständnis der jeweiligen Personen eingeholt

Musikrechte

Personrechte

werden. Um Missverständnissen vorzubeugen, sollten bei Aufnahmen in öffentlichen Einrichtungen, in Betrieben u.a. die zuständigen Personen über Sinn und Zweck der Aufnahmen informiert und entsprechende Drehgenehmigungen eingeholt werden.

Schnitt / Montage

Diese Begriffe bezeichnen die mechanische bzw. elektronische Nachbearbeitung aufgenommenen Filmmaterials. „Schnitt" bezeichnet in der Filmanalyse aber auch den Übergang zwischen zwei Einstellungen. Schnitte treiben eine Filmhandlung voran, raffen die Zeit, können verschiedene Szenen und Orte miteinander kombinieren und Gegensätze veranschaulichen. Durch Bildmontagen entstehen Bildaussagen im Kopf des Zuschauers. Beispiel: Wenn an das Bild einer reich gedeckten Tafel ein Bild angehängt wird, das einen edel gekleideten Herrn aus einem Luxuswagen aussteigend zeigt, dann entsteht im Kopf des Zuschauers eine andere Kontextdeutung, als wenn an das Bild der reich gedeckten Tafel ein ausgezehrtes Kindergesicht angeschnitten wird.

Filmschnitt

„Harter Schnitt" bezeichnet den direkten Anschluss einer neuen Einstellung, bei der Blende wird zwischen zwei Einstellungen weich überblendet, ggf. sogar mit Ausblendung der einen Einstellung ins Schwarz oder Weiß und einer Einblendung der neuen Einstellung. Mit einer Blende wird dem Zuschauer der Übergang erleichtert, wenn Ort oder Zeit der Handlung wechseln.

Im Folgenden sind einige Regeln aufgeführt, deren Stimmigkeit man am besten versteht, wenn man diese „Fehler" einmal praktisch ausprobiert:

Praktische Tipps

- Schnitte sollten motiviert sein und bereits ohne die verbale Ebene in Bildern Sinnzusammenhänge verdeutlichen.
- Schnitte auf gleiche oder ähnliche Bildausschnitte sollten vermieden werden (dabei „springen" in der Regel Personen oder Gegenstände im Bild).
- Ein Schnitt zwischen sehr unterschiedlichen Einstellungsgrößen (z.B. zwischen Totale und Nahaufnahme) ist in der Regel ein für den Zuschauer nicht nachvollziehbarer großer Sprung. Zwischeneinstellungen schaffen einen weicheren Übergang.
- In eine Kamerabewegung hinein sollte in der Regel nicht geschnitten werden. Aber Bewegungen im Bild bieten sich für unauffällige und Aktion vorantreibende Schnitte an.
- Schuß- und Gegenschuss – etwa bei der Aufnahme einer Dialogs zwischen zwei Personen – sollten nicht über eine gedachte Verbindungsachse zwischen den Personen hinausspringen („Achsensprung"). Die Blickrichtung der Personen muss im Bild entgegengesetzt sein, sonst hat man als Zuschauer nicht den Eindruck eines

Gesprächs (gilt z.B. auch beim Zusammenschneiden eines Telephongesprächs). Die Schnitte müssen nicht dem Wortwechsel folgen, sondern zeitweilig kann auch der Zuhörende im Bild sein, sonst würde die Schnittfolge bei schnellen Wortwechseln viel zu hektisch.

Ton

Auch wenn Filme und Videos von ihren Bildern leben, sollte der Filmemacher nicht nur die Augen, sondern auch die Ohren offen halten. Die schönsten Bilder verlieren an Wirkung, wenn die Tonkulisse nicht passt oder einen undefinierbaren Background abgibt. Oft sind die eingebauten Kameramikrophone nicht geeignet oder gut genug, um einen entsprechenden „O-Ton" (Originalton) zu liefern. Bei professionellen Filmaufnahmen wird mittels eines Synchronsignals zum Bild parallel auf eigenen Tongeräten der Ton aufgezeichnet. Viele Filme sind auch in ihren Dialogteilen und Raumgeräuschen im Studio nachsynchronisiert. Einige Tipps:

Tipps zur Tonaufnahme

- Kameramikrophone nehmen oft störende Lauf- oder Zoomgeräusche der Videokamera mit auf. Das eingebaute Mikrophon dient in der Regel nur für atmosphärische Geräusche bei der Aufzeichnung.
- Grundsätzlich sollte sich ein (externes) Mikrophon so nah wie möglich an der Tonquelle befinden.
- Bei Nahaufnahmen von SprecherInnen und im Freien für das Mikrophon einen Windschutz verwenden.
- Das Mikrophon ruhig halten oder auf ein Stativ stellen (oder am handgefertigten Besenstil-Stativ befestigen), sonst werden Störgeräusche (Hand, Kabel...) mit aufgezeichnet.

Mikrophontypen und Verwendungszweck

Verwendung	**Mikro-Typ**	**Charakteristik**	**Einsatz**
Gespräche, Diskussionen am Tisch	Dynamisch	Kugel	Tisch/Boden -Stativ, von Sprechern gleichweit entfernt
Atmosphäre des Aufnahmeortes	Dynamisch	Kugel	Kameramikrophon
Interviews	Dynamisch / Elektret	Kugel / Niere	Handmikrophon
Nachvertonung	dynamisch	Niere	Tisch / Bodenstativ
Live-Ton bei Außenaufnahmen	dynamisch / Elektret	Niere / Superniere	neben der Kamera
Aufnahme aus größerer Entfernung	Kondensator / Elektret	Keule	Bodenstativ neben der Kamera

📖 *Heinz Josef Nisius*, Mikrophone, LFD-Materialien zur Tontechnik 4/88; *ders.*, Mikrophon-Aufnahmen, LFD-Materialien zur Tontechnik 5/88, herausgegeben vom Landesfilmdienst Rheinland-Pfalz.

Nachbearbeitung

Nachvertonung

Nachvertonung: In vielen Fällen wird der O-Ton allein nicht den Vorstellungen der Akustik eines fertigen Films entsprechen. Eine lippensynchrone Nachvertonung ist mit den herkömmlichen Videogeräten kaum machbar. Aber es ist möglich, den O-Ton mit Musik oder anderen Geräuschen zu mischen bzw. ihn ganz zu ersetzen. Die Taste „dub" oder „Audio-Dub" am Videorekorder bewirkt, dass zwar die Ton-Randspur, nicht aber die Bildspuren neu aufgenommen werden. HiFi-Videorekorder haben inzwischen zwei Tonspuren, so dass der mit dem Bild verbundene Originalton auch bei der Nachvertonung erhalten bleibt.

Assemble-Schnitt: Jeder analoge Videoschnitt bedeutet einen Überspielvorgang des Materials und damit auch einen Qualitätsverlust. Mit Assemble-Schnitt wird die Aneinanderreihung verschiedener Einstellungen bezeichnet. Damit das Videogerät die gesetzten Schnittmarkierungen exakt bearbeiten kann, sollte das Videoband bereits durchgängig bespielt sein und somit ein entsprechendes Code-Signal aufweisen (das kann einfach ein Schwarzbild sein). Beim Assemble-Schnitt werden vor allem die Anfangspunkte markiert und Bild und Ton werden gleichzeitig überspielt.

Assemble- und Insert-Schnitt

Insert-Schnitt: Dabei wird eine Szene passgenau mit sauberem Anfang- und End-Schnitt in eine bereits bestehende Szenenfolge eingefügt. Beim „Insert" kann man wahlweise nur Ton, nur Bild oder Bild und Ton aufzeichnen. Dieser Insertschnitt kann nur auf ein bereits bespieltes Band durchgeführt werden.

Beim digitalen Videoschnitt am Computer ist der Zwang zur linearen Bearbeitung nicht gegeben. Hier lassen sich alle Szenen nachträglich in der Timeline verschieben oder austauschen, Einfügungen und Standbilder sind problemlos möglich. Auch die Nachvertonung auf in der Regel mehreren Tonspuren und das Abmischen der Tonspuren ist relativ unproblematisch.

✓ Über die normierte sogenannten Firewire- oder i-link-Schnittstelle können digitale Videosignale direkt in den Computer eingelesen werden. Entsprechende digitale Computerkarten sind bereits für gut 100 € zu erhalten; bei aktuellen Multi-Media-PCs oder bei Apple-Computern sind diese Schnittstellen häufig bereits serienmäßig eingebaut. Der digitale Video-Camcorder benötigt eine entsprechende DV-out-Buchse und möglichst auch einen DV-Eingang, damit das geschnittene Material digital wieder zurückgespielt werden kann. Nutzt man diese digitalen Überspielmöglichkeiten, sind die Kopiervorgänge praktisch verlustfrei. Bekannte Videoschnittprogramme am Computer sind z.B. Premiere von Adobe oder U-Lead; oft werden einfache Programmversionen mit der Digitalkarte mitgeliefert; für Schulen und Hochschulen werden vielfach sehr günstige Lizenzen angeboten.

12.2.2 Audiomedien, Hörfunkarbeit

Wie mögen sich Menschen vor gut 100 Jahren gefühlt haben, beim Start der ersten Sende-Massenmedien? Oder vorher als das Telephon aufkam und sich verbreitete? Als Schallplatte und später Tonband die Aufzeichnung von Sprache, Tönen, Musik ermöglichte? Als die Funktechnik des Radios es ermöglichte, über Zeiten und Räume des eigenen Lebensbereichs hinweg Stimmen, Musik und Geräusche vom Leben anderer weit entfernter Menschen und Kulturen zu hören? Mit den technischen Medien wurden Kommunikation, Information, Erfahrung von Ort und Zeit gelöst. Mit dem Radio wurde in den Anfangsjahren in Deutschland Kultur und Bildung verbunden. Und in der NS-Zeit wurde es wie kein anderes Medium im Interesse des Regimes gleichgeschaltet, rein manipulatorisch genutzt. Manche Theoretiker, z.B. *Walter Benjamin, Bertolt Brecht* (vgl. Kap. 3), sahen im Radio ein Instrument vielseitiger sozialer Kommunikation. *Brecht* forderte, das Radio von einem Distributions- in einen Kommunikationsapparat zu verwandeln. Und heute:

Funktionen des Radios

- Das Radio ist zu einem Nebenbei-Medium geworden. Die „Musikfarbe" (der Teppich) bestimmt die Hörerakzeptanz. Wortbeiträge müssen sich knapp und möglichst unauffällig einpassen. Und die Musik aus der Dose klingt in jedem Sendegebiet gleich.
- Es gibt auch das andere Radio, in dem Wort, Kultur, Bildung dominant sind und Musik entweder eine untergeordnete Füllfunktion hat oder eben Thema ist (z.B. WDR 5).
- Es gibt Versuche mit neuen Zielgruppen, neuen Inhalten (z.B. Radio Europa).
- Es gibt ein Interesse an räumlicher Nähe, an Lokalbezug, an Überschaubarkeit, dem auch ein Radioprogramm entsprechen kann.
- Es gibt die Einsicht, dass Publikumsbeteiligung, Kontakt mit den Menschen die Akzeptanz eines Radioprogramms erhöhen kann.
- Es gibt die Möglichkeit des Bürgerfunks bzw. der Offenen Kanäle, über die jeder Bürger selbst zum Produzenten werden kann.

Eine Reihe von medienpädagogischen Einrichtungen bieten seit Jahren sogenannte „Hörfunkwerkstätten" an; in einigen Bundesländern (z.B. NRW) gibt es auch speziell für die Bürgerbeteiligung am Rundfunk eingerichtete Radiowerkstätten. Durch die Einführung des dualen Rundfunksystems bei uns (vgl. Kap. 3) sind – bundesweit sehr unterschiedlich – „offene Kanäle" entstanden, die eine breite Beteiligung an der Hörfunkarbeit ermöglichen. Und Hörfunk produzieren ist weit billiger und technischer weniger aufwändig als Fernsehproduktion.

Hörfunk-Werkstätten

Die Hörfunk-Werkstätten sind darauf ausgerichtet, sich einmal intensiver mit den Chancen und Möglichkeiten akustischer Medien zu beschäftigen, in diesem Bereich selbst kreativ zu werden und dabei den vernachlässigten Hör-Sinn zu schulen. Andererseits sind sie auf Qualifizierung zu demokratischer Beteiligung am Medium Rundfunk aus.

„Hörfunk-Werkstätten als neue Aufgabe der Medienpädagogik

1. Hören inmitten ‚akustischer Umweltverschmutzung'. Dem Hören kann sich der Mensch nicht verschließen. In unserer technisch-industrialisierten Welt werden pausenlos Geräusche produziert; Lärm gilt als ein Faktor der Umweltverschmutzung. Geräusche und Lärm überdecken immer stärker die ursprünglichen und natürlichen Geräusche von Natur, Lebewesen und Dingen. Hörfunkwerkstätten fordern auf, sich in die Welt der Töne und Geräusche zu begeben, Töne und Geräusche zu suchen und technisch ‚einzufangen', bzw. umzusetzen.

2. Sprechen – Schreiben – Zuhören als Teil der Kommunikationskultur. Durch die permanente Reizüberflutung mit Bildern und Musik haben wir heute keine Zeit mehr zum Sprechen/Erzählen, Schreiben und bewussten Zuhören: die neuen Medienangebote wie Video-, Kabel- und Satellitenfernsehen verdrängen unsere Sprache, die modernen Kommunikationstechniken verdrängen das Schreiben, die Dauerberieselung mit Unterhaltung und Information verdrängen das bewusste Hin-Hören.

Hörfunkwerkstätten fordern auf: statt Medien nur zu konsumieren, mit Medien aktiv umzugehen, ihre Wirkungsweise zu erkennen und zu hinterfragen; die eigene Stimme als zentrales Ausdrucksmittel zu erleben bzw. wiederzuentdecken; Vorgänge und Ereignisse des täglichen Lebens zu benennen, zu beschreiben und sich damit die Welt bewußter zu machen." (aus einer Broschüre des LFD-Rheinland-Pfalz e.V.)

> 🕮 Ein Praxisbuch für Interviews: *Traudel Günnel/Ulrike Werner*, Interview ist nicht gleich Interview. Handbuch für die medienpädagogische Ausbildung im Audiobereich, München 1999 (mit CD)
> Themenheft der Zeitschrift „Medien Praktisch" 1/1998: „Medienpädagogik des Hörens".
> Beispiele von Jugendproduktionen: *Palme, Hans-Jürgen/Schell, Fred* (Hg.), Voll auf die Ohren 2. Kinder und Jugendliche machen Radio. Beispiele, Anregungen, Ideen, München 1998 (mit CD)
> 🖱 Eine gute Medienwerkstatt im Internet zum Thema Audio bietet: www.kreidestriche.de

Didaktische Elemente in der Audioarbeit

Praktische Anregungen und Übungen

→ Am Beginn der Audioarbeit: Reflexion eigener Alltagserfahrungen und Gespräch in der Gruppe:

◆ „Hören": Wie gut sind meine Ohren und wofür (ge-)brauche ich sie?
◆ Was erinnere ich und kann ich erzählen zu meiner eigene Medienbiographie in Sachen Audiomedien?
◆ Wie, wann, wo benutze ich Audiomedien mit welcher Funktion?

→ Das Hören, der eigene Körper, die eigene Stimme:

◆ Geräusche mit den Händen, dem Mund, dem Körper produzieren (kratzen, klatschen, schnaufen, pfeifen, trampeln ...).
◆ Gemütszustände akustisch ausdrücken, z.B. beim Lesen eines kurzen Textes (Freude, Traurigkeit, Ärger, Wut, Resignation ...).
◆ Eine Sprechmotette mit rhythmisierten Textfragmenten zusammenstellen und am besten gleich aufnehmen.

→ Technik probieren und trainieren:

◆ Der Zielgruppe angemessene einfache Geräte auswählen.
◆ Keine ermüdend langen Erklärungen zu Geräten und ihrer Funktion; nur die elementar notwendigen Funktionen zeigen, dann kleine Aufgaben bewältigen lassen (learning by doing).
◆ Zum behutsamen Umgang mit der Technik mahnen, aber zugleich zum Ausprobieren ermuntern.
◆ Weitere Funktionen in kleinen Schritten bei Bedarf erklären.

→ Auf Tonjagd gehen:

Viele Geräusche im natürlichen Umfeld aufgenommen klingen nicht so, dass sie überzeugend als authentische Geräusche gehört werden. Aber man kann viele interessante Geräusche aufnehmen und produzieren. Dabei sollte jede Aufnahme mit Kopfhörer mitgehört werden.

Sprechübungen

➔ Sprechübungen:

- ◆ Sehr bald und dann regelmäßig Mikrophon benutzen, damit es gewöhnlich wird.
- ◆ Zungenbrecher sprechen („Fischers Fritz fischt frische Fische" ...). Wenn man das beiläufig aufnimmt, dann kann schon Spaß an der spielerischen Audioproduktion entstehen.
- ◆ Gruppenmitglieder eigene kurze Texte mitbringen lassen, die ihnen persönlich etwas bedeuten. Lesen – aufnehmen – anhören – auswerten. Dahinter steht die Annahme, dass selbstgewählte und subjektiv bedeutsame Texte anders gelesen werden als Fremdtexte.
- ◆ Einen kurzen Text einfach so vor dem Mikrophon vortragen! Ohne Anhören der Aufnahme dann diesen Text bewusst durchgehen und symbolisch auszeichnen, ggf. auch nochmals neu aufschreiben; erneutes Lesen vor dem Mikrophon. Beide Aufnahmen vergleichen!
- ◆ Freies Sprechen vor dem Mikrophon mit einfachen Anregungen üben: z.B. einen Witz erzählen; einen (vorgestellten) Gegenstand beschreiben, dass HörerInnen ihn sich vorstellen können; kurze Befragung eines anderen Gruppenmitglieds zu einem bestimmten Thema ... Wichtig dabei ist die Haltung beim Sprechen; nicht verkrampft sitzen; mit Gestik und Mimik reden; ggf. sogar im Stehen mit Standmikrophon.
- ◆ Rollen sprechen mit Handpuppen. Die Handpuppen erleichtern es, mit der eigenen Stimme zu experimentieren und die Sprache zu dramatisieren.
- ◆ Schlagzeilen oder Werbesprüche durch Wortveränderungen oder andere Betonungen im Sinn verändern (Beispiel Zigarettenwerbung „*Keine* schmeckt besser".)

Der Sprechende im Radio (= Studio) hat kein unmittelbar sichtbares Gegenüber. Sprechen wird zur entscheidenden Methode, zum zentralen Kommunikationskanal. Atmung und Körperhaltung des Sprechenden beeinflussen das Ergebnis ebenso wie Aussageintention und Formulierung. *Was* will ich *wie* sagen? Die rhetorische Interpretation sollte sich aus der Intention und dem Hörerbezug ergeben.

Intonation	**Betonung**	**Tempo**	**Stimmung**	**Lautstärke**
Heben und Senken der Stimme	Hervorhebung einzelner Worte oder Satzteile	Sprechpausen, Beschleunigung, Verlangsamung	Grundlegende Atmosphäre des Sprachduktus (fröhlich, traurig, spannend ...)	Trotz Technik spürbar – kraftvoll, flüsternd, dynamische Akzente

Zum Gelingen von Sprache trägt neben den Formulierungen auch die *Manuscriptgestaltung* bei: Wo gibt es Sprechpausen, wo Haupt oder Neben-Betonungen, wo wird die Stimme gesenkt, wo bleibt sie trotz Zeilenende oder gar Satzzeichen noch in der Schwebe.

➔ Übungen zum Texte schreiben (Moderation bis Hörspiel):

Texte schreiben

◆ Ein leeres Blatt, ein Stift. Auf ein vereinbartes Zeichen hin schreiben die Gruppenmitglieder zu einem abgesprochenen Begriff drauflos, was ihnen einfällt. Drei Minuten lang. Dann wird vorgelesen (oder zur Seite gelegt, neues Blatt, neue Runde).

◆ *Nachrichten:* Aus einer Zeitungsschlagzeile ohne weitere Informationen eine Nachrichtenmeldung erfinden/schreiben. Einen kurzen Sachartikel aus einer Tageszeitung zu einer 30 Sekunden Hörfunk-Meldung umformulieren.

◆ *Ideenfindung:* „Ich will etwas akustisch gestalten, aber was?" Brainstorming (Gedankensturm), schnell ohne Nachdenken auf einem Blatt notieren, was einem spontan einfällt. Anschließend nachlesen, Schwerpunkte farbig markieren, eine Auswahl treffen.

◆ *Strukturierung:* Cluster = Ideenstern oder mind-mapping zum ausgewählten Thema-Begriff: In der Mitte eines leeren Blattes steht der Begriff, dann wird in Pfaden dazu assoziiert; schnell schreiben, nicht lang überlegen ... Anschließend kann man anfangen, die Gedanken zu ordnen, zu strukturieren.

◆ *Recherche:* Die gefundenen Strukturbegriffe durch Nachschlagen, Nachlesen, Internet-Suche o.ä. mit Informationen füllen.

◆ Für eine *Moderation* erst nur (fünf bis zehn) Stichworte notieren, sie in eine Abfolge bringen, dann das ‚Fleisch' darum herum schreiben. – Laut vorlesen erleichtert die Korrektur.

◆ (Kurz)*Hörspiel*:

Welche *Figuren* sollen vorkommen (möglichst genaue Beschreibung: Alter, Aussehen, Charakter, Stimme, Tempo, laut/leise ... alles, was hörbar ist ...); sich in diese Figuren hineinversetzen, sie etwas sagen lassen, Dialoge führen lassen ... Verschiedene Figuren in Interaktion treten lassen.

Handlungsorte: genau beschreiben; wie sind sie akustisch beschaffen?

Roter Faden der Aktion, der Handlung skizzieren; auf Hörbares, akustisch Umsetzbares achten. Stimmungen der Personen, der Orte, der Handlungen beschreiben für Musikauswahl.

➔ Spielerische Übungen:

◆ Ein Gruppenmitglied schreibt seinem Nachbarn drei Worte auf einen Zettel. Dieser muß eine kurze Geschichte erzählen, in der diese drei Worte vorkommen. – Die Begriffe können auch dazu dienen, eine Reportage (Rolle eines Rundfunkreporters) oder eine Nachricht (Rolle eines Nachrichtensprechers) zu entwickeln.

- Eine(r) in der Gruppenrunde beginnt eine Geschichte zu erzählen; kurz vor dem Höhepunkt (oder danach?) stoppt er/sie; jedes Gruppenmitglied schreibt sein/ihr Ende der Geschichte auf. – In einfacherer Form kann man dieses Spiel auch mit angefangenen Sätzen spielen.
- Geschichten fortsetzen: Jedes Gruppenmitglied beginnt auf einem Blatt Papier eine Geschichte zu schreiben; nach ein oder zwei Minuten werden die Zettel im Kreis weitergereicht und jeder schreibt den Anfang des Nachbarn weiter. (Jetzt könnte der erste Beitrag umgeknickt werden, damit immer nur das unmittelbar vorhergehende zu lesen ist). Mindestens zwei Runden sollten die Zettel machen.
- Hör-Spiel: Jedes Gruppenmitglied schreibt auf drei verschiedenfarbige Zettel (rot: wer) eine handelnde Person (Name, Beruf ...); (gelb: wo) einen Ort, bzw. eine Ortsbeschreibung für die Handlung; (blau: was) ein Geschehen („wird ermordet, möchte gerne heiraten ...) und ein Genre bzw. eine Stimmung des Geschehens (Krimi, Liebesgeschichte, dunkle traurige Geschichte ...). Die Zettel werden eingesammelt und gemischt und jedes Gruppenmitglied zieht von jeder Farbe einen Zettel und schreibt aus den Vorgaben ein Hörspiel-Expose.
- Figuren: jedes Gruppenmitglied denkt sich eine reale oder fiktive Figur aus, die in der Geschichte vorkommen soll, und beschreibt sie (vielleicht sogar schriftlicher Steckbrief). Dann werden die Figuren reihum vorgestellt und jede(r) beginnt, einen Handlungsfaden für die Figuren zu beschreiben.

→ Genres, Gattungen, Sendeformen des Radios (der Audiomedien)

Elemente			
Sprache Wortbeiträge (vorbereitet, verschriftet, gelesen), Moderation	O-Ton / Atmo Interview Reden (Ausschnitte) Live-Musik Akustische Atmosphäre	Musik	Geräusche / Effekte künstlich oder von der Konserve

Nachrichten: Urtyp der journalistischen Grundformen, möglichst klar und allgemeinverständlich in der Formulierung; knappe Meldungen zu den wesentlichen Aspekten eines Vorgangs (Wer? Wann?

Was? Wo? Wie? Warum?) mit jeweils erstem Satz als Schlagzeile; kurze Sätze mit wenig Verschachtelungen; kurze O-Ton-Einspielung möglich. Die Nachrichtenauswahl richtet sich nach: Aktualität, Interesse, Kontinuität, Öffentlichkeit, Originalität.

Sendeformen des Radios

Interview: Systematische, möglichst konzentrierte Befragung in drei Formen: Interview mit Experten zur Sache, Interview zu einer Person; Meinungsinterview. – Eine Spezialform ist die *Umfrage* z.B. als Einstieg in einen Beitrag oder als Auflockerung, bietet Querschnitt möglicher Standpunkte, Beschreibung eines momentanen Zustandes, ist aber nicht im strengen Sinn repräsentativ. Als *Statement* bezeichnet man in diesem Zusammenhang eine kurze Stellungnahme im O-Ton ohne weitere Nachfragen des Interviewers.

Bericht: Sachlicher und informativer Beitrag ohne O-Ton, erweiterte Nachricht.

Kommentar: Subjektive, meist kritische Stellungnahme, als solche gekennzeichnet (Aufbau: Einführung des Themas – Tatsachen – Hintergründe – Bewertung – Fazit). Ein eher analytischer Kommentar bietet Hintergründe und Perspektiven, ein Meinungskommentar geht davon aus, dass der Hörer grundsätzlich mit dem Sachverhalt vertraut ist.

Glosse: Kurze Randnotiz bzw. Kommentar, oft umgangssprachlich formuliert und mit ironischem oder satirischem Unterton; kurze Musik- oder Geräuscheverwendung möglich.

Gebauter Beitrag: Aus O-Ton und Sprechertext gleichberechtigt zusammengesetzt; teils wird auch akustische Atmosphäre im Hintergrund verwendet („Atmo"); für den Hörer i.d.R. interessante und leichter mitvollziehbare Form.

Diskussion-/Rundgespräch: Experten oder wichtige Personen im Studio, moderiert oder offen.

Reportage: Erlebnisschilderung eines Reporters (möglich im O-Ton, als geschriebene Reportage oder als gebauter Beitrag). Elemente können dabei Statement, Interview oder Gespräch sein; auch Kurzkommentar, Glosse oder eingefangene Atmosphäre („Atmo") können enthalten sein. Live-Reportagen gehören zu den anspruchsvollsten Leistungen des Radiojournalismus.

Magazin: Größere Sendeform als Mischung aus Berichten und Musik; in der Regel führt ein Moderator durch die Sendung (Garant für Zuschauerbindung).

Umschau: kurze Magazinsendung mit wenig bzw. ohne Musik. Eine längere Form würde man als *Journal* bezeichnen.

Feature: Eine Art akustischer (Dokumentar-)Film, ein meist längerer Radiobeitrag mit vielen der genannten Darstellungsformen; im Gegensatz zum Hörspiel klar auf Realität bezogen.

Hörspiel: Theater für die Ohren, fürs Radio; Literatur fürs Radio dramatisiert aufbereitet; ein Feature mit meist fictionalem Charakter und Inhalt.

Trailer: Kurze Montage aus O-Ton, Wortbeitrag ..., die ein Thema eröffnet oder auf folgende Sendungen werbend hinweisen soll.

(vgl. *LaRoche/Buchholz* 1986; *Rüthers/Allebrand* 1990)

Der „gute" Ton mit richtiger Technik

Audioarbeit lässt sich auch heute noch mit Kassettenrekorder, Mikrophon und Plattenspieler realisieren. Aber immer mehr werden diese analogen Geräte durch digitale Aufzeichnungs- und Abspielgeräte abgelöst. Die Ablösung der Schallplatte durch die CD (Compact Disc) ist inzwischen allgemein erfolgt und nur bestimmte Szenen bevorzugen die alten Vinylplatten weiter (z.B. zum Scratschen). Digitale Kopien mit wenig Klangverlust sind jedoch nur eingeschränkt möglich: man benötigt entsprechende digitale Schnittstellen an den Geräten und wird gelegentlich durch einen Kopierschutz an weiteren Kopien gehindert (z.B. bei Mini-Disc-Systemen).

Geräte zur Tonaufnahme

Die Mini-Disc ist derzeit auf dem Weg, die alten Kassettenrekorder abzulösen. Die Klangqualität ist erheblich besser. Allerdings gibt es (zumindest messbare) Unterschiede zur CD bzw. digitalen Bandaufnahme (DAT), da die Minidisc-Systeme mit einer Datenkomprimierung arbeiten. Außerdem ist derzeit der Kampf um die künftigen Hauptsysteme noch nicht entschieden. Über das Internet findet das sogenannte MP3-Format viele Anhänger. Dies ist ebenfalls ein Kompressionsverfahren; die Minderung des Klangs ist bei geringer Kompressionsrate kaum hörbar. Dieses Format spielt bei Internet-Audio-Dateien eine große Rolle; inzwischen gibt es auch entsprechende Player im Walkman-Format.

Harddisc-Recording

Insgesamt ist für die Audioarbeit auch im Homebereich bzw. für medienpädagogische Aktionen eine Ablösung der analogen durch die digitale Bearbeitung nicht mehr aufzuhalten. Statt Kopien und Mischen auf Mehrspur-Kassettengeräten oder gar echtem Schneiden auf analogen Bandmaschinen wird die Arbeit mit einem Harddisc-Rekording-Programmen am Computer immer einfacher und bezahlbarer. Hier können mehrere Spuren und einzelne Elemente auf den Spuren nonlinear bearbeitet, beeinflusst und verschoben werden, ähnlich wie Textblöcke in einem Textverarbeitungsprogramm. Man benötigt dazu im Prinzip nicht viel mehr als eine gute Soundkarte im Computer. Von Vorteil sind digitale Ein- und Ausgänge, um CD-Aufnahmen oder Minidisc-Eigenaufnahmen direkt digital übernehmen zu können. Einfache Programme werden oft schon bei der Soundkarte mitgeliefert, ansonsten sind sie im Musik-Fachhandel in großer Zahl zu erhalten.

📖 *Gruppenaufgaben*: Bei den folgenden Aufgaben für kleine Gruppen geht es darum, die Geräte spielerisch zu erproben; Inhalte sind an dieser Stelle egal.
(1) Aufnahmen von Geräuschen mit einem tragbaren Kassettenrekorder (möglichst mit externem Mikrophonanschluss). Ausprobieren von verschiedenen Mikrophontypen, Entfernungen, Mikrophonhaltungen ... Erproben verschiedener Räume in ihrer Akustik.
Geräte: tragbarer Kassettenrekorder. Dynamisches Mikrophon. Kondensator-Richtmikrophon. Kopfhörer. Aktivbox zum Anhören.
(2) Aufnahmen auf dem Mehrspur-Kassettenrekorder. Mischen von vier Spuren: (1) Musik 1 (Aus-, Ein-, Überblendung) (2) Musik 2; (3) Sprache; (4) Geräusche.
Geräte: 4-Spur-Kassettenrekorder. Stereo-Anlage. Kopfhörer. Mikrophon. CD-Spieler als Zuspielgerät. Kassettenrekorder zum Abmischen

Begriffe der Audio-Technik:

MIDI

- *Midi*: Abkürzung für Musical Instrument Digital Interface, bezeichnet einen Satz von Steuerbefehlen für entsprechend „midifähige“ elektronische Musikinstrumente. Mit „In“ und „Out“ doppelt über ein 5-poliges Kabel werden elektronische Instrumente untereinander oder mit dem Computer verbunden; beim Computer wird entweder eine entsprechende Midi-Schnittstelle oder der Gameport der Soundkarte mit einem Adapter benutzt. Beim Midi-Signal werden keine Klänge übertragen, sondern nur Steuerdaten wie Tonhöhe, -länge, -anschlagsdynamik u.a. Die Erzeugung des Klangs übernimmt das Midi-Instrument oder der Sound-Chip einer PC-Soundkarte; somit ist auch die Qualität des Klangs vom Instrument abhängig. Praktisch jeder aktuelle PC kann Midi-Dateien mit Hilfe des internen Sound-Chips abspielen.
- *Harddisc-Recording*: Direktes Aufzeichnen digitaler Audiodaten auf die Festplatte eines Computers oder eines entsprechenden Recorders. Anders als bei Midi werden hierbei die gesamten Audio-Klang-Informationen in Form von Wellen mitgespeichert. CD-Qualität bietet eine Auflösung von 16Bit und 44,1 KHz.
- *Analoge und digitale Aufzeichnung*: Analoge Aufnahmen haben ein Band-Eigenrauschen. Rauschunterdrückungen („Dolby“, dbx ...) mindern dies, beeinflussen aber den Klang. Digitale Aufzeichnungen können „digital“ nahezu verlustfrei kopiert werden. Das bekannte Stereo-Signal ist im Prinzip eine Zwei-Spur-Aufnahme. Eine Stereo-Kassette kann auf einem handelsüblichen Stereorekorder von beiden Seiten bespielt werden. Beim analogen Mehrspurrekorder (hier: 4-Spur) werden die vier Spuren in einer Richtung genutzt; deshalb ist kein Drehen des Bandes möglich (Aufnahme läuft dann rückwärts). Der zeitliche Ablauf liegt bei Bandaufnah-

men fest („linear"). Die Spuren können in der Mehrspurtechnik einzeln nacheinander bespielt werden. Bereits bespielte Spuren können gesichert und bei der Bespielung weiterer Spuren mit abgehört werden. Solche „linearen" Aufzeichnungsgeräte gibt es z.B. auch mit acht Kanälen oder als digitale Systeme.

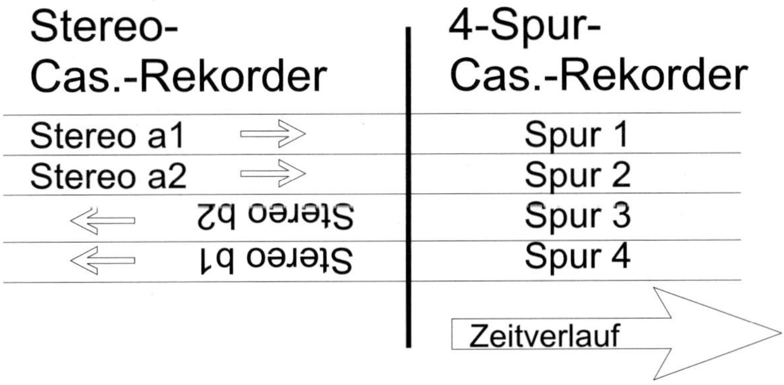

Abb. 12.5: Analoge Mehrspuraufnahme linear

- *Vor-/Hinterband*: Gute analoge Aufnahmegeräte besitzen drei Tonköpfe: einen für die Vormagnetisierung- bzw. Löschfunktion, einen Aufnahmekopf, einen Wiedergabekopf. Am Wiedergabekopf liegt das aufgenommene Signal gleich wieder an, das ermöglicht exakte Kontrolle der Aufnahme („Hinterband").
- *Mikrophontypen* und *Charakteristik*: dynamische Mikrophone (ohne Stromspeisung, in der Regel weniger empfindlich); Kondensatormikrophone (brauchen Stromspeisung durch Batterie bzw. vom Mischpult/Aufnahmegerät). Je nach Bauform nehmen Mikrophone Schall aus verschiedenen Richtungen unterschiedlich gut auf. Richtcharakteristiken: Kugel – Niere – Keule (siehe Tabelle zum Thema Video-Ton, S. 426).

Mikrophone

- *Mischpult*: Ein Mischpult braucht man, um linear verschiedene Signalquellen miteinander zu mischen, z.B. Aus-, Ein-, Überblendungen von Musik, Mikrophonaufnahme und Musik, mehrere Mikrophone ... Mischpulte erlauben i.d.R. auch eine Klangbeeinflussung.
- *Eingangsempfindlichkeit*: Anpassung bei Mischpulten durch sogenannte Pitch-Regler an das unterschiedlich starke Eingangssignal etwa von Mikrophonen (Mic.-Eingängen) oder CD-Spielern (Line-Eingänge).
- *Panorama*: Regelung der Stereo-Balance, Verteilung der Tonsignale auf das Spektrum zwischen rechtem und linkem Kanal.

- *Effektgeräte*: Mischpulte ermöglichen i.d.R. pro Kanal das Signal durch Hinzumischung eines durch Effektgeräte veränderten Signals zu beeinflussen (z.B. Hall).
- *Aussteuerung* einer Aufnahme: Normalerweise werden die Aufnahmen von O-Tönen bzw. der einzelnen Spuren optimal ausgesteuert, d.h. möglichst starkes, aber unverzerrtes (= nicht übersteuertes) Signal. Erst in der Nachbearbeitung wird die Dynamik (Lautstärkeunterschiede) der verschiedenen Ton-Elemente bzw. der Spuren zueinander (Sprache, Musik, Geräusche) ausbalanciert („Abmischen"). Dabei sind dann über das Mischpult auch Ein-, Aus- und Überblendungen möglich. Vorsicht ist bei digitalen Aufnahmen geboten: Übersteuerungen sind deutlich zu hören und können nicht im Nachhinein korrigiert werden.

Literaturtipps

Günnel, Traudel/Werner, Ulrike, Interview ist nicht gleich Interview. Handbuch für die medienpädagogische Ausbildung im Audiobereich, München 1999 (mit CD)

Go Radio. Spiele und Aktionen. Reader für die Radio-Praxis mit Begleit-CD, hg. v. d. Bundeszentrale für politische Bildung, Bonn 1997

La Roche, Walter von/Bucholz, Axel (Hrsg.), Radio-Journalismus. Ein Handbuch für Ausbildung und Praxis im Hörfunk, München 1986

Palme, Hans-Jürgen/Schell, Fred (Hg.), Voll auf die Ohren 2. Kinder und Jugendliche machen Radio. Beispiele, Anregungen, Ideen, München 1998 (mit CD)

Rüthers, Jobs/Allebrand, Raimund, Radio-Werkstatt, Reihe: medien praxis. Praktische Medienarbeit 20, Bonn 1990

Vox Populi. Hörerinnen und Hörer haben das Wort. Reader für die Radiopraxis mit Begleit-CD, hg. v. der Bundeszentrale für politische Bildung, Bonn 1996

Schill, Wolfgang/Baacke, Dieter (Hg.), Kinder und Radio. Zur medienpädagogischen Theorie und Praxis der auditiven Medien, Frankfurt 1996

Schwerpunktthemen: „Zur Hörkultur", in: medien + erziehung 34 (1990), H 1, 4-21; H 2, 93.113; „Projekt Radio", in: medien praktisch 1/89, 4-30; „Welt des Hörens", in: medien praktisch 2/86, 5-20

12.2.3 Foto / Dia-AV

(Vgl. zu theoretischen Hintergründen auch Kap. 3.6)

Das menschliche Sehen ist umfassend, aber immer zugleich subjektiv. Wir richten unser Auge unweigerlich auf uns wichtige Dinge. Unser Gehirn verarbeitet die optische Wahrnehmung unter Abgleich mit Vorerfahrungen zur visuellen Wahrnehmung; das Sichtbare wird auch automatisch durch unsere anderen Sinne ergänzt. Wir sehen unter Verwendung beider Augen räumlich, dreidimensional. Farb- und Helligkeitsschwankungen, auch hohe Kontraste kann unser Auge sehr schnell korrigieren. Das menschliche Auge bildet also Wirklichkeit nicht ab, sondern wählt aus, liefert dem

Optische und visuelle Wahrnehmung

Gehirn Informationen, die dort interpretiert werden. Diese Verbindung zwischen optischer und visueller Wahrnehmung geschieht automatische und ist zwingend.

Der Fotoapparat „sieht" anders und das muss der Fotograf berücksichtigen. Im Prozess des Fotografierens werden ein zeitlicher Moment und ein räumlich begrenzter Ausschnitt eingefroren und abgebildet. Die Bruchteile von Sekunden, die ein Foto festhalten kann, können wir aufgrund der Trägheit unseres Augen gar nicht wahrnehmen.

Vom Wort her bedeutet Fotografieren: mit Licht schreiben (griechisch: phos = Licht, graphein = schreiben). Für wirkungsvolle Fotos müssen wir lernen, so zu sehen wie das Objektiv der Kamera, einen fotografischen Blick trainieren.

Abb. 12.6: Auge und Kamera im Vergleich

Fotografisches Sehen

Fotografischer Blick ...

- bewusst sehen, die anderen Sinne abschalten;
- zwei statt drei Dimensionen, d.h. flächig sehen;
- Standbild statt Bewegung;
- Ausschnitte von Wirklichkeit sehen;
- Farben in Grauwerte für schwarz-weiß umsetzen;
- auf Licht und Schatten, Linien und Flächen, Perspektiven und Bildzentren achten;

... diesen Blick kann man nicht durch Lesen und Reflektieren trainieren, sondern nur durch Sehen, Bilder analysieren und Bilder machen.

Fotografisches Gestalten heißt ...

Fotografisches Gestalten

- beim Betrachter des Fotos Interesse wecken;
- Sinn & Intention im Foto sichtbar machen;
- mögliche Wirkungen beim Betrachter vorwegnehmen;
- Wirklichkeit abbilden und Wirklichkeit gestalten;
- Format wählen, im Format Bildausschnitt gestalten;
- auf Punkte, Linien und Flächen achten;
- auf Bildschnitte achten,
- Perspektiven und Parallelen gestalterisch einbeziehen,
- Bildmittelpunkt, Bildorte, Bildräume gestalten,
- Bildelemente und -objekte gestaltend ordnen;
- mit Licht und Schatten gestalten;
- Schärfe und Unschärfe bewusst einsetzen! (vgl. *Eichhorn* 1987)

📖 *Fiege, Jürgen,* „Die Dauer des Augenblicks". Ein fotopädagogisches Handbuch, hg. vom Jugendhof Steinkimmen, München 2002
Schafiyha, Liliane, Fotopädagogik und Fototherapie. Theorie, Methode, Praxisbeispiele, Weinheim 1996
🖱 Im Internet gibt es einige Fotokurse, z.B.: www.striewisch-fotodesign.de/lehrgang; www.agfanet.de; auch die Firma Ilford bietet einige günstige und gute fotopädagogische Materialien, z.B. ein Dunkelkammer-Handbuch auf CD-Rom: www.ilford.com

s/w-Fotografie

Das „alte" Medium Fotografie bleibt ein Übungsfeld für den Medienmenschen im Zeitalter der Hochindustrialisierung. Ein „visueller Analphabet", der Bildersprache sonst hilflos ausgeliefert, kann über bewusstes Fotografieren vom Bilderkonsumenten zum -produzenten werden. Medienpädagogik (wie sonst der Kunstunterricht) ist bemüht, die Sprache der Bilder kritisch zu lehren.

Mit dem Fotoapparat und im Labor Bilder herzustellen, ist eine Schule zum kritischen Sehen und Urteilen. Um Realität abbilden zu können, muss man sich mit ihr auseinandersetzen; viele Aspekte werden so erstmals wahrgenommen. Manches, was mit bloßem Auge interessant scheint, ist durchs Objektiv gesehen banal; aber der Kamerablick ermöglicht die Konzentration auf Ausschnitte, auf Wesentliches oder Symbolisches, das trotzdem verstanden wird. Die bewusste Wahl der Perspektive und des Ausschnitts sowie der Mut zum Experimentieren sind Kernelemente aktiven Fotografierens. Profis nehmen oft viele Negative von einem Motiv auf, suchen das beste Foto aus und werfen die restlichen Negative oder Positive weg. Das ist ökologisch sicher ein Problem, aber im kreativen Prozess oft nicht zu vermeiden. Man kann den Müll verkleinern, indem man seine (s/w)Filme selbst entwickelt oder nur die Filme entwickeln lässt und die Abzüge nach kritischer Auswahl selbst anfertigt.

Im Folgenden werden einige Grundlagen des Fotografierens skizziert. Die Praxis im Fotolabor kann hier nicht beschrieben werden; dafür gibt es Buchempfehlungen.

Ebenfalls kann ein weiter Bereich der Fotografie, der medienpädagogisch nach wie vor wichtig ist, hier nur angetippt werden. Die Arbeit mit Dias ermöglicht neben dem ersten kreativen Prozess des Fotografierens einen weiteren: die Zusammenstellung ganzer Diaserien und die Projektion in einer mit Musik oder anderen Tönen kombinierten Überblendschau. Dazu benötigt man mindestens zwei miteinander gekoppelte und steuerbare Diaprojektoren (sog. Überblend-Einheit). Auch dazu müssen an dieser Stelle Literaturempfehlungen genügen.

📖 *Freier, Felix/Sarrazin, Norbert,* Fotos: Selbst entwickeln – selbst vergrößern, Köln 1985
Spitzing, Günter, Vergrößern sw. Das neue Lehrbuch fürs Schwarzweiß-Labor, Augsburg 1995
Biere, Julien, Professionelle Dia-AV, Schaffhausen 1988

Filme

Filme werden danach unterschieden, wie sie aufgenommene Bilder wiedergeben: Farbe oder S/W = schwarzweiß; negativ oder positiv (Dia, Farbumkehrfilm).

Die lichtempfindliche Schicht des Films besteht aus einer Mischung lichtempfindlicher Silbersalze (Silberhalogenide) und Gelatine. Sie ist empfindlich gegen Kratzer. Bei Farbfilmen liegen drei Schichten für die Grundfarben Blau, Grün und Rot übereinander.

Üblich ist die Arbeit mit Kleinbildfilmen (Format meist 24 x 36 mm), konfektioniert meist in Filmpatronen mit 36 Aufnahmen.

Filmempfindlichkeit

Die Filmempfindlichkeit, also die Lichtempfindlichkeit der Emulsionsschicht, wird inzwischen allgemein in ISO (entspricht American Standard Association ASA) angegeben. Je höher die Filmempfindlichkeit, desto „schneller" ist der Film, d.h. desto kürzer können die Belichtungszeiten sein oder man kann stärker abblenden, um die Schärfentiefe zu vergrößern. Die höhere Lichtempfindlichkeit wird durch gröbere Filmkörnung erreicht. Damit verbindet sich der negative Effekt: je höher die Filmempfindlichkeit, desto gröber ist das Korn und desto weicher ist die Gradation.

Achtung: Die Filmempfindlichkeit muss an der Kamera eingestellt werden, sonst kann der Belichtungsmesser bzw. die Automatik nicht entsprechend arbeiten; bei aktuellen Kameras geschieht dies teilweise inzwischen automatisch.

Empfindlichkeit	ISO	Körnung	schwarz-weiss Typen
geringe	25, 50	feinkörnig, scharf, steile Gradation	z.B. Ilford PAN F; Agfa APX 25
mittlere	100, 125, 200	mittel	Ilford FP 4; Agfa APX 100; Kodak TMAX 100
hohe	400	grob, weich	Ilford HP 5; Kodak TMAX 400

Schwärzung: „Die belichteten Silberhalogenide werden beim Entwickeln des Films zu metallischem Silber reduziert. Die dabei entstehende optische Dichte eines Negativs oder Positivs wird ‚Schwärzung' genannt." (*Eichhorn* 1987, 79)

Gradation: „Steigerung des geradlinigen Teils der Schwärzungskurve und damit der Fähigkeit einer Filmschicht, den Kontrast eines Motivs wiederzugeben" (ebd.)

Gradation

Die Gradation ist von der Entwicklung (Dauer und Entwicklerflüssigkeit) abhängig, aber auch von der Belichtung und Beleuchtung und vom Objektkontrast. Je lichtempfindlicher ein Film ist, desto weicher ist er in seiner Gradation.

- hart: Steigerungswinkel der Schwärzungskurve ist größer als 45 Grad. Gegensatz zwischen Hell und Dunkel erscheint größer als beim Motiv.
- normal: Steigerungswinkel der Schwärzungskurve ist 45 Grad. Motivgetreue Kontrastwiedergabe.
- weich: Steigerungswinkel der Schwärzungskurve ist geringer als 45 Grad. Gegensatz zwischen Hell und Dunkel erscheint geringer als beim Motiv.

Kameratypen

→ *Sucherkameras* sind preisgünstig, leicht und klein, einfach zu handhaben. Allerdings lassen sich in der Regel Objektive nicht austauschen; viele Sucherkameras heute haben bereits ein Zoomobjektiv mit Brennweiten ab 28 mm (Weitwinkel) bis zu 105 mm (Tele). Meist haben Sucherkameras heute einen integrierten Blitz, teils auch einen Vorblitz gegen rote Augen. Der Blitz sollte manuell zu- oder abschaltbar sein. Sonst laufen die Kameras in der Regel vollautomatisch. Das Motiv wird durch einen Sucher parallel zum Objektiv betrachtet; man sieht nicht genau den Ausschnitt, der auch auf dem Film abgelichtet wird. Außerdem hat man keine Kontrolle der Scharfstellung durch den Sucher.

→ *Spiegelreflexkamera*: Der Sucher zeigt per Umlenkspiegel und Mattscheibe das Motiv durchs Objektiv; man sieht somit den Bildausschnitt genau und kann auch die Schärfe kontrollieren. Objektive können gewechselt werden. Allerdings haben die verschiedenen Hersteller unterschiedliche Gewinde- bzw. Bajonett-Verschlüsse, die untereinander nicht austauschbar sind. Blende (Größe der Öffnung, die für die Belichtung freigegeben wird) und Verschlusszeit (Zeitdauer der Öffnung der Blende) können vielfach vollautomatisch geregelt werden. Es gibt aber auch Zeitautomatik (Blende wird manuell vorgewählt) und Blendenautomatik (Zeit wird vorgewählt). Ideal ist es, wenn alle Kombinationen wählbar sind, auch eine gänzlich manuelle Einstellung. Die Belichtungsmessung geschieht mittels eines eingebauten Belichtungsmessers durch das Objektiv.

Spiegelreflexkamera

➔ *APS-Kamera*: Advanced Photo System. Der Film befindet sich vor und nach der Entwicklung in einer Patrone. Filmeinlegen entfällt und die Nachbestellung der Bilder wird vereinfacht. Aber die Kamera braucht spezielle Filme, die eine Magnetschicht haben für die Speicherung verschiedenster Daten. Auf der Patrone kann man erkennen, ob ein Film neu, teilbelichtet, ganz belichtet oder bereits entwickelt ist. Bei der Aufnahme kann man sich für drei Formate entscheiden: das herkömmliche 10 x 15 Format, ein HDTV-Breitbildformat 16:9 oder ein Panoramaformat. Je nach Kameratyp lassen sich auf der Rückseite schon beim Fotografieren Informationen wie Datum, Uhrzeit und persönliche Anmerkungen unterbringen. Bei der Entwicklung wird ein Indexprint mitgeliefert, was inzwischen aber viele Labore auch bei normalen Filmen erstellen.

Digitale Kamera

➔ *Digitale Kamera*: gibt es als Sucherkameras oder als Spiegelreflex. Die Aufnahmen werden nicht mehr wie herkömmlich auf Film gespeichert, sondern auf einer digitalen Speicherkarte; verbreitet sind mehrere nicht miteinander kompatible Systeme: Smart Media, Compact Flash, Microdrive, XD-Picture Card, Memory Stick. Je nach Auflösung haben bis zu mehreren hundert Aufnahmen Platz. Die Bilder können direkt in einen Computer importiert werden und dort gespeichert, nachbearbeitet (Retouche, Veränderung, Verzerrung, Verfremdung, Montage ...) und über Farbdrucker ausgedruckt werden. Weil sie als digitale Daten vorliegen, können Bilder per Datenleitung weltweit verschickt werden. Allerdings müssen eine sehr gute Kamera (mindestens 3 Millionen Pixel), eine hohe Auflösung, ein guter Drucker mit spezieller Fotokartusche und Fotopapier verwendet werden, damit Digitalprints die Qualität herkömmlicher Abzüge auch bei Vergrößerungen erreichen.

Objektive

➔ *Brennweite* nennt man beim Objektiv den Abstand zwischen Filmebene und Linse (in mm). Je größer der Abstand ist, desto größer wird das Objekt abgebildet. Eine Brennweite von etwa 50 mm entspricht dem menschlichen Augeneindruck; deshalb werden entsprechende Objektive als Normalobjektiv bezeichnet. Darunter liegende Werte (Standard z.B. 35 mm, 28 mm) sind Weitwinkel, darüberliegende (z.B. 85 mm bis 300 mm und mehr) Teleobjektive.

➔ *Zoomobjektive* haben variierbare Brennweiten (z.B. 28 bis 105 mm; 35 bis 200 mm). Allerdings sind sie meist deutlich lichtschwächer (kleinste Blende z.B. 4,5). Die Brennweite des Objektivs beeinflusst die Tiefenschärfe (Weitwinkel: höhere Tiefenschärfe; Tele: geringere Tiefenschärfe).

➔ *Scharfeinstellung*: manuell oder Autofokus, die Automatik sollte abschaltbar sein.

➔ *Blende*: Größe der Öffnung, durch die das Licht auf den Film fällt. Zwischen ca. 1,4 (= große Öffnung) und ca. 22 (= sehr kleine Öffnung); verwirrend ist dabei, dass die Zahlen auf dem Blendenring immer größer werden, je kleiner die Blendenöffnung ist. Bei kleiner Öffnung ist die Tiefenschärfe eines Bildes höher.

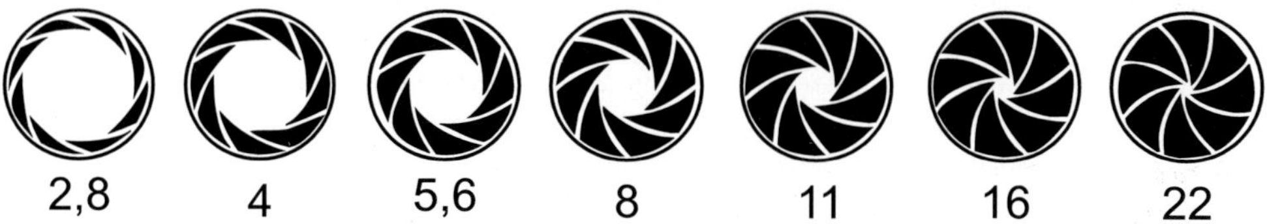

Abb. 12.7: Blendenöffnung

➔ *Verschlusszeit*: die Zeit, in der die Blende für ein Foto geöffnet wird. Von etwa einer 2000stel Sekunde bis zu einer 60stel Sekunde kann mit einem Weitwinkel- oder Normalobjektiv aus der Hand fotografiert werden. Bei Teleobjektiven ist die Gefahr des Verwackeln größer, also kürzere Verschlusszeiten wählen. Bei längeren Verschlusszeiten sollte man ein Stativ verwenden. Bei bewegten Objekten(z.B. in der Sportfotografie) spielt die Wahl der Verschlusszeit eine wichtige Rolle.

Wert	1	2	4	8	15	30	60	125	250	500	1000
in sec.	$\frac{1}{1}$	$\frac{1}{2}$	$\frac{1}{4}$	$\frac{1}{8}$	$\frac{1}{15}$	$\frac{1}{30}$	$\frac{1}{60}$	$\frac{1}{125}$	$\frac{1}{250}$	$\frac{1}{500}$	$\frac{1}{1000}$

x1/2 ⟶ ⟵ x2

Abb. 12.8: Verschlusszeiten

Richtige Belichtung: Zeit, Blende, Tiefenschärfe

Das Verhältnis von Blende und Verschlusszeit bestimmt auf der Basis der Filmempfindlichkeit die „richtige" Belichtung. Viele Kameras bestimmen dieses Verhältnis heute automatisch. Bei manueller Bedienung ist es vorteilhaft, wenn in der Kamera ein Belichtungsmesser eingebaut ist, der das richtige Verhältnis anzeigt. Die Belichtungsmessung geschieht durch das Objektiv. Allerdings kann der Belichtungsmesser nicht wissen, welcher Art das Motiv ist, das wir gerade fotografieren wollen. Sind z.B. im Bild vorwiegend helle Töne vorhanden wie in einer Schneelandschaft, dann wird das Bild durch die Automatik auf ein mittleres Grau belichtet; der Schnee sollte aber weiß werden. Wenn man Menschen in dunkler Kleidung vor einem dunklen Hintergrund fotografiert, wird die automatische Belichtung aufhellen und die Gesichter der Menschen werden zu hell, ohne Zeichnung. Es gilt also: im Durchschnitt helle Motive überbelichten, dunkle Motive unterbelichten. Viele Kameras bieten verschiedene Messvarianten an. *Mittenbetonte Messung*: die Bildmitte ist für die Belichtung maßgebend. *Mehrfeldmessung*: Das Motiv wird in mehrere Messfelder eingeteilt, an verschiedenen Punkten wird gemessen und ein Mittelwert gebildet. *Selektiv- und Spotmessung*: bestimmte Messbereiche bestimmen die Belichtung.

Messmethoden

Die richtige Belichtung ist abhängig von drei Werten:

Richtige Belichtung

- ⇨ Filmempfindlichkeit (ISO-Wert), an der Kamera einzustellen.
- ⇨ Verschlusszeit, an der Kamera nach Vorgabe des Belichtungsmessers einzustellen.
- ⇨ Blende, am Objektiv nach Vorgabe des Belichtungsmessers einzustellen.

Verschlusszeit und Blende sind einander zugeordnet und voneinander abhängig! Die Verschlusszeiten werden international einheitlich in Sekunden bzw. Bruchteilen von Sekunden angegeben. Jeder Sprung von einer Einstellung zur nächst-kürzeren halbiert die Belichtungszeit und damit die Lichtmenge, jeder Sprung zur nächst-längeren verdoppelt Belichtungszeit und damit Lichtmenge (B = Dauerbelichtung, solange der Auslöser gedrückt ist; x = Blitzsynchronzeit).

Die Blende hat zwei Funktionen: Sie regelt durch Vergrößerung bzw. Verkleinerung der Öffnung die Lichtmenge, die auf den Film trifft, und sie beeinflusst die Tiefenschärfe.

Verschlusszeit und Blende stehen zueinander in einem umgekehrten Verhältnis; beispielsweise sei das richtige Blende-Verschlusszeit-Verhältnis für eine optimale Belichtung laut Belichtungsmesser 1/125 bei Blende 8; dann sind die folgenden Kombinationen genauso richtig:

Zeit	$\frac{1}{15}$	$\frac{1}{30}$	$\frac{1}{60}$	$\frac{1}{125}$	$\frac{1}{250}$	$\frac{1}{500}$	$\frac{1}{1000}$
Blende	22	16	11	8	5,6	4	2,8

Abb. 12.9: Verhältnis von Blende und Verschlusszeit

Tiefenschärfe

Unter *Tiefenschärfe* (auch: Schärfentiefe) versteht man die Größe der Zone vor und hinter einer eingestellten Entfernungsschärfe, die ebenfalls noch scharf erfasst und abgebildet wird. Die Schärfentiefe ist abhängig:

- von der Brennweite des Objektivs: je größer die Brennweite, desto kleiner die Schärfentiefe;
- von der Aufnahmeentfernung: je größer die Annäherung an ein Objekt, desto kleiner die Schärfentiefe;
- von der Blendenöffnung: je größer die Blendenöffnung (kleinere Zahl), desto kleiner die Schärfentiefe.

Die Tiefenschärfe ist ein wesentliches Gestaltungsmittel der Fotografie. Mit durchgängiger Tiefenschärfe vom Vorder- bis zum Hintergrund erzeugt man eine klare Bildaussage, erreicht aber auch keine Hervorhebungen. Durch Begrenzung der Tiefenschärfe auf eine Motivebene in der Bildtiefe trennt man diese vom Hintergrund und erreicht somit eine Betonung und Konzentration.

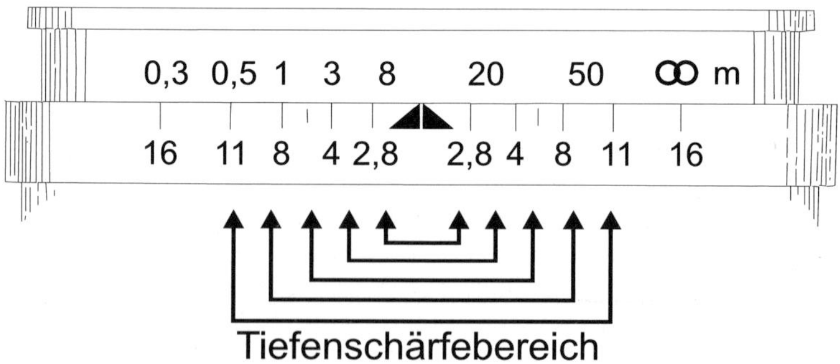

Abb. 12.10: Ablesen des Tiefenschärfebereichs am Objektiv

Objektauswahl und Bildgestaltung

Die Auswahl der Fotoobjekte ist von subjektiven und persönlichen Interessen und Motivationen bestimmt. Dennoch kann man lernen, fotografisch zu sehen (vgl. Anfang dieses Abschnitts). Vor allem sollte man der Lichtstimmung Aufmerksamkeit widmen, denn Fotografie ist Schreiben mit Licht. Helle Details ziehen in einem Foto den Blick an und müssen entsprechend richtig platziert werden bzw. bildwichtig sein. Beim s/w-Foto bestimmt das Licht neben der Filmempfindlichkeit und der weiteren Verarbeitung die Kontrastwirkungen, den Eindruck von Härte oder Weichheit eines Bildes, die Abstufungen zwischen Schwarz und Weiß. Beim Farbfoto werden auch die Farbwiedergaben und damit -wirkungen durch das Licht mitbestimmt.

Lichtstimmung

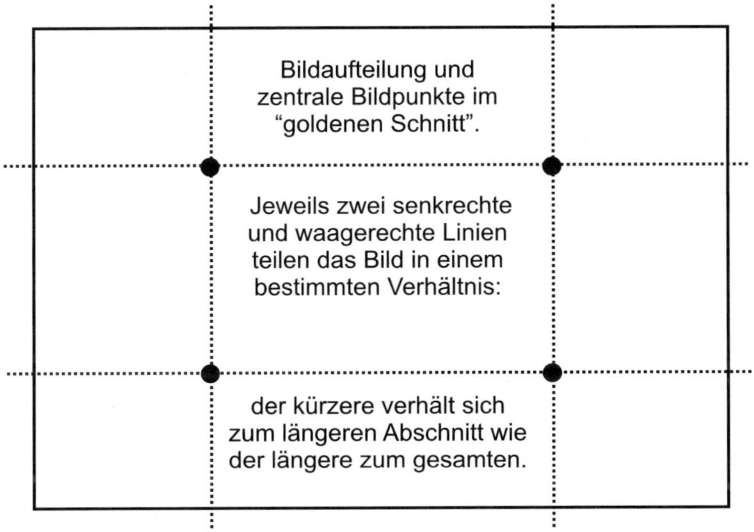

Abb. 12.11: Bildaufteilung nach dem „goldenen Schnitt“

Die Wahl der Perspektive und des Bildausschnittes ist der zweite Faktor, dem man Aufmerksamkeit schenken sollte. Welches sind die mir wichtigen Bildinhalte? Was will ich fotografieren, was will ich zeigen? Die Antwort auf diese Fragen zieht weitere Fragen nach sich, wie ich meine Inhalte denn richtig ins Bild setze. Ähnlich wie bei der Filmgestaltung sind auch beim Foto Perspektiven zu nennen: von unten, Augenhöhe, von oben; frontal oder seitlich. Der Ausschnitt ist zu wählen entweder durch Herangehen ans Objekt bzw.

Perspektive und Bildausschnitt

Entfernen davon oder durch die Wahl unterschiedlicher Objektiv-Brennweiten; für die Perspektive wechselt man eher den Standort, für den Ausschnitt die Brennweite. Vorder- und Hintergrund sollten interessant sein (Merksätze: Vordergrund macht Bild gesund; Mittelgrund tut Absicht kund; Hintergrund nicht kunterbunt!). Oft ist die Nähe, das Detail wesentlich bildwirksamer als die Totale oder Großaufnahme, vor allem, wenn die Vergrößerungsformate der späteren Abzüge eher kleiner bleiben.

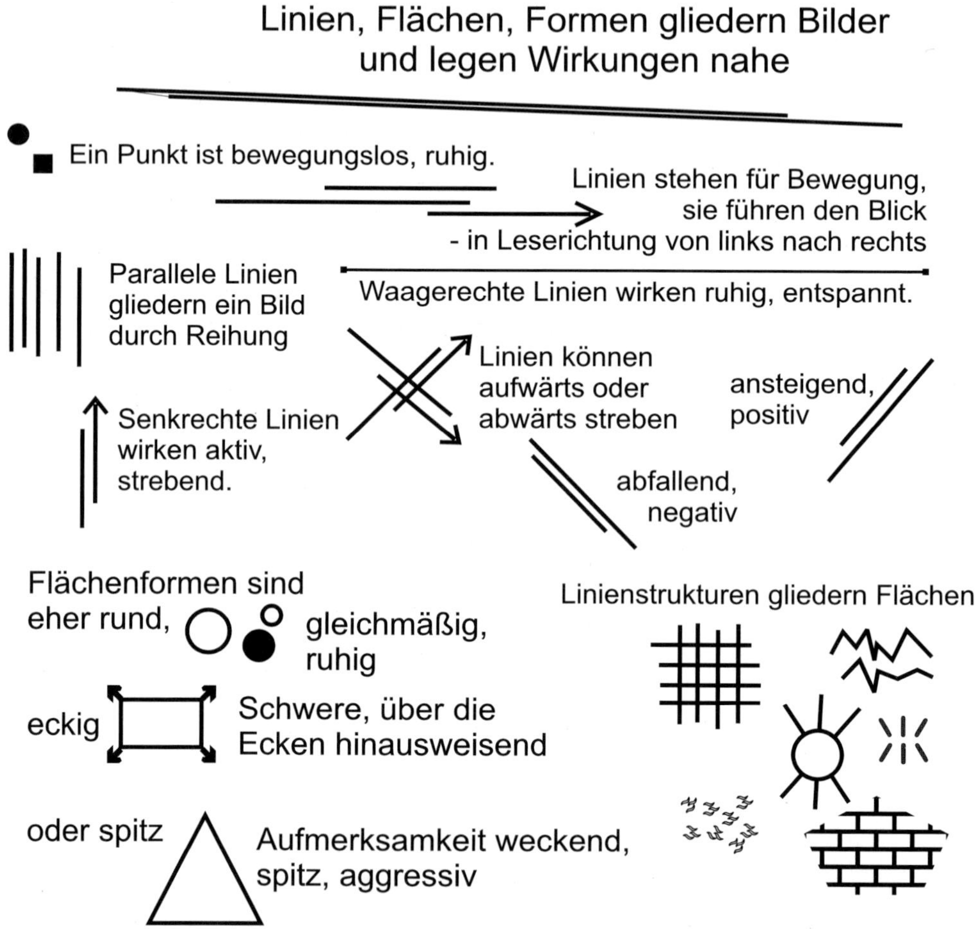

Abb. 12: Aspekte der Bildgestaltung

Die Wahrnehmung von Strukturen, von Bildlinien, die das ausgewählte Objekt selbst liefert, kann hilfreich sein für die Perspektiv- und Ausschnittswahl. Punkte, Linien und grafische Flächen bestimmen hinterher die Wirkung des zweidimensionalen Abbilds.

Didaktische Elemente in der Arbeit mit Fotos und Fotolabor

Ziele

➔ Ziele medienpädagogischer Arbeit mit s/w-Fotografie und Labor: Sensibilisierung und Schulung der visuellen Wahrnehmung; Konzentration auf präzise und langsame Arbeitsgänge; Förderung von Kreativität und Gestaltungsfähigkeit.

➔ Am Beginn oder begleitend zur Fotoarbeit sollten eigener Alltagserfahrungen mit Fotos reflektiert werden: wie und was sehe ich in der Bilderflut? Welche biografischen Erfahrungen habe ich mit Fotos? Wie, wann, wo, mit welcher Funktion nutze ich Fotos in meinem Alltag?

➔ Fotografische Sehweisen bewusst machen und einüben, subjektiv, inhaltsbezogen (*was* sehe ich), formbezogen (*wie* ist das fotografiert). Dazu ist es wichtig, Fotos zu sammeln und analytisch zu betrachten. Bildgestaltung lernt man durch das analytische Betrachten und Gestalten von Bildern.

➔ Sehübungen mit ausgewählten Bildbeispielen oder in der Realität beim Blick durch Fotorahmen können einzelne Aspekte bewusst machen: Licht und Schatten, schwarz und weiß, Farben, Linien und Flächen, Vorder- und Hintergrund, Ausschnitte und Perspektiven. Ziel ist dabei: Wahrnehmung soll sich verändern, soll wacher/sensibler werden!

➔ Für erste Bildertouren in einer Gruppe eignet sich eine Digitalkamera hervorragend, weil sie unmittelbar Ergebnisse zur Betrachtung liefert: Sind die Bilder beim Ansehen so, wie ich sie mir beim Machen vorgestellt habe? Was muss ich anders machen? Wie sehe ich mich auf diesen ersten Fotos?

Portraitfotos

➔ Sich selbst fotografieren lassen gehört unbedingt dazu, wenn man andere Menschen fotografieren will. Bei der Portraitfotografie vollziehen sich sensible Prozesse zwischen sich sehen (Selbstwahrnehmung/-vorstellung) und gesehen werden (Fremdwahrnehmung). Die Selbstoffenbarung umfasst Selbstdarstellung und Selbstenthüllung. Der Bereich der Portraitfotografie ist sicher der pädagogisch sensibelste, aber für Selbsterfahrungsprozesse interessanteste Teil der Fotografie. Pädagogisch sind dabei unbedingt längere Phasen einzuplanen, in denen sich die Akteure kennenlernen und miteinander vertraut werden können.

➔ Das Verhältnis von Gestalterischem Tun in der Fotoaktion und Erlernen sowie Verstehen der Technik ist didaktisch brisant. Ich bevorzuge es, keine langen Erklärungen zu Fotoapparaten und ihrer Funktion vorab zu geben, sondern nur die elementar notwendigen Funktionen zu zeigen und dann kleine Praxisaufgaben zu stellen (learning by doing). Ein praktisches Problem ist für viele Teilnehmer das Scharfstellen und die bewusste Wahl des Bildausschnittes. Ein weiteres Spannungsverhältnis, dass je nach Zielgruppe entschieden werden muss: zum behutsamen Umgang mit der Technik mahnen, aber zugleich zum Ausprobieren der fotografischen Möglichkeiten ermuntern.

➔ Was gehört zu den wichtigsten Erklärungen: Unterschied zwischen Sucherkamera und Spiegelreflex-Kamera; Bedeutung und Einstellung der Filmempfindlichkeit (ISO); Wahl der Blendengröße und Belichtungszeit als Voraussetzung richtiger Belichtung und als Element fotografischer Gestaltung; Scharfstellen und Bedeutung der Tiefenschärfe; Wahl des Formats (hoch/quer), des Bildausschnitts, der Perspektive. Weitere Gesichtspunkte fotografischer Gestaltung.

Photographie im Zeitalter der Digitalisierung?

„Inzwischen erreicht die Photographie eine neue Dimension. Die elektronische Produktion von Standbildern auf Disketten ist nicht ein gravierender Eingriff in die Photographie, weil – wie immer wieder geargwöhnt wird – die Manipulationsmöglichkeiten unbegrenzt wären. Dieses Argument zeugt eher von einem ungebrochenen Glauben an den Wirklichkeitsgehalt des Photos. Die Digitalisierung löst die Photographie vom Papierbild. Optische Information kann transferiert und auf dem Bildschirm abgerufen werden. Die Magie des Papierbildes ist verloren. Photographie wird identisch mit dem stehenden Videobild. ... Damit verliert die Photographie ihre mediale Eigenständigkeit ..." (*Scheurer* 1992, 21)

Seit einiger Zeit wirbt die Firma Kodak in den USA mit einem neuen Service. Der Kunde fotografiert wie eh und je; ein Labor erstellt vom Film digitale Abzüge und stellt sie ins Internet. Gegen Codewort kann der Kunde sich die Bilder herunterladen, die ihm gefallen (oder sie per Post oder als E-Mail bekommen). Und nur das zahlt er. Andere Fotolabore bieten schon die Einlagerung ganzer Fotoalben im Internet. Platz ist genug auf diesem digitalen Dachboden.

Die digitale Fotografie reicht bislang noch qualitativ an herkömmliche Auflösungen nicht heran. Deshalb werden z.B. bei Röntgenaufnahmen in der Medizin noch traditionelle Techniken bevorzugt, wenn es auf kleinste Details ankommt. Aber digitale Fotos sind wesentlich leichter und billiger zu archivieren und können sehr schnell per Computernetz verschickt werden. Allerdings dürften neben der billigen Herstellung und Speicherung der Digitalfotos vor allem die Projektion auf dem Bildschirm Sehweise und Umgang mit den Fotos verändern.

Für praktische Medienarbeit ist digitale Fotografie auch eine Chance. Gute digitale Fotokameras (über 3 Mill. Pixel Auflösung) sind inzwischen für einige hundert Euro zu haben. Die Bearbeitungsmöglichkeiten am Computer in entsprechender Bildbearbeitungs-Software (z.B. Adobe Photoshop, Corel Foto-Paint) sind nahezu grenzenlos. Und die Qualität eines Ausdrucks mit Farb-Tintenstrahldrucker auf Foto-Print-Papier ist auch passabel. Die Kosten für das Fotografieren und die Bearbeitung im Computer sind auf Dauer sehr viel geringer als Film und Fotopapier herkömmlicher Fotografie. Allerdings ist ein Ausdruck teuer, wenn man entsprechende Qualität erreichen will.

Das digitale Fotografieren und Publizieren ist letztendlich ein anderes Medium, als die S/W-Fotografie mit Laborarbeit oder die Arbeit mit Dias in Überblendprojektionen. Die Bildarbeit am Computer ist ein Baustein, ein Element im Gesamtkomplex „Multimedia".

„Während die Vorgänge der menschlichen Wahrnehmung zunehmend industrialisiert werden, hält die Photographie an der lebenswichtigen Tatsache fest, daß es kein Sehen gibt ohne den ruhenden und nachdenklichen Blick. Die Photographie hält daran fest, daß wir alle mit eigenen Augen, in eigener Geschwindigkeit sehen können, wenn wir sehen wollen." (*Jan Thorn Prikker*, zit. bei *Scheurer* 1992)

Literaturtipps

Themenhefte: merz 23 (1979) H 5 • medien praktisch 1/1991 • GEO Extra 2: „Sehen, Wahrnehmen, Fotografie", 1996

Baatz, Willfried, Geschichte der Fotografie, Köln 1997

Bücken, Hajo (Hg.), Bilder und was man damit machen kann, Offenbach/Freiburg 1985

Eichhorn, Dieter Rolf, Bilder – wie sie entstehen und wirken, wie wir mit ihnen umgehen können, Reihe: medien praxis. Praktische Medienarbeit 17, hg. v. d. Zentralstelle Medien der Deutschen Bischofskonferenz, Bonn o.J.

Ders., Warum Fotografie einer Einführung bedarf. Fotografische Technik und Gestaltung in Kurzform. 1. Einführung in die Technik. 2. Grundlagen zur fotografischen Gestaltung (Reihe „Medien Infothek"), Medien-Infothek-Verlag, Tiefenbronn 1987

Fiege, Jürgen, „Die Dauer des Augenblicks". Ein foto-pädagogisches Handbuch, hg. v. Jugendhof Steinkimmen, München 2002

Ders., Sozialfotografie in der Bildungsarbeit. Theorie und Praxisbeispiele, in: medien praktisch 1/91, 11-14

Freier, Felix/Sarrazin, Norbert, Fotos: Selbst entwickeln – selbst vergrößern. Kreatives Gestalten und praktische Technik, Köln 1985

Freund, Gisele, Photographie und Gesellschaft, Reinbek 1976
Günter, Roland, Fotografie als Waffe. Zur Geschichte und Ästhetik der Sozialfotografie, Reinbek 1982
Schatter, Hans Reinhard, Fotokurs für Einsteiger & Aufsteiger, München 8. Aufl. 1997
Schafiyha, Liliane, Fotopädagogik und Fototherapie. Theorie, Methode, Praxisbeispiele, Weinheim 1996
Sontag, Susan, Über Fotografie, Frankfurt 1980
Strötzel, Karlheinz, Fotografieren in der Jugendarbeit. Eine Handreichung für Gruppenleiter, Tübingen 1991

12.2.4 Medienpädagogische Praxis mit Multimedia

Integratives Werkzeug-Medium

Der Computer ist ein integratives Werkzeug-Medium, weil er alles unter einem Dach bietet: Text, Lay-out, Malen, Bilder, Musik, Video; nur anfassen, also mit den Händen be-greifen kann man die Ergebnisse nicht unmittelbar. Andererseits sind Computer ein relevantes Medium, weil sie unser individuelles Denken und unser soziales Miteinander verändern. Wenn der Computer pädagogisch einer informationstechnischen Qualifizierung überlassen wird, dann werden allein funktionales und Wirtschaftsdenken die weitere Entwicklung bestimmen. Ein kreativer Umgang ist vernünftig.

In Konzepte handlungsorientierter Medienpädagogik mit Multimedia fließt vieles ein, was in diesem Buch in anderen Kapiteln genannt ist: Bildgestaltung, Fotografie, Videofilmen, Audioaufnahmen, Gestaltungskriterien, alles das muss auch bei Multimedia-Gestaltung Berücksichtigung finden. Aber die digitale Ebene erlaubt ein Vielfaches mehr an Veränderungen und Verfremdungen. Ungezählte Versatzstücke kann man sich über das Internet oder diverse CDs besorgen und sie in eigene Kreationen einbauen: das Schlagwort dafür ist „Sampling"-Kultur.

Multimedia-Pädagogen

Ein Problem allerdings zeigt sich bei einer Medienpraxis mit Multimedia besonders. An den Medienpädagogen werden hohe Anforderungen gestellt, was die Kompetenzen in den verschiedenen Sparten und Gerätetypen angeht. Die bislang vorgestellten Konzepte konnten sich im wesentlichen auf ein Medium konzentrieren: Audio, Video, Fotografie o.ä. Wenn Multimedia wirklich „multi" sein will, dann fließen hier alle Techniken und Gerätetypen ein. Und die digitale Speicherung und Bearbeitung von Video- oder Audiomaterial ersetzt ja nicht die vorgängige Arbeit mit entsprechenden Geräten und die Beachtung medientypischer Eigenarten. Der Multimedia-Pädagoge muss ein Allround-Genie sein oder erkennen, dass er fürs technische Know-how andere Fachleute zur Seite braucht.

Entsprechend ist Multimedia pädagogisch mit zwiespältigen Gefühlen belegt: Faszination und/oder Angst. Was soll oder muss man denn noch alles können oder lernen? Medienpädagogische Arbeit kann und muss in diesem Feld ein gemeinsames Lernen zwischen jungen Menschen und PädagogInnen sein, denn oft sind Kinder und Jugendliche flinker und kompetenter, sich diese neuen Techniken anzueignen. Und mancher Angst kann mit Sachinformation begegnet werden: Wenn am Computer einmal etwas nicht funktioniert – und das geschieht weit häufiger, als uns die Werbung glauben machen will –, dann liegt es sehr oft an nicht ausgereiften Programmen und Geräten und nicht an der Dummheit der BenutzerInnen.

Bislang gilt noch: Computer sind technische Hilfsmittel und nur so intelligent und kreativ wie ihre Nutzer bzw. Programmierer. Computer denken nicht im menschlichen Sinn und vor allem fühlen sie nicht. Sinnlichkeit ist eine der Maschine fremde Kategorie, auch wenn scheinbar Mikrophone hören und Kameras sehen. Aber Computer leisten wichtige Arbeiten, die in einer hochkomplexen Gesellschaft nötig und ohne sie nicht zu bewältigen wären.

Mit dem Computer verbindet sich ein neues Kommunikationsnetz. Das Internet ist ein Alltagsmedium geworden und wird vielleicht mit Rundfunk, Telefon und anderen Kommunikationsmedien zu einem Netzwerk zusammenwachsen.

> 🕮 *Günther Anfang/Kathrin Demmler/Klaus Lutz* (Hg.), Erlebniswelt Multimedia. Computerprojekte mit Kindern und Jugendlichen, München 2001
> Vom SIN – Studio im Netz e.V. München wurde eine Schriftenreihe zu Multimedia angeregt; unter der Herausgeberschaft von *Sonja Moser/Klaus Dreyer* sind bislang folgende Bände erschienen: Spielplatz Computer, 1997, Kinder vor dem Computer, 1998, Brieftauben im Internet, 1999, Schätze im Netz, 2000, Im Netz werken, 2001.

Einige Praxisanregungen

Für eine medienpädagogische Arbeit mit Multimedia muss nicht gleich ein ganzer Computerraum mit entsprechender Peripherie eingerichtet werden; der klingt ohnehin zu sehr nach informationstechnischer Bildung. Eine Ecke im Gruppenraum oder Klassenzimmer mit einem Multi-Media-Computer ist schon ein Anfang. Wenn man einmal für ein Projekt mehr Arbeitsplätze braucht, dann kann man sich nach Nutzungsmöglichkeit von Computerräumen in Schulen oder Jugendzentren umsehen.

Allerdings sollte nicht der von anderen Institutionen abgelegte PC veralteter Generationen für pädagogische Medienarbeit gut genug sein. Entsprechende Programme im kreativen Bereich verlangen ein aktuelles und strapazierfähiges Gerät. Der „alte" PC taugt vielleicht noch als Schreibmaschine oder dazu, sein Innenleben behutsam zu erforschen. Beim Neukauf ist auf bewährte Standardelemente zu achten sowie auf Hilfestellung und Service bei Bedarf. Folgende Komponenten sollten vorhanden sein: PC mit großem Arbeitsspeicher (mindestens 256 MB) USB-Schnittstellen, möglichst Firewire- bzw. i-link-Schnittstelle, ein bis zwei große Festplatten (Bild- und Videodateien brauchen viel Speicher), gute Grafikkarte, DVD-Laufwerk, CD-Brenner, Soundkarte möglichst mit digitalem Ein- und Ausgang, gute Aktivlautsprecher, große Kopfhörer, Scanner mit hoher Auflösung (1200x2400 dpi), Tintenstrahl-Farbdrucker mit Fotoqualität, großer Monitor (19 Zoll).

Komponenten eines Multimedia-Computers

Als weitere Peripheriegeräte sind je nach Aktionsschwerpunkt digitaler Fotoapparat (mindestens 2 Megapixel), digitaler Camcorder mit DV-out und DV-in, Minidisc-Rekorder mit digitalem Ausgang und möglichst auch Eingang, ein gutes Stereo-Mikrophon, ein kleines Mischpult erforderlich.

Schnittstellen

Für medienpädagogische Arbeit mit der „Blackbox" Computer – wer weiß schon genau, was sich darin abspielt – sind die „Schnittstellen" zwischen Mensch und Maschine wichtig: z.B. die Tastatur zum Schreiben, die Maus für alle möglichen Befehle, der Joystick für Spielsteuerungen, der Stift eines Grafic-Tabletts zum Malen, der Scanner zum Einlesen von Bildern, das Mikrophon zum Aufnehmen über die Soundkarte, die werden zur Eingabe gebraucht. Monitor, farbiger Tintenstrahl-Drucker und Aktiv-Boxen sowie Kopfhörer an der Soundkarte werden zur Ausgabe gebraucht.

Und wer dann auch ins „WWW", das weltweite Computernetz, will, der braucht noch ein Modem für den Anschluss an die Telefondose oder eine ISDN-Karte für den besonders schnellen Zugriff über die spezielle Telefon-Zuleitung und einen Zugang per Anmeldung bei einem Provider (T-Online, AOL ...). Das Verschicken und Empfangen von E-Mails ist inzwischen so selbstverständlich, wie früher die ersten Brieffreundschaften. Und die Möglichkeit des Chattens, der Unterhaltung mittels geschriebener Online-Botschaften, ist eine neue, oft anonymere Form der Peer-Group-Kommunikation. Auch pädagogisch gilt in der praktischen Medienarbeit häufig: probieren geht über studieren.

✓ Ein nützliches Medienpaket ist die Step21-Box „Clique", hg. von „Step 21. Jugendinitiative für Toleranz und Verantwortung", Hamburg 2000. Die für pädagogische Institutionen sehr preisgünstige Box bietet Video- und Comic-Materialien zum Thema. Vor allem aber sind fünf Lizenzen der Programme Magix-Musik-Maker und Comic-Werkstatt enthalten, mit denen produktive Medienarbeit umgesetzt werden kann. Ergebnisse können auch auf den Internetseiten der Initiative veröffentlicht werden: www.step21.de

➔ Plakat-, Flugblatt und Zeitungsgestaltung

Natürlich ist es auch in Zeiten der Computergrafik noch sinnvoll, Plakate mit der Hand zu gestalten. Sie wirken oft persönlicher und kreativer als normierte Maschinen-Gestaltungen. Trotzdem ist der Computer ein hervorragendes Werkzeug zur Print-Gestaltung. Wer sich die Handarbeit nicht zutraut, wird mit dem Medium zu befriedigenderen Ergebnissen kommen. Dabei sind Gestaltungs-Gesetze zu beachten (vgl. Kap. 11.5). Schon mit einem einfachen Textprogramm sind heute Kombinationen von Texten in verschiedenen Schrifttypen, -größen und -farben mit Bildern und anderen grafischen Elementen möglich. Der Ausdruck ist vielfach auf DIN-A-4 begrenzt. Aber mit etwas Geschick kann man ein größeres Plakat aus einzelnen Teilen zusammensetzen oder eine Vergrößerung bzw. einen Ausdruck im Copy-Shop in A3 oder A2 machen lassen.

Teure und aufwändige Layout-Programme sind für medienpädagogische Arbeit nicht erforderlich. Statt Microsoft-Office kann man für die Textgestaltung auch StarOffice oder OpenOffice benutzen; beide Programme sind für die private Nutzung kostenlos. Und auch Grafikprogramme gibt es vielfach als Freeware (z.B. Vektor3, RagTime).

➔ Digitale Bildbearbeitung

Die Möglichkeiten sind in diesem Feld grenzenlos. Als Material dienen mit einer Digitalkamera erstellte Fotos oder vorliegende Papierbilder, die eingescannt werden. Die Fotos können nachbearbeitet werden: Ausschnitte festlegen, Helligkeit, Kontrast und Farben korrigieren, Straub und Kratzer entfernen. Fotoprogramme bieten dann eine Vielzahl von Effekten, um Bilder zu verfremden. Diese Möglichkeiten reizen zum Probieren und Spielen. Einige Hilfestellungen und Erklärungen der PädagogInnen sollten Hilfestellung geben, sich nicht in der Flut der Möglichkeiten zu verlieren. Mit Fotoprogrammen lassen sich auch auf perfekte Art und Weise Collagen erstellen. Kleine Zusatztools ermöglichen das Erstellen von Bild-Puzzles. Mit entsprechender Konzeption und Vorbereitung lassen sich Bildergeschichten bzw. Fotostories herstellen; Textkästen und Sprechblasen lassen sich einfügen (gut geeignet ist dafür auch das Programm „Comic-Druckerei"). Am Ende kann man die Fotos oder Bildergeschichten dann ausdrucken oder in eine Webseite integrieren. Aber Vorsicht: zum guter Ausdruck von Fotos braucht man einen guten Drucker, viel Drucktinte und meist auch ein Foto-Druckpapier; das alles ist nicht ganz billig. Günstiger ist es, mit einem Zusatztool (z.B. „DiaShow", www.aquasoftware.de) eine Bildershows mit Überblendungen und Vertonung am Computer zu erstellen.

Korrekturen und Verfremdungen

Dia-Show

Wer zusätzlich mit Malaktionen am Computer arbeiten will, sollte entsprechende Malprogramme den aufwändigen Fotoprogrammen vorziehen. Die Maus ist zum Malen nicht besonders geeignet; man kann sie ergänzen durch sogenannte Grafiktabletts, auf denen man dann mit einem elektronischen Stift malen kann und das Ergebnis gleich auf dem Bildschirm sieht. Solche Grafikhilfen sind schon unter 50 € in guter Qualität zu haben.

Für die Fotobearbeitung gibt es neben den großen Programmen (z.B. „Photoshop" von Adobe, „Photo-Paint" von Corel, „Picture Publisher" von Microsoft) auch zahlreiche Freeware-Programme, die meist völlig ausreichend sind; ein fast professionelles Beispiel ist das Programm „Paint Shop Pro". Mit diesen großen Fotoprogrammen kann man auch sehr einfach Bilder für die Nutzung im Internet optimieren; dabei werden automatisch und mit Anschauung Gif- oder JPG-Komprimierungen angeboten, die kleine Dateien erzeugen und somit lange Ladezeiten verhindern. Empfehlenswert ist auch die kleine und preisgünstige Version „Photoshop Elements" von Adobe oder das eigentlich für Linux entwickelte Programm „gimp", das es inzwischen auch für Windows gibt (www.gimp.de).

Einfache Malprogramme sind meist bei der Grundausstattung eines PC dabei. Auf den diversen Seiten zu Freeware (z.B. www.freeware.de, http://freeware.besttips.de, http://download-tip.de, www.winload.de, www.shareware.de oder Download-Seiten der großen Computerzeitschriften) finden sich nicht nur viele Programmtipps mit Links, sondern auch Anregungen für Zusatzprogramme, die pädagogische Ideen freisetzen. Dazu gehören etwa Tools zur Erstellung von Bilderpuzzles, zum Malen von Umrissbildern zum Ausmalen oder zur karikaturenhaften Verzerrung von Bildern (z.B. das Programm Anmanie: www.anmanie.de). All diese Möglichkeiten sollten aber pädagogisch sinnvoll eingebunden sein.

Bei Bild- und Grafikformaten ist die Kenntnis einiger Unterscheidungen wichtig. Neben verschiedenen Dateiformaten gibt es eine grundsätzliche Unterscheidung von pixel- und vektororientierten Grafiken.

Pixelgrafik (picture elements)	**Vektorgrafik**
Bildinformationen werden in Rasterpunkten (= Pixel) gespeichert.	Mittels eines unsichtbaren Koordinatensystems werden nur Eckpunkte einer Grafik gespeichert (z.B. Anfangs- und Endpunkt und Farbe einer Linie, Mittelpunkt und Radius eines Kreises).
Hoher Speicherbedarf; jeder Bildpunkt wird gespeichert	Geringer Speicherbedarf
Vergrößerungen nur mit Qualitätseinbußen	Frei skalierbar

Jedes Pixel lässt sich einzeln bearbeiten	Nur zusammenhängende Teilobjekte können bearbeitet werden
Geeignet für Fotos, Malen, differenziertes Zeichnen	Konstruktionszeichnung, klare s/w Skizze, Cliparts
Viele pixelorientierte Programme können auch Vektorformate importieren und wandeln sie dabei in Pixelgrafiken um	Pixelgrafiken lassen sich nur mit Hilfe von Zusatzprogrammen und meist mit großen Eingriffen in die Grafik vektorisieren.
Pixelorientierte Programme sind z.B. Adobe Photoshop, MS Picture Publisher, Paintshop, Corel Photo Paint, andere Malprogramme	Vektororientierte Programme sind z.B.: Corel Draw, Adobe Illustrator, Macromedia Freehand, Macromedia Fireworks ermöglicht die Bearbeitung beider Formate
Kürzel der Bildformate: .jpg .tiff .bmp .gif	Kürzel der Bildformate:

Im Folgenden sind die wichtigsten pixelorientierten Grafik-Formate genannt; für das Web im Rahmen der HTML-Programmierung sind davon nur JPG und Gif nutzbar.

Pixelorientierte Grafikformate

- Windows Bitmap (*.bmp), unkomprimiert.
- Joint Photographics Experts Group (*.jpg oder *.jpeg), frei wählbare gute Komprimierung, 24 Bit Farbtiefe, gutes Fotoformat, im Web nutzbar, bei hoher Komprimierung geringe Ladezeiten.
- Tagged Image File Format (*.tif oder *.tiff), nicht komprimierend oder aber fester Komprimierungsgrad, 32 Bit Farbtiefe.
- Grafics Interchange Format (*.gif), feste von der Grafik abhängige Komprimierung, eine Transparenzfarbe wählbar, 8 Bit Farbtiefe, geeignet für Strichvorlagen und Illustrationen, im Web nutzbar.

→ Audiobearbeitung, Musik machen am Computer

Praktisch jeder Computer hat heutzutage eine Soundkarte, die in der Regel neben Ausgängen für Verstärkerboxen und Kopfhörer auch Eingänge für Line-Geräte oder Mikrophon besitzt. Auch eine Midi-Schnittstelle ist bei vielen Soundkarten integriert. Um Sprache, Geräusche oder Musik aufnehmen zu können, braucht man ein entsprechendes Audioprogramm für Wav-Dateien, das gebräuchlichste Format für unkomprimiertes Audiomaterial. Einfache Programmversionen werden auch hier häufig mitgeliefert, z.B. das sehr gute Programm „wavlab" von Steinberg in einer Light-Version. Mit einem solchen Programm lassen sich Audioaufnahmen sehr komfortabel schneiden und montieren. Auch Beeinflussung der Dynamik durch Lautstärkeveränderung, Kompression oder Anheben/Absenken des Gesamtpegels sowie Klangbeeinflussung durch Equalizer oder Effekte sind möglich. Richtig spannend wird es, wenn mehr als die zwei üblichen Stereospuren zur Verfügung stehen. Dann kann man wie in einem richtigen Studio mit dem Computer nacheinander verschiedene Spuren aufnehmen, sie einzeln bearbeiten und anschließend abgemischt wieder auf eine Audio-CD zurückspielen. Z.B. ist es dann leichter, ein kleines Hörspiel zu produzieren, wo mehrere Sprecher auf verschiedene Spuren aufgenommen werden, dann Geräusche und Musik auf weiteren Spuren dazugemischt werden. Solche Möglichkeiten bieten Programme wie „Cubase" bzw. in der kleinen Version „Cubasis" von Steinberg (www.steinberg.de) oder „Logic-Fun", eine kleine für Schulen kostenlose Version der großen Audioprogramme von Emagic (www.emagic.de). Für eine befriedigende Arbeit mit solchen Programmen ist es allerdings sinnvoll, eine gute Soundkarte mit digitalen Aus- und Eingängen am Computer zu haben; ebenfalls sollten gute Aufnahmemikrophone und Aufnahmegeräte (z.B. Minidisc) zur Verfügung stehen.

Neben diesen Programmen, die die frühere Arbeit mit Mehrspur-Kassettenrekordern auf den Computer übertragen und mit Geschick richtig professionelle Produktionen ermöglichen, ist das Musikmachen am Computer eine beliebte Praxis. Ein populäres und für Schulen und pädagogische Institutionen sehr günstiges Programm dafür ist der Magix-Music-Maker (www.magix.de). Auf bis zu sechzehn Spuren können in ein taktartiges Schema Musiksamples aus einer großen Bibliothek zusammengestellt werden; z.B. wird ein viertaktiger Groove des Schlagzeugs auf zwei Spuren gelegt; dazu werden Bass, Gitarrenriffs und Keyboards auf weiteren Spuren gemischt. Natürlich muss man die Tonarten der Instrumente beachten, damit das Ganze auch zusammen klingt. Mit ein wenig Übung, Geschick und Hörfähigkeit kann man aus den kleinen Wav-Bausteinen perfekte Musikstücke zusammen sampeln. Und wer ein Mikrophon besitzt, kann auch noch Gesang oder Sprache darüberlegen. Diese Musik kann dann auf eine Audio-CD gebrannt werden oder in ein Video- oder Multimedia-Produkt integriert werden.

Wenn Audiodateien über das Internet veröffentlicht werden sollen, müssen auch hier Kompressionsverfahren angewandt werden. Die wichtigsten Formate sind im Audiobereich Real-Audio und MP3, aber auch Windows-Media und Quicktime (s.u. bei Video) können als Audioformate Verwendung finden.

→ Videobearbeitung

Für die Videoarbeit mit dem Computer gelten alle Prinzipien der herkömmlichen Videoarbeit; entsprechende Informationen finden sich im Kap. 12.2.1. Bei der digitalen Videobearbeitung lassen sich die Tonspuren im Wav-Format meist abtrennen und eigens abmischen und bearbeiten. Wenn fertige Videosequenzen in einer Multi-Media-CD oder im Internet Verwendung finden sollen, sind Komprimierungen der im Vollformat sehr großen Videodateien erforderlich. Gute Video-Schnittprogramme („Premiere" von Adobe, www.adobe.de; „Video Studio" oder „Media Studio Pro" von Ulead, www.ulead.de) ermöglichen den kontrollierten Export einer komprimierten Datei. Für CD-ROM und im Internet sind folgende Formate üblich:

Komprimierungs-Formate

- **M-JPEG (Motion-JPEG)** komprimiert jedes einzelne Bild (25 Bilder pro Sekunde bei PAL) nach dem JPEG Bildstandard. Ein Zugriff auf jedes Einzelbild und damit eine problemlose Weiterverarbeitung bleibt möglich. Leider verwenden die Hersteller unterschiedliche Codecs, so dass M-JPEG-AVI-Dateien oft nicht kompatibel sind.
- **MPEG-1** und **MPEG-2**. Der MPEG-1 Standard wird hauptsächlich für CD-ROM und VideoCD angewendet. Bei der Kompression werden sogenannte Schlüsselbilder (I-Frames) in Abständen von z.B. 12 oder 15 Bildern erzeugt. Diese I-Frames beinhalten sämtliche Bildinformationen und sind die Basis für die Komprimierung der dazwischenliegenden Frames, in denen nur die Veränderungen zu dem vorhergehenden I-Frame abgespeichert werden. Dadurch lassen sich kleine Datenraten bei akzeptabler Qualität (etwa VHS) erzielen. Die Wiedergabe ist mit dem Windows-Media-Player möglich. Inzwischen können auch viele DVD-Player diesen Standard lesen.
  MPEG-2 ist eine Weiterentwicklung von MPEG-1. Dieser Kompressionsstandard findet Anwendung bei DVD-Video. Die Wiedergabe von MPEG-2 Dateien ist mit einem zusätzlichen Soft- oder Hardware Decoder möglich.
  Der MPEG-4-Standard ist in die Windows Media Technologie von Microsoft integriert und zeichnet sich durch eine große Effektivität aus. Im Gegensatz zu MPEG-1 und 2 wird bei identischer Datenrate eine bessere Qualität erreicht. Dieser Standard ist sehr gut fürs Internet geeignet; die Wiedergabe erfolgt mit dem Windows-Media-Player.
- **QuickTime** ist eine Systemerweiterung für das Macintosh- und Windows-Betriebssystem zum Aufnehmen, Bearbeiten und Wiedergeben von Video- und Audioformaten; von Apple entwickelt liegt das Format seit Anfang 1997 für alle Systeme in einer Vollversion vor. Unterstützt wird auch das Streaming von Live- und gespeicherten Video- sowie Audio-Daten über das Internet. Eine Vielzahl von Kompressionstechnologien erlauben es, Audio, Video und Grafik für das Internet, CD-ROM und DVD-ROM zu

optimieren. Die Oberfläche des QuickTime Players erlaubt die Steuerung von Balance, Lautstärke, Höhen und Tiefen. Der QuickTime PictureViewer unterstützt viele Grafikformate (u.a. *.bmp, *.gif, *.jpg, *.tiff) und diverse Video- und Animationsformaten (AVI, DV, Macromedia Flash). Das QuickTime Webbrowser Plug-in gestattet es, QuickTime-basierte Medien direkt innerhalb von Webseiten darzustellen. Sowohl Apple- als auch Windows-Anwender können sich die Abspielsoftware kostenlos unter www.apple.com/quicktime herunterladen.

- **RealAudio und RealVideo** sind Client-/Server-Protokolle zur Übertragung von Audio- und Videodateien in Echtzeit. Zum Abspielen auf dem Computer wird der RealPlayer als Plugin im Browser benötigt, dessen einfache Versionen man kostenlos herunterladen kann (www.real.com) Auch ein RealProducer ist in einer einfachen Version dort erhältlich.
- **Windows Media Player** ist ein universell einsetzbares Client-Programm, das in der aktuellen Version zahlreiche Multimediaformate abspielt. So lassen sich beispielsweise MP3-Songs und DVD-Videos über den Windows Media Player problemlos und in guter Qualität wiedergeben. Um sicherzustellen, dass die Wiedergabe schnell und ruckelfrei erfolgt, stützt sich der Windows Media Player auf die von DirectX bereitgestellten Dienste. Das Programm ist zur Wiedergabe lokaler Dateien und im Streaming-Verfahren aus dem Intranet oder Internet geeignet.
- **MP3** ist eine Multimedia-Entwicklung der Fraunhofer-Gesellschaft (FhG) zur effektiven Komprimierung von Sound bzw. Musik. MP3 ermöglicht eine hohe Kompression von Audio Daten bei sehr geringem Qualitätsverlust. Meßbare Verluste sind selbst auf guten HiFi-Anlagen kaum hörbar, wenn die Dateien gut erstellt wurden. Bei diesem Kompressionsverfahren werden unhörbare Audio-Informationen entfernt. Viele Töne werden nämlich durch andere überlagert, wieder andere außerhalb eines bestimmten Frequenzbereiches werden vom menschlichen Ohr nicht wahrgenommen. Mit dieser hohen Kompressionsrate können große Mengen von Musikdaten archiviert oder schnell und kostengünstig über das Internet verbreitet werden. Abgespielt werden MP3-Dateien über Computerprogramme (Realjukebox, Winamp, Windows-Media-Player), über tragbare MP3-Player oder spezielle CD- oder DVD-Spieler.

→ Multimedia-Gestaltungen

Alle Elemente der Mediengestaltung können auf dem PC in der Gestaltung einer CD-ROM zusammengebracht werden: Texte,

Musik, Grafiken, Fotos, Videosequenzen. Das Profiwerkzeug dafür, das Programm „Direktor" von Macromedia, ist recht kompliziert und teuer. Leichter zu handhaben für den pädagogischen Einsatz ist „Mediator" von Matchware; mit diesem Tool lassen sich auch komplette HTML-Internetseiten gestalten. Für pädagogische Zwecke eignet sich auch ein Shareware-Tool, die Multimedia-Werkstatt (www.aquasoftware.de): Integriert sind eine Malwerkstatt mit allen Möglichkeiten zum Malen, Figurenzeichnen, Einfügen von Bildern und Schrift, Sprechblasen und Stempeln sowie Farben und Effekten, eine Soundwerkstatt zur Aufnahme und Bearbeitung von Tönen, Kommentaren und Geräuschen, eine Schreibwerkstatt mit Rechtschreibprüfung und eine Projektwerkstatt, in der alle Ideen in einer selbstablaufenden Präsentation zusammenfließen und sich auf CD brennen lassen.

Programme zur Multimedia-Gestaltung

➔ Homepage-Gestaltungen

Natürlich kann man für diesen Zweck spezielle WYSIWYG-Layout-Programme nutzen, bei denen man auf einer grafischen Oberfläche gleich sieht, was man gestaltet („What you see ist waht you get"). Bekannteste Programme in diesem Bereich sind: „Dreamweaver" von Macromedia, „GoLive" von Adobe, „FrontPage" von Microsoft. Für ein grundlegendes Verständnis besser ist es, wenn man einfache Elemente der HTML-Sprache erklärt und mit einem Editorprogramm bearbeitet. Außerdem sind diese Programme häufig als Freeware erhältlich. Zum Netscape-Browser gehört beispielsweise das Programm Netscape-Composer, mit dem man Internetseiten gestalten kann. Als Freeware gibt es viele kleine HTML-Programme, z.B. Ulli Meybohms „Phase5" (www.meybohm.de).

Eine Vielfalt von Einführungen in die HTML-Gestaltung ist im Internet selbst zu finden (vgl. Kap. 9.4). Will man die Internetseiten auch mit multimedialen Elementen gestalten, ist es besonders wichtig, nur web-taugliche Grafik-, Audio- und Videoformate zu benutzen. HTML-Gestaltung ist eine sinnvolle medienpädagogische Aktion, auch wenn die Seiten anschließend nicht ins Internet gestellt werden. Man kann auf diese Weise auch eine CD-Rom gestalten, in der man dann mit Hilfe des Browser navigieren kann.

HTML-Gestaltungen

Ist jedoch eine Veröffentlichung im Netz angezielt, dann sollten über die Gestaltungsfragen hinaus auch andere Themen diskutiert werden: wie kommt man an ein Server-Kontingent bei einem Provider? Was ist bei angeblich kostenlosen Angeboten zu berücksichtigen (z.B. Einblendung von Werbebannern)? Wie wird ein Upload der Seiten zum Server realisiert? Wie lange sollen die Seiten öffentlich verfügbar sein? Werden sie gewartet bzw. aktualisiert?

Internet-Publishing

Rechtliche Aspekte

Außerdem sind rechtliche Aspekte zu beachten. Urheber- und Personenschutz-Recht müssen bei allen Teilelementen der Site gesichert sein. Außerdem muss die Homepage, also die Startseite des Projektes, ein Impressum mit Angaben von Namen, Adressen und E-Mail des Verantwortlichen enthalten. Ansonsten ist bei Nennung der eigenen Namen und Adressen Vorsicht angesagt und darauf müssen Pädagogen eindringlich hinweisen.

Ein Thema in diesem Zusammenhang kann auch die Frage sein, ob und wie man sich denn eine echte Internetadresse sichern kann. Ist beispielsweise ein Name wie www.kreative-medienkids.de noch zu haben? Wenn ja, wie kann man sich einen solchen Namen sichern und was kostet das? Informationen dazu findet man unter www.denic.de.

Technik ersetzt nicht Pädagogik

Mediengestaltung mit dem Computer ist ein weites Feld mit ungezählten kreativen Möglichkeiten. Niemals zuvor in der Mediengeschichte war es möglich, technisch so professionelle Produkte mit bezahlbarer Hardware zu realisieren. Das ist für die praktische Medienpädagogik eine große Chance. Allerdings sind auch die Ansprüche an das Knowhow der Pädagogen sehr groß. Und die Technik kann niemals die Pädagogik ersetzen. Ob ein Projekt den Anspruch, ein medienpädagogisches Projekt zu sein, erfüllt, kann und darf nicht an technischer Ausstattung, an Hard- und Software gemessen werden, sondern bleibt eine Frage der Didaktik und Methodik sowie des sozialen Gruppenprozesses. Die Medien sollten Werkzeuge, Instrumente sozialer Kommunikation sein und bleiben.

Literaturnachweise

Hier wird die im Text verwendete Literatur angegeben. Empfehlungen für weiterführende Literatur findet sich innerhalb der jeweiligen Sachkapitel

Anders, Günther, Die Antiquiertheit des Menschen, 2 Bnd. München 1956 und 1980

ARD/ZDF (Hg.), Was Sie über Rundfunk wissen sollten. Materialien zum Verständnis eines Mediums, Berlin 1997

Aufenanger, Stefan, Aktuelle Lernsoftware. Kriterien und Chancen in medienpädagogischer Beurteilung, in: medien praktisch 2/1995, 11-14

Ders., Perspektiven von Multimedia und Interaktivität. Chancen und Defizite in medienpädagogischer Hinsicht, in: medien praktisch 1/97, 4-8

Ders.,/Six, Ulrike (Hg.), Handbuch Medien. Medienerziehung früh beginnen. Themen, Forschungsergebnisse und Anregungen für die Medienbildung von Kindern, Bonn (Bundeszentrale für Politische Bildung) 2001

Austermann, Anton, Art. Medienpädagogik, in: *D. Lenzen* (Hg.), Pädagogische Grundbegriffe, Bd.2, Reinbek 1989, 1035-1045

Baacke, Dieter, Kommunikation und Kompetenz. Grundlegung einer Didaktik der Kommunikation und ihrer Medien, München 3. Aufl. 1980 (1973)

Ders., Befördern die Medien das Ende des Zivilisationsprozesses?, in: GMK-Rundbrief Nr. 35, Nov. 1993, 17-28

Ders. Medienkompetenz als Netzwerk. Reichweite und Fokussierung eines Begriffs, der Konjunktur hat, in: medien praktisch 20 (1996) H 2, 4-10

Bachmair, Ben, TV-Kids, Ravensburg 1993

Baer, Ulrich, Spielpraxis. Eine Einführung in die Spielpädagogik, Seelze-Velber 1995

Balfanz, D., Öffentlichkeitsarbeit öffentlicher Betriebe, Regenburg 1983

Benjamin, Walter, Das Kunstwerk im Zeitalter seiner technischen Reproduzierbarkeit, Frankfurt 1966

Bonfadelli, Heinz u.a., Jugend und Medien. Eine Studie der ARD/ZDF-Medienkommission und der Bertelsmann Stiftung, Frankfurt 1989

Ders., Jugend und Medien, in: Media Perspektiven 1/1986, 1-21

Bourdieu, Pierre, Über das Fernsehen, Frankfurt 1998

Brecht, Bertolt, Rede über die Funktion des Rundfunks (1932), in: Gesammelte Werke. Bd. 18, Frankfurt 1967, 129-131

Breunig, Christian, Offene Fernseh- und Hörfunkkanäle in Deutschland, in: Media Perspektiven 5/1998, 236-249

BSK, Bundesverband Studentische Kulturarbeit e.V. (Hg.), Arbeitshilfe Öffentlichkeit, Bonn 1988

Buddemeier, Heinz, Das Foto, Reinbek 1981

Charlton, Michael/Neumann, Klaus, Medienkonsum und Lebensbewältigung in der Familie, München/ Weinheim 1986

Ders./Bachmair, Ben (Hg.), Medienkommunikation im Alltag. Interpretative Studien zum Medienhandeln von Kindern und Jugendlichen, München 1990

Ders./Neumann-Braun, Klaus, Medienrezeption und Identitätsentwicklung, Tübingen 1990

Dies., Medienkindheit – Medienjugend, München 1992

Cohn, Ruth, Von der Psychoanalyse zur themenzentrierten Interaktion. Von der Behandlung einzelner zu einer Pädagogik für alle, Stuttgart 11. Aufl. 1992

Computerspiele. Bunte Welt im grauen Alltag. Ein medien- und kulturpädagogisches Arbeitsbuch, hg. v. d. Bundeszentrale für Pol. Bildung, Bonn 1993

Dichanz, Horst (Hg.), Handbuch Medien: Medienforschung. Konzepte, Themen, Ergebnisse, Bonn (Bundeszentrale für Politische Bildung) 1998

Doelker, Christian, u.a. (Hg.), Immer dieses Fernsehen. Handbuch für den Umgang mit Medien, Wien 1983

Ders., Kulturtechnik Fernsehen. Analyse eines Mediums, Stuttgart 1989

Drösser, Christoph, rororo special: Fernsehen, Reinbek 1995

Eichhorn, Dieter, Bilder - wie sie entstehen und wirken, wie wir mit ihnen umgehen können, Reihe: medien praxis. Praktische Medienarbeit 17, hrsg. v. d. Zentralstelle Medien der Deutschen Bischofskonferenz, Bonn o.J.

Ders., Warum Kommunikation die Grundlage allen Mediengeschehens ist. Personale und mediale Kommunikation, Tiefenbronn 1987

Ders., Warum Fotografie einer Einführung bedarf. Fotografische Technik und Gestaltung in Kurzform. 1. Einführung in die Technik. 2. Grundlagen zur fotografischen Gestaltung (Reihe „Medien Infothek"), Medien-Infothek-Verlag, Tiefenbronn 1987

Eicke, Ulrich und Eicke, Medienkinder. Vom richtigen Umgang mit der Vielfalt, München 1994

Ellneby, Ylva, Die Entwicklung der Sinne. Wahrnehmungsförderung im Kindergarten, Freiburg 1997

Elsholz, Heide, Lesen in der Informationsgesellschaft, in: Landesinstitut 1997, 109-119

Enzensberger, Hans Magnus, Die vollkommene Leere. Das Nullmedium oder warum alle Klagen über das Fernsehen gegenstandslos sind, in: Der Spiegel 42 (1988) Nr. 20, 234-244

epd Film. Zeitschrift des Evangelischen Pressedienstes, hg. v. Gemeinschaftswerk der Ev. Publizistik Frankfurt, monatlich

Eurich, Claus, Computer, neue Medien und Kultur, Hamburg 1988

Everling, E., Kopf-Salat, in: Audiovisuell 4: Videoclips, hg. v. d. Staatlichen Landesbildstelle Hessen, Frankfurt 1987, 33-50

Fachlexikon der sozialen Arbeit, hg. v. Deutschen Verein für öffentliche und private Fürsorge, Frankfurt (Eigenverlag) 2. Aufl. 1986; 4. Aufl. 1997

Fasching, Thomas, Internet und Pädagogik. Kommunikation, Bildung und Lernen im Netz, München 1997

Faulstich, Werner (Hg.), Grundwissen Medien, München 1998 (3. Aufl.)

Fehr, Wolfgang/Fritz, Jürgen, Videospiele und ihre Typisierung, in: Computerspiele. Bunte Welt im grauen Alltag, Bonn 1993, 67-88

Dies., Videospiele – Spielvergnügen auf dem Konsolenmarkt, in: Computerspiele auf dem Prüfstand 42/95-49/95, Loseblattsammlung hg. v. d. Bundeszentrale für pol. Bildung, Bonn

Feierabend, Sabine/Simon, Erk, Was Kinder sehen. Eine Analyse der Fernsehnutzung 2000 von Drei- bis 13-Jährigen, in: Media Perspektiven 4/2001, 176-188

Dies./Klingler, Walter, Was Kinder sehen. Eine Analyse der Fernsehnutzung von Drei- bis 13-Jährigen 2001, in: Media Perspektiven 5/2002, 221-231

Festinger, Leon, A Theory of Cognitive Dissonance, Stanford 1957

film-dienst, hg. v. Kath. Institut für Medieninformation Köln, 14-tägl. mit Beilage „Film im Fernsehen"

Franzmann, Bodo, Lesezapping und Portionslektüre. Veränderungen des Leseverhaltens, besonders bei Jugendlichen, in: Media Perspektiven 2/2001, 90-98

Fritz, Jürgen, Körpersprache lernen, in: Praxis Spiel + Gruppe 4 (1991) H 2, 50-60

Ders./Fehr, Wolfgang, Handbuch Medien: Computerspiele. Theorie, Forschung, Praxis, Bonn 1997 (Bundeszentrale für Pol. Bildung)

Fromme, Johannes/Meder, Norbert/Vollmer, Nikolaus, Computerspiele in der Kinderkultur, Opladen 2000

Ders./Meder, Norbert (Hg.), Bildung und Computerspiele. Zum kreativen Umgang mit elektronischen Bildschirmspielen, Opladen 2001

Früh, Werner/Schönbach, Klaus, Der dynamisch-transaktionale Ansatz. Ein neues Paradigma der Medienwirkungen, in: Publizistik 27 (1982) , 74-88

Ders., Medienwirkungen. Das dynamisch-transaktionale Modell, Opladen 1991

Fuchs, Ottmar, Kirche, Kabel, Kapital. Standpunkte einer christlichen Medienpolitik, Münster 1989

Funkkolleg Medien und Kommunikation. Konstruktionen von Wirklichkeit, hg. v. Deutschen Institut für Fernstudien an der Universität Tübingen, Studienbriefe 1-12, Weinheim/Basel 1990

Gellner, Winand/Kamp, Ullrich, Offene Kanäle in Deutschland, in: *Klingler, Walter/Roters, Gunnar/Zöllner, Oliver* (Hg.), Fernsehforschung in Deutschland. Themen - Akteure - Methoden, Baden-Baden 1998, 457-470

GMK-Rundbrief, Informationsorgan der Gesellschaft für Medienpädagogik und Kommunikationskultur e.V., Bielefeld

Greenfield, Patricia M., Kinder und neue Medien. Die Wirkungen von Fernsehen, Videospielen und Computern, München/Weinheim 1987

Grimm, Jürgen, Wirkung von Fernsehgewalt. Zwischen Imitation und Erregung, in: medien praktisch 19 (1995) 14-23

Habermas, Jürgen, Strukturwandel der Öffentlichkeit, Darmstadt 17. Aufl. 1987 (1962)

Hachmeister, Lutz/Lingemann, Jan, Das Gefühl VIVA. Deutsches Musikfernsehen und die neue Sozialdemokratie, in: Neumann-Braun 1999, 132-174

Haefner, Klaus, Die neue Bildungskrise, Reinbek 1985

Henningsen, Jürgen, Sprachen und Signale der Erziehungswissenschaft, Stuttgart 1980

von Hentig, Hartmut, Das allmähliche Verschwinden der Wirklichkeit. Ein Pädagoge ermutigt zum Nachdenken über die Neuen Medien, München 1984

Ders., Der technischen Zivilisation gewachsen bleiben. Nachdenken über die Neuen Medien und das gar nicht mehr allmähliche Verschwinden der Wirklichkeit, München/Weinheim 2002

Hickethier, Knut, Rezeptionsgeschichte des Fernsehens - ein Überblick, in: *Klingler, Walter/Roters, Gunnar/Gerhards, Maria* (Hg.), Medienrezeption seit 1945, Baden-Baden 1998, 129-141

Hiegemann, Susanne/Swoboda, Wolfgang H. (Hg.), Handbuch der Medienpädagogik, Opladen 1994

Hinse, Heinz, Handgreiflich Medien nutzen, in: EB Nr. 43, Juni 1992, 7-8

Hoffmann, Bernward, Zwischen Videologie und Videotie. 10 Thesen zur Videodiskussion, in: KatBl 11/84, 819- 824

Ders., Medien und religiöses Lernen. Ein medienpädagogischer Rundblick für ReligionspädagogInnen, in: KatBl 116 (1991) 460-475

Ders., Medienpädagogik im kirchlichen Feld: Entwicklungen, Konturen, Probleme, Perspektiven, München 1993

Ders., Kommunikation und Medien. Einführung und Praxis aus (sozial)pädagogischer Perspektive, Münster 2000

Ders., Klick dich ein. Spiele und Ideen zur Medienpädagogik, Main 2000

Ders. u.a., Ästhetik und Kommunikation. Grundlagen und Praxis der Gestaltungspädagogik für soziale und pädagogische Berufe, Paderborn 2003

Hoffmann, Kay, Videomarkt Bundesrepublik, in: Media Perspektiven 5/89, 277-287

Hülsewede, Manfred, Gegenwärtige Positionen de Medienpädagogik, in: *Diel, Alex* (Hg.), Kritische Medienpraxis. Ziele, Methoden, Mittel, Köln 1974, 12-24

Hüther, Jürgen/Schorb, Bernd/Brehm-Klotz, Christiane (Hg.), Grundbegriffe der Medienpädagogik. Wörterbuch für Studium und Praxis, Ehningen 1990

Ders., Aktive Medienarbeit. Einführung, in: Institut Jugend Film Fernsehen (Hg.), Von Sinnen und Medien. Dialoge zur Medienpädagogik (Reihe Medienpädagogik Bd. 1) München 1991, 71-75

Hurrelmann, Bettina, Fernsehen in der Familie. Auswirkungen der Programmerweiterung auf den Mediengebrauch, Weinheim/München 1989

Issing, Ludwig J./Klimsa, Paul (Hg.), Informationen und Lernen mit Multimedia, Weinheim 1995 (3. überarbeitete Aufl. 1999)

JFF – Institut für Medienpädagogik in Forschung und Praxis (Hg.), Von der „Filmerziehung" zur „Medienkompetenz". medien + erziehung (merz) spiegelt die Entwicklung der Medienpädagogik. Beiträge aus vierzig Jahren, ausgewählt und kommentiert von Erwin Schaar, München 1999

JIM 2001. Jugend, Information, (Multi-)Media. Basisuntersuchung zum Medienumgang 12- bis 19-Jähriger in Deutschland, hg. v. Medienpädagogischen Forschungsverbund Südwest, Baden-Baden 2002

Joerger, G., Öffentlichkeitsarbeit, Stuttgart 1975

Kandorfer, Pierre, Du Mont's Lehrbuch der Filmgestaltung. Theoretisch-technische Grundlagen der Filmkunde, Köln 1984

KIM-Studie 2000. Kinder und Medien. Computer und Internet. Basisuntersuchung zum Medienumgang 6- bis 13-Jähriger in Deutschland, hg. v. Medienpädagogischen Forschungsverbund Südwest, Baden-Baden 2001

Kino zum Anfassen. Handbuch der nichtgewerblichen Filmarbeit, Frankfurt 1985

Klingler, Walter, Hörfunk und Hörfunknutzung seit 1945, in: *Ders./Roters, Gunnar/Gerhards, Maria* (Hg.), Medienrezeption seit 1945, Baden-Baden 1998, 113-124

Kloock, Daniela/Spahr, Angela, Medientheorien. Eine Einführung, München 1997

Kolb, Günter, Kommunikationsorientierte Mediendidaktik, in: *Dichanz, Horst* u.a., Medien im Unterrichtsprozeß. Grundlagen, Probleme, Perspektiven, München 1974

Köhler, Magret, „Damals war es eine starke Schwarz-weiß-Malerei". Die Videobewegung im Jahr 1987, in: merz 1/87

Kommer, Helmut, Früher Film und späte Folgen, Berlin 1979

Koszyk, Kurt/Pruys, Karl Hugo, Handbuch der Massenkommunikation, München 1981

Krüger, Udo Michael, Programmprofile im dualen Fernsehsystem 1991-2000, in: Schriftenreihe Media Perspektiven, Bd. 15, Baden-Baden 2001

Ders./Zapf-Schramm, Thomas, Die Boulevardisierungskluft im deutschen Fernsehen, in: Media Perspektiven 7/2001, 326-344

Dies., Öffentlich-rechtliches und privates Fernsehen: Typische Unterschiede bleiben bestehen, in: Media Perspektiven 4/2002, 178-189

Kübler, Hans-Dieter/Swoboda, Wolfgang H., Wenn die Kleinen Fernsehen. Die bedeutung des Fernsehens in der Lebenswelt von Vorschulkindern, Berlin 1998
Kunczik, Michael, Gewalt und Medien, Köln 1987
Kursbuch Internet. Anschlüsse an Wirtschaft und Politik, Wissenschaft und Kultur, hg. v. *Stefan Bollmann und Christiane Heibach,* Mannheim 1996
Kursbuch Medienkultur. Die maßgeblichen Theorien von Brecht bis Baudrillard, hg. v. *Lorzen Engell u.a.,* Stuttgart 1999
Kurzfilmliste. 1000 Filme bis 60 Minuten - 16mm, 35mm, Video, hg. v. Institut Jugend Film Fernsehen, München; Gemeinschaftswerk Ev. Publizistik, Frankfurt u.a., 1 x jährlich

La Roche, Walter von/Bucholz, Axel (Hrsg.), Radio-Journalismus. Ein Handbuch für Ausbildung und Praxis im Hörfunk, München 1986
Lahr, Helmut von der, Lesen, Verlust einer Schlüsselqualifikation für die Informationsgesellschaft, in: Media Perspektiven 1/96, 2-7
Landesinstitut für Schule und Weiterbildung (Hg.), Auf dem Weg zu einer integrierten Medienbildung. Jahrbuch des Landesinstituts, Soest 1997
Ders. (Hg.), Kompetent für Medien, kompetent durch Medien. Impulse für die Weiterbildung, Soest 1998
Lange, Günter, Kunst zur Bibel. 32 Bildinterpretationen, München 1988
Lenhardt, Christian, Kinder, Computer und die Pädagogik des „ja, aber...". In: *Aufenanger, Stefan* (Hg.): Neue Medien - Neue Pädagogik? Bonn: Bundeszentrale für politische Bildung 1991, 150-169 (= Schriftenreihe Band 301)
Lissa, Zofia, Ästhetik der Filmmusik, Berlin 1965
Luhmann, Niklas, Die Unwahrscheinlichkeit der Kommunikation. In: Soziologische Aufklärung, Bd. 3, Opladen 1981

Maletzke, Gerhard, Psychologie der Massenkommunikation, Hamburg 1963
Ders., Kulturverfall durch Fernsehen?, Berlin 1988
Mander, Jerry, Schafft das Fernsehen ab. Eine Streitschrift gegen das Leben aus zweiter Hand, Reinbek 1979
Marchal, Peter (Hg.), Einführung in das Fach „Ästhetik und Kommunikation" (= Veröffentlichungen des Forschungsschwerpunktes ‚Massenmedien und Kommunikation' an der Universität-Gesamthochschule Siegen 59/60), Siegen 1989
Ders. (Hg.), Ästhetik und Kommunikation heute (= Veröffentlichungen zum Forschungsschwerpunkt ‚Massenmedien und Kommunikation' an der Universität-Gesamthochschule Siegen 123/124), Siegen 1998
Ders./Spura, Ulrich K., Öffentlichkeitsarbeit im sozialen Bereich, Weinheim/Basel 1981.
May, Hans/Täubl, Anton, Praxis AV-Medien, München 1981
McLuhan, Marshall/Fiore, Quentin, Das Medium ist Massage, Frankfurt 1969
Media Perspektiven, hg. im Auftrag der Arbeitsgemeinschaft der ARD-Werbegesellschaften, Frankfurt, monatlich. - 1 x jährlich erscheint ein Beiheft „Basisdaten"
medien + erziehung (merz), Zweimonatszeitschrift für audiovisuelle Kommunikation, Verlag Leske + Budrich, Leverkusen.
medien praxis, Heftreihe in loser Folge, hg. v. d. Zentralstelle Medien der Deutschen Bischofskonferenz, Referat Kommunikationspädagogik, Bonn
medien praktisch. Medienpädagogische Zeitschrift für die Praxis, hg. v. Gemeinschaftswerk der Ev. Publizistik, Frankfurt (vierteljährlich), Mitte 2003 eingestellt
Merkert, Rainald, Medien und Erziehung. Einführung in pädagogische Fragen des Medienzeitalters, Darmstadt 1992

Ders., Ohne Beziehung keine Kommunikation, in: Stimmen der Zeit 118 (1993) H 9, 594-604

Merten, Klaus, Kommunikation. Eine Begriffs- und Prozeßanalyse, Opladen 1977

Mollenhaus, Klaus, Art. „Bildung, ästhetische", in: *D. Lenzen* (Hg.), Pädagogische Grundbegriffe, Bd.1, Reinbek 1989, 222-229

Ders., Grundfragen ästhetischer Bildung. Theoretische und empirische Befunde zur ästhetischen Erfahrung von Kindern, München 1996

Monaco, James, Film verstehen. Kunst, Technik, Sprache, Geschichte und Theorie des Films und der Medien, Reinbek 1995 (erweiterte und überarbeitete Neuausgabe)

Müller-Neuhof, Klaus/Heuzeroth, Thomas, Video - Grenzen des Wachstums erreicht?, in: Media Perspektiven 8/1993, 380-387

Neisser, Ulric, Kognition und Wirklichkeit, Stuttgart 1979

Neumann-Braun, Klaus (Hg.), Viva MTV! Popmusik im Fernsehen, Frankfurt 1999

Neuss, Norbert, Symbolische Verarbeitung von Fernseherlebnissen in Kinderzeichnungen. Eine empirische Studie mit Vorschulkindern, München 1999

Ders., Kinderzeichnungen als Methode zur Reflexion von Medienerlebnissen, in: Aufenanger/Six 2001, 97-113

Noelle-Neumann, Elisabeth, u.a., Fischer Lexikon Publizistik, Massenkommunikation, Frankfurt 1994 (Neuausgabe 2002; 1. Aufl. 1989)

Opaschowski, Horst W., Generation @. Die Medienrevolution entläßt ihre Kinder. Leben im Informationszeitalter, Hamburg 1999

Paul-Haase, Ingrid, Heldenbilder im Fernsehen. Eine Untersuchung zur Symbolik von Serienfavoriten in Kindergarten, Peer-Groups und Kinderfreundschaften, Opladen 1998

Dies., Komplex, kompetent und eigenwillig. Zu den Medienhandlungsweisen von Kindern im Kindergartenalter, in: *Aufenanger/Six* 2001, 91-96

Postman, Neil, Das Verschwinden der Kindheit, Frankfurt 1983

Ders., Wir amüsieren uns zu Tode, Frankfurt 1985

Ders., Die Verweigerung der Hörigkeit, Frankfurt 1988

Ders., Das Technopol, Frankfurt 1992

Problemfeld Medienpädagogik (Reihe: medien praxis), Bonn 1986

Pürer, Heinz, Einführung in die Publizistikwissenschaft, München 4.Aufl. 1990

Quandt, Thorsten, Musikvideos im Alltag Jugendlicher, Wiesbaden 1998

Röll, Franz Josef, Mythen und Symbole in populären Medien. Der wahrnehmungsorientierte Ansatz in der Medienpädagogik, Frankfurt 1998

Rogge, Jan Uwe, Wider den Optimismus von der pädagogischen Machbarkeit des familiengerechten Medienalltags, in: Bertelsmann Briefe, Nov. 1983

Ders.,, Kinder können Fernsehen. Vom sinnvollen Umgang mit dem Medium, Reinbek 1990

Rüthers, Jobs/Allebrand, Raimund, Radio-Werkstatt, Reihe: medien praxis. Praktische Medienarbeit 20, Bonn 1990

Sander, Uwe/Vollbrecht, Ralf, Kinder und Jugendliche im Medienzeitalter, Opladen 1987

Dies., Wirkungen der Medien im Spiegel der Forschung, in: H*iegemann, Susanne/Swoboda, Wolfgang H.* (Hg.), Handbuch der Medienpädagogik, Opladen 1994, 361-385

Satir, Virginia, Kommunikation, Selbstwert, Kongruenz, Paderborn 1990
Saxer, Ulrich (Hg.), Gleichheit und Ungleichheit durch Massenmedien, München 1985
Schell, Fred/Schorb, Bernd, Programmierte Welten. Seminarmodell der Fachstelle für Medienarbeit, Stuttgart 1990
Ders., Aktive Medienarbeit mit Jugendlichen. Theorie und Praxis, München 1993 (1. Aufl. erschien Opladen 1989)
Scheurer, Hans, Das große Flackern. Das Silberbild im Zeitalter der Digitalisierung, in: agenda 4/1992, 21-23
Schmidt, Axel, Sound and Vision go MTV - die Geschichte des Musiksenders bis heute, in: *Neumann-Braun, Klaus* (Hg.), Viva MTV! Popmusik im Fernsehen, Frankfurt 1999, 93-131
Schmolke, Michael, Braucht die Kirche eine neue Medienpolitik?, in: CS 23 (1990), 197-206
Scholl, Norbert, Medien im Religionsunterricht (Theologie im Fernkurs, Lehrbrief 6, Religionspädagogisch-katechetischer Kurs), Würzburg 1987
Schorb, Bernd, Vierzig Jahre Medienpädagogik, in: merz 33 (1989) H 5, 259 ff.
Ders., Multi-Media-Pädagogik?!, in: merz 40 (1996), 199-200
Schulmeister, Rolf, Grundlagen hypermedialer Lernsysteme. Theorie - Didaktik - Design, München 1997 2. Aufl.
Schulze-Fürstenow, G., PR-Perspektiven, Neuwied 1988
Schulz von Thun, Friedemann, Miteinander reden: Störungen und Klärungen. Psychologie der zwischenmenschlichen Kommunikation, Reinbek 1981 (2 Bnd.)
Schulz, Wolfgang, Unterricht – Analyse und Planung, in: *Heimann, Paul/Otto, Gunter/Schulz, Wolfgang,* Unterricht. Analyse und Planung, Hannover 1965
Six, Ulrike/Frey, Christoph/Gimmler, Roland, Medienerziehung im Kindergarten: Theoretische Grundlagen und empirische Befunde, Opladen 1998
Dies./Thibaut, Kerstin, Medienerziehung im Kindergarten, in: *Aufenanger/Six* 2001, 13-65
Spielfilmliste. 1000 Dokumentar- und Spielfilme - 16mm, 35mm, Video, hg. v. Institut Jugend Film Fernsehen, München; Gemeinschaftswerk Ev. Publizistik, Frankfurt u.a., 1 x jährlich
Stary, Joachim, Visualisieren. Ein Studien- und Praxisbuch, Berlin 1997
Steinmetz, Rüdiger u.a., Kommunikation. Die Entwicklung der menschlichen Kommunikation von der Sprache bis zum Computer, München 1987
Stolte, Dieter, Fernsehen am Wendepunkt. Meinungsforum oder Supermarkt?, München 1992
Ders., Multis - Medien - Pädagogik. Zum Problem einer Multimedia-Pädagogik, in: merz 40 (1996) 217-220

Tannen, Deborah, Das hab' ich nicht gesagt! Kommunikationsprobleme im Alltag, Hamburg 1992
Theunert, Helga, Gewalt in den Medien - Gewalt in der Realität. Gesellschaftliche Zusammenhänge und pädagogisches Handeln, Opladen 1987
Dies./Pescher, Renate/Best, Petra/Schorb, Bernd, Zwischen Vergnügen und Angst – Fernsehen im Alltag von Kindern. Eine Untersuchung zur Wahrnehmung und Verarbeitung von Fernsehinhalten durch Kinder aus unterschiedlichen soziokulturellen Milieus in Hamburg, Berlin 1992
Thomas, William I./Thomas, Dorothy S, The Child in America, New York 1928
Tichenor, Phillip/Donohue, Georg/Olien, Clarice, Mass media flow and differential growth in knowledge, in: Public Opinion Quarterly 34 (1970), 159-170
Tulodziecki, Gerhard, Medien in Erziehung und Bildung, Bad Heilbrunn 1997 (3. Aufl.)

Turecek, Oliver/Grajczyk, Andreas/Roters, Gunnar, Videonutzung auf dem Rückzug?, in: Media Perspektiven 4/1999, 167-173

Turkle, Sherry, Leben im Netz. Identität in Zeiten des Internet, Reinbek 1998

Vondung, Klaus, Was ist Ästhetik und welche Bedeutung hat sie im Studiengang Sozialarbeit/Sozialpädagogik, in: *Marchal* 1989, 15-19

von Eimeren, Birgit/Ridder, Christa-Maria, Trends in der Nutzung und Bewertung der Medien 1970 bis 2000. Ergebnisse der ARD/ZDF-Langzeitstudie Massenkommunikation, in: Media Perspektiven 11/2001, 538-553

Dies./Gerhard, Heinz/Frees, Beate, Entwicklung der Online-Nutzung in Deutschland: Mehr Routine, weniger Entdeckerfreude, in: Media Perspektiven 8/2002, 346-362

Watzlawick, Paul/Beavin, Janet H./Jackson, Don D., Menschliche Kommunikation. Formen, Störungen, Paradoxien, Bern/Stuttgart 1969

Welsch, Wolfgang, Platons neue Höhle. Zur postmodernen Medienkultur, in: EB 34 (1988) H 1, 32-37

Wild, Christoph, Fernsehen und Video. Zwei Medien ergänzen sich, in: Media Perspektiven 7/88, 447-458

Will, Hermann (Hg.), Mit den Augen lernen - Medien in der Aus- und Weiterbildung, 6 Bände, Weinheim 1991

Winn, Marie, Die Droge im Wohnzimmer, Reinbek 1979

Winterhoff-Spurk, Peter, Fernsehen. Psychologische Befunde zur Medienwirkung, Bern u.a. 1986

Wrisch, Wolf (Hg.), Der Lernbereich Ästhetik und Kommunikation im Rahmen der Ausbildung von Sozialarbeitern und Sozialpädagogen. Materialien einer Fachtagung an der Hochschule für Sozialpädagogik und Sozialökonomie, Bremen, vom 26.9. bis 29.9.1977, Archiv für Angewandte Sozialpädagogik, Seevetal 1978

Register

Register